OSWAL – GURUKUL

61 Sample Question Papers

ICSE CLASS X

ALL SUBJECTS COMBINED

For 2021 Examination

- Hindi
- English I & II
- History & Civics
- Geography
- Mathematics
- Physics
- Chemistry
- Biology
- Computer Applications
- Physical Education
- Economics
- Economic Applications
- Commercial Studies
- Commercial Applications
- Home Science

Paper Pattern Strictly Based on New SQP

Follows the Reduced and Bifurcated Syllabus

Includes Answers with Explanations

BY
PANEL OF AUTHORS

EDITION : 2021

ISBN : 978-93-91184-32-2

PRICE : ₹ 799.00

PRINTED AT : Upkar Printing Unit, Agra

PUBLISHED BY

OSWAL PUBLISHERS

Head Office: 1/12, Sahitya Kunj, M.G. Road, Agra - 282002

Phone   : (0562) 2527771-4, +91 7534077222

E-mail   : info@oswalpublishers.in

Website   : www.oswalpublishers.com

The cover of this book has been designed using resources from Freepik.com

Preface

In accordance with the latest syllabus prescribed by the Council for the Indian Certificate of Secondary Education Examination, New Delhi.

Board examinations are a crucial milestone for every student. In order for them to perform well in the exam, we have introduced a set of Sample Question Papers for the First Semester Examinations. We have designed the book based on the Modified Assessement Plan issued by the Board on August 6, 2021. Thus, students can attempt questions even in changing scenarios and exam patterns.

The Specimen Question Papers released by the CISCE in August, 2021 (updated SQPs, September, 2021) have been strictly followed in formulating questions. The content of the book has been updated according to the latest Reduced Syllabi issued by the Board on July 19, 2021.

This book comprises of Model Test Papers a symmetrically divided among core subjects Hindi, English-I, English-II, History & Civics and Geography, Physics, Chemistry, Mathematics, Biology, Computer Applications, Physical Education, Economics, Economic Applications, Commercial Studies, Commercial Applications and Home Science.

61 Sample Question Papers caters to the need of all the students with varied academic calibres. The content of this book is designed to focus on topics most likely to be asked in the board examination. Question is supplicated with a suitable answers with explanation wherever require for better understanding of the topic by subject matter experts.

The pattern of the 61 Sample Question Papers is strictly as per the question pattern issued by CISCE. It gives the students an insight into how questions are actually asked in board examinations and what approach should one follow while attempting them.

We hope you will find this book helpful in your preparations for Board examinations. We would advise you to stay calm and manage your time efficiently. Do not get overwhelmed with too many resources and study guides, be selective and choose the best one.

—The Publisher

⊕ oswal.io

create your own exam sample papers in 2 mins

Prepare a chapter, take practice test & get —— evaluated to perform better ——

Create unlimited tests based on the latest board paper pattern once you are done practicing the book questions

Scan the **QR code** and get instant access to **oswal.io** for **free**. Just register & get started!

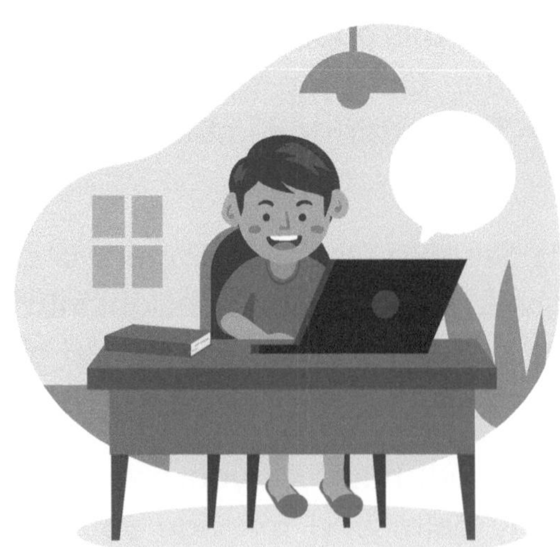

Easy steps to follow :

Step 1 - In a few clicks, you can completely customize your test

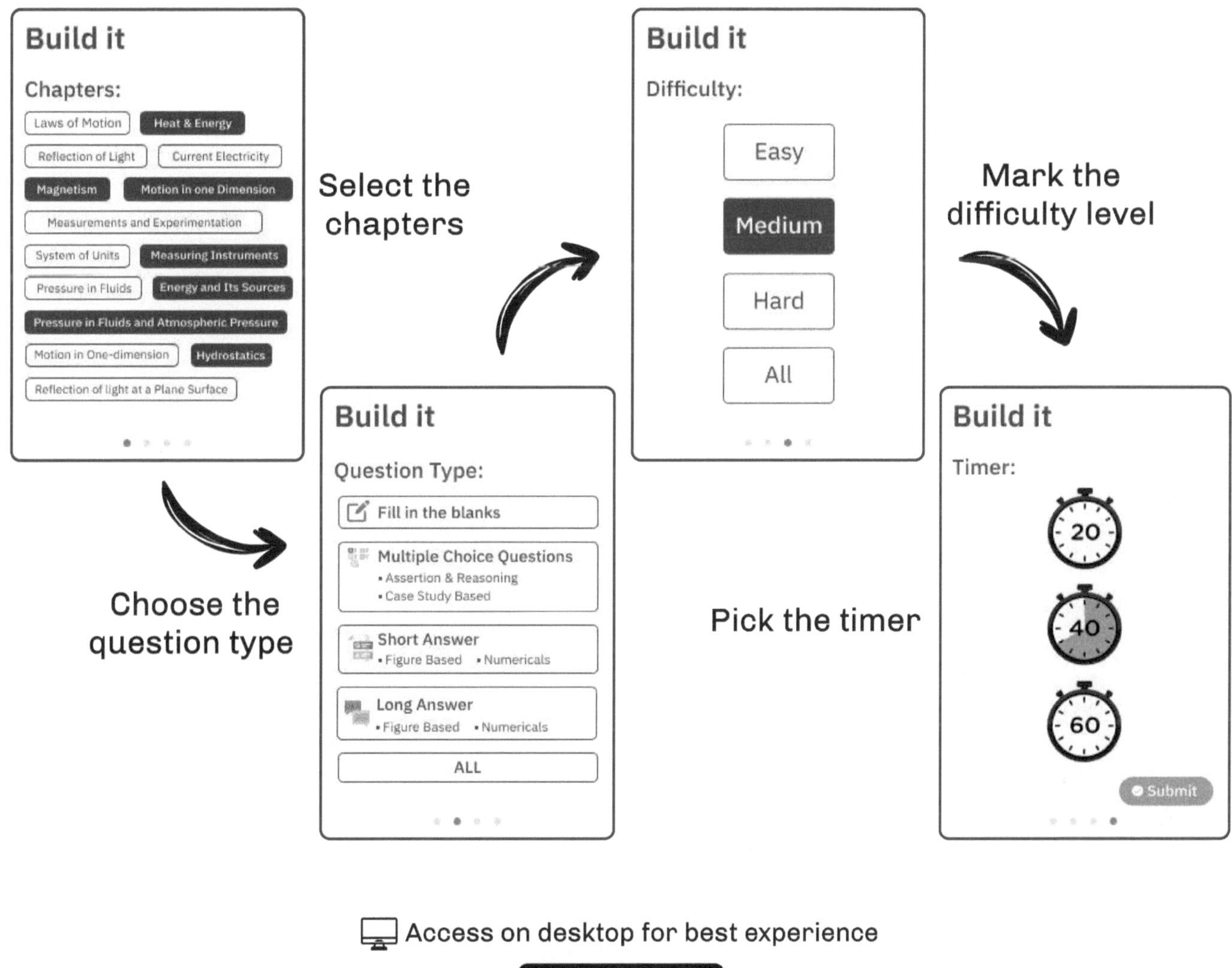

💻 Access on desktop for best experience

www.oswal.io

Step 2 - Test is based on the selected question type, chapters, difficulty, time

Step 3 - Click on start and type your answers in the given space

Step 4 - Use insert $\TeX$ equation editor to quickly & accurately insert the difficult math/physics/chem formulas

Step 5 - Skip any question if not sure, proceed to next & submit

Step 6 - You will get your result emailed right away

Contents

How to Smartly Approach Tricky MCQs?

Dear Students,

As your exams inch closer to their final date, with the new pattern and exam-style, your way of preparation and approach to the exam has to change too. With the help of this ingenious book, you can time yourself and attempt a mock/practice paper to gauge where you stand.

To help you approach your MCQs smartly, read along for some smart tips you must keep at your fingertips to avoid silly mistakes.

1. Students must read all questions carefully, allowing them to choose the most appropriate answer.

2. Students mustn't be in a rush to tick the correct option, instead apply logic to the reasoning based MCQs.

3. In comprehension-based questions, students should read the passage thoroughly before answering questions. It is important to understand the passage and then select the most suitable option.

4. In numerical-based MCQs, students must take note of the units used in the given data to avoid making mistakes in evaluating the right answer.

5. While choosing the most appropriate answer students should be able to correlate the question with daily life applications and then select the right answer.

6. Students should avoid guesswork while answering MCQs.

7. Diagram-based MCQs should be attempted with utmost care as figures given could be deceptive and one should be able to figure out the gist of the figures.

8. Students should move on to the next question, and not get stuck on one MCQ. These tests are time-specific and have to be attempted in short intervals of time.

9. If two options given are very close to the required answer then try to think of each option in a different perspective and see whether it fits in the same. The answer should be universally acceptable.

10. In the current SQPs published by the Council, we can see Match the Column as a type of MCQ. What the students must be smart about is the way options are given. To avoid making a mistake, have a paper ready to physically match the column to choose the right option.

11. Always use the process of elimination with the given options, instead of jumping to the right answer.

12. Last and foremost important, read your questions multiple times as there are MCQs that require the student to mark two correct answers instead of one. Be mindful of such questions.

Good luck!

Hindi

Specimen Question Paper

Hindi

Maximum Marks: 40
Time allowed: One Hour and a Half (inclusive of reading time)

General Instructions

The marks intended for questions are given in brackets [ ].
Select the correct option for each of the following questions.

SECTION A (20 Marks)

Question 1

निम्नलिखित गद्यांश को ध्यान से पढ़िए तथा उसके नीचे दिए गए प्रश्नों के उत्तर दीजिए :— [10]

प्रात:काल प्रकृति की शोभा निराली होती है। सूर्य की सुनहरी किरणों को पड़ने से प्रत्येक वस्तु सुनहरी सी लगने लगती है। हरी–भरी घास पर ओस की बूँदे ऐसी प्रतीत होती है मानों सुन्दर चमकीले मोती हों। पेड़ों की चोटियों को छूती हुई सूर्य की किरणें अद्भुत शोभा प्रदान करती हैं। पर्वत शिखर स्वर्ण रेखा से खचित प्रतीत होते हैं चारों ओर एक स्वर्गीय आभा, एक अलौकिक शोभा होती है। बाग-बगीचों में फूल मुस्कुराने लगते हैं। सरोवर में कमलों ने उनींदी पलकें खोल डालीं। पशु अपने बच्चों को प्यार से पुकारने लगे। पक्षियों ने कलरव गाना आरम्भ कर दिया। प्रात:काल की शोभा का स्वर्गीय आनन्द सभी ले रहे हैं। यह शोभा निराली है। यह विकास की किरण है। यह मन में आशा और उमंग भर रही है।

प्रश्न :—

1. हरी घास पर मोती से क्या चमकते हैं ?

   (A) वर्षा की बूँदे   (B) रक्त की बूँदे   (C) ओस की बूँदे   (D) मोती

2. पर्वत शिखर कैसे प्रतीत होते हैं ?

   (A) स्वणरेखा से   (B) काले रंग से खचित   (C) बादलों से गिरे हुए   (D) पेड़ पौधों से भरे

3. चारों और कैसी शोभा है ?

   (A) अलौकिक   (B) रहस्यमई   (C) लौकिक   (D) चमत्कारी

4. प्रात:काल की शोभा किसकी किरण है ?

   (A) विनाश की   (B) विकास की   (C) स्वास्थ्य की   (D) प्रगति की

5. मन में क्या भर जाता है ?

   (A) दु:ख और आलस   (B) असंतोष   (C) आशा और उमंग   (D) करुणा

6. प्रात:काल में पशु क्या करते हैं ?

   (A) भागने लगते हैं   (B) गाना गाने लगते है

   (C) अपने बच्चों को प्यार से पुकारने लगते हैं   (D) चिल्लाने लगते हैं

7. यह शोभा __________ है। सही शब्द भरो।

   (A) अनोखा   (B) अच्छा   (C) अनोखी   (D) खुशहाली

8. ‘अद्भुत’ शब्द का अर्थ बताइए।

   (A) अनोखा (B) अच्छा (C) मतवाला (D) अधूरा

9. पक्षियों ने कलरव कब आरम्भ किया ?

   (A) प्रातःकाल (B) संध्या काल में (C) दोपहर में (D) रात में

10. ‘उर्नींदी’ शब्द का अर्थ है—

   (A) नींद से भरी हुई (B) तरोताज़ा (C) नींद ना आना (D) जाग जाना

Question 2

निम्नलिखित प्रश्नों के उत्तर निर्देशानुसार बताए :— [10]

1. **विलोम शब्द लिखें :**

   ‘अंतरंग’ का विलोम बताइए—

   (A) बहिरंग (B) काला रंग (C) संगीत (D) रंगीन

2. **पर्यायवाची बताइए :**

   ‘अनुराग’ का पर्यायवाची बताइए—

   (A) प्रेम-ममता (B) राग-विराग (C) आदर-बिरादर (D) नेह-प्रेम

3. **भाववाचक संज्ञा बताइए :**

   ‘उड़ना’ का भाववाचक संज्ञा बताइए—

   (A) चढ़ना (B) उड़ान (C) पढ़ना (D) पंख फैलाना

4. **शब्दों को शुद्ध करें :**

   ‘रमायना’ शुद्ध करें—

   (A) रामायण (B) रामयण (C) रामायना (D) रामाय

5. **मुहावरे का अर्थ बताइए :**

   ‘गले का हार’ अर्थ बताइए—

   (A) बहुत बुरी है (B) बहुत प्रिय (C) लालच होना (D) बहुत कष्ट देना

6. **निर्देशानुसार वाक्य शुद्ध करें :**

   मुसाफिर धर्मशाला में विश्राम करते हैं (भूतकाल में बदलें)—

   (A) मुसाफिरों ने धर्मशाला में विश्राम किया (B) मुसाफिर धर्मशाला में विश्राम करने जाएंगे

   (C) मुसाफिर धर्मशाला में विश्राम करेंगे (D) धर्मशाला में मुसाफिर विश्राम करेंगे

7. **विशेषण बनाइए :**

   ‘अर्थ’ का विशेषण बताइए—

   (A) अर्थी (B) अंकित (C) आर्थिक (D) अधर्म

8. **तद्भव शब्द बताइए :**

   ‘दधि’ शब्द का तद्भव शब्द बताइए—

   (A) दही (B) दूध (C) मटका (D) मक्खन

9. **अनेक शब्दों के स्थान पर एक शब्द लिखें :**

   जो कम बोलता हो—

   (A) वाचाल (B) मितव्यई (C) मितभाषी (D) बातूनी

10. **वचन बदलें :**

   तारा—

   (A) तारों (B) तारी (C) तारे (D) सितारे

SECTION B (20 Marks)

(Questions from only <u>two</u> of the following textbooks are to be answered.)

(Sahitya Sagar-Short Stories)

Question 3   **[10]**

"लोग जब उमा को शमशान ले जाने के लिए उठाकर ले जाने लगे तब श्यामू ने बड़ा उपद्रव मचाया"।

1. श्यामू की माँ कौन थी ?

    (A) उमा   (B) सुखिया   (C) दासी   (D) काकी

2. घरों में कोहराम क्यों मचा हुआ था ?

    (A) काकी की मृत्यु के कारण   (B) बच्चे की मृत्यु के कारण

    (C) दासी की मृत्यु के कारण   (D) सुखिया की मृत्यु के कारण

3. श्यामू को किसने बताया कि उसकी माँ भगवान के घर गई है ?

    (A) उसके दोस्तों ने   (B) अबोध बालकों ने   (C) दासी ने   (D) सुखिया ने

4. आकाश में उड़ती पतंग देखकर श्यामू को कैसा लगा ?

    (A) खुश हुआ   (B) दुःखी हुआ   (C) आनंदित हुआ   (D) व्याकुल हुआ

5. काकी कहानी के लेखक कौन हैं ?

    (A) प्रेमचंद   (B) महादेवी वर्मा   (C) सुदर्शन   (D) सुखिया ने

6. श्यामू ने अपने पिता की जेब से क्या चुराया था ?

    (A) चवन्नी   (B) अठन्नी   (C) रुपया   (D) सियाराम शरण गुप्त

7. विश्वेश्वर __________ होकर वहीं खड़े रह गए।

    (A) हतबुद्धि   (B) जड़बुद्धि   (C) कमबुद्धि   (D) बुद्धिहीन

8. 'ये किसने मँगाई ?' यहाँ क्या मंगवाने की बात हो रही है ?

    (A) रस्सी   (B) पतंग   (C) सीढ़ी   (D) कलम

9. ''नहीं, किसी से नहीं कहूँगा'' कथन का वक्ता तथा श्रोता कौन है ?

    (A) भोला-श्यामू से   (B) भोला-माँ से   (C) श्यामू-भोला से   (D) श्यामू-जवाहर से

10. लोग बड़ी कठिनता से उसको हटा पाए-यहाँ किसे कठिनता से हटा पाए ?

    (A) भोला को   (B) श्याम को   (C) जवाहर को   (D) विश्वेश्वर को

(Sahitya Sagar-Poems)

Question 4   **[10]**

''गुरु गोविंद दोऊ खड़े काके लागू पाय।

बलिहारी गुरु आपने, जिन गोविंद दियो बताए''॥

1. कबीरदास जी किस काल के कवि थे ?

    (A) आदिकाल   (B) भक्तिकाल   (C) रीतिकाल   (D) आधुनिक काल

2. कबीरदास जी की भाषा कौन-सी थी ?

    (A) अवधि   (B) ब्रज   (C) पंचमेल   (D) फारसी

3. यहाँ 'मैं' का क्या अर्थ है ?

    (A) अपना   (B) अहंकार   (C) संकोच   (D) सुखिया ने

4. कबीरदास जी के अनुसार ईश्वर का निवास कहाँ होता है ?

    (A) खग में   (B) मृग में   (C) मानव में   (D) हृदय में

5. कबीरदास जी की मृत्यु कहाँ हुई ?

    (A) काशी   (B) लुंबिनी   (C) मगहर   (D) वृंदावन

6. कबीरदास जी का पालन-पोषण किसने किया ?

    (A) आत्माराम दुबे-हुलसी (B) रामदास-जमुना बाई (C) नीरू-नीमा   (D) बैरम खान-सुल्ताना बेगम

7. कबीरदास जी के गुरु कौन थे?

   (A) नरहरी दास   (B) रामानंद जी   (C) वल्लभाचार्य जी   (D) मोहम्मद अमीन

8. कबीरदास जी की वाणी का संग्रह किस ग्रंथ में है?

   (A) साहित्य लहरी   (B) बीजक   (C) कामायनी   (D) हुंकार

9. 'बलिहारी' का अर्थ बताइए—

   (A) संसार   (B) निवास   (C) न्यौछावर   (D) तात्पर्य

10. 'बनराय' शब्द का अर्थ बताइए—

   (A) वानर   (B) घोड़ा   (C) जंगल   (D) कागज

(Naya Rasta)

Question 5 [10]

''दूसरे दिन प्रात: होते ही दयाराम जी के घर में मेहमानों के स्वागत के लिए विभिन्न प्रकार की तैयारियाँ प्रारम्भ हो गई थीं''।

1. मीनू कौन है?

   (A) मायाराम जी की बेटी   (B) धनीमल जी की बेटी   (C) दयाराम जी की बेटी   (D) दीपक की बहन

2. मीनू ने किसकी आँखों पर अपने हाथ रख दिए?

   (A) आशा   (B) माया   (C) नीलिमा   (D) मधु

3. ''आभास'' का अर्थ बताइए—

   (A) पीड़ा होना   (B) सुखी होना   (C) ज्ञात होना   (D) याद होना

4. मीनू ने M.A. की परीक्षा किस श्रेणी में पास की थी?

   (A) प्रथम   (B) तृतीय   (C) द्वितीय   (D) चतुर्थ

5. अमित और उसका परिवार मीरापुर क्यों गए थे?

   (A) नीलिमा को देखने   (B) मीनू को देखने   (C) सरिता को देखने   (D) आशा को देखने

6. धनीमल जी की बेटी का क्या नाम है?

   (A) आशा   (B) सरिता   (C) मीनू   (D) नीलिमा

7. धनीमल जी ने शादी के प्रस्ताव के साथ क्या लालच दिया?

   (A) 5,00,000 खर्च करेंगे   (B) 2,00,000 खर्च करेंगे   (C) 3,00,000 खर्च करेंगे   (D) 1,00,000 खर्च करेंगे

8. मीनू के भाई का क्या नाम है?

   (A) आलोक   (B) मनोहर   (C) रोहित   (D) अशोक

9. 'नया रास्ता' उपन्यास के उपन्यासकार का नाम क्या है?

   (A) मन्नू भंडारी   (B) मालती जोशी   (C) सुषमा अग्रवाल   (D) ममता कालिया

10. मीनू का फोटो किसको पसंद आया था?

   (A) पूना वालों को   (B) मेरठ वालों को   (C) सीतापुर वालों को   (D) कानपुर वालों को

(Ekanki Sanchay)

Question 6 [10]

''अगर तुम्हारी सामर्थ्य कम थी तो अपनी बराबरी का ही घर देखते''।

1. जीवनलाल कौन था?

   (A) राजेश्वरी का पति   (B) विमला का पति   (C) प्रमोद का पिता   (D) कमला का पति

2. प्रमोद कौन था?

   (A) कमला का पति   (B) राजेश्वरी का पति   (C) जीवनलाल का बेटा   (D) इनमें से कोई भी नहीं

3. कमला को मायके ले जाने कौन आया था ?

   (A) रमेश   (B) प्रमोद   (C) मोहन   (D) राजेश

4. ''हम गौने में आपकी हर मांग पूरी करेंगे''—किसने कहा ?

   (A) प्रमोद   (B) रमेश   (C) मोहन   (D) राजेश

5. विदाई की क्या मांग थी ?

   (A) 5,000 रु.   (B) 10,000 रु.   (C) 15,000 रु.   (D) 7,000 रु.

6. सब एक ही धातु के बने हैं—कथन का वक्ता तथा श्रोता कौन है ?

   (A) प्रमोद-कमला से   (B) प्रमोद-जीवनलाल से   (C) कमला-प्रमोद से   (D) कमला-रमेश से

7. माँ से _________ बोलते हो ?

   (A) झूठ   (B) सच   (C) तेज   (D) धीरे

8. 'मरहम' अदा करने के लिए प्रमोद क्या सोच रहा था ?

   (A) घर बेचने की   (B) चोरी करने की   (C) उधार माँगने की   (D) मेहनत कर कमाने की

9. नहीं आई क्यों ? तबीयत तो ठीक है उसकी ? कथन में किसने आने की प्रतीक्षा हो रही थी ?

   (A) कमला   (B) गौरी   (C) विमला   (D) लक्ष्मी

10. 'उन्होंने विदा नहीं की' यहाँ किसने किसे विदा नहीं किया ?

   (A) जीवनलाल ने कमला को   (B) गौरी की ससुराल वालों ने गौरी को

   (C) प्रमोद ने विमला को   (D) राजेश्वरी ने कमला को

Answers

Question 1

1. (D) मोती
2. (A) स्वर्णरिखा से खचित
3. (A) अलौकिक
4. (B) विकास की
5. (C) आशा और उमंग
6. (C) अपने बच्चों को प्यार से पुकारने लगते हैं
7. (A) निराली
8. (A) अनोखा
9. (A) प्रात:काल में
10. (A) नींद से भरी हुई

Question 2

1. (A) बहिरंग
2. (A) प्रेम-ममता
3. (B) उड़ान
4. (A) रामायण
5. (B) बहुत प्रिय
6. (A) मुसाफिरों ने धर्मशाला में विश्राम किया
7. (C) आर्थिक
8. (A) दही

9. (C) मितभाषी
10. (C) तारे

Question 3

1. (D) काकी
2. (A) काकी की मृत्यु के कारण
3. (B) अबोध बालकों ने
4. (C) आनंदित हुआ
5. (D) सिरायरामशरण गुप्त
6. (C) रुपया
7. (A) हतबुद्धि
8. (A) रस्सी
9. (A) भोला-श्यामू से
10. (B) श्यामू को

Question 4

1. (B) भक्तिकाल
2. (C) पंचमेल खिचड़ी
3. (B) अहंकार
4. (D) हृदय में
5. (C) मगहर
6. (C) नीरू-नीमा

7. (B) रामानंद जी

8. (B) बीजक

9. (A) न्यौछावर

10. (A) जंगल

Question 5

1. (C) दयाराम जी की बेटी

2. (C) नीलिमा

3. (C) ज्ञात होना

4. (C) प्रथम श्रेणी

5. (B) मीनू को देखने

6. (B) सरिता

7. (A) 5,00,000 खर्च करेंगे

8. (C) रोहित

9. (C) सुषमा अग्रवाल

10. (B) मेरठ वालों को

Question 6

1. (A) राजेश्वरी का पति

2. (D) इनमें से कोई भी नहीं

3. (B) प्रमोद

4. (A) प्रमोद

5. (A) 5,000 रु.

6. (A) प्रमोद-कमला से

7. (A) झूठ

8. (A) घर बचेने की

9. (B) गौरी

10. (B) गौरी की ससुराल वालों ने गौरी को

Questions

SECTION A

Question 1

निम्नलिखित गद्यांश को ध्यान से पढ़िए तथा उसके नीचे दिए गये प्रश्नों के उत्तर दीजिए—

'भारत की स्थापत्य कला' प्राचीन काल से ही अद्वितीय रही है। विदेशों में भी स्थापत्य कला के बहुत से उदाहरण मिलते हैं, इनको स्थानीय शैली के नाम से जाना जाता है। जैसे 'तुर्की शैली' भारतीय स्थापत्य शैली का विश्व प्रसिद्ध उदाहरण 'ताजमहल' है जो कि आगरा में यमुना नदी के दक्षिणी किनारे पर स्थित है। सम्पूर्ण विश्व के लोग इसके दर्शनार्थ आते हैं। इसके अतिरिक्त भारतीय स्थापत्य कला के बेजोड़ नमूने हमारे देश में देखने को मिलते हैं। इनमें गुरुकुल आश्रम पाली, रणकपुर के जैन मन्दिर, तमिलनाडु के एकम्बरेश्वर मन्दिर, शिवमंदिर शिरूमायम जम्बुकेश्वर मन्दिर, कर्णाटक के वीरनारायण मन्दिर, अमृतेश्वर मन्दिर, गुजरात का द्वारिकाधीश मन्दिर, सूर्य मन्दिर मोढेरा, छत्तीसगढ़ का ओना कोना मन्दिर, उड़ीसा का पापनाशिनी शिवमन्दिर आदि से सभी स्थापत्य कला के अप्रतिम उदाहरण हैं। सातर्वी शताब्दी में बनाया गया ग्वालियर 'शेर स्तम्भ' इस बात पर सोचने को विवश कर देता है कि आखिर हमारे पूर्वजों ने इन भवनों का निर्माण कैसे किया ?

1. भारतीय स्थापत्य शैली का विश्व प्रसिद्ध उदाहरण कौन–सा है ?

   A. जैन मन्दिर रणकपुर   B. ताजमहल   C. वीरनारायण मन्दिर   D. ओना कोना मन्दिर

2. 'मुगल काल' के अधिकांश भवन किस शैली में बनाए गये ?

   A. तुर्की शैली   B. भारतीय शैली   C. अफगानी शैली   D. राजस्थानी शैली

3. 'शेरस्तम्भ' कौन-सी शताब्दी में बनाया गया ?

   A. पहली   B. पाँचवीं   C. सातवीं   D. छठी शताब्दी

4. ताजमहल यमुना के कौन से तट पर स्थित है ?

   A. पश्चिमी   B. उत्तरी   C. पूर्वी   D. दक्षिणी

5. 'ओना कोना मन्दिर' किस राज्य में स्थित है ?

   A. राजस्थान   B. कर्णाटक   C. छत्तीसगढ़   D. तमिलनाडु

6. क्या देखकर हम सोचने को विवश हो जाते हैं कि इनका निर्माण कैसे किया गया ?

   A. कुतुबमीनार   B. विजय स्तम्भ   C. शेरस्तम्भ   D. लौह स्तम्भ

7. शेर स्तम्भ किस शहर में है ?

   A. आगरा   B. दिल्ली   C. ग्वालियर   D. मुम्बई

8. सम्पूर्ण विश्व के लोग किसके दर्शनार्थ आते हैं ?

   A. कोणार्क मन्दिर   B. ताज होटल   C. ताजमहल   D. द्वारिकाधीश मन्दिर

9. जम्बुकेश्वर मन्दिर किस राज्य में है ?

   A. उड़ीसा   B. गुजरात   C. तमिलनाडु   D. मध्य प्रदेश

10. स्थापत्य कला का अर्थ क्या है ?

   A. भवन निर्माण कला   B. वस्त्र निर्माण कला   C. भोजन निर्माण कला   D. बर्तन निर्माण कला

Question 2

निम्नलिखित प्रश्नों के उत्तर निर्देशानुसार लिखिए—

1. विलोम शब्द लिखें—

   'श्वेत' का विलोम बताइए—

   A. नारंगी   B. बैंगनी   C. सफेद   D. श्याम

2. पर्यायवाची बताइए—

'कमल' शब्द का पर्यायवाची—

A. कन्द   B. मूल   C. नीरज   D. जलधि

3. भाववाचक संज्ञा बनाइए—

'बड़ा'

A. बड़ा   B. बड़प्पन   C. बढ़ाना   D. बदलना

4. शब्दों को शुद्ध करें—

'संस्कारवृत्' शुद्ध करें—

A. संस्कारवृत्ति   B. सदकारवृति   C. संस्कारवृत्त   D. संस्कारवत्

5. मुहावरे का अर्थ लिखो—

'दीप बुझ जाना' का अर्थ—

A. अन्य व्यक्ति का न आना   B. उत्तराधिकारी का न होना   C. अधिकारी का न आना   D. दीपक को पुन: जलाना

6. निर्देशानुसार वाक्य शुद्ध करें—

तुम्हारे पास कितने आदमी हैं? (सरल वाक्य में)

A. तुम्हारे पास कुछ आदमी हैं।   B. तुम्हारे पास आदमी हैं।   C. आदमी तुम्हारे पास नहीं हैं।   D. आदमी तुम्हारे पास ही हैं।

7. विशेषण बताइए—

'विभव' शब्द का विशेषण बताइए—

A. विभवता   B. विभवपन   C. वैभव   D. कृपाण

8. तत्सम शब्द बताइए—

'कंजूस' का तत्सम बताइए—

A. तरपण   B. कृपण   C. अरपन   D. कृपाण

9. अनेक शब्दों के स्थान पर एक शब्द लिखें—

जिसका कोई स्वामी नहीं हो—

A. अनाथ   B. दिग्नाथ   C. सनाथ   D. नेमिनाथ

10. वचन बदलें—

हिरनी—

A. हरिनियाँ   B. हिरिनियाँ   C. हरणियाँ   D. हिरनियाँ

SECTION-B

(Questions from only two of the following textbooks are to be answered)

<u>(Sahitya Sagar-Short Stories)</u>

Question 3

"बाबू साहब की मैंने इतनी सेवा की, पर दुःख में उन्होंने साथ न दिया। रमजान को देखो गरीब है, परन्तु आदमी नहीं देवता है। ईश्वर उसका भला करे।"

1. तो मालिक से...............माँग लो।

A. रुपया   B. पेशगी   C. पैसा   D. राशन

2. रमजान के कितने पैसे बाकी रह गये थे?

A. पचास रुपये   B. साठ पैसे   C. आठ आने   D. चवन्नी

3. 'शेख' साहब तो उनके भी गुरु हैं। यहाँ 'उनके', शब्द का संकेत किसकी ओर है?

A. रमजान   B. जगत सिंह   C. सलीमुद्दीन   D. रसीला

4. रसीला ने कितने रुपये की मिठाई खरीदी?

A. पाँच रुपये की   B. चवन्नी की   C. अठन्नी की   D. साढ़े चार रुपये की

5. 'लातों के भूत बातों से नहीं मानते' यह वाक्य किसने किससे कहा?

A. जगतसिंह ने सलामुद्दीन से   B. मजिस्ट्रेट ने सिपाही से

C. जगतसिंह ने सिपाही से   D. सिपाही ने रसीला से

6. फैसला सुनकर किसकी आँखों में खून उतर आया ?

A. रमजान   B. रसीला   C. इंजीनियर साहब   D. मजिस्ट्रेट

7. ....ने कोई बहाना नहीं बनाया और अपना अपराध स्वीकार कर लिया।

A. रमजान   B. रसीला   C. सिपाही   D. इंजीनियर साहब

8. 'शेख' साहब कैसे आदमी थे ?

A. न्यायप्रिय   B. भावुक   C. रिश्वतखोर   D. सज्जन व्यक्ति

9. रसीला को कितने समय का कारावास हुआ ?

A. एक वर्ष   B. छ: माह   C. पन्द्रह दिन   D. दो माह

10. रमजान ने गुस्से से क्या कहा ?

A. यह इंसाफ नहीं अंधेर है।   B. उसका यह पहला अपराध था।

C. यह इसी लायक था।   D. उसने तो कोई बहाना नहीं बनाया।

Question 4

(Sahitya Sagar-Poems)

काँकर पाथर जोरि के, मसजिद लई बनाय।

वा चढ़ि मुल्ला बाँग दे, क्या बहरा हुआ खुदाय॥

1. कबीर दास जी किस मार्ग के कवि थे ?

A. प्रेममार्गी   B. भक्ति मार्गी   C. सगुण मार्गी   D. निर्गुण मार्गी

2. कबीरदास जी का जन्म कहाँ हुआ था ?

A. कानपुर के पास बिठूर में   B. बनारस के पास सारनाथ में

C. वारणासी में लहरतारा के पास   D. फ़ैजाबाद के पास अयोध्या में

3. कबीरदास जी.............थे।

A. लोक गायक   B. हिन्दू-मुसलमानों के निन्दक   C. समाज सुधारक   D. असाधु

4. कंकड़ और पत्थर जोड़ने पर क्या बनता है ?

A. पर्वत   B. पठार   C. भवन   D. घाटी

5. 'मसजिद' किसे कहते हैं ?

A. तहखाना   B. ईदगाह   C. पूजा स्थल   D. चारागाह

6. 'क्या बहरा हुआ खुदाय' से क्या अभिप्राय है ?

A. खुदा हर जगह है

B. हृदय से सच्ची प्रार्थना करते हैं तो उसे जोर से बोलने की आवश्यकता नहीं है

C. खुदा सबकी सुनता है

D. इनमें से कोई नहीं

7. 'बाँग' शब्द का प्रयोग मूलत: किसके साथ किया जाता है ?

A. मोर   B. मुर्गा   C. मैना   D. मुनियाँ

8. जो सुन न सके उसे.............कहते हैं।

A. अपंग   B. विकलांग   C. बहरा   D. अपाहिज

9. 'सुखदाय' शब्द का क्या अर्थ है ?

A. ईश्वर   B. भक्त   C. पुजारी   D. उपासक

10. कबीरदास जी ईश्वर के किस रूप के उपासक थे ?

A. सगुण   B. निर्गुण   C. A और B दोनों   D. इनमें से कोई नहीं

(Naya Rasta)

Question 5

"मीनू" अपने कमरे में अकेली थी। तेज ज्वर के कारण सारे बदन में दर्द था। ऐसे समय में हर किसी को अपनी माँ की याद आती है। मीनू को भी अपनी माँ की याद आ गयी।"

1. सभी अपने कमरों में व्यस्त थे, क्योंकि उनकी परीक्षा में केवल ....ही बचे थे।

    A. दो महीने　　　　　　B. 45 दिन　　　　　　C. 15 दिन　　　　　　D. 25 दिन

2. पढ़ते-पढ़ते थक जाने पर 'मीनू' किससे बातें कर लेती थी ?

    A. मधु　　　　　　　　B. शालिनी　　　　　　C. माया　　　　　　　D. सरिता

3. माँ ने जब मीनू के माथे पर बर्फ की पट्टियाँ रखी थीं तब वह किस कक्षा की छात्रा थी ?

    A. छटवीं　　　　　　　B. आठवीं　　　　　　C. नौवीं　　　　　　D. ग्यारहवीं

4. 'माया' ने दवा देकर किसका सिर दबाया ?

    A. शालिनी　　　　　　B. मधु　　　　　　　C. सरिता　　　　　　D. मीनू

5. 'मीनू' किस कारण से कमजोर हो गयी थी ?

    A. बीमारी के कारण　　B. पढ़ाई के कारण　　C. उचित भोजन न मिलने से　D. घर वालों को याद करने से

6. परीक्षा समाप्त होने पर उसे किसका इन्तजार था ?

    A. अमित से मिलने का　　　　　　　　　B. शालिनी से मिलने का

    C. अलीगढ़ वालों से मिलने का　　　　　　D. घर वालों से मिलने का

7. दोनों सहेलियाँ कितने दिन के अवकाश पर घर जा रही थीं ?

    A. पन्द्रह दिन　　　　　B. एक माह　　　　　　C. बीस दिन　　　　　D. दो माह

8. मीनू को अपने घर मीरापुर जाना था और माया को.................।

    A. आगरा　　　　　　　B. अलवर　　　　　　C. अजमेर　　　　　　D. अलीगढ़

9. 'ज्वर' का पर्यायवाची लिखो।

    A. ज्वार　　　　　　　B. सवाई　　　　　　　C. बुखार　　　　　　D. बीमारी

10. 'बदन' शब्द का यहाँ अर्थ है ?

    A. मुख　　　　　　　　B. शरीर　　　　　　　C. अम्बुन　　　　　　D. निकेतन

(Ekanki Sanchay)

Question 6

"ऐसा भी क्या बाप जो अपने बेटे के लिए भी नहीं रोता है। उसी बाप के ये बेटे हैं।"

1. 'अविनाश' कब बहुत बीमार था ?

    A. पिछले महीने　　　　B. पिछले सप्ताह　　　C. पच्चीस दिन पूर्व　　D. दस दिन पूर्व

2. "मेरा बेटा बहुत बीमार रहे और मुझे पता भी न लगे।" यह किसने कहा ?

    A. उमा ने　　　　　　B. माँ ने　　　　　　　C. पिता ने　　　　　　D. करुणा ने

3. बहू यद्यपि अकेली थी फिर भी उसने क्या नहीं किया ?

    A. हाथ नहीं बढ़ाया　　B. हाथ पीछे खींच लिया　C. हाथ नहीं फैलाया　　D. हाथ उठा लिया

4. उसने अपने 'पति' को बचा लिया, यह समाचार किसने दिया ?

    A. माँ ने　　　　　　　B. अतुल ने　　　　　　C. मिसरानी ने　　　　D. अविनाश ने

5. अविनाश कितने दिनों से दफ्तर नहीं जा रहे थे ?

    A. दस दिन से　　　　　B. पाँच दिन से　　　　C. बारह दिन से　　　D. तीन दिन से

6. 'अविनाश' की तुलना निर्मम पिता से किसने की ?

    A. अविनाश ने स्वयं　　B. अविनाश की पत्नी ने　C. अविनाश की माँ ने　　D. अविनाश के भाई ने

7. माँ से बेटे को अलग करना क्या है ?

    A. पाप　　　　　　　　B. कल्याण　　　　　　C. पुण्य　　　　　　　D. परोपकार

8. सब पत्नियाँ अपने पतियों को प्यार करती हैं। यह किसका कथन है ?

    A. माँ　　　　　　　　B. उमा　　　　　　　　C. अतुल　　　　　　　D. अविनाश

9. "नहीं भाभी! मैं नहीं छोड़ सकूँगी, चाहूँ तब भी नहीं ।" किसको नहीं छोड़ सकेगी ?

    A. पति को   B. माँ को   C. घर को   D. मिसरानी को

10. सन्तान का पालन करना माता-पिता का नैतिक कर्त्तव्य है। किन्तु इससे अधिक है तो वह क्या है?

    A. पाप   B. पुण्य   C. मोह   D. वात्सल्य

Answers

1. 1. B. ताजमहल
2. A. तुर्की शैली
3. C. सातवीं
4. D. दक्षिणी
5. C. छत्तीसगढ़
6. C. शेरस्तम्भ
7. C. ग्वालियर
8. C. ताजमहल
9. C. तमिलनाडु
10. A. भवन निर्माण कला

2. 1. D. श्याम
2. C. नीरज
3. B. बड़प्पन
4. A. संस्कारवृत्ति
5. B. उत्तराधिकारी का न होना
6. A. तुम्हारे पास कुछ आदमी हैं।
7. C. वैभव
8. B. कृपण
9. A. अनाथ
10. D. हिरनियाँ

3. 1. B. पेशगी
2. C. आठ आने
3. B. जगतसिंह
4. C. साढ़े चार रुपये की
5. C. जगतसिंह ने सिपाही से
6. A. रमजान
7. B. रसीला
8. A. न्यायप्रिय
9. B. छ:माह
10. A. यह इंसाफ नहीं अंधेर है।

4. 1. D. निर्गुण मार्गी

2. C. वाराणसी में लहरतारा के पास
3. C. समाज सुधारक
4. C. भवन
5. C. पूजा स्थल
6. B. हृदय से सच्ची प्रार्थना करते हैं तो उसे जोर से बोलने की आवश्यकता नहीं है
7. B. मुर्गा
8. C. बहरा
9. A. ईश्वर
10. B. निर्गुण

5. 1. C. 15 दिन
2. C. माया
3. B. आठवीं
4. D. मीनू
5. A. बीमारी के कारण
6. D. घर वालों से मिलने का
7. D. दो माह
8. D. अलीगढ़
9. C. बुखार
10. B. शरीर

6. 1. A. पिछले महीने
2. B. माँ ने
3. C. हाथ नहीं फैलाया
4. C. मिसरानी ने
5. A. दस दिन से
6. C. अविनाश की माँ ने
7. A. पाप
8. B. उमा
9. A. पति को
10. C. मोह

SECTION A

Question 1

निम्नलिखित गद्यांश को पढ़िए तथा उसके नीचे दिए गये प्रश्नों के उत्तर दीजिए—

"हमारा देश शान्ति प्रिय देश है। प्राचीन काल से ही हमारी इस प्रकार की सांस्कृतिक परम्परा है। हमने अपने शत्रुओं को भी उनके पद के अनुसार सम्मान दिया है। उनकी वीरता का सम्मान किया है। वीरता का श्रेय उनके माता-पिता को दिया है। वीरता का सम्मान करते हुए हमें तब विचार करना पड़ता है। जब उनकी वीरता दिशा हीन हो जाती है और वे मानवता को शर्मसार कर देते हैं। हमारे यहाँ का नेतृत्व जब इस प्रकार की घटनाओं का अवलोकन करता है तो सम्पूर्ण विश्व को एकजुट होने को कहता है, किन्तु जब अन्य राष्ट्र इस प्रकार का सहयोग या आवाहन स्वीकार न ही करते हैं तो हमारा नेतृत्व मानवता की सहायता करता हुआ तटस्थ हो जाता है। यह विश्वविदित है कि हमारे प्रथम प्रधानमंत्री शान्तिप्रिय थे। उनके पंचशील सिद्धान्त एवं पंचवर्षीय विकास योजनाएँ आज भी जनमानस के पटल पर अंकित हैं।"

1. हमारा देश किस प्रकार का देश है ?
   - A. जनप्रिय
   - B. सौन्दर्य प्रिय
   - C. शान्तिप्रिय
   - D. कृषि प्रधान

2. शान्ति प्रियता की परम्परा हमारे देश में कब से प्रचलित है ?
   - A. प्राचीनकाल
   - B. वर्तमान काल
   - C. निकट भविष्य
   - D. ऐतिहासिक काल

3. हमने अपने शत्रुओं को क्या दिया है ?
   - A. उच्चपद
   - B. पदगत सम्मान
   - C. श्रेय
   - D. धनादि

4. वीरता का श्रेय किसको दिया है ?
   - A. शासक को
   - B. सेना को
   - C. सैनिकों को
   - D. माता-पिता को

5. वे मानवता को कब शर्मसार कर देते हैं ?
   - A. अप्रतिम वीरता के कारण
   - B. सर्वदलीय सहयोग के कारण
   - C. राजकीय आदेश के कारण
   - D. दिशाहीन नेतृत्व के कारण

6. हमारा देश सारे संसार को क्या कहता है ?
   - A. सहयोग करने को
   - B. एकजुट होने को
   - C. शत्रु को बल देने को
   - D. जनरक्षा करने को

7. हमारा नेतृत्व किस प्रकार की भूमिका अदा करता है ?
   - A. तटस्थ
   - B. पाक्षिक
   - C. सहयोगात्मक
   - D. विरोधात्मक

8. 'मानवता' की सहायता कौन करता है ?
   - A. हमारा व्यक्तित्व
   - B. हमारा नेतृत्व
   - C. स्थानीय प्रशासन
   - D. केन्द्रीय प्रशासन

9. हमारे प्रथम प्रधानमन्त्री कैसे थे ?
   - A. शान्तिप्रिय
   - B. योजनाप्रिय
   - C. क्रान्तिप्रिय
   - D. जनप्रिय

10. 'पंचवर्षीय विकास योजनाएँ' किसके द्वारा संचालित की गयीं ?
    - A. प्रथम उपराष्ट्रपति द्वारा
    - B. राज्य सरकारों द्वारा
    - C. प्रथम प्रधानमंत्री द्वारा
    - D. जनपदीय प्रशासन द्वारा

Question 2

निम्नलिखित प्रश्नों के उत्तर निर्देशानुसार बताएँ—

1. विलोम शब्द लिखें—

   कृतज्ञ का विलोम बताइए—
   - A. परोपकार
   - B. कृतघ्न
   - C. अपकार
   - D. मौलिक

2. पर्यायवाची बताइए—

   आग का पर्यायवाची बताइए—
   - A. अनिल
   - B. पवन
   - C. अनल
   - D. पावन

3. भाववाचक संज्ञा बताइए—

   'व्यवहार' की भाववाचक संज्ञा बताइए—

   A. पारस्परिक   B. व्यावहारिक   C. आध्यात्मिक   D. पारम्परिक

4. शब्दों को शुद्ध करें—

   'उत्जवल' को शुद्ध करें—

   A. उद्ज्जवल   B. उत्ज्वल   C. उज्ज्वल   D. उद्ज्ज्वल

5. मुहावरे का अर्थ लिखो—

   'दो दो हाथ होना' इस मुहावरे का अर्थ लिखो—

   A. अपनी शक्ति अजमाना   B. शत्रु को पराजित करना   C. युद्ध करना   D. कुश्ती लड़ना

6. निर्देशानुसार वाक्य शुद्ध करें—

   सीता जी के साथ कोई नहीं था, अत: लक्ष्मण को वन जाना पड़ा। (सरल वाक्य)

   A. लक्ष्मण जी अकेली सीता के साथ वन गये।

   B. सीता जी अकेली होने के कारण ही लक्ष्मण जी वन गये।

   C. अकेली सीता जी वन जा रही थीं तभी लक्ष्मण जी को उनके साथ जाना पड़ा।

   D. लक्ष्मण जी के कहने पर ही सीता जी उनके साथ वन गयीं।

7. विशेषण बताइये—

   'आकाश' का विशेषण बताइए—

   A. नाभिकीय   B. आकांक्षीय   C. आकाशीय   D. अतुलनीय

8. तत्सम शब्द बताइए—

   'घर' का तत्सम शब्द बताइए—

   A. भवन   B. निकेतन   C. सदन   D. गृह

9. अनेक शब्दों के स्थान पर एक शब्द लिखें—

   जिस भूमि में कुछ भी पैदा न हो सके—

   A. उर्वरा   B. बंजर   C. ऊसर   D. जलोढ़

10. वचन बदलें—

   'मानसिकताएँ—

   A. मनों की   B. मनवालियाँ   C. मानसिकता   D. मानसिक

SECTION-B

(Questions from only two of the following textbooks are to be answered)

(Sahitya Sagar-Short Stories)

Question 3

"बात बहुत अच्छी है, परन्तु एक कठिनता है, यह डोर पतली है। इसे पकड़ कर काकी नहीं उतर सकतीं इसके टूट जाने का डर है।"

1. श्यामू को कौनसी बात अच्छी लगी है?

   A. पतंग उड़ाने की   B. पतंग को राम के यहाँ भेजने की

   C. पतंग पर काकी लिखने की   D. उपरोक्त सभी

2. उपर्युक्त योजना को प्रयुक्त करने में कठिनता क्या थी?

   A. राम के पास बहुत से लोग हैं।   B. पतंग ऊँची नहीं उड़ सकती।

   C. पतंग की रस्सी बहुत पतली है।   D. पतंग की रस्सी बहुत मोटी है।

3. प्रस्तुत वाक्यांश का वक्ता कौन है?

   A. भोला   B. श्यामू   C. काकी   D. इनमें से कोई नहीं

4. श्यामू पतंग के माध्यम से किसको नीचे उतारना चाहता था?

   A. श्यामू को   B. भोला को   C. विश्वेश्वर को   D. काकी को

5. किसके टूटने का डर है?

   A. भोला के   B. मोटी रस्सी के   C. गुरुजनों के   D. पतली रस्सी के

6. जवाहर भैया से एक कागज पर '........' लिखवा रखूँगा।

   A. पतंग   B. भोला   C. काकी   D. श्यामू

7. श्यामू किसके लिए बहुत उत्कंठित था ?

   A. काकी के लिए   B. विश्वेश्वर के लिए   C. मोटी रस्सी के लिए   D. पतंग के लिए

8. दूसरी बार विश्वेश्वर के कोट से कितने पैसे निकाले गये ?

   A. एक रुपया   B. अठन्नी   C. पच्चीस पैसे   D. चवन्नी

9. किस बात को सोचकर श्यामू गंभीर हो गया ?

   A. पतंग कैसे उड़ाई जाये ?   B. मोटी रस्सी कैसे मंगाई जाये ?

   C. काकी को नीचे कैसे उतारा जाये ?   D. इनमें से कोई नहीं

10. 'सुखिया' के लड़के का नाम क्या था ?

   A. विश्वेश्वर   B. भोला   C. शरण   D. श्यामू

<u>(Sahitya Sagar-Poems)</u>

Question 4

प्रभु के दिए हुए सुख इतने हैं विकीर्ण धरती पर,
भोग सकें जो उन्हें जगत में कहाँ अभी इतने नर ?
सब हो सकते तुष्ट, एक-सा सब सुख पा सकते हैं;
चाहें तो पल में धरती को स्वर्ग बना सकते हैं।

1. विकीर्ण का क्या अर्थ है ?

   A. बिखरा हुआ   B. विकसित   C. दिया हुआ   D. इनमें से कोई नहीं

2. 'संतुष्ट' का पर्यायवाची उपर्युक्त में से कौनसा है ?

   A. विकीर्ण   B. जगत   C. तुष्ट   D. इनमें से कोई नहीं

3. धरती को स्वर्ग कैसे बनाया जा सकता है ?

   A. संतुष्ट हो के   B. न्यायोचित अधिकार प्राप्त करके

   C. सुख प्राप्त करके   D. ये सभी

4. ईश्वर ने सुख के साधन किस रूप में उपलब्ध कराये हैं ?

   A. धन-सम्पदा   B. सूरज, चाँद, फूल, फल

   C. उपजाऊ, मिट्टी, वायु, पर्वत   D. B और C दोनों

5. 'कहाँ अभी इतने नर' पंक्ति से कवि का क्या अभिप्राय है ?

   A. मनुष्यों की संख्या कम है   B. सुख-संसाधन अधिक हैं

   C. धरती पर मौजूद मनुष्यों के लिए पर्याप्त संसाधन हैं   D. इनमें से कोई नहीं

6. धरती पर मौजूद संसाधनों पर सबको न्यायोचित अधिकार क्यों नहीं मिल पाता ?

   A. कुछ स्वार्थी और चालाक लोग औरों का अधिकार छीन लेते हैं   B. धरती सिर्फ चुनिंदा लोगों को संसाधन प्रदान करती है

   C. प्रकृति सबके लिए नहीं है   D. न्याय जैसी कोई चीज़ नहीं होती

7. प्रस्तुत गद्यांश में किस वर्ग के अधिकारों की बात की गयी है ?

   A. समृद्ध वर्ग के   B. शोषित वर्ग के   C. मजदूर वर्ग के   D. इनमें से कोई नहीं

8. प्रस्तुत पंक्तियों के रचनाकार कौन हैं ?

   A. सुमित्रानंदन पंत   B. सोहन लाल द्विवेदी   C. नागार्जुन   D. हरिकृष्ण प्रेमी

9. प्रस्तुत कविता के रचनाकार का निधन कब हुआ ?

   A. 1980   B. 1988   C. 1987   D. 1990

10. प्रस्तुत कविता के रचनाकार किस दैनिक राष्ट्रीय पत्र का संपादन करते थे ?

   A. आवाहन   B. अधिकार   C. आवाज़   D. आरोहण

<u>(Naya Rasta)</u>

Question 5

"दूसरी ओर हँस-हँस कर बातें करते समय आशा का सुन्दर रूप और अधिक निखर आया था। तभी माँ ने आशा को कमरे से बाहर बुलाया और कहा–"आशा, तुम इस तरह से बातें क्यों कर रही हो ?"

1. आशा किन से बातें कर रही थी ?
   A. मेरठ वालों से
   B. अलीगढ़ वालों से
   C. मीरापुर वालों से
   D. दिल्ली वालों से

2. किसके रूप में निखार आ गया था ?
   A. मीनू के
   B. आशा के
   C. अमित के
   D. रोहित के

3. माँ ने कमरे से किसको बुलाया ?
   A. मीनू को
   B. आशा को
   C. सरिता को
   D. मधु को

4. आशा किस तरह से बात कर रही थी ?
   A. झुँझला कर
   B. शरमाकर
   C. मुस्कराकर
   D. हँसकर

5. आशा ने क्या अनुचित नहीं माना ?
   A. प्रश्नों को पूछना
   B. प्रश्नों के उत्तर देना
   C. चुप रहना
   D. बोलते ही चले जाना

6. आशा का इस तरह से उत्तर देना किसको अच्छा नहीं लगा ?
   A. मीनू की माँ को
   B. दयाराम जी को
   C. अमित की माँ को
   D. मेरठ वालों को

7. 'मीनू' इस तरह की परीक्षा में कई बार असफल हो चुकी थी इसलिए उसके हृदय का.........और अधिक तीव्र हो गया था।
   A. झंझावात्
   B. संदेह
   C. अन्तर्द्वन्द्व
   D. प्यार

8. 'जी, घर जाकर विचार करेंगे। उसके बाद आपको पत्र लिखेंगे।' यह किसने कहा ?
   A. दयाराम जी ने
   B. धनीमल जी ने
   C. मायाराम जी ने
   D. अमित की माता जी ने

9. किसकी बचकानी हरकत को देखकर माँ को क्रोध आ गया ?
   A. आशा
   B. माया
   C. मधु
   D. सरिता

10. 'मीनू' किससे अधिक सुन्दर दिख रही थी ?
    A. आशा
    B. माया
    C. मधु
    D. सरिता

Question 6

(Ekanki Sanchay)

"बूँदी के हाड़ा सुख और दु:ख में चित्तौड़ के सिसौदियों के साथ रहे हैं और रहेंगे। हम सब राजपूत अग्नि के पुत्र हैं, हम सबके हृदय में एक ज्वाला जल रही है। हम कैसे एक-दूसरे से पृथक् हो सकते हैं।"

1. बूँदी के राजपूत कौन हैं ?
   A. सिसौदिया
   B. हाड़ा
   C. मान रक्षक
   D. शानरक्षक

2. प्रस्तुत उद्गार (कथन) किसका है ?
   A. महाराणा लाखा
   B. चारणी
   C. राम सिंह
   D. राव हेमू

3. 'अग्नि के पुत्र' यह विशेषण किसको दिया गया ?
   A. सिसौदिया सैनिकों को
   B. हाड़ा सैनिकों को
   C. सम्पूर्ण राजपूत जाति को
   D. चित्तौड़ के सैनिकों को

4. सब के हृदय में क्या जल रही है ?
   A. बूँदी को जीत लेंगे
   B. एकता की ज्वाला
   C. जलन
   D. दिखावे की ज्वाला

5. किसके बलिदान ने हमें मातृभूमि की रक्षा करना सिखाया है ?
   A. राव हेमू
   B. वीर सिंह
   C. लाखा
   D. चारणी

6. 'राजपूतों में न कोई राजा है और न महाराजा' यह कथन किसका है ?
   A. राव हेमू
   B. चारणी
   C. वीर सिंह
   D. महाराणा

7. 'महाराणा' ने किसके चरणों के पास बैठ कर अपने अपराध की क्षमा माँगी ?
   A. राव हेमू
   B. चारणी
   C. वीर सिंह
   D. अभय सिंह

8. 'निष्प्राण' शब्द का अर्थ.........है।
   A. प्राण वाला
   B. प्राण का निकलना
   C. प्राणों से रहित
   D. मृतक शरीर

9. "अब भी मेवाड़ और बूँदी के हृदय को मिलाने का कोई रास्ता नहीं निकल सकता ?" यह किसने किससे पूछा ?

    A. महाराणा ने चारणी से   B. चारणी ने राव हेमू से   C. चारणी ने महाराणा से   D. राव हेमू ने चारणी से

10. 'मातृभूमि का मान' इस एकांकी के लेखक कौन हैं ?

    A. उपेन्द्र नाथ 'अश्क'   B. हरिकृष्ण 'प्रेमी'   C. विनोद रस्तोगी   D. विष्णु प्रभाकर

1. 1. C. शान्तिप्रिय
2. A. प्राचीनकाल
3. B. पदगत सम्मान
4. D. माता–पिता को
5. D. दिशाहीन नेतृत्व के कारण
6. B. एकजुट होने को
7. A. तटस्थ
8. B. हमारा नेतृत्व
9. A. शान्तिप्रिय
10. C. प्रथम प्रधानमन्त्री द्वारा

2. 1. B. कृतध्न
2. C. अनल
3. B. व्यावहारिक
4. C. उज्ज्वल
5. C. युद्ध करना
6. C. अकेली सीता जी वन जा रही थीं तभी लक्ष्मण जी को उनके साथ जाना पड़ा।
7. C. आकाशीय
8. D. गृह
9. B. बंजर
10. C. मानसिकता

3. 1. D. उपरोक्त सभी
2. C. पतंग की रस्सी बहुत पतली है।
3. A. भोला
4. D. काकी को
5. D. पतली रस्सी के
6. C. काकी
7. D. पतंग के लिये
8. A. एक रुपया
9. B. मोटी रस्सी कैसे मंगाई जाये ?
10. B. भोला

4. 1. A. बिखरा हुआ
2. C. तुष्ट
3. D. ये सभी
4. D. B और C दोनों
5. C. धरती पर मौजूद मनुष्यों के लिए पर्याप्त संसाधन हैं
6. A. कुछ स्वार्थी और चालाक लोग औरों का अधिकार छीन लेते हैं
7. B. शोषित वर्ग के
8. B. सोहन लाल द्विवेदी
9. B. 1988
10. B. अधिकार

5. 1. A. मेरठ वालों से
2. B. आशा के
3. B. आशा को
4. D. हँसकर
5. B. प्रश्नों के उत्तर देना
6. A. मीनू की माँ को
7. C. अंतर्द्वन्द्व
8. C. माया राम जी ने
9. A. आशा
10. C. मधु

6. 1. B. हाड़ा
2. D. राव हेमू
3. C. सम्पूर्ण राजपूत जाति को
4. B. एकता की ज्वाला
5. B. वीर सिंह
6. A. राव हेमू
7. C. वीर सिंह
8. C. प्राणों से रहित
9. C. चारणी ने महाराणा से
10. B. हरिकृष्ण प्रेमी

SECTION A

Question 1

निम्नलिखित गद्यांश को ध्यान से पढ़िए तथा तथा नीचे दिये गये प्रश्नों के उत्तर दीजिये—

"यद्यपि सम्पूर्ण विश्व के ज्ञानवान, पुरुष, जब भी अपना विचार करते हैं तो उनके मन में एक यही भावना उद्दीप्त होती है कि हमारी मानवता का पल्लवन यथासम्भव होता चला जाय। कहीं भी किसी प्रकार का कलंक मानवता के माथे पर न लगे। शुभचिन्तक व्यक्ति चाहे कितना ही शक्तिशाली हो और किसी भी क्षेत्र में कार्यरत हो, उसका चिन्तन मानवता का पोषण और कल्याण ही होगा। प्राचीन साहित्य और वर्तमान साहित्य भी इसी का पोषण करता है, एक जन सामान्य का भी विचार यही है। इतना सब कुछ होते हुए भी विश्व में कहीं-न-कहीं समाज में विध्वंसक शक्तियाँ उभर के आ जातीं हैं जो मानवता के विरुद्ध नंगा नाच करती हैं। समाज की मर्यादा को तार-तार कर देती हैं किन्तु आज सबसे बड़े शर्म की बात यह है कि कुछ राष्ट्र परोक्ष रूप में इसे बढ़ावा देते हैं, आखिर उन्हें ऐसा नहीं करना चाहिए।"

1. एक शुभचिन्तक का चिन्तन मानवता के प्रति क्या होता है ?
   - A. पोषण और कल्याण
   - B. कर और आय
   - C. शोषण और विध्वंस
   - D. वृद्धि और विस्तार

2. ज्ञानवान पुरुष के मन में कौन-सी भावना उद्दीप्त होती है ?
   - A. परमार्थ की
   - B. मानवता का पल्लवन
   - C. मानवता की हानि की
   - D. स्वार्थ की

3. विश्व में कैसी शक्तियों का आगमन होता है ?
   - A. पोषक
   - B. विध्वंसक
   - C. सृजनात्मक
   - D. रचनात्मक

4. समाज की मर्यादा को तार-तार कौन कर देता है ?
   - A. आध्यात्मिक शक्तियाँ
   - B. सामाजिक शक्तियाँ
   - C. विध्वंसक शक्तियाँ
   - D. संपोषित शक्तियाँ

5. प्राचीन और वर्तमान साहित्य किस बात का समर्थक रहा है ?
   - A. विध्वंस का
   - B. मानवता के कल्याण का
   - C. नवीन मूल्यों का
   - D. मानवता की हानि का

6. विध्वंसक शक्तियाँ मानवता के विरुद्ध ________ करती हैं।
   - A. युद्ध
   - B. नर संहार
   - C. यज्ञ
   - D. नंगा नाच

7. समाज में विध्वंसक शक्तियाँ ________ आ जाती हैं।
   - A. मिलकर के
   - B. दब के
   - C. अचानक
   - D. उभर के

8. 'शुभचिन्तक' शब्द का अर्थ क्या है ?
   - A. कल्याण चाहने वाला
   - B. कल्याण करने वाला
   - C. कल्याण देखने वाला
   - D. कल्याण लाने वाला

9. क्या शर्म की बात है—
   - A. विध्वंसक शक्तियों को बढ़ावा देना
   - B. समाज की मर्यादा को तार-तार करना
   - C. साहित्य सृजन करना
   - D. इनमें से कोई नहीं

10. 'परोक्ष' का विलोम शब्द लिखो।
    - A. आँखों से ओझल
    - B. आँखों के पीछे
    - C. प्रत्यक्ष
    - D. आँखों के निकट

Question 2

निम्नलिखित प्रश्नों के उत्तर निर्देशानुसार बताएँ—

1. विलोम शब्द लिखें—

   'अमृत' का विलोम बताइए—
   - A. अमर बेल
   - B. विष
   - C. सुधा
   - D. अमिय

2. पर्यायवाची बताइए—

   'पर्वत' का पर्यायवाची बताइए—

   A. गिरि   B. जड़   C. व्योम   D. निधि

3. भाववाचक संज्ञा बताइए—

   'पढ़ना' की भाववाचक संज्ञा बताइए—

   A. पाठकपन   B. पढ़ाई   C. पढ़ते हुए   D. पढ़ने से

4. शब्दों को शुद्ध करें—

   कण्टककीरण' शुद्ध करें—

   A. कण्टककारण   B. कण्टकरण   C. कण्टकाकीर्ण   D. कण्टकार्किण

5. मुहावरे का अर्थ लिखो—

   'नाकों चने चबाना' का अर्थ बताइए—

   A. नाक से भोजन करना   B. डट कर मुकाबला करना

   C. अत्यधिक कष्ट झेलना   D. शत्रु को परास्त करना

6. निर्देशानुसार वाक्य शुद्ध करें—

   विद्यालय में छात्र नाटक प्रस्तुत करेंगे। (भूतकाल में)

   A. विद्यालय में छात्र नाटक करने वाले थे।

   B. विद्यालय में छात्रों ने नाटक प्रस्तुत किया।

   C. विद्यालय में छात्र नाटक कर रहे थे।

   D. विद्यालय में छात्रों का नाटक हुआ।

7. विशेषण बताइए—

   'परम्परा' का विशेषण बताइए—

   A. पारम्परिक   B. पारस्परिक   C. परमाशक्त   D. परमायुक्त

8. तद्भव बताइए—

   'अग्नि' शब्द का तद्भव बताइए—

   A. पावक   B. आग्नेय   C. आग   D. अग्निहोत्र

9. अनेक शब्दों के स्थान पर एक शब्द लिखें—

   जो कम खर्च करता हो—

   A. कंजूस   B. फिजूलखर्च   C. मितव्ययी   D. मक्खीचूस

10. लिङ्ग बदलें—

    विद्वान—

    A. पण्डित   B. विद्वानी   C. पण्डितानी   D. विदुषी

SECTION-B

(Questions from only two of the following textbooks are to be answered)

(Sahitya Sagar–Short Stories)

Question 3

"हालदार साहब को पान वाले द्वारा एक देशभक्त का इस तरह मज़ाक उड़ाया जाना अच्छा नहीं लगा।"

1. चौराहे पर नेताजी सुभाष चन्द्र बोस की प्रतिमा किसने लगवाई ?

   A. चेयरमैन ने   B. उत्साही बोर्ड या प्रशासनिक अधिकारी ने

   C. जिलाधिकारी ने   D. नगर पंचायत ने

2. मोतीलाल जी को क्या मान लिया गया ?

   A. मूर्तिकार   B. ठेकेदार   C. कटरमास्टर   D. ड्राइंग मास्टर

3. 'दिल्ली चलो' आदि नारे किसको देखकर याद आने लगते थे ?

   A. शहर के चौराहे को   B. ड्राइंगमास्टर मोतीलाल को

   C. चौराहे पर लगी मूर्ति को   D. उनके चश्मे को देखकर

4. हालदार साहब को कौन-सा आइडिया अच्छा लगा ?
   - A. मूर्ति के कपड़े बदलना
   - B. मूर्ति का चशमा बदलना
   - C. मूर्ति का रंग बदलना
   - D. मूर्ति का स्थान बदलना

5. हालदार साहब ने पान वाले से क्या पूछा ?
   - A. नेताजी के कपड़े कैसे बदल जाते हैं ?
   - B. नेता जी का रंग कैसे बदल जाता है ?
   - C. नेताजी का चशमा कैसे बदल जाता है ?
   - D. नेता जी का स्थान कैसे बदल जाता है ?

6. नेता जी का चशमा कौन बदलता है ?
   - A. पान वाला
   - B. हालदार साहब
   - C. प्रशासनिक अधिकारी
   - D. कैप्टन चशमे वाला

7. नेताजी के चेहरे पर चशमा क्यों नहीं था ?
   - A. पूरा बाजार बन्द था।
   - B. पान वाले की दुकान बन्द थी।
   - C. कैप्टन चशमे वाला मर गया था।
   - D. कैप्टन कहीं बाहर चला गया था।

8. हालदार साहब बार-बार किसके विषय में सोचते ?
   - A. कौम के
   - B. कैप्टन के
   - C. पान वाले के
   - D. मास्टर के

9. हालदार साहब का नेता जी के विषय में क्या ख्याल था ?
   - A. मूर्ति नहीं होगी
   - B. चशमा नहीं होगा
   - C. कैप्टन नहीं होगा
   - D. वहाँ पान नहीं खायेंगे

10. बच्चों ने नेताजी को कैसा चशमा पहना दिया ?
   - A. सरकंडे का
   - B. गोल फ्रेम वाला
   - C. चौकौर फ्रेमवाला
   - D. काले रंग का

(Sahitya Sagar-Poems)

Question 4

पानी बाढ़ै नाव में, घर में बाढ़े दाम।
दोऊ हाथ उलीचिए, यही सयानो काम ॥

1. 'गिरिधर कविराय' ने अपनी कविता को किस छन्द में लिखा ?
   - A. दोहा
   - B. सोरठा
   - C. रोला
   - D. कुण्डलिया

2. 'गिरिधर कविराय' की कितनी कुण्डलियाँ संकलित की गई हैं ?
   - A. सौ से अधिक
   - B. दो सौ से अधिक
   - C. चार सौ से अधिक
   - D. पाँच सौ से अधिक

3. गिरिधर कविराय की कुण्डलियाँ जनमानस में बहुत लोकप्रिय क्यों हैं ?
   - A. नीति परक तथ्यों का कथन
   - B. प्रभावशाली वर्णन
   - C. व्यावहारिक पक्ष
   - D. जनमानस पर पैठ

4. 'दाम' से यहाँ क्या अभिप्राय है ?
   - A. मूल्य
   - B. पैसा
   - C. दबा हुआ
   - D. इनमें से कोई नहीं

5. नाव में पानी भर जाने पर सयाने व्यक्ति को क्या करना चाहिये ?
   - A. नाव से कूद जाना चाहिये।
   - B. नाव में छेद करके पानी बाहर निकाल देना चाहिये।
   - C. दोनों हाथों से पानी बाहर फेंक देना चाहिये।
   - D. इनमें से कोई नहीं।

6. 'सयानो काम' से क्या अभिप्राय है ?
   - A. बेवकूफी का काम
   - B. समझदारी का काम
   - C. आलस्य करना
   - D. कोई काम ना करना

7. घर में 'दाम' बढ़ने पर क्या करना चाहिये ?
   - A. उलीचना चाहिये
   - B. दान-पुण्य करना चाहिये
   - C. तिजोरी में रख देना चाहिये
   - D. इनमें से कोई नहीं

8. 'सुचाल' का अर्थ—
   - A. कुत्सित गति
   - B. स्वर्णिम गति
   - C. उचित गति
   - D. मन्थरगति

9. 'काज' का तत्सम लिखिए—
   - A. कारण
   - B. घर
   - C. निमित्त
   - D. कार्य

10. 'नौका' का तद्भव लिखिए—
   - A. नौ वस्तुएँ
   - B. नाव
   - C. नौ लोग
   - D. नौ वस्तुओं का समूह

(Naya Rasta)

Question 5

'कितने कार्ड छपवाए जायेंगे ? किन-किन को बुलाना होगा ? जिन्हें बुलाया जायेगा, उन सब को क्या-क्या देना होगा ?'

1. "शादी के बाद प्रीतिभोज करना है कि नहीं।" ये किसने पूछा ?

    A. अमित की माँ ने अमित के पिता से   B. अमित के पिता ने अमित की माँ से

    C. मायाराम जी ने दयाराम जी से   D. मीनू ने दयाराम जी से

2. "यदि हम लोग प्रीतिभोज नहीं देंगे तो दुनिया वाले क्या कहेंगे।" यह विचार किसका है ?

    A. अमित का   B. अमित की माता जी का   C. मायाराम जी का   D. मीनू का

3. "इकलौती बहू के लिए इतना जेवर कम है।" यह किसने कहा ?

    A. अमित ने   B. दयाराम जी ने   C. मायाराम जी ने   D. अमित की माता जी ने

4. "अपने बुढ़ापे के लिए रखो अपना सोना" यह किसने किसको समझाते हुए कहा ?

    A. अमित के पिता ने अमित की माता जी को   B. मायाराम जी ने धनीमल जी को

    C. दयाराम जी ने मायाराम जी को   D. मीनू ने अमित को

5. मधु क्या चाहती थी ?

    A. अपनी सहेली की शादी में जाना।   B. अपनी सभी सहेलियों को शादी में बुलाना।

    C. कार्ड देना चाहती थी।   D. कार्ड छपवाना चाहती थी।

6. धनीमल जी सरिता को क्या देना चाहते थे ?

    A. एक फ्लैट   B. एक छोटा-सा घर   C. एक फैक्ट्री   D. एक बगीचा

7. "आज कल के बच्चे तो अलग रह कर ही अपनी गृहस्थी बसाना चाहते हैं।" यह विचार किसने दिया ?

    A. धनीमल जी ने   B. मायाराम जी ने   C. मनीराम जी ने   D. दयाराम जी ने

8. "छोटी बेटी होने के कारण बहुत लाड़ प्यार में पली है।" यह लड़की कौन है ?

    A. माया   B. सरिता   C. मधु   D. शालिनी

9. "उनके स्वयं कोई बेटा नहीं है तो वह क्या जानें बेटे के अलग होने का क्या दु:ख होता है।" यह किसने कहा ?

    A. दयाराम जी ने   B. धनीमल जी ने   C. अमित की माँ ने   D. मायाराम जी ने

10. "बेटा अमित! अब इस बात का फैसला तुम्हारे हाथ में ही है।" यह किसने कहा ?

    A. धनीमल जी ने   B. माया जी ने   C. मायाराम जी ने   D. दयाराम जी ने

(Ekanki Sanchay)

Question 6

"हम तो समझते थे कि घड़ी दो घड़ी में खेल खत्म हो जायेगा, लेकिन हमें छूँछे वारों का मुकाबला करने के लिए बजाए हाड़ाओ के अचूक निशानों का सामना करना पड़ा।"

1. महाराणा की सेना कहाँ अपना ध्वज फहराना चाहती थी ?

    A. चित्तौड़ के दुर्ग पर   B. बूँदी के नकली दुर्ग पर   C. बूँदी के दुर्ग पर   D. लोहागढ़ पर

2. "हम तो समझते थे कि घड़ी दो घड़ी में खेल खत्म हो जायेगा।" यह कथन किसका है ?

    A. महाराणा का   B. अभय सिंह का   C. लाखा का   D. वीर सिंह का

3. "हमारे इस खेल में कुछ वास्तविकता आ गयी है।" यह विचार किसका है ?

    A. अभय सिंह का   B. महाराणा का   C. चारणी का   D. राव हेमू का

4. "हम इतने कायर और निष्प्राण नहीं हैं।" यह किसका कथन है ?

    A. अभय सिंह का   B. महाराणा का   C. राव हेमू का   D. चारणी का

5. "धन्य है वह भूमि जहाँ ऐसे सिंह पैदा होते हैं।" यह कथन किसका है ?

    A. चारणी का   B. वीर सिंह का   C. महाराणा का   D. राव हेमू का

6. वीर सिंह का बलिदान किसके (हथियार) द्वारा हुआ ?

    A. गोला से   B. तलवार से   C. बाण से   D. बन्दूक से

7. ऐसी वीर जाति को अधीन करना मेरा पागलपन है। यहाँ पर 'मेरा' शब्द का सम्बन्ध किससे है ?

    A. अभय सिंह से   B. राव हेमू से   C. वीर सिंह से   D. महाराणा से

8. 'सायत' शब्द का अर्थ _______ है।
   A. समय   B. मुहूर्त   C. शुभघड़ी   D. उचित समय

9. महाराणा ने शव के पास बैठ कर क्या माँगा ?
   A. हाड़ाओं के लिए मृत्यु   B. अपने अपराध के लिए क्षमा   C. अपनी विजय के लिए गौरव   D. इनमें से कोई नहीं

10. हमारी तलवार अपने ही _______ पर न उठनी चाहिए।
   A. सैनिकों   B. मालिकों   C. स्वजनों   D. शत्रुओं

Answers

1. 1. A. पोषण और कल्याण
   2. B. मानवता का पल्लवन
   3. B. विध्वंसक
   4. C. विध्वंसक शक्तियाँ
   5. B. मानवता के कल्याण का
   6. D. नंगा नाच
   7. D. उभर
   8. A. कल्याण चाहने वाला
   9. A. विध्वंसक शक्तियों को बढ़ावा देना
   10. C. प्रत्यक्ष

2. 1. B. विष
   2. A. गिरि
   3. B. पढ़ाई
   4. C. कण्टकाकीर्ण
   5. C. अत्यधिक कष्ट झेलना
   6. B. विद्यालय में छात्रों ने नाटक प्रस्तुत किया
   7. A. पारम्परिक
   8. C. आग
   9. C. मितव्ययी
   10. D. विदुषी

3. 1. B. उत्साही बोर्ड या प्रशासनिक अधिकारी ने
   2. D. ड्राइंग मास्टर
   3. C. चौराहे पर लगी मूर्ति को
   4. B. मूर्ति का चश्मा बदलना
   5. C. नेताजी का चश्मा कैसे बदल जाता है?
   6. D. कैप्टन चश्मे वाला
   7. C. कैप्टन चश्मे वाला मर गया था
   8. A. कौम के
   9. B. चश्मा नहीं होगा
   10. A. सरकंडे का

4. 1. D. कुण्डलिया
   2. D. पाँच सौ से अधिक
   3. A. नीतिपरक तथ्यों का कथन
   4. B. पैसा
   5. C. दोनों हाथों से पानी बाहर फेंक देना चाहिये।
   6. B. समझदारी का काम
   7. B. दान-पुण्य करना चाहिये।
   8. C. उचित गति
   9. D. कार्य
   10. B. नाव

5. 1. B. अमित के पिता ने अमित की माँ से
   2. C. मायाराम जी का
   3. D. अमित की माताजी ने
   4. A. अमित के पिता ने अमित की माता जी को
   5. B. अपनी सभी सहेलियों को शादी में बुलाना
   6. A. एक फ्लैट
   7. A. धनीमल जी
   8. B. सरिता
   9. C. अमित की माँ ने
   10. C. मायाराम जी ने

6. 1. B. बूँदी के नकली दुर्ग पर
   2. B. अभय सिंह का
   3. B. महाराणा का
   4. A. अभय सिंह का
   5. C. महाराणा का
   6. A. गोला से
   7. D. महाराणा से
   8. B. मुहूर्त
   9. B. अपने अपराध के लिए क्षमा
   10. C. स्वजनों पर

Sample Paper

Hindi

SECTION–A

Question 1

किसी के भी जीवन में सफलता का बहुत महत्व है। परिश्रम सफलता की कुंजी है। यह तो सभी जानते हैं। इसका अर्थ यह हुआ कि यदि जीवन में सफलता पाना चाहते हो तो परिश्रम करो। वही व्यक्ति अपने लक्ष्य को प्राप्त करता है; जो मेहनत करता है। भाग्य और परिश्रम गाड़ी के दो पहियों के समान हैं। दोनों जीवन के साथ चलते हैं। जो लोग केवल भाग्य के सहारे चलते हैं उनका काम कभी पूरा नहीं होता। गीता में श्रीकृष्ण ने भी कहा है—कर्म करो और फल ईश्वर पर छोड़ दो। यानि परिश्रम करते रहो और फल ईश्वर पर छोड़ दो। यदि हम परिश्रम न करें तो सामने थाली में पड़ा हुआ खाना भी अपने आप पेट में नहीं जाएगा। केवल भाग्य के भरोसे रहने वाला व्यक्ति आलसी तथा निकम्मा होता है। वह हर बात का दोष केवल किस्मत को देकर हाथ पर हाथ रखकर बैठ जाता है।

1. जीवन में सफलता किसे मिलती है ?

   A. परिश्रमी व्यक्ति को B. आलसी को C. पुरुष को D. किसी को नहीं

2. गाड़ी के दो पहियों के समान किसे कहा गया है ?

   A. भाग्य B. भाग्य और परिश्रम C. परिश्रम D. कोई नहीं

3. भाग्य के भरोसे रहने से क्या हो जायेगा ?

   A. आलसी हो जायेंगें B. निकम्मे हो जायेंगें C. असफल रहेंगें D. ये सभी

4. गीता का क्या संदेश है ?

   A. कर्म करो, फल की चिंता छोड़ दो B. फल की इच्छा करो

   C. परिश्रम करो D. परिश्रम के साथ फल प्राप्त करो

5. उपर्युक्त गद्यांश का उचित शीर्षक क्या होगा ?

   A. भाग्य और परिश्रम B. भाग्य ही बलवान है

   C. परिश्रमी सदा सुखी D. परिश्रम सफलता की कुंजी है।

6. गीता में किसके उपदेश संकलित हैं ?

   A. भगवान शिव के B. भगवान श्रीकृष्ण के C. अर्जुन के D. बलराम के

7. कर्म करा _________ की इच्छा मत करो।

   A. धन B. गाड़ी C. फल D. सम्पदा

8. आलसी व्यक्ति किसे दोष देता है ?

   A. किस्मत को B. स्वयं को C. दूसरों को D. भगवान को

9. जीवन में किसका बहुत महत्व है ?

   A. गाड़ी का B. धन का C. परिश्रम का D. भाग्य का

10. केवल कौन अपने लक्ष्य को प्राप्त कर पाता है ?

    A. आलसी B. परिश्रमी C. निकम्मा D. A और B दोनों

Question 2

निम्नलिखित प्रश्नों के उत्तर निर्देशानुसार बताएँ—

1. ऋणात्मक का विलोम है—

   A. धनात्मक B. रिणात्मक C. मानात्मक D. अनात्मक

2. पर्यायवाची बताइए—

कौन-सा पर्यायवाची 'देवता' का नहीं है?

A. द्विज   B. सुर   C. निर्जर   D. विबुध

3. भाववाचक संज्ञा बताइए—

'शत्रु' की भाववाचक संज्ञा बताइये—

A. शत्रुता   B. वीरता   C. रिपुता   D. शत्रुपन

4. शब्दों को शुद्ध करें—

'अन्वेशण' शुद्ध करें—

A. अन्वेषण   B. अनवेषण   C. अन्वेशण   D. अन्वेशण

5. मुहावरे का अर्थ बताइए—

'आसमान पर चढ़ाना' का अर्थ बताइये—

A. बहुत घमंड करना   B. कठिन काम के लिये उकसाना   C. बहुत हल्ला करना   D. अत्यधिक प्रशंसा करना

6. निर्देशानुसार वाक्य शुद्ध करें—

मैं कक्षा 10 में पढ़ता हूँ। (भूतकाल में बदलें)

A. मैं कक्षा 10 में पढ़ा।   B. मैं कक्षा 10 में पढ़ूँगा।

C. मैं कक्षा 10 में पढ़ रहा हूँ।   D. मैं कक्षा 10 में 2 माह से पढ़ रहा हूँ।

7. विशेषण बनाइए—

'धर्म' का विशेषण बताइए—

A. धर्मी   B. धार्मिक   C. अधर्म   D. अनर्थ

8. तद्भव शब्द बताइए—

'वानर' का तद्भव रूप है—

A. वांर   B. बंदर   C. बांदर   D. बान्दर

9. अनेक शब्दों के स्थान पर एक शब्द लिखें—

जो कम खर्च करता हो—

A. मितव्ययी   B. मितभाषी   C. अतिव्ययी   D. वाचाल

10. वचन बदलें—

बालक

A. बालकों   B. बालकें   C. बालिका   D. बालक

SECTION–B

(Questions from only two of the following text books are to be answered)
(Sahitya Sagar – Short Stories)

Question 3

"रमजान ने ठण्डी सांस भरी। उसने रसीला को ठहरने का संकेत किया और आप कोठरी में चला गया। थोड़ी देर बाद कुछ रुपये रसीला के हाथ पर रख दिये।"

1. रमजान कौन था?

A. इंजीनियर साहब का नौकर   B. शेख सलीमुद्दीन का चौकीदार

C. हलवाई   D. जज

2. रसीला की उदासी का क्या कारण था?

A. उसकी पत्नी बीमार थी।   B. उसका मालिक बीमार था।   C. उसका बच्चा बीमार था।   D. उसके पिता बीमार थे।

3. रसीला को किसकी आवश्यकता थी?

A. नौकरी की   B. रुपयों की   C. रोटी की   D. घर की

4. इस कहानी के लेखक कौन हैं?

A. सुदर्शन   B. प्रेमचंद   C. सियाराम शरण गुप्त   D. यशपाल

5. रसीला ने अपनी परेशानी किससे साझा की?

A. पत्नी से   B. इंजीनियर साहब से   C. रमजान से   D. हलवाई से

6. रसीला को रमजान ने क्या सलाह दी ?

   A. मालिक से पेशगी माँग लो   B. चोरी कर लो   C. डाका डालो   D. किसी से उधार ले लो

7. रसीला की बात सुनकर रमजान कहाँ गया ?

   A. कोठरी में   B. घर के बाहर   C. इंजीनियर बाबू के घर   D. बैंक में

8. रमजान ने रसीला को क्या संकेत किया ?

   A. चले जाने का   B. रोने का   C. कभी न आने का   D. ठहरने का

9. रमजान ने रसीला की हथेली पर क्या रख दिया ?

   A. खाना   B. तिजोरी की चाबी   C. रुपये   D. चवन्नी

10. रसीला ने रुपये पाकर रमजान के विषय में क्या सोचा ?

   A. ये आदमी नहीं शैतान है।   B. ये आदमी नहीं देवता है।   C. गरीब होकर भी कृपण है।   D. रमजान बहुत उदार है।

(Sahitya Sagar – Poems)

Question 4

"गौतम ने जन्म लेकर, जिसका सुयश बढ़ाया
जग को दया सिखाई, जग को दिया दिखाया
वह युद्ध भूमि मेरी, वह बुद्ध भूमि मेरी
वह मातृभूमि मेरी, वह जन्मभूमि मेरी।

1. कवि ने भारत को युद्धभूमि क्यों कहा है ?

   A. वीरों की वीरता के कारण   B. अधिक युद्ध होने के कारण

   C. दूसरा विश्वयुद्ध होने के कारण   D. कोई युद्ध न होने के कारण

2. किसने जन्म लेकर यहाँ सुयश बढ़ाया है ?

   A. मीरा ने   B. कबीर ने   C. श्रीकृष्ण ने   D. गौतम बुद्ध ने

3. 'दिया' का यहाँ क्या अर्थ है ?

   A. दीपक   B. रोशनी   C. ज्ञान   D. कुछ प्रदान करना

4. गौतम ने जग को क्या सिखाया ?

   A. अहिंसा   B. हिंसा   C. दया   D. क्रूरता

5. कविता का मूलभाव क्या है ?

   A. देश की महिमा का बखान करना   B. देशभक्ति का प्रदर्शन करना

   C. देश के लिये गौरवान्वित महसूस करना   D. देश के लिये जान देना

6. बुद्ध-भूमि से क्या तात्पर्य है ?

   A. बुद्धिरहित भूमि   B. गौतम बुद्ध की भूमि   C. बौद्ध धर्म की भूमि   D. A और C दोनों

7. जन्मभूमि का पर्यायवाची कविता में कौन-सा है ?

   A. पुण्यभूमि   B. मातृभूमि   C. युद्धभूमि   D. बुद्धभूमि

8. कवि को किस बात पर गर्व है ?

   A. भारत में जन्म लेने पर   B. गौतम बुद्ध के जन्म लेने पर   C. भारत के युद्धभूमि होने पर   D. उपर्युक्त सभी

9. भूमि का पर्यायवाची बताएँ–

   A. धरा   B. अचला   C. धरती   D. ये सभी

10. प्रस्तुत कविता किसके द्वारा लिखी गई है ?

   A. सुमित्रानंदन पंत   B. नागार्जुन   C. कबीर   D. सोहनलाल द्विवेदी

(Naya Rasta)

Question 5

"मीनू ने दिल ही दिल में निर्णय लिया कि वह अब शादी नहीं करेगी। उसने साहस एकत्र करके पिताजी से कहा, 'पिताजी, आप मेरी चिंता न करें। आशा की शादी वहीं कर दें। मेरे कारण आप उसकी जिंदगी क्यों खराब कर रहे हैं?'"

1. मीनू कौन है ?

   A. दयाराम जी की पुत्री   B. मायाराम जी की पुत्री   C. धनीमल जी की पुत्री   D. लाला जी की पुत्री

2. मीनू ने क्या निर्णय लिया ?
    A. आगे पढ़ने का   B. शादी करने का   C. शादी न करने का   D. अमित को पत्र लिखने का

3. मीनू की शादी की बात किसके साथ चल रही थी ?
    A. विमल से   B. रोहित से   C. सुमित से   D. अमित से

4. अमित की छोटी बहन का क्या नाम था ?
    A. आशा   B. मधु   C. सरिता   D. कमला

5. मीनू ने शादी न करने का निर्णय क्यूँ लिया ?
    A. मेरठ से मना होने पर   B. आशा की शादी कराने के लिये
    C. हापुड़ से मना होने पर   D. A और B दोनों

6. मेरठ वालों ने क्या जवाब दिया ?
    A. हमें मीनू पसंद नहीं है।   B. हमें आशा पसंद है।   C. हमें सरिता पसंद है।   D. हमें नीलिमा पसंद है।

7. मेरठ वालों का जवाब सुनकर मीनू की क्या दशा हुई ?
    A. वह खुश हो गई   B. उसका दिल रो पड़ा   C. वह घर से बाहर चली गई   D. वह गुस्सा हो गई

8. मेरठ वालों ने बहाना क्यों बनाया ?
    A. मीनू के साँवले रंग के कारण   B. सरिता के खूबसूरत होने के कारण
    C. धनीमल के अधिक पैसा देने के कारण   D. इनमें से कोई नहीं

9. आशा का रूप-रंग कैसा था ?
    A. काला और कुरूप   B. साँवला   C. सामान्य   D. गोरा और सुंदर

10. 'नया रास्ता' के लेखक/लेखिका का नाम बताइए–
    A. महादेवी वर्मा   B. सुषमा अग्रवाल   C. नागार्जुन   D. सुमित्रानंदन पंत

<u>(Ekanki Sanchay)</u>

Question 6

"यदि मैं कमला को लिये बिना ही गया तो माँ का हृदय टूट जायेगा ।"

1. वक्ता कौन है ?
    A. रोहित   B. रमेश   C. प्रमोद   D. जीवनलाल

2. कमला किसकी बहन है ?
    A. प्रमोद की   B. रमेश की   C. रोहित की   D. इनमें से कोई नहीं

3. वक्ता यह वाक्य किससे कह रहा है ?
    A. राजेश्वरी से   B. जीवनलाल से   C. रमेश से   D. पड़ोसियों से

4. वक्ता कमला को कहाँ ले जाना चाहता है ?
    A. उसके मायके   B. उसके ससुराल
    C. उसके मामा के घर   D. बाजार

5. श्रोता कमला को क्यों नहीं जाने देना चाहता ?
    A. घर के कामों में व्यवधान के कारण   B. दहेज कम मिलने के कारण
    C. कमला की तबियत खराब होने के कारण   D. इनमें से कोई नहीं

6. श्रोता ने कमला को भेजने के लिये कितनी राशि की माँग रखी ?
    A. दस हजार   B. पाँच हजार   C. पंद्रह हजार   D. बीस हजार

7. कमला के न जाने पर किसका हृदय टूट जायेगा ?
    A. बहन का   B. माँ का   C. प्रमोद का   D. जीवनलाल का

8. वक्ता कमला को किस अवसर के लिये ले जाने की बात कर रहा है ?
    A. भादों मनाने के लिये   B. सावन मनाने के लिये   C. भाई-दूज के लिये   D. इनमें से कोई नहीं

9. श्रोता का कमला के साथ क्या सम्बन्ध है ?
    A. ससुर   B. देवर   C. पिता   D. भाई

10. श्रोता की पत्नी का क्या नाम है ?
    A. कमला   B. राजेश्वरी   C. मीनू   D. ममता

 **Answers**

1.
1. A. परिश्रमी व्यक्ति को
2. B. भाग्य और परिश्रम
3. D. ये सभी
4. A. कर्म करो फल की चिंता छोड़ दो
5. D. परिश्रम सफलता की कुंजी है
6. A. भगवान श्रीकृष्ण के
7. C. फल
8. A. किस्मत को
9. C. परिश्रम का
10. B. परिश्रमी

2.
1. A. धनात्मक
2. A. द्विज
3. A. शत्रुता
4. A. अन्वेषण
5. D. अत्यधिक प्रशंसा करना
6. A. मैं कक्षा 10 में पढ़ा
7. B. धार्मिक
8. B. बंदर
9. A. मितव्ययी
10. A. बालकों

3.
1. B. शेख सलीमुद्‌दीन का चौकीदार
2. C. उसका बच्चा बीमार था
3. B. रुपयों की
4. A. सुदर्शन
5. C. रमजान से
6. A. मालिक से पेशगी माँग लो
7. A. कोठरी में
8. D. ठहरने का
9. C. रुपये
10. B. ये आदमी नहीं देवता है।

4.
1. A. वीरों की वीरता के कारण
2. D. गौतम बुद्ध ने
3. C. ज्ञान
4. C. दया
5. C. देश के लिये गौरवान्वित महसूस करना
6. B. गौतम बुद्ध की भूमि
7. B. मातृभूमि
8. A. भारत में जन्म लेने पर
9. D. ये सभी
10. D. सोहनलाल द्विवेदी

5.
1. A. दयाराम जी की पुत्री
2. C. शादी न करने का
3. D. अमित से
4. D. मधु
5. A. मेरठ से मना होने पर
6. B. हमें आशा पसंद है
7. B. उसका दिल रो पड़ा
8. C. धनीमल के अधिक पैसा देने के कारण
9. D. गोरा और सुंदर
10. B. सुषमा अग्रवाल

6.
1. C. प्रमोद
2. A. प्रमोद की
3. B. जीवनलाल से
4. A. उसके मायके
5. B. दहेज कम मिलने के कारण
6. B. पाँच हजार
7. B. माँ का
8. B. सावन मनाने के लिए
9. A. ससुर
10. B. राजेश्वरी

English-I

Specimen Question Paper

English Language [English-I]

Maximum Marks: 40
Time allowed: One hour (inclusive of reading time)

General Instructions

ALL QUESTIONS ARE COMPULSORY.
The marks intended for questions are given in brackets [ ].
Select the correct option for each of the following questions.

Question 1

Read the following passage carefully and answer the questions that follow:

I was never able to get over the feeling that plants and trees loved Grandfather with as much **tenderness** as he loved them. I was sitting beside him on the veranda steps one morning, when I noticed the tendril of a creeping vine that was trailing near my feet. As we sat there, in the soft sunshine of a north Indian winter, I saw that the tendril was moving very slowly away from me and towards Grandfather. Twenty minutes later it had crossed the veranda step and was touching Grandfather's feet.

There is probably a scientific **explanation** for the plant's behaviour something to do with light and warmth—but I like to think that it moved that way simply because it was fond of Grandfather. One felt like drawing close to him. Sometimes when I sat alone beneath a tree I would feel a little lonely or lost; but as soon as Grandfather joined me, the garden would become a happy place, the tree itself more friendly.

Grandfather had served many years in the Indian Forest Service, and so it was natural that he should know and understand and like trees. On his retirement from the Service, he had built a bungalow on the outskirts of Dehra, planting trees all round it: limes, mangoes, oranges and guavas; also eucalyptus, jacaranda and the Persian lilac. In the fertile Doon valley, plants and trees grew tall and strong.

There were other trees in the compound before the house was built, including an old peepul which had forced its way through the walls of an abandoned outhouse, knocking the bricks down with its **vigorous** growth. Peepul trees are great show-offs. Even when there is no breeze, their broad-chested, slim-waisted leaves will spin like tops, determined to attract your attention and invite you into the shade.

Grandmother had wanted the peepul tree cut down, but Grandfather had said, 'Let it be. We can always build another outhouse.'

Our gardener, Govind, who was a Hindu, was pleased that we had allowed the tree to live. Peepul trees are sacred to Hindus, and some people believe that ghosts live in the branches of these trees.

'If we cut the tree down, wouldn't the ghosts go away?' I asked.

'I don't know,' said Grandfather. 'Perhaps they'd come into the house.'

Govind wouldn't walk under the tree at night. He said that once, when he was a youth, he had wandered beneath a peepul tree late at night, and that something heavy had fallen with a thud on his shoulders. Since then he had always walked with a slight stoop, he explained.

'Nonsense,' said Grandmother, who didn't believe in ghosts. 'He got his stoop from squatting on his haunches year after year, weeding with that tiny spade of his!'

I never saw any ghosts in our peepul tree. There are peepul trees all over India, and people sometimes leave offerings of milk and flowers beneath them to keep the spirits happy. But since no one left any offerings under our tree, I expect the ghosts left in disgust, to look for peepul trees where there was both board and lodging.

Grandfather was about sixty, a lean active man who still rode his bicycle at great speed. He had stopped climbing trees a year previously, when he had got to the top of the jackfruit tree and had been unable to come down again. We had to fetch a ladder for him.

Grandfather bathed quite often but got back into his gardening clothes immediately after the bath. During meals, ladybirds or caterpillars would sometimes walk off his shirtsleeves and wander about on the tablecloth, and this always annoyed Grandmother.

She grumbled at Grandfather a lot, but he didn't mind, because he knew she loved him.

[From 'The Tree Lover', Rusty the Boy from the Hills by Ruskin Bond]

(a) For each word given below choose the correct meaning (as used in the passage) from the options provided: [3]

   (i)   tenderness:
      1. affection   2. soreness
      3. youthfulness

   (ii) explanation:
      1. an excuse or pretext   2. a statement or account that makes something clear
      3. a long-winded speech

  (iii) vigorous:
      1. strong, healthy, and full of energy   2. manipulating and meandering
      3. timorous

(b) Why did the author feel that plants loved Grandfather with as much tenderness as he loved them? [2]

   1.   He saw the tendril of a creeping vine move very slowly towards Grandfather and cross the veranda step to touch Grandfather's feet.

   2.   Because the creeper moved as they sat there, in the soft sunshine of a north Indian winter; it was something to do with light and warmth.

   3.   He saw the tendril of a creeping vine moving very slowly towards him, crossing the veranda step to touch the author's feet.

(c) Where had Grandfather worked for many years? [2]

   1.   the Indian Revenue Service   2. the Botanical Gardens
   3.   the Indian Forest Service

(d) Which trees did Grandfather plant around his bungalow? [2]

   1.   limes, mangoes, oranges, guavas, eucalyptus, jacaranda, the Persian lilac and a peepul tree
   2.   limes, mangoes, oranges, guavas, eucalyptus, jacaranda and the Persian lilac
   3.   creeper vines, limes, mangoes, oranges, guavas, eucalyptus, jacaranda, the Persian lilac, ladybirds and caterpillars

(e) Why does the author say peepul trees are great show-offs? [2]

   1.   because there are peepul trees all over India, and people sometimes leave offerings of milk and flowers beneath them to keep the spirits happy.

   2.   because even when there is no breeze, their broad-chested, slim-waisted leaves will spin like tops, determined to attract your attention and invite you into the shade.

   3.   because ghosts lived in peepul trees where there was both board and lodging.

(f) How do we know Grandfather was fit? [2]

   1.   because even at about sixty he was a lean active man who still rode his bicycle at great speed.
   2.   because he climbed up but couldn't get down from the jackfruit tree.
   3.   because he planted so many trees around his bungalow all by himself.

(g) Why did ladybirds or caterpillars sometimes wander about on the tablecloth?   [2]
    1.   because Grandfather came straight to the dining table after his work in the garden.
    2.   because Grandfather loved both plants and animals and liked to keep them near.
    3.   because Grandfather wore his gardening clothes at mealtimes and they would wander off his shirtsleeves and onto the tablecloth.

(h) What has the author said about the old peepul tree? Which of the following combination of sentences best summarizes the answer?   [5]
    1.   The old peepul knocked down the brick walls of an abandoned outhouse with its vigorous growth. There are peepul trees all over India, and people sometimes leave offerings of milk and flowers beneath them to keep the spirits happy. Govind said that once, when he was a youth, he had wandered beneath a peepul tree late at night, and that something heavy had fallen with a thud on his shoulders. Since then he had always walked with a slight stoop.
    2.   The old peepul knocked down the brick walls of an abandoned outhouse with its vigorous growth. Grandmother wanted it cut down but Grandfather said they could always build another one. Govind was pleased but frightened of resident ghosts. As no one left any offerings under the tree, the author decided the ghosts must have left in disgust, to look for trees offering board and lodging.
    3.   The old peepul knocked down the brick walls of an abandoned outhouse with its vigorous growth. There are peepul trees all over India, and people sometimes leave offerings of milk and flowers beneath them to keep the spirits happy. Grandmother said Govind got his stoop from squatting on his haunches year after year, weeding with that tiny spade of his rather than from any resident ghosts alighting on his shoulders.

Question 2

(a) Fill in the blanks with the correct forms of the words provided after the passage: [4]

When he saw the cottage, over amongst some bushes with a rank growth of nettles at one end, he (i) _____________ (think) it was a miserable place. But when he came close to the peeling lime wash, the torn-down ivy, sagging roof, the (ii) _____________ (break) stone doorstep, thick with trampled mud, he saw that it was a wretched house. The door (iii) _____________ (stand) half-open, stuck. He knocked at it and (iv) _____________ (listen) to the acute silence. He knocked again firmly and thought he (v) _____________ (hear) thin whisperings. He did not like the (vi) _____________ (hush) fear in the sounds, and was just about (vii) _____________ (knock) peremptorily when there was a shuffling and, as quietly as an apparition, a woman (viii)________ (is) there.

   (i) 1. thinks   2. thought
         3. thinked

   (ii) 1. breaks   2. broken
         3. breaking

   (iii) 1. stood   2. is standing
         3. had been standing

   (iv) 1. was listening   2. had been listening
         3. listened

   (v) 1. could hear   2. had been hearing
         3. was hearing

   (vi) 1. hushing
         2. hushed
         3. hush

   (vii) 1. knocked   2. knocking
         3. to knock

(viii) 1. be   2. is

      3. was

(b) Choose the correct option to fill in the blanks: [4]

  (i) Surprised _________ the noise, the judge called for silence.

      1. on   2. at

      3. with

  (ii) Ravi's parents are not happy ________ his behaviour.

      1. for   2. by

      3. with

  (iii) The Colonel congratulated the soldiers _______ their victory.

      1. beside   2. alongside

      3. on

  (iv) The planet was seen ________ the telescope.

      1. outside   2. before

      3. through

  (v) He is not afraid _______ the consequences.

      1. over   2. of

      3. for

  (vi) He rushed ______ the class as he was late.

      1. into   2. onto

      3. in

  (vii) The school is famous _______its sports achievements.

      1. of   2. for

      3. besides

  (viii) __________ being clever, he is brave.

      1. Despite   2. Besides

      3. For

(c) Choose the correct option to join the following sentences without using 'and', 'but' or 'so': [4]

  (i) She sells sea shells. She sells them on the sea shore.

      1. She sells sea shells on the sea shore.

      2. The sea shells which she sells are found on the sea shore.

      3. She sells sea shells which are on the sea shore.

  (ii) Why are you upset? Did someone scold you?

      1. You are upset having been scolded by someone.

      2. She asked him why he was upset and if he had been scolded.

      3. Are you upset because someone scolded you?

  (iii) She has not seen the message perhaps. She may have chosen to ignore it.

      1. Perhaps she chose to ignore the message which she had seen.

      2. She may either have not seen the message or chosen to ignore it.

      3. Neither did she see the message nor ignore it.

  (iv) I often wake up late in the mornings. I am never late for school.

      1. Although I often wake up late in the mornings, I am never late for school.

      2. I am sometimes late for school because I often wake up late in the mornings.

      3. I am never late for school because I usually wake up on time.

(d) Read each sentence with its instructions. Choose the correct answer from the options provided beneath
each: [8]

(i) I couldn't stop my teeth from chattering as it was very cold.

(Use 'so')

1. It was so cold that I couldn't stop my teeth from chattering.

2. It was so difficult to stop my teeth from chattering it being cold.

3. I couldn't stop my teeth from chattering so it was very cold.

(ii) As soon as the vacation begins, my neighbour rushes to the seaside.

(Begin: No sooner…)

1. No sooner does my vacation begin than the neighbour rushes to the seaside.

2. No sooner does the vacation begin than my neighbour rushes to the seaside.

3. No sooner did the vacation begin when my neighbour rushed to the seaside.

(iii) "Will you lend me the book tomorrow?" Priya asked her classmate.

(Begin: Priya asked her classmate if……………………….)

1. Priya asked her classmate if he would lend her the book the next day.

2. Priya asked her classmate if he would lent her the book tomorrow.

3. Priya asked her classmate if he will lend her the book the day after.

(iv) But for Laila's support, the woman would have lost her job.

(Begin: Had…)

1. Had Laila supported her, the woman would not have lost her job.

2. Had Laila supported her, the woman would have lost her job.

3. Had it not been for Laila's support, the woman would have lost her job.

(v) Herbert consulted his parents before accepting the job offer.

(Begin: Herbert did not ………..)

1. Herbert did not forgot to consult his parents before accepting the job offer.

2. Herbert did not forget to consult his parents before accepting the job offer.

3. Herbert did not consult his parents before accepting the job offer.

(vi) The tornado had been raging for several hours before people were moved to safety.

(Begin: The people…)

1. The people were moved to safety before the tornado had been raging for several hours.

2. The people were moved to safety only while the tornado had been raging for several hours.

3. The people were moved to safety only after the tornado had been raging for several hours.

(vii) Put your tools away, the children may fall over them.

(Use: lest……………….)

1. Put your tools away lest the children may fall over them.

2. Put your tools away lest the children fall over them.

3. Put your tools away, children,lets fall over them.

(viii) Unless you begin now, you will never finish.

(Use 'If')

1. If you never finish, you must begin now.

2. If you do not begin now, you will never finish.

3. If you begin now, you will never finish.

1. (a) (i)　1. affection

　　　(ii)　2. a statement or account that makes something clear.

　　　(iii)　1. strong, healthy and full of energy.

　　(b) 1.　He saw the tendril of a creeping vine move very slowly towards Grandfather and cross the veranda step to touch Grandfather's feet.

　　(c) 3.　the Indian Forest Service.

　　(d) 2.　limes, mangoes, oranges, guavas, eucalyptus, jacaranda and the Persian lilac.

　　(e) 2.　because even when there is no breeze, their broad-chested, slim-waisted leaves will spin like tops, determined to attract your attention and invite you into the shade.

　　(f) 1.　because even at about sixty he was a lean active man who still rode his bicycle at great speed.

　　(g) 3.　because Grandfather wore his gardening clothes at mealtimes and they would wander off his shirtsleeves and onto the tablecloth.

　　(h) 2.　The old peepul knocked down the brick walls of an abandoned outhouse with its vigorous growth. Grandmother wanted it cut down but Grandfather said they could always build another one. Govind was pleased but frightened of resident ghosts. As no one left any offerings under the tree, the author decided the ghosts must have left in disgust, to look for trees offering board and lodging.

2. (a) (i)　2. thought　　　　　　　　(ii) 2. broken

　　　(iii) 1. stood　　　　　　　　(iv) 3. listened

　　　(v) 1. could hear　　　　　　(vi) 3. hush

　　　(vii) 3. to knock　　　　　　(viii) 3. was

　　(b) (i)　2. at　　　　　　　　　(ii) 3. with

　　　(iii) 3. on　　　　　　　　　(iv) 3. through

　　　(v) 2. of　　　　　　　　　(vi) 1. into

　　　(vii) 2. for　　　　　　　　(viii) 2. Besides

　　(c) (i)　1. She sells sea shells on the sea shore.

　　　(ii)　3. Are you upset because someone scolded you?

　　　(iii)　2. She may either have not seen the message or chosen to ignore it.

　　　(iv)　1. Although I often wake up late in the mornings, I am never late for school.

　　(d) (i)　1. It was so cold that I couldn't stop my teeth from chattering.

　　　(ii)　2. No sooner does the vacation being than my neighbour rushes to the seaside.

　　　(iii)　1. Priya asked her classmate if he would lend her the book the next day.

　　　(iv)　3. Had Laila supported her, the woman would have lost her job.

　　　(v)　2. Herbert did not forget to consult his parents before accepting the job offer.

　　　(vi)　3. The people were moved to safety only after the tornado had been raging for several hours.

　　　(vii)　2. Put your tools away lest the children fall over them.

　　　(viii) 2. If you do not begin now, you will never finish.

❑❑

Question 1

Read the following passage carefully and answer the questions that follow:

If religion and community are associated with global violence in the minds of many people, then so are global poverty and inequality. There has, in fact, been an increasing tendency in recent years to justify policies of poverty removal on the ground that this is the surest way to prevent political strife and turmoil. Basing public policy—international as well as domestic—on such an understanding has some evident attractions. Given the public anxiety about wards and disorders in the rich countries in the world, the indirect justification of poverty removal-not for its own sake but for the sake of peace and quiet in the world—provides an argument that appeals to self-interest for helping the needy. It presents an argument for allocating more resources on poverty removal because of its presumed political, rather than moral relevance. While the temptation to go in that direction is easy to understand, it is a **perilous** route to take even for a worthy cause.

Part of the difficulty lies in the possibility that if wrong, economic reductionism would not only impair our understanding of the world, but would also tend to undermine the declared rationale of the public commitment to remove poverty. This is a particularly serious concern, since poverty and massive inequality are terrible enough in themselves, and deserve priority even if there were no connection whatsoever with violence.

Just as virtue is its own reward, poverty is at least its own penalty. This is not to deny that poverty and inequality can-and do-have far reaching consequences with conflict and strife, but these connections have to be examined and investigated with appropriate care and empirical scrutiny, rather than being casually invoked with unreasoned rapidity in support of a 'good cause'.

Destitution can, of course, produce provocation for defying established laws and rules. But it need not give people the initiative, courage, and actual ability to do anything very violent. Destitution can be accompanied not only by economic debility, but also by political helplessness. A starving wretch can be too **frail** and too dejected to fight and battle, and even to protest and holler. It is thus not surprising that often enough intense and widespread suffering and misery have been accompanied by unusual peace and silence. Indeed, many famines have occurred without there being much political rebellion or civil strife or intergroup warfare. For example, the famine years in the 1840s in Ireland were among the most peaceful, and there was little attempt by the hungry masses to intervene even as ship after ship sailed down the river Shannon with rich food. Looking elsewhere, my own childhood memories in Calcutta during the Bengal famine of 1943 include the sight of starving people dying in front of sweetshops with various layers of luscious food displayed behind the glass windows, without a single glass being broken, or law or order being disrupted.

(a) For each word given below choose the correct meaning (as used in the passage) from the options provided:

    (i)   perilous

        1. scared   2. costly   3. dangerous

    (ii)   destitution

        1. dejection   2.   indigence   3.   default

    (iii) frail

        1. weak and delicate   2.   rugged   3.   stout

(b) Select the statement that can be most plausibly inferred from the aforesaid passage.

    1.   A society plagued by recurrent famines can never witness political revolution.

    2.   Religious discrimination inevitably leads to violence and strife.

    3.   Famines and starvation do not necessarily result in political rebellion.

(c) The author believes that it may not be advisable to emphasise on the connection between poverty and violence as:

    1   Emphasis on such connection appeals only to self-interest of persons.

    2.   Linking poverty and violence undermines the moral character of anti-poverty measures.

    3.   There is no necessary link between poverty and inequality.

(d) Which of the following best captures the central argument of this passage?

    1.   Religion is inextricably linked with violence.

    2.   Basing anti-poverty programmes on the need for avoidance of violence and strife is dotted with many pitfalls.

    3.   Global poverty and inequality are one of the fundamental causes of global violence and strife.

(e) The author refers to his own experience as a child during the Bengal famine of 1943 in order to—

    1.   Illustrate how religiosity may instill passive acceptance of even the worst forms of starvation among people.

    2.   Repudiate the argument that religious discrimination usually tends to inspire violent protests.

    3.   Substantiate his assertion that it is not unusual to have the most intense suffering and misery coexist with complete peace.

(f) Which of the following statement is least likely to be inferred from the passage ?

    1.   History is replete with instance of famines that have occurred without there being much violent protest.

    2.   Economic debility in turn inhibits political freedom.

    3.   Many writers and critics are increasingly advocating for stronger policies on poverty removal on the ground that this would help prevent political turmoil.

(g) The author asserts that basing anti-poverty measures on the avowed connections between poverty and violence has certain apparent benefits because:

    1.   poverty is similar to religious exploitation in terms of the potential violent consequences.

    2.   it leads to allocation of more resources on anti-poverty policies.

    3.   the widespread concern about war and violence provides a rationale for poverty-removal that appeals to the 'self-interest' of persons

(h) What has the author said about poverty removal? Which of the following combination of sentences best summarizes the answer?

    1.   Religion and community are associated with global violence. Poverty and inequality are associated with religious strife. The public is anxious about the disorders and wards of the rich.

    2.   More resources are allocated for poverty removal. This has greater political relevance than moral. It is a perilous route to take for a worthy cause.

    3.   Global poverty and inequality are in the minds of most people. Poverty removal is seen as a way to eliminate turmoil and strife. There is an indirect justification of poverty removal not for its own sake but for maintaining peace and order.

Question 2

(a) Fill in the blanks with the correct forms of the words provided after the passage:

By the time she was three, Matilda had (i) _________ (teach) herself to read by (ii) _________ (study) newspapers and magazines that (iii) _________ (lie) around the house. At the age of four, she could (iv) _________ (read) fast and well and she naturally began (v) _________ (hanker) after books. The only book in the whole of this enlightened household was something called Easy Cooking (vi) _________ (belong) to her mother, and when she had read this from cover to cover and had (vii) _________ (learn) all the recipes by heart, she (viii) _________ (decide) she wanted something more interesting.

(i)	1. teached		2. taught		3. teaches
(ii)	1. studied		2. studies		3. studying
(iii)	1. lies		2. lay		3. lied
(iv)	1. read		2. reading		3. was reading
(v)	1. hankers		2. hankering		3. hankered
(vi)	1. belonged		2. belongs		3. belonging
(vii)	1. learns		2. learned		3. learnt
(viii)	1. decides		2. decided		3. was deciding

(b) Choose the correct option to fill in the blanks:

(i) You cannot expect respect from him because he has lost his sense _________ shame.

    1. in   2. of   3. into

(ii) We have the habit of exulting _________ the discomfiture of our rivals.

    1. at   2. over   3. by

(iii) On the eve of the Prime Minister's visit, Civil Line has been cordoned_________.

    1. off   2. on   3. over

(iv) The Hindus believe in many rituals to ward _______ the evils.

    1. against   2. off   3. out

(v) The robbers not only injured the landlord but also decamped ______ body.

    1. with   2. off   3. about

(vi) At the sight of his former wife, he flew ______ a rage.

    1. in   2. into   3. to

(vii) Dishonesty is always detrimental _______ progress in life.

    1. to   2. for   3. in

(viii) The rich are not inured ______ manual labour.

    1. of   2. on   3. to

(c) Choose the correct option to join the following sentences without using 'and', 'but' or 'so'

(i) Rohan does not like to play cricket. He does not like to play hockey either.

    1. Neither does Rohan like to play cricket, nor does he like to play hockey.

    2. Rohan does not like to play cricket since he does not like to play hockey.

    3. Rohan does not like to play cricket. He also not like to play cricket.

(ii) Sania pushed as hard as she could. The door would not open.

    1. Sania pushed as hard as she could as the door would not open.

    2. Although Sania pushed as hard as she could, the door would not open.

    3. Sania pushed as hard as she could because the door would not open.

(iii) The school bus drove through the gate. The clock was striking eight at that moment.

    1. The school bus drove through the gate when the clock was striking eight at that moment.

    2. The school bus drove through the gate as the clock was striking eight at that moment.

    3. When the school bus drove through the gate, the clock was striking eight.

    (iv) We reached the port. The storm came on.

        1. We reached the port so the storm came on.

        2. We reached the port while the storm came on.

        3. As soon as we reached the port, the storm came on.

(d) Read each sentence with its instructions. Choose the correct answer from the options provided beneath each:

  (i)   He is so old that he cannot remember events of the past.

      (Begin: He is too .....)

      1. He is too old to remember events of the past.

      2. He is too old that he cannot remember events of the past.

      3. He is too old that he remember events of the past.

  (ii)   As soon as the bell rings, the children run out to play.

      (Begin: No sooner...)

      1. No sooner did the bell rang than the children run out to play.

      2. No sooner does the bell ring than the children run out to play.

      3. No sooner does the bell rang than the children run out to play.

  (iii) No other planet is as big as Jupiter.

      (Begin: Jupiter....)

      1. Jupiter is bigger than many other planets.

      2. Jupiter is very big as a planet.

      3. Jupiter is the biggest planet.

  (iv) She was so tired that she could not stand.

      (Begin: She was too......)

      1. She was too tired to stand.

      2. She was too tired that she could not stand.

      3. She was too tired and could not stand.

  (v)   I have found my mobile phone that I had lost.

      (Begin: I had lost....)

      1. I had lost my mobile phone that I have found.

      2. I had lost my mobile phone, but I have found it.

      3. I had lost my mobile phone that I have found it.

  (vi) You are too young to understand the ways of the world.

      (Begin: You are so)

      1. You are so young that you cannot understand the ways of the world.

      2. You are so young to understand the ways of the world.

      3. You are so young that understand the ways of the world.

  (vii) He is faster than me.

      (Begin: I am....)

      1. I am not as fast as him.

      2. I am as fast as him.

      3. I am faster than him.

  (viii) He cleaned the house and washed the dishes.

      (Begin: Not only ...)

      1. Not only did he cleaned the house but he also washed the dishes.

      2. Not only does he clean the house but he also washed the dishes.

      3. Not only did he clean the house but he also washed the dishes.

Answers

1. (a) (i)   3. dangerous

    (ii)   2. indigence

    (iii) 1. weak and delicate   2. rugged

(b) 3.   Famines and starvation do not necessarily result in political rebellion.

(c) 3.   There is no necessary link between poverty and inequality.

(d) 2.   Basing anti-poverty programmes on the need for avoidance of violence and strife is dotted with many pitfalls

(e) 3.   Substantiate his assertion that it is not unusual to have the most intense suffering and misery coexist with complete peace.

(f) 2.   Economic debility in turn inhibits political freedom.

(g) 3.   The widespread concern about war and violence provides a rationale for poverty-removal that appeals to the 'self-interest' of persons

(h) 3.   Global poverty and inequality are in the minds of most people. Poverty removal is seen as a way to eliminate turmoil and strife. There is an indirect justification of poverty removal not for its own sake but for maintaining peace and order.

2. (a) (i)   2. taught   (ii)   3. studying

    (iii) 2. lay   (iv)   1. read

    (v)   2. hankering   (vi)   3. belonging

    (vii) 3. learnt   (viii) 2. decided

(b) (i)   2. of   (ii)   2. over

    (iii) 1. off   (iv)   2. off

    (v)   1. with   (vi)   2. into

    (vii) 1. to   (viii) 3. to

(c) (i)   1. Neither does Rohan like to play cricket, nor does he like to play hockey.

    (ii)   2. Although Sania pushed as hard as she could, the door would not open.

    (iii) 3. When the school bus drove through the gate, the clock was striking eight.

    (iv)   3. As soon as we reached the port, the storm came on.

(d) (i)   1. He is too old to remember events of the past.

    (ii)   2. No sooner does the bell ring than the children run out to play.

    (iii) 3. Jupiter is the biggest planet.

    (iv)   1. She was too tired to stand.

    (v)   2. I had lost my mobile phone but I have found it.

    (vi)   1. You are so young that you cannot understand the ways of the world.

    (vii) 1. I am not as fast as him.

    (viii) 3. Not only did he clean the house but he also washed the dishes.

❑❑

2 Sample Paper

English Language [English-I]

Question 1

Read the following passage carefully and answer the questions that follow:

When Farmer Oak smiled, the corners of his mouth spread till they were within an unimportant distance of his ears, his eyes were reduced to chinks, and **diverging** wrinkles appeared round them, extending upon his countenance like the rays in a rudimentary sketch of the rising sun.

His Christian name was Gabriel,and on working days he was a young man of sound judgment, easy motions, proper dress, and general good character. On Sundays he was a man of misty views, rather given to **postponing**, and hampered by his best clothes and umbrella: upon the whole, one who felt himself to occupy morally that vast middle space of Laodicean neutrality which lay between the Communion people of the parish and the drunken section,—that is, he went to church, but yawned privately by the time the congregation reached the Nicene creed, and thought of what there would be for dinner when he meant to be listening to the sermon. Or, to state his character as it stood in the scale of public opinion, when his friends and critics were in tantrums, he was considered rather a bad man; when they were pleased, he was rather a good man; when they were neither, he was a man whose moral colour was a kind of pepper and salt mixture.

Since he lived six times as many working-days as Sundays, Oak's appearance in his old clothes was most peculiarly his own—the mental picture formed by his neighbours in imagining him being always dressed in that way. He wore a low-crowned felt hat, spread out at the base by tight jamming upon the head for security in high winds, and a coat like Dr. Johnson's, for his lower extremities being encased in ordinary leather leggings and boots emphatically large, affording to each foot a roomy apartment so constructed that any wearer might stand in a river all day long and know nothing of damp—their maker being a conscientious man who endeavoured to **compensate** for any weakness in his cut by unstinted dimension and solidity.

Mr. Oak carried about him, by way of watch, what may be called a small silver clock; in other words, it was a watch as to shape and intention, and a small clock as to size. This instrument being several years older than Oak's grandfather had the peculiarity of going either too fast or not at all. The smaller of its hands, too, occasionally slipped round on the pivot, and thus, though the minutes were told with precision, nobody could be quite certain of the hour they belonged to. The stopping peculiarity of his watch Oak remedied by thumps and shakes, and he escaped any evil consequences from the other two defects by constant comparisons with and observations of the sun and stars, and by pressing his face close to the glass of his neighbours' windows, till he could discern the hour marked by the green-faced timekeepers within. It may be mentioned that Oak's fob being difficult of access, by reason of its somewhat high situation in the waistband of his trousers (which also lay at a remote height under his waistcoat), the watch was as a necessity pulled out by throwing the body to one side, compressing the mouth and face to a mere mass of ruddy flesh on account of the exertion, and drawing up the watch by its chain, like a bucket from a well.

[From 'Far From the Madding Crowd', by Thomas Hardy]

(a) For each word given below choose the correct meaning (as used in the passage) from the options provided:

    (i) diverging

        1. wandering   2. disappearing   3. fading

    (ii) postponing

        1. cancelling   2. suspending   3. recreating

    (iii) compensate

        1. to make for something   2. company given benefits   3. pay off

(b) What did the narrator compare the rays in a rudimentary sketch of the rising sun with?

    1.   The corners of farmer Oak's mouth that spread till they were within an unimportant distance of his ears.

    2.   Farmer Oak's eyes which were reduced to chinks.

    3.   Diverging wrinkles that appeared round farmer Oak's eyes.

(c) When was Gabriel Oak hampered by his best clothes and umbrella?

    1.   On Sundays

    2.   On working days

    3.   On all the days

(d) 'This instrument being several years older than Oak's grandfather, had the peculiarity of going either too fast or not at all'. Which 'instrument' is being talked about here?

    1.   Tractor used in farming   2. Equipment used in farming   3. His watch

(e) How did Oak's friends judge his character?

    1.   When his friends and critics were in tantrums, he was considered a bad man.

    2.   When his friends and critics were in tantrums, he was considered a good man.

    3.   When his friends and critics were in good mood, he was considered a bad man.

(f) Which peculiarity about Oak's grandfather's watch has been mentioned in the passage?

    1.   It was a big silver clock and older than Oak's grandfather.

    2.   It was a small golden clock.

    3.   Of going either too fast or not at all

(g) By what is the drawing up the watch by its chain compared?

    1   pulling a train's chain.   2. leash of a dog.   3. like a bucket from a well.

(h) What has the author told about Gabriel Oak's appearance? Which of the following combination of sentences best summarizes the answer?

    1.   Mr. Oak carried about him, by way of watch, what may be called a small silver clock; in other words, it was a watch as to shape and intention, and a small clock as to size. This instrument being several years older than Oak's grandfather, had the peculiarity of going either too fast or not at all. The smaller of its hands, too, occasionally slipped round on the pivot, and thus, though the minutes were told with precision, nobody could be quite certain of the hour they belonged to.

    2.   Since Oak lived six times as many working-days as Sundays, Oak's appearance in his old clothes was most peculiarly his own—the mental picture formed by his neighbours in imagining him being always dressed in that way. He wore a low-crowned felt hat, spread out at the base by tight jamming upon the head for security in high winds, and a coat like Dr. Johnson's, for his lower extremities.

    3.   When Farmer Oak smiled, the corners of his mouth spread till they were within an unimportant distance of his ears, his eyes were reduced to chinks, and diverging wrinkles appeared round them. On working days he was a young man of sound judgment, easy motions, proper dress, and general good character. Oak's appearance in his old clothes was most peculiarly his own—the mental picture formed by his neighbours in imagining him being always dressed in that way.

Question 2

(a) Fill in the blanks with the correct forms of the words provided after the passage:

'No for God's sake don't kill him. I agree to everything you say.' The scream of the girl (i) _________(shake) the corner, where she was cringing with fear (ii)_______________(wear) one shoe on her feet. I was (iii) ___________ (lay) on the floor, a little distance away (iv) ________ (watch) helplessly this heartrending spectacle. I (v) _________ (feel)the bones of his skull cracking under the impact of heavy iron rod. A strange sound (vi) __________ (escape) from his mouth and he fell on the floor. The mouth of the girl (vii)________________ (remain) open for a delirious scream. Her thin, stick like arms (viii)_____________ (spread) out in space.

(i)	1. shake	2.	shook	3.	shaken
(ii)	1. wearing	2.	wore	3.	weared
(iii)	1. lying	2.	lay	3.	laid
(iv)	1. has been watching	2.	watching	3.	was watching
(v)	1. felt	2.	was feeling	3.	feel
(vi)	1. escapes	2.	escaped	3.	has escaped
(vii)	1. remains	2.	has remained	3.	remained
(viii)	1. spreading	2.	spread	3	were spreading

(b) Choose the correct option to fill in the blanks:

(i)   He sat __________ the tree and told me his story.
   1. by   2. on   3. at

(ii)   He didn't come ________ his identity proof at the examination hall.
   1. for   2. with   3. alongside

(iii)   John came back home _______ evening.
   1. through   2. before   3. in

(iv)   The church is not far away _________ his house.
   1. of   2. for   3. from

(v)   The soldiers passed __________.
   1. by   2. near   3. through

(vi)   He purchased it _________ hundred rupees.
   1. from   2. at   3. for

(vii) Do not cry _____ spilt milk.
   1. on   2. at   3. over

(viii) They live __________ the same floor.
   1. in   2. at   3. on

(c)   Choose the correct option to join the following sentences without using 'and', 'but' or 'so':

(i)   The cat is far off. The mice will play.
   1. When the cat is far off, the mice will play.
   2. The mice would play when it finds cat far off.
   3. The cat is far off then mice will play.

(ii)   I have been ill. I returned from Delhi.
   1. I have been ill when I returned from Delhi.
   2. I have been ill since I returned from Delhi.
   3. I returned from Delhi since then I have been ill.

(iii)   Where is the book I gave you? Is it lost?
   1. Where is the lost book which I gave you?
   2. Is the book lost, that I gave you?
   3. Is the book which I gave you, lost?

(iv) Why he told a lie? The reason is not known.

    1. The reason he told a lie is not known.

    2. The reason why he told a lie is not known.

    3. The reason for which he told a lie is not known.

(d) Read each sentence with its instructions. Choose the correct answer from the options provided beneath each:

(i) He didn't eat his breakfast as he was getting very late.

    (Use 'so')

    1. He was getting so late that he couldn't eat his breakfast.

    2. He was getting so late that he didn't eat his breakfast.

    3. He didn't eat his breakfast so he was getting very late.

(ii) As soon as the teacher sat, he called the names of the selected students.

    (Begin: No sooner…)

    1. No sooner did the teacher sit than he called the names of the selected students.

    2. No sooner does the teacher sit than he called the names of the selected students.

    3. No sooner did the teacher sit than he calls the names of the selected students.

(iii) He said to her, "Please come with me to the cafeteria".

    (Begin: He requested her------------------------)

    1. He request her to come to the cafeteria with him.

    2. He requested to her to come to the cafeteria with him.

    3. He requested her to come with him to the cafeteria.

(iv) He reached the station on time. He would have lost the train.

    (Begin: Had-------------------)

    1. Had he not reached the station on time,he would have lost the train.

    2. Had he reached the station on time, he would have not lost the train.

    3. Had he would have lost the train if not reached on time.

(v) Rohit offered prayers in the temple before going abroad.

    (Begin: Rohit did not -------------------)

    1. Rohit did not offer prayers in the temple before going abroad.

    2. Rohit did not go to temple to offer prayers before going abroad.

    3. Rohit did not go abroad without offering prayers in the temple.

(vi) The earthquake had caused lot of destruction before the people were rescued.

    (Begin: The people-------------------)

    1. The people were rescued after the earthquake had caused lot of destruction.

    2. The people were rescued before the earthquake had caused lot of destruction.

    3. The people were rescued while the earthquake had caused lot of destruction.

(vii) Stay away from the sea shore, you may drown.

    (Use: lest -------------------)

    1. Stay away from the sea shore lest you may not drown.

    2. Stay away from the sea shore lest you should drown.

    3. Stay away, from the sea shore lest you may not drown.

(viii) I would buy a car. I get a good job.

    (Use 'If': -------------------)

    1. If I get a good job, I would buy a car.

    2. If I get a good job then only I would buy a car.

    3. If I would buy a car, I get a good job.

Answers

1. (a) (i)   1. Wandering
      (ii)   2. Suspending
      (iii) 3. Pay off
   (b) 3.   Diverging wrinkles that appeared round farmer Oak's eyes.
   (c) 1   On Sundays
   (d) 3.   His watch
   (e) 1.   When his friends and critics were in tantrums, he was considered a bad man.
   (f) 3.   Of going either too fast or not at all.
   (g) 3.   like a bucket from a well.
   (h) 3.   When Farmer Oak smiled, the corners of his mouth spread till they were within an unimportant distance of his ears, his eyes were reduced to chinks, and diverging wrinkles appeared round them. On working days he was a young man of sound judgment, easy motions, proper dress, and general good character. Oak's appearance in his old clothes was most peculiarly his own—the mental picture formed by his neighbours in imagining him being always dressed in that way.

2. (a) (i)   2. Shook
      (ii)   1. Wearing
      (iii)   1. lying
      (iv)   2. watching
      (v)   1. felt
      (vi)   2. escaped
      (vii)   3. remained
      (viii) 2. spread
   (b) (i)   1. by
      (ii)   2. with
      (iii)   2. before
      (iv)   3. from
      (v)   1. by
      (vi)   3. for
      (vii)   3. over
      (viii) 3. on
   (c) (i)   1. When the cat is far off, the mice will play.
      (ii)   2. I have been ill since I returned from Delhi.
      (iii)   3. Is the book which I gave you, lost?
      (iv)   2. The reason why he told a lie is not known.
   (d) (i)   2. He was getting so late that he didn't eat his breakfast.
      (ii)   1. No sooner did the teacher sit than he called the names of the selected students.
      (iii)   3. He requested her to come with him to the cafeteria.
      (iv)   1. Had he not reached the station on time, he would have lost the train.
      (v)   3. Rohit did not go abroad without offering prayers in the temple.
      (vi)   1. The people were rescued after the earthquake had caused lot of destruction.
      (vii)   2. Stay away from the sea shore lest you should drown.
      (viii) 1. If I get a good job, I would buy a car.

❑❑

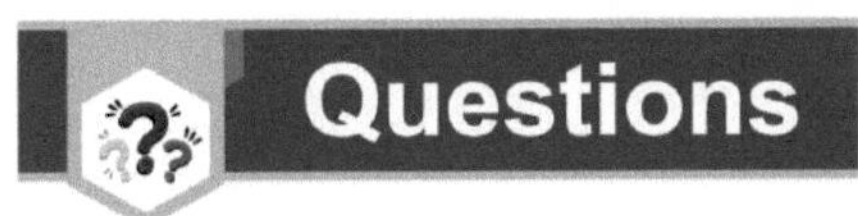

Question 1

Read the following passage carefully and answer the questions that follow:

One September night a family had gathered round their **hearth**, and piled it high with the driftwood of mountain streams, the dry cones of the pine, and the splintered ruins of great trees that had come crashing down the precipice. Up the chimney roared the fire, and brightened the room with its broad blaze. The faces of the father and mother had a sober gladness; the children laughed; the eldest daughter was the image of Happiness at seventeen; and the aged grandmother, who sat knitting in the warmest place, was the image of Happiness grown old. They had found the "herb, heart's-ease," in the bleakest spot of all New England. This family were situated in the Notch of the White Hills, where the wind was sharp throughout the year, and pitilessly cold in the winter - giving their cottage all its fresh inclemency before it descended on the valley of the Saco. They dwelt in a cold spot and a dangerous one; for a mountain towered above their heads, so steep, that the stones would often rumble down its sides and startle them at midnight.

The daughter had just uttered some simple jest that filled them all with mirth, when the wind came through the Notch and seemed to pause before their cottage - rattling the door, with a sound of wailing and lamentation, before it passed into the valley. For a moment it saddened them, though there was nothing unusual in the tones. But the family were glad again when they perceived that the latch was lifted by some traveller, whose footsteps had been unheard amid the dreary blast which heralded his approach, and wailed as he was entering, and went moaning away from the door.

Though they dwelt in such a solitude, these people held daily converse with the world. The romantic pass of the Notch is a great artery, through which the life-blood of internal commerce is continually throbbing between Maine, on one side, and the Green Mountains and the shores of the St. Lawrence, on the other. The stage-coach always drew up before the door of the cottage. The way-farer, with no companion but his staff, paused here to exchange a word, that the sense of loneliness might not utterly overcome him ere he could pass through the cleft of the mountain, or reach the first house in the valley. And here the teamster, on his way to Portland market, would put up for the night; and, if a bachelor, might sit an hour beyond the usual bedtime, and steal a kiss from the mountain maid at parting. It was one of those primitive taverns where the traveller pays only for food and lodging, but meets with a homely kindness beyond all price. When the footsteps were heard, therefore, between the outer door and the inner one, the whole family rose up, grandmother, children, and all, as if about to welcome someone who belonged to them, and whose fate was linked with theirs.

The door was opened by a young man. His face at first wore the melancholy expression, almost despondency, of one who travels a wild and bleak road, at nightfall and alone, but soon brightened up when he saw the kindly warmth of his reception. He felt his heart spring forward to meet them all, from the old woman, who wiped a chair with her apron, to the little child that held out its arms to him. One glance and smile placed the stranger on a footing of innocent familiarity with the eldest daughter.

"Ah, this fire is the right thing!" cried he; "especially when there is such a pleasant circle round it. I am quite benumbed; for the Notch is just like the pipe of a great pair of bellows; it has blown a terrible blast in my face all the way from Bartlett."

"Then you are going towards Vermont?" said the master of the house, as he helped to take a light knapsack off the young man's shoulders.

"Yes; to Burlington, and far enough beyond," replied he. "I meant to have been at Ethan Crawford's tonight; but a pedestrian lingers along such a road as this. It is no matter; for, when I saw this good fire, and all your cheerful faces, I felt as if you had kindled it on purpose for me, and were waiting my arrival. So I shall sit down among you, and make myself at home."

The frank-hearted stranger had just drawn his chair to the fire when something like a heavy footstep was heard without, rushing down the steep side of the mountain, as with long and rapid strides, and taking such a leap in passing the cottage as to strike the opposite precipice. The family held their breath, because they knew the sound, and their guest held his by **instinct**.

"The old mountain has thrown a stone at us, for fear we should forget him," said the landlord, recovering himself. "He sometimes nods his head and threatens to come down; but we are old neighbours, and agree together pretty well upon the whole. Besides we have a sure place of refuge hard by if he should be coming in good earnest."

*[From, The **Ambitious** Guest, Nathaniel Hawthorne]*

(a) For each word given below choose the correct meaning (as used in the passage) from the options provided:

   (i)   hearth:

      1. foreign   2. urban area   3. the floor of a fireplace.

   (ii) instinct:

      1. reason

      2. an innate, typically fixed pattern of behaviour in animals in response to certain stimuli.

      3. knowledge

   (iii) ambitious:

      1. modest

      2. difficult

      3. having or showing a strong desire and determination to succeed.

(b) What are the indicator's in the family that they had found the "herb, heart's-ease"?

   1.   The faces of the father and mother had a sober gladness; the children laughed; the eldest daughter was the image of Happiness at seventeen; and the aged grandmother, who sat knitting in the warmest place, was the image of Happiness grown old.

   2.   The family were glad again when they perceived that the latch was lifted by some traveller, whose footsteps had been unheard amid the dreary blast which heralded his approach, and wailed as he was entering, and went moaning away from the door.

   3.   The frank-hearted stranger had just drawn his chair to the fire when something like a heavy footstep was heard without, rushing down the steep side of the mountain, as with long and rapid strides, and taking such a leap in passing the cottage as to strike the opposite precipice.

(c) What was the kind of abode that belonged to the family?

   1.   It was one of those primitive taverns where the traveller pays only for food and lodging, but meets with a homely kindness beyond all price.

   2.   It was a stage coach.

   3.   It was Ethan Crawford's.

(d) What is the author's description about the locale in which the family was residing?

   1.   The stage-coach always drew up before the door of the cottage. The way-farer, with no companion but his staff, paused here to exchange a word, that the sense of loneliness might not utterly overcome him ere he could pass through the cleft of the mountain, or reach the first house in the valley.

   2.   This family were situated in the Notch of the White Hills, where the wind was sharp throughout the year, and pitilessly cold in the winter - giving their cottage all its fresh inclemency before it descended on the valley of the Saco. They dwelt in a cold spot and a dangerous one; for a

mountain towered above their heads, so steep, that the stones would often rumble down its sides and startle them at midnight.

3. The romantic pass of the Notch is a great artery, through which the life-blood of internal commerce is continually throbbing between Maine, on one side, and the Green Mountains and the shores of the St. Lawrence, on the other.

(e) What does the author say about the expression on the young man's face?

1. He was the image of Happiness at seventeen.

2. He was the image of Happiness grown old.

3. His face at first wore the melancholy expression, almost despondency, of one who travels a wild and bleak road, at nightfall and alone, but soon brightened up when he saw the kindly warmth of his reception.

(f) What does the author say about the hearth on that September night?

1. The frank-hearted stranger had just drawn his chair to the fire when something like a heavy footstep was heard without, rushing down the steep side of the mountain.

2. The family had gathered round their hearth, and piled it high with the driftwood of mountain streams, the dry cones of the pine, and the splintered ruins of great trees that had come crashing down the precipice. Up the chimney roared the fire, and brightened the room with its broad blaze.

3. "Ah, this fire is the right thing!" cried he; "especially when there is such a pleasant circle round it.

(g) What made the young man's expression brighten when he entered the abode ?

1. The way-farer, with no companion but his staff, paused here to exchange a word, that the sense of loneliness might not utterly overcome him ere he could pass through the cleft of the mountain, or reach the first house in the valley

2. Soon brightened up when he saw the kindly warmth of his reception. He felt his heart spring forward to meet them all, from the old woman, who wiped a chair with her apron, to the little child that held out its arms to him. One glance and smile placed the stranger on a footing of innocent familiarity with the eldest daughter.

3. He sometimes nods his head and threatens to come down; but we are old neighbours, and agree together pretty well upon the whole.

(h) What has the author said about the young man making himself feel at home? Which of the following combination of sentences best summarizes the answer?

1. He sometimes nods his head and threatens to come down; but we are old neighbours, and agree together pretty well upon the whole.

2. It is no matter; for, when I saw this good fire, and all your cheerful faces, I felt as if you had kindled it on purpose for me, and were waiting my arrival. So I shall sit down among you, and make myself at home."

3. Ah, this fire is the right thing!" cried he; "especially when there is such a pleasant circle round it. I am quite benumbed;

Question 2

(a) Fill in the blanks with the correct forms of the words provided after the passage:

"The door (i) _______(open) by a young man. His face at first (ii) ____(wear) the melancholy expression, almost despondency, of one who (iii) _______(travel) a wild and bleak road, at nightfall and alone, but soon (iv) ______(bright) up when he saw the kindly warmth of his reception. He felt his heart (v) _____(spring) forward to meet them all, from the old woman, who wiped a chair with her apron, to the little child that (vi)_____(hold) out its arms to him. One glance and smile placed the stranger on a footing of innocent familiarity with the eldest daughter.

"Ah, this fire is the right thing!" cried he; "especially when there is such a pleasant circle round it. I am quite (vii) _____(benumb); for the Notch is just like the pipe of a great pair of bellows; it has (viii) ____a terrible blast in my face all the way from Bartlett."

(i)   1.   opened   2   opens   3.   was opened
(ii) 1.   wore   2.   were   3.   wear
(iii) 1.   travels   2.   travel   3.   was travel
(iv). 1.   brightened   2.   brightens   3.   brighten
(v)   1.   sprang   2.   spring   3.   springed
(vi) 1.   holded   2.   hold   3.   held
(vii) 1.   benumbing   2.   benumbed   3.   benumb
(viii)1.   blow   2.   blown   3.   blew

(b) Choose the correct option to fill in the blanks:

(i)   The river flowed_____the banks.
1. alongside   2.   under   3.   behind

(ii) He opened the can ____an opener.
1. with   2.   in   3.   on

(iii) She filled the jug _____ water.
1. on   2.   with   3.   over

(iv) He was patient_____being very annoyed.
1. yet   2.   because   3.   despite

(v)   The teacher finished his class_____ making corrections in the notebooks.
1. besides   2.   yet   3.   as well

(vi) The doctor _____examined the medical reports.
1. throughly   2.   thoroughly   3.   through

(vii) His Medical _____ was very successful.
1. practising   2.   practise   3.   practice

(viii) The deaf man lost his ____.
1. hearing   2.   hear   3.   herring

(c) Choose the correct option to join the following sentences without using 'and', 'but' or 'so':

(i)   The cat ran out of the door. The dog chased the cat.
1.   Since the cat ran out of the door, the dog chased it.
2.   The cat ran out of the door because it was chased by the dog.
3.   Having been chased by the cat, the dog ran out of the door.

(ii) Smitha is usually calm and peaceful. She doesn't lose her temper easily.
1.   She loses her temper easily, therefore, Smitha is calm and peaceful.
2.   Smitha is usually calm and peaceful or she loses her temper easily.
3.   Since Smitha is usually calm and peaceful, she doesn't lose her temper easily.

(iii) The child was safe and secure. It was unaware of the dangers of the world.
1.   Since the child was safe and secure, it was unaware of the dangers of the world.
2.   Unaware of the dangers of the world the child was safe and secure.
3.   Because the child was unaware of the dangers of the world , it was safe and secure.

(iv) The apples were delicious. The children relished them.
1.   The children having relished the apples they were delicious.
2.   Since the children relished the apples were delicious.
3.   The children relished the apples as they were delicious.

(d) Read each sentence with its instructions. Choose the correct answer from the options provided beneath each:

(i)   It was a hot day. Everyone bought ice-cream.
(use: being)
1.   As everyone bought ice cream, it was a hot day.
2.   It being a hot day everyone bought ice-cream.
3.   Being a day that was cold, everyone bought ice-cream.

   (ii) He suffered from unemployment. He has health problems.

       (use: owing)

       1. Owing to suffering he suffered health problems.

       2. Owing to health problems, he suffered from unemployment.

       3. On account of his health problems he faced unemployment.

  (iii) It was raining heavily. People opened their umbrellas.

       (use: since)

       1. Since it was raining heavily, people opened their umbrellas.

       2. Since people opened their umbrellas, it was raining heavily.

       3. Since the umbrellas were opened by the people, it was raining heavily.

   (iv) She missed the bus. The dog bit her.

       (use: not only)

       1. Not only did she miss the bus, but also the dog bit her.

       2. The dog bit her, not only did she miss the bus.

       3. The bus was missed, not only did the dog bite her.

    (v) The fever left him. He got up and worked.*(use: No sooner-than)*

       1. As soon as he got up and worked, the fever left him.

       2. No sooner had he got up and worked than the fever left him.

       3. No sooner had the fever left him than he got up and worked.

   (vi) He should have studied hard. He would have passed his exams.

       (use: if only)

       1. If only he had passed his exams, he would have studied hard.

       2. If only he had studied hard, he would have passed his exams.

       3. Had he only studied hard, he would not have failed.

  (vii) He took part in sports. He had an athletic physique.

       (use: on account of)

       1. On account of sports, he also had an athletic physique.

       2. On account of his athletic physique, he took part in sports.

       3. On account of his physique, he loved sports.

 (viii) She was considered a dare devil. She loved adventure sports.

       (use: as a result)

       1. As a result of loving adventure sports, she was considered a dare devil.

       2. As she loved adventure sports, she was a dare devil.

       3. As a result of loving adventure sports , she was not a dare devil.

Answers

1. (a) (i) 3. the floor of a fireplace.

     (ii) 2. an innate, typically fixed pattern of behaviour in animals in response to certain stimuli.

    (iii) 3. having or showing a strong desire and determination to succeed.

  (b) 1. The faces of the father and mother had a sober gladness; the children laughed; the eldest daughter was the image of Happiness at seventeen; and the aged grandmother, who sat knitting in the warmest place, was the image of Happiness grown old.

  (c) 1. It was one of those primitive taverns where the traveller pays only for food and lodging, but meets with a homely kindness beyond all price.

  (d) 2. This family were situated in the Notch of the White Hills, where the wind was sharp throughout the year, and pitilessly cold in the winter - giving their cottage all its fresh inclemency before it descended on the valley of the Saco. They dwelt in a cold spot and a dangerous one; for a mountain towered above their heads, so steep, that the stones would often rumble down its sides and startle them at midnight.

(e) 3. His face at first wore the melancholy expression, almost despondency, of one who travels a wild and bleak road, at nightfall and alone, but soon brightened up when he saw the kindly warmth of his reception.

(f) 2. The family had gathered round their hearth, and piled it high with the driftwood of mountain streams, the dry cones of the pine, and the splintered ruins of great trees that had come crashing down the precipice. Up the chimney roared the fire, and brightened the room with its broad blaze.

(g) 2. Soon brightened up when he saw the kindly warmth of his reception. He felt his heart spring forward to meet them all, from the old woman, who wiped a chair with her apron, to the little child that held out its arms to him. One glance and smile placed the stranger on a footing of innocent familiarity with the eldest daughter.

(h) 2. It is no matter; for, when I saw this good fire, and all your cheerful faces, I felt as if you had kindled it on purpose for me, and were waiting my arrival. So I shall sit down among you, and make myself at home."

2. (a) (i)   3. was opened
    (ii)   1. wore
    (iii)   1. travels
    (iv)   1. brightened
    (v)   2. spring
    (vi)   3. held
    (vii)   2. benumbed
    (viii)   2. blown

  (b) (i)   1. alongside
    (ii)   1. with
    (iii)   2. with
    (iv)   3. despite
    (v)   1. besides
    (vi)   2. thoroughly
    (vii)   3. practice
    (viii)   1. hearing

  (c) (i)   2. The cat ran out of the door because it was chased by the dog.
    (ii)   3. Since Smitha is usually calm and peaceful, she doesn't lose her temper easily.
    (iii)   1. Since the child was safe and secure, it was unaware of the dangers of the world.
    (iv)   3. The children relished the apples as they were delicious.

  (d) (i)   2. It being a hot day everyone bought ice-cream.
    (ii)   2. Owing to health problems, he suffered from unemployment.
    (iii)   1. Since it was raining heavily, people opened their umbrellas.
    (iv)   1. Not only did she miss the bus, but also the dog bit her.
    (v)   3. No sooner had the fever left him than he got up and worked.
    (vi)   2. If only, he had studied hard, he would have passed his exams.
    (vii)   2. On account of his athletic physique, he took part in sports.
    (viii)   1. As a result of loving adventure sports, she was considered a dare devil.

□□

English-II

Specimen Question Paper

Literature in English [English-II]

Maximum Marks: 40
Time allowed: One hour (inclusive of reading time)

Questions

Section A

1. The story, The Little Match Girl, was written by ________________ . [10 × 1]

   (a) Hans Christian Andersen (b) Roald Dahl

   (c) Ruskin Bond (d) J.K. Rowling

2. The visions seen by the little girl in the short story, 'The Little Match Girl' reveal the four things she needed the most. They were ____________ .

   (a) warmth, food, love and freedom from fear.

   (b) food, shelter, warm clothes and a mother

   (c) roast goose, new slippers, candy and a warm cup of tea.

   (d) a warm over coat, food, a scarf, a pair of socks

3. Maya Angelou has used the caged bird as a symbol for ____________ .

   (a) the oppressed (b) the oppressors

   (c) feminist writers (d) writers and activists.

4. The central message of Browning's poem, 'The Patriot' is __________________ .

   (a) public adulation and glory are short lived.

   (b) as you sow, so you reap.

   (c) death comes to all people, even the rich and famous.

   (d) God helps those who help themselves.

5. The Gujars mentioned in Norah Burke's story, 'The Blue Bead' were ____________.

   (a) Wandering herdsmen (b) Stone Age Hunters

   (c) Hunter gatherers (d) Primitive cultivators

6. Sibia lingered behind after the other women had left because ____________ .

   (a) she didn't want to have to help her mother with preparing the evening meal

   (b) she wanted to check if her little clay cups were still in the cave where she had left them.

   (c) she wanted to chat with the Gujar women who came to draw water from the river

   (d) she was exhausted and she wanted to rest for a while

7. Tubal returns from Genoa with news both good and bad, for Shylock. Which of the following did he NOT say to Shylock?
    (a) That he had met Jessica, Shylock's daughter in Genoa.
    (b) That in Genoa, he had heard news of Antonio's misfortunes.
    (c) That Jessica had spent eighty ducats in one night in Genoa.
    (d) That he had been shown Shylock's ring that Jessica had traded in Genoa for a monkey.

8. Soon after Portia and Bassanio declare their love for each other, another pair also declare their love for each other and ask to be married at the same time as Portia and Bassanio. They are __________ .
    (a) Gratiano and Nerissa   (b) Gratiano and Jessica
    (c) Lorenzo and Nerissa   (d) Lorenzo and Jessica

9. Bassanio rejected the golden casket because _______________ .
    (a) he knew that Midas had found gold hard to digest.
    (b) he knew that outward appearances are often deceptive.
    (c) he found gold too shiny for his taste.
    (d) he had been told which casket contained Portia's portrait.

10. When Portia left for Venice she put _______________ in charge of her house.
    (a) Lorenzo   (b) Jessica
    (c) Gratiano   (d) Launcelot

Section B

I. *Read the following extract from The Merchant of Venice (Act 3) and answer the questions that follow by choosing the most appropriate response from the choices given below:*   **[5×1]**

Salarino: *Why, I am sure, if he forfeit, thou*
             Wilt not take his flesh: What's that good for?
Shylock: *To bait fish withal: if it will feed nothing*
             Else it will feed my revenge.

1. Where does the above exchange between Salarino and Shylock take place?
    (a) On a street in Venice
    (b) On the Rialto
    (c) On a street outside Shylock's house
    (d) On a street in Belmont

2. What is Antonio required to forfeit if he fails to repay the amount he borrowed from Shylock within the time specified in the bond?
    (a) A pound of his flesh
    (b) Three times the sum that he had borrowed
    (c) His friendship with Bassanio
    (d) All his wealth and property

3. A little later in his speech, Shylock compares Christians with Jews. Which of the following comparisons does he NOT make?
    (a) Both Jews and Christians bleed when cut.
    (b) Both Jews and Christians die if poisoned
    (c) Both Jews and Christians treat each other with humility
    (d) Both Jews and Christians seek revenge when wronged

4. What recent event in his personal life does Shylock lament earlier in the conversation?
    (a) his wife's death

    (b)   his daughter's death

    (c)   the loss of an expensive diamond

    (d)   his daughter eloping with a Christian

5.   Which of the following words would you use to describe Shylock's state of mind after this impassioned speech?

    (i)   hurt   (ii) angry   (iii) vindictive   (iv) resourceful

    (a)   (i), (ii) and (iii)

    (b)   (ii), (iii) and (iv)

    (c)   (iii), (iv) and (i)

    (d)   (iv), (i) and (ii)

II. *Read the following extract from Act 3 of 'The Merchant of Venice' and answer the questions that follow by choosing the most appropriate response from the choices given below:*   **[5×1]**

Portia: *Away, then! I am locked in one of them:*

          If you do love me, you will find me out.-

          Nerissa and the rest, stand all aloof.

1.   Portia says, "I am locked in one of them:" The word 'one' refers to ___________ .

    (a)   a silver casket   (b) a silver casket

    (c)   a bronze casket   (d) a lead casket

2.   A little later, Portia compares Nerissa and the rest to ________________ .

    (a)   Alcides and the sea-monster   (b) Alcides and the Dardanian wives

    (c)   Alcides and Hesione   (d) the Dardanian wives with tearstained faces

3.   Which of the following statements is NOT true?

    (a)   At the beginning of the scene Portia urges Bassanio to wait a while before taking the casket test.

    (b)   At the beginning of the scene Bassanio is eager to take the test as he finds the waiting a form of torture.

    (c)   At the beginning of the scene Bassanio wants to wait and take the test later as he wants to spend some time with Portia.

    (d)   At the beginning of the scene Portia is afraid that Bassanio might choose the wrong casket and be lost to her forever.

4.   Who arrives from Venice towards the end of the scene bringing news of Antonio's misfortunes?

    (a)   Salerio, Lorenzo and Jessica   (b) Salerio, Gratiano and Nerissa

    (c)   Salerio, Lorenzo and Nerissa   (d) Salerio, Gratiano and Nerissa

5.   The word, 'aloof' in the extract can be best replaced by __________ .

    (a)   arrogant   (b) remain silent

    (c)   condescending and distant   (d) aside

III. *Read the following extract from the short story, 'The Little Match Girl' and answer the questions that follow by choosing the most appropriate response from the choices given below:*   **[5×1]**

"She was evidently trying to warm herself," they said. But no one knew what beautiful visions she had seen and in what a blaze of glory she had entered with her dear old grandmother into the heavenly joy and gladness of a new year.

1.   Who said "She was evidently trying to keep herself warm"?

    (a)   Her grandmother   (b) The little girl's father

    (c)   Her mother   (d) The people who found her lying dead on the street.

2.   The vision that the little match girl saw when she lit the first match was of …

    (a)   an iron stove.   (b) a beautiful Christmas tree.

    (c)   a delicious meal laid out on a table.   (d) her kind and loving grandmother.

3. When the little girl saw the shooting star earlier that night, she realised _________ .

   (a) that someone was dying.   (b) that someone has just been shot.

   (c) that someone has just been born.   (d) that misfortune awaited her.

4. How many matches did the little girl light that night?

   (a) Two   (b) Four

   (c) Three   (d) Several

5. When the little girl left home that morning, she ____________ .

   (a) was barefoot and bareheaded.

   (b) was wrapped in a warm woollen shawl.

   (c) had on an old apron and oversized slippers.

   (d) had eaten a hearty breakfast.

IV. *Read the following extract from the short story, 'The Blue Bead' and answer the questions that follow by choosing the most appropriate response from the choices given below:* **[5×1]**

Beside him in the shoals as he lay waiting glimmered a blue gem.

1. Who is 'he'?

   (a) Sibia's father   (b) Her brother

   (c) The man-eating tiger   (d) The crocodile

2. What was he waiting for?

   (a) Any creature that he could catch unawares and feed on.

   (b) Sibia and her mother.

   (c) To sun himself on the warm rocks.

   (d) A shoal of fish to come swimming by.

3. The word closest in meaning to, 'glimmered' in the above line is:

   (a) glimpsed   (b) glittered

   (c) half-hidden   (d) glued

4. What exactly was, the 'blue gem'?

   (a) a blue diamond   (b) a shiny blue pebble

   (c) a piece of sand-worn blue glass   (d) an enormous sapphire

5. The only parts of 'him' that were soft and vulnerable were ______________ .

   (a) his eyes and nose.   (b) his nose and mouth.

   (c) the undersides of his arms and tail   (d) his eyes and the undersides of his arms

V. *Read the following extract from the poem, 'I Know Why the Caged Bird Sings' and answer the questions that follow by choosing the most appropriate response from the choices given below:* **[5×1]**

But a bird that stalks

down his narrow cage

can seldom see through

his bars of rage

1. The caged bird sings about _________________ .

   (a) the unknown things that he longs for and for freedom

   (b) shadows and unknown things

   (c) freedom and fat worms

   (d) fear and rage

2. What prevents the caged bird from flying?

   (a) The narrow cage and clipped wings.

    (b)   His broken wings and his inability to sing.

    (c)   His trimmed feathers and his damaged throat.

    (d)   His rage at being held captive.

3. In this poem, Maya Angelou compares the caged bird with _________________ .

    (a)   the free bird   (b) freedom fighters.

    (c)   children in school   (d) the distant hill

4. Who, according to Maya Angelou 'dares to claim the sky'?

    (a)   the caged bird   (b) the free bird

    (c)   the angry bird   (d) the song bird

5. The closest in meaning to the word 'seldom' in the above context is:

    (a)   solitary   (b) solemn

    (c)   rarely   (d) lonely

VI. *Read the following extract from the poem, 'The Patriot' and answer the questions that follow by choosing the most appropriate answer from the choices given below:*   **[5×1]**

It was roses, roses, all the way,

With myrtle mixed in my path like mad:

The house-roofs seemed to heave and sway,

The church-spires flamed, such flags they had,

A year ago on this very day.

1. The speaker is describing ___________________.

    (a)   the scene of his welcome the previous year.

    (b)   an outbreak of rioting in his town.

    (c)   a time when people lost their minds and attacked rose and myrtle bushes.

    (d)   the collapse of houses under the weight of the crowds.

2. The speaker is now __________________ .

    (a)   on his way to be greeted by the cheering crowds.

    (b)   on his way to the gallows.

    (c)   on his way to a political rally.

    (d)   on his way to prison.

3. The closest in meaning to, 'heave and sway' in the above extract is:

    (a)   to move in a restless manner   (b) to rise up higher and higher

    (c)   to sink down under a heavy weight   (d) swing wildly

4. All the images used by the poet in this stanza are ______________ images.

    (a)   sound   (b) visual

    (c)   tactile   (d) colourful

5. The mood described in this opening stanza of Browning's poem, 'The Patriot' is __________ .

    (a)   noisy   (b) celebratory

    (c)   gloomy   (d) filled with regret

Answers

Section A

1. (a) Hans Christian Andersen

2. (b) food, shelter, warm clothes and a mother

Explanation: In Hans Christian Andersen's short story, "The Little Match Girl", 'beautiful visions' refer to the images of the warm iron stove, the lovely roast goose, the great glorious Christmas tree and her lost grandmother that the little girl came across in her hallucinations while sitting outside in an utterly distressed state.

3. (a) the oppressed

   Explanation: Angelou uses the metaphor of a bird struggling to escape its cage, described in Paul Laurence Dunbar's poem, as a prominent symbol throughout her series of autobiographies. Like elements within a prison narrative, the caged bird represents Angelou's confinement resulting from racism and oppression.

4. (a) public adulation and glory are short lived.

   Explanation: The poem, "The Patriot" by Robert Browning is primarily based on the theme of rising and the fall of fortune. A patriot can be acclaimed one day but can be degraded the very next day. In the poem, the narrator, who happens to be the patriot is initially welcomed with joy and paths of roses by the people around him.

5. (a) wandering herdsmen

   Explanation: "Neither primitive like the Stone Age hunters nor modern like cultivators, they were wanderers of the pastoral age. How would the Gujar women cross the river?"

6. (b) she wanted to check if her little clay cups were still in the cave where she had left them.

   Explanation: They steep the Ghats or the banks of the river, collect the paper grass and return back to the village but Sibia lags behind intentionally to check the case where she had kept her own handmade clay moulded cups and saucers to dry.

7. (a) That he had met Jessica, Shylock's daughter in Genoa

   Explanation: MOV Act-3 Scene-1

8. (a) Gratiano and Nerissa

9. (a) he knew that Midas had found gold hard to digest.

   Explanation: "it is the gaudy gold that Midas couldn't eat"

10. (a) Lorenzo

    Explanation: MOV Act-3 Scene-4

Section B

I.

1. (a) On a street in Venice

   Explanation: Act-3 Scene-1

2. (a) A pound of his flesh

   Explanation: Act-3 Scene-1

3. (c) Both Jews and Christians treat each other with humility.

   Explanation: Act-3 Scene-1

4. (d) his daughter eloping with a Christian.

   Explanation: Act-3 Scene-1

5. (a) (i), (ii) and (iii)

   Explanation: Act-3 Scene-1

II.

1. (d) a lead casket

   Explanation: Act-3 Scene-2

2. (d) the Dardanian wives with tearstained faces.

   Explanation: Act-3 Scene-2

3. (a) At the beginning of the scene Portia urges Bassanio to wait a while before taking the casket test.

   Explanation: Act-3 Scene-2

4. (a) Salerio, Lorenzo and Jessica

    Explanation: Act-3 Scene-2

5. (d) aside

    Explanation: Act-3 Scene-2

III.

1. (d) The people who found her lying dead on the street.

2. (a) an iron stove.

3. (a) that someone was dying.

    Explanation: Her grandmother had told her that whenever a soul went to heaven, a shooting star appeared.

4. (b) Four

5. (c) had on an old apron and oversized slippers.

IV.

1. (d) The crocodile

2. (a) Any creature that he could catch unawares and feed on.

    Explanation: The big crocodile fed mostly on fish, but also on deer and monkeys come to drink, perhaps a duck or two. But sometimes here at the ford he fed on a pi-dog full of parasites or a skeleton cow. And sometimes he went down to the burning ghats and found the half-burned bodies of Indians cast into the stream.

3. (b) glittered

4. (c) a piece of sand-worn blue glass.

    Explanation: It was not a gem, though: it was sand-worn glass that had been rolling about in the river for a long time. By chance, it was perforated right through–the neck of a bottle perhaps?–a blue bead.

5. (d) his eyes and the undersides of his arms

    Explanation: Now nothing could pierce the inch-thick armoured hide. Not even rifle bullets, which would bounce off. Only the eyes and the soft underarms offered a place. He lived well in the river, sunning himself sometimes with.

V.

1. (a) the unknown things that he longs for and for freedom.

2. (a) The narrow cage and clipped wings.

3. (a) the free bird

4. (b) the free bird

5. (c) rarely

VI.

1. (a) the scene of his welcome the previous years.

2. (b) on his way to the gallows.

3. (c) to sink down under a heavy weight

4. (b) visual

5. (b) celebratory

❑❑

Section A

1. The poem, "I know why the Caged Bird Sings" is written by__________
   - (a) Robert Browning
   - (b) William Wordsworth
   - (c) Maya Angelou
   - (d) Ruskin Bond

2. There is an allusion to a Greek myth of ______________ in "Alack it was I who leaped at the sun".
   - (a) Iris
   - (b) Icarus
   - (c) Aphrodite
   - (d) Andromeda

3. *"Oh how wonderful that was!"* What is the little match girl talking about here?
   - (a) The table full of food
   - (b) The weather that afternoon
   - (c) The warmth of fire
   - (d) The sight of her grandmother

4. The little match girl was scrawny and had _______hair.
   - (a) golden
   - (b) brown
   - (c) black
   - (d) white

5. Sibia is ________________ years old in the story, 'The Blue Bead'.
   - (a) 10
   - (b) 12
   - (c) 14
   - (d) 16

6. The travelling merchant in 'The Blue Bead' hailed from which of these states?
   - (a) Kerala
   - (b) Andhra Pradesh
   - (c) Kashmir
   - (d) Punjab

7. Who quotes the adage *"the sins of the father are to be laid upon the children"*?
   - (a) Launcelot
   - (b) Gratiano
   - (c) Lorenzo
   - (d) Balthasar

8. As Solanio departs, Antonio prays desperately that Bassanio will arrive to:
   - (a) see him (Antonio) pay his (Bassanio's) debt
   - (b) see him (Antonio) lose his life for his (Bassanio's) debt
   - (c) see him (Antonio) pay his (Bassanio's) extravagance
   - (d) see him (Antonio) pay his (Bassanio's) rent

9. Who attempts to comfort Antonio by suggesting that the Duke will never allow such a ridiculous contract to stand?
   - (a) Bassanio
   - (b) The Jailer
   - (c) Solanio
   - (d) Portia (disguised)

10. Shylock is learned that Jessica took away a ________________ gifted to him by his late wife in his bachelor days.
    - (a) bracelet
    - (b) ring
    - (c) monocle
    - (d) pocket watch

Section B

I. *Read the following extract from The Merchant of Venice (Act 3) and answer the questions that follow by choosing the most appropriate response from the choices given below:*

Salarino : There is more difference between thy flesh and hers than between jet and ivory

1. Where does the above exchange take place?
   - (a) On the Rialto
   - (b) On a street outside Shylock's house
   - (c) On a street in Venice
   - (d) On a street in Padua
2. Who are the two people being referred to here?
   - (a) Shylock and Jessica
   - (b) Portia and Nerissa
   - (c) Bassanio and Portia
   - (d) Lorenzo and Jessica
3. Which of these is not a major point of discussion in this scene?
   - (a) Jessica's elopement with Lorenzo
   - (b) Jessica running off with Shylock's ring
   - (c) Portia asking Bassanio to delay his casket selection
   - (d) Antonio losing his merchant ships
4. Who among the following were with Shylock, and took their leave upon the arrival of the speaker?
   - (a) Salarino and Solanio
   - (b) Antonio and Bassanio
   - (c) Jessica and Tubal
   - (d) None of these
5. Which of these is one of the two characters Shylock blames for knowing about Jessica's plan to elope and yet doing nothing about it?
   - (a) Lorenzo
   - (b) Bassanio
   - (c) Antonio
   - (d) Solanio

II. **Read the following extract from Act 3 of 'The Merchant of Venice' and answer the questions that follow by choosing the most appropriate response from the choices given below:**

Shylock: Gaoler, look to him. Tell not me of mercy.

This is the fool that lent out money gratis.

Gaoler look to him.

1. Where does this scene take place?
   - (a) Venice
   - (b) Belmont
   - (c) Padua
   - (d) An unknown location
2. What does 'gratis' mean here?
   - (a) At reasonable interest rates
   - (b) Without any interest
   - (c) At exorbitant interest rates
   - (d) None of these
3. *"It is the most impenetrable cur that ever kept with men."* Who says this and about whom?
   - (a) Antonio says it about Shylock
   - (b) Salarino says it about Bassanio
   - (c) Solanio says it about Shylock
   - (d) Gaoler says it about Antonio
4. A little later, Antonio calls Shylock _______________.
   - (a) blood thirsty creditor
   - (b) cruel creditor
   - (c) merciless creditor
   - (d) heartless creditor
5. At the end of the scene Antonio becomes ___________.
   - (a) Optimistic
   - (b) Lost
   - (c) Dejected
   - (d) Hopeful

III. **Read the following extract from the short story, 'The Little Match Girl' and answer the questions that follow by choosing the most appropriate response from the choices given below:**

She pulled one out — scr–r–ratch! how it spluttered and burnt! It had a warm, bright flame, like a tiny candle when she held her hand over it.

1. Where did the little girl strike the match?
   - (a) on the bundle of matches
   - (b) on the nearby stack of cartons
   - (c) on the surface of a wall
   - (d) None of these
2. How many matches did the little girl light individually?
   - (a) 1
   - (b) 2
   - (c) 3
   - (d) 4

3. The girl had to stay out in the cold because:
   (a) she had to earn money   (b) she had to go to a shop
   (c) she had lost her way home   (d) she had to look for her lost pet
4. What time of the year it was?
   (a) Christmas Eve   (b) New year's Eve
   (c) Easter   (d) Thanksgiving
5. Which statement tells you that the little girl had difficulty in walking?
   (a) The little girl was shivering and hungry
   (b) Her naked feet were red and blue with cold
   (c) She was seeing visions of her grandmother
   (d) Both (a) and (b)

IV. *Read the following extract from the short story, 'The Blue Bead' and answer the questions that follow by choosing the most appropriate response from the choices given below:*
   "They wore trousers, tight and wrinkled at the ankles."
   1. Who is the writer of the piece of literature from where this extract has been taken?
      (a) Norah Burke   (b) Hans Christian Andersen
      (c) Robert Browning   (d) Maya Angelou
   2. Who are the "they" being referred to in this case?
      (a) Nomadic Grazers   (b) Junglis
      (c) Gujar Women   (d) Mountain Tribals
   3. The word closest in meaning to, 'glanced' in the above line is:
      (a) glimpsed   (b) stared
      (c) scrutinized   (d) spied
   4. Fill in the blank: "With her _______________ and great eyes, and her skin of oiled brown cream, she was a happy immature child-woman..."
      (a) ebony hair   (b) lanky build
      (c) scrawny shoulders   (d) foolish smile
   5. Sibia's dismissiveness towards her great feat does not depict her _______________.
      (a) naivety   (b) lack of common sense
      (c) humility   (d) courage

V. *Read the following extract from the poem, 'The Patriot' and answer the questions that follow by choosing the most appropriate response from the choices given below:*
   There's nobody on the house-tops now —
   Just a palsied few at the windows set;
   1. The scene of the past was different from the one at present as it had :
      (a) People filled the house-tops   (b) Everyone welcomed and cheered
      (c) There were roses scattered all the way (d) All of these
   2. How long is the time gap between the two events the narrator reminisces about?
      (a) 1 year   (b) 1 week
      (c) 1 decade   (d) 1 month
   3. The, literary piece where this extract has been taken from, is a commentary on the rise and fall of _______________.
      (a) politics   (b) power
      (c) human nature   (d) fortune
   4. Identify the correct sequence of the change of thought followed in this literary piece:
      (i) Optimistic   (ii) Dejected   (iii) Pessimistic   (iv) Acquiescent
      (a) i, ii, iii, iv   (b) i, iii, ii, iv
      (c) i, iii, iv, ii   (d) iv, iii, ii, i
   5. The word closest in meaning to the word 'palsied' in the above context is:
      (a) Antagonistic   (b) Estranged
      (c) Contentious   (d) Disabled

VI. *Read the following extract from the poem, 'I Know why the Caged Bird Sings' and answer the questions that follow by choosing the most appropriate answer from the choices given below:*

The caged bird sings

with a fearful trill

of things unknown

but longed for still

and his tune is heard

on the distant hill

for the caged bird

sings of freedom

1. What does the poem, 'I Know why The Caged Bird Sings', depict the free bird as?
   - (a) Joyful
   - (b) Carefree
   - (c) Fearless
   - (d) All of these
2. The caged bird's song can be seen as an allusion to:
   - (a) Slaves captured and brought to America against their will
   - (b) Oppressed African-American community singing for freedom
   - (c) Prisoners of War imprisoned during the American Civil War
   - (d) Majority of white racial supremacists
3. The phrase closest in meaning to 'fearful trill' in the above extract is:
   - (a) singing with desperation for freedom
   - (b) singing with hopelessness
   - (c) singing with fear and desperation for freedom
   - (d) singing with hopelessness and fear
4. What is the best example of personification?
   - (a) the trade winds soft through sighing trees
   - (b) his wings are dipped and his feet are tired
   - (c) the caged bird sings with a fearful trill
   - (d) orange sun's rays
5. The 'caged bird' represents in the poem:
   - (a) an animal in confinement
   - (b) a hope of future
   - (c) the loss of freedom and choice
   - (d) submissiveness

Section A

1. (c) Maya Angelou
2. (b) Icarus
3. (c) The warmth of fire
4. (a) golden
5. (b) 12
6. (c) Kashmir
7. (a) Launcelot
8. (a) see him (Antonio) pay his (Bassanio's) debt
9. (c) Solanio
10. (b) Ring

Section B

I.

1. (c) On a street in Venice
2. (a) Shylock and Jessica
3. (c) Portia asking Bassanio to delay his casket selection
4. (a) Salarino and Solanio
5. (d) Solanio

II.

1. (a) Venice
2. (b) Without any interest
3. (c) Solanio says it about Shylock
4. (a) blood thirsty creditor
5. (c) Dejected

III.

1. (c) on the surface of a wall
2. (d) 4
3. (a) she had to earn money
4. (b) New Year's Eve
5. (b) Her naked feet were red and blue with cold

IV.

1. (a) Norah Burke
2. (c) Gujar women
3. (a) glimpsed
4. (a) ebony hair
5. (d) courage

V.

1. (d) All of these
2. (a) 1 year
3. (d) fortune
4. (a) i, ii, iii, iv
5. (d) Disabled

VI.

1. (d) All of these
2. (b) Oppressed African-American community singing for freedom
3. (c) signing with fear and desperation for freedom
4. (a) the trade winds soft through sighing trees
5. (c) the loss of freedom and choice

□□

Literature in English [English-II]

Section A

1. The caged bird in 'I Know why The Caged Bird Sings' is an analogy created in relation to which of the following?
   - (a) African Americans
   - (b) Native Americans
   - (c) South Americans
   - (d) European colonizers that settled in North America

2. In Robert Brownings poem, 'The Patriot', the reception that the narrator is getting today is________ to what he received a year ago.
   - (a) Very similar
   - (b) Close
   - (c) Slightly different
   - (d) In sharp contrast

3. When the little girl lit the third match, she saw:
   - (a) her grandmother
   - (b) a large iron stove
   - (c) a steaming roast goose
   - (d) a beautiful Christmas tree

4. _______________ said that "whenever a star falls, a soul goes up to God".
   - (a) The little girl's mother
   - (b) The man waiting at the bus stop
   - (c) The little girl's grandmother
   - (d) The bystanders who gathered the next morning

5. After helping the woman to the Gujar encampment, Sibia returned to retrieve the _______________.
   - (a) grass
   - (b) sickle
   - (c) fork
   - (d) All of these

6. Sibia used _______________ to treat the woman's injuries.
   - (a) grass
   - (b) herbs
   - (c) rags
   - (d) bandages

7. Where did Portia send Balthasar to get the lawyer's clothes and introduction letter from her cousin?
   - (a) Venice
   - (b) Paris
   - (c) Padua
   - (d) Treviso

8. What was the name of Shylock's late wife?
   - (a) Nerissa
   - (b) Leah
   - (c) Portia
   - (d) Jessica

9. The diamond that cost Shylock 2,000 ducats was bought from _______________
   - (a) Belmont
   - (b) Frankfurt
   - (c) Venice
   - (d) Treviso

10. Complete the dialogue: "you are no good member of the commonwealth, for in converting Jews to Christians you raise _______________."
    - (a) the price of pork
    - (b) interreligious marriages
    - (c) Duke's subjects
    - (d) borrowers of Antonio

Section B

I. *Read the following extract from The Merchant of Venice (Act 3) and answer the questions that follow by choosing the most appropriate response from the choices given below:*

Lorenzo: Even such a husband
Hast thou of me as she is for a wife.

1. Where does the scene take place?
   - (a) at Portia's house, in a garden
   - (b) at Shylock's house in a garden
   - (c) on a street in Venice
   - (d) on a street in Belmont

2. Portia is being referred to as a good wife here. Which of these does not justify this idea?
   - (a) She constantly shows her affection for Bassanio
   - (b) She cares for Bassanio's reputation
   - (c) She actively participates in saving Antonio
   - (d) She is adamant on adhering to her father's will

3. Launcelot's comment about the price of pork rising depicts:
   - (a) his comedic nature
   - (b) his dislike of Jews
   - (c) his disgust towards Shylock
   - (d) None of these

4. The conversation that follows this extract is ______________.
   - (a) a lovers' quarrel
   - (b) a friendly banter
   - (c) a serious debate
   - (d) None of these

5. Portia caused the whole ring fiasco to:
   - (a) find out whom Bassanio prioritizes between Antonio and her
   - (b) tease and make fun of Bassanio
   - (c) cause a drift between Bassanio and Antonio
   - (d) break of her engagement with Bassanio

II. *Read the following extract from Act 3 of 'The Merchant of Venice' and answer the questions that follow by choosing the most appropriate response from the choices given below:*

Portia: I pray you, tarry.

Pause a day or two

Before you hazard, for in choosing wrong

I lose your company.

1. Who beseeches whom to marry?
   - (a) Portia to Bassanio
   - (b) Jessica to Lorenzo
   - (c) Nerissa to Balthasar
   - (d) None of these

2. What is the person being requested to delay?
   - (a) Choosing a casket
   - (b) Heading to Padua
   - (c) Eloping with Jessica
   - (d) None of these

3. Portia address these times as :
   - (a) joyous
   - (b) auspicious
   - (c) naughty
   - (d) miserable

4. What news does Bassanio get later in the scene?
   - (a) Antonio lost all his argosies
   - (b) Antonio is being persecuted by Shylock
   - (c) Jessica had eloped with Lorenzo
   - (d) Nerissa had fallen in love with Balthasar

5. From where were Antonio's ships coming?
   - (a) New York
   - (b) London
   - (c) Belmont
   - (d) India

III. *Read the following extract from the short story, 'The Little Match Girl' and answer the questions that follow by choosing the most appropriate response from the choices given below:*

It is true she had on a pair of slippers when she left home, but they were not of much use.

1. Why were the slippers not of much use?
   - (a) They were too big for her feet
   - (b) They were too uncomfortable
   - (c) They were too small for her feet
   - (d) They were wet and soggy

2. Whom did the slippers belong to?
   (a) The little girl's mother
   (b) The little girl's grandmother
   (c) Some lady who donated them to her
   (d) None of these

3. The little girl lost her slippers running across the street to avoid two _______________ coming towards her with haste.
   (a) police officers
   (b) street dogs
   (c) rolling carriages
   (d) feral rats

4. What happened to the little girl's slippers?
   (a) She couldn't find one
   (b) A boy ran away with one
   (c) One fell into a drain and flowed away
   (d) Both (a) and (b)

5. Which of these best describe the last night before the New Year?
   (a) Terribly cold
   (b) Nearly dark
   (c) Heavily snowing
   (d) All of these

IV. *Read the following extract from the short story, 'The Blue Bead' and answer the questions that follow by choosing the most appropriate response from the choices given below:*

He came to rest in the glassy shallows, among logs, and balanced there on tiptoe on the rippled sand.

1. The crocodile was _______________ the length of a tall man.
   (a) half
   (b) twice
   (c) thrice
   (d) quadruple

2. There were ________ lying stuck around the stones until someone came to dislodge them and send them on their way.
   (a) rags
   (b) jewels
   (c) sleepers
   (d) logs

3. The word closest in meaning to 'rippled' in the above line is:
   (a) wrinkled
   (b) lightly ruffled
   (c) lightly rumpled
   (d) folded

4. The crocodile keeps its nostrils above the water to breathe the _______________.
   (a) clean sunny air
   (b) fresh mountain air
   (c) humid forest air
   (d) None of these

5. "The crocodile had no need to hide himself" Why?
   (a) It had no natural predators
   (b) Humans stayed away from it
   (c) Its prey could not easily escape it
   (d) All of these

V. *Read the following extract from the poem, 'I Know why the Caged Bird Sings' and answer the questions that follow by choosing the most appropriate response from the choices given below:*

But a bird that stalks
down his narrow cage
can seldom see through
his bars of rage

1. *"The bird stalks down his narrow cage"* because he:
   (a) is stuck within the cage
   (b) finds it to be a good pastime
   (c) feels safe inside the cage
   (d) is afraid of what lies outside the cage

2. Explain: *"...can seldom see through its bars of rage"*
   (a) The bars are too close and cannot be seen through
   (b) Anger clouds the vision of the bird
   (c) Depression has physically robbed the bird of its sight
   (d) None of these

3. The cage is a multi-layered image symbolizing the _______________ faced by the African Americans.

   (a) injustices   (b) oppression

   (c) ostracisation   (d) All of these

4. The fact that the caged bird has 'clipped' wings and 'tied' feet reflects how marginalized communities are often stripped of their _______________.

   (a) autonomy   (b) freedom

   (c) Both (a) and (b)   (d) None of these

5. The word closest in meaning to the word 'stalks' in the above extract is:

   (a) follows   (b) stares

   (c) creeps   (d) None of these

VI. *Read the following extract from the poem, 'The Patriot' and answer the questions that follow by choosing the most appropriate answer from the choices given below:*

Alack, it was I who leaped at the sun

To give it my loving friends to keep!

Nought man could do, have I left undone:

And you see my harvest, what I reap

This very day, now a year is run.

1. Who are the *"loving friends"* mentioned here?

   (a) close friends of the narrator   (b) fellow associates of the narrator

   (c) enemies of the narrator   (d) fellow countrymen of the narrator

2. A year ago, the _______________ seemed to blaze because of the colourful flags hoisted atop them.

   (a) house roofs   (b) window-sets

   (c) church spires   (d) shamble's Gate

3. The word closest in meaning to, 'harvest' in the above extract is:

   (a) Achievement   (b) Aim

   (c) Accolade   (d) Acknowledgment

4. Few people observed the narrator from the _______________.

   (a) house roofs   (b) window-sets

   (c) church spires   (d) shamble's gate

5. Which of these is not a state of the narrator's mind in this poem?

   (a) calm   (b) dejected

   (c) complacent   (d) enraged

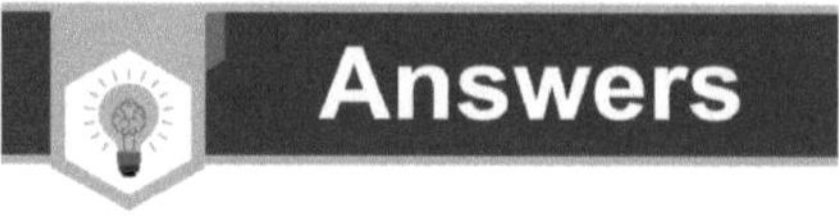

Answers

Section A

1. (a) African Americans
2. (d) In sharp contrast
3. (d) a beautiful Christmas tree
4. (c) The match girl's grandmother
5. (d) All of these
6. (c) rags
7. (c) Padua
8. (b) Leah
9. (b) Frankfurt
10. (a) the price of pork

Section B

I.
1. (a) at Portia's house, in a garden
2. (d) She is adamant on adhering to her father's will
3. (a) his comedic nature
4. (a) a lovers' quarrel
5. (b) tease and make fun of Bassanio

II.
1. (a) Portia to Bassanio
2. (a) Choosing a casket
3. (b) Antonio is being persecuted by Shylock
4. (c) naughty
5. (d) India

III.
1. (a) They were too big for her feet
2. (a) The little girl's mother
3. (c) rolling carriages
4. (d) Both (a) and (b)
5. (d) All of these

IV.
1. (b) twice
2. (c) sleepers
3. (a) lightly ruffled
4. (a) clean sunny air
5. (d) All of these

V.
1. (a) is stuck within the cage
2. (b) Anger clouds the vision of the bird
3. (d) All of these
4. (c) Both (a) and (b)
5. (b) stares

VI.
1. (d) fellow countrymen of the narrator
2. (c) church spires
3. (a) Achievement
4. (b) window-sets
5. (d) enraged

❑❑

<table><tr><td>**3**</td><td># Sample Paper</td></tr></table>

English Language [English-II]

Section A

1. The caged bird dreams and sings about _______________.
   - (a) joy
   - (b) freedom
   - (c) safety
   - (d) patriotism

2. After a year, the patriot is viewed as________by the people.
   - (a) a politician
   - (b) a traitor
   - (c) a spy
   - (d) a leader

3. After being unable to sell any match all day, the little girl did not want to go back home because:
   - (a) her grandmother would be disappointed
   - (b) her father would beat her up
   - (c) her embarrassment wouldn't let her
   - (d) her mother would look down on her

4. The little girl saw her grandmother in the ________________ vision.
   - (a) first
   - (b) second
   - (c) third
   - (d) fourth

5. Which of these phrases is not used to describe the blue bead?
   - (a) sand worn glass
   - (b) beautiful blue sapphire
   - (c) neck of a bottle
   - (d) perforated right through

6. The crocodile would sometimes go to the ghats to feed on the _______________.
   - (a) half-burned bodies
   - (b) fish, deer and monkeys
   - (c) pi-dog full of parasites
   - (d) skeleton cow

7. Whom does Bassanio address here:*"Ere I ope his letter, I pray you tell me how my good friend doth."*
   - (a) Salerio
   - (b) Solanio
   - (c) Gratiano
   - (d) Balthasar

8. *"Madam, with all my heart. I shall obey you in all fair commands."* Who said the following words to Portia?
   - (a) Jessica
   - (b) Lorenzo
   - (c) Nerissa
   - (d) Balthasar

9. Portia address Bassanio: *"Pay him _______________ ducats and deface the bond… before a friend of this description shall lose a hair through Bassanio's fault."*
   - (a) six thousand
   - (b) four thousand
   - (c) eight thousand
   - (d) ten thousand

10. *"Fie, what a question's that if thou wert near a lewd interpreter!"* Who is being chided by Portia here?
    - (a) Jessica
    - (b) Nerissa
    - (c) Bassanio
    - (d) None of these

Section B

I. Read the following extract from The Merchant of Venice (Act 3) and answer the questions that follow by choosing the most appropriate response from the choices given below:

Portia : But come, I'll tell thee all my whole device
When I am in my coach, which stays for us

At the park gate. And therefore haste away,
For we must measure twenty miles today.

1. Portia is so adamant on saving Antonio because:
   (a) She does not want Bassanio to lose a true friend
   (b) She wants to get into Bassanio's good graces
   (c) She wants to portray herself as an ideal wife
   (d) She wants to match-make Nerissa and Antonio
2. Portia calls Nerissa lewd because she:
   (a) keeps asking her about the male garments
   (b) feels like making fun of her at the moment
   (c) overheard her conversation with other retainers
   (d) None of these
3. The coach is headed to ________________.
   (a) Padua to retrieve things from Bellario
   (b) Venice to rescue Antonio
   (c) Belmont to get the money required to save Antonio
   (d) Rialto to convince Shylock to drop his case
4. Balthasar is instructed by Portia to meet ________________.
   (a) Salarino   (b) Solanio
   (c) Bellario   (d) Tubal
5. Who was left in-charge of handling things while they were away?
   (a) Lorenzo   (b) Jessica
   (c) Balthasar   (d) Both (a) and (b)

II. **Read the following extract from Act 3 of 'The Merchant of Venice' and answer the questions that follow by choosing the most appropriate response from the choices given below:**
   Launcelot: Truly then I fear you are damned both by father and mother. Thus when I shun Scylla your father, I fall into Charybdis your mother. Well, you are gone both ways.
   1. Where has the analogy of Scylla and Charybdis been derived from?
      (a) Nordic mythology   (b) Greek mythology
      (c) Egyptian mythology   (d) Norse mythology
   2. Calling Shylock, Scylla, justified because of his ______________ personality.
      (a) childish   (b) petty
      (c) miserly   (d) vengeful
   3. Which of the following is not a justification for the playwright calling Launcelot a clown in the beginning of this scene?
      (a) He jests around with Jessica frequently
      (b) He previously had a comical scene with Old Gobbo
      (c) He plays the role of a stress-relieving element in the play
      (d) He makes multiple mistakes in delivering letters and messages
   4. Which character enters the stage next and tease the two already arguing and bantering?
      (a) Jessica   (b) Launcelot
      (c) Balthasar   (d) Lorenzo
   5. The person entered retorts to teasing by saying, "the _________ is with child by you"
      (a) Moor   (b) Jew
      (c) Christian   (d) None of these

III. **Read the following extract from the short story, 'The Little Match Girl' and answer the questions that follow by choosing the most appropriate response from the choices given below:**
   Nobody had bought any from her, and no one had given her a single penny all day. She crept along, shivering and hungry, the picture of misery, poor little thing!

1. Who wrote 'The Little Match Girl'?
   (a) Robert Browning
   (b) O. Henry
   (c) Margaret Atwood
   (d) Hans Christian Andresen

2. What was the little girl wearing?
   (a) an old apron
   (b) her mother's slippers
   (c) Both (a) and (b)
   (d) None of these

3. What does the boy intend to do with the little girl's stolen slipper?
   (a) Give it to his mother
   (b) Pair it with another stolen slipper
   (c) Use is as a mitten
   (d) Use it as cradle for his child one day

4. Where did the little girl huddle down?
   (a) In a nook between two houses
   (b) In a dark and damp alleyway
   (c) In an abandoned shack
   (d) None of these

5. The savoury smell of _______________ lingered in the air for it was New Year's Eve.
   (a) roast turkey
   (b) roast chicken
   (c) roast goose
   (d) roast mutton

IV. **Read the following extract from the short story, 'The Blue Bead' and answer the questions that follow by choosing the most appropriate response from the choices given below:**

In the shrill noisy village above the ford, out of a mud house the same colour as the ground came a little girl...

1. What was Sibia wearing when she exited the hut?
   (a) earth-coloured rag
   (b) old, dirty frock
   (c) large cotton shirt
   (d) animal skin

2. "Sibia was eating the last of her meal", which did not include _______________.
   (a) chapati
   (b) green chilli
   (c) rancid butter
   (d) half an onion

3. Which of these did Sibia see on her way to the bazaar?
   (a) Railhead
   (b) Sweetmeat Stall
   (c) Cloth Stall
   (d) All of these

4. Which of these words has been used to describe Sibia's skin?
   (a) Oiled
   (b) Brown
   (c) Cream
   (d) All of these

5. Sibia wanted to buy _______________ but couldn't because she didn't have any money.
   (a) blown glass beads
   (b) thin glass bangles
   (c) honey confections
   (d) Both (a) and (b)

V. **Read the following extract from the poem, 'I Know why the Caged Bird Sings' and answer the questions that follow by choosing the most appropriate response from the choices given below:**

The free bird thinks of another breeze
and the trade winds soft through the sighing trees
and the fat worms waiting on a dawn bright lawn
and he names the sky his own

1. We can see the free bird's _______________ from "and he names the sky his own".
   (a) passion
   (b) ambition
   (c) light-heartedness
   (d) free-spiritedness

2. What does *"fat worms waiting on a dawn bright lawn"* portray?
   (a) lack of obstacles for the White Americans
   (b) oppression of the non-White races
   (c) representation for African-Americans
   (d) None of these

3. Why does the caged bird sing with a fearful trill?
   (a) Because it sings of things hitherto unknown
   (b) Because it sings of things it wishes for
   (c) Both (a) and (b)
   (d) None of these

4. Which of these literary devices is not used in the extract given above?
   (a) Imagery
   (b) Onomatopoeia
   (c) Juxtaposition
   (d) Personification

5. The word closest in meaning to the word 'sighing' in the above context is:
   (a) exhaling
   (b) moaning
   (c) blowing
   (d) gasping

VI. *Read the following extract from the poem, 'The Patriot' and answer the questions that follow by choosing the most appropriate answer from the choices given below:*

Thus I entered, and thus I go!

In triumph, people have dropped down dead.

Paid by the world, what dost thou owe

"Me?"----God might question; now instead

'Tis God shall repay: 1 am safer so.

1. What state of mind does the first line depict?
   (a) Dismissive
   (b) Forlorn
   (c) Acquiescing
   (d) All of these

2. The narrator is being _______________ when he talks about his harvest.
   (a) serious
   (b) humorous
   (c) sarcastic
   (d) petty

3. The poet says, '*I am safer so*' which signifies:
   (a) The speaker's complete trust in God
   (b) The speakers optimism
   (c) Both (a) and (b)
   (d) None of these

4. Identify the literary device: *"In triumph, people have dropped down dead."*
   (a) Simile
   (b) Metaphor
   (c) Oxymoron
   (d) Alliteration

4. How is the narrator's head injured?
   (a) By him tripping and falling in the rain
   (b) By the stones people fling at him
   (c) By the tight helmet cutting into his skin
   (d) By trying to head-butt a guard

Answers

Section A

1. (b) freedom
2. (b) a traitor
3. (b) her father would beat her up
4. (d) fourth
5. (b) beautiful blue sapphire
6. (a) half-burned bodies
7. (a) Salerio
8. (b) Lorenzo

9. (a) six thousand
10. (b) Nerissa

Section B

I.
1. (a) She does not want Bassanio to lose a true friend
2. (a) keeps asking her about the male garments
3. (b) Venice to rescue Antonio
4. (c) Bellario
5. (d) Both (a) and (b)

II.
1. (b) Greek mythology
2. (d) vengeful
3. (d) He makes multiple mistakes in delivering letters and messages
4. (d) Lorenzo
5. (a) Moor

III.
1. (d) Hans Christian Andersen
2. (c) Both (a) and (b)
3. (d) Use it as cradle for his child one day
4. (a) In a nook between two houses
5. (c) roast goose

IV.
1. (a) earth -coloured rag
2. (d) half an onion
3. (d) All of these
4. (d) All of these
5. (d) Both (a) and (b)

V.
1. (b) ambition
2. (a) lack of obstacles for the white Americans
3. (d) All of these
3. (c) Both (a) and (b)
4. (b) Onomatopoeia
   Explanation: The imagery of the wind quietly moving through the trees, to the point where the trees seem to sigh in relaxation (a moment of personification), reflects the free bird's contentment and enhances the juxtaposition of its situation with that of the caged bird's.
5. (b) moaning

VI.
1. (d) All of these
2. (c) sarcastic
3. (c) Both (a) and (b)
4. (d) Alliteration
5. (b) By the stones people fling at him

□□

History & Civics

Specimen Question Paper

History & Civics

Maximum Marks: 40
Time allowed: One hour (inclusive of reading time)

General Instructions

ALL QUESTIONS ARE COMPULSORY.
The marks intended for questions are given in brackets [ ].
Select the correct option for each of the following questions.

Questions

Question 1

If the strength of the House is 350 members ,the quorum will be __________. [1]

1. 36 members   2. 40 members   3. 60 members   4. 35 members

Question 2.

Lok Sabha	550
Rajya Sabha	?

1. 250   2. 545   3. 500   4. 350

Question 3

How many members of the Rajya Sabha retire once every two years? [1]

1. One-sixth   2. One-fourth   3. Two-third   4. One-third

Question 4

Residuary power refers to the power to make laws on subjects which are in the __________. [1]

1. Union List   2. State List

3. Concurrent List   4. Not part of these three lists

Question 5

Who determines the salaries and allowances of MPs and Ministers? [1]

1. The President   2. The Parliament

3. The Chairman of UPSC   4. The Finance Minister

Question 6

Who is empowered to promulgate an Ordinance when the Parliament is not in session? [1]

1. The Vice-President   2. The President

3. The Prime Minister   4. The Attorney General of India

Question 7

Which of the following procedures authorizes the Executive to draw funds from the Consolidated Fund until the Budget is passed by the Parliament? [1]

1. Vote on Account   2. Veto

3. Prorogation   4. Supplementary Grants

Question 8

Who elect the members of the Rajya Sabha ?   [1]

1. The members of the Lok Sabha   2. The members of the Vidhan Sabha
3. The members of the Vidhan Parishad   4. The Citizens of India

Question 9

Complete the given analogy.

Lok Sabha : Speaker :: Rajya Sabha :?   [1]

1. Vice President   2. Prime Minister
3. President   4. Chief Justice of India

Question 10

Which statement does not apply to the Subsidiary Alliance?   [1]

1. The kings virtually lost their powers
2. It was introduced by Lord Dalhousie
3. The kings had to maintain the British army at their cost
4. They had a British resident in their court   [1]

Question 11

The year in which the Congress was established-   [1]

1. 1885   2. 1856   3. 1898   4. 1886

Question 12

Which of the following is a method of the Assertive Nationalists?

(i) Swadeshi   (ii) Boycott
(iii) Passive Resistance   (iv) Revivalism   [1]

1. (i)   2. (ii)   3. (iii) and (iv)   4. All

Question 13

Complete the given analogy.

Simon Commission: Civil Disobedience Movement :: Cripps Mission : ?   [1]

1. Non-Cooperation Movement   2. Anti Partition Movement
3. Quit India Movement   4. Khilafat Movement

Question 14

The Supreme Commander of the Indian National Army: [1]

1. Subhash Chandra Bose   2. Rash Behari Gosh
3. Jawaharlal Nehru   4. Lord Wavell

Question 15

Which of these was not a provision of the Indian Independence Act, 1947 ?   [1]

1. There would be a Governor-General for each Dominion.
2. There would be no division of the army.
3. The office of the Secretary of State was abolished.
4. The jurisdiction of the British Parliament would end.

Question 16

Replace the underlined word to correct the statement.

Unity, Faith, Sacrifice was the motto of the <u>Forward Bloc.</u>   [1]

1. Indian National Congress   2. Indian National Army
3. East India Association   4. The Muslim League

Question 17

_______ was denied pension under the Doctrine of Lapse   [1]

1. Zeenat Mahal   2. Baji Rao II
3. Bahadur Shah Zafar   4. Nana Saheb

Question 18

The General Service Enlistment Act implied that soldiers-   [1]

1. would not be given promotions   2. would have to travel overseas to fight
3. would be given less salaries   4. would not be given extra allowance

Question 19

Mahatma Gandhi signed a pact with _____________ to end the Civil Disobedience Movement.   [1]

1. Lord Mountbatten
2. Lord Irwin
3. Lord Wavell
4. Stafford Cripps

Question 20

The nationalists felt Bengal was partitioned.   [1]

1. To divide Hindus and Muslims
2. For effective administration
3. To stop the spread of Swadeshi
4. To help the Muslims

Question 21

When can the Parliament not legislate on subjects included in the State List?   [1]

1. When the State is ruled by a coalition
2. During the Proclamation of an Emergency
3. When the Rajya Sabha passes a resolution by two-thirds majority
4. When two or more States are of the opinion the Parliament should legislate on the subject

Question 22

Which of these are not exclusive powers of the Lok Sabha?   [1]

1. Introduction of a Money Bill
2. Passing of an Adjournment Motion
3. Passing of the No Confidence motion
4. Amendment of the Constitution

Question 23

Assuming the powers of the State which is under an Emergency, is a ______ power of the Parliament.   [1]

1. Financial
2. Emergency
3. Legislative
4. Executive

Question 24.

The right of the members to ask questions in the House is known as __________.   [1]

1. Interpellation
2. Interjection
3. Defection
4. Prorogation

Question 25

Who elect the Speaker of the Lok Sabha?   [1]

1. The President
2. Only the members of the ruling party
3. The Chairman of the Rajya Sabha
4. The members of the Lok Sabha.

Question 26

The creation of a new All India Services is an exclusive power of the __________.   [1]

1. President
2. Lok Sabha
3. Rajya Sabha
4. Supreme Court

Question 27

Which of the following is not the aim of the Muslim League?   [1]

1. To develop and consolidate the feelings of national unity among Muslims.
2. To protect and advance the political rights of Muslims.
3. To promote among Muslims of India, support for the British Government.
4. To prevent hostilities between Muslims and other communities.

Question 28

Identify the clauses of the Rowlatt Act.   [1]

1. In camera trial
2. Arrest people with a warrant
3. Vernacular Press must not publish anything against the British
4. Compulsory License for arms

Question 29

The Civil Disobedience Movement was launched in __________.   [1]

1. 1929
2. 1920
3. 1930
4. 1942

Question 30

In 1857, the Hindu and Muslim soldiers refused to use the new cartridges because: [1]

1. they were greased with cow and pig fat
2. they were paid less salaries

3. they were forced to go abroad on duty

4. they were ill fed

Question 31

To reorganise agriculture and industry on socialist lines was an aim of: [1]

1. Indian National Congress
2. The Indian National Army
3. The Forward Bloc
4. The Muslim League

Question 32

Choose the correct option to match the following: [1]

(a) Jyotiba Phule
(b) Raja Ram Mohan Roy
(c) Subhash Chandra Bose
(d) A. O. Hume

(i) Indian National Congress
(ii) Forward Bloc
(iii) Brahmo Samaj
(iv) Satya Shodhak Samaj

1. (a) (i), (b) (ii), (c) (iii), (d) (iv)
2. (a) (ii), (b) (i), (c) (iv), (d) (iii)
3. (a) (iii), (b) (iv), (c) (i), (d) (ii)
4. (a) (iv), (b) (iii), (c) (ii), (d) (i)

Question 33

Read the passage given and answer the questions that follow-

On February 4, 1922, a large group of nationalist volunteers had gathered on the streets of a small, obscure hamlet. More than a year had passed since Mahatma Gandhi had launched the movement with the aim of attaining 'Purna Swaraj' (full independence). The volunteers marched through the streets shouting slogans of Gandhi and the Khilafat. Soon they walked into the police. Sticks and stones were thrown from one end in return for bullets from the other. As the crowd grew larger and fiercer, the cops retreated inside the police station. The protestors doused the building in kerosene and set it on fire. Twenty-three policemen perished. A total of 228 people were brought to trial in the incident, out of which 19 were sentenced to death.   Source- The Indian Express

(a) Where did this incident take place? [1]

1. Lahore   2. Chauri Chaura   3. Dandi   4. Awadh

(b) Which movement did Gandhiji withdraw because of this incident? [1]

1. Non-Cooperation Movement
2. Civil Disobedience Movement
3. Quit India Movement
4. Anti Partition Movement

(c) Identify the programmes which were adopted during this movement. [1]

1. Swadeshi and Boycott
2. Violent agitations
3. Walked barefoot and bathed in the Ganga
4. Established many British Schools

(d) Identify any two impacts of the movement that was suspended due to this event. [1]

1. Instilled confidence in people
2. Led to large scale communal riots
3. Promoted Social reforms
4. Led to the First Round Table Conference

Question 34

Look at the picture given below and answer the questions that follow :

(a) Identify the man with Mahatma. [1]

1. Lord Mountbatten
2. Lord Curzon
3. Lord Wavell
4. Lord Dalhousie

(b) He was deputed to India for the following reason: [1]

    1. To implement Lord Wavell Plan   2. For effective administration

    3. For peaceful transfer of power   4. To delay the Partition of India

(c) Identify from the list, two proposals of the plan formulated by him. [1]

    1. The country would be divided into two dominions

    2. Formation of a Constituent Assembly

    3. There would be grouping of provinces

    4. Setting up of a Boundary Commission

(d) Which of the following clauses about the Princely States was not part of the plan proposed by him? [1]

    1. Princely states had to join only India

    2. All treaties with the Princely states would come to an end

    3. Princely states could remain independent

    4. The states could join either India or Pakistan

Answers

1. 4. 35 members	**23.** 3. Legislative
2. 1. 250	**24.** 1. Interpellation
3. 4. One-third	**25.** 4. The members of the Lok Sabha.
4. 4. Not part of these three lists	**26.** 3. Rajya Sabha
5. 2. The Parliament	**27.** 1. To develop and consolidate the feelings of national unity among Muslims.
6. 2. The President	
7. 1. Vote on Account	**28.** 1. In camera trial
8. 2. The members of the Vidhan Sabha	**29.** 3. 1930
9. 1. Vice-President	**30.** 1. they were greased with cow and pig fat
10. 2. It was introduced by Lord Dalhousie	**31.** 3. The Forward Bloc
11. 1. 1885	**32.** (d) 1. (iv), 2. (iii), 3. (ii), 4. (i)
12. 4. All	**33.** (a) 2. Chauri Chaura
13. 3. Quit India Movement	(b) 1. Non-Cooperation Movement
14. 1. Subhash Chandra Bose	(c) 1. Swadeshi and Boycott
15. 2. There would be no division of the army.	(d) 1. Instilled confidence in people
16. 2. Indian National Army	3. Promoted Social Reforms
17. 4. Nana Saheb	**34.** (a) 1. Lord Mountbatten
18. 2. would have to travel overseas to fight	(b) 3. For peaceful transfer of power
19. 2. Lord Irwin	(c) 1. The country would be divided into two dominions
20. 1. To divide Hindus and Muslims	
21. 1. When the State is ruled by a coalition	4. Setting up of a Boundary Commission
22. 4. Amendment of the Constitution	(d) 1. Princely states had to join only India.

❏❏

Question 1

Minimum age for the membership of Lok Sabha is ___________ years.

1. 18
2. 25
3. 30
4. 20

Question 2

Who decides whether a bill is a money bill or not?

1. President
2. Chairman
3. Prime Minister
4. Speaker

Question 3

Interval between two consecutive sessions shall be ___________ .

1. More than 6 months
2. Less than 6 months
3. 6 months
4. None of the above

Question 4

___________ is a formal proposal made by a member stating that the House should take up some particular matter of public importance.

1. Session
2. Motion
3. Interpellation
4. Question Hour

Question 5

Which one of the following motions leads to interruption of normal business of the House?

1. Adjournment motion
2. Cut motion
3. No-Confidence motion
4. Censure motion

Question 6

___________ is moved by the opposition in Lok Sabha.

1. Resolution
2. Adjournment of House
3. No-Confidence motion
4. Prorogation of House

Question 7

The normal business of the House is interrupted in ___________ motion.

1. Censure
2. No-Confidence
3. Adjournment
4. Interpellation

Question 8

___________ is a fresh demand made by the Government if amount authorized for the current financial year is not sufficient.

1. Vote on account
2. Budget
3. Reserve fund
4. Supplementary Grant

Question 9

Complete the given analogy.

Lok Sabha : House of the People :: Rajya Sabha : ?

1. Council of States
2. House of Commons
3. Legislative Council
4. Federation of States

Question 10

There were many causes that led to the uprising of 1857. Which one of the following role played by Lord Dalhousie is incorrect?

1. The Doctrine of Lapse
2. Annexation of Awadh
3. Imposed Religious Disabilities Act
4. Ill-treatment to Nana Saheb

Question 11

Who was the first President of the Indian National Congress?

1. Dadabhai Naoroji
2. B.C. Pal
3. Surendranath Banerjee
4. Womesh Chandra Bonnerjee

Question 12

Which of the following was the reason for calling off 'the Non-Cooperation Movement' by Gandhiji?

1. Pressure from the British Government
2. Second Round Table Conference
3. Gandhiji's arrest
4. Chauri Chaura incident

Question 13

Which of the following is a method of the Early Nationalists?

(i) Use of Petitions, Prayers and Protests

(ii) Boycott

(iii) Held meetings for passing of resolutions

(iv) Revivalism

1. i, ii and iii
2. Only iv
3. Only i and iii
4. All of the above

Question 14

Complete the given analogy.

Champaran Satyagraha : Indigo cultivators:: Ahmedabad Satyagraha : ?

1. Peasants and Sharecroppers
2. Mill workers
3. Plantation workers
4. Cotton suppliers

Question 15

A definite shape to 'Indian Independence League' was given by :

1. Subhash Chandra Bose
2. Rash Behari Bose
3. Mohan Singh
4. Gandhiji

Question 16

The Mountbatten Plan of June 3, 1947 was accepted by all parties. In this context, which clause in the Plan is/are correct?

(i) The country would be divided into two Dominions i.e., India and Pakistan.

(ii) The two Dominions should decide what relations they would have with the British Commonwealth and with each other.

(iii) A Boundary Commission to decide about the boundary disputes.

(iv) A plebiscite was to be held in Sindh to ascertain whether the people wanted to join India or Pakistan.

1. (i) and (ii)
2. Only (i)
3. (i), (ii) and (iii)
4. All of the above

Question 17

In 1939, Bose decided to re-contest for the Congress Presidential candidate against __________ .

1. Jawaharlal Nehru
2. Gandhiji
3. Pattabhi Sitaramayya
4. Vallabhbhai Patel

Question 18

The __________ was founded in 1893.

1. Muslim League
2. Mohammedan Anglo-Oriental Defence Association
3. Indian National Congress
4. Communist Party of India

Question 19

Which act of racial discrimination alienated the British from the Indian masses?

1. European officers ill-treated and insulted Indians
2. British followed western education
3. Propagated Christianity through missionaries
4. Erected telegraphic poles in India

Question 20

According to the Gandhi-Irwin Pact the British government agreed to:

1. Withdraw ordinances, end prosecutions
2. Stop conversion into Christianity
3. Restore confiscated properties
4. Both 1 and 2

Question 21

In view of the financial powers of the Parliament, which option regarding Money Bill is incorrect?

1. The Chairman of the Rajya Sabha decides whether a Bill is a Money Bill or an Ordinary Bill.
2. A Money Bill must be recommended by the President.
3. A Money Bill can be introduced in the Lok Sabha only and not in the Rajya Sabha.
4. None of the above.

Question 22

Which one of the following is an exclusive power of the Rajya Sabha?

1. It can pass a resolution and declare a subject in Concurrent List to be of national importance.
2. It can abolish new All India Services.
3. During National Emergency when Lok Sabha is dissolved, Rajya Sabha assumes the role of the Union Parliament.
4. Rajya Sabha has substantial financial powers as compared to Lok Sabha.

Question 23

Which of the following circumstances lead to adjournment of the House?

1. After the business for the day is incomplete
2. When the death of a sitting/ex-member of the House occurs
3. When it is difficult to conduct the business due to lack of leadership
4. All of the above

Question 24

Which of the following proposals of the Gandhi- Irwin Pact is incorrect?

1. Withdrawal of ordinances issued by the British Government imposing curbs on the activities of the Indian National Congress.
2. Restoration of confiscated properties to the Congressmen.
3. The removal of the tax on salt, allowed the Indians to produce, trade, and sell salt legally.
4. Continuation of the Civil Disobedience movement for the advancement of Nationalism.

Question 25

What was the main demand of the Muslim deputation which met Lord Minto on 1st October, 1906?

1. The Muslims to be granted the right to elect their own representatives on the basis of a separate electorate.
2. Every High Court must have at least three Muslim judges.
3. Reservation of seats for Depressed Classes in the State services.
4. All of the above

Question 26

What do you understand by federal structure of government?

1. All powers of administration lies with the centre
2. A union of sovereign groups or states united for certain common purposes
3. A method of dividing power between a central government and local state governments that are connected
4. Rule by a king or a queen

Question 27

What was the highest rank that a native sepoy could rise to?

1. Subedar
2. Commander
3. Colonel
4. Brigadier General

Question 28

What economic reform did the early Congress leaders demand regards industries?

1. Heavy tax on export goods
2. Abolition of salt tax
3. Industrial growth through trade protection
4. Reduction in expenditure

Question 29

What was the Bengali weekly started by Raja Ram Mohan Roy?

1. Sambad Kaumudi
2. Rast Goftar
3. Shome Prakash
4. Young India

Question 30

The title of 'Father of the Nation' was given to Mahatma Gandhi by......

1. Rabindranath Tagore
2. Subhash Chandra Bose
3. Bal Gangadhar Tilak
4. None of these

Question 31

Who decides the salaries and allowances of MPs, Ministers, and Judges of Supreme Court and High Courts?

1. Comptroller and Auditor-General of India
2. Parliament
3. Finance Minister
4. President in consultation with the Chief Justice of India

Question 32

Choose the correct option to match the following:

(A) Jyotiba Phule
(B) Raja Ram Mohan Roy
(C) Dayanand Saraswati
(D) Swami Vivekananda

(i) Father of Indian Renaissance
(ii) Ram Krishna Mission
(iii) Satya Shodhak Samaj
(iv) Arya Samaj

1. (A) – (iv),(B) – (i),(C) – (iii),(D) – (ii)
2. (A) – (ii), (B) – (i), (C) – (iv), (D) – (iii)

3. (A) – (iii), (B) – (i), (C) – (iv), (D) – (ii)

4. (A) – (iii), (B) – (i), (C) – (iv), (D) – (ii)

Question 33

Read the passage given and answer the questions that follow-

The Indian National Congress, on 19 December 1929, passed the historic 'Poorna Swaraj' – (Complete independence) resolution – at its Lahore session. A public declaration was made on 26 January 1930 – a day which the Congress Party urged Indians to celebrate as 'Independence Day'. The declaration was passed due to the breakdown of negotiations between leaders of the freedom movement and the British over the question of dominion status for India. The Poorna Swaraj Resolution was drafted by Jawaharlal Nehru, the "Declaration of Independence" pledge was drafted by Mahatma Gandhi in 1930 and it echoed the essence of American Declaration of Independence. After this pledge January 26, 1930 was declared as Independence Day by Indian National Congress.

A. The 1929 Session of Indian National Congress is of significance in the history of the Freedom Movement because the:

   1. Attainment of self-government was declared as the objective of the Congress.

   2. Attainment of Poorna Swaraj was adopted as the goal of the Congress.

   3. Non-Cooperation Movement was launched

   4. Decision to participate in the Round Table Conference in London was taken.

B. ___________ was the President of the Lahore session (1929).

   1. Motilal Nehru   2. Gandhiji

   3. Vallabhbhai Patel   4. Jawaharlal Nehru

C. Who among the following drafted the 'Declaration of Independence' pledge?

   1. Jawaharlal Nehru   2. Subhash Chandra Bose

   3. Mahatma Gandhi   4. Bal Gangadhar Tilak

D. Identify the programmes of the 'Poorna Swaraj' resolution.

   1. Observance of 26th January as Independence Day.

   2. Resignations by members of the Legislature.

   3. Preparation for non-cooperation of the Britishers.

   4. Non-payment of taxes and revenues.

Question 34

A. Identify the man with Mahatma.

   1. Lord Mountbatten   2. Lord Curzon

   3. Lord Wavell   4. Sir Stafford Cripps

B. He was sent by Prime Minister Winston Churchill to India to discuss the Draft Declaration, as settled by the War Cabinet. What was his main proposal?

1. India should be granted complete independence

2. India should be given dominion status

3. India should be partitioned into two before granting independence

4. India should be made a republic with the condition that she will join the Commonwealth

C. Which of the following proposals of Cripps Mission regarding the Princely states is correct?

1. Any province not willing to join the Union could have a separate constitution and form a separate Union.

2. Princely states would be given full protection to religious and racial minorities.

3. Princely states would follow the Divide and Rule policy.

4. Princely states had to be a part of India or Pakistan.

D. Which of the following proposals of the Cripps Mission are correct?

1. India would be given a dominion status after the Second World War.

2. There would be grouping of Provinces.

3. A Constituent Assembly would be set up.

4. The Provinces would be free to join the British Union.

Answers

1. 2. 25
2. 4. Speaker
3. 2. Less than 6 months
4. 2. Motion
5. 1. Adjournment motion
6. 3. No-Confidence motion
7. 3. Adjournment motion
8. 4. Supplementary Grant
9. 1. Council of States
10. 3. Imposed Religious Disabilities Act
11. 4. Womesh Chandra Bonnerjee
12. 4. Chauri Chaura incident
13. 3. Only i and iii
14. 2. Mill workers
15. 2. Rash Behari Bose
16. 3. (i), (ii) and (iii)
17. 3. Pattabhi Sitaramayya
18. 2. Mohammedan Anglo-Oriental Defence Association
19. 1. European officers ill-treated and insulted Indians
20. 4. Both 1 and 2

21. 1. The Chairman of the Rajya Sabha decides whether a Bill is a Money Bill or an Ordinary Bill.
22. 3. During National Emergency when Lok Sabha is dissolved, Rajya Sabha assumes the role of the Union Parliament.
23. 2. When the death of a sitting/ex-member of the House occurs
24. 4. Continuation of the Civil Disobedience movement for the advancement of Nationalism.
25. 1. The Muslims to be granted the right to elect their own representatives on the basis of a separate electorate.
26. 3. A method of dividing power between a central government and local state governments that are connected
27. 1. Subedar
28. 3. Industrial growth through trade protection
29. 1. Sambad Kaumudi
30. 2. Subhash Chandra Bose
31. 2. Parliament
32. (A) – (iii), (B) – (i), (C) – (iv), (D) – (ii)

33. A. 2. Attainment of Poorna Swaraj was adopted as the goal of the Congress.

    B. 4. Jawaharlal Nehru

    C. 3. Mahatma Gandhi

    D. 1. Observance of 26th January as Independence Day.

        2. Resignations by members of the Legislature.

34. A. 4. Sir Stafford Cripps

    B. 3. Mahatma Gandhi

    C. 1. Any province not willing to join the Union could have a separate constitution and form a separate Union.

    D. 1. India would be given a dominion status after the Second World War.

        3. A Constituent Assembly would be set up.

❑❑

2 Sample Paper

History & Civics

 **Questions**

Question 1

At present, the Rajya Sabha comprises _______ members.

1. 250
2. 238
3. 245
4. 240

Question 2

What is the minimum eligibility age for membership to Rajya Sabha?

1. 35 years
2. 30 years
3. 20 years
4. 25 years

Question 3

Indian Constitution has divided the powers and function of the state into :

1. five lists
2. four lists
3. two lists
4. three lists

Question 4

Complete the given analogy.

Lok Sabha seats : 543 :: Rajya Sabha seats : ?

1. 230
2. 235
3. 240
4. 245

Question 5

What is Zero Hour in Parliament?

1. When the proposal of opposition is considered
2. The first hour of the session
3. When matters of utmost importance are raised
4. When a money bill is introduced in Lok Sabha

Question 6

Match the following

Group-A	Group-B
(a) Chauri Chaura	(i) 1930
(b) Civil Disobedience Movement	(ii) 1922
(c) Non-Cooperation Movement	(iii) 1942
(d) Quit India Movement	(iv) 1920

1. (a)-(ii), (b)-(i), (c)-(iv), (d)-(iii)

2. (a)-(iv), (b)-(i), (c)-(ii), (d)-(iii)

3. (a)-(iii), (b)-(i), (c)-(ii), (d)-(iv)

4. (a)-(i), (b)-(ii), (c)-(iv), (d)-(iii)

Question 7

Concerning the powers of Rajya Sabha, which one of the following statements is not accurate?

1. A money bill cannot be introduced in Rajya Sabha
2. The Rajya Sabha has no power either to reject or amend a money bill
3. The Rajya Sabha cannot discuss an annual financial statement
4. The Rajya Sabha has no power to vote on the demand for grants

Question 8

When are the joint sittings of two Houses of Parliament held?

1. To elect the President of India
2. To elect the Vice President of India
3. To adopt a Constitution Amendment Bill
4. To consider or pass a bill on which two Houses disagree

Question 9

A money bill approved by the Lok Sabha is deemed to have been passed by the Rajya Sabha also when no action is taken by the Upper House within:

1. 10 days
2. 14 days
3. 22 days
4. 18 days

Question 10

The struggle for Partition of Bengal derived from being recognized as :

1. Khilafat Movement
2. Swadeshi Movement
3. Salt Movement
4. Quit India Movement

Question 11

How are legislative excesses of Parliament and Assemblies checked?

1. Through general elections
2. Through Judicial Review
3. Through intervention from President / Governor
4. Through No-Confidence motion

Question 12

The Speaker of Lok Sabha is elected by :

1. the members of the majority party in the Lok Sabha
2. all the members of Lok Sabha
3. all the members of Parliament
4. the people directly

Question 13

The bill of which of the following categories can be initiated only in Lok Sabha?

1. Money Bill
2. Ordinary Bill
3. Private Members Bill
4. Constitution Amendment Bill

Question 14

Lala Lajpat Rai was an active associate of ________.

1. Brahmo Samaj
2. Prarthana Samaj
3. Arya Samaj
4. Ved Samaj

Question 15

Complete the given analogy.

Kanpur : Nana Saheb :: Lucknow : ?

1. Bahadur Shah Zafar
2. Rani Laxmibai
3. Begum Hazrat Mahal
4. Tantia Tope

Question 16

Gandhiji arrived in India from ______ in 1915.

1. Japan
2. South Africa
3. USA
4. China

Question 17

Which of the following does not lie under legislative control over administration?

1. Formulation of a Bill
2. Budget session
3. Zero Hour
4. Adjournment motion

Question 18

The Arms Act was passed in ______.

1. 1876
2. 1875
3. 1878
4. 1880

Question 19

______ was the first movement successfully directed by Gandhiji in India.

1. Champaran Movement
2. Natal Movement
3. Quit India Movement
4. Punjab Movement

Question 20

______ was one of the Congress leaders from Bengal with radical purposes.

1. Bipin Chandra Pal
2. Rabindranath Tagore
3. Raja Ram Mohan Roy
4. R. C. Mukherjee

Question 21

Why is the Rajya Sabha called a 'Permanent House'?

1. It is not subject to dissolution.
2. Its members are elected by the MLAs of each state by means of a single transferable vote.
3. It has 245 seats.
4. It has 12 nominated members.

Question 22

When can the Vice-President cast a vote in the Rajya Sabha?

1. In case of a tie
2. During Emergency
3. If the majority of the members approve the same
4. Anytime

Question 23

Which of the following bills can only be introduced in Lok Sabha?

1. Ordinary Bills
2. Money Bills
3. Constitutional Amendment Bills
4. Financial Bill Category B

Question 24

The two Houses of the Parliament enjoy co-equal powers in which of the following spheres?

1. Impeachment of the President
2. Make laws on a State subject
3. Introduction of Money bills
4. Creation of new All-India Services

Question 25

Which one of the following is the Legislative power of Union Parliament?

1. Appointment of Judges
2. Pardon Power
3. Matters in the Union List
4. None of these

Question 26

Who needs to sign the Bill passed by the Parliament for it to become a law?

1. President
2. Prime Minister
3. Finance Minister
4. Chief Justice of India

Question 27

What was changed in the Religious Disabilities Act?

1. Sati was abolished
2. Widows were allowed to remarry
3. Female infanticide was prohibited
4. Hindu Law of Property

Question 28

What did Dadabhai Naoroji aim to provide the members of the British Parliament through East India Association?

1. Praise Government policies
2. Information about India's grievances
3. Terminate British rule
4. Become the Viceroy

Question 29

Which of the following leader is not associated with Azad Hind Fauz?

1. Major General Shah Nawaz Khan
2. Colonel Prem Kumar Sahgal
3. Colonel Shaukat Ali Malik
4. Kartar Singh

Question 30

Name the Persian paper started by Raja Ram Mohan Roy.

1. Rast Goftar
2. Punjab Kesari
3. Mirat-ul-Akhbar
4. Mahratta

Question 31

Which one of these statements best defines an adjournment motion?

1. To obtain information on a matter of public importance or to ventilate a grievance.
2. A step taken against a group of Ministers or an individual Minister, expressing a strong disapproval of their policy or a programme.
3. It pinpoints the failures of the Government in the performance of its duties and is moved only in the Lok Sabha.
4. A method to check that public money is spent in accordance with Parliament's decision.

Question 32

Match the following

Group-A	Group-B
(a) The Speaker	(i) Presides over Rajya Sabha
(b) The Vice President	(ii) The legislative organ of the Union Government
(c) The Parliament	(iii) The House of People
(d) The Lok Sabha	(iv) The presiding officer of the Lok Sabha.

1. (a)-(ii), (b)-(iii), (c)-(iv), (d)-(i)
2. (a)-(iv), (b)-(i), (c)-(ii), (d)-(iii)
3. (a)-(iii), (b)-(i), (c)-(ii), (d)-(iv)
4. (a)-(i), (b)-(ii), (c)-(iv), (d)-(iii)

Question 33

Read the passage given and answer the questions that follow-

Rowlatt Acts, (February 1919), legislation approved by the Imperial Legislative Council, the legislature of British India. The Acts permitted certain political cases to be tried without juries and permitted internment of suspects without trial. Their object was to replace the wartime Defence of India Act (1915) with a permanent law. They were grounded on the report of Justice S.A.T. Rowlatt's committee of 1918. An aroused Indian public much resented the Rowlatt Acts. All non-official Indian council members (i.e., those who were not bureaucrats in the colonial government) voted in contradiction of the Acts. Mahatma Gandhi organized a protest movement that directed straight to the Massacre of Amritsar (April 1919) and subsequently to his Non-Cooperation Movement (1920–22). As a result, the Acts were never actually implemented.

A. What was the massacre at Amritsar?
  1. Rowlatt Act
  2. Jallianwala Bagh Massacre
  3. Swadeshi Movement
  4. None of these

B. After the Amritsar massacre, which movement got started?
  1. Rowlatt Act
  2. Non-Cooperation Movement
  3. Swadeshi Movement
  4. None of these

C. Identify the clauses of the Rowlatt Act.
  1. Vernacular Press must not publish anything against the British

2. Arrest people with a warrant

3. In camera trial

4. None of the above

D. Which of the following were the primary rationale behind Rowlatt Act?

1. To provide for compulsory economic support to British war efforts

2. To curb the activities of trade unions.

3. To provide the civil liberties to Indians.

4. To change the tax provisions of India

Question 34

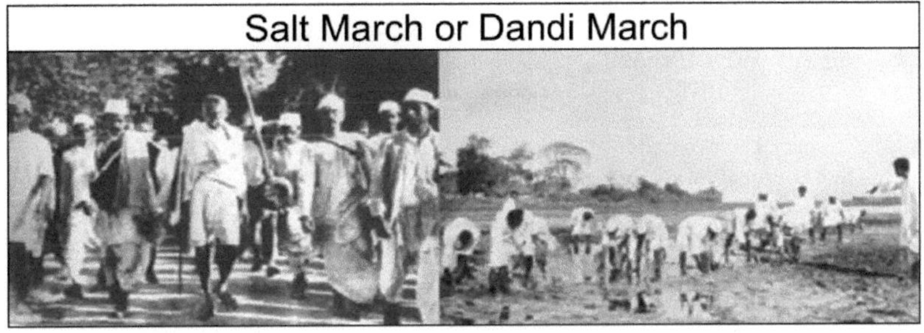

A. How many days did Gandhi take to complete the Dandi March?

1. 15   2. 20

3. 25   4. 30

B. Dandi March begun on :

1. March 11, 1930   2. March 12, 1930

3. March 13, 1930   4. March 14, 1930

C. The famous Dandi March resulted in the beginning of –

1. The Non-Cooperation Movement

2. The Champaran Satyagraha

3. The Kheda Satyagraha

4. The Civil Disobedience Movement

D. Which of the following were the rationale behind Dandi March?

1. Direct action campaign of tax resistance

2. Non-violent protest against the British salt monopoly

3. To make the British quit India

4. Protest regarding land

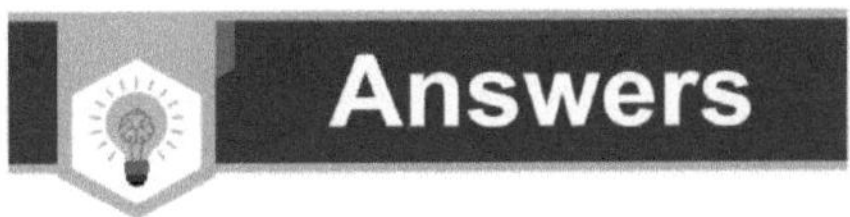

Answers

1. 3. 245

2. 2. 30 Years

3. 4. Three lists

4. 4. 245

5. 3. When matters of utmost importance are raised

6. 2. (a)-(iv), (b)-(i), (c)-(ii), (d)-(iii)

7. 3. The Rajya Sabha cannot discuss an annual financial statement

8. 4. To consider or pass a bill on which two Houses disagree

9. 2. 14 days

10. 2. Swadeshi Movement

11. 2. Through Judicial Review

12. 2. All the members of Lok Sabha

13. 1. Money Bill

14. 3. Arya Samaj

15. 3. Begum Hazrat Mahal

16. 2. South Africa

17. 2. Budget session

18. 3. 1878

19. 1. Champaran Movement

20. 1. Bipin Chandra Pal

21. 1. It is not subject to dissolution

22. 1. In case of a tie

23. 2. Money Bills

24. 1. Impeachment of the President

25. 3. Matters in the Union List

26. 1. President

27. 4. Hindu Law of Property

28. 2. Information about India's grievances

29. 4. Kartar Singh

30. 3. Mirat-ul-Akhbar

31. 3. It pinpoints the failures of the Government in the performance of its duties and is moved only in the Lok Sabha.

32. 2. (a)-(iv), (b)-(i), (c)-(ii), (d)-(iii)

33. A. 2. Jallianwala Bagh Massacre

    B. 2. Non-Cooperation Movement

    C. 3. In camera trial

    D. 1. To provide for compulsory economic support to British war efforts

       2. To curb the activities of trade unions.

34. A. 3. 25

    B. 2. March 12, 1930

    C. 4. The Civil Disobedience Movement

    D. 1. Direct action campaign of tax resistance

       2. Non-violent protest against the British salt monopoly

❑❑

Questions

Question 1

A seat of an M. P. can be declared vacant if he absents himself from the House for a continuous period of _____

1. Two months
2. Three months
3. Six months
4. None of these

Question 2

What should be the gap between the first No-Confidence motion and the second No-Confidence motion?

1. 9 months
2. 6 months
3. 2 months
4. 3 months

Question 3

Consider the following statements :

(i) The Lok Sabha passes the Annual Appropriation Bill in the same manner as any other Bill.

(ii) An amendment to the Constitution of India can be initiated by an introduction of a Bill in either Lok Sabha or Rajya Sabha.

Which of the statements given above is/are correct?

1. Only 2
2. Both 1 and 2
3. Only 1
4. Neither 1 nor 2

Question 4

Dandi March was led by _______ in 1930.

1. Mahatma Gandhi
2. Sarojini Naidu
3. Indira Gandhi
4. S. C. Bose

Question 5

Complete the given analogy.

Central Government : Union List :: State Government : ?

1. Concurrent List
2. State List
3. Residuary Subjects
4. None of these

Question 6

The Constitution of India vests the executive authorities of the Indian Union in which of the following?

1. The President
2. The Council of Ministers
3. The Prime Minister
4. The Parliament

Question 7

Quit India Movement took place in ______.

1. 1942
2. 1949
3. 1940
4. 1939

Question 8

_______ was formed by Subhash Chandra Bose.

1. Indian National Army
2. Army Regiment
3. Judicial Movement
4. Swarajya Party

Question 9

Provincial autonomy was prescribed under _______ of 1935.

1. Rowlatt Act
2. Vernacular Press Act
3. Government of India Act
4. Arms Act

Question 10

_________ was one of the leaders of the Khilafat Movement.

1. Mohammad Ali
2. Indira Gandhi
3. Badshah Khan
4. Jawaharlal Nehru

Question 11

Complete the given analogy.

Doctrine of Lapse : Lord Dalhousie :: Subsidiary Alliance : ?

1. Lord Wellesley
2. Lord Curzon
3. Lord Macaulay
4. Lord Minto

Question 12

_____ gave up his law practice when Gandhiji initiated Non-Cooperation Movement.

1. C. Rajagopalachari
2. M. A. Jinnah
3. Shaukat Ali
4. Sarojini Naidu

Question 13

All India Muslim League was shaped in _____ in 1906.

1. Dacca
2. Poona
3. Lahore
4. Peshawar

Question 14

Match the following

Group-A	Group-B	
(a) First Round Table Conference	(i)	1926 - 1931
(b) Second Round Table Conference	(ii)	November 1932 - December 1932
(c) Third Round Table Conference	(iii)	September 1931 - December 1931
(d) Lord Irwin	(iv)	November 1930 - January 1931

1. (a)-(ii), (b)-(i), (c)-(iv), (d)-(iii)
2. (a)-(iv), (b)-(iii), (c)-(ii), (d)-(i)
3. (a)-(iii), (b)-(i), (c)-(ii), (d)-(iv)
4. D (a)-(i), (b)-(ii), (c)-(iv), (d)-(iii)

Question 15

Which of the following Union Territories has the highest number of seats in Lok Sabha?

1. Jammu & Kashmir
2. Delhi
3. Puducherry
4. Ladakh

Question 16

Gandhiji led Mill workers' strike in Ahmedabad in _____.

1. 1915
2. 1918
3. 1919
4. 1922

Question 17

_____ is an honour that the British Crown grants for one's exceptional public service.

1. Nobel Prize
2. Leed's Prize
3. Knighthood
4. Shikhar Samman

Question 18

Gandhiji had established _______ in South Africa.

1. Sabarmati Ashram
2. Natal Congress
3. Communist Party
4. Labour Union

Question 19

What is the minimum age eligibility for holding office in the Lok Sabha?

1. 18 Years
2. 21 years
3. 25 Years
4. 30 years

Question 20

Simon Commission was headed by _____.

1. Lord Kingsford
2. Lord Simon
3. Lord Hastings
4. Lord Curzon

Question 21

Which one of the following is the Financial power of the Union Parliament?

1. The Parliament passes the Budget of the States.
2. The Parliament determines the salaries and allowances of MPs and Ministers.
3. Matters in the Residuary List
4. The Parliament must approve the ordinance power of the President.

Question 22

Identify the ways in which the Lok Sabha can control the Executive.

1. In matters of the Concurrent List, if both the Parliament and State Legislatures make law on a subject, the Parliament law will ultimately prevail.
2. The Union Parliament can legislate in subjects of the State List during the proclamation of an Emergency.
3. The Lok Sabha can control the Executive via Interpellation and pass a resolution in matters of public interest.
4. All of the above

Question 23

Which one of the following is the reason to justify why the Lok Sabha is considered more powerful than the Rajya Sabha?

1. The Union Parliament can legislate in subjects of the State List during the proclamation of an Emergency.
2. Motions of No-Confidence can only be introduced and passed in the Lok Sabha.
3. In matters of the Concurrent List, if both the Parliament and State Legislatures make law on a subject, the Parliament law will ultimately prevail.
4. None of the above

Question 24

Identify the functions of the Speaker of the Lok Sabha.

1. He appoints the Chairman of all the Parliamentary Committees.
2. After consulting the President, he nominates the personnel for Parliamentary delegations to various countries.
3. Legislative responsibility: To pass Laws of India in the Lok Sabha.
4. Oversight responsibility: To ensure that the Executive (i.e. government) performs its duties satisfactorily.

Question 25

Which one of the following is the judicial power of the Parliament?

1. Reorganization of States and alteration of the area
2. Parliament participates in the election of the President and Vice-President of India.

3. The Parliament can punish a person for its contempt of or for obstructing the work of the Parliament.

4. None of the above.

Question 26

What is the number of members required for the quorum to constitute a meeting?

1. One-tenth of the total number of members

2. Two-thirds of the members of the House

3. At least 50 members

4. 530 members

Question 27

This Act mentioned that all recruits to the Bengal Army had to serve everywhere, within or outside India.

1. General Service Enlistment Act

2. Religious Disabilities Act

3. Rowlatt Act

4. Subsidiary Alliance

Question 28

Which paper was started by W. C. Bonnerjee and edited by Surendranath Banerjee for several years?

1. The Bengali

2. Amrit Bazar Patrika

3. Ghulamgiri

4. Sambad Kaumudi

Question 29

Who apprised the Select Committee of the British Parliament about the poor economic conditions of the people in India?

1. Jyotiba Phule

2. Savitribai Phule

3. A.O. Hume

4. Raja Ram Mohan Roy

Question 30

Which one of these statements is not correct about the Question Hour?

1. The President from time to time may summon each House of Parliament to the Question Hour as he/she may think fit.

2. The first hour of a sitting in both Houses is allotted for asking and answering of questions.

3. Purpose is to obtain information on a matter of public importance or to ventilate a grievance.

4. It keeps the Ministers on their toes.

Question 31

At which among the following conferences, a 34 point resolution was passed by which the Indian National Army was made subordinate to the Indian Independence League?

1. Bangkok Conference

2. Tokyo Conference

3. Singapore Conference

4. Penang Conference

Question 32

Match the following

Group-A	Group-B
(a) Champaran Satyagraha	(i) 6 April 1919
(b) Rowlatt Satyagraha	(ii) 22 March 1918
(c) Kheda Satyagraha	(iii) 10 April 1917
(d) Non-Cooperation Movement	(iv) 4 September 1920

1. (a)-(ii), (b)-(i), (c)-(iv), (d)-(iii)

2. (a)-(iv), (b)-(ii), (c)-(iii), (d)-(i)

3. (a)-(iii), (b)-(i), (c)-(ii), (d)-(iv)

4. (a)-(i), (b)-(ii), (c)-(iv), (d)-(iii)

Question 33

Read the passage given and answer the questions that follow-

Non-Cooperation Movement, an unsuccessful attempt in 1920–22, organized by Mohandas (Mahatma) Gandhi, to persuade the British government of India to grant self-government, or Swaraj, to India. It was one of Gandhi's first organized acts of large-scale civil disobedience (Satyagraha).

The movement began from the widespread outcry in India over the massacre at Amritsar in April 1919, when the British-led troops killed numerous Indians. That anger was later compounded by indignation at the government's alleged failure to take adequate action against those responsible, notably Gen. Reginald Edward Harry Dyer, who had commanded the troops involved in the massacre. In addition, Gandhi strengthened the movement by supporting (on non-violent terms) the contemporaneous Muslim campaign against the dismemberment of the Ottoman Empire after World War I.

A. Which of the following were the causes of Non-Cooperation Movement?

1. Jallianwala Bagh Massacre
2. Resultant Punjab Disturbances
3. Khadi encouragement
4. Agriculture Disturbances

B. By whom was the Non-Cooperation Movement started?

1. Mahatma Gandhi
2. Pt. Jawaharlal Nehru
3. Lal Bahadur Shastri
4. None of these

C. What was the tool of Non-Cooperation Movement during British India?

1. Violent Protest
2. Non-Violent Means
3. Violent Means
4. None of the above

D. Why did Gandhiji withdraw this movement?

1. Due to Gandhi-Irwin Pact
2. Due to Chauri Chaura incident
3. Due to Jallianwala Bagh incident
4. Due to farmers protest

Question 34

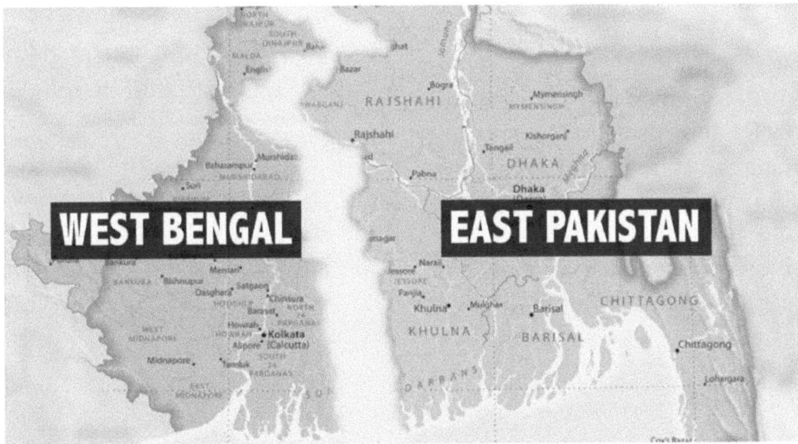

A. Which of the following were the consequences of the partition of Bengal?

1. Infuriated people all over India
2. Large public meetings and demonstrations were organized, and novel methods of mass protest developed.
3. Reduction in indirect taxes of Bengal
4. Britishers were sent out of India

B. The Partition of Bengal was supported by ______.

1. Swaraj Party
2. Communist Party
3. Muslim League
4. Congress

C. The Partition of Bengal was cancelled in which year?

1. 1906
2. 1909
3. 1911
4. 1913

D. What was Lord Curzon's argument in favour of the Partition of Bengal?

1. For effective administration
2. To help the Muslims
3. To divide Hindus and Muslims
4. To stop the spread of Swadeshi

Answers

1. 1. Two month
2. 2. 6 months
3. 1. Only 2
4. 1. Mahatma Gandhi
5. 2. State List
6. 1. The President
7. 1. 1942
8. 1. Indian National Army
9. 3. Government of India Act
10. 1. Mohammad Ali
11. 1. Lord Wellesley
12. 1. C. Rajagopalachari
13. 1. Dacca
14. 2. (a)-(iv), (b)-(iii), (c)-(ii), (d)-(i)
15. 2. Delhi
16. 2. 1918
17. 3. Knighthood
18. 2. Natal Congress
19. 3. 25 Years
20. 2. Lord Simon
21. 2. The Parliament determines the salaries and allowances of MPs and Ministers.
22. 3. The Lok Sabha can control the Executive via Interpellation and pass a resolution in matters of public interest.
23. 2. Motions of No-Confidence can only be introduced and passed in the Lok Sabha.
24. 1. He appoints the Chairman of all the Parliamentary Committees.
25. 3. The Parliament can punish a person for its contempt of or for obstructing the work of the Parliament.
26. 1. One-tenth of the total number of members
27. 1. General Service Enlistment Act
28. 3. The Bengali
29. 4. Raja Ram Mohan Roy
30. 1. The President from time to time may summon each House of Parliament to the Question Hour as he/she may think fit.
31. 1. Bangkok Conference
32. 3. (a)-(iii), (b)-(i), (c)-(ii), (d)-(iv)
33. A. 1. Jallianwala Bagh Massacre
   2. Resultant Punjab Disturbances
   B. 1. Mahatma Gandhi
   C. 2. Non-Violent Means
   D. 2. Due to Chauri Chaura incident
34. A. 1. Infuriated people all over India
   2. Large public meetings and demonstrations were organized, and novel methods of mass protest developed.
   B. 3. Muslim League
   C. 3. 1911
   D. 1. For effective administration

❑❑

Questions

Question 1

The Rajya Sabha has restricted jurisdiction in:

1. Approving a proclamation of emergency
2. The creation and abolition of States
3. The election of the Vice-President
4. Authorising Parliament to legislate on a subject in the State List

Question 2

Parliament can amend the provision on official language of India under the Constitution by

1. A simple majority of its members
2. 2/3rd majority
3. 3/4th majority
4. Support of 1/3 of its members

Question 3

The Speaker of Lok Sabha is elected by :

1. President
2. Prime Minister
3. Members of both the Houses of the Parliament
4. Members of Lok Sabha

Question 4

Who elect the members of the Rajya Sabha?

1. The members of the Lok Sabha
2. The members of the Vidhan Sabha
3. The members of the Vidhan Parishad
4. The Citizens of India

Question 5

Complete the given analogy.

Lok Sabha : Speaker :: Rajya Sabha : ?

1. Vice President
2. Prime Minister
3. President
4. Chief Justice of India

Question 6

Which of the following techniques of control may be implemented for raising a discussion in the House on a matter of urgent public importance?

1. Censure motion
2. Adjournment motion
3. Calling attention
4. Cut motion

Question 7

Conferring to the Constitution, the Lok Sabha must meet at least:

1. Thrice each year with no more than two months between sessions
2. Twice each year with no more than three months between sessions
3. Twice each year with no more than four months between sessions
4. Twice each year with no more than six months between sessions

Question 8

Who determines the salaries and allowances of MPs and Ministers?

1. The President
2. The Parliament
3. The Chairman of UPSC
4. The Finance Minister

Question 9

How much is the quorum of a House of Parliament of India?

1. One-half of the membership of the house
2. One-third of the membership of the house
3. Two-third of the membership of the house
4. One-tenth of the membership of the house

Question 10

The power to prorogue Lok Sabha rests with:

1. Speaker
2. Chief Justice of India
3. Prime Minister
4. President

Question 11

The Federal structure of Indian Government provides:

1. Two-tier system
2. Three-tier system
3. Four-tier system
4. None of the above

Question 12

Why did the Indian sepoys refuse to go outside India?

1. Sea voyage was forbidden by their religion
2. They feared they would catch infections and diseases
3. They feared sea storms
4. They feared attack by the pirates

Question 13

The Budget session of the Lok Sabha is held in:

1. July to August
2. February to May
3. November to December
4. January to April

Question 14

The Joint sitting of both the Houses is chaired by:

1. President of India
2. Vice-President of India
3. Prime Minister of India
4. Speaker of Lok Sabha

Question 15

Nominated members in Lok Sabha : 2 :: Nominated members in Rajya Sabha : ?

1. 10
2. 11
3. 12
4. 13

Question 16

Under Article 312 of the Constitution of India, the Rajya Sabha has exclusive authority to mention the Constitution of which one of the following?

1. River Valley Development Authorities
2. Zonal Councils
3. Administrative Tribunals
4. New All-India Services

Question 17

Expenses from the Consolidated Fund of India are authorised by the :

1. Money Bill
2. Appropriation Act
3. Finance Act
4. Consolidated Fund Act

Question 18

Which one of the following is not a method of control exercised by the Parliament over the Government?

1. Asking questions
2. Committees system
3. Review of decision
4. No-Confidence motion

Question 19

Which of the following annulled the Partition of Bengal?

1. Lord Hardinge
2. Lord Minto
3. Lord Curzon
4. Lord Chelmsford

Question 20

Which freedom fighter from Bengal stood against the Partition of Bengal by the British Government?

1. Lala Lajpat Rai
2. Bal Gangadhar Tilak
3. Bipin Chandra Pal
4. None of the above

Question 21

Which one of the following statements is the part of Gandhiji's Satyagraha?

1. The two vital ingredients are Truth and Violence
2. Satyagraha resists the evil by inflicting suffering on himself and not by inflicting suffering on the opponent.
3. Do or Die
4. Khadi encouragement

Question 22

Which of the following statements is related to provisions for eliminating deadlock among the two Houses of the Parliament?

1. Lok Sabha has taken some action which is beyond its powers.
2. Rajya Sabha has taken some action which is beyond its powers.
3. The other House does not accept the Bill.
4. None of the above.

Question 23

A Bill is deemed to be a Money Bill (which is initiated by Lok Sabha)if it contains only provisions dealing with the which of the following?

1. Alteration or regulation of any tax
2. Regulation of the borrowing of money by the State Assemblies
3. Finance related to defence
4. Finance related to aircraft

Question 24

Which of the following is the Rajya Sabha's power in India's federal set up?

1. Rajya Sabha can authorise the Parliament to make law on the subject mentioned in State List by passing a resolution with a 2/3rd majority.
2. The Rajya Sabha may declare that new All India Services be terminated in the national interest.
3. It can initiate money bill
4. It can initiate finance bill

Question 25

Which of the following qualifications are necessary to become a member of the Rajya Sabha?

1. He/She may be an Indian citizen.
2. He/She should has his/her name in the electoral roll in some part of the country.
3. He/She should not be insolvent.
4. All of the above.

Question 26

What enabled distinguished persons to have a place in the Upper Chamber?

1. Election
2. To be appointed as Speaker
3. Principle of nomination
4. Quorum

Question 27

Which of the following was the Surendranath Banerjee's best known book?

1. Poverty and Un-British Rule in India
2. Ghulamgiri
3. A Nation in Making
4. The Call to Young India

Question 28

Identify one of the features of the Subsidiary Alliance.

1. The Indian rulers had to keep a British Official called 'Resident' at capitals of their respective States.
2. A State was taken over by the British if the ruler died without a natural heir.
3. The Officials openly preached Christian doctrines in the temples and mosques.
4. The British Officials took all steps to colonise India as an agricultural nation.

Question 29

Name the book written by Jyotiba Phule.

1. Poverty and Un-British Rule in India
2. Dharma Marg Darshak
3. Ghulamgiri
4. A Nation in Making

Question 30

When did Netaji Subhash Chandra Bose escape from his resident to go Russia?

1. 1938
2. 1940
3. 1941
4. 1943

Question 31

Which of these statements is correct about the power of the Houses over financial matters?

1. A money Bill can only be introduced in the Lok Sabha
2. The Lok Sabha only has the power to vote on the Demands for Grants
3. Rajya Sabha can discuss the Grants
4. All of the above

Question 32

Match List I with List II and select the correct answer by using the codes given below :

List-I	List-II
A. Minimum age to be a member of Lok Sabha	(i) Vice- President
B. Minimum age to be a member of Rajya Sabha	(ii) Speaker
C. Chairman of Lok Sabha	(iii) 30 Years
D. Chairman of Rajya Sabha	(iv) 25 Years

1. A-(iv), B-(iii), C-(i), D-(ii)
2. A-(ii), B-(iv), C-(i), D-(iii)
3. A-(i), B-(iv), C-(ii), D-(iii)
4. A-(iv), B-(iii), C-(ii), D-(i)

Question 33

Read the passage given and answer the questions that follow-

Civil disobedience was started under the leadership of Mahatma Gandhi. It was established after the observance of Independence Day in 1930. The Civil Disobedience Movement began with the famous Dandi March when Gandhi left the Sabarmati Ashram at Ahmedabad on foot with 78 other Ashram members for Dandi on March 12, 1930. After reaching Dandi, Gandhi broke the salt law. It was considered illegal to make salt as it was exclusively an administration monopoly. The Salt Satyagraha directed to a widespread acceptance of the Civil Disobedience Movement across the country. This occasion became symbolic of people's defiance of the government policies.

The influence of the Civil Disobedience Movement reverberated far and wide. It created distrust towards the British Government, placed the foundation for the freedom struggle, and popularised the new method of propaganda such as prabhat pheris, pamphlets, etc. Following the defiance of forest law in Maharashtra, Karnataka, and Central Provinces and the refusal to pay the rural 'Chowkidari tax' in Eastern India, the Government ended the oppressive salt tax.

A. In which year, Civil Disobedience Movement was initiated?

1. 1910
2. 1920
3. 1930
4. 1940

B. What was the main aim of the Civil Disobedience Movement?

1. Complete refusal of cooperation to the British
2. Boycott of foreign products
3. Bengal was partitioned
4. None of these

C. What was the reason for the withdrawal of this movement?

1. Chauri Chaura incident
2. Poona Pact
3. Simon Commission
4. Gandhi-Irwin Pact

D. Which of the following conditions were the result of Civil Disobedience Movement?

1. The defiance of forest law in Maharashtra, Karnataka, and Central Provinces
2. Refusal to pay the rural 'Chowkidari tax'
3. Bengal was partitioned
4. None of these

Question 34

A. What was another name of the Quit India Movement?

1. August Kranti
2. Non-Cooperation
3. Civil Disobedience
4. None of the above

B. Quit India Movement was launched on:

1. 5 August 1942
2. 6 August 1942
3. 7 August 1942
4. 8 August 1942

C. Identify the prominent leader during this movement.

1. Sardar Patel
2. Jawaharlal Nehru
3. Jai Prakash Narayan
4. Motilal Nehru

D. Which of the following were the demands made through Quit India Movement?
   1. To end the British rule in India
   2. To form a provisional government after the withdrawal of the Britishers.
   3. Partition of India and Pakistan
   4. None of the above

Answers

1. 4. Authorising Parliament to legislate on a subject in the State List
2. 1. A simple majority of its members
3. 4. Members of Lok Sabha
4. 2. The members of the Vidhan Sabha
5. 1. Vice President
6. 2. Adjournment motion
7. 4. Twice each year with no more than six months between sessions
8. 2. The Parliament
9. 4. One-tenth of the membership of the house
10. 4. President
11. 2. Three-tier system
12. 1. Sea voyage was forbidden by their religion
13. 2. February to May
14. 4. Speaker of Lok Sabha
15. 3. 12
16. 4. New All-India Services
17. 2. Appropriation Act
18. 3. Review of decision
19. 1. Lord Hardinge
20. 3. Bipin Chandra Pal
21. 2. Satyagraha resists the evil by inflicting suffering on himself and not by inflicting suffering on the opponent.
22. 3. The other House does not accept the Bill.
23. 1. Alteration or regulation of any tax

24. 1. Rajya Sabha can authorise the Parliament to make law on the subject mentioned in State List by passing a resolution with a 2/3rd majority.
25. 4. All of the above
26. 3. Principle of nomination
27. 3. A Nation in Making
28. 1. The Indian rulers had to keep a British Official called 'Resident' at capitals of their respective States.
29. 3. Ghulamgiri
30. 3. 1941
31. 4. All of the above
32. 4. A-(iv), B-(iii), C-(ii), D-(i)
33. A. 3. 1930
    B. 1. Complete refusal of cooperation to the British
    C. 4. Gandhi-Irwin Pact
    D. 1. The defiance of forest law in Maharashtra, Karnataka, and Central Provinces
       2. Refusal to pay the rural 'Chowkidari tax'
34. A. 1. August Kranti
    B. 4. 8 August 1942
    C. 3. Jai Prakash Narayan
    D. 1. To end the British rule in India
       2. To form a provisional government after the withdrawal of the Britishers.

❑❑

Question 1

Who is empowered to summon and to dissolve the Lok Sabha?

1. Speaker
2. President
3. Chairman
4. Prime Minister

Question 2

The President of India nominates 2 members to Lok Sabha and _______ to Rajya Sabha.

1. 10
2. 11
3. 12
4. 13

Question 3

If a Government acts against the Constitutional provisions, it can be voted out of office by passing__________ by the opposition.

1. Interpellation
2. Vote of no confidence
3. Adjournment Motion
4. Vote on account

Question 4

Which of the following procedures are followed to remove the President of India?

1. Impeachment
2. Suspension
3. Disqualification
4. Dismissal

Question 5

Complete the given analogy.

Members of Lok Sabha : Five years :: Members of Rajya Sabha : ?

1. Five years
2. Seven years
3. Four years
4. Six years

Question 6

What is the procedure that should be followed if there is a deadlock between the two Houses of the Parliament on a non-money bill?

1. Adjournment of the House
2. Joint sitting of the House
3. Dissolving the House
4. Prorogation of the House

Question 7

Under what matters Lok Sabha and Rajya Sabha enjoy equal powers?

1. Money Bill
2. Matters of Union List
3. Constitutional Amendments
4. Ordinances

Question 8

The minimum number of members required to be present in order to enable the House to transact its business is called____________.

1. Sessions
2. Quorum
3. Question Hour
4. Zero Hour

Question 9

Who is authorized to decide whether there is a case for a matter relating to a breach of privilege or contempt of the House in Lok Sabha?

1. Prime Minister
2. Vice President
3. Speaker
4. President

Question 10

The maximum strength of Rajya Sabha is __________.

1. 250
2. 538
3. 258
4. 545

Question 11

Why Nana Saheb was not acknowledged as the rightful heir to the throne?

1. Because he was not a responsible ruler
2. Because he was an adopted son of Baji Rao II
3. Because he was against the British
4. Because he was not supported by the People

Question 12

Which of the following statements is not the aim of Indian National Congress?

1. To formulate popular demands and present before the British
2. To organize public opinion in the country.
3. To achieve complete independence.
4. To promote friendly relationship among the nationalist political workers.

Question 13

Complete the given analogy.

Dadabhai Naoroji : London India Society :: Gopal Krishna Gokhale : ?

1. Servants of India Society
2. Indian Association
3. Brahmo Samaj
4. Created an All India Political Association

Question 14

Who is popularly called as Father of the Assertive Nationalism?

1. Aurobindo Ghose
2. Lala Lajpat Rai
3. Bipin Chandra Pal
4. Bal Gangadhar Tilak

Question 15

In which year was the Partition of Bengal revoked?

1. 1905
2. 1910
3. 1911
4. 1906

Question 16

Which of the following was the important objective of Muslim League?

1. To promote and protect the interests of the Muslims
2. To draw public opinion in the country
3. To demand Poorna Swaraj
4. To achieve unity among the Indians

Question 17

The Rowlatt Act authorized the government to __________.

1. Imprison all the satyagrahis
2. Imprison and trial immediately
3. Imprison any person without trial and convict him in a court
4. Imprison a person with warrant

Question 18

The Supreme Commander of the Azad Hind Fauj was ___________.

1. Mohan Singh
2. Rash Behari Bose
3. Aruna Asaf Ali
4. Subhash Chandra Bose

Question 19

The important impact of the Quit India Movement was ___________.

1. It shattered people's faith in the British Government.
2. It revived the will to fight the elections.
3. People of all sections of society participated in this movement.
4. It promoted social reforms.

Question 20

Who was elected as the President of the Constituent Assembly in 1946?

1. Dr. Rajendra Prasad
2. C. Rajagopalachari
3. Pandit Jawaharlal Nehru
4. M.A. Jinnah

Question 21

Identify the exclusive powers of Lok Sabha.

1. It can introduce Ordinary Bill.
2. It has the power to set up a new All India Service.
3. It can introduce Money Bill.
4. It can amend the Constitution.

Question 22

Which of the following statements is/are incorrect?

1. Members of the Lok Sabha are directly elected by the eligible voters.
2. The President of India is directly elected by the Lok Sabha.
3. The Parliament has exclusive powers to make laws on the subjects mentioned in the Union list.
4. The President is empowered to promulgate an Ordinance.

Question 23

Suppose you want to become a member of Rajya Sabha, identify an important qualification you should have.

1. Should have voluntarily acquired citizenship of a foreign state.
2. Should be at least 25 years of age.
3. Should not be an insolvent.
4. Should be a Member of Parliament.

Question 24

According to the Government of India Act 1858, identify the changes brought in the army.

1. The strength of European troops in India was increased.
2. Indian troops were kept in key geographical and military positions.
3. Policy of excluding Indians from the officer corps was abolished.
4. More Indian soldiers were recruited to prevent another anti-British uprising.

Question 25

Identify the aims of the Muslim League.

1. To develop and consolidate the feelings of national unity among Muslims.
2. To protect and advance the political rights of Muslims.
3. To train and organize public opinion of the Muslims in the country.
4. All of the above.

Question 26

Who is the ex-officio Chairman of the Rajya Sabha?

1. Prime Minister
2. President
3. Senate
4. Vice President

Question 27

Which State became a victim of Doctrine of Lapse?

1. Lucknow
2. Poona
3. Nagpur
4. Hyderabad

Question 28

What did Gokhale plead for regarding the cotton goods?

1. Reduction in excise duty
2. Abolition of excise duty
3. Increase in export of Indian cotton goods into Britain
4. None of the above

Question 29

Why did Phule say that women were superior to men?

1. They bore children and nursed them.
2. Women were Bharat Mata.
3. He regarded women as 'priceless possession'.
4. If a woman is educated, the whole nation will be educated.

Question 30

As President of Indian National Congress, Subhash Chandra Bose laid emphasis upon which of the following?

I. India's industrialization
II. Planned economic growth on the Soviet pattern
III. Formation of National Planning Committee

Select the correct option from the codes given below:

1. Only I
2. Only II
3. I and III
4. All of the above

Question 31

Why will the will of Lok Sabha prevail at a joint sitting with the Rajya Sabha?

1. Rajya Sabha has no power to vote
2. As total membership of Rajya Sabha is less than even half of the total strength of Lok Sabha
3. No-Confidence Motion can only be moved in the Lok Sabha
4. The Council of Ministers are collectively responsible to the Lok Sabha

Question 32

Choose the correct option to match the following:

(a) Vernacular Press Act   (i) Lord Curzon
(b) Dadabhai Naoroji   (ii) Lord Lytton
(c) Partition of Bengal   (iii) Punjab Kesari
(d) Lala Lajpat Rai   (iv) Grand Old Man of India.

1. (a) (ii)   (b) (i)   (c) (iv)   (d) (iii)
2. (a) (ii)   (b) (iv)   (c) (i)   (d) (iii)
3. (a) (iii)   (b) (iv)   (c) (i)   (d) (ii)
4. (a) (iv)   (b) (iii)   (c) (ii)   (d) (i)

Question 33

Read the passage given and answer the questions that follow:

On 31 January 1930, Mahatma Gandhi sent a letter to Viceroy Irwin stating and imposing eleven demands. Among all the demands, the most stirring of all the demands was to abolish the salt tax that is consumed by the rich and the poor. The demands were needed to be fulfilled by 11 March or else the Congress will initiate a civil disobedience campaign. The popular salt march was started by Mahatma Gandhi and it was accompanied by 78 of his trusted volunteers. The march covered over 240 miles, from Gandhi's ashram in a place called Sabarmati to the Gujarati coastal town of Dandi. On 6 April he reached Dandi, and ceremonially violated the law, and started manufacturing salt by boiling seawater. This movement marked the beginning of the Civil Disobedience Movement.

A. How much distance covered by M. K. Gandhi during Dandi March?
   1. 200 Miles
   2. 240 Miles
   3. 250 Miles
   4. 260 Miles.

B. Which one of the following movement began with the Dandi March?
   1. Home Rule Movement
   2. Non-Cooperation Movement
   3. Civil Disobedience Movement
   4. Quit India Movement

C. Identify the programmes of the Civil Disobedience Movement.
   1. Non-payment of taxes and revenues
   2. Non-cooperation of the government
   3. Surrender of titles
   4. Boycott of elections

D. Which of the following statements are not true regarding the Gandhi-Irwin Pact of 1931?
   1. Gandhiji decided to call off the Civil Disobedience Movement.
   2. Gandhiji consented to participate in the First Round Table Conference.
   3. The British government agreed to release the political prisoners.
   4. The British government agreed to grant independence.

Question 34

Study the image given below and answer the questions that follow:

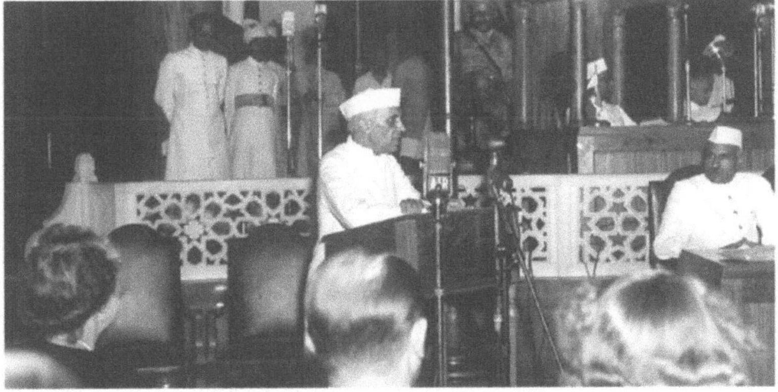

A. Identify the person, who is delivering speech in the Constituent Assembly on 14th August, 1947.
   1. Rajendra Prasad
   2. Sardar Vallabhbhai Patel
   3. Jawaharlal Nehru
   4. C. Rajagopalachari

B. Who took the responsibility of uniting all the Princely States into Indian Union?
   1. Rajendra Prasad
   2. Sardar Vallabhbhai Patel
   3. Jawaharlal Nehru
   4. C. Rajagopalachari

C. Who became the first Governor-General of free India?
   1. C. Rajagopalachari
   2. Muhammad Ali Jinnah
   3. Lord Wavell
   4. Lord Mountbatten

D. Identify the provisions of the Indian Independence Act.
   1. India would be partitioned into two independent dominions.
   2. A Constituent Assembly would be set up to frame the new constitution of the Indian Union.
   3. A plebiscite would be held in North West Frontier Province (NWFP).
   4. An Interim Government would be formed at the Centre.

Answers

1. 2. President
2. 3. 12
3. 2. Vote of no confidence
4. 1. Impeachment
5. 4. Six years
6. 2. Joint sitting of the House
7. 3. Constitutional Amendments
8. 2. Quorum
9. 3. Speaker
10. 1. 250
11. 2. Because he was an adopted son of Baji Rao II
12. 3. To achieve complete independence.
13. 1. Servants of India Society
14. 4. Bal Gangadhar Tilak
15. 3. 1911
16. 1. To promote and protect the interests of the Muslims
17. 3. Imprison any person without trial and convict him in a court
18. 4. Subhash Chandra Bose
19. 3. People of all sections of society participated in this movement
20. 1. Dr. Rajendra Prasad
21. 3. It can introduce Money Bill.
22. 2. The President of India is directly elected by the Lok Sabha.

23. 3. Should not be an insolvent.
24. 1. The strength of European troops in India was increased.
25. 2. To protect and advance the political rights of Muslims.
26. 4. Vice President
27. 3. Nagpur
28. 2. Abolition of excise duty
29. 1. They bore children and nursed them.
30. 4. All of the above
31. 2. As total membership of Rajya Sabha is less than even half of the total strength of Lok Sabha
32. 2. (a) (ii)   (b) (iv)   (c) (i)   (d) (iii)
33. A. 2. 240 Miles
    B. 3. Civil Disobedience Movement
    C. 1. Non-payment of taxes and revenues
    D. 2. Gandhiji consented to participate in the First Round Table Conference.
       4. The British government agreed to grant independence.
34. A. 3. Jawaharlal Nehru.
    B. 2. Sardar Vallabhbhai Patel.
    C. 4. Lord Mountbatten
    D. 1. India would be partitioned into two independent dominions.
       3. A plebiscite would be held in North West Frontier Province (NWFP).

Geography

Specimen Question Paper

Geography

Maximum Marks: 40
Time allowed: One hour (inclusive of reading time)

General Instructions

ALL QUESTIONS ARE COMPULSORY.
The marks intended for questions are given in brackets [ ].
Select the correct option for each of the following questions.

Questions

SECTION A (10 MARKS)
TOPOGRAPHY

Question 1

Refer to the images and answer the question that follow:

What does the black line in 4932 indicate ?   [1]

1. Open scrub.   2. Dry land.
3. Broken land.   4. Seasonal stream.

Question 2

Refer to the images and answer the question that follow:

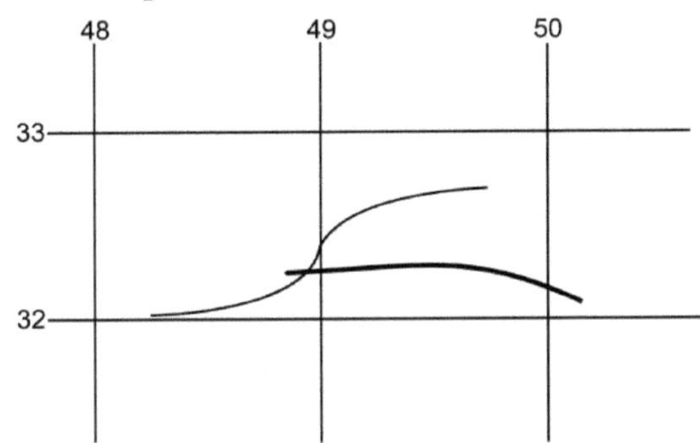

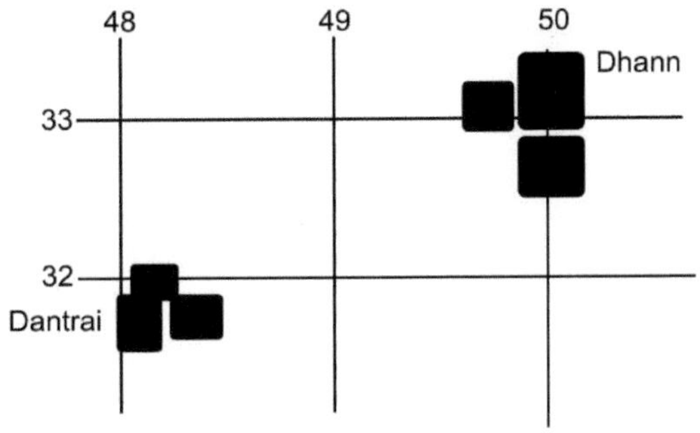

What is the direction of Dantrai from Dhann?   [1]

1. Northeast.   2. Northwest.
3. Southeast.   4. Southwest.

Question 3

Refer to the images and answer the question that follow:

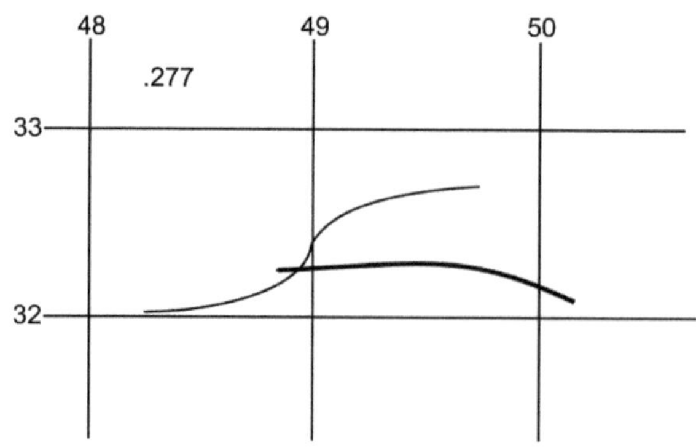

What is .277 in 4833? [1]

1. Spot height of 277 m
2. Spot height of 277 cm
3. Spot height of 277 mm
4. Spot height of 277 km

Question 4

Refer to the images and answer the question that follow:

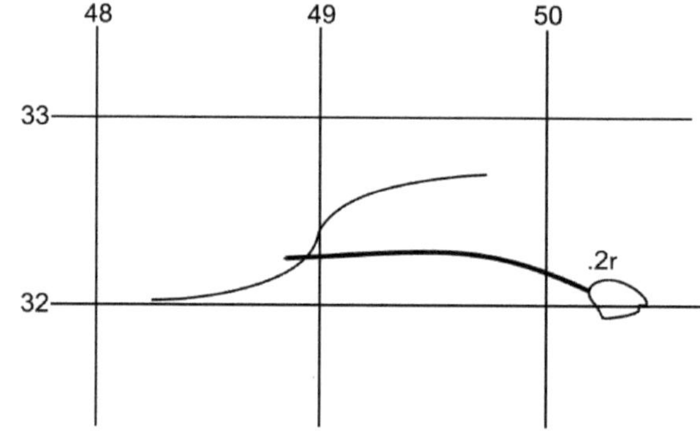

What does .2r in 5032 indicate? [1]

1. The relative height of the tank is 2 m.
2. The relative height of the tank is 2 cm.
3. The relative depth of the embankment is 2 m.
4. The relative depth of the embankment is 2 cm.

Question 5

Refer to the images and answer the question that follow:

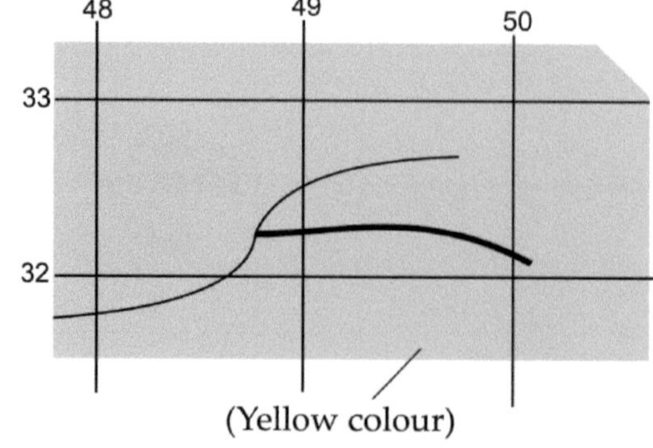

(Yellow colour)

What is the main occupation of the people living in the area shown on the map extract? [1]

1. Mining
2. Agriculture
3. Fishing
4. Sheep rearing

Question 6

Refer to the images and answer the question that follow:

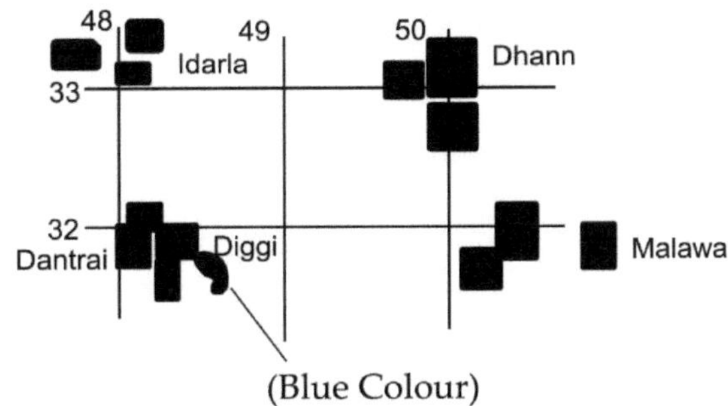

Which is the most important town in the above image? [1]

1. Idarla.   2. Malawa.   3. Dantrai.   4. Dhann.

Question 7

Refer to the images and answer the question that follow:

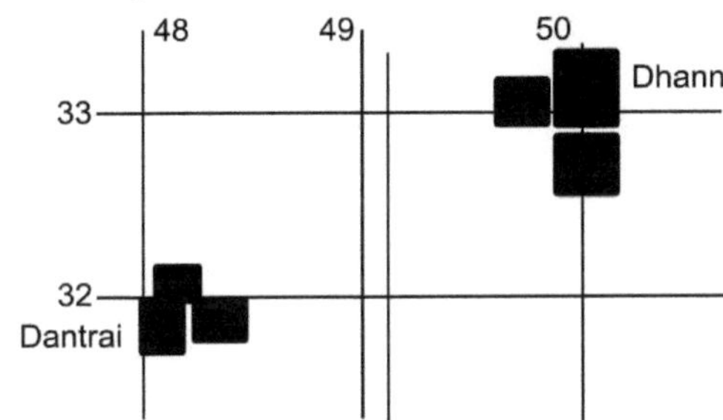

What is the black vertical line between 49 and 50 Easting? [1]

1. A line of latitude.   2. A line of longitude.   3. An Easting   4. A Northing.

Question 8

Refer to the images and answer the question that follow:

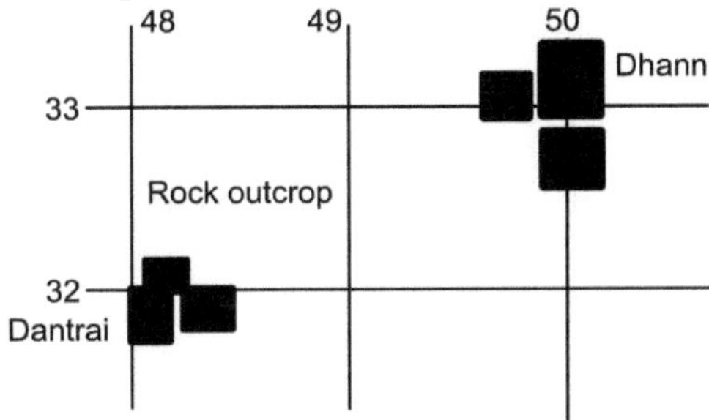

What is the four figure grid reference of rock outcrop? [1]

1. 4832   2. 4933   3. 3248   4. 3349

Question 9

Refer to the images and answer the question that follow:

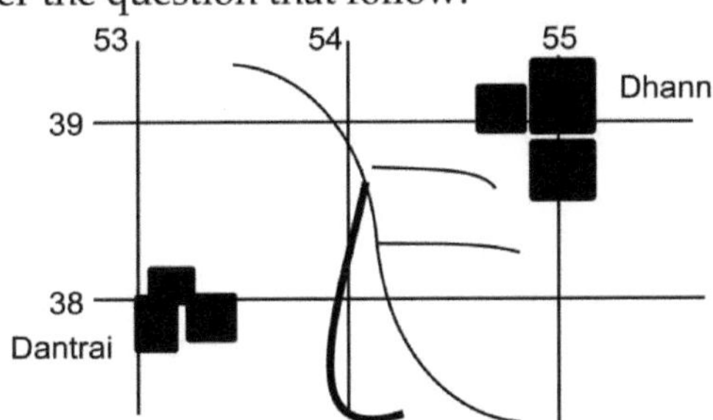

Which drainage pattern is seen in 5438? [1]

1. Radial.   2. Trellised.   3. Intermittent.   4. Dendritic.

Question 10

Refer to the images and answer the question that follow:

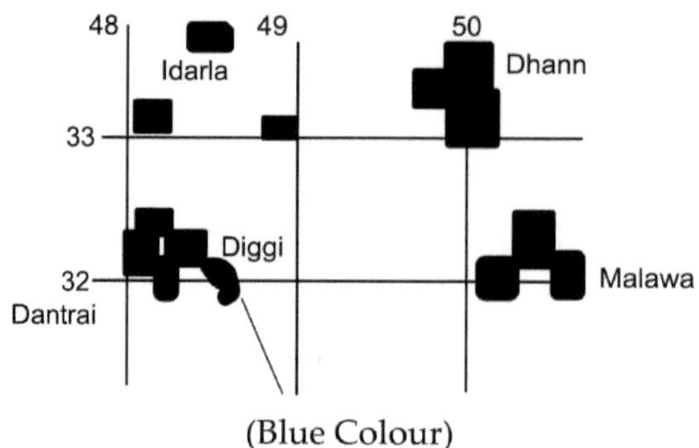

(Blue Colour)

Name the settlement pattern in grid square 4833. [1]

1. Nucleated.
2. Compact.
3. Scattered.
4. Isolated.

SECTION B (30 MARKS)

(Choose the correct answer.)

Question 11

Where are the various forest conservation methods that can be undertaken? [1]

1. Afforestation and stopping indiscriminate felling of trees.
2. Large scale of deforestation and overgrazing.
3. Allowing animals to graze in farm land.
4. Maintaining records of forest areas.

Question 12

Name the type of climate experienced in India. [1]

1. Tropical cyclonic type
2. Tropical Monsoon type
3. Temperate Monsoon type
4. Subtropical Monsoon

Question 13

Which state in India is the first to experience the onset of the Monsoons and the last to see it retreat. [1]

1. Andaman & Nicobar
2. Kerala.
3. Maharashtra.
4. Tamil Nadu.

Question 14

Which of the following is good for Tea and Jute cultivation? [1]

1. Kalbaisakhi.
2. Loo.
3. Western Disturbance.
4. Monsoon showers.

Question 15

Which of the following factor is responsible for the rises in the temperature of mainland of India in the month of March? [1]

1. Southward migration of the sun from the equator.
2. Northward migration of the sun from the equator.
3. The pressure belts shift.
4. The land breeze blows towards the sea.

Question 16

Why has Thar developed into a desert? [1]

1. It has no cloud cover.
2. It is near the sea.
3. It is on the windward side of Western Ghats
4. Aravalli is parallel to S.W. Monsoon wind

Question 17

Give reasons for the following:

(a) There is heavy rainfall in the Western coastal plains   [1]
   1.   Presence of Aravali mountain range in Western India.
   2.   The Eastern coastal plains have no intercepting barrier.
   3.   Presence of Deccan Plateau.
   4.   Presence of Western Ghats.

(b) In June, Bhopal is warmer than Kolkata   [1]
   1.   Due to its continental location.
   2.   Due to Kolkata's proximity to the sea.
   3.   Bhopal is closer to the Tropic of Cancer.
   4.   Himalayan hill station Darjeeling, is closer to Kolkata than it is to Bhopal.

Question 18

What is the main reason for the red colour of Red soil?   [1]
   1.   Abundance of magnesium   2. Accumulated humus
   3.   Presence of ferric oxides   4. Abundance of phosphates

Question 19

Afforestation prevent soil erosion because: [1]
   1.   It reduces pollution   2. It protects the soil from being exposed
   3.   The roots of the trees bind the soil particles   4. Trees produce fruits

Question 20

Which of the following soil is most suitable for the cultivation of cotton & sugarcane?   [1]
   1.   Laterite soil   2. Black soil
   3.   Red soil   4. Alluvial soil

Question 21

Which of the following factor is responsible for acidic nature of Laterite soil?   [1]
   1.   As it is friable in nature.   2. As it can retain moisture.
   3.   As the bases leached down from the top soil.   4. All the above are correct.

Question 22

Name the process of removal of soluble mineral salts, especially the bases & silica from horizon A or the
top soil by percolating rain water.   [1]
   1.   Pedogenesis   2. Leaching
   3.   Lithification   4. Conglomeration

Question 23

Study the map and answer the following questions:

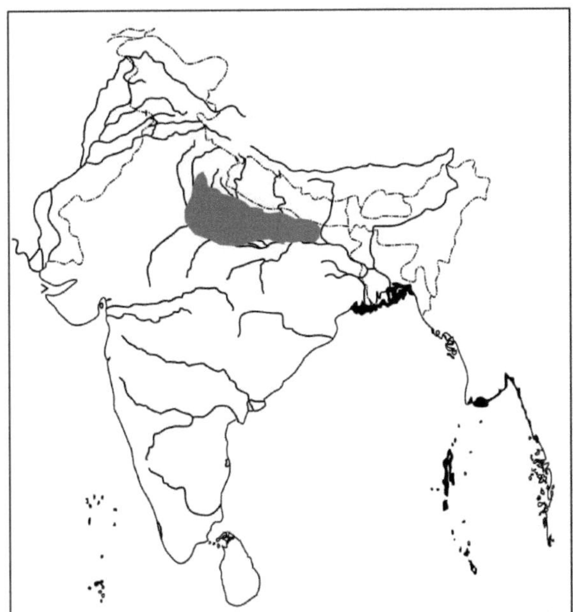

(a) Which soil is found in the shaded region? [1]

    1. Black soil   2. Alluvial soil

    3. Red soil   4. Laterite soil

(b) How is this type of soil formed? [1]

    1. Formed by the deposition of silt brought down by rivers.

    2. Formed by weathering of alluvium.

Question 24

Which of the following features is not associated with Thorn and Scrub Forest? [1]

1. Xerophyte or Drought resistant   2. Evergreen and Multilayered
3. Long roots going deep in the ground   4. Leaves turned into spines

Question 25

What is Social Forestry? [1]

1. The management and protection of forests and afforestation on barren lands with the purpose of helping in the social development.
2. The practice of growing trees on farm lands.
3. Growing trees by social workers
4. Forest used for social gathering.

Question 26

In which vegetation belt multiple layer of trees is found? [1]

1. Tropical Deciduous   2. Tropical Evergreen
3. Thorn and scrub forest   4. Tidal forest

Question 27

Why are Sundarbans so called? [1]

1. The abundance of breathing roots.   2. A beautiful forest
3. The abundance of Sundari trees   4. Ban on cutting of trees

Question 28

What is the other name of Littoral forests? [1]

1. Rain forests   2. Monsoon forests
3. Tidal forests   4. Scrub lands

Question 29

What are the chief characteristics of monsoon forests? [1]

1. These regions receive a moderate rainfall   2. The trees shed their leaves in the dry season
3. The trees are found in pure stand   4. All the above

Question 30

Which is the most advanced and efficient method of irrigation? [1]

1. Canal Irrigation   2. Well Irrigation
3. Drip Irrigation   4. Tank Irrigation

Question 31

What is the meaning of irrigation? [1]

1. The water received by rainfall
2. The man-made arrangements of supplying water to the fields
3. The storage of rain water
4. Growing of crops

Question 32

Which of the following is a type of canal found in India? [1]

1. Perennial Canal   2. River Canal
3. Artificial Canal   4. Ground Canal

Question 33

Sprinkler irrigation is efficient but is still not a very commonly used method of irrigation by the Indian farmers. Why? [1]

1. There is no loss of water by seepage
2. It is an expensive method of irrigation
3. There is no loss of water by evaporation
4. Farmers are scared of getting wet

Question 34

Why do the inundation canals have limited use? [1]

1. They get water only when the rivers are in flood
2. They are taken out from a perennial river
3. They are constructed to store rain water
4. It occupies lot of space.

Question 35

Match the following: [4]

(a) Khatri

(b) Johad

(c) Zing

(d) Surangam

(i) Western Ghats

(ii) Ladakh

(iii) Western Himalayas

(iv) Central India

(a) 1. (i) 2. (ii) 3. (iii) 4. (iv)

(b) 1. (i) 2. (ii) 3. (iii) 4. (iv)

(c) 1. (i) 2. (ii) 3. (iii) 4. (iv)

(d) 1. (i) 2. (ii) 3. (iii) 4. (iv)

Answers

1. 4. Seasonal stream
2. 4. Southwest
3. 1. Spot height of 277 m
4. 1. The relative height of the tank is 2 m
5. 2. Agriculture
6. 3. Dantrai
7. 2. A line of longitude
8. 1. 4832
9. 2. Trellised
10. 3. Scattered
11. 1. Afforestation and stopping indiscriminate felling of trees.
12. 2. Tropical monsoon type
13. 2. Kerala
14. 1. Kalbaisakhi
15. 2. Northward migration of the sun from the equator
16. 4. Aravalli is parallel to S. W. Monsoon wind
17. (a) 4. Presence of Western Ghats
    (b) 1. Due to its continental location
18. 3. Presence of ferric oxides
19. 3. The roots of the trees bind the soil particles

20. 2. Black soil
21. 3. As the bases leached down from the top soil
22. 2. Leaching
23. (a) 2. Alluvial soil
    (b) 1. Formed by the deposition of silt brought down by rivers.
24. 2. Evergreen and Multilayered
25. 1. The management and protection of forests and afforestation on barren lands with the purpose of helping in the social development
26. 2. Tropical Evergreen
27. 3. The abundance of Sundari trees
28. 3. Tidal forests
29. 4. All the above
30. 3. Drip Irrigation
31. 2. The man-made arrangements of supplying water to the fields
32. 1. Perennial Canal
33. 2. It is an expensive method of irrigation
34. 1. They get water only when the rivers are in flood
35. a-iii, b-iv, c-ii, d-i

1 Sample Paper

Geography

SECTION A (10 MARKS) TOPOGRAPHY

Refer to the images and answer the question that follows:

Question 1

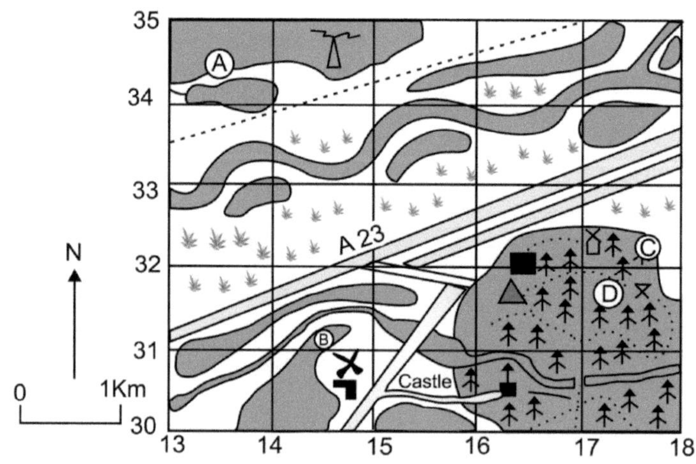

What is the four figure grid reference for the letter B ?

1. 1531   2. 1431

3. 1530   4. 1432

Question 2

What is the grid reference for the shaded square in the diagram given below :

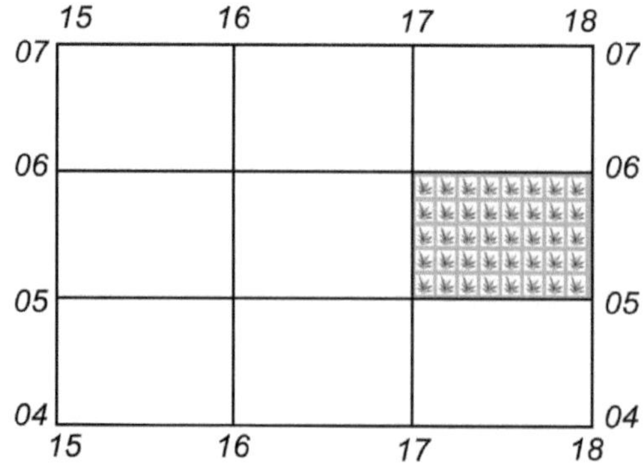

1. 1630   2. 1804

3. 1705   4. 1805

Question 3

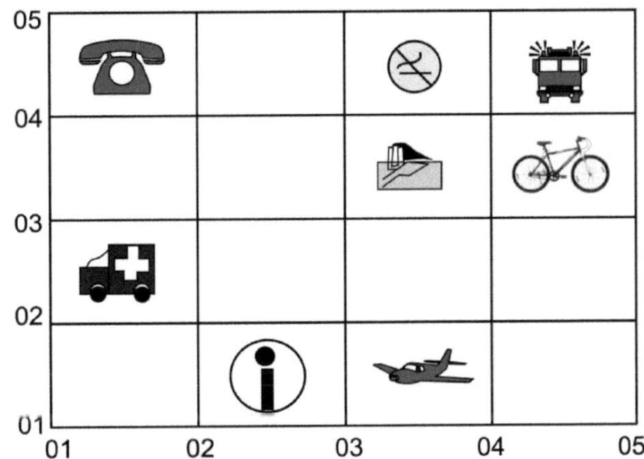

Give the four-figure grid reference of the no smoking symbol.

1. 0405
2. 0304
3. 0404
4. 0604

Question 4

Identify the settlement pattern diagram given below.

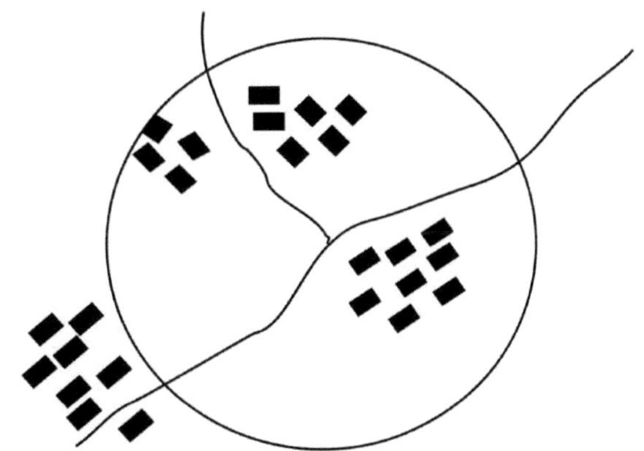

1. Scattered
2. Compact
3. Linear
4. Radial

Question 5

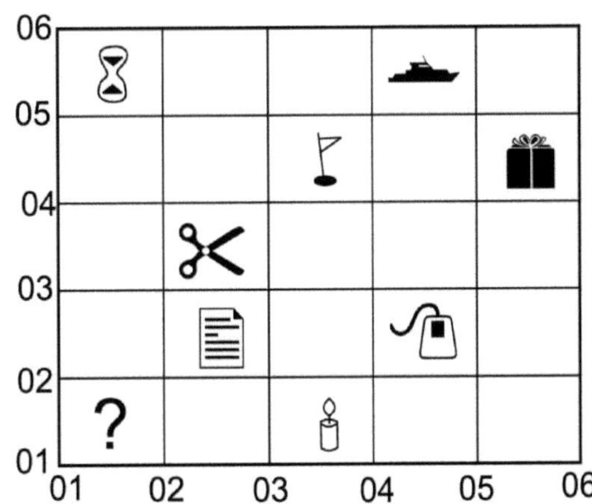

Give the four-figure grid reference of the question mark.

1. 1010
2. 0102
3. 0101
4. 0201

Question 6

From the given four-figure grid, find out reference of the ambulance.

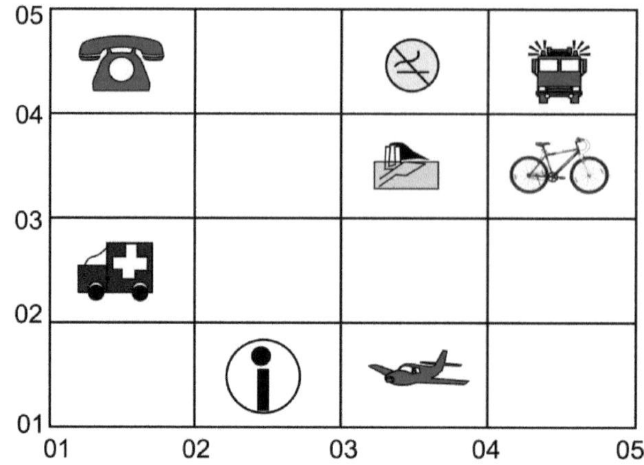

| 1. 0102 | 2. 0201 | 3. 0203 | 4. 0202 |

Question 7

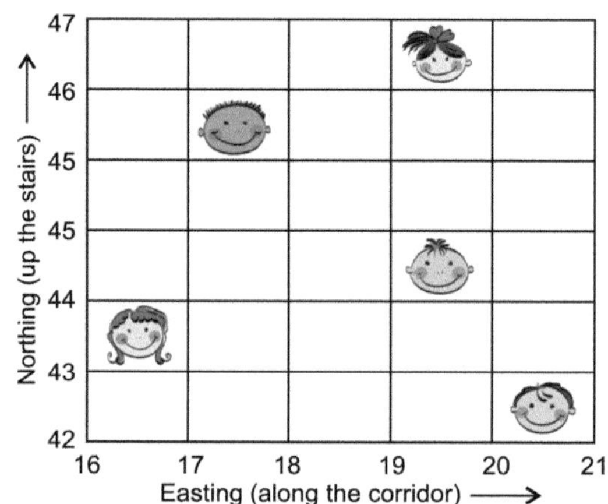

Find out the four-figure grid reference of the girl with two braids.

| 1. 1643 | 2. 4316 | 3. 1644 | 4. 4217 |

Question 8

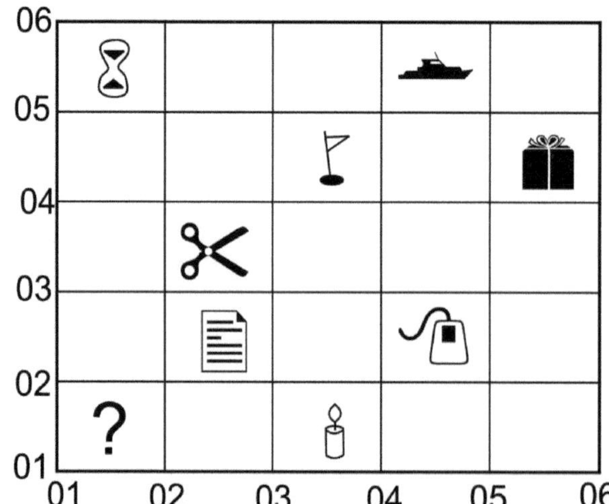

Give the four-figure grid reference of the gift box.

| 1. 0504 | 2. 0405 | 3. 0506 | 4. 0604 |

Question 9

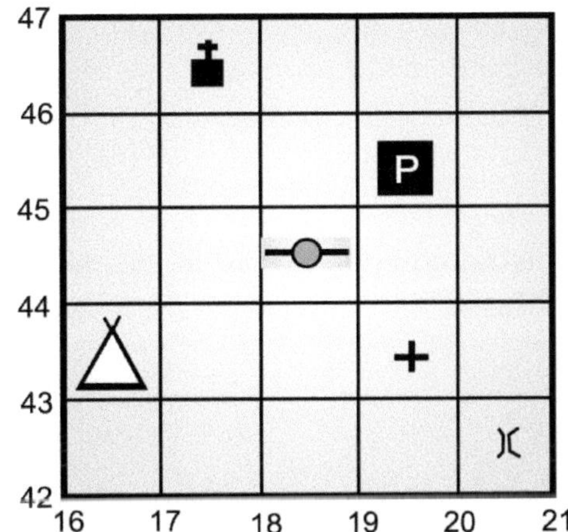

What is the four figure grid reference of the Hospital ?

1. 4319　　　　　　　2. 1943　　　　　　　3. 1843　　　　　　　4. 4320

Question 10

What symbol is in the grid reference 2042 ?

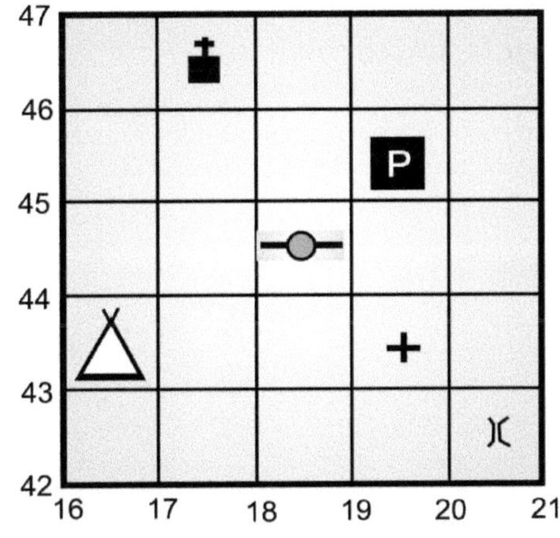

1. Tower　　　　　　2. Dam　　　　　　3. Bridge　　　　　　4. House

SECTION B (30 MARKS)

(Choose the correct answer)

Question 11

From which of the following pressure belts do the north-easterly trade breezes arise?
1. Equatorial low-pressure belt
2. Subtropical high-pressure belt of the Northern Hemisphere
3. Subtropical high-pressure belt of the Southern Hemisphere
4. Temperate low-pressure belt of the Eastern Hemisphere

Question 12

Which of the following soil has the characteristics of cracks and shrinks in dry condition?
1. Black clay soil　　　　　　　　　2. Red porous soil
3. Sandy soil　　　　　　　　　　　4. All of the above

Question 13

Which one of the following is not one of the six foremost controls of the climate of any place?
1. Latitude　　　　　　　　　　　2. Temperature
3. Pressure and wind system　　　　4. Distance from the sea

Question 14

The trees that do not shed their leaves are primarily found in__________ area.

1. Hot desert vegetation
2. Tropical monsoon forests
3. Coniferous forests
4. Temperate deciduous forests

Question 15

Which of the following irrigation technique is preferred in the area having an irregular topography with excessive slope?

1. Drip irrigation
2. Wells
3. Sprinkler irrigation
4. Border irrigation

Question 16

The Indian subcontinent experiences comparatively milder winters than Central Asia due to which of the following aspects?

1. The Tropic of Cancer
2. The surrounding seas
3. The Himalayas
4. Ocean currents

Question 17

What is the cause for the red colour of the red soil ?

1. Phosphoric Acid
2. Humus
3. Nitrogen
4. Iron

Question 18

What was the purpose of the Chipko movement?.

1. Forest conservation
2. Water conservation
3. Political rights
4. Human rights

Question 19

Which of the following is a cause for water shortage in a region with adequate water to meet the necessities of the people?

1. Huge population
2. Less rainfall
3. Power requirement
4. Pollution

Question 20

Which of the following is not a storage structure of water harvesting used in Rajasthan in India?

1. Johads
2. Khadins
3. Guls
4. Tankas

Question 21

Latitude and altitude of a place regulate which of the following climatic elements of a region?

1. Pressure and wind system
2. Temperature
3. Rainfall pattern
4. All of the above

Question 22

Soil erosion in plains consequent to rainfall is initiated by :

1. Rill erosion
2. Gully erosion
3. Sheet erosion
4. All of these

Question 23

Study the map and answer the following questions :

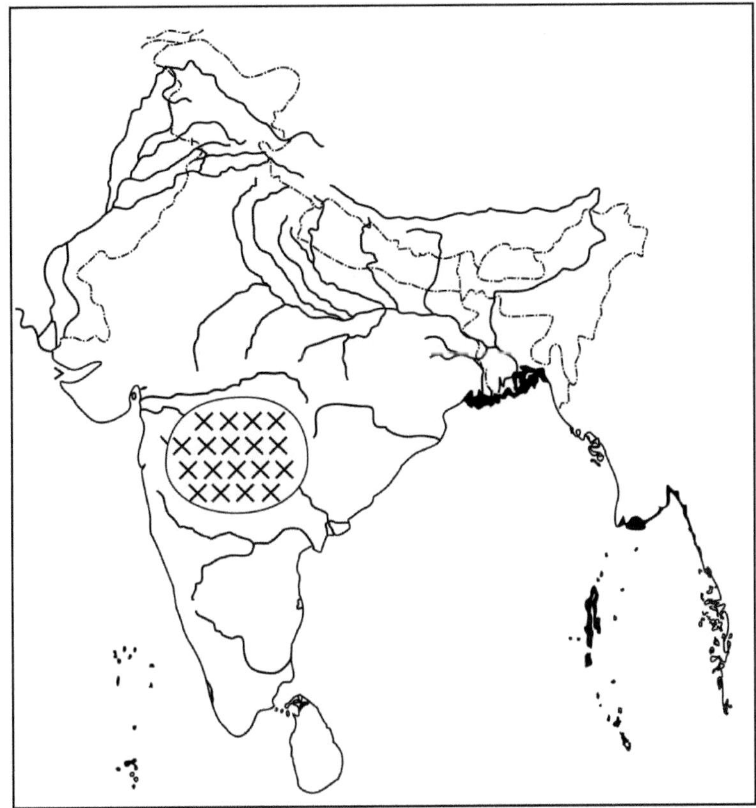

(a) Which soil is found in the shaded region ?

1. Black soil
2. Alluvial soil
3. Laterite soil
4. Arid soil

(b) Which of following statements is/are correct about this soil ?

1. Formed in the regions of its origin
2. Retains moisture becomes sticky when wet
3. Suitable for plantation crops
4. Both 1 and 2

Question 24

Why do we need to preserve our forests and wildlife ?

1. To preserve ecological diversity
2. To over-extract plant and animal species
3. For maintenance of aquatic diversity
4. None of the above

Question 25

Which of the following method is known as the feeding bottle technique?

1. Sprinkler irrigation
2. Canals
3. Wells
4. Drip irrigation

Question 26

Which vegetation is the most widespread in India ?

1. Coniferous forests
2. Tropical Rain forests
3. Tropical Deciduous forests
4. Mangrove forests

Question 27

Give reasons for the following :

(a) The peninsular portion of India experiences peak summers earlier than northern India.

1. There is less amount of rainfall in the peninsula during that time.
2. Cold waves from Central Asia sweep over the northern plains during the time.

3. Owing to the northward movement of the Sun, the global heat belt shifts northward.

4. None of the above

(b) South-West Monsoon causes rainfall.

1. They blow from the low-pressure area of north-eastern India towards the seas.

2. They are seasonal winds.

3. They blow over the warm Indian Ocean and gather moisture.

4. They strike the Himalayas.

Question 28

The western coast gets its heaviest rainfall during .... by South-West Monsoon winds :

1. June
2. July
3. August
4. September

Question 29

Which of the following soil has air space and loosely packed attributes?

1. Sandy Soil
2. Clayey Soil
3. Loamy Soil
4. All of these

Question 30

In which of the following states drip irrigation system is prevalent ?

1. Rajasthan
2. Meghalaya
3. Assam
4. Himachal Pradesh

Question 31

Mangrove forests are also known as :

1. Monsoon forests
2. Thorn and Scrub forests
3. Rain forests
4. Tidal forests

Question 32

What are the different benefits of rainwater harvesting?

1. Ecological benefits
2. Reduce soil erosion
3. Increase demand of groundwater
4. Both 1 and 2

Question 33

Which of the following places of India experiences the highest summer (Hot) temperature?

1. Pahalgam
2. Leh
3. Thiruvananthapuram
4. Jaisalmer

Question 34

Which of the following soil is associated with the term "Regur"?

1. Laterite Soil
2. Black Cotton Soil
3. Red Soil
4. None of the above

Question 35

Match the following

a.	Fallow land	1.	Groups of plant communities in areas having similar climatic conditions
b.	Biomes	2.	Breaking up and decay of exposed rocks due to various factors
c.	Weathering	3.	Marginal land kept fallow for a certain period to restore their fertility
d.	Pastures	4.	Land covered with grass shrubs on which animals are grazed freely

1. a-4,b-1,c-2,d-3
2. a-3,b-1,c-2,d-4
3. a-2,b-3,c-1,d-4
4. a-3,b-2,c-4,d-1

Answers

1. 2. 1431
2. 3. 1705
3. 2. 0304
4. 1. Scattered
5. 3. 0101
6. 1. 0102
7. 1. 1643
8. 1. 0504
9. 2. 1943
10. 3. Bridge
11. 2. Subtropical high-pressure belt of the Northern Hemisphere
12. 1. Black clay soil
13. 2. Temperature
14. 3. coniferous forests
15. 3. Sprinkler irrigation
16. 3. The Himalayas
17. 4. Iron
18. 1. Forest conservation
19. 4. Pollution
20. 3. Guls

21. 4. All the above
22. 3. Sheet erosion
23. (a) 1. Black soil
    (b) 4. Both 1 and 2
24. 1. To preserve ecological diversity
25. 4. Drip irrigation
26. 3. Tropical Deciduous forests
27. (a) 3. Owing to the northward movement of the Sun, the global heat belt shifts northward.
    (b) 3. They blow over the warm Indian Ocean and gather moisture.
28. 1. June
29. 1. Sandy Soil
30. 1. Rajasthan
31. 4. Tidal forests
32. 4. Both 1 and 2
33. 4. Jaisalmer
34. 2. Black Cotton Soil
35. 2. a-3,b-1,c-2,d-4

❑❑

Questions

SECTION A (10 MARKS) TOPOGRAPHY

Refer to the images and answer the question that follows:

Question 1

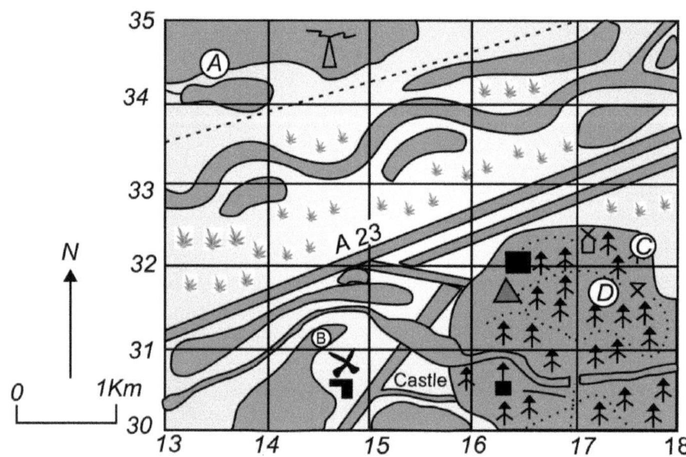

What is the four figure grid reference of the castle ?

1. 3116
2. 1530
3. 1531
4. 1532

Question 2

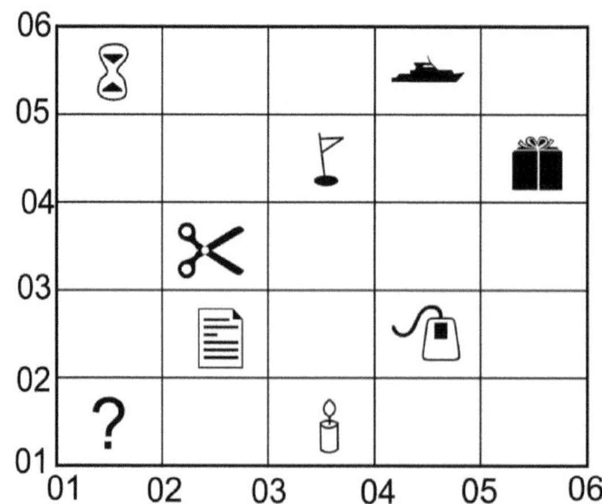

Give the four-figure grid reference for the candle.

1. 0402
2. 0301
3. 0401
4. 0104

Question 3

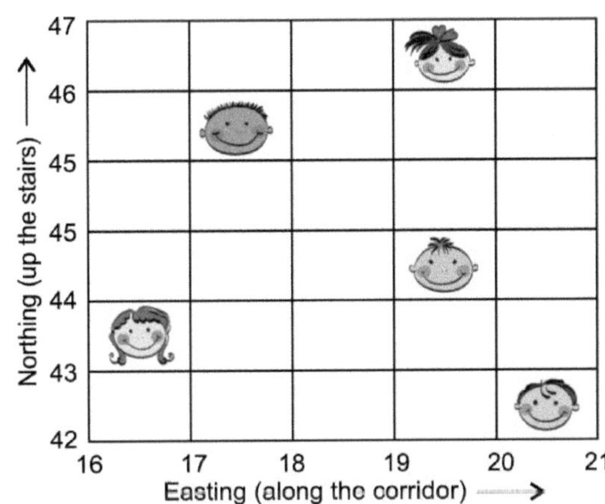

What is the direction of the boy in grid 1745 from the boy in 1944 ?

1. North   2. South   3. North-west   4. South-east

Question 4

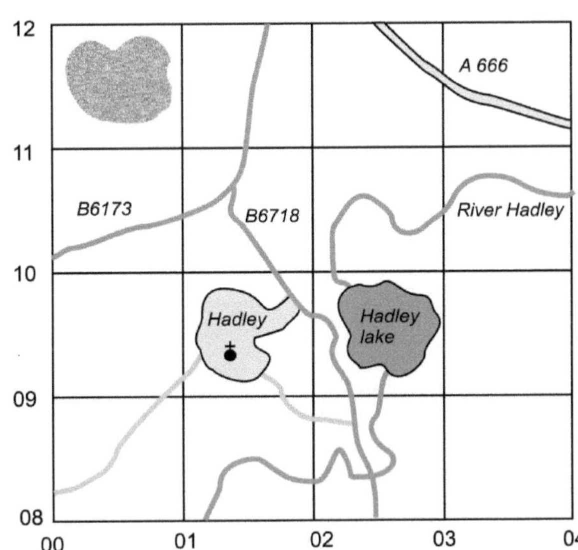

Find out the reference of Hadley from the above given four-grid.

1. 0901   2. 0109   3. 0210   4. 0709

Question 5

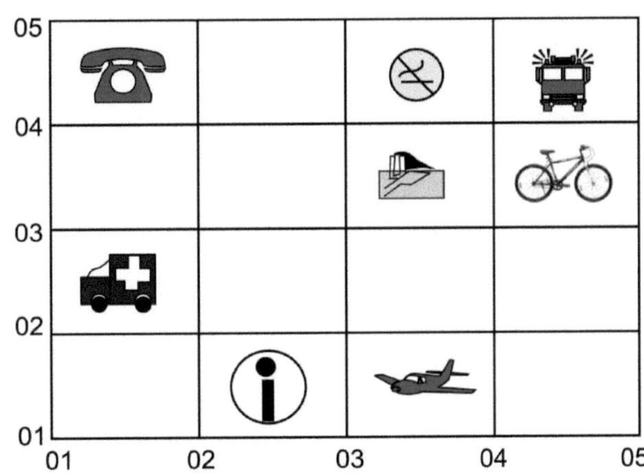

Give the four-figure grid reference of the police car.

1. 0504   2. 0404   3. 0405   4. 0504

Question 6

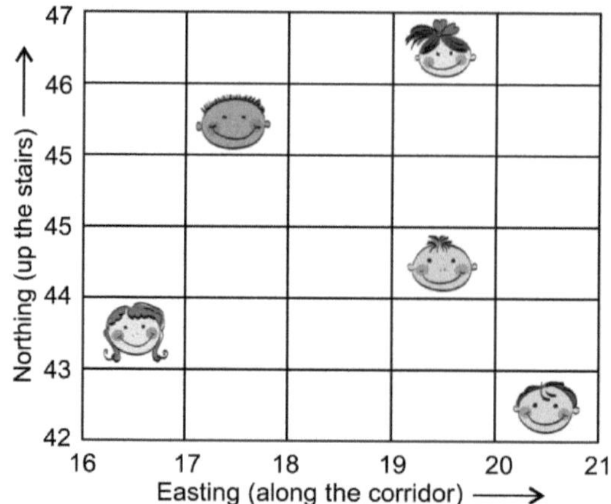

Find out the four-figure grid reference of the girl with pony.

1. 2042   2. 4220   3. 2045   4. 1946

Question 7

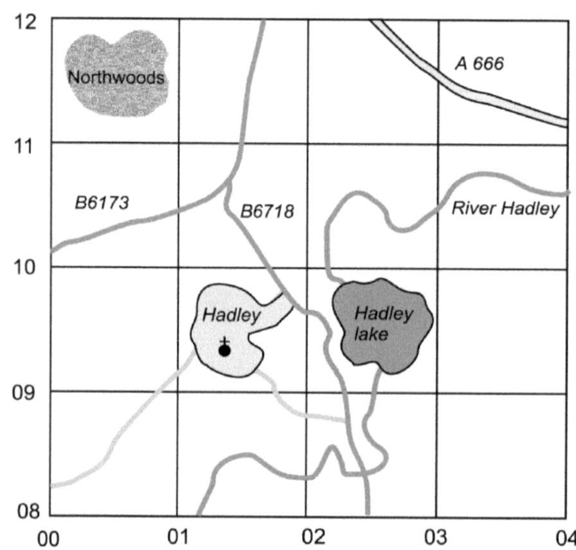

Find out the reference of Northwoods from the above given four figure grid :

1. 0012   2. 0011   3. 0112   4. 0611

Question 8

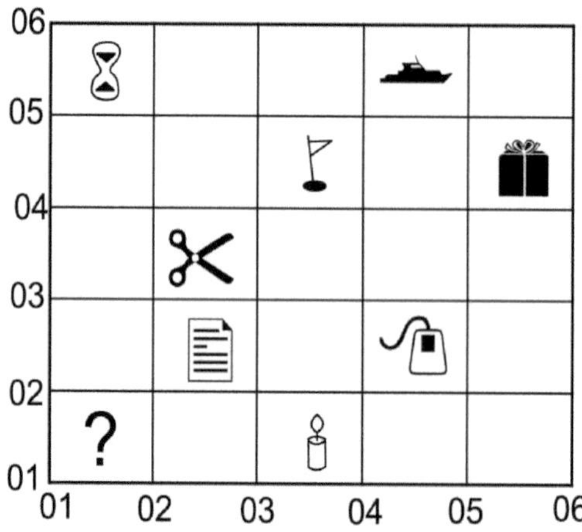

By referring the above image, Give the four-figure grid reference for the paper :

1. 0303   2. 0203   3. 0202   4. 0201

Question 9

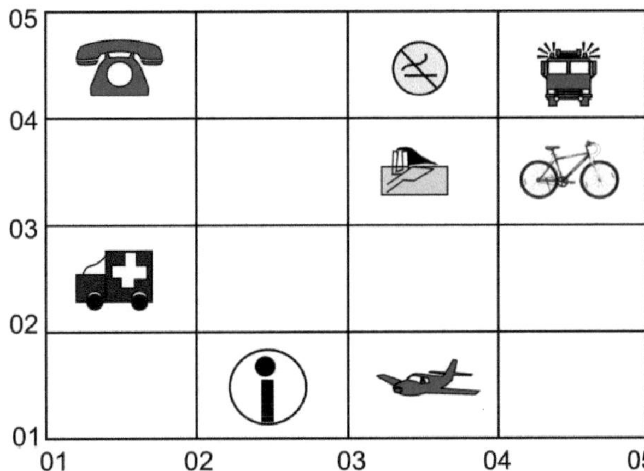

Give the four-figure grid reference of the telephone :

1. 0104   2. 0204   3. 0205   4. 0905

Question 10

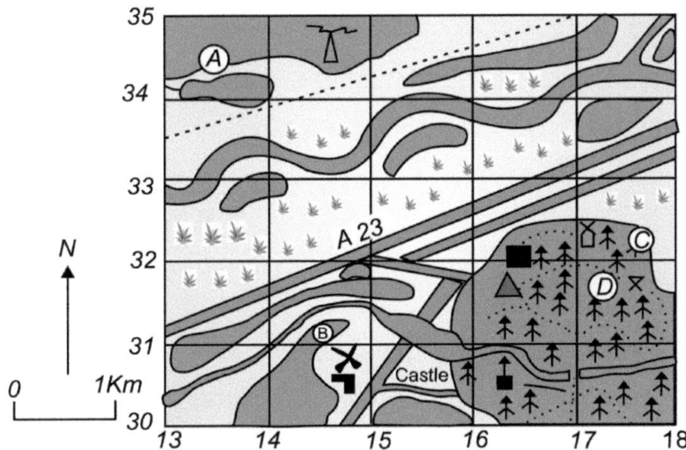

What is the four figure grid reference of the letter D ?

1. 3117   2. 1731   3. 1733   4. 1832

SECTION B (30 MARKS)
(Choose the correct answer)

Question 11

Which of the following areas receive heavy rainfall in October and November ?

1. Hills of Garo, Khasi and Jaintia   2. Plateau of Chota Nagpur

3. Coromandel Coast   4. Malwa Plateau

Question 12

Which one of the following crops is the most effective in controlling soil erosion ?

1. Maize   2. Cotton

3. Green gram   4. Pigeon pea

Question 13

Which type of water is recharge by the technique of rooftop rainwater harvesting?

1. Groundwater   2. River water

3. Lake water   4. Seawater

Question 14

In India, how much part of the total geographical area is under forests?

1. 20 per cent
2. 21 per cent
3. 22 per cent
4. 23 per cent

Question 15

Which of the following is not a constituent of weather and climate?

1. Atmospheric pressure
2. Temperature
3. Humidity
4. Altitude

Question 16

Tick the suitable method that does not help in soil conservation.

1. Contour ploughing
2. Strip cropping
3. Creating shelter belts
4. Ploughing up and down the slopes

Question 17

Which one of the following does not check land degradation?

1. Control on overgrazing
2. Creating shelter belts
3. Deforestation
4. Afforestation

Question 18

The only state which has made the rooftop rainwater harvesting structure compulsory all the houses is :

1. Tamil Nadu
2. West Bengal
3. Karnataka
4. Andhra Pradesh

Question 19

Which one of the following is the method of forest conservation?

1. Deforestation
2. Farm forestry
3. Social Forestry
4. None of these

Question 20

In parts of Rajasthan, vegetation cover is very scanty due to__________ .

1. Overpopulation
2. Over irrigation
3. Deforestation
4. Overgrazing

Question 21

The retreating monsoon withdraws itself from__________.

1. The west coast to the east coast
2. North-east India to the west coast
3. The north to the south
4. North-west India to Bengal and then to Kerala

Question 22

Which of the following atmospheric circumstances govern the climate and associated weather conditions in India?

1. Pressure and surface wind
2. Upper air circulation
3. Western cyclonic disturbances and tropical cyclones
4. All of the above

Question 23

Study the map and answer the following questions :

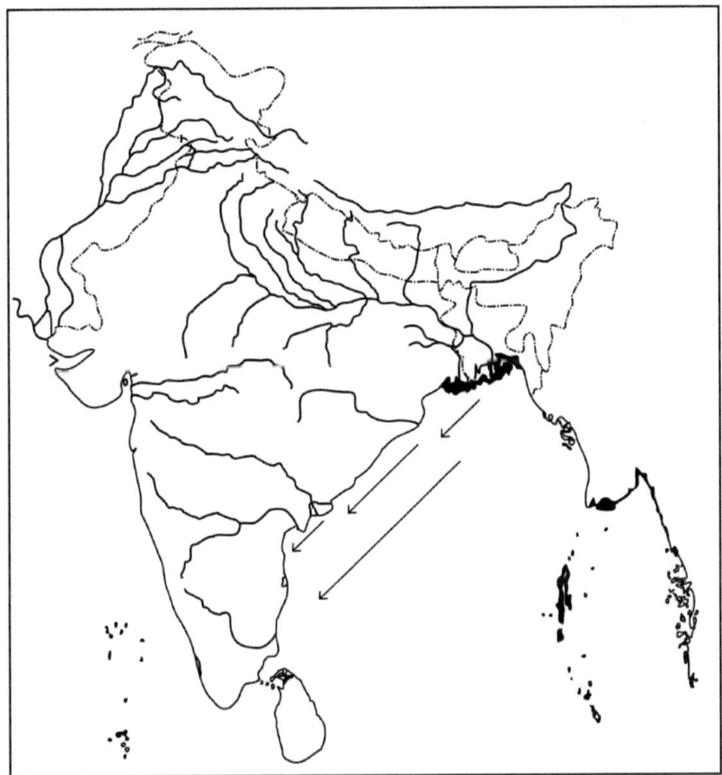

(a) Identify the winds which are shown in the map.

1. Tropical cyclones
2. Retreating South-West Monsoon
3. Western Disturbances
4. South-West Monsoon

(b) Which of the following regions receives maximum rainfall from these winds ?

1. Malabar Coast
2. Konkan Coast
3. Northern Circars
4. Coromandel Coast

Question 24

Which of the following latitudes passes over the middle of India, giving it the attributes of tropical and subtropical climate?

1. Tropic of Capricorn
2. Tropic of Cancer
3. Equator
4. 82°30'N

Question 25

Tropical Deciduous or Monsoon forests are found in zones with rainfall between _____ and _____ cm.

1. 50 and 100
2. 70 and 200
3. 100 and 200
4. 200 and 250

Question 26

Which is one of the largest water resource project of India covering four states?

1. Sutlej Beas project
2. Sardar Sarovar dam
3. Tehri dam
4. Bhakra Nangal dam

Question 27

Give reasons for the following:

(a) During the time of monsoon, season rainfall decreases from the Ganga delta to the Punjab plains.

    1. Recent Monsoon moves westward along the Ganga plain and becomes drier.

    2. Western regions are hotter than the eastern region.

    3. Hills do not form barriers to winds.

    4. The area is too far away from the sea.

(b) The temperature of Thiruvananthapuram is lower than that of Mumbai in May and higher in January.

    1. Thiruvananthapuram has a cold current while Mumbai a warm current.

    2. Thiruvananthapuram has more rainfall in summer and it is nearer to the equator.

    3. Thiruvananthapuram is situated on the windward side while Mumbai faces is on the leeward side.

    4. Thiruvananthapuram is vegetated while Mumbai is not.

Question 28

Black soil is deficient in____________ .

1. Calcium carbonate	2. Magnesium
3. Potash	4. Phosphoric contents

Question 29

Name the significant source of fresh water in India.

1. Rainfall	2. Groundwater
3. Atmospheric water	4. Ocean water

Question 30

Tick the right reason from the following options for Rajasthan being deficient in rainfall :

1. The monsoon fails to influence this area

2. It is scorching

3. There is no water accessibility, and hence the winds remain dry

4. The winds do not come across any barrier to cause necessary uplift to be cooled

Question 31

Name the soil that has self-aeration capacity.

1. Alluvial soil	2. Red soil	3. Black soil	4. Mountain soil

Question 32

Rotation of crops is essential for____________.

1. Increasing fertility of the soil	2. Increasing quality of protein
3. Increasing quality of minerals	4. Getting different kinds of crops

Question 33

By which method soil conservation can be best achieved ?

1. Windscreens	2. Low rainfall
3. Good plant cover	4. Restricted human activity

Question 34

Which of the following is not a measure for soil conservation?

1. Strip cropping	2. Terrace cultivation
3. Shelter belts	4. Overdrawing of groundwater

Question 35

a.	Land use	1.	Prevent soil erosion
b.	Humus	2.	A narrow zone of contact among the lithosphere, hydrosphere and atmosphere
c.	Rock dams	3.	Productive use of land
d.	Biosphere	4.	Organic matter deposited on topsoil

1. a-3, b-4, c-1, d-2	2. a-1,b-2,c-4,d-3	3. a-2,b-3,c-1,d-4	4. a-4,b-1,c-2,d-3

Answers

1.	2.	1530
2.	2.	0301
3.	3.	North-west
4.	2.	0109
5.	2.	0404
6.	4.	1946
7.	2.	0011
8.	3.	0202
9.	1.	0104
10.	2.	1731
11.	3.	Coromandel Coast
12.	4.	Pigeon pea
13.	1.	Groundwater
14.	3.	22 per cent
15.	4.	Altitude
16.	4.	Ploughing up and down the slopes
17.	3.	Deforestation
18.	1.	Tamil Nadu
19.	3.	Social forestry
20.	4.	Overgrazing

21. 4. North–west India to Bengal and then to Kerala

22. 4. All of the above

23. (a) 2. Retreating South–West Monsoon

    (b) 4. Coromandel Coast

24. 2. Tropic of Cancer

25. 2. 70 and 200 cm

26. 2. Sardar Sarovar dam

27. (a) 1. Recent Monsoon moves westward along the Ganga plain and becomes drier.

    (b) 2. Thiruvananthapuram has more rainfall in summer and it is nearer to the equator.

28. 4. Phosphoric contents

29. 2. Groundwater

30. 4. The winds do not come across any barrier to cause necessary uplift to be cooled

31. 3. Black soil

32. 1. Increasing fertility of the soil

33. 3. Good plant cover

34. 4. Overdrawing of groundwater

35. 1. a-3, b-4, c-1, d-2

❑❑

SECTION A (10 MARKS) TOPOGRAPHY

Refer to the images and answer the question that follows:

Question 1

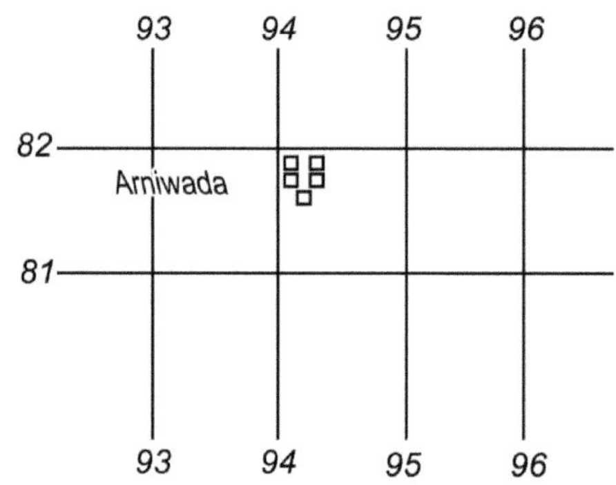

Give the four figure grid reference of Arniwada.

1. 9382

2. 9581

3. 9481

4. 9482

Question 2

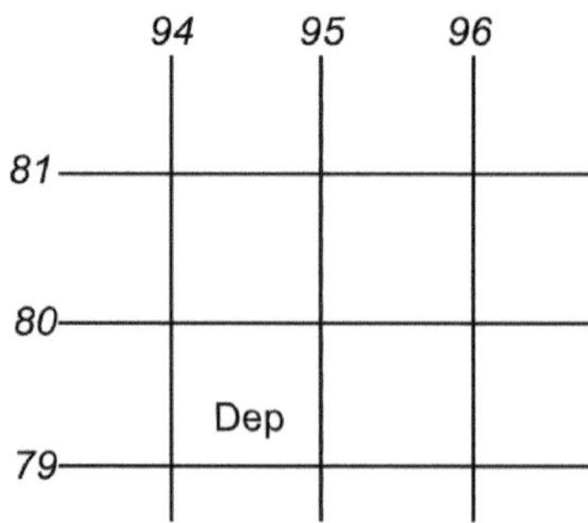

What does the term 'Dep' in 9479 mean ?

1. Depth

2. Deep

3. Depression

4. Deposit

Question 3

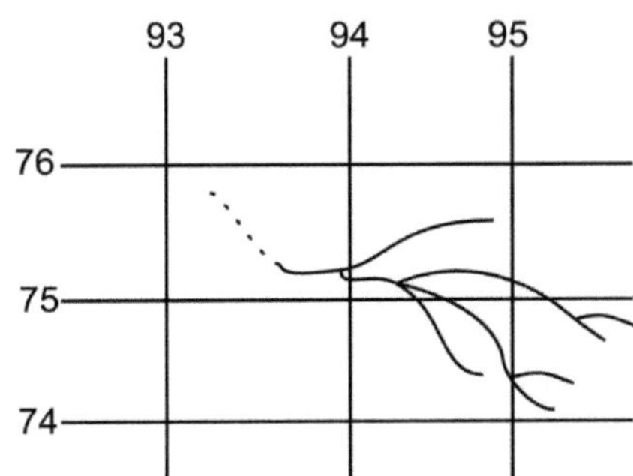

Identify the drainage pattern in 9315.

1. Dendritic
2. Trellised
3. Dis
4. Disappearing

Question 4

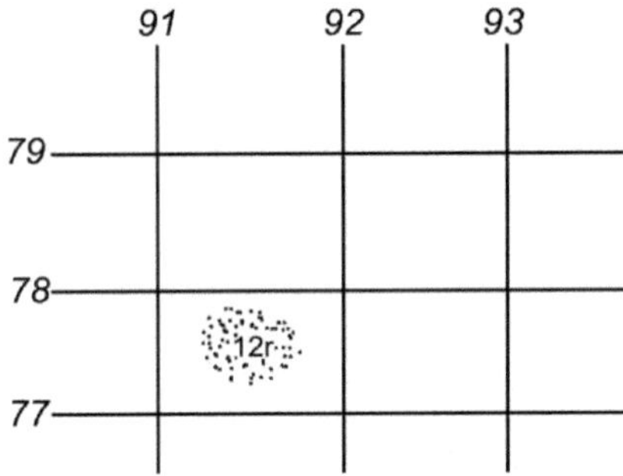

What does 12r in 9177 mean ?

1. Spot height of 12m
2. Triangulated height of 12m
3. The Relative height of the sand dume is 12m
4. The Bench mark is 12m

Question 5

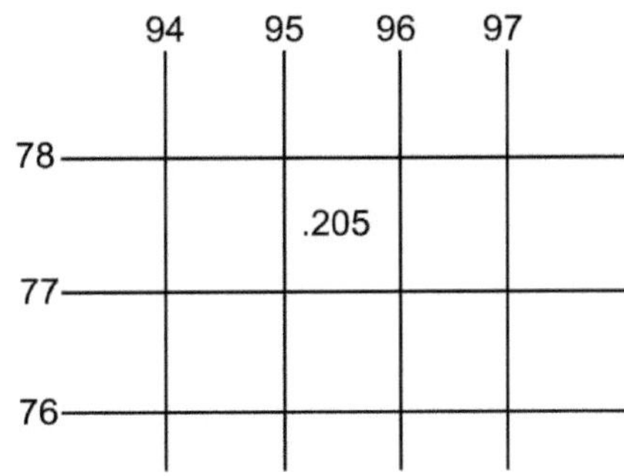

What does. 205 in 9577 mean ?

1. Spot height of 205 m
2. Relative height of 205 m
3. Relative depth of 205 m
4. Triangulated height of 205 m

Question 6

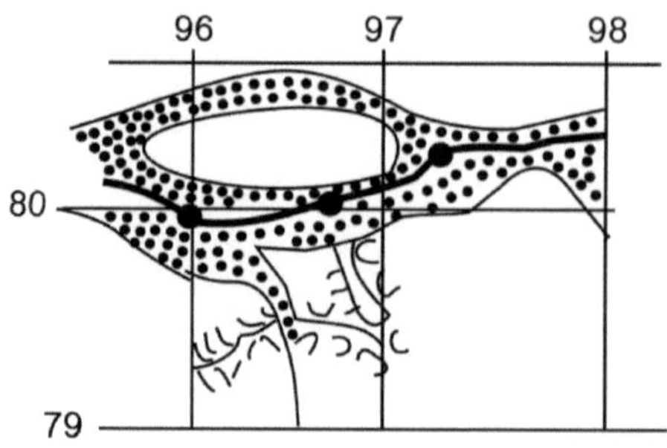

What does the symbol ⊃⊂ in 9679 mean ?

1.	River valley	2.	Broken ground
3.	Tank	4.	Depression

Question 7

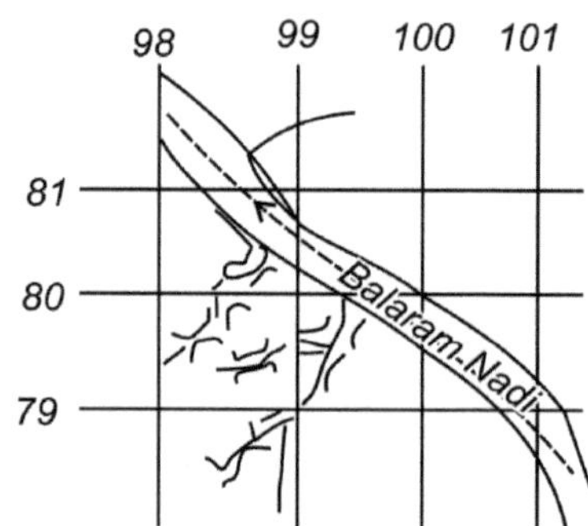

Give the direction of flow of Balaram Nadi :

1.	North–east	2.	South–east
3.	North–west	4.	South–west

Question 8

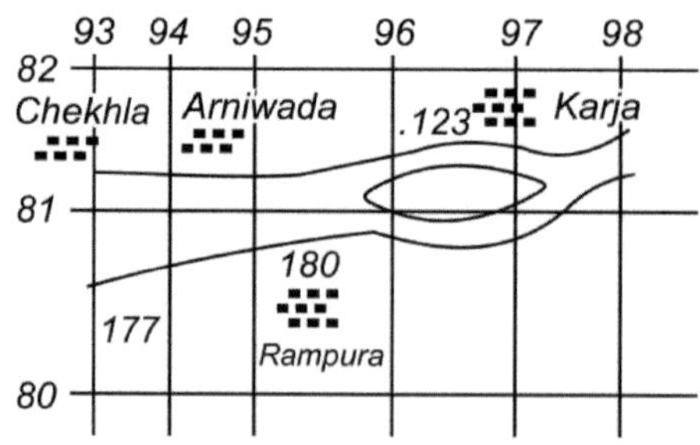

Name one settlement on the right bank and one on the left bank of the river respectively.

1. Arniwada and Chekhla

2. Arniwada and Karja

3. Karja and Rampura

4. Chekhla and Karja

Question 9

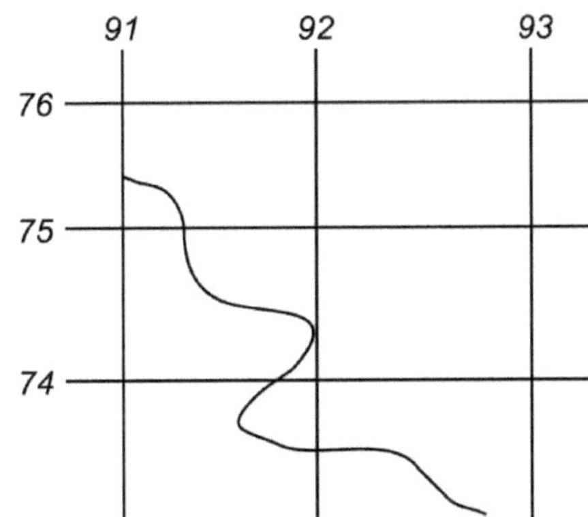

What does the black line in 9174 indicate ?

1. Seasonal stream
2. Road
3. Railway track
4. Broken ground

Question 10

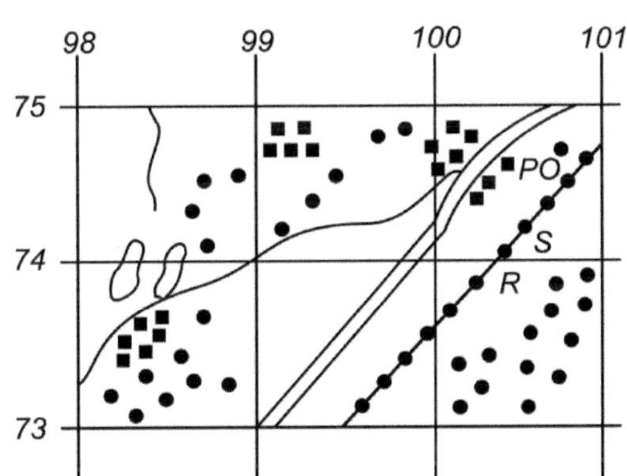

Name one natural and one man made feature in 9873 respectively.

1. Natural tank and Settlements
2. Natural tank and Sand dumes
3. Settlements and Cart track
4. Seasonal stream and Sand dumes

SECTION B (30 MARKS)
(Choose the correct answer)

Question 11

The Thunder storms experienced in Kerala and Karnataka during the summer season are called :

1. Kalbaisakhi
2. Loo
3. Mango Showers
4. Aadhi

Question 12

Social forestry aims at:

1. Community development
2. Watershed management
3. Crop rotation
4. Controlling soil erosion

Question 13

An irrigation method that helps in water conservation is—

1. Canal irrigation
2. Well irrigation
3. Tank irrigation
4. Drip irrigation

Question 14

A man made cause of soil erosion is :

1. Surface runoff
2. Wind
3. Landslide
4. Deforestation

Question 15

The transition period between the monsoon and winter season characterised by high temperature and humidity is called :

1. Depression
2. Equable climate
3. Maritime climate
4. October Heat

Question 16

Canal irrigation is mainly found in the Northern Plains because of—
1. Presence of perennial rivers.
2. Predominance of agriculture in the Northern Plains.
3. High demand for irrigation.
4. Different types of crops are grown in the Northern Plains.

Question 17

The tropical evergreen forests of India are mainly located in:
1. The western slopes of Western Ghats
2. Sunderbans
3. Rajasthan
4. Himalayan region

Question 18

One of the methods of prevention of soil erosion and conservation is :
1. Jhum cultivation
2. Terrace farming
3. Deforestation
4. Traditional farming methods

Question 19

What is burst of monsoon?
1. The sudden onset of monsoon in India during the month of June.
2. The cloud bursts experienced during Monsoon.
3. The heavy rainfall received in the North Eastern part of India.
4. The cyclones experienced during Monsoon.

Question 20

The western disturbances mainly cause rainfall in:
1. Haryana
2. Kerala
3. Tamil Nadu
4. Madhya Pradesh

Question 21

Laterite soil is red in colour due to the presence of :
1. Silica
2. Iron oxides
3. Humus
4. Magnesium

Question 22

The cheapest source of irrigation in India is :
1. Tank
2. Well
3. Canal
4. Drip

Question 23

Study the map and answer the following questions:

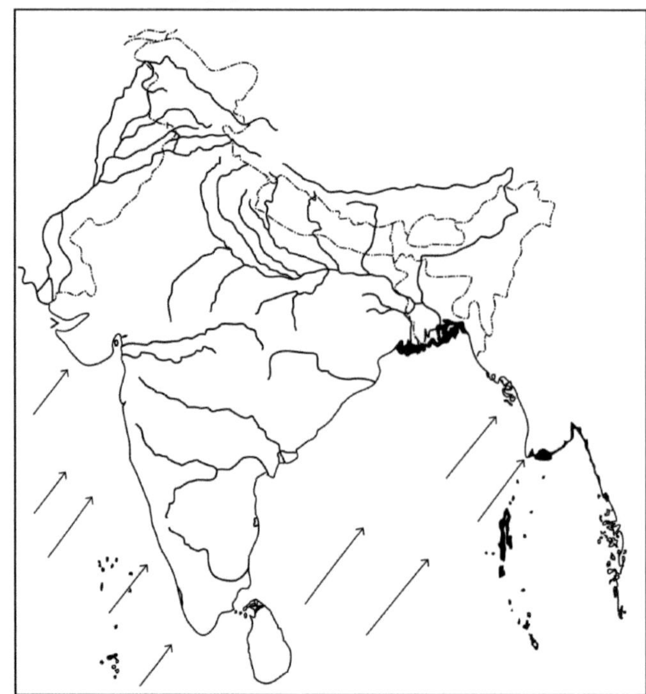

(a) Identify the winds which are shown in the map.

    1. North-East Monsoon   2. Western Disturbances

    3. Retreating South-West Monsoon   4. South-West Monsoon

(b) Which of the following states receives very little rainfall from these winds?

    1. Uttar Pradesh   2. Tamil Nadu   3. Kerala   4. West Bengal

Question 24

The retreating monsoons cause heavy rainfall in :

1. Tamil Nadu   2. Kerala   3. Maharashtra   4. West Bengal

Question 25

The term 'badlands' refer to areas affected by soil erosion in the region of :

1. Chambal and Yamuna river   2. Chotanagpur Pleateau

3. Arid areas of Rajasthan   4. Alpine areas of the Himalayas

Question 26

Tank irrigation is mostly found in:

1. Deltaic parts of West Bengal   2. Northern Plains

3. Peninsular Plateau   4. Rajasthan

Question 27

Give reasons for the following:

(a) Most parts of India do not receive rainfall in winter.

    1. Winter Monsoons are mainly off shore and have very less moisture.

    2. The South-West summer monsoons are more powerful than winter monsoons.

    3. The winter monsoons cause rainfall in Tamil Nadu.

    4. The winter monsoons are cold.

(b) Darjeeling is cooler than Kolkata in summer.

    1. Due to higher altitude   2. Due to snowfall in Darjeeling

    3. Due to depression   4. Due to high pressure

Question 28

One advantage of canal irrigation:

1. It is the cheapest source of irrigation.

2. It provides water and makes agriculture possible even in dry and arid areas.

3. Canals can be easily constructed.

4. Canals can be constructed in any terrain.

Question 29

The restoration of forests that has been largely destroyed is called :

1. Agro-forestry   2. Reafforestation   3. Afforestation   4. Jhumming

Question 30

The process involved in the formation of black soil is:

1. Leaching   2. Gleying

3. Podzolization   4. Weathering of lava rocks

Question 31

Mangrove vegetation is mainly found in:

1. Mountain areas   2. Saline areas   3. Arid areas   4. River valleys

Question 32

Red soil is derived from :

1. Sedimentary rocks   2. Ancient crystalline and metamorphic rocks

3. Porous and lava rocks   4. Deposition of sediments brought by the river

Question 33

The Sunderbans are an example of :

1. Littoral forests   2. Deciduous forests

3. Coniferous forests   4. Alpine forests

Question 34

One of the factors causing deforestation in India is :

1. Contour ploughing 2. Social forestry 3. Overgrazing 4. Afforestation

Question 35

a.	Well irrigation	1.	Peninsular plateau
b.	Tank irrigation	2.	Uttar Pradesh
c.	Canal irrigation	3.	Punjab
d.	Sprinkler irrigation	4.	Rajasthan

1. a-2, b-1, c-3, d-4 2. a-3,b-4,c-2,d-1 3. a-1,b-2,c-3,d-4 4. a-4,b-3,c-2,d-1

Answers

1. 3. 9481
2. 3. Depression
3. 4. Disappearing
4. 3. The Relative height of the sand dume is 12m
5. 1. Spot height of 205 m
6. 2. Broken ground
7. 3. North-west
8. 3. Karja and Rampura
9. 1. Seasonal stream
10. 1. Natural tank and Settlements
11. 3. Mango Showers
12. 1. Community development
13. 4. Drip irrigation
14. 4. Deforestation
15. 4. October Heat
16. 1. Presence of perennial rivers
17. 1. The western slopes of Western Ghats
18. 2. Terrace farming
19. 1. The sudden onset of monsoon in India during the month of June.
20. 1. Haryana
21. 2. Iron oxides
22. 2. Well
23. (a) 4. South-West Monsoon
    (b) 2. Tamil Nadu
24. 1. Tamil Nadu
25. 1. Chambal and Yamuna river
26. 3. Peninsular Plateau
27. (a) 1. Winter Monsoons are mainly off shore and have very less moisture.
    (b) 1. Due to higher altitude
28. 2. It provides water and makes agriculture possible even in dry and arid areas.
29. 3. Reafforestation
30. 4. Weathering of lava rocks
31. 2. Saline areas
32. 2. Ancient crystalline and metamorphic rocks
33. 1. Littoral forests
34. 3. Overgrazing
35. 1. a-2, b-1, c-3, d-4

SECTION A (10 MARKS) TOPOGRAPHY

Refer to the images and answer the question that follows:

Question 1

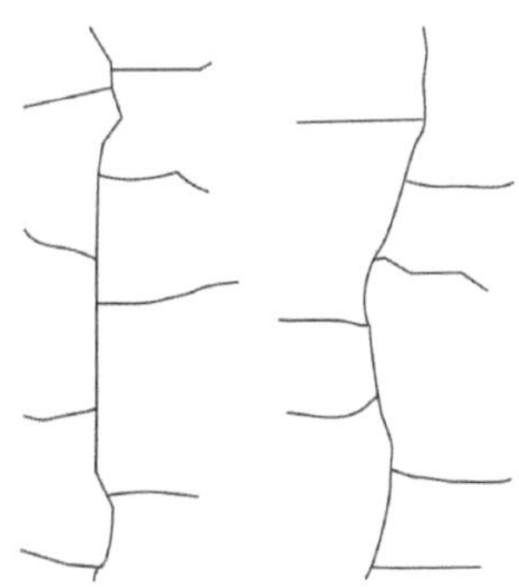

Identify the drainage pattern in the above figure.

1. Trellis 2. Radial 3. Disappearing 4. Dendritic

Question 2

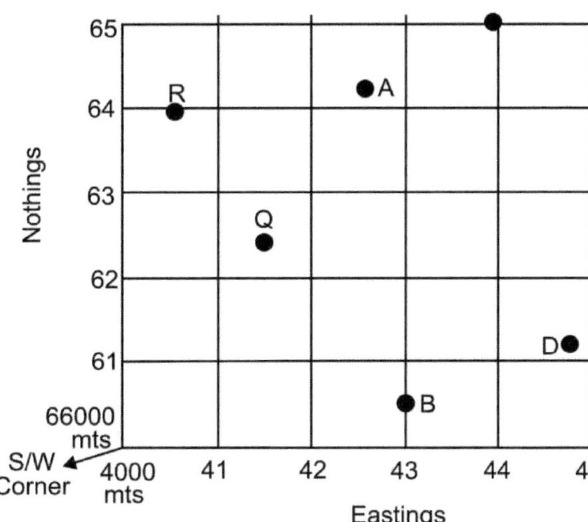

Find out the reference of Q from the above four figure grid.

1. 6241 2. 1462 3. 4162 4. 4165

Question 3

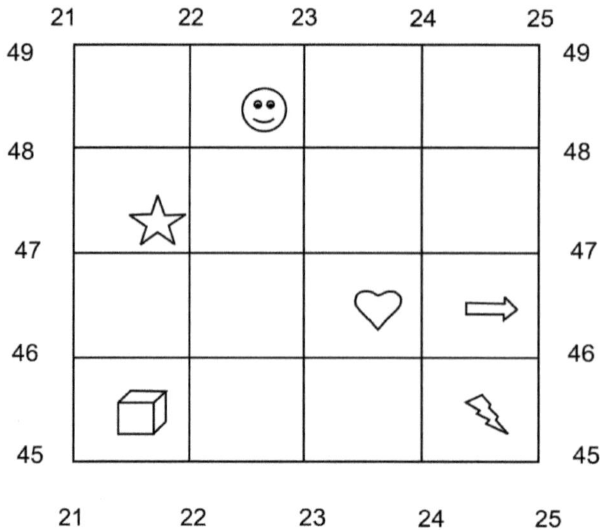

Give the four-figure grid reference of the arrow.

1. 2445
2. 2447
3. 2446
4. 2546

Question 4

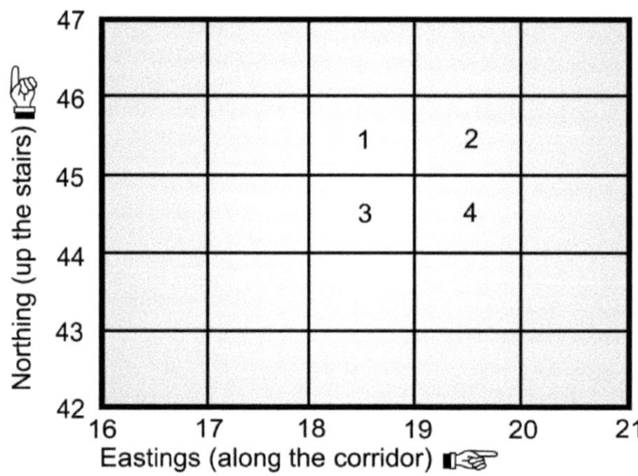

Find out the reference of number 2 from the given four-figure grid.

1. 1945
2. 4519
3. 9154
4. 5491

Question 5

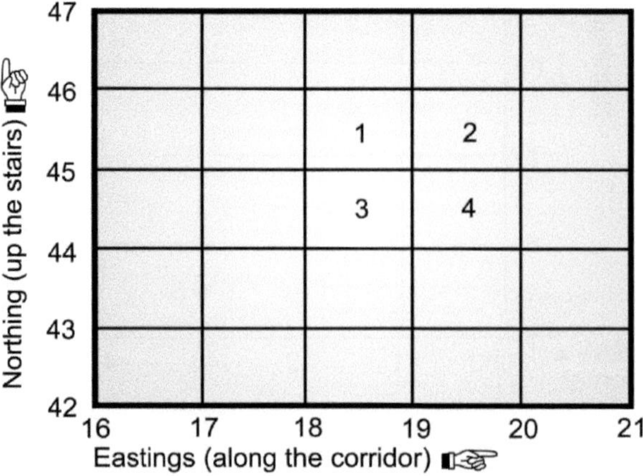

Find out the reference of number 1 from the given four-figure grid.

1. 4518
2. 1854
3. 1845
4. 5481

Question 6

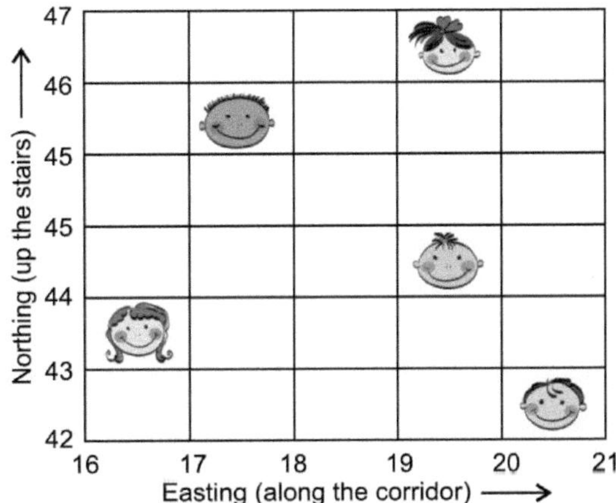

Find out the direction of the boy in 2042 from the girl in 1643.

1.   North   2.   South   3.   North-west   4.   South-east

Question 7

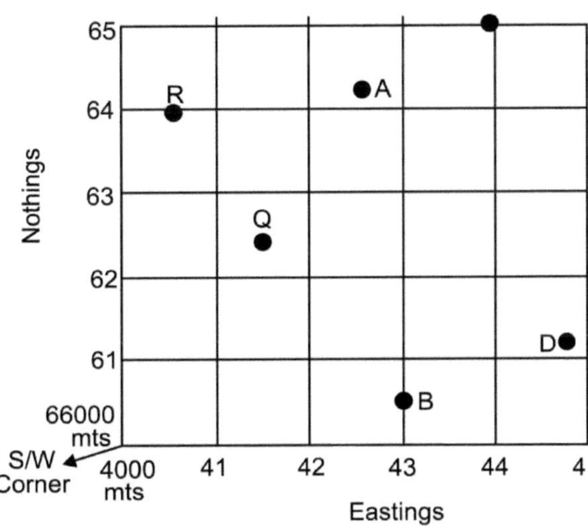

Find out the reference of R from the above four figure grid.

1.   4064   2.   4062   3.   6440   4.   4041

Question 8

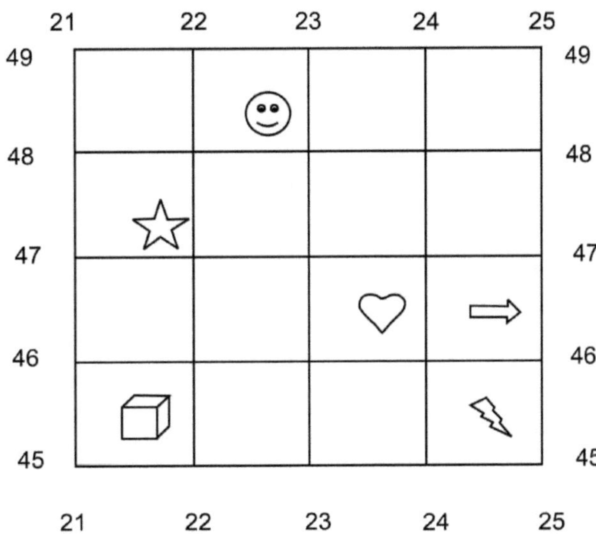

Give the four-figure grid reference of the star.

1. 2148   2. 2147   3. 2247   4. 2245

Question 9

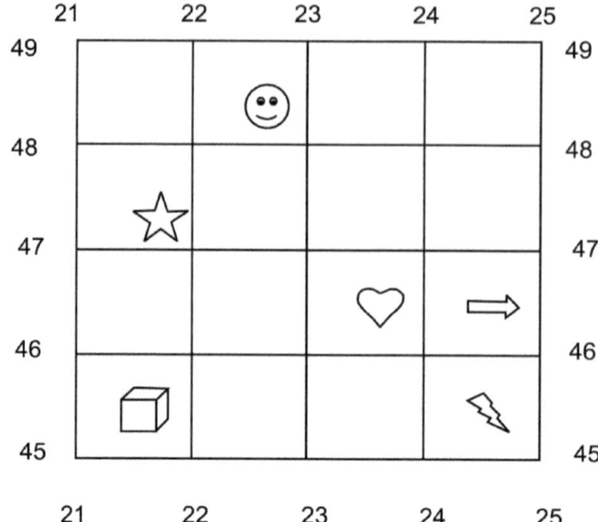

Give the four-figure grid reference of the smiling face.

1. 2148   2. 2248   3. 2247   4. 2243

Question 10

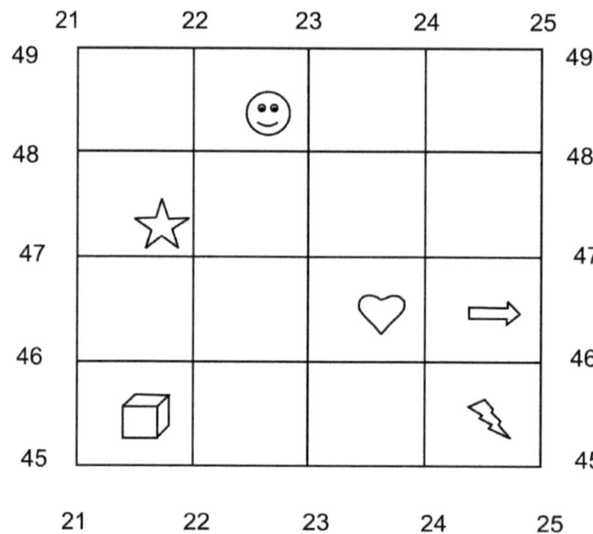

Give the four-figure grid reference of the heart.

1. 2446   2. 2345   3. 2346   4. 2447

SECTION B (30 MARKS)
(Choose the correct answer)

Question 11

In May-June each year, the monsoon winds approach the southern tip of India from______________

1. North direction   2. North-east direction
3. North-west direction   4. South-west direction

Question 12

It takes 100 years to make a one-centimetre thick layer of _______.

1. land   2. humus   3. soil   4. algae

Question 13

Acacia is found in ___________.

1. Tropical evergreen forest   2. Tropical thorn forest
3. Montane forest   4. Tropical deciduous forest

Question 14

How can we increase water-efficient irrigation system?

1. By pouring unnecessary water on the land
2. By not supplying water
3. By using drip irrigation method
4. By using more manures

Question 15

The tropical monsoon and equatorial climate are the features of:

1. polar climate
2. temperate climate
3. tropical climate
4. frontal climate

Question 16

Which of the following trees provide hard durable timber for construction purposes and boat making?

1. Sundari
2. Sal
3. Ebony
4. Deodar

Question 17

_______ get most of the rain during October and November.

1. Meghalaya
2. Rajasthan
3. Maharashtra
4. Tamil Nadu

Question 18

Which of the following is the most advanced and efficient method of irrigation in India?

1. Well Irrigation
2. Tank Irrigation
3. Canal Irrigation
4. Drip Irrigation

Question 19

Winds are named on the direction____________.

1. from where they flow
2. in which they blow
3. they reach finally
4. they circulate

Question 20

Considering the equator position, the regions that are located in _________ have tropical monsoon climate.

1. latitudes 10°N and 25°S
2. latitudes 15°N and 25°S
3. latitudes 35°N and 45°S
4. latitudes 25°N and 50°S

Question 21

Soil is formed as a result of __________ of rocks.

1. Blasting
2. Weathering
3. Both a and b
4. None of these

Question 22

Which tree belongs to the forests of Tropical Deciduous?

1. Tendu
2. Pine
3. Acacia
4. Plum

Question 23

Study the map and answer the following questions:

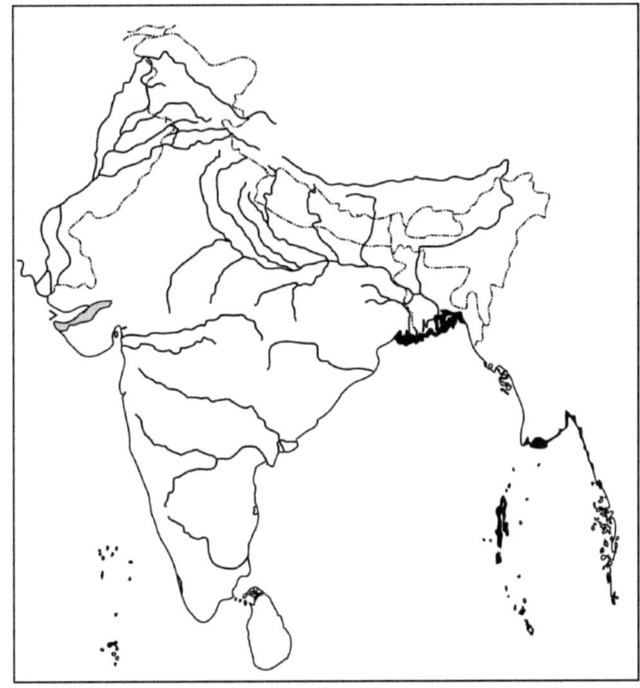

(a) Which soil is found in the shaded region?

    1. Alluvial soil   2.   Arid soil

    3. Red soil   4.   Laterite soil

(b) How is this type of soil formed?

    1. Formed due to weathering of ancient crystalline and metamorphic rocks.

    2. Formed by weathering of alluvium.

    3. Formed under conditions of high temperature and heavy rainfall.

    4. Formed by the deposition of silt brought down by rivers.

Question 24

$3/4^{th}$ of the earth is covered by water, out of this % of freshwater is:

1.   1.25   2.   2.5   3.   3.9   4.   5.6

Question 25

Soil formed by intense leaching is termed as __________.

1.   Red soil   2.   Desert   3.   Alluvial soil   4.   Laterite soil

Question 26

Sundari tree belongs to which type of forest?

1.   Tropical evergreen forests   2.   Tropical thorn forests and scrubs

3.   Tropical deciduous forests   4.   Mangrove forests

Question 27

Give reasons for the following

(a) Central Maharashtra receives little rainfall.

    1.   It lies in the rain shadow area of the Western Ghats.

    2.   Due to its continental location

    3.   Due to its proximity to the sea.

    4.   It is closer to the Tropic of Cancer.

(b) The fewer water vapours are held.

    1.   Due to lower temperature   2.   Due to higher temperature

    3.   Due to less greenhouse gases in the air   4.   Due to more greenhouse gases in the air

Question 28

Seasonal and annual precipitation affects the __________ of water.

1.   Flow   2.   Availability   3.   pH value   4.   Quality

Question 29

What is the most important factor in the formation of soil?

1.   Parental bedrock   2.   Topography   3.   Climate   4.   Temperature

Question 30

The kind of winds that blows frequently through the year is classified as:

1.   Prevailing winds   2.   Maritime winds   3.   Continental winds   4.   Convectional winds

Question 31

Water stress occurs when availability of water is less than__________.

    1.   1,000 cubic centimetres per person a day

    2.   10,000 cubic centimetres per person a day

    3.   1,000 cubic metres per person a day

    4.   10,000 cubic metres per person a day

Question 32

Freshwater is obtained from ____________-

1.   Oceans   2.   Acid rains   3.   Precipitation   4.   Tides

Question 33

Trees planted in rows to create shelter are known as:

1. Rows of trees   2. Woodcut trees   3. Shelter belts   4. Rosewoods

Question 34

The method of rainwater harvesting which individual house owners can adopt is___________ .

1. Construction of recharge trenches   2. On channel storage of water
3. Creation of new water bodies   4. Rooftop rainwater harvesting

Question 35

Match the following:

1. Humus	a. Prevent soil erosion
2. Rock dams	b. Organic matter deposited on topsoil
3. Arable land	c. Land suitable for agriculture
	d. Contour ploughing

1. 1-b , 2-a, 3-c   2. 1-d,2-b, 3-a   3. 1-b, 2-d, c-a   4. 1-b,2-d,3-c

Answers

1. 1. Trellis
2. 3. 4162
3. 3. 2446
4. 1. 1945
5. 3. 1845
6. 4. South-east
7. 1. 4064
8. 2. 2147
9. 2. 2248
10. 3. 2346
11. 4. South-west direction
12. 3. soil
13. 2. Tropical thorn forest
14. 3. By using drip irrigation method
15. 3. tropical climate
16. 1. Sundari
17. 4. Tamil Nadu
18. 4. Drip Irrigation
19. 1. from where they flow
20. 1. latitudes 10°N and 25°S

21. 2. Weathering
22. 1. Tendu
23. (a) 3. Red soil
    (b) 1. Formed due to weathering of ancient crystalline and metamorphic rocks.
24. 2. 2.5
25. 4. Laterite soil
26. 4. Mangrove forests
27. (a) 1. It lies in the rain shadow area of the Western Ghats.
    (b) 1. Due to lower temperature
28. 2. Availability
29. 1. Parental bedrock
30. 1. Prevailing winds
31. 3. 1,000 cubic metres per person a day
32. 3. Precipitation
33. 3. Shelter belts
34. 4. Rooftop rainwater harvesting
35. 1. 1-b , 2-a, 3-c

Sample Paper

Geography

SECTION A (10 MARKS) TOPOGRAPHY

Refer to the images and answer the question that follows:

Question 1

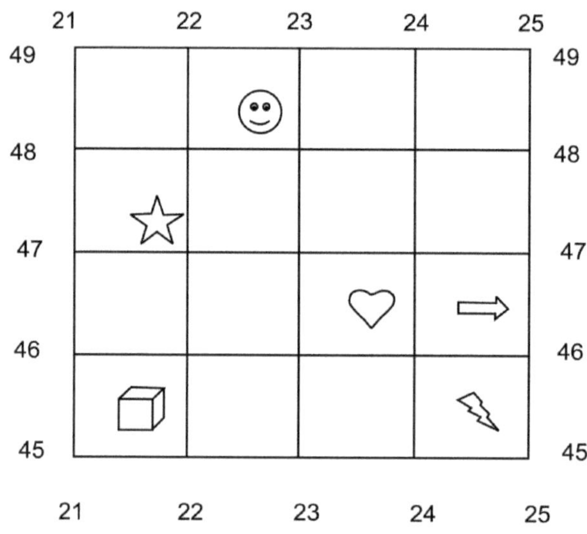

Give the four-figure grid reference of the cube.

1. 4512   2. 2145   3. 1245   4. 1233

Question 2

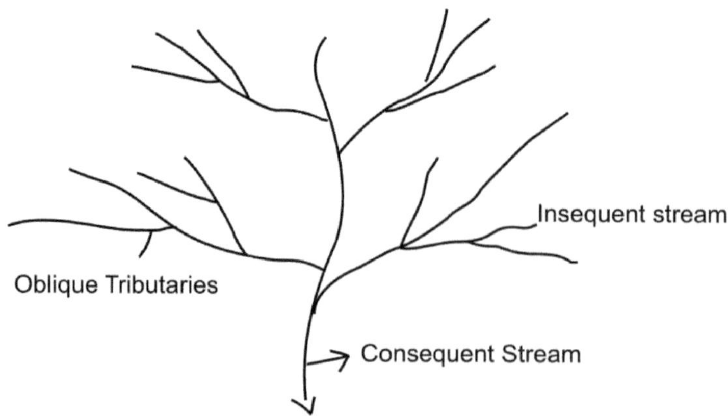

Identify the drainage pattern in the above figure.

1. Trellis   2. Radial
3. Dendritic   4. Disappearing

Question 3

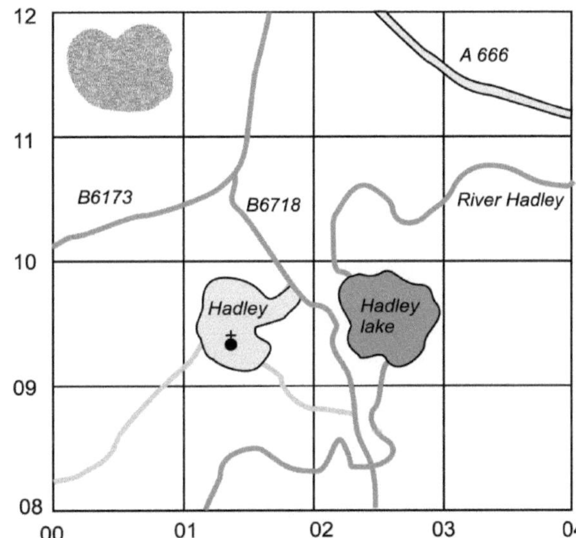

Find out the reference of Hadely lake given above in the four figure grid.

1. 1009
2. 0209
3. 0901
4. 9010

Question 4

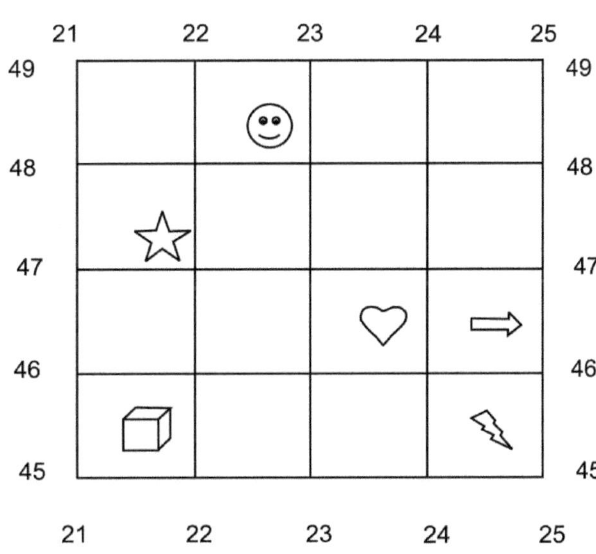

Give the four-figure grid reference of the lightning bolt.

1. 2445
2. 2546
3. 4524
4. 4624

Question 5

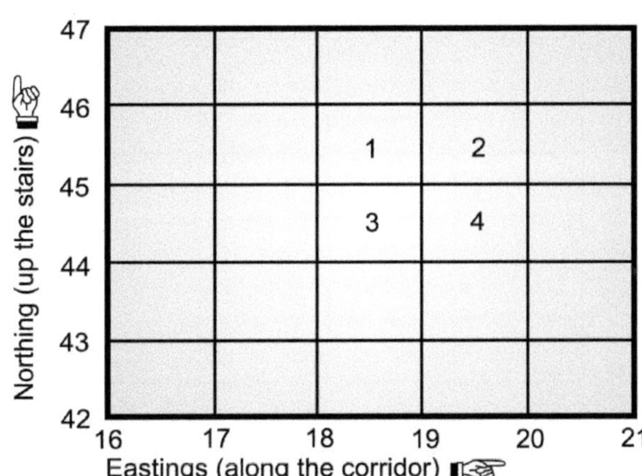

Give the reference of number 3 from the given four-figure grid.

1. 4418
2. 1844
3. 8141
4. 4148

Question 6

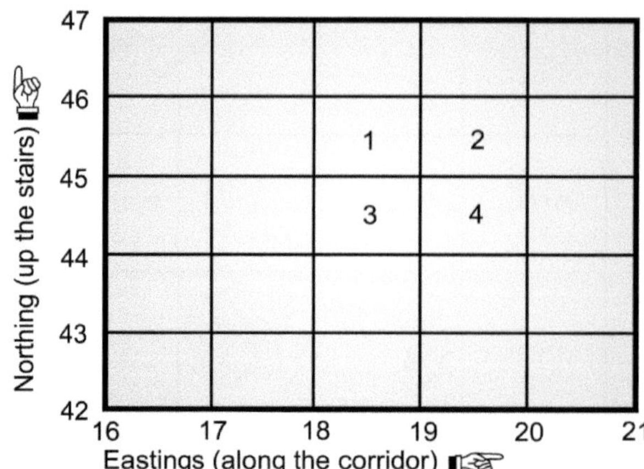

Give the reference of number 4 from the given four-figure grid.

1. 1944
2. 4149
3. 4520
4. 4420

Question 7

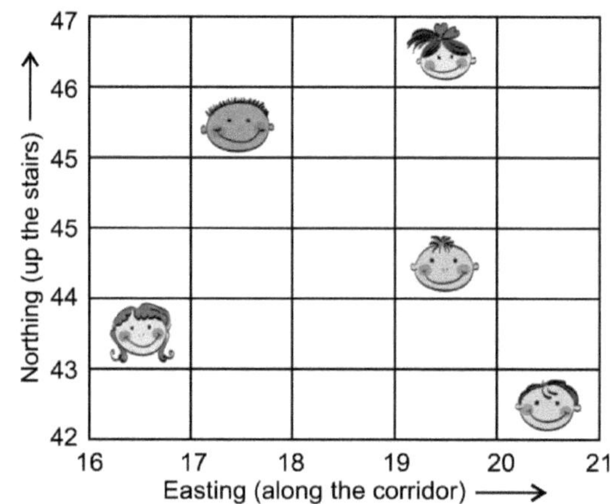

Give the direction of the girl in pony from the girl in braids.

1. North-east
2. North-west
3. South-east
4. South-west

Question 8

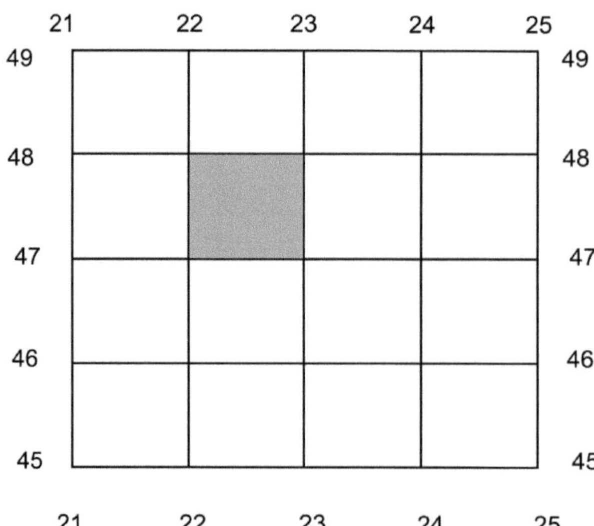

What is the four-figure grid reference of the square shaded in the grid above?

1. 2147
2. 4722
3. 2247
4. 4721

Question 9

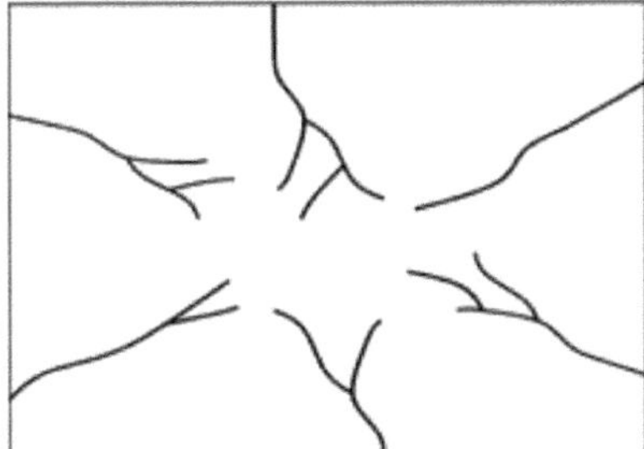

Identify the drainage pattern in the above figure.

1. Trellis 　　　2. Dendritic 　　　3. Radial 　　　4. Disappearing

Question 10

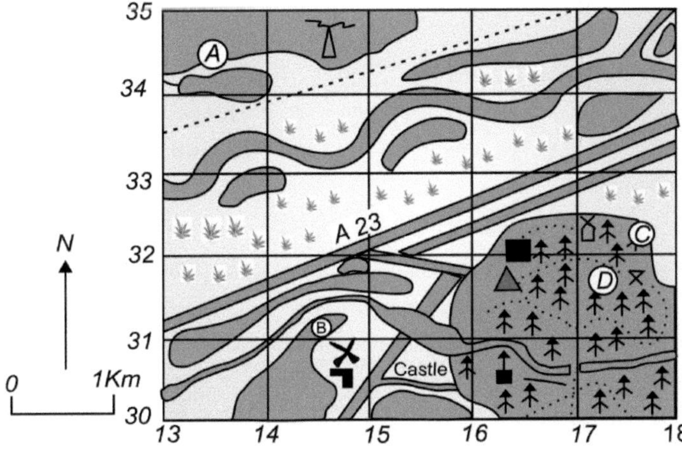

What is four figure grid reference of the letter D?

1. 3117 　　　2 1733 　　　3. 1731 　　　4. 1832

SECTION B (30 MARKS)
(Choose the correct answer)

Question 11

The Indian monsoon is marked by a seasonal shift caused by –

1. Differential heating of land and sea 　　　2. Cold wind of central Asia
3. Great uniformity of temperature 　　　4. None of these

Question 12

In which of the following states is black soil found?

1. Gujarat 　　　2. Jammu and Kashmir 　　3. Rajasthan 　　　4. Haryana

Question 13

East India is mainly covered by:

1. Tropical deciduous forest 　　　2. Tropical evergreen forest
3. Tropical thorn forest 　　　4. None of these

Question 14

The total renewable water resources of India estimated at ____________ square kilometres.

1. 1897 　　　2. 1597 　　　3. 1697 　　　4. 1787

Question 15

As the distance from the sea increases, a _____type of climate is experienced.

1. Coastal 　　　2. Continental 　　　3. Humid 　　　4. Damp

Question 16

What is the other name of Tropical Deciduous Forests?

1. Rain Forests 　　　2. Tidal Forests 　　　3. Monsoon Forests 　　　4. Mixed Forests

Question 17

What leads to falling of groundwater level in agricultural irrigation farming?
1. Increase usage of canal irrigation
2. Water diverting directly from rivers
3. Increase of wells and tube wells in farms for irrigation
4. Rainwater harvesting

Question 18

The denudation of soil cover and washing down is known as ____________
1. Soil conservation   2. Soil depositing   3. Soil erosion   4. Soil pollution

Question 19

____________ denotes to the seasonal reversal in wind direction during the year.
1. Coastal   2. Monsoon   3. Winter   4. Autumn

Question 20

The climate of India is strongly influenced by ____________.
1. The monsoon winds   2. Hot winds
3. Rivers of India   4. Winter winds

Question 21

The most widespread forest in India are:
1. Tropical evergreen   2. Tropical thorn   3. Tropical deciduous   4. Mangrove

Question 22

Which of the following is not a method for water conservation?
1. Rainwater harvesting   2. Groundwater extraction
3. Improving irrigation efficiency   4. Avoiding water wastage

Question 23

Study the map given below and answer the following questions:

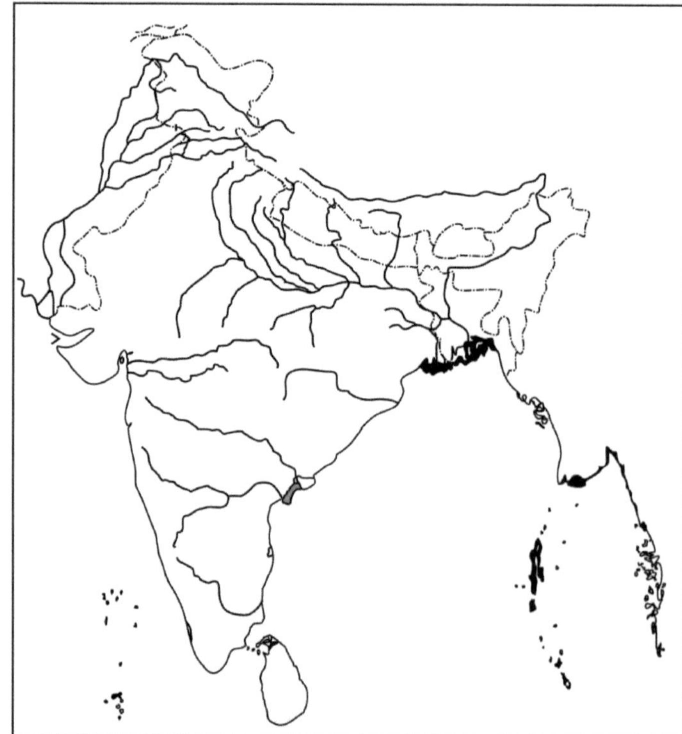

(a) Which type of vegetation is found in the shaded region?
1. Tidal Forests   2. Mountain Forests
3. Tropical Deciduous Forests   4. Tropical Rain Forests

(b) Which of the following trees is commonly found in this type of vegetation?

    1. Shisham
    2. Sandalwood
    3. Keora
    4. Khair

Question 24

The monsoon is experienced in the tropical area roughly between_____.

    1. 10°N and 10°S
    2. 40°N and 40°S
    3. 20°N and 20°S
    4. 50°N and 50°S

Question 25

Which of the following is not a component of soil?

    1. Mineral acid
    2. Mineral
    3. Organic matter
    4. Humus

Question 26

Cinchona trees are found in the areas of rainfall more than:

    1. 70 cm
    2. 100 cm
    3. 150 cm
    4. 25 cm

Question 27

Give reasons for the following

(a) North-western part of India receives rainfall during winters.

    1. Due to Cyclonic depression
    2. Due to Western disturbances
    3. Because of Retreating monsoon
    4. Because of South-West Monsoon

(b) Pune receives lesser rainfall than Mumbai.

    1. Mumbai receives rainfall because of Western disturbances.
    2. Pune is located on the leeward side of the Western Ghats.
    3. Distance from the sea is more from Pune.
    4. All of the above

Question 28

Extensive planting of trees to increase cover is called_______________ .

    1. Afforestation
    2. Agroforestation
    3. Deforestation
    4. Social forestry

Question 29

As altitude decreases, temperature ______.

    1. decrease
    2. constant
    3. increases
    4. remains same

Question 30

Shelter belts are created in __________.

    1. Hilly areas
    2. Coastal plains
    3. Desert regions
    4. Plateau regions

Question 31

Sprinkler irrigation is practiced in arid and semi-arid regions as:

    1. It can be used for all types of crops.
    2. It is cheap and easy to install.
    3. It requires simple machinery.
    4. It reduces loss of water due to evaporation and seepage.

Question 32

Which of the following is not the procedure of soil conservation?

    1. Mulching
    2. Leaching
    3. Terrace farming
    4. Shelter belts

Question 33

The Gir forest is the habitat of the:

    1. Camel
    2. Lion
    3. Rhino
    4. Tiger

Question 34

What are the two main types of drip irrigation methods?

    1. Surface and subsurface
    2. Under and subsurface
    3. Top and surface
    4. Top and under

Question 35

Match the following:

1.	Irrigation method	a.	Crop rotation
2.	Natural vegetation	b.	Tropical deciduous
3.	Soil conservation	c.	Alluvial, red soil
4.	Types of soil	d.	Drip

1. 1-c,2-a,3-d,4-b   2. 1-b,2-c,3-a,4-d   3. 1-d,2-b,3-a,4-c   4. 1-a,2-d,3-c,4-b

1. 2. 2145
2. 3. Dendritic
3. 2. 0209
4. 1. 2445
5. 2. 1844
6. 1. 1944
7. 1. North-east
8. 3. 2247
9. 3. Radial
10. 3. 1731
11. 1. Differential heating of land and sea
12. 1. Gujarat
13. 2. Tropical evergreen forest
14. 1. 1897
15. 2. Continental
16. 3. Monsoon Forests
17. 3. Increase of wells and tube wells in farms for irrigation
18. 3. Soil erosion
19. 2. Monsoon

20. 1. The monsoon winds
21. 3. Tropical deciduous
22. 2. Groundwater extraction
23. a. 1. Tidal forests
    b. 3. Keora
24. 3. 20°N and 20°S
25. 1. Mineral acid
26. 2. 100 cm
27. (a) 2. Western disturbances
    (b) 2. It is located on the leeward side of the Western Ghats
28. 1. Afforestation
29. 3. increases
30. 3. Desert regions
31. 4. It reduces loss of water due to evaporation and seepage.
32. 2. Leaching
33. 2. Lion
34. 1. Surface and subsurface
35. 3. 1-d,2-b,3-a,4-c

❑❑

Mathematics

Specimen Question Paper

Mathematics

Maximum Marks: 40
Time allowed: One and a half hours (inclusive of reading time)

Questions

Section A [16 Marks]   [16 × 1]

1. If matrix A is of order 3 × 2 and matrix B is of order 2 × 2 then the matrix AB is of order:

   (a) 3 × 2   (b) 3 × 1   (c) 2 × 3   (d) 1 × 3

2. The percentage share of SGST of total GST for an Intra-State sale of an article is:

   (a) 25%   (b) 50%   (c) 75%   (d) 100%

3. ABCD is a trapezium with AB parallel to DC. Then the triangle similar to $\triangle$AOB is:

   (a) $\triangle$ADB   (b) $\triangle$ACB   (c) $\triangle$COD   (d) $\triangle$COB

4. The mean proportion between 9 and 16 is:

   (a) 25   (b) 144   (c) 7   (d) 12

5. A man deposited ₹ 500 per month for 6 months and received ₹ 3300 as the maturity value. The interest received by him is:

   (a) 1950   (b) 300   (c) 2800   (d) none of these

6. The solution set representing the following number line is:

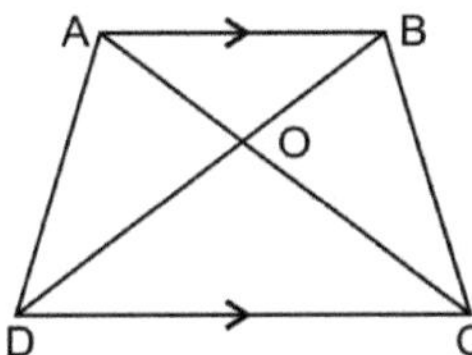

   (a) $\{x : x \in R, -3 \le x < 2\}$ (b) $\{x : x \in R, -3 < x < 2\}$ (c) $\{x : x \in R, -3 < x \le 2\}$ (d) $\{x : x \in R, -3 \le x \le 2\}$

7. The first three terms of an arithmetic progression (A. P.) are 1, 9, 17, then the next two terms are:

   (a) 25 and 35   (b) 27 and 37

   (c) 25 and 33   (d) none of these

8. If $\triangle ABC \sim \triangle QRP$ then the correspnoding proportional sides are:

   (a) $\dfrac{AB}{QR} = \dfrac{BC}{RP}$ (b) $\dfrac{AC}{QR} = \dfrac{BC}{RP}$

   (c) $\dfrac{AB}{QR} = \dfrac{BC}{QP}$ (d) $\dfrac{AB}{PQ} = \dfrac{BC}{RP}$

9. If $x \in W$, then the solution set of the inequation $-x > -7$, is:

   (a) $\{8, 9, 10 \ldots\}$ (b) $\{0, 1, 2, 3, 4, 5, 6\}$ (c) $\{0, 1, 2, 3 \ldots\}$ (d) $\{-8, -9, -10 \ldots\}$

10. The roots of the quadratic equation $4x^2 - 7x + 2 = 0$ are 1.390, 0.359. The roots correct to 2 significant figures are:

    (a) 1.39 and 0.36   (b) 1.3 and 0.35   (c) 1.4 and 0.36   (d) 1.390 and 0.360

11. 1.5, 3, x and 8 are in proportion, then x is equal to:

    (a) 6   (b) 4   (c) 4.5   (d) 16

12. If a polynomial $2x^2 - 7x - 1$ is divided by $(x + 3)$, then the remainder is:

    (a) -4 (b) 38   (c) -3 (d) 2

13. If 73 is the nth term of the arithmetic progression 3, 8, 13, 18 …, then 'n' is:

    (a) 13   (b) 14   (c) 15   (d) 16

14. The roots of the quadratic equation $x^2 + 2x + 1 = 0$ are:

    (a) Real and distinct   (b) Real and equal   (c) Distinct   (d) Not real/ imaginary

15. Which of the following statement is not true?

    (a) All identity matrices are square matrix

    (b) All null matrices are square matrix

    (c) For a square matrix number of rows is equal to the number of columns

    (d) A square matrix all of whose elements except those in the leading diagonal are zero is the diagonal matrix

16. If $(x - 2)$ is a factor of the polynomial $x^3 + 2x^2 - 13x + k$, then 'k' is equal to

    (a) -10 (b) 26   (c) -26 (d) 10

Section B [12 Marks]   [6 × 2]

17. A man deposited ₹1200 in a recurring deposit account for 1 year at 5% per annum simple interest. The interest earned by him on maturity is:

    (a) 14790   (b) 390   (c) 4680   (d) 780

18. If $x^2 - 4$ is a factor of polynomial $x^3 + x^2 - 4x - 4$, then its factors are:

    (a) $(x - 2)(x + 2)(x + 1)$ (b) $(x - 2)(x + 2)(x - 1)$ (c) $(x - 2)(x - 2)(x + 1)$ (d) $(x - 2)(x - 2)(x - 1)$

19. The following bill shows the GST rates and the marked price of articles A and B:

BILL : GENERAL STORE		
Articles	Marked price	Rate of GST
A	₹300	12%
B	₹1200	5%

    The total amount to be paid for the above bill is:

    (a) 1548   (b) 1596   (c) 1560   (d) 1536

20. The solution set for the linear inequation $-8 \le x - 7 < -4$, $x \in I$ is:

    (a) $\{x : x \in R, -1 \le x < 3\}$ (b) $\{0, 1, 2, 3\}$ (c) $\{-1, 0, 1, 2, 3\}$ (d) $\{-1, 0, 1, 2\}$

21. If $\dfrac{5a}{7b} = \dfrac{4c}{3d}$, then by Componendo and dividendo:

(a) $\dfrac{5a+7b}{5a-7b}=\dfrac{4c-3d}{4c+3d}$ (b) $\dfrac{5a-7b}{5a+7b}=\dfrac{4c+3d}{4c-3d}$ (c) $\dfrac{5a+7b}{5a-7b}=\dfrac{4c+3d}{4c-3d}$ (d) $\dfrac{5a+7b}{5a+7b}=\dfrac{4c-3d}{4c-3d}$

22. If $A = \begin{bmatrix} 2 & 0 \\ -1 & 7 \end{bmatrix}$ then A^2 is:

(a) $\begin{bmatrix} 4 & 0 \\ 1 & 49 \end{bmatrix}$ (b) $\begin{bmatrix} 4 & 0 \\ -9 & 49 \end{bmatrix}$ (c) $\begin{bmatrix} 4 & 0 \\ 9 & 49 \end{bmatrix}$ (d) $\begin{bmatrix} 1 & 9 \\ -9 & 48 \end{bmatrix}$

Section C [12 Marks]   [3 × 4]

23. The distance between station A and B by road is 240 km and by train it is 300 km. A car starts from station A with a speed x km/hr whereas a train starts from station B with a speed 20km/hr more than the speed of the car.

(i) The time taken by car to reach station B is:

(a) $\dfrac{240}{x}$ (b) $\dfrac{300}{x}$

(c) $\dfrac{20}{x}$ (d) $\dfrac{300}{x+20}$

(ii) The time taken by car to reach station A is:

(a) $\dfrac{240}{x}$ (b) $\dfrac{300}{x}$

(c) $\dfrac{20}{x}$ (d) $\dfrac{300}{x+20}$

(iii) If the time taken by train is 1 hour less than that taken by the car, then the quadratic equation formed is:

(a) $x^2 + 80x - 6000 = 0$ (b) $x^2 + 80x - 4800 = 0$ (c) $x^2 + 240x - 1600 = 0$ (d) $x^2 - 80x + 4800 = 0$

(iv) The speed of the car is:

(a) 60 km/hr   (b) 120 km/hr   (c) 40 km/hr   (d) 80 km/hr

24. In the given triangle PQR, AB || QR, QP || CB and AR intersects CB at O.

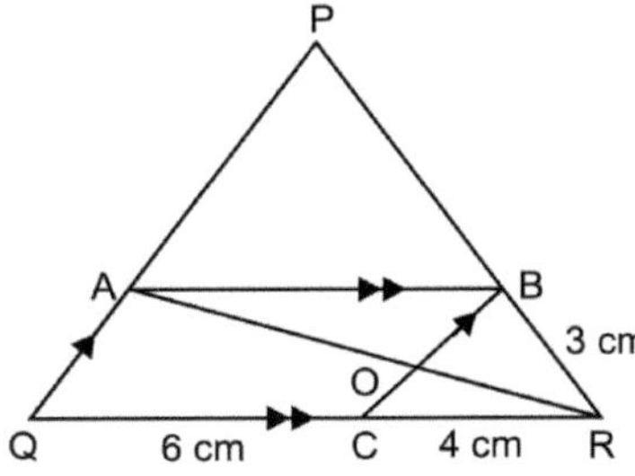

Using the given diagram answer the following question:

(i) The triangle similar to ΔARQ is:

(a) ΔORC   (b) ΔARP   (c) ΔOBR   (d) ΔQRP

(ii) ΔPQR ~ ΔBCR by axiom:

(a) SAS   (b) AAA   (c) SSS   (d) AAS

(iii) If QC = 6 cm, CR = 4 cm, BR = 3 cm. The length of RP is:

(a) 4.5 cm   (b) 8 cm   (c) 7.5 cm   (d) 5 cm

(iv) The ratio PQ : BC is:

(a) 2 : 3   (b) 3 : 2   (c) 5 : 2   (d) 2 : 5

25. The nth term of an arithmetic progression (A.P.) is $(3n + 1)$:

  (i) The first three terms of this A. P. are:

      (a) 5, 6, 7   (b) 3, 6, 9   (c) 1, 4, 7   (d) 4, 7, 10

  (ii) The common difference of the A.P. is:

      (a) 3   (b) 1   (c) – 3   (d) 2

(iii) Which of the following is not a term of this A.P.?

      (a) 25   (b) 27   (c) 28   (d) 31

(iv) Sum of the first 10 terms of this A.P. is:

      (a) 350   (b) 175   (c) – 95   (d) 70

Answers

1. (a) 3×2

Explanation :

If the order of matrix A is $m \times n$ and the order of matrix B is $n \times p$ then the order of the product AB will be $m \times p$ i.e., number of rows of first matrix X number of columns of second matrix.

$$A_{m \times n} \times B_{n \times p} = C_{m \times p}$$

2. (b) 50%

Explanation :

In the case of intra-state supply of goods and services tax is shared equally by the central government as CGST and by the state government as SGST.

3. (c) ΔCOD

Explanation :

Given, ABCD is a trapezium in which AB || CD.

In ΔAOB and ΔCOD,

$$\angle AOB = \angle COD \qquad \text{(Vertically opposite angles)}$$
$$\angle OAB = \angle OCD \qquad \text{(Alternate angles)}$$
$$\therefore \quad \Delta AOB \sim \Delta COD \qquad \text{(By AA similarity)}$$

4. (d) 12

Explanation :

Let the mean proportion between 9 and 16 is x.

$$\Rightarrow \qquad 9 : x = x : 16$$
$$\Rightarrow \qquad x \times x = 9 \times 16$$
$$\Rightarrow \qquad x^2 = 144$$
$$\Rightarrow \qquad x = 12.$$

5. (b) 300

Explanation :

$$\text{Monthly deposit} = ₹500$$
$$\text{Period} = 6 \text{ months}$$
$$\text{Total money} = 500 \times 6 = ₹3,000$$
$$\text{Interest received by him} = \text{Maturity value} - \text{Total money}$$
$$= 3,300 - 3,000$$
$$= ₹300.$$

6. (a) $\{x : x \in R - 3 \leq x < 2\}$

Explanation :

We can oberve from the number line that shaded region is bounded closed at -3 and open at 2. So, values included in the solution set will be $\{-3, -2, -1, 0, 1\}$.

7. (c) 25 and 33

Explanation :

Given A.P. is 1, 9, 17.

From this, we get

$$a = 1 \text{ and } d = 9 - 1 = 8$$

We have to find 4th and 5th term.

$\therefore$ $\qquad\qquad a_4 = a + 3d \text{ and } a_5 = a + 4d$

$\Rightarrow$ $\qquad\qquad a_4 = 1 + 3 \times 8 \text{ and } a_5 = 1 + 4 \times 8$

$\Rightarrow$ $\qquad\qquad a_4 = 25 \text{ and } a_5 = 33.$

8. (a) $\dfrac{AB}{QR} = \dfrac{BC}{RP}$

Explanation :

Given $\qquad\qquad \triangle ABC \sim \triangle QRP$

$\Rightarrow$ $\qquad\qquad \dfrac{AB}{QR} = \dfrac{BC}{RP} = \dfrac{CA}{PQ}$

9. (b) $\{0, 1, 2, 3, 4, 5, 6\}$

Explanation :

Given inequation is $-x > -7$

or $\qquad\qquad\qquad x < 7$

So, solution set is $\{0, 1, 2, 3, 4, 5, 6\}$.

10. (c) $1 \cdot 4$ and $0 \cdot 36$

Explanation :

Given roots are $1 \cdot 390$, $0 \cdot 359$.

So, change them into two significant figures.

$\therefore$ $\qquad\qquad 1 \cdot 390 = 1 \cdot 39 = 1 \cdot 4$

and $\qquad\qquad 0 \cdot 359 = 0 \cdot 36.$

11. (b) 4

Explanation :

Given $1 \cdot 5$, 3, x, 8 are in proportion.

We know $\qquad$ product of extreams = product of means

$\therefore$ $\qquad\qquad 1 \cdot 5 \times 8 = 3 \times x$

$\Rightarrow$ $\qquad\qquad x = \dfrac{1 \cdot 5 \times 8}{3}$

$\Rightarrow$ $\qquad\qquad x = 4.$

12. (b) 38

Explanation :

Let $\qquad\qquad f(x) = 2x^2 - 7x - 1$

and $f(x)$ is divided by $(x + 3)$ so remainder is given by

$$f(-3) = 2(-3)^2 - 7 \times (-3) - 1$$
$$= 2 \times 9 + 21 - 1$$
$$= 38.$$

13. (c) 15

Explanation :

Given, A.P. is 3, 8, 13, 18, …

So, first term, $a = 3$

common difference, $d = 8 - 3 = 5$

Now n^{th} term, $a_n = 73$

$a + (n - 1)d = 73$

$\Rightarrow$ $3 + (n - 1)5 = 73$

$\Rightarrow$ $n - 1 = 14$

$\Rightarrow$ $n = 15.$

14. (b) Real and equal

Explanation :

To find nature of the roots of the quadratic equation, we have to find the discriminant.

$\therefore$ $D = b^2 - 4ac$

Given, $x^2 + 2x + 1 = 0$

From this, we get $a = 1, b = 2, c = 1$

$\Rightarrow$ $D = (2)^2 - 4 \times 1 \times 1 = 4 - 4 = 0$

So, roots are real and equal.

15. (b) All null matrices are square matrix

Explanation :

A null matrix can be a row, column, square and a rectangle matrix.

16. (d) 10

Explanation :

Let $f(x) = x^3 + 2x^2 - 13x + k$

Given, $(x - 2)$ is a factor of $f(x)$.

$\Rightarrow$ $x - 2 = 0$

$\Rightarrow$ $x = 2$

$\therefore$ $f(2) = 0$

$(2)^3 + 2(2)^2 - 13 \times 2 + k = 0$

$8 + 8 - 26 + k = 0$

$k = 10.$

17. (d) ₹ 780

Explanation :

Amount deposite (P) = ₹ 1,200

Period $(n) = 1$ year $= 12$ months

Rate of interest $(r) = 5\%$

We know $\text{S.I.} = P \times \dfrac{n(n+1)}{2 \times 12} \times \dfrac{r}{100}$

$= 1{,}200 \times \dfrac{12 \times 13}{2 \times 12} \times \dfrac{5}{100}$

$\text{S.I.} = ₹ 780.$

18. (a) $(x - 2)(x + 2)(x + 1)$

Explanation :

Let $p(x) = x^3 + x^2 - 4x - 4$

and $x^2 - 4$ is a factor of $p(x)$, then $p(x)$ will be divided by $x^2 - 4$ to find other factors.

$$\begin{array}{r} x+1 \\ x^2-4\overline{)\,x^3+x^2-4x-4} \\ \underline{x^3-4x} \\ -+ \\ \hline x^2-4 \\ x^2-4 \\ \underline{-+} \\ \times \end{array}$$

So, $\qquad p(x) = (x^2 - 4)\,(x + 1)$

$\qquad\qquad\qquad = (x - 2)\,(x + 2)\,(x + 1).$

19. (b) ₹1,596

Explanation :

Articles	Marked Price	Rate of GST	GST (in ₹)
A	₹300	12%	12% of 300 = 36
B	₹1,200	5%	5% of 1,200 = 60

Selling price of Article A = Marked price + GST

$\qquad\qquad = 300 + 36 = ₹\ 336$

Selling price of Article B $= 1{,}200 + 60$

$\qquad\qquad = ₹\ 1{,}260$

Total amount to be paid $= 336 + 1{,}260$

$\qquad\qquad = ₹\ 1{,}596.$

20. (d) $\{-1, 0, 1, 2\}$

Explanation :

Given linear inequation

$$-8 \le x - 7 < -4,\ x \in I$$
$$-8 + 7 \le x - 7 + 7 < -4 + 7 \qquad\qquad \text{(On adding 7)}$$
$$-1 \le x < 3$$

So, solutiion set will be $\{-1, 0, 1, 2\}$.

21. (c) $\dfrac{5a + 7b}{5a - 7b} = \dfrac{4c + 3d}{4c - 3d}$

Explanation :

Given $\qquad\qquad \dfrac{5a}{7b} = \dfrac{4c}{3d}$

Using compounds and dividendo, we get

$$\frac{5a + 7b}{5a - 7b} = \frac{4c + 3d}{4c - 3d}$$

22. (b) $\begin{bmatrix} 4 & 0 \\ -9 & 49 \end{bmatrix}$

Explanation :

Given $\qquad\qquad A = \begin{bmatrix} 2 & 0 \\ -1 & 7 \end{bmatrix}$

$\therefore \qquad\qquad A^2 = A \cdot A$

$$= \begin{bmatrix} 2 & 0 \\ -1 & 7 \end{bmatrix}\begin{bmatrix} 2 & 0 \\ -1 & 7 \end{bmatrix}$$

$$= \begin{bmatrix} 2\times2 & 0 \\ -2-7 & 49 \end{bmatrix}$$

$$= \begin{bmatrix} 4 & 0 \\ -9 & 49 \end{bmatrix}$$

23. (i) (a) $\dfrac{240}{x}$

    Explanation :

Distance between A to B = 240 km

Speed of car = x km/hr

$\therefore$ Time taken to reach station B, $T_1 = \dfrac{\text{Distance}}{\text{Speed}} = \dfrac{240}{x}$

(ii) (d) $\dfrac{300}{x+20}$

    Explanation :

Distance between A to B = 300 km

Speed of the train = $x + 20$ = (as per question)

Time taken by train to reach station A,

$$T_2 = \dfrac{\text{Distance}}{\text{Speed}} = \dfrac{300}{x+20}$$

(iii) (b) $x^2 + 80x - 4800 = 0$

    Explanation :

According to question,

$$T_2 - T_1 = 1$$

$$\dfrac{240}{x} - \dfrac{300}{x+20} = 1 \qquad \text{[from (i) and (ii)]}$$

$$\dfrac{240x + 4800 - 300x}{x(x+20)} = 1$$

$$-60x + 4800 = x^2 + 20x$$

$$x^2 + 80x - 4800 = 0.$$

(iv) 40 km/hr

    Explanation :

From part (iii), we have

$$x^2 + 80x - 4800 = 0$$

$$\Rightarrow \qquad x^2 + 120x - 40x - 4800 = 0$$

$$\Rightarrow \qquad x(x + 120) - 40(x + 120) = 0$$

$$\Rightarrow \qquad (x - 40)(x + 120) = 0$$

$$\therefore \qquad x = 40, -120$$

Speed can't be negative.

So, $\qquad x = 40.$

24. (i) (a) $\triangle ORC$

    Explanation :

    In $\triangle ARQ$ and $\triangle ORC$,

$$\angle AQR = \angle OCR \qquad (\because AQ \mid\mid OC)$$
$$(\text{Corresponding angles})$$
$$\angle ARQ = \angle ORC \qquad (\text{Common angle})$$
$$\therefore \quad \triangle ARQ \sim \triangle ORC \qquad (\text{By AA similarity rule})$$

(ii) (b) AAA

    Explanation :

    In $\triangle QPR$ and $\triangle BCR$,

$$BC \mid\mid PQ$$
$$\therefore \quad \angle RPQ = \angle RBC \qquad (\text{Corresponding angles})$$
$$\text{and} \quad \angle PRQ = \angle BRC \qquad (\text{Common angle})$$
$$\angle RQP = \angle RCB \qquad (\text{Corresponding angles})$$
$$\therefore \quad \triangle PQR \sim \triangle BCR \qquad (\text{By AAA similarity rule})$$

(iii) (c) 7.5 cm

    Explanation :

    Given, $\qquad QC = 6$ cm, $CR = 4$ cm, $BR = 3$ cm

    We know, In $\triangle PQR \qquad BC \mid\mid PQ$

$$\therefore \quad \frac{RC}{RQ} = \frac{RB}{RP} = \frac{BC}{PQ}$$

$$\Rightarrow \quad \frac{RC}{RC+QC} = \frac{RB}{RP}$$

$$\Rightarrow \quad \frac{4}{4+6} = \frac{3}{RP}$$

$$\Rightarrow \quad RP = \frac{30}{4} = 7{\cdot}5 \text{ cm}$$

(iv) (c) 5 : 2

    Explanation :

    From part (iii), we have

$$\frac{RC}{RQ} = \frac{BC}{PQ}$$

$$\frac{4}{10} = \frac{BC}{PQ}$$

$$\frac{PQ}{BC} = \frac{10}{4} = \frac{5}{2}$$

$$PQ : BC = 5 : 2.$$

25. (i) (d) 4, 7, 10

    Explanation :

    Given $\qquad n^{\text{th}}$ term, $a_n = 3n + 1$

    For $\qquad$ first term, $n = 1$

$$\Rightarrow \quad a_1 = 3 \times 1 + 1 = 4$$

    For $\qquad$ second, term, $n = 2$

$$\Rightarrow \qquad a_2 = 3 \times 2 + 1$$
$$= 7$$

For   therm term, $n = 3$

$$\Rightarrow \qquad a_3 = 3 \times 3 + 1$$
$$= 10$$

So, first three terms are 4, 7, 10.

(ii) (a) 3

Explanation :

For part (i), we have first three terms of the sequence *i.e.*, 4, 7, 10.

So,   common difference $= 7 - 4$
$$= 3.$$

(iii) (b) 27

Explanation :

From part (i) and (ii), we have sequence as 4, 7, 10 and common diference, $d = 3$.

So,
$$T_4 = T_3 + 3 = 10 + 3 = 13$$
$$T_5 = T_4 + 3 = 13 + 3 = 16$$
$$T_6 = T_5 + 3 = 16 + 3 = 19$$
$$T_7 = T_6 + 3 = 22$$
$$T_8 = T_7 + 3 = 25$$
$$T_9 = T_8 + 3 = 28$$
$$T_{10} = T_9 + 3 = 31$$

We clearly see that 27 is not the part of the above A.P.

(iv) (b) 175

Explanation :

We know
$$S_n = \frac{n}{2}[2a + (n - 1)d]$$

$$S_{10} = \frac{10}{2}[2 \times 4 + (10 - 1)3] \qquad \text{[from part (i) and (ii)]}$$

$$= 5[8 + 27]$$
$$= 5 \times 35$$
$$= 175.$$

❏❏

Sample Paper

Mathematics

 **Questions**

SECTION A

1. If the equation $x^2 + 6x + p = 0$ has real and distinct roots, then:
   (a) $p < 9$ (b) $p > 9$ (c) $p \leq 9$ (d) $p \geq 9$

2. If the fifth term of an A.P. is 16 and the ninth term is 28, then the 12th term is:
   (a) 34   (b) 37   (c) 35   (d) 36

3. A sum of money is divided between P and Q in the ratio 3 : 7. If Q's share is ₹ 5,215, then P's share is:
   (a) ₹ 2,230   (b) ₹ 3,235   (c) ₹ 2,235   (d) ₹ 3230

4. If $x \in$ N, the solution set of inequation $4x - 2 \leq x + 16$ is:
   (a) {1, 2, 3, 4, 5}   (b) {1, 2, 3, 4, 5, 6, 7}   (c) {1, 2, 3, 4, 5, 6, 7, 8, 9}   (d) {1, 2, 3, 4, 5, 6}

5. If the roots of the quadratic equation $2kx^2 + (2a + b)x - ab = 0$ are $(-2, a)$, the value of k is:
   (a) -1 (b) -2 (c) 1   (d) 2

6. The sum of the first twelve terms of an A.P. is three times the sum of the first six terms, then the ratio of the first term to the common difference is:
   (a) 7 : 2   (b) 2 : 7   (c) 3 : 5   (d) 1 : 7

7. If the order of a matrix A is 4 x 3 and the order of the matrix B is 3 x 2 then the order of matrix AB is:
   (a) 4×2 (b) 2×4 (c) 4×3 (d) 3×2

8. The model of an aeroplane is made to a scale of 1 : 150. If the length of the model is 5 m, then the length of the plane is:
   (a) 30 m   (b) 750 m   (c) 155 m   (d) 300 m

9. Mr. Raj gets ₹ 7,688 at the end of one year at the rate of 12% per annum in a recurring deposit account. Find the monthly instalment.
   (a) ₹ 500   (b) ₹ 600   (c) ₹ 700   (d) ₹ 800

10. When $2x^3 + 2x^2 - mx + 3$ is divided by $x + 2$, the remainder is $m - 3$. The value of m is:
    (a) 3   (b) 1   (c) 2   (d) 4

11. If $\begin{bmatrix} 1 & -2 \\ 8 & x \end{bmatrix} = \begin{bmatrix} 1 & -2 \\ 8 & 6 \end{bmatrix}$, then x is equal to:

    (a) 6   (b) ± 6 (c) -6 (d) 0

12. 2.5, 5, x and 10 are in proportion. Then x is equal to:
    (a) 6   (b) 2.5   (c) 12   (d) 5

13. Richard had a R.D. account in the SBI and deposited ₹ 800 per month. If the maturity value of this account was ₹ 21,200 and the rate of interest was 10% per annum, find the time (in years) for which the account was held.
    (a) 1   (b) 2   (c) 3   (d) 4

14. Given : A = $\{x : 5x - 4 \geq 6, x \in$ R$\}$ and B = $\{x : 5 - x > 1, x \in$ R$\}$. Then, A $\cap$ B is:
    (a) $\{x : 2 \leq x < 4, x \in$ R$\}$ (b) $\{x : 2 \leq x > 4, x \in$ R$\}$ (c) $\{x : 2 \geq x < 4, x \in$ R$\}$ (d) $\{x : 2 < x < 4, x \in$ R$\}$

15. $\triangle$ABC and $\triangle$PQR are similar triangles such that area $(\triangle$ABC$) = 36$ cm^2 and area $(\triangle$PQR$) = 64$ cm^2. If AB = 4.2 cm then length of PQ is:
    (a) 5 cm   (b) 4.6 cm   (c) 5.6 cm   (d) 6 cm

16. If $(x + 2)$ is a factor of $3x^3 - x^2 - px - 4$, then the value of p is:
    (a) 14   (b) 12   (c) 10   (d) 16

SECTION B

17. Given that $A = B^2$ where $A = \begin{vmatrix} 16 & x \\ 0 & 1 \end{vmatrix}$, $B = \begin{vmatrix} 4 & 2 \\ 0 & 1 \end{vmatrix}$. Then value of x is:

    (a) 10   (b) 2   (c) 5   (d) 8

18. The solution of the given equation is:
$$\frac{2}{x^2} - \frac{5}{x} + 2 = 0$$

    (a) 2   (b) 1   (c) −2   (d) −1

19. In the given figure, $AP : PB = 2 : 3$, $PO \parallel BC$ and is extended to Q so that $CQ \parallel BA$. Then $\dfrac{\text{ar}(\triangle APO)}{\text{ar}(\triangle CQO)} =$

    (a) $2 : 5$ (b) $4 : 3$ (c) $2 : 3$ (d) $4 : 9$

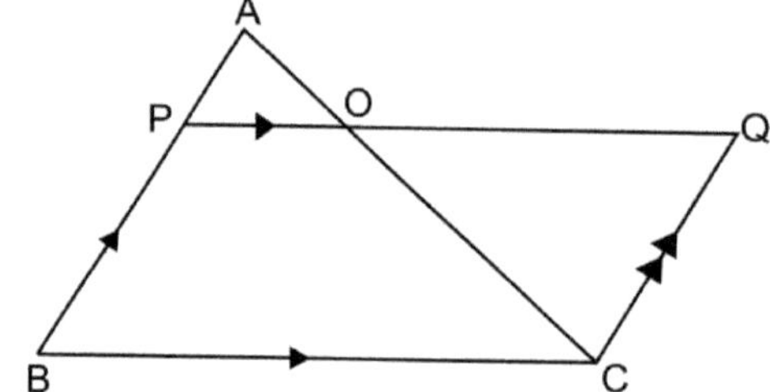

20. A shopkeeper buys a T.V from a manufacturer for ₹ 14000 and marks up it price by 20%. The shopkeeper gives a discount of 10% on the marked up price and he gives further off season discount of 5% on the balance. If the sales are intra state and the rate of GST is 14%, then find the tax paid by the shopkeeper to the state government.
    (a) ₹ 25.48   (b) ₹ 24.48   (c) ₹ 20.48   (d) ₹ 49.48

21. A two digit number is 4 times the sum of its digits and is also equal to 8 more than twice the product of its digits. The two digit number is:
    (a) 14   (b) 20   (c) 12   (d) 21

22. If the sum of n terms of an A.P. is given by $S_n = 5n^2 - 3n$, then the common difference of the A.P. is:
    (a) 7   (b) 12   (c) 8   (d) 10

SECTION C

23. Ashwin wants to buy a car and plans to take loan from a bank for his car. He repays his total loan of Rs. 1, 18, 000 by paying every month starting with the first instalment of ₹ 1,000. If he increases the instalment by ₹ 100 every month, answer the following:
    (i) The amount paid by him in 30th installment is:
         (a) ₹ 3,900   (b) ₹ 3,500   (c) ₹ 3,700   (d) ₹ 3,600
    (ii) The amount paid by him in the 30 installments is:
         (a) ₹ 37,000   (b) ₹ 73,500   (c) ₹ 75,300   (d) ₹ 75,000
    (iii) What amount does he still have to pay after 30th installment?
         (a) ₹ 45,500   (b) ₹ 49,000   (c) ₹ 44,500   (d) ₹ 54,000
    (iv) If total installments are 40, then the amount paid by him in the last installment is:
         (a) ₹ 4,900   (b) ₹ 3,900   (c) ₹ 5,900   (d) ₹ 9,400

24. Raj and Ajay are very close friends. Both the families decided to go to Ranikhet by their own cars. Raj's car travels at a speed of x km/h while Ajay's car travels 5 km/h faster than Raj's car. Raj took 4 hours more than Ajay to complete the journey of 400 km.
    (i) What will be the distance covered by Ajay's car in two hours?
         (a) $2(x + 5)$ km   (b) $(x - 5)$ km   (c) $2(x + 10)$ km   (d) $(2x + 5)$km
    (ii) Which of the following quadratic equation describe the speed of Raj's car?
         (a) $x^2 - 5x - 500 = 0$ (b) $x^2 + 4x - 400 = 0$ (c) $x^2 + 5x - 500 = 0$ (d) $x^2 - 4x + 400 = 0$

(iii) What is the speed of Raj's car?

    (a) 20 km/hour   (b) 15 km/hour   (c) 25 km/hour   (d) 10 km/hour

(iv) How much time Ajay took to travel 400 km?

    (a) 20 hour   (b) 40 hour   (c) 25 hour   (d) 16 hour

25. Consdier a ratio $x : y = 16 : 9$

  (i) The ratio $\dfrac{3x + 2y}{3x - 2y}$ is equal to:

    (a) $8 : 3$ (b) $11 : 5$ (c) $32 : 27$ (d) $9 : 7$

  (ii) The ratio $\dfrac{2x^2 + 3y^2}{2x^2 - 3y^2}$ is equal to:

    (a) $512 : 243$ (b) $247 : 193$ (c) $755 : 269$ (d) $391 : 167$

(iii) If $a : b$ is the sub duplicate ratio of $x : y$ then $a : b =$

    (a) $4 : 3$ (b) $256 : 81$ (c) $16 : 9$ (d) $18 : 11$

(iv) If m is the third proportion to 16 and 9, then m is equal to:

    (a) 12.5 (b) $\dfrac{256}{9}$ (c) 16 (d) $\dfrac{81}{16}$

Answers

1. (a) $p < 9$

  Explanation:

$$x^2 + 6x + p = 0$$

Here, $\qquad a = 1, b = 6, c = p$

For real roots, $\qquad D = b^2 - 4ac > 0$

$\Rightarrow \qquad (6)^2 - 4(1)(p) > 0$

$\Rightarrow \qquad 36 > 4p$

$\Rightarrow \qquad p > 9$

2. (b) $a_{12} = 37$

  Explanation: $\qquad a + 4d = 16 \qquad \qquad \text{...(i)}$

$\qquad a + 8d = 28 \qquad \qquad \text{...(ii)}$

Solving equations (i) and (ii), we get

$$a = 4, d = 3$$

$\therefore \qquad a_{12} = a + (n - 1)d = 4 + 11 \times 3$

$\Rightarrow \qquad a_{12} = 37$

3. (c) ₹ 2,235

  Explanation: Let the share of p be ₹ x.

Then, $\qquad \dfrac{x}{5,215} = \dfrac{3}{7} \qquad \qquad \text{[Given]}$

$\Rightarrow \qquad x = 5,215 \times \dfrac{3}{7} = 2,235$

4. (d) $\{1, 2, 3, 4, 5, 6\}$

  Explanation:

$\qquad 4x - 2 \leq x + 16, x \in N$

$\Rightarrow \qquad 4x - x \leq 16 + 2$

$\Rightarrow \qquad x \leq 6$

$\Rightarrow \qquad 3x \leq 18$

$\therefore$ Solution set is $\qquad = \{1, 2, 3, 4, 5, 6\}$

5. (a) –1

$$2kx^2 + (2a + b)x - ab = 0$$

$\because$ a is a root of this equation

$\therefore$ $$2ka^2 + 2a^2 + ab - ab = 0$$

$\Rightarrow$ $$2a^2 (k + 1) = 0 \Rightarrow k = -1$$

6. (a) $7 : 2$

Explanation: $$S_{12} = 3S_6$$

We know that sum of nth terms of an A.P. is:

$$S_n = \frac{n}{2} [2a + (n - 1)d]$$

$$\frac{12}{2} [2a + 11d] = 3 \times \frac{6}{2} [2a + 5d]$$

$$2 [2a + 11d] = 3 [2a + 5d]$$

$$4a + 22d = 6a + 15d$$

$$22d - 15d = 2a$$

$$7d = 2a$$

$$a : d = 7 : 2$$

7. (a) 4×2

Explanation: Order of A $= 4 \times 3$ and B $= 3 \times 2$

Order of AB $=$ No. of rows in A $\times$ No. of columns in B

$$= 4 \times 2$$

8. (b) 750 m

Explanation: Since, Scale $= 1 : 150$

$\therefore$ $$\frac{\text{Length of model}}{\text{Actual Length of plane}} = \frac{1}{150}$$

$\Rightarrow$ $$\frac{5}{\text{Actual length of plane}} = \frac{1}{150}$$

$\Rightarrow$ Actual length of plane $= 5 \times 150 = 750$ m

9. (b) ₹ 600

Explanation:

$$MV = P \times n + P \times \frac{n(n+1)}{2 \times 12} \times \frac{r}{100}$$

$\Rightarrow$ $$7{,}668 = P\left(12 + \frac{12 \times (12 + 1)}{2 \times 12} \times \frac{12}{100}\right)$$

$$[\because n = 1 \text{year} = 13 \text{ months}]$$

$\Rightarrow$ $$7{,}668 = P\left(12 + \frac{78}{100}\right)$$

$\Rightarrow$ $$7{,}668 = P\left(\frac{1{,}278}{100}\right)$$

$\Rightarrow$ $$P = 600$$

10. (c) 2

Explanation: $2x^3 + 2x^2 - mx + 3$ is divided by $(x + 2)$

Putting $x = -2$ in $p(x)$ we get

$$2(-2)^3 + 2(-2)^2 - m(-2) + 3 = m - 3$$

$\Rightarrow$ $$-16 + 8 + 2m + 3 = m - 3$$

$$\Rightarrow \qquad -5 + 2m = m - 3$$
$$\Rightarrow \qquad m = -3 + 5$$
$$\Rightarrow \qquad m = 2$$

11. (a) 6

Explanation: By comparing elements of equal matrices. we get,

$$x = 6$$

12. (d) 5

Explanation: If 2.5, 5, x and 10 are in proportion, then

$$2.5 \times 10 = 5 \times x$$

$$\Rightarrow \qquad x = \frac{25}{5} = 5$$

13. (b) 2

Explanation:
$$\text{M.V.} = \text{Money deposited} + \text{Interest}$$

$$= P \times \left(n + \frac{n(n+1)}{2 \times 12}\right) \times \frac{r}{100}$$

$$\Rightarrow \qquad 2,1200 = 800 \times n + 800 \times \frac{n(n+1)}{2 \times 12} \times \frac{10}{100}$$

$$\Rightarrow \qquad 2,1200 = 800n + \frac{10n^2 + 10n}{3}$$

$$\Rightarrow \qquad 63,600 = 24,00n + 10n^2 + 10n$$

$$\Rightarrow \qquad n^2 + 241n - 6,360 = 0$$

$$\Rightarrow \qquad n(n + 265) - 24(n + 265) = 0$$

$$\Rightarrow \qquad (n - 24)(n + 265) = 0$$

$$\Rightarrow \qquad n - 24 = 0 \quad \text{or} \quad n + 265 = 0$$

$$\Rightarrow \qquad n = 24 \qquad \qquad n = -265$$

$\because$ Time cannot be negative,

$$\therefore \qquad n = 12 \text{ months} = 2 \text{ years}$$

14. (a) $\{x : 2 \le x < 4, x \in R\}$

Explanation:

In set A, $5x - 4 \ge 6$;   In set B, $5 - x > 1$

$$\Rightarrow \qquad 5x \ge 10; \qquad \qquad x < 4$$

$$\Rightarrow \qquad x \ge 2; \qquad \qquad B = \{x : x < 4, x \in R\}$$

$$A = \{x : x \ge 2, x \in R\}$$

$$\therefore \qquad A \cap B = \text{Common solution of A and B}$$

$$= 2 \le x < 4$$

15. (c) 5.6 cm

Explanation: $\dfrac{\text{area}(\triangle ABC)}{\text{area}(\triangle PQR)} = \dfrac{(AB)^2}{(PQ)^2} \Rightarrow \dfrac{36}{64} = \dfrac{(4.2)^2}{PQ^2}$

$$\Rightarrow \qquad \sqrt{\frac{36}{64}} = \frac{4.2}{PQ}$$

$$\Rightarrow \qquad \frac{6}{8} = \frac{4.2}{PQ}$$

$$\Rightarrow \qquad PQ = 5.6 \text{ cm}$$

16. (d) 16

Explanation: Let $\qquad\qquad f(x) = 3x^3 - x^2 - px - 4 \qquad\qquad$ ...(i)

Since, $(x + 2)$ is a factor of $f(x)$, $\qquad f(-2) = 0$

$\Rightarrow \qquad 3(-2)^3 - (-2)^2 - p(-2) - 4 = 0$

$\Rightarrow \qquad -24 - 4 + 2p - 4 = 0$

$\Rightarrow \qquad 2p = 32$

$\Rightarrow \qquad p = 16$

17. (a) $x = 10$

Explanation: $\qquad B^2 = \begin{bmatrix} 4 & 2 \\ 0 & 1 \end{bmatrix}\begin{bmatrix} 4 & 2 \\ 0 & 1 \end{bmatrix} = \begin{bmatrix} 16 & 10 \\ 0 & 1 \end{bmatrix}$

As, $\qquad A = B^2$

$\Rightarrow \qquad \begin{bmatrix} 16 & x \\ 0 & 1 \end{bmatrix} = \begin{bmatrix} 16 & 10 \\ 0 & 1 \end{bmatrix}$

By comparing both, we get $\qquad x = 11$

18. (a) 2

Explanation: $\qquad \dfrac{2}{x^2} - \dfrac{5}{x} + 2 = 0$

$\Rightarrow \qquad \dfrac{2 - 5x + 2x^2}{x^2} = 0$

$\Rightarrow \qquad 2 - 5x + 2x^2 = 0$

$\qquad 2 - 4x - x + 2 = 0$

$\Rightarrow \qquad 2x(x - 2) - 1(x - 2) = 0$

$\Rightarrow \qquad (2x - 1)(x - 2) = 0$

$\Rightarrow \qquad x = \dfrac{1}{2}, 2$

19. (d) $4 : 9$

Explanation: In quadritateral PQCB, PQ | | QC and PQ | | BC

$\therefore$ PQCB is a parallelogram

$\therefore \qquad\qquad\qquad PB = QC \qquad\qquad\qquad ....(i)$

Now, in $\triangle APO$ and CQO,

$\qquad\qquad \angle AOP = \angle QOC \qquad$ [Vertically opposite agnles]

$\qquad\qquad \angle APO = \angle OQC \qquad$ [Alternate angles]

$\therefore \qquad\qquad \triangle AOP \sim \triangle COQ$

$\therefore \qquad \dfrac{ar(\triangle AOP)}{ar(\triangle COQ)} = \left(\dfrac{AP}{QC}\right)^2 = \left(\dfrac{AP}{PB}\right)^2 \qquad$ [Using (i)]

$\qquad\qquad\qquad = \left(\dfrac{2}{3}\right)^2 = \dfrac{4}{9}$

20. (a) ₹ 25.48

Explanation: $\qquad$ C.P. = ₹ 14,000 $\quad$ M.P. = $\dfrac{14,000 \times (100 + 20)}{100}$

$\qquad\qquad\qquad = ₹ 16,800$

S.P. after discount = M.P. $\times \dfrac{(100 - 10)}{100} \times \dfrac{100 - 5}{100}$

$\qquad\qquad\qquad = 16,800 \times \dfrac{90}{100} \times \dfrac{95}{100}$

$\qquad\qquad\qquad = ₹ 14,364$

Net G.S.T. paid by shopkeeper to state Govt. (SGST)

$\qquad\qquad\qquad$ = Output SGST – Input SGST

$\qquad\qquad\qquad$ = SGST on S.P. – SGST on C.P.

$\qquad\qquad\qquad$ = 7% of 14,360 – 7% of 14,000

$$= 7\% \text{ of } (14{,}364 - 14{,}000)$$

$$= \frac{7}{100} \times 364 = ₹\ 25.48$$

21. (c) 12

Explanation: Let the two digit be x and y.

$\therefore$ Two digit number is $10x + y$

Then,

$$10x + y = 4(x + y)$$
$$\Rightarrow \qquad 10x + y = 4x + 4y$$
$$\Rightarrow \qquad 2x = y$$

Also,

$$10x + y = 8 + 2xy$$
$$\Rightarrow \qquad 10x + 2x = 8 + 2x(2x) \qquad \text{[Using (i)]}$$
$$\Rightarrow \qquad 12x = 8 + 4x^2$$
$$\Rightarrow \qquad 4x^2 - 12x + 8 = 0$$
$$\Rightarrow \qquad 4x^2 - 8x - 4x + 8 = 0$$
$$(x - 2)(4x - 4) = 0$$
$$\Rightarrow \qquad x = 1, 2$$

From (i),

$$y = 2x$$
$$\therefore \qquad y = 2 \text{ or } 4$$

So, the number is either 12 or 24.

22. (d) 10

Explanation:

$$S_n = 5x^2 - 3n$$

For $n = 1$,

$$S_1 = 5(1)^2 - 3(1) = 2 = a_1$$

For $n = 2$,

$$S_2 = 5(2)^2 - 3(2) = 20 - 6 = 14$$
$$a_2 = S_2 - S_1 = 14 - 2 = 12$$

Common difference $d = a_2 - a_1 = 12 - 2 = 10$.

23. (i) (a) ₹ 3,900

Explanation: It is a case of Airthmetic Progression.

$$\text{AP.} = 1{,}000,\ 1{,}100,\ 1{,}200,\ 1{,}300\ldots\ldots$$

Here, first term $(a) = 1{,}000$

and common difference $(d) = 100$

We know, $a_n = a + (n - 1)d$

So

$$(a)_{30} = 1{,}000 + (30 - 1) \times 100$$
$$= 1{,}000 + 2{,}900$$
$$= 3{,}900$$

$\therefore$ 30th installment is ₹ 3,900.

(ii) (b) ₹ 73,500

Explanation: Amound paid by him in 30 installments

$$= S_{30}$$

$$= \frac{n}{2}[2a + (n - 1)d]$$

$$= \frac{30}{2}[2 \times 1{,}000 + (30 - 1)\,100]$$

$$= 15[2{,}000 + 2{,}900]$$

$$= 73{,}500$$

(iii) (c) ₹ 44,500

Explanation: Total amount of loan $= ₹\ 1{,}18{,}000$

$$\text{Total amount paid till } 30^{th} \text{ installment} = ₹\ 73,500$$
$$\text{Remaining amount} = 1,18,000 - 73,500$$
$$= ₹\ 44,500$$

∴

(iv) (a) ₹ 4,900

Explanation: Amount paid in the last installment

$$= a_{40}$$
$$= 1,000 + (40 - 1) \times 100$$
$$= 1,000 + 39,000$$
$$= 4,900$$

24. (i) (a) $2(x + 5)$ km

Explanation: Given :
$$\text{Raj's car's speed} = x \text{ km/hour}$$
$$\text{Ajay's car' speed} = (x + 5) \text{ km/hour}$$

Let
$$\text{Total time by Raj's car} = y \text{ hours}$$
then,
$$\text{total time by Ajay's car} = (y - 4) \text{ hours}$$
We know that,

$$\text{Distance} = \text{Time} \times \text{Speed}$$

∴ Distance covered by Ajay's car in two hours

$$= 2(x + 5)$$

(ii) (c) $x^2 + 5x - 500 = 0$

Explantion: Time taken by Ajay's car to cover 400 km $(t_1) = \dfrac{400}{x + 5}$

Time taken by Raj's car to cover 400 km $(t_2) = \dfrac{400}{x}$

According to question,

$$t_2 = 4 + t_1$$
$$\Rightarrow \quad t_2 - t_1 = 4$$
$$\Rightarrow \quad \frac{400}{x} - \frac{400}{x + 5} = 4$$
$$\Rightarrow \quad \frac{100(x + 5 - x)}{x(x + 5)} = 1$$
$$\Rightarrow \quad 500 = x^2 + 5x$$
$$\Rightarrow \quad x^2 + 5x - 500 = 0$$

(iv) (a) 20 km/hour

Explanation: From (iii), we have

$$x^2 + 5x - 500 = 0$$
$$\Rightarrow \quad x^2 + 25x - 20x - 500 = 0$$
$$\Rightarrow \quad x(x + 25) - 20(x + 25) = 0$$
$$\Rightarrow \quad (x - 20)(x + 25) = 0$$
$$\Rightarrow \quad x = 20, -25$$

∵ speed cannot be negative

∴
$$x = 20$$
∴
$$\text{speed of Raj's car} = 20 \text{ km/hr.}$$

(v) (d) 16 hour

Explanation: Time taken by Ajay to travel 400 km

$$\Rightarrow \quad = \frac{\text{Distance}}{\text{Speed}} = \frac{400}{x + 5}$$

$$= \frac{400}{25} = 16$$

25. (i) (b) $11 : 5$

Explanation: Given:
$$\frac{x}{y} = \frac{16}{9}$$

$$\Rightarrow \qquad \frac{3x}{2y} = \frac{16}{9} \times \frac{3}{2} = \frac{8}{3}$$

Applying componendo and dividendo, we get

$$\frac{3x+2y}{3x-2y} = \frac{8+3}{8-3} = \frac{11}{5}$$

(ii) (c) $755 : 269$

Explanation: We have,

$$\frac{x}{y} = \frac{16}{9}$$

$$\Rightarrow \qquad \frac{x^2}{y^2} = \frac{256}{81}$$

$$\Rightarrow \qquad \frac{2x^2}{3y^2} = \frac{2 \times 256}{3 \times 81} = \frac{512}{243}$$

Applying componendo and dividendo, we get

$$\frac{2x^2+3y^2}{2x^2-3y^2} = \frac{512+243}{512-243} = \frac{755}{269}$$

(iii) (a) $4 : 3$

Explanation: Since, $a : b$ is sub-duplicate ratio of $x : y$,

$$\therefore \qquad \frac{a}{b} = \sqrt{\frac{x}{y}} = \sqrt{\frac{16}{9}} = \frac{4}{3}$$

(iv)(d) $\dfrac{81}{16}$

Since m is the third proportion of 16 and 9,

$$\therefore \qquad \frac{16}{9} = \frac{9}{x}$$

$$\Rightarrow \qquad x = \frac{81}{16}$$

❏❏

Sample Paper

Mathematics

Questions

Section A

1. If $\begin{bmatrix} x - 2y & 5 \\ 3 & y \end{bmatrix} = \begin{bmatrix} 6 & 5 \\ 3 & -2 \end{bmatrix}$ then the value of x is :

   (a) -2 (b) 0 (c) 1 (d) 2

2. The zeroes of $x^2 - 2x - 8$ are :

   (a) $2, -4$ (b) $4, -2$ (c) $-2, -2$ (d) $-4, 4$

3. Sides of two similar triangles are in the ratio $4 : 9$. Areas of these triangles are in the ratio :

   (a) $2 : 3$ (b) $4 : 9$ (c) $81 : 16$ (d) $16 : 81$

4. In triangle ABC, $\angle BAC = 90°$ and $AD \perp BC$ Such that $\angle OBA = \angle DAC$ Then :

   (a) $BD.\,CD = BC^2$ (b) $AB.\,AC = BC^2$ (c) $BD.\,CD = AD^2$ (d) $AB.\,AC = AD^2$

5. A delar is a city buys some goods worth ₹ 5,000 from the same city. If the rate of GST is 18%, then the IGST levied on it is :

   (a) ₹ 900   (b) ₹ 450

   (c) ₹ 225   (d) 0

6. 30th term of the A.P. : $10, 7, 4, \ldots$, is :

   (a) 97 (b) 77 (c) -77 (d) -87

7. What is the remainder, if we divide $6x^3 + x^2 - 2x + 4$ by $x - 2$?

   (a) 48 (b) 52 (c) -26 (d) -24

8. Nisha has a four year recurring deposit account in a bank and deposits ₹ 800 per month. If she gets ₹ 9,800 as interest, then the rate of interest is :

   (a) 10% (b) 10.5% (c) 12% (d) 12.5%

9. Which of the following is not a linear inequality ?

   (a) $ax^2 + bx + c < 0$ (b) $ax + by + c \geq 0$ (c) $ax + b < 0$ (d) $ax + by + c \leq 0$

10. If 3 times the third time of an AP. is equal to 5 times. the fifth tem, then its eight term is :

    (a) 0 (b) 1 (c) 2 (d) 3

11. If $A = \begin{bmatrix} 2 & -1 \\ 2 & 0 \end{bmatrix}$, $B = \begin{bmatrix} 1 & 0 \\ 0 & 2 \end{bmatrix}$ and $C = \begin{bmatrix} -3 & 2 \\ 4 & 0 \end{bmatrix}$ then, $AB + C =$

    (a) $\begin{bmatrix} -1 & 0 \\ 6 & 0 \end{bmatrix}$ (b) $\begin{bmatrix} 2 & -2 \\ 2 & 0 \end{bmatrix}$ (c) $\begin{bmatrix} 1 & -2 \\ 6 & 0 \end{bmatrix}$ (d) $\begin{bmatrix} -1 & 7 \\ 9 & 0 \end{bmatrix}$

12. If $(2a + 5y) : (5x - 7y) = 9 : 4$, then $x : y =$

    (a) $43 : 39$ (b) $5 : 2$ (c) $83 : 37$ (d) $11 : 7$

13. The solution of $2x - 5 \le 5x + 4 < 11,\ x \in R$ is :

    (a) $\left\{x : -3 \le x < \dfrac{7}{5},\ x \in R\right\}$ (b) $\left\{x : \dfrac{-7}{5} \le x < 3,\ x \in R\right\}$

    (c) $\left\{x : \dfrac{7}{5} \le x < 3,\ x \in R\right\}$ (d) $\left\{x : -3 \le x < -\dfrac{7}{5},\ x \in R\right\}$

14. A retailer have goods worth ₹ 10,000 and sells it to a consumer for ₹ 13,500. If the rate of GST is 18%, then the GST payable by him to the government is :

    (a) ₹ 630   (b) ₹ 243   (c) ₹ 180   (d) ₹ 423

15. Arun deposits ₹ 2,000 per month in a cumulative account for 2 years at the rate of 9% per annum. The amount received by him at the time of maturity is :

    (a) ₹ 48,000   (b) ₹ 52,500   (c) ₹ 57,625   (d) ₹ 55,500

16. If $a, 2, 10, b$ are in continued proportion, then the values of a and b, respectively are :

    (a) $1, 5$ (b) $0.4, 50$ (c) $5, 40$ (d) $2, 0.6$

SECTION B

17. If $B = \begin{bmatrix} -1 & 5 \\ 0 & 3 \end{bmatrix}$ and $A - 2B = \begin{bmatrix} 0 & 4 \\ -7 & 5 \end{bmatrix}$, then the matrix A is equal to

    (a) $\begin{bmatrix} 2 & 14 \\ -7 & 11 \end{bmatrix}$ (b) $\begin{bmatrix} -2 & 14 \\ 7 & 11 \end{bmatrix}$ (c) $\begin{bmatrix} 2 & -14 \\ 7 & 11 \end{bmatrix}$ (d) $\begin{bmatrix} -2 & 14 \\ -7 & 11 \end{bmatrix}$

18. What is the factorization of $2x^2 - 7x - 15$?

    (a) $(x + 5)(2x - 3)$ (b) $(x + 3)(2x - 5)$ (c) $(x - 5)(2x + 3)$ (d) $(x - 3)(2x - 5)$

19. Which among the following is one of the factors of $x^2 + \dfrac{x}{6} + \dfrac{1}{6}$?

    (a) $3x + 1$ (b) $2x + 1$ (c) $x - \dfrac{1}{5}$ (d) $x - \dfrac{1}{2}$

20. A train travels 360 km at a uniform speed. If the speed had been 5 km/h more, it would have taken 1 hour less for the same journey. Find the speed of the train.

    (a) 30 km/hr   (b) 40 km/hr   (c) 50 km/hr   (d) 60 km/hr

21. If the first, second and last terms of an A. P. are a, b and $2a$ respectively, its sum is :

    (a) $\dfrac{ab}{2(b - a)}$ (b) $\dfrac{ab}{b - a}$ (c) $\dfrac{3ab}{2(b - a)}$ (d) None of these.

22. The function $f(x) = bx^2 + x - 7$ has a remainder of 2, when divided by $x - 3$, find the value of b.

    (a) 2 (b) $\dfrac{2}{3}$ (c) 3 (d) $-\dfrac{3}{2}$

SECTION C

23. A group of students are working in making a safety board for school. They prepared one triangular safety board for their school with title "School Ahead" and "Drive Slow" in two parts of the triangular board as shown in below figure.

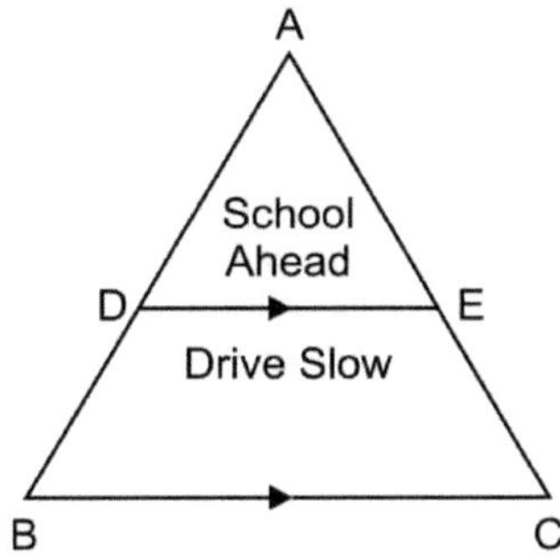

(i) If AD = 2 cm, BD = 5 cm and AE = 3 cm, then EC = ?

    (a) $\dfrac{15}{2}$ cm   (b) $\dfrac{3}{5}$ cm   (c) $\dfrac{1}{5}$ cm   (d) $\dfrac{6}{5}$ cm

(ii) Which of the following is correct?

    (a) $\triangle$ADE ~ $\triangle$ABC   (b) $\triangle$ADE $\cong$ $\triangle$ABC   (c) Both (a) & (b)   (d) None of these

(iii) If AD = 3 cm, AB = 9 cm, BC = 6 cm, then DE = ?

    (a) 4 cm   (b) 3 cm   (c) 1 cm   (d) 2 cm

(iv) If $\angle$A = 60° and $\angle$ADE = 50°, then $\angle$C = ?

    (a) 70°   (b) 75°   (c) 85°   (d) 40°

24. Vier wants to participate in a 200m race. He can currently run that distance in 51 seconds and with each day of practice it takes him 2 seconds less. He wants to do in 31 seconds :

(i) Which of the following terms are in AP. for the given situation.

    (a) 51, 53, 55   (b) 51, 49, 47   (c) – 51, – 53, – 55   (d) 51, 55, 59

(ii) Which of the following term is not in the AP of the given situation.

    (a) 41   (b) 30   (c) 37   (d) 39

(iii) It n^{th} term of an AP is given by $a_n = 2n + 3$ then the common difference of an AP is :

    (a) 2   (b) 3   (c) 5   (d) 1

(iv) The value of x; for which $2x$, $x + 10$, $3x + 2$ are three consecutive terms of an AP.

    (a) 6   (b) – 6   (c) 18   (d) – 18

25. A dealer in Lucknow buys Goods and Services worth ₹ 50,000 from Mumbai at the rate of GST 28% and then sold to a consumer in Bhopal at 20% profit, at the same rate of GST.

(i) The cost price of goods and services for the consumer in Bhopal is :

    (a) ₹ 50,500   (b) ₹ 55,000   (c) ₹ 60,500   (d) ₹ 70,400

(ii) Net tax payable by the dealer in Lucknow to the central government is :

    (a) ₹ 1,400   (b) ₹ 770   (c) ₹ 700   (d) ₹ 960

(iii) Output tax paid by dealer in Mumbai is :

    (a) ₹ 14,000   (b) ₹ 15,400   (c) ₹ 7,000   (d) ₹ 7,700

(iv) Total amount, inclusive of GST, paid by consumer in Bhopal is :

    (a) ₹ 55,000   (b) ₹ 62,700   (c) ₹ 69,000   (d) ₹ 70,400

Answers

1. (d) 2

    Explanation:

    Comparing, we get

$$\begin{bmatrix} x - 2y & 5 \\ 3 & y \end{bmatrix} = \begin{bmatrix} 6 & 5 \\ 3 & -2 \end{bmatrix}$$

$$y = -2$$

    and

$$x - 2y = 6$$
$$\Rightarrow \quad x - 2(-2) = 6$$
$$\Rightarrow \quad x + 4 = 6$$
$$\Rightarrow \quad x = 6 - 4 = 2$$

2. (b) 4, –2

Explanation:
$$x^2 - 2x - 8 = x^2 - 4x + 2x - 8$$
$$= x(x-4) + 2(x-4)$$
$$= (x-4)(x+2)$$

Therefore, $x = 4, -2$

3. (d) 16 : 81

Explanation: Let ABC and DEF be the two similar triangles.

$\therefore$ $\qquad$ $\triangle ABC \sim \triangle DEF$

And $\qquad \dfrac{AB}{DE} = \dfrac{AC}{DF} = \dfrac{BC}{EF} = \dfrac{4}{9}$ $\qquad$ [Given]

As the ratio of the areas of these triangles will be equal to the square of the ratio of the corresponding sides.

$\therefore$ $\qquad \dfrac{\text{Area}(\triangle ABC)}{\text{Area}(\triangle DEF)} = \dfrac{AB^2}{DE^2}$

$\therefore$ $\qquad \dfrac{\text{Area}(\triangle ABC)}{\text{Area}(\triangle DEF)} = \left(\dfrac{4}{9}\right)^2 = \dfrac{16}{81} = 16 : 81$

4. (c) $BD.CD = AD^2$

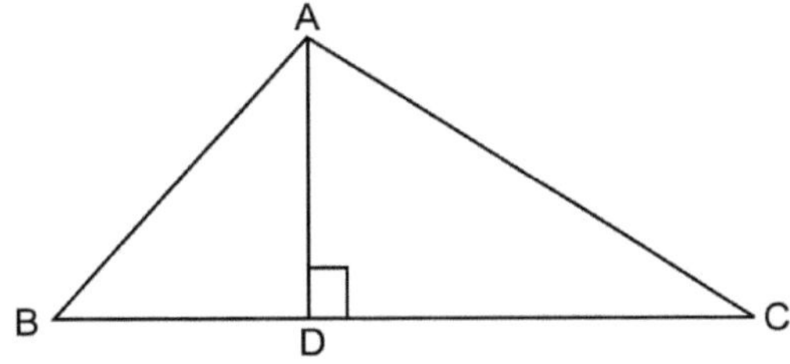

Explanation: In $\triangle ADB$ and $\triangle ADC$,

$$\angle D = \angle D = 90°$$
$$\angle DBA = \angle DAC \qquad \text{[Given]}$$

$\therefore$ By AA similarity criterion,

$$\triangle ADB \sim CDA$$

$\therefore$ $\qquad \dfrac{BD}{AD} = \dfrac{AD}{CD}$

$\Rightarrow$ $\qquad BD.CD = AD^2$

5. (d) 0

Explanation: Since, it a case of intera-state transaction, so only GST and SGST will be charged.

6. (c) –77

Explanation: Given,

$$\text{A.P.} = 10, 7, 4, ...$$

$$\text{First term, } a = 10$$

$$\text{Common difference, } d = a_2 - a_1 = 7 - 10 = -3$$

As we know, for an A.P.,

$$a_n = a + (n-1)d$$

Putting the values;

$$a_{30} = 10 + (30-1)(-3)$$

$$a_{30} = 10 + (29)(-3)$$
$$a_{30} = 10 - 87 = -77$$

7. (b) 52

   Explanation: Let $\qquad p(x) = 6x^3 + x^2 - 2x + 4$

   When, $p(x)$ is divided by $x - 2$,

   $$\text{Remainder} = p(x = 2)$$
   $$= 6(2)^3 + (2)^2 - 2(2) + 4$$
   $$= 48 + 4 - 4 + 4 = 52$$

8. (d) 12.5%

   Explanation: Given, $n = 4$ years = 48 months, $p = ₹\ 800$ and $i = ₹\ 9,800$.

   Let the rate of Interest by $r\%$ per annum.

   Then, $\qquad I = p \times \dfrac{n(n+1)}{2 \times 12} \times \dfrac{r}{100}$

   $\Rightarrow \qquad 9,800 = 800 \times \dfrac{48 \times 49}{24} \times \dfrac{r}{100}$

   $\Rightarrow \qquad 9,800 = 784r$

   $\Rightarrow \qquad r = \dfrac{9,800}{784} = 12.5\%$

9. (a) $ax^2 + bx + c < 0$

   Explanation: In $ax^2 + bx + c < 0$, the highest power of variable x is 2. So it is quadratic inequality.

10. (a) 0

    Explanation: Let first terms of am. AP. $= a$.

    and common difference $= d$.

    $\therefore \qquad$ Third term of AP $= a_3 = a + (3 - 1)d$

    $$a_3 = a + 2d \qquad\qquad\qquad ...(i)$$

    And, $\qquad$ Fifth term of AP $= a_5 = a + 4d \qquad\qquad ...(ii)$

    According to question,

    $$3a_3 = 5a_5$$
    $$3(a + 2d) = 5(a + 4d)$$
    $\Rightarrow \qquad 3a + 6d = 5a + 20d$
    $\Rightarrow \qquad 2a = -14d$
    $\Rightarrow \qquad a = -7d \qquad\qquad\qquad ...(iii)$

    Now, Eight term of $\qquad$ AP $= a_8$
    $$= a + 7d$$
    $$= -7 + 7d \qquad\qquad \text{[Using equation (iii)]}$$
    $$= 0$$

11. (a) $\begin{bmatrix} -1 & 0 \\ 6 & 0 \end{bmatrix}$

    Explanation: We have, $\qquad AB = \begin{bmatrix} 2 & -1 \\ 2 & 0 \end{bmatrix}\begin{bmatrix} 1 & 0 \\ 0 & 0 \end{bmatrix}$

    $$= \begin{bmatrix} 2 & -2 \\ 2 & 0 \end{bmatrix}$$

    $\therefore \qquad AB + C = \begin{bmatrix} 2 & -2 \\ 2 & 0 \end{bmatrix} + \begin{bmatrix} -3 & 2 \\ 4 & 0 \end{bmatrix}$

    $$= \begin{bmatrix} -1 & 0 \\ 6 & 0 \end{bmatrix}$$

12. (c) $83 : 37$

Explanation: Given
$$\frac{2x + 5y}{5x - 7y} = \frac{9}{4}$$

$$\Rightarrow \quad 4(2x + 5y) = 9(5x - 7y)$$

$$\Rightarrow \quad 8x + 20y = 45x - 63y$$

$$\Rightarrow \quad -37x = 83y$$

$$\Rightarrow \quad \frac{x}{y} = \frac{83}{37}$$

13. (a) $\left\{ x : -3 \le x < \dfrac{7}{5}, x \in R \right\}$

Explanation: We have, $2x - 5 \le 5x + 4 < 11$

$$\Rightarrow \quad 2x - 5 \le 5x + 4 \ ; \ 5x + 4 < 11$$

$$\Rightarrow \quad 2x - 5 \le 4 + 5 \ ; \ 5x < 11 - 4$$

$$\Rightarrow \quad -3 \le 9 \ ; \ 5x < 7$$

$$\Rightarrow \quad x \ge -3 \ ; \ x < \frac{7}{5}$$

$$\Rightarrow \quad -3 \le x < \frac{7}{5}$$

$$\therefore \quad \text{Solution set} = \left\{ x : -3 \le x < \frac{7}{5}; x \in R \right\}$$

14. (a) ₹ 630

Explanation: $\quad$ C. P. for retailer = ₹ 10,000

$$\text{S. P. for retailer} = ₹\ 13,500$$

Net GST Payable by him to the Government

$$= \text{GST on S.P.} - \text{GST on C.P.}$$

$$= 18\% \text{ of } 13,500 - 18\% \text{ of } 10,000$$

$$= 18\% \text{ of } (13,500 - 10,000)$$

$$= \frac{18}{100} \times 3,500$$

$$= 630$$

15. (b) ₹ 52,500

Explanation: $p = ₹\ 2,000$, $n = 2$ years $= 24$ month, $r = 9\%$

$$\therefore \quad \text{Maturity amount} = p \times n + I$$

$$= p \times n + p \times \frac{n(n+1)}{2 \times 12} \times \frac{r}{100}$$

$$= 2,000 \times 24 + 2,000 \times \frac{24 \times 25}{24} \times \frac{9}{100}$$

$$= 48,000 + 4500$$

$$= 52,5000$$

16. (b) $0.4, 50$

Explanation: Since, $a, 2, 10,$ and b are in continued proportion.

$$\therefore \quad \frac{a}{2} = \frac{2}{10} = \frac{10}{b}$$

$$\Rightarrow \quad \frac{a}{2} = \frac{2}{10} \qquad\qquad \frac{2}{10} = \frac{10}{b}$$

$$\Rightarrow \quad 10a = 4 \qquad\qquad \Rightarrow \quad 2b = 100$$

$$\Rightarrow \qquad a = \frac{2}{10} = 0.4 \qquad \Rightarrow \qquad b = 50$$

17. (d) $\begin{bmatrix} -2 & 14 \\ -7 & 11 \end{bmatrix}$

Explanation: Given

$$B = \begin{bmatrix} -1 & 5 \\ 0 & 3 \end{bmatrix}$$

and
$$A - 2B = \begin{bmatrix} 0 & 4 \\ -7 & 5 \end{bmatrix}$$

$\therefore \qquad 2B = 2\begin{bmatrix} -1 & 5 \\ 0 & 3 \end{bmatrix} = \begin{bmatrix} -2 & 10 \\ 0 & 6 \end{bmatrix}$

$\because \qquad A - 2B = \begin{bmatrix} 0 & 4 \\ -7 & 5 \end{bmatrix} \Rightarrow A = \begin{bmatrix} 0 & 4 \\ -7 & 5 \end{bmatrix} + 2B$

$\Rightarrow \qquad A = \begin{bmatrix} 0 & 4 \\ -7 & 5 \end{bmatrix} + \begin{bmatrix} -2 & 10 \\ 0 & 6 \end{bmatrix}$

$$= \begin{bmatrix} 0-2 & 4+10 \\ -7+0 & 5+6 \end{bmatrix} = \begin{bmatrix} -2 & 14 \\ -7 & 11 \end{bmatrix}$$

18. (c) $(x - 5)(2x + 3)$

Explanation: Let, $p(x) = 2x^2 - 7x - 15$

$$= 2x^2 - 10x + 3x - 15$$
$$= 2x(x - 5) + 3(x - 5)$$
$$= (x - 5)(2x + 3)$$

19. (b) $2x + 1$

Explanation: $\qquad x^2 + \dfrac{x}{6} - \dfrac{1}{6} = \dfrac{1}{6}(6x^2 + x - 1)$

$$= \dfrac{1}{6}(6x^2 + 3x - 2x - 1)$$

$$= \dfrac{1}{6}[(3x(2x + 1) - 1(2x + 1)]$$

$$= \dfrac{1}{6}(3x - 1)(2x + 1)$$

Therefore, the factors of $x^2 + \dfrac{x}{6} - \dfrac{1}{5}$ are $\dfrac{1}{6}$, $(3x - 1)$ and $(2x + 1)$

20. (b) 40 km/hr

Explanation: Let x km/hr be the speed of train.

$$\text{Time required to cover 360 km} = \frac{360}{x} \text{ hr.}$$

As per the question given,

If, $\qquad\qquad\qquad$ speed $= (x + 5)$ km

Then, $\qquad\qquad$ time taken $= \dfrac{360}{x} - 1$

$\Rightarrow \qquad\qquad \dfrac{360}{x + 5} = \dfrac{360}{x} - 1$

$\Rightarrow \qquad\qquad \dfrac{360}{x} - \dfrac{360}{x + 5} = 1$

$\Rightarrow \qquad\qquad \dfrac{360[x + 5 - x]}{x(x + 5)} = 1$

$$\Rightarrow \qquad x^2 + 5x = 1800$$
$$\Rightarrow \qquad x^2 + 5x - 1800 = 0$$
$$\Rightarrow \qquad x^2 + 45x - 40x - 1800 = 0$$
$$\Rightarrow \qquad x(x + 45) - 40(x + 45) = 0$$
$$\Rightarrow \qquad (x + 45)(x - 40) = 0$$
$$\Rightarrow \qquad x = 40, -45$$

Negative value is not considered for speed hence the answer is 40 km/hr.

21. (c) $\dfrac{3ab}{2(b-a)}$

Explanation: Let first term of AP = a.

and common difference of AP = d

$\therefore$ According to question,

$$a_2 = a + d = b \qquad\qquad \text{...(i)}$$

Let term $\qquad\qquad = 2a$

and, common difference $= b - a$

Let n be the last term of this A. P.

So, $\qquad a + (n-1)d = 2a$

$\Rightarrow \qquad a + (n-1)(b-a) = 2a$

So, $\qquad (n-1)(b-a) = a$

$\Rightarrow \qquad n - 1 = \dfrac{a}{b-a}$

$\Rightarrow \qquad n = \dfrac{b}{b-a}$

Now $\qquad$ sum of series $= \dfrac{n}{2}(a + a_n)$

$$= \dfrac{b}{2(b-a)}[a + (2a)]$$

$$= \dfrac{3ab}{2(b-a)}$$

22. (b) $\dfrac{2}{3}$

Explanation: $\qquad f(x) = bx^2 + x - 7$

When, $f(x)$ divided by $(x-3)$

$\qquad\qquad$ Remainder = 2

$\Rightarrow \qquad f(x = 3) = 2$

$\Rightarrow \qquad b(3)^2 + 3 - 7 = 2$

$\Rightarrow \qquad 9b + 3 - 7 = 2$

$\Rightarrow \qquad 9b = 2 + 4$

$\Rightarrow \qquad b = \dfrac{6}{9} = \dfrac{2}{3}$

23. (i) (a) $\dfrac{15}{2}$ cm

Explanation: As DE $\parallel$ BC,

$\therefore$ By Basic Proportionality theorem,

$$\dfrac{AD}{DB} = \dfrac{AE}{EC}$$

$$\Rightarrow \qquad \dfrac{2}{5} = \dfrac{3}{EC} \Rightarrow EC = \dfrac{15}{2}$$

(ii) (a) $\triangle ADE \sim \triangle ABC$

Explanation: In $\triangle ADE$ and $\triangle ABC$,

$$\angle A = \angle A \text{ [Common angles]}$$
$$\angle ADE = \angle ABC \text{ [Corresponding angle]}$$

$\therefore$ By AA similarity axion,

$$\triangle ADE \sim \triangle ABC$$

(iii) (d) 2 cm

Explanation: DE $\parallel$ BC

$\therefore$ By AA similarity axion,

$$\triangle ADE \sim \triangle ABC$$

$\therefore$
$$\frac{AD}{AB} = \frac{DE}{BC} \Rightarrow \frac{3}{9} = \frac{DE}{6}$$

$\Rightarrow$
$$DE = 2 \text{ cm}$$

(iv) (a) 70°

Explanation: DE $\parallel$ BC

$\therefore$
$$\angle ADE = \angle B = 50° \text{ [Corresponding angles]}$$

$\therefore$ In $\triangle ABC$,

$\Rightarrow$
$$\angle A + \angle B + \angle C = 180°$$
$\Rightarrow$
$$60° + 50° + \angle C = 180° \Rightarrow \angle C = 70°$$

24. (i) (b)   1, 49, 47, ...

Explanation: List of time taken by veer for, each successive day to run 200 m is :

51, 49, 47, 45, 43, 41, 39 ....

Clearly it forms an A. P.

(ii) (b)   30

Explanation: Clearly, A. P. consist of all odd terms.

30 will not be any part of this A. P.

(iii) (a)   2

Explanation: common difference of an A. P.

$$= a_n + 1 - a_n.$$
$$= 3 + 2(n + 1) - (3 + 2n)$$
$$= 2n + 2 - 2n$$
$$= 2$$

Hence the common difference (d) = 2.

(iv) (a)   6

Explanation: Given, $2x(x + 10)$ and $(3x + 2)$ are in A. P.

$\therefore$
$$(x + 10) - 2x = (3x + 20) - (x + 10)$$
$\Rightarrow$
$$2(x + 10) = 2x + 3y + 2$$
$\Rightarrow$
$$2x + 20 = 5x + 2$$
$\Rightarrow$
$$3x = 18$$
$\Rightarrow$
$$x = 6$$

25. (i) (b)   ₹ 55,000

Explanation: $\because$ Dealer in Lucknow sells goods and services at 10% profit

$\because$ C. F for consumer in Bhopal = S. P. for dealer in Lucknow

$$= ₹\ 50,000 + 10\%\ \text{of}\ ₹\ 50,000$$
$$= ₹\ (50,000 + 5,000)$$
$$= ₹\ 55,000$$

(ii) (c)   ₹ 700

Explanation: Net taxpayable by dealer in Lucknow to the central Government.

$$= \text{CGST on S. P.} - \text{CGST on C. P.}$$
$$= 14\%\ \text{of}\ ₹\ 55,000 - 14\%\ \text{of}\ ₹\ 50,000 \qquad [\because (\text{GST} = \text{SGST} = \tfrac{1}{2}\text{GST}]$$
$$= 14\%\ \text{of}\ (55,000 - 50,000)$$
$$= \frac{14}{100} \times ₹\ 5,000$$
$$= ₹\ 7,00$$

(iii)(a)   ₹ 14,000

Explanation: Tax paid by dealer Mumbai $= 28\%\ \text{of}\ ₹\ 50,000$

$$= \frac{28}{100} \times ₹\ 50,000$$
$$= ₹\ 14,000$$

(iv)(d)   ₹ 70,400

Explanation: Total paid by consumer in Bhopal

$$= \text{S. P.} + \text{GST}$$
$$= ₹\ 55,000 + 28\%\ \text{of}\ 55,000$$
$$= ₹\ 55,000 + ₹\ 15,400$$
$$= ₹\ 70,400$$

❑❑

Mathematics

Questions

SECTION A

1. __________ taxes are those that are levied on the income of individuals or organisation.
   (a) Direct   (b) Indirect   (c) Both (a) and (b)   (d) None of these

2. If Ram opened a recuring deposit account in a bank and deposited ₹ 8,000 per month for $1\frac{1}{2}$ years, then total money deposited in the account is:
   (a) ₹ 1,14,000   (b) ₹ 1,44,000   (c) ₹ 1,36,800   (d) ₹ 1,38,600

3. Given below diagram represents an inequation P.

$$P = \xleftarrow{\hspace{1cm}} \bullet \ \circledcirc \ \bullet \ \bullet \ \bullet \ \bullet \ \bullet \ \bullet \ \bullet \ \bullet \ \bullet \ \bullet \xrightarrow{\hspace{1cm}}$$
$$-3\ -2\ -1\ \ 0\ \ 1\ \ 2\ \ 3\ \ 4\ \ 5\ \ 6\ \ 7\ \ 8$$

   Write P in set builder form
   (a) $P = \{x : -2 \le x \le 6, x \in R\}$ (b) $P = \{x : 2 \le x \le 6, x \in N\}$
   (c) $P = \{x : -2 < x \le 5, x \in N\}$ (d) $P = \{x : -2 < x < 5, x \in R\}$

4. An equation with one variable in which the highest power of the variable is two is known as __________.
   (a) Linear equation   (b) Quadratic equation   (c) Cubic equation   (d) None of these

5. If $(3a + 2b) : (5a + 3b) = 18 : 29$, find $a : b$.
   (a) $3 : 4$ (b) $4 : 3$ (c) $2 : 3$ (d) $3 : 2$

6. Identify the correct solution set of the following number line.

$$\xleftarrow{\hspace{1cm}} \bullet \ \bullet \ \bullet \ \bullet \ \bullet \ \bullet \ \bullet \ \bullet \ \bullet \xrightarrow{\hspace{1cm}}$$
$$-3\ \ -2\ \ -1\ \ \ 0\ \ \ 1\ \ 2\ \ 3\ \ 4\ \ 5$$

   (a) $\{x : x \in Z, -3 < x < 5\}$ (b) $\{x : x \in Z, -3 \le x \le 5\}$ (c) $\{x : x \in N, -3 \le x \le 5\}$ (d) $\{x : x \in R, -3 \le x \le 5\}$

7. For the quadratic equation $ax^2 + bx + c = 0$, $a \ne 0$; ______ is called its discriminant.
   (a) $D = b - 4ac$ (b) $D^2 = b^2 - 4ac$ (c) $D = b^2 - 4ac$ (d) None of these

8. If the order of the matrix A is $m \times n$ and the order of the matrix B is $n \times p$, then the order of matrix A.B is:
   (a) $m \times n$ (b) $n \times p$ (c) $m \times p$ (d) $p \times p$

9. In the given figure, $\triangle ABC$ is similar to $\triangle DEF$, AB = $(x - 0.5)$ cm, AC = $1.5\ x$ cm, DE = 9 cm, and DF = $3x$ cm. Find the length of AB.

   (a) 4 cm   (b) 3 cm   (c) 4.5 cm   (d) 3.5 cm

10. When was GST implemented in India?
    (a) 1st Jan 2017   (b) 1st April 2017   (c) 1st July 2017   (d) None of these

11. Ashi deposits ₹ 2,500 per month for one year in a bank's recurring deposit account. If the rate of (simple) interest is 8% per annum, then the interest earned by her is:
    (a) ₹ 650   (b) ₹ 1,200   (c) ₹ 1,300   (d) ₹ 1,260

12. If discriminant, $D = 0$, then the roots of the quadratic equation are:

(a) real and unequal   (b) real and equal   (c) imaginary   (d) None of these

13. Inter State means:

(a) within a state   (b) between two or more staes

(c) between two organisations   (d) between two countries

14. If $A = \begin{bmatrix} -2 & 3 \\ 4 & 1 \end{bmatrix}$ and $B = \begin{bmatrix} 1 & 2 \\ 3 & 5 \end{bmatrix}$, then find AB.

(a) $\begin{bmatrix} 6 & 5 \\ 14 & 14 \end{bmatrix}$ (b) $\begin{bmatrix} 7 & 11 \\ 7 & 13 \end{bmatrix}$ (c) $\begin{bmatrix} 7 & 13 \\ 11 & 7 \end{bmatrix}$ (d) $\begin{bmatrix} 8 & 11 \\ 12 & 13 \end{bmatrix}$

15. If in two triangles ABC and PQR, $\dfrac{AB}{QR} = \dfrac{BC}{PR} = \dfrac{CA}{PQ}$ then:

(a) $\Delta PQR \sim \Delta CAB$ (b) $\Delta PQR \sim \Delta ABC$ (c) $\Delta CBA \sim \Delta PQR$ (d) $\Delta BCA \sim \Delta PQR$

16. If $\sqrt{\dfrac{2}{3}}$ is a solution of equation $3x^2 + mx + 2 = 0$, then the value of m is:

(a) $\pm 2\sqrt{6}$ (b) $-2\sqrt{6}$ (c) $2\sqrt{6}$ (d) 0

Section-B

17. An article was purchased for ₹ 1,239 including GST of 18%. Price of the article before GST was:

(a) ₹ 1,000   (b) ₹ 1,100   (c) ₹ 1,050   (d) ₹ 1,239

18. Mr. Jain deposited ₹ 500 per month in a cumulative deposit asccount for 2 years. If the bank pays interest at the rate of 7% per annum, then the amount he gets on maturity is:

(a) ₹ 875   (b) ₹ 6,875   (c) ₹ 10,875   (d) ₹ 12,875

19. Evalaute : $\begin{bmatrix} 4\sin 30° & 2\cos 60° \\ \sin 90° & 2\cos 0° \end{bmatrix}\begin{bmatrix} 4 & 5 \\ 5 & 4 \end{bmatrix}$

(a) $\begin{bmatrix} 4 & 5 \\ 5 & 4 \end{bmatrix}$ (b) $\begin{bmatrix} 2 & 1 \\ 1 & 2 \end{bmatrix}$ (c) $\begin{bmatrix} 13 & 14 \\ 14 & 13 \end{bmatrix}$ (d) $\begin{bmatrix} 14 & 13 \\ 13 & 14 \end{bmatrix}$

20. Two numbers are in the ratio 3 : 5. If 8 is added to each number, the ratio becomes 2 : 3. Find the numbers.

(a) 8, 24   (b) 24, 32   (c) 24, 40   (d) 6, 10

21. Find the solution set for the following inequation:

$$-\frac{1}{5} \le \frac{3x}{10} + 1 < \frac{2}{5}, x \in R$$

(a) $\{x : x \in R, -4 \le x < -2\}$ (b) $\{x : x \in R, -4 \le x \le -2\}$

(c) $\{x : x \in R, -4 < x < -2\}$ (d) None of these

22. Pankaj depsoited ₹ 400 every month in a bank's recurring deposit account for $2\frac{1}{2}$ years. If he gets ₹ 1,085 as interest at the time of maturity, then the rate of interest per annum is:

(a) 6%   (b) 7%   (c) 8%   (d) 9%

SECTION-C

23. A dealer in Bhopal (MP) say X, supplies goods and services worth ₹ 8,000 to a person Y in Indore (MP). If the rate of GST is 28%, then:

(i) What is the full form of GST?

     (a) Goods and Sales Tax   (b) Goods and Services Tax

  (c) Government and State Tax   (d) None of these

 (ii) Find the rate of CGST (central GST).

  (a) 28%   (b) 14%   (c) 7%   (d) 0%

 (iii) Find the amount of SGST.

  (a) ₹ 8,000   (b) ₹ 4,000   (c) ₹ 2,240   (d) ₹ 1,120

 (iv) Find the amount after GST.

  (a) ₹ 8,000   (b) ₹ 9,120   (c) ₹ 10,240   (d) ₹ 12,000

24. In a class the teacher asked every student to write an example of A.P. Two friends Geeta and Madhuri writes their progressions as –5, –2, 1, 4, …. and 187, 184, 181, … respectively. Now the teacher asked other students of the class the following questions on these two progressions. Help studens to find the answers of following questions:

 (i) Find the 34th term of the progression written by Madhuri.

  (a) 286   (b) 88   (c) –99   (d) 190

 (ii) Find the sum of common difference of the two progressions.

  (a) 6   (b) –6   (c) 1   (d) 0

 (iii) Find the 19th term of the progression written by Geeta.

  (a) 49   (b) 59   (c) 52   (d) 62

 (iv) Find the sum of first 10 terms of the progression written by Geeta.

  (a) 85   (b) 95   (c) 110   (d) 200

25. Car A travels x km for every litre of petrol, while car B travels $(x + 5)$ km for every litre of petrol.

 (i) Petrol used (in litres) by car A and car B in covering a distance of 400 km.

  (a) $\dfrac{400}{x}$ (b) $\dfrac{x}{400}$ (c) $400\,x$ (d) $\dfrac{400}{x+5}$

 (ii) No. of litres of petrol used by car B in covering distance of 400 km.

  (a) $\dfrac{400}{x}$ (b) $\dfrac{x+5}{400}$ (c) $\dfrac{400}{x+5}$ (d) $\dfrac{x}{400}$

 (iii) If car A uses 4 litres of petrol more than car B in covering 400 km, then the quadratic equation formed is:

  (a) $x^2 - 5x - 500 = 0$ (b) $x^2 + 5x - 500 = 0$ (c) $x^2 + 5x + 500 = 0$ (d) None of these

 (iv) No. of litres of petrol used by car A:

  (a) 16   (b) 25   (c) 10   (d) 20

Answers

Section-A

1. (a) Direct

 Explanation: Direct taxes are those that are levied on the income of individuals or organisation. Ex-Income tax, corporate tax.

2. (b) ₹ 1,44,000

 Explanation: Monthly deposit = ₹ 8,000

$$\text{Period } (n) = 1\tfrac{1}{2} \text{ years} = 18 \text{ months}$$

 ∴ Total money deposited $= 8000 \times 18$

$$= ₹\ 1,44,000$$

3. (d) $P = \{x : -2 < x \le 5, x \in R\}$

4. (b) Quadratic equation

5. (b) $4 : 3$

   Explanation: Given

   $$\frac{3a + 2b}{5a + 3b} = \frac{18}{29}$$

   $\Rightarrow \qquad 87a + 58b = 90a + 54b$

   $\Rightarrow \qquad 3a = 4b$

   So, $\qquad a : b = 4 : 3$

6. (b) $\{x : x \in Z, -3 \le x \le 5\}$

7. (c) $D = b^2 - 4ac$

8. (c) $m \times p$

   Explanation: $\quad A_{m \times n} \times B_{n \times p} = C_{m \times p}$

9. (c) 4.5 cm

   Explanation:

   $\because$ In similar triangles, the corresponding sides are in proportion.

   Given: $\qquad\qquad \Delta ABC \sim \Delta DEF$

   $\therefore \qquad\qquad \dfrac{AB}{DE} = \dfrac{BC}{EF} = \dfrac{AC}{DF}$

   $\Rightarrow \qquad\qquad \dfrac{AB}{DE} = \dfrac{AC}{DF}$

   $\Rightarrow \qquad\qquad \dfrac{x - 0.5}{9} = \dfrac{1.5x}{3x}$

   $\Rightarrow \qquad\qquad x - 0.5 = 4.5$

   $\Rightarrow \qquad\qquad x = 5 \text{ cm}$

   So, $\qquad$ length of AB $= (x - 0.5)$

   $\qquad\qquad\qquad\qquad = 5 - 0.5$

   $\qquad\qquad\qquad\qquad = 4.5 \text{ cm}$

10. (c) 1st July 2017

    Explanation: GST was implemented in India on 1st July 2017.

11. (c) ₹ 1, 300

    Explanation: Monthly deposit (P) = ₹ 2,500

    $\qquad\qquad$ Time Period (n) = 1 year = 12 months

    $\qquad\qquad$ Rate (r) = 8% p.a.

    since, we know

    $$I = P \times \frac{n(n+1)}{2 \times 12} \times \frac{r}{100}$$

    $$= 2500 \times \frac{12(13)}{2 \times 12} \times \frac{8}{100}$$

    $$= ₹\ 1,300$$

12. (b) real and equal

    Explanation: For a quadratic equation $ax^2 + bx + c = 0$, if discriminant

    (i) $D = b^2 - 4ac = 0$, roots are real and equal

    (ii) $D = b^2 - 4ac > 0$, roots are real and unequal

    (iii) $D = b^2 - 4ac < 0$, roots are imaginary

13. (b) between two or more states

    Explanation: Inter state means supply from one state to another state.

14. (b) $\begin{bmatrix} 7 & 11 \\ 7 & 13 \end{bmatrix}$

    Explanation: Given

    $$A = \begin{bmatrix} -2 & 3 \\ 4 & 1 \end{bmatrix} \text{ and } B = \begin{bmatrix} 1 & 2 \\ 3 & 5 \end{bmatrix}$$

    $\therefore$

    $$AB = \begin{bmatrix} -2 & 3 \\ 4 & 1 \end{bmatrix}\begin{bmatrix} 1 & 2 \\ 3 & 5 \end{bmatrix}$$

    $$= \begin{bmatrix} -2 \times 1 + 3 \times 3 & -2 \times 2 + 3 \times 5 \\ 4 \times 1 + 1 \times 3 & 4 \times 2 + 1 \times 5 \end{bmatrix}$$

    $$= \begin{bmatrix} 7 & 11 \\ 7 & 13 \end{bmatrix}$$

15. (a) $\Delta PQR \sim \Delta CAB$

    Explanation:

    $$\frac{AB}{QR} = \frac{BC}{PR} = \frac{CA}{PQ}$$

    $\Rightarrow$

    $$\frac{PQ}{CA} = \frac{QR}{AB} = \frac{RP}{BC}$$

    $\therefore \quad \Delta PQR \sim \Delta CAB$

    [By SSS similarity axiom]

16. (b) $-2\sqrt{6}$

    Explanation: $\qquad 3x^2 + mx + 2 = 0$

    $\sqrt{\dfrac{2}{3}}$ is a solution of the equation

    So, $\qquad 3 \times \left(\sqrt{\dfrac{2}{3}}\right)^2 + m \times \sqrt{\dfrac{2}{3}} + 2 = 0$

    $$3 \times \frac{2}{3} + m\sqrt{\frac{2}{3}} + 2 = 0$$

    $$m\sqrt{\frac{2}{3}} = -4$$

    $\Rightarrow \qquad m = \dfrac{-4\sqrt{3}}{\sqrt{2}}$

    $\Rightarrow \qquad m = -2\sqrt{6}$

Section-B

17. (c) ₹ 1,050

    Explanation: Let the price of the article be ₹ x.

    So, $\qquad x + \text{GST} = 1{,}239$

    $$x + 18\% \text{ of } x = 1{,}239$$

    $$x + \frac{18x}{100} = 1{,}239$$

    $$\frac{118x}{100} = 1{,}239 \Rightarrow x = ₹\ 1{,}050$$

18. (d) ₹ 12,875

    Explanation: Monthly deposit (P) = ₹ 500

    Period (n) = 2 years = 24 months

    Rate (r) = 7%

    $\therefore \qquad \text{Interest} = P \times \dfrac{n(n+1)}{2 \times 12} \times \dfrac{r}{100}$

$$= 500 \times \frac{24 \times 25}{2 \times 12} \times \frac{7}{100}$$

$$= ₹\ 875$$

We know,

$$\text{Maturity value} = P \times n + \text{Interest}$$

$$= 500 \times 24 + 875$$

$$= ₹\ 12,875$$

19. (c) $\begin{bmatrix} 13 & 14 \\ 14 & 13 \end{bmatrix}$

Explanation: $\begin{bmatrix} 4\sin 30° & 2\cos 60° \\ \sin 90° & 2\cos 0° \end{bmatrix}\begin{bmatrix} 4 & 5 \\ 5 & 4 \end{bmatrix} = \begin{bmatrix} 4 \times \dfrac{1}{2} & 2 \times \dfrac{1}{2} \\ 1 & 2 \times 1 \end{bmatrix}\begin{bmatrix} 4 & 5 \\ 5 & 4 \end{bmatrix}$ (Using trigonometric table)

$$= \begin{bmatrix} 2 & 1 \\ 1 & 2 \end{bmatrix}\begin{bmatrix} 4 & 5 \\ 5 & 4 \end{bmatrix}$$

$$= \begin{bmatrix} 8+5 & 10+4 \\ 4+10 & 5+8 \end{bmatrix}$$

$$= \begin{bmatrix} 13 & 14 \\ 14 & 13 \end{bmatrix}$$

20. (c) 24, 40

Explanation: Given ratio is $3 : 5$

Let one number be $3x$; other be $5x$.

So, $\dfrac{3x+8}{5x+8} = \dfrac{2}{3}$ (As per condition)

$\Rightarrow \qquad 9x + 24 = 10x + 16$

$\Rightarrow \qquad x = 8$

So, $\qquad 3x = 3 \times 8 = 24$

and $\qquad 5x = 5 \times 8 = 40$

21. (a) $\{x : x \in R, -4 \le x < -2\}$

Explanation: $-\dfrac{1}{5} \le \dfrac{3x}{10} + 1 < \dfrac{2}{5}$

$\Rightarrow \qquad -\dfrac{1}{5} - 1 \le \dfrac{3x}{10} < \dfrac{2}{5} - 1$ (on Subtracting 1)

$\Rightarrow \qquad -\dfrac{6}{5} \le \dfrac{3x}{10} < -\dfrac{3}{5}$

$\Rightarrow \qquad -12 \le 3x < -6$ (on multiplying by 10)

$\Rightarrow \qquad -4 \le x < -2$ (on dividing by 3)

22. (b) 7%

Explanation:

$$\text{Monthly deposit(P)} = ₹\ 400$$

$$\text{Period } (n) = 2\frac{1}{2}\ \text{years} = 30\ \text{months}$$

$$\text{Interest} = ₹\ 1,085$$

We know,

$$\text{Interest} = P \times \frac{n(n+1)}{2 \times 12} \times \frac{r}{100}$$

$$\Rightarrow \qquad 1{,}085 = 400 \times \frac{30 \times 31}{2 \times 12} \times \frac{r}{100}$$

$$\Rightarrow \qquad 1{,}085 = 155r$$

$$\Rightarrow \qquad r = 7\%$$

SECTION-C

23. (i) (b) Goods and services Tax

Explanation: GST stands for Goods and Services Tax.

(ii) (b) 14%

Explanation: $\qquad$ Central GST = State GST = $\dfrac{\text{GST}}{2}$

So, $\qquad$ Rate of CGST = $\dfrac{28\%}{2} = 14\%$

(iii)(d) ₹ 1,120

Explanation: $\qquad$ Amount of State GST = 14% of 8,000

$$= \frac{14}{100} \times 8000 = ₹\, 1{,}120$$

(iv)(c) ₹ 10,240

Explanation: $\qquad$ GST = CGST + SGST

$$= 1{,}120 + 1120 \qquad\qquad \text{(From (iii))}$$

$$= ₹\, 2{,}240$$

So, $\qquad$ Amount after GST = 8,000 + 2,240

$$= ₹\, 10{,}240$$

24. (i) (b) 88

Explanation: Progression written by Madhuri is 187, 184, 181......

So, from the above, we have

$$a = 187, d = 184 - 187 = -3$$

then, $\qquad a_{34} = a + (34 - 1)d$

$$= 187 + 33 \times (-3)$$

$$a_{34} = 88$$

(ii) (d) 0

Explanation: Common difference of $-5, -2, 1, 4$ .....

$$d_1 = -2 - (-5) = 3$$

Common difference of 187, 184, 181 ....

$$d_2 = 184 - 187 = -3$$

$$\text{Sum of common differences} = d_1 + d_2$$

$$= 3 - 3 = 0$$

(iii)(a) 49

Explanation: Progression written by Geeta is $-5, -2, 1, 4$ .....

From this, we get

$$a = -5, \ d = -2 - (-5) = 3$$

We know, $\qquad a_{19} = a + (19 - 1)d$

$$= -5 + 18 \times 3$$

$$= 49$$

(iv)(a) 85

Explanation: Progression written by Geeta is $-5, -2, 1, 4$ .....

From this, we get

$$a = -5, d = -2 - (-5) = 3$$

We know,

$$S_n = \frac{n}{2}[2a + (n-1)d]$$

$$\therefore \qquad S_{10} = \frac{10}{2}[2 \times (-5) + (10-1)\,3]$$

$$= 5\,[-10 + 27]$$

So, $\qquad S_{10} = 85$

25. (i) (a) $\dfrac{400}{x}$

Explanation: No. of litres of petrol used by car A $= \dfrac{\text{Total Distance}}{\text{Distance covered in 1 liter}}$

$$= \frac{400}{x}\ \text{litre}$$

(ii) (c) $\dfrac{400}{x+5}$

Explanation: No. of litres of petrol used by car B $= \dfrac{\text{Total distance}}{\text{Distance covered in 1 litre}}$

$$= \frac{400}{x+5}\ \text{litres}$$

(iii) (b) $x^2 + 5x - 500 = 0$

Explanation: From (i) and (ii)

$$\frac{400}{x} - \frac{400}{x+5} = 4$$

$$\Rightarrow \qquad 400\,\frac{(x+5-x)}{x\,(x+5)} = 4$$

$$\Rightarrow \qquad 4(x^2 + 5x) = 2000$$

$$\Rightarrow \qquad x^2 + 5x - 500 = 0$$

(iv) (d) 20

Explanation: On solving equation of part (iii), we get $x = -25$, or $x = 20 \Rightarrow x = 20$ km $(-25,$ neglected$)$

Now, Petrol used by car A $= \dfrac{400}{x} = \dfrac{400}{20} = 20$ litres

❑❑

Questions

SECTION A

1. Matrices 'A' and 'B' are of same order and A + B = B + A. This law is known as:
   (a) Distributive law   (b) Commutative law   (c) Associative law   (d) Cramer's rule

2. In the following figure, find the value of x.

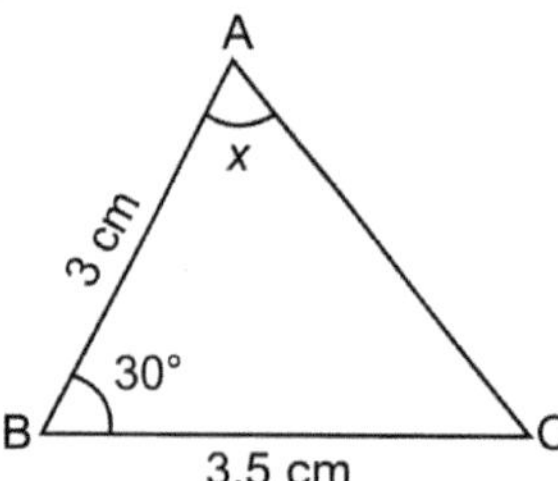

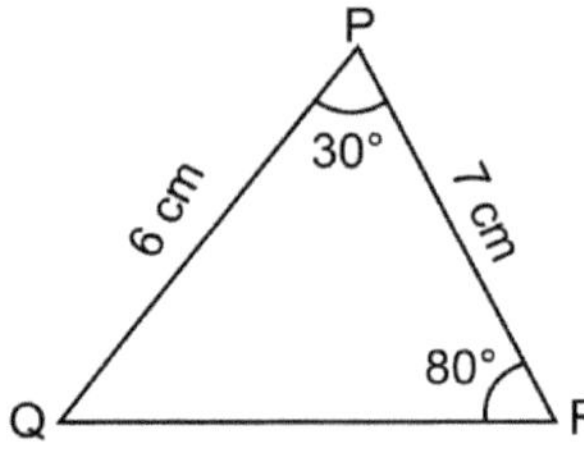

   (a) 65°   (b) 70°   (c) 80°   (d) 30°

3. If a matrix has equal number of rows and columns then it is said to be a:
   (a) Row Matrix   (b) Identical matrix   (c) Square matrix   (d) Rectangular matrix

4. Richa has a recurring deposit account in a bank for 3 years at 8% per annum interest. If she gets ₹ 2,775 as interest at the time of maturity, then her monthly installment is:
   (a) ₹ 500   (b) ₹ 625   (c) ₹ 750   (d) ₹ 875

5. The first, second and fourth terms of a proportion are 16, 24 and 54 respectively. Then the third term is:
   (a) 36   (b) 48   (c) 28   (d) 32

6. The solution set representing the following number line is:

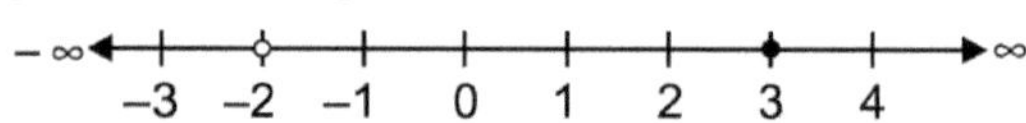

   (a) $\{x : x \in R, -2 < x < 3\}$ (b) $\{x : x \in R, -2 < x \leq 3\}$

   (c) $\{x : x \in R, -2 \leq x < 3\}$ (d) $\{x : x \in R, -2 \leq x \leq 3\}$

7. The compounded ratio of 2 : 3 and 5 : 7 is:
   (a) 7 : 10   (b) 9 : 8   (c) 10 : 21   (d) 14 : 15

8. If $\dfrac{1}{2}$ is a root of the quadratic equation $x^2 - mx - \dfrac{5}{4} = 0$, then the value of m is:
   (a) 2   (b) –2   (c) –3   (d) 3

9. The solution set of $1 \geq 15 - 7x > 2x - 27$, $x \in N$ on the number line is:
   (a)
   (b)
   (c)
   (d)

10. If the sum of first n terms of an A.P. is $An + Bn^2$, where A and B are constants, the common difference of A.P. will be:
    (a) A + B   (b) A – B   (c) 2A   (d) 2B

11. Sum of n terms of the series $\sqrt{2} + \sqrt{8} + \sqrt{18} + \sqrt{32} + \,.....$ is:

(a) $\dfrac{n(n+2)}{\sqrt{2}}$ (b) $\sqrt{2}\,n(n+1)$ (c) $\dfrac{n(n+1)}{\sqrt{2}}$ (d) 1

12. If a polynomial $p(x)$ is divided by a linear divisor $(x-a)$, then the remainder is:

     (a) $p(a)$ (b) $p(1)$ (c) $p(0)$ (d) $p(x)$

13. If $(x-1)$ is a factor of $x^3 - kx^2 + 11x - 6$, then the value of k should be:

     (a) 1   (b) -6 (c) 6   (d) 5

14. The polynomial equation $x(x+1) + 8 = (x+2)(x-2)$ is a:

     (a) linear equation   (b) quadratic equation

     (c) cubic equation   (d) bi-equadratic equation

15. The roots of the quadratic equation $3x^2 - 14x + 8 = 0$ are:

     (a) $\dfrac{1}{3}, 2$ (b) $\dfrac{1}{2}, 3$ (c) $\dfrac{2}{3}, 4$ (d) $\dfrac{3}{4}, 2$

16. The product of matrices $(PQ)^{-1}\,P$ is:

     (a) P^{-1} (b) Q^{-1} (c) $P^{-1}Q^{-1}P$ (d) PQP^{-1}

SECTION B

17. The solution set of $\dfrac{x-1}{3} + 4 < \left(\dfrac{x-5}{5}\right) - 2$ is:

     (a) $(-\infty, -50)$ (b) $(-\infty, -5)$ (c) $(-\infty, -10)$ (d) $(-\infty, -15)$

18. Krishna deposited ₹ 2,000 per month in a recurring bank account for 2 years at the rate of 11% per annum interest. The amount Krishna will get at the time of maturity is:

     (a) ₹ 47,632   (b) ₹ 50, 500   (c) ₹ 51, 225   (d) ₹ 53, 500

19. Mr. Pankaj took health insurance policy for his family and paid ₹ 900 as SGST. The total Annual Premium paid by him for this policy rate of GST being 18% is:

     (a) ₹ 1,800   (b) ₹ 10,000   (c) ₹ 5,000   (d) ₹ 3,600

20. The traders at each stage always pay GST to the Government on their__________.

     (a) Profits   (b) C.P.   (c) Discount   (d) S.P.

21. Two matrices A and B are multipled to get AB, if :

     (a) Both are rectangular   (b) Both have same order

     (c) No. of columns of 'A' is equal to the no. of rows of 'B'.

     (d) No. of rows of 'A' is equal to the no. of columns of 'B'.

22. In the given figure perpendiculars are dropped on the diagonal BD of the rectangle ABCD. If $AE = 2$ cm, $CF = 3$ cm then, $\dfrac{ar(\triangle ABD)}{ar(\triangle BDC)} = \underline{\qquad}$.

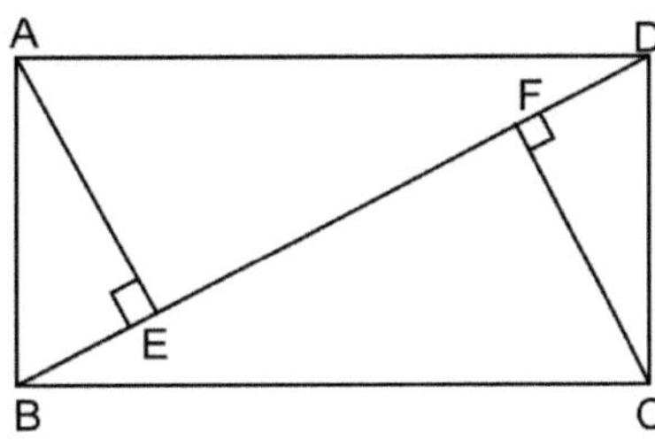

     (a) $\dfrac{1}{3}$ (b) $\dfrac{2}{3}$ (c) $\dfrac{4}{9}$ (d) $\dfrac{1}{9}$

SECTION C

23. The production of TV sets in a factory increases uniformly by a fixed number every year. It produced 16000 sets in 6th year and 22,600 in 9th year.

     (i) Find the production during 1st year.

         (a) 5,000   (b) 2,200   (c) 10,000   (d) None of these

     (ii) The fixed number of TV sets increases every year is:

         (a) 5,000   (b) 3,200   (c) 2,200   (d) 1,000

(iii) Find the production during 3rd year.
    (a) 9,600   (b) 9,400   (c) 9,200   (d) 9,000

(iv) The total production in 10 years will be:
    (a) 1, 49,000   (b) 1, 52,000   (c) 50,000   (d) 75,000

24. The speed of a motor boat is 20 km/hr for covering the distance of 15 km. The boat took 1 hour more for upstream than downstream.

    (i) Let the speed of the stream be x km/hour, then the speed of the motor boat in upstream will be:
        (a) 20 km/hr   (b) $(20 + x)$ km/hr   (c) $(20 - x)$ (d) 2 km/hr

    (ii) What is the relation between speed, distance and time?
        (a) speed $= \dfrac{\text{Distance}}{\text{Time}}$ (b) Distance $= \dfrac{\text{speed}}{\text{Time}}$

        (c) Time $=$ Speed $\times$ Distance   (d) Speed $=$ Distance $\times$ Time

    (iii) What will be the speed of stream?
        (a) 20 km/hour   (b) 10 km/hour   (c) 15 km/hour   (d) 25 km/hour

    (iv) How much time boat took in downstream?
        (a) 90 minutes   (b) 15 minutes   (c) 30 minutes   (d) 45 minutes

25. Consider the following matrices.

$$A = \begin{bmatrix} 3 & -2 \\ -1 & 4 \end{bmatrix},\ B = \begin{bmatrix} 2 & 1 \\ -3 & 4 \end{bmatrix},\ C = \begin{bmatrix} 1 & 2 \\ 2 & 1 \end{bmatrix},\ D = \begin{bmatrix} 2 & 1 \\ 1 & 2 \end{bmatrix}$$

    (i) If $A\begin{bmatrix} 2x \\ 1 \end{bmatrix} + 2\begin{bmatrix} -4 \\ 5 \end{bmatrix} = 4\begin{bmatrix} 2 \\ y \end{bmatrix}$, then the values of x and y, respectively are:

        (a) 2, 3   (b) 1, 3   (c) 3, 4   (d) 3, 2

    (ii) If $BX = \begin{bmatrix} 7 \\ 6 \end{bmatrix}$, then the order of matrix X will be:

        (a) 2×2 (b) 1×2 (c) 2×1 (d) 1×1

    (iii) CD $=$
        (a) $\begin{bmatrix} 5 & 4 \\ 4 & 5 \end{bmatrix}$ (b) $\begin{bmatrix} 4 & 5 \\ 5 & 4 \end{bmatrix}$ (c) $\begin{bmatrix} 1 & 3 \\ 3 & 1 \end{bmatrix}$ (d) $\begin{bmatrix} 3 & 1 \\ 1 & 3 \end{bmatrix}$

    (iv) 2A + B − C $=$
        (a) $\begin{bmatrix} 7 & -5 \\ -7 & 11 \end{bmatrix}$ (b) $\begin{bmatrix} 8 & -7 \\ 11 & -4 \end{bmatrix}$ (c) $\begin{bmatrix} -4 & 3 \\ 7 & -8 \end{bmatrix}$ (d) $\begin{bmatrix} 7 & -11 \\ -4 & 6 \end{bmatrix}$

Answers

SECTION A

1. (b) Commutative law

    Explanation: If matrices A and B are of same order then
$$(A + B) = (B + A),$$
    This law is known as "commutative law".

2. (b) 70°

    Explanation: In $\triangle ABC$ and $\triangle PQR$
$$\frac{AB}{BC} = \frac{PQ}{PR} = \frac{3}{3.5}$$
    and $\angle B = \angle P = 30$
    $\therefore$ By SAS similarity axiom,
    $\triangle ABC \sim \triangle QPR$
    $\therefore\ \angle A = \angle Q = x$
    and $\angle C = \angle B = 80°$

so we have,

$$\angle A + \angle B + \angle C = 180°$$
$$\Rightarrow \qquad x + 30° + 80° = 180°$$
$$\Rightarrow \qquad x = 70°$$

3. (c) Square matrix

Explanation: If a matrix has equal number of columns and rows, then it is said to be a "square matrix".

So the correct option will be 'c' *i.e.* "Square matrix".

4. (b) ₹ 625

Explanation: We have, $n = 3$ years $= 36$ months, $r = 8\%$ and $I = ₹ 775$

Let her monthly installment be ₹ P.

Then,
$$I = P \times \frac{n(n+1)}{2 \times 12} \times \frac{r}{100}$$

$$\Rightarrow \qquad 2,775 = P \times \frac{36 \times 37}{24} \times \frac{8}{100}$$

$$\Rightarrow \qquad 2,816 = \frac{111P}{25}$$

$$\Rightarrow \qquad P = 2,776 \times \frac{25}{111} = 625$$

5. (a) 36

Explanation: Given :

$$\text{First term of proportion} = 16$$
$$\text{Second term of proprotion} = 24$$
$$\text{Fourth term of proportion} = 54$$

Let Assume, the third term be x

Then, according to the proportion theory,

$$16 : 24 = x : 54$$

$$\Rightarrow \qquad \frac{16}{24} = \frac{x}{54}$$

$$\Rightarrow \qquad x = \frac{16 \times 54}{24} = \frac{864}{24} = 36$$

6. (b) $\{x : x \in R, -2 < x \le 3\}$

7. (c) $10 : 21$

Explanation: Compounded ratio of $2 : 3$ and $5 : 7$

$$= \frac{2}{3} \times \frac{5}{7} = \frac{10}{21}$$

8. (b) -2

Explanation: Given: $x = \dfrac{1}{2}$ as root of the equation $x^2 - mx - \dfrac{5}{4} = 0$.

$$\therefore \qquad \left(\frac{1}{2}\right)^2 - m\left(\frac{1}{2}\right) - \frac{5}{4} = 0$$

$$\Rightarrow \qquad \frac{1}{4} - \frac{m}{2} - \frac{5}{4} = 0$$

$$\Rightarrow \qquad m = -2$$

9. (a)

−1 0 1 2 3 4 5

Explanation: We have,

$$1 \ge 15 - 7x > 2x - 27$$

$$\Rightarrow \qquad 1 \ge 15 - 7x \; ; \; 15 - 7x > 2x - 27$$

$$\Rightarrow \quad 1 - 15 \geq 7x;\ 15 + 27 > 2x + 7x$$

$$\Rightarrow \quad -14 \geq -7x;\ 42 > 9x$$

$$\Rightarrow \quad 2 \leq x;\ \frac{42}{9} > x$$

$$\Rightarrow \quad 2 \leq x < \frac{42}{9}$$

or, $\quad 2 \leq x < 4\frac{6}{9},\ x \in N$

On the number line, it is represented as

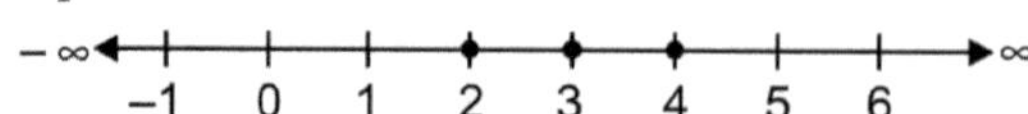

10. (d) 2B

Explanation: Given: Sum of first n terms, of an AP is

$$S_n = An + Bn^2$$

If $n = 1$

If $n = 2$

$$S_2 = 2A + 4B$$
$$S_1 = A + B = \text{First term } (a_1)$$
$$S_2 = 2A + 4B$$

If $\quad n = 2$

$$\Rightarrow \quad \text{Second term } (a_2) = S_2 - S_1 = A + 3B$$

$\therefore$ Common difference (d)
$$= a_2 - a_1 = 3B - B = 2B$$

11. (c) $\dfrac{n(n+1)}{\sqrt{2}}$

Explanation: Given: given series is, $\sqrt{2} + \sqrt{8} + \sqrt{18} + \sqrt{32} + \ldots\ldots$

$$\Rightarrow \sqrt{2} + 2\sqrt{2} + 3\sqrt{2} + 4\sqrt{2} + \ldots\ldots + n\sqrt{2}$$

$$\Rightarrow \sqrt{2}\,(1 + 2 + 3 + 4 + \ldots\ldots + n)$$

We know that,

$$\sum_{i=1}^{n} k = 1 + 2 + 3 + \ldots.. + n.$$

$$= \frac{n(n+1)}{2}$$

$$= \sqrt{2}\left[\frac{n(n+1)}{2}\right]$$

$\therefore$
$$= \sqrt{2}\,(1 + 2 + 3 + \ldots.. + n)$$

$$= \frac{n(n+1)}{\sqrt{2}}$$

12. (a) $p(a)$

Explanation: When a polynomial $p(x)$ is divided by $(x - a)$,

$$\text{Remainder} = p(x = a)$$

$$= p(a)$$

13. (c) 6

Explanation: Given : $(x - 1)$ is a factor of $(x^3 - kx^2 + 11x - 6)$

Since $(x - 1)$ is a factor, so, using Remainder's theorem,

Putting the value 1 in place of x, the remainder equal to zero.

$$1 - k + 11 - 6 = 0$$

$$\Rightarrow \quad k = 6$$

14. (a) Linear equation

Explanation: Given: $x(x + 1) + 8 = (x + 2)(x - 2)$

By simplifying it, we get,

$$x^2 + x + 8 = x^2 - 4$$
$$\Rightarrow \qquad x^2 - x^2 + x + 8 + n = 0$$
$$\Rightarrow \qquad x + 12 = 0$$

The variable x is only in the first degree. So that it is not a quadratic equation.

15. (c) $\dfrac{2}{3}, 4$

Explanation:
$$3x^2 - 14x + 8 = 0$$
$$\Rightarrow \qquad 3x^2 - 12x - 2x + 8 = 0$$
$$3x(x - 4) - 2(x - 4) = 0$$
$$\Rightarrow \qquad (3x - 2)(x - 4) = 0$$
$$\Rightarrow \qquad 3x - 2 = 0, \text{ or } x - 4 = 0$$
$$\Rightarrow \qquad x = \frac{2}{3} \text{ or } x = 4$$

16. (b) Q^{-1}

Explanation:
$$(PQ)^{-1}P = Q^{-1}P^{-1}P \qquad\qquad [\because (AB)^{-1} = B^{-1}A^{-1}]$$
$$= Q^{-1}(P^{-1}P)$$
$$= Q^{-1}(I) \qquad\qquad [\because (A^{-1}A = I)]$$
$$= Q^{-1} \qquad\qquad [\because AI = A]$$

SECTION-B

17. (a) $(-\infty, -50)$

Explanation: Given: given inequation is: $\dfrac{x-1}{3} + 4 < \left(\dfrac{x-5}{5}\right) - 2$

Multiplying by 25 both sides we get,
$$\left(\frac{x-1}{3}\right) \times 15 + 4 \times 15 < \left(\frac{x-5}{5}\right) \times 15 - 2 \times 15$$
$$\Rightarrow \qquad 5(x-1) + 60 < 3(x-5) - 30$$
$$\Rightarrow \qquad 5x - 5 + 60 < 3x - 15 - 30$$
$$\Rightarrow \qquad 5x + 55 < 3x - 45$$

Add $-3x$ and -55 on both sides we get,
$$\Rightarrow \qquad 5x - 3x < -45 - 55$$
$$\Rightarrow \qquad 2x < -100$$
$$\Rightarrow \qquad x < -50$$
$$\therefore \qquad x < (-\infty, -50)$$

18. (d) ₹ 53,500

Explanation: We have, P = ₹ 2,000, $n = 2$ years = 24 months and $r = 11\%$

We know, Amount at the time of maturity $= p \times n + I$
$$= p \times n + p \times \frac{n(n+1)}{2 \times 12} + \frac{r}{100}$$
$$= 2,000 \times 24 + 2,000 \times \frac{24 \times 25}{24} \times \frac{11}{100}$$
$$= 48,000 + 5,500$$
$$= 53,500$$

19. (b) ₹ 10,000

Explanation: Let's consider that the Annual premium paid by Mr. Pankaj be ₹ x.

According to given data in question,
$$18\% \text{ of } x = \text{SGST} + \text{CGST}$$
$$\Rightarrow \qquad \frac{18}{100} \times x = 1800 \qquad\qquad [\text{As SGST = CGST}]$$
$$\Rightarrow \qquad x = ₹\ 10,000$$

20. (a) Profits

Explanation: The traders at each stage always pay GST to the government on their profit

21. (c) No. of columns of A is equal to the no. of rows of B

Explanation: The product AB of two matrices A and B is defined only if the number of columns of matrix A is equal to number of rows of matrix B.

22. (b) $\dfrac{2}{3}$

Explanation: Given: AE = 2 cm, CF = 3 cm

We know that,

$$\text{Area of Triangle} = \frac{1}{2} \times \text{Base height}$$

$\therefore$
$$\text{Area of } \Delta ABD = \frac{1}{2} \times BD \times 2$$

and
$$\text{Area of } \Delta BDC = \frac{1}{2} \times BD \times 3$$

$\therefore$
$$\frac{\text{Area of } \Delta ABD}{\text{Area of } \Delta BDC} = \frac{\frac{1}{2} \times BD \times 2}{\frac{1}{2} \times BD \times 3} = \frac{2}{3}$$

SECTION-C

23. (i) (a) 5000

Explanation: Given: TV sets in a factory increases uniformly by a fixed number every year.

It is purely satisfy the conditions of Arithmetic Progreesion.

Production of TV sets every years forms an A.P.

Let the production in the first year be a and the number of units by which production increases every years be d.

Then Production of 6th year = $a + 5d$.

$\Rightarrow \qquad a + 5d = 16,000$ ...(i)

Also, Production of 9th year = $a + 8d$

$\Rightarrow \qquad a + 8d = 22,600$ ...(ii)

Subtracting eq. (i) from eq. (ii)

$\Rightarrow \qquad (a + 8d) - (a + 5d) = 22,600 - 16,000$

$\Rightarrow \qquad 3d = 6,600$

$\Rightarrow \qquad d = \dfrac{6,600}{3} = 2,200$

Substituting the value of d in eq. (i) we get,

$$a + 5 \times 2,200 = 16,000$$

$\Rightarrow \qquad a = 16,000 - 11,000$

$\Rightarrow \qquad a = 5,000$

$\therefore$ Production of 1st year = 5,000

(ii) (c) 2,200

Explanation: From part (i), $d = 2,200$

(iii) (b) 9,400

Explanation: Production during 3rd year = $a + 2d$

$$= 5,000 + 2 \times 2,200$$
$$= 5,000 + 4,400$$
$$= 9,400$$

(iv) (a) 1,49,000

Explanation: Total production in 10 years

$$= S_{10}$$

$$= \frac{n}{2}[2a + (n-1)d]$$

$$= \frac{10}{2}[2 \times 5{,}000 + 9 \times 2{,}200]$$

$$= 5(29{,}800)$$

$$= 1{,}49{,}000$$

24. (i) (c) $(20 - x)$ km/hr

Explanation: Given: Speed of motor boat = 20 km/hour

And, speed of stream = x km/hr

$\therefore$ speed during upstream = speed of boat – speed of stream

$$= (20 - x) \text{ km/hr}$$

(ii) (a) Speed = $\dfrac{\text{Distance}}{\text{Time}}$

Explanation: Relation between speed, distance and time:

$$\text{Speed} = \frac{\text{Distance}}{\text{Time}}$$

(iii) (b) 10 km/hr

Explanation:

$$\text{Time taken by the boat in upstream} = \frac{\text{Distance covered}}{\text{Speed during upstream}}$$

$$t_1 = \frac{15}{20 - x}$$

Similarly, time taken by the boat during downstream

$$t_2 = \frac{15}{20 + x}$$

$$[\because \text{speed during downstream} = (20 + x) \text{ km/hr}]$$

According to question,

$$t_1 = t_2 + 1$$

$$\Rightarrow \qquad t_1 - t_2 = 1$$

$$\Rightarrow \qquad \frac{15}{20 - x} - \frac{15}{20 + x} = 1$$

$$\Rightarrow \qquad 15(20 + x) - 15(20 - x) = (20 - x)(20 + x)$$

$$\Rightarrow \qquad 30x = 400 - x^2$$

$$\Rightarrow \qquad x^2 + 30x - 400 = 0$$

$$\Rightarrow \qquad (x + 40)(x - 10) = 0$$

$$\Rightarrow \qquad x = -40, 10$$

But speed cannot be negative,

$$\therefore \qquad x = 10$$

$$\therefore \qquad \text{speed of stream} = 10 \text{ km/hr}$$

(iv) (c) 30 minutes

Explanation: From part (iii), we have

$$\text{Time taken during downstream} = t_2 = \frac{15}{20 + x} = \frac{15}{20 + 10} = \frac{15}{30} = \frac{1}{2} \text{ hr} = 30 \text{ min}$$

25. (i) (d) 3, 2

Explanation: We have,

$$\begin{bmatrix} 3 & -2 \\ -1 & 4 \end{bmatrix}\begin{bmatrix} 2x \\ 1 \end{bmatrix} + 2\begin{bmatrix} -4 \\ 5 \end{bmatrix} = 4\begin{bmatrix} 2 \\ y \end{bmatrix}$$

$$\Rightarrow \qquad \begin{bmatrix} 6x - 2 \\ -2x + 4 \end{bmatrix} + \begin{bmatrix} -8 \\ 10 \end{bmatrix} = \begin{bmatrix} 8 \\ 4y \end{bmatrix}$$

$$\Rightarrow \qquad \begin{bmatrix} 6x - 10 \\ -2x + 14 \end{bmatrix} = \begin{bmatrix} 8 \\ 4y \end{bmatrix}$$

$$\Rightarrow \qquad 6x - 10 = 8; \ -2x + 14 = 4y$$

$$\Rightarrow \qquad 6x = 18 \Rightarrow x = 3$$

So, $\qquad -2x + 14 = 4y$

$$\Rightarrow \qquad -2(3) + 14 = 4y$$

$$\Rightarrow \qquad 8 = 5y \Rightarrow y = 2$$

$$\therefore \qquad x = 3, y = 2$$

$$\therefore \qquad x = 3, y = 2$$

(ii) (c) 2×1

Explanation: We have,

$$x = \begin{bmatrix} 7 \\ 6 \end{bmatrix}$$

$$\Rightarrow \qquad \begin{bmatrix} 2 & 1 \\ -3 & 4 \end{bmatrix}_{2 \times 2} [x]_{mxn} = \begin{bmatrix} 7 \\ 6 \end{bmatrix}_{2 \times 1}$$

$$\therefore \qquad m = 2, n = 1$$

(iii) (b) $\begin{bmatrix} 4 & 5 \\ 5 & 4 \end{bmatrix}$

Explanation:

$$CD = \begin{bmatrix} 1 & 2 \\ 2 & 1 \end{bmatrix}\begin{bmatrix} 2 & 1 \\ 1 & 2 \end{bmatrix}$$

$$= \begin{bmatrix} 2+2 & 1+4 \\ 4+1 & 2+2 \end{bmatrix}$$

$$= \begin{bmatrix} 4 & 5 \\ 5 & 4 \end{bmatrix}$$

(iv) (a) $\begin{bmatrix} 7 & -5 \\ -7 & 11 \end{bmatrix}$

Explanation:

$$2A + B - C = 2\begin{bmatrix} 3 & -2 \\ -1 & 4 \end{bmatrix} + \begin{bmatrix} 2 & 1 \\ -3 & 4 \end{bmatrix} - \begin{bmatrix} 1 & 2 \\ 2 & 1 \end{bmatrix}$$

$$= \begin{bmatrix} 6 & -4 \\ -2 & 8 \end{bmatrix} + \begin{bmatrix} 2 & 1 \\ -3 & 4 \end{bmatrix} - \begin{bmatrix} 1 & 2 \\ 2 & 1 \end{bmatrix}$$

$$= \begin{bmatrix} 6+2-1 & -4+1-2 \\ -2-3-2 & 8+4-1 \end{bmatrix}$$

$$= \begin{bmatrix} 7 & -5 \\ -7 & 11 \end{bmatrix}$$

❏❏

5 Sample Paper

Mathematics

Section A

1. If A = [8 – 3] and B = [4 – 5], then B – A?
   - (a) [4 2]
   - (b) [– 4 – 2]
   - (c) [4 – 2]
   - (d) [– 4 2]

2. For $x = 0$, the value of the polynomial $x^3 + 9x + 5$ is :
   - (a) 9
   - (b) 0
   - (c) – 9
   - (d) 5

3. In the following figure, point D divides AB in the ratio 3 : 5. Then, $\dfrac{AB}{AD}$

   - (a) $\dfrac{1}{8}$
   - (b) $\dfrac{8}{3}$
   - (c) $\dfrac{5}{8}$
   - (d) $\dfrac{7}{8}$

4. Mr. Jha gets ₹ 12,910 at the end of 1 year at the rate of 14% p.a. in a recurring deposit account. Find the monthly installment.
   - (a) ₹ 200
   - (b) ₹ 500
   - (c) ₹ 1,000
   - (d) ₹ 1,500

5. Anushka deposited ₹ 350 per month in a bank for 1 year and 3 months under the recurring deposit scheme. If she receives the maturity value of ₹ 5, 565, find the interest received on the total deposit.
   - (a) ₹ 35
   - (b) ₹ 240
   - (c) ₹ 315
   - (d) ₹ 350

6. Solve the inequation $16 \geq 25 - 4x$, when $x \in$ N.
   - (a) $x = 2.5$
   - (b) $x \geq 2.25$
   - (c) $x \leq 2.75$
   - (d) $x < 4$

7. Which term of the A.P. 1, 4, 7, 10, …. is 58?
   - (a) 18
   - (b) 19
   - (c) 20
   - (d) 21

8. Areas of two similar triangles are 98 sq. cm and 128 sq. cm. Find the ratio between the lengths of their corresponding sides.
   - (a) 3 : 8
   - (b) 5 : 8
   - (c) 7 : 8
   - (d) 9 : 8

9. Find the greatest integral value of x satisfying the inequality: $7 - 3x \geq \left(-\dfrac{1}{2}\right)$, $x \in$ R.
   - (a) 2
   - (b) 2.5
   - (c) 3
   - (d) 3.5

10. Find the value of m if $\dfrac{2}{3}$ is a solution of the equation $3x^2 + mx + 2 = 0$
    - (a) $-2\sqrt{6}$
    - (b) -5
    - (c) $-2\sqrt{3}$
    - (d) -6

11. Find the fourth proportional to 1.5, 4.5 and 3.5.
    - (a) 8.5
    - (b) 10.5
    - (c) 11.5
    - (d) 12.5

12. Find the value of a, if $(x - a)$ is a factor of $x^3 - ax^2 + 2x + a - 1$.
    - (a) –1
    - (b) 1
    - (c) $\dfrac{1}{3}$
    - (d) 2

13. Find the value (s) of x which satisfies the equation $2x^2 - 9x = -10$.

    (a) 2 or 2.5 (b) 4 or 3 (c) 5 or 2 (d) 3 or 7

14. Find the sum of first 14 natural numbers where each number is divisible by 9.

    (a) 135 (b) 819 (c) 945 (d) 952

15. If $A = \begin{bmatrix} 5 & 3 \\ -1 & 2 \end{bmatrix}$, find $(A - 2I)$.

    (a) $\begin{bmatrix} 3 & 3 \\ -1 & 0 \end{bmatrix}$ (b) $\begin{bmatrix} 7 & 3 \\ -1 & 4 \end{bmatrix}$ (c) $\begin{bmatrix} 4 & 3 \\ -1 & 1 \end{bmatrix}$ (d) $\begin{bmatrix} 5 & 1 \\ -3 & 2 \end{bmatrix}$

16. When a polynomial $x^3 + 2x^2 - kx + 8$ is divided by $x - 2$, the remainder is k. Find the value of k.

    (a) $\dfrac{20}{3}$ (b) 8 (c) $\dfrac{19}{3}$ (d) 7

Section B

17. If $\triangle ABC \sim \triangle DEF$, then which of the following is true?

    (a) BC.EF = AC. FD (b) AB.ED = AC.DE (c) BC.DE = AB.EF (d) BC.DE = AB.FD

18. Find 'm' if the two polynomials $mx^3 + 4x^2 - 7$ and $3x^3 - 2x + m$, leave the same remainder when divided by $(x - 2)$.

    (a) $\dfrac{8}{7}$ (b) $\dfrac{11}{7}$ (c) $\dfrac{12}{7}$ (d) $\dfrac{15}{7}$

19. Find the smallest value of x which satisfies the inequality $2x + \dfrac{5}{2} > \dfrac{5x}{3} + 2, x \in I$.

    (a) −1 (b) 0 (c) 1 (d) 2

20. What number must be added to each of the numbers 7, 16, 21 and 44 to make them proportional?

    (a) 1 (b) 2 (c) 3 (d) 4

21. If $\begin{bmatrix} a & 3 \\ 4 & 1 \end{bmatrix} + \begin{bmatrix} 2 & b \\ 1 & -2 \end{bmatrix} - \begin{bmatrix} 1 & 1 \\ -2 & c \end{bmatrix} = \begin{bmatrix} 5 & 0 \\ 7 & 3 \end{bmatrix}$, find the values of a, b and c.

    (a) $a = 4, b = 2, c = -4$ (b) $a = -4, b = 2, c = 4$
    (c) $a = 4, b = -2, c = -4$ (d) $a = -4, b = -2, c = -4$

22. Using remainder theorem, find the remainder when $3x^4 - 4x^3 - 3x - 1$ is divided by $(x - 1)$.

    (a) 1 (b) − 5 (c) 5 (d) − 1

Section C

23. The nth term of an arithmetic progression (A.P.) is $2(n - 1) + 5$.

    (i) The first three terms of this A.P. are :

        (a) 9, 11, 13 (b) 7, 9, 11 (c) 3, 5, 7 (d) 5, 7, 9

    (ii) The common difference of the A.P. is :

        (a) 2 (b) − 3 (c) − 2 (d) 3

    (iii) Which of the following is not a term of this A.P.?

        (a) 23 (b) 43 (c) 33 (d) 68

    (iv) Sum of the first 12 terms of this A.P. is :

        (a) 212 (b) 182 (c) 202 (d) 192

24. Stations A and B are 300 km apart. Two trains run daily commuting people from A to B and vice versa. The first train runs at a speed of x km/hr, whereas the second one runs 50 km/hr slower than the first train.

    (i) The time taken by the first train to cover the distance between station A and B is :

        (a) $\dfrac{x}{300}$ hrs (b) 30 hrs (c) $\dfrac{300}{x}$ hrs (d) x hr

(ii) The time taken by the second train to cover the distance between stations A and B is :

(a) $\dfrac{(x+50)}{300}$ hrs   (b) $\dfrac{300}{(x+5)}$ hrs   (c) $\dfrac{(x-50)}{300}$ hrs   (d) $\dfrac{300}{(x-50)}$ hrs

(iii) If second train takes 10 hrs to cover the distance, then find the speed of first train.

(a) 80 km/hr   (b) 30 km/hr   (c) 150 km/hr   (d) 90 km/hr

(iv) If first train takes 3 hrs to cover the distance, then find the speed of second train.

(a) 80 km/hr   (b) 100 km/hr   (c) 50 km/hr   (d) 30 km/hr

25. In quadrilateral ABCD, AB || DC, AD || BC and AC intersects BD at O.

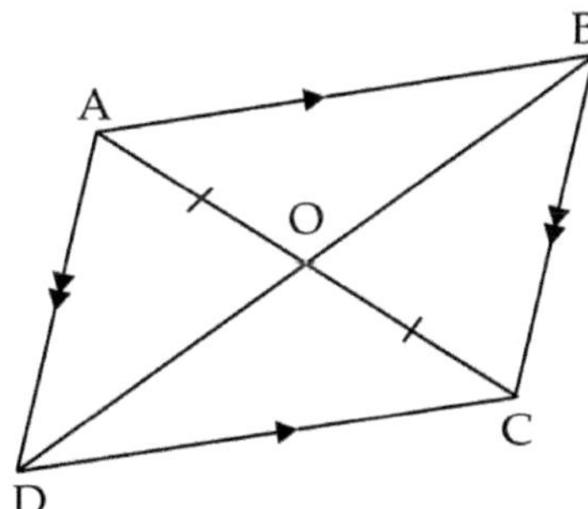

(i) Triangle AOB is similar to :

(a) Triangle COD   (b) Triangle DOC   (c) Triangle AOD   (d) Triangle BOC

(ii) Triangle BOC is similar to :

(a) Triangle OAD   (b) Triangle AOD   (c) Triangle ADO   (d) Triangle DOA

(iii) If AB = 6 cm, AO = 3 cm and CD = 8 cm, then OC =

(a) 4 cm   (b) 5 cm   (c) 6cm   (d) 7 cm

(iv) If OC = 3 cm, OD = 5 cm, then AO : OB =

(a) 8 : 3   (b) 3 : 8   (c) 5 : 3   (d) 3 : 5

Answers

1. (b) $[-4 \quad -2]$

   Explanation: Given, $\quad A = [B \quad -3]$ and $B = [4 \quad -5]$

   $\therefore \qquad\qquad\qquad B - A = [4 \quad -5] - [8 \quad -3]$

   $\qquad\qquad\qquad\qquad\qquad = [4, 8 \quad -5+3]$

   $\qquad\qquad\qquad\qquad\qquad = [-4 \quad -2]$

2. (d) 5

   Explanation: Let, $\quad f(x) = x^3 + 9x + 5$

   $\Rightarrow \qquad\qquad f(x=0) = (0)^3 + 9(0) + 5$

   $\qquad\qquad\qquad\qquad = 5$

3. (b) $\dfrac{8}{3}$

   Explanation: Given, $\dfrac{AD}{DB} = \dfrac{3}{5}$

   $\Rightarrow \qquad\qquad \dfrac{DB}{AD} = \dfrac{5}{3}$ ...(i)

   Adding 1 to both sides to the eq. (i)

   $\Rightarrow \qquad\qquad \dfrac{DB}{AD} + 1 = \dfrac{5}{3} + 1$

   $\Rightarrow \qquad\qquad \dfrac{DB + AD}{AD} = \dfrac{5+3}{3}$ $[\because\ AB = AD + DB]$

$$\Rightarrow \qquad \frac{AB}{AD} = \frac{8}{3}$$

4. (c) ₹ 1,000

Explanation: Given,

$$\text{Total recived money} = ₹ 12,910$$

$$\text{Total time } (n) = 1 \text{ year} = 12 \text{ months}$$

$$\text{Rate } (r) = 14\%$$

$\Rightarrow$ We know,

$$\Rightarrow \qquad Pn + P \times \frac{n(n+1)}{2 \times 12} \times \frac{r}{100} = 12,910$$

Where, P = Principal or monthly installment

$$\Rightarrow \qquad 12P + P \times \frac{12(12+1)}{24} \times \frac{14}{100} = 12,910$$

$$\Rightarrow \qquad P\left[12 + \frac{12 \times 13}{24} \times \frac{14}{100}\right] = 12,910$$

$$\Rightarrow \qquad P\left(\frac{2,582}{200}\right) = 12,910$$

$$P = \frac{12,910 \times 200}{2,582} = ₹ 1,000$$

5. (c) ₹ 315

Explanation: Given, $\quad$ Total time (h) = 15 months

$$\text{Principal amount (p)} = 350 \times 75$$

$$= ₹ 5,250$$

$$\text{Amount after maturity} = ₹ 5,265$$

$\therefore \qquad$ Interest on Principal = Maturity amount – Principal

$$= (₹ 5,265 - 5,256)$$

$$= ₹ 315$$

So, the correct option will be 'c'.

6. (b) $x \geq 2.25$

Explanation: Given: $\qquad 16 \geq 25 - 4x$

$$\Rightarrow \qquad 25 - 4x \leq 16$$

$$\Rightarrow \qquad -4x \leq 16 - 25$$

$$\Rightarrow \qquad -4x \leq -9$$

$$\Rightarrow \qquad x \geq \frac{9}{4}$$

$$\Rightarrow \qquad x \geq 2.25$$

So, the smallest value of x, when x is a natural number is 3.

answer will be 'c' i.e. $(x \leq 2.75)$

7. (c) 20

Explanation: $\qquad$ A. P. = 1, 4, 7, 10......

Here, $\qquad$ first term (a) = 1

and $\quad$ common difference $(d) = 4 - 1 = 3$

Let n^{th} term of the given A.P. is 58.

$$\Rightarrow \qquad 58 = a + (n-1)d$$

$$\Rightarrow \qquad 58 = 1 + (n-1) \times 3$$

$$\Rightarrow \qquad n-1 = \frac{57}{3} = 19$$

$$\Rightarrow \qquad n = 20$$

So, 58 is 20th term of the A. P

8. (c) $7:8$

Explanation: We know, $\dfrac{A_1}{A_2} = \left(\dfrac{\text{Side}_1}{\text{Side}_2}\right)^2$

$$\Rightarrow \qquad \frac{98}{128} = \left(\frac{\text{Side}_1}{\text{Side}_2}\right)^2$$

$$\Rightarrow \qquad \frac{49}{64} = \left(\frac{\text{Side}_1}{\text{Side}_2}\right)^2$$

$$\Rightarrow \qquad \frac{\text{Side}_1}{\text{Side}_2} = \sqrt{\frac{49}{64}} = \frac{7}{8}$$

9. (b) 2.5

Explanation: Inequality $7 - 3x \geq \left(\dfrac{-1}{2}\right)$

$$\Rightarrow \qquad -3x \geq \frac{-1}{2} - 7$$

$$\Rightarrow \qquad -3x \geq \frac{-15}{2}$$

$$\Rightarrow \qquad x \leq \frac{15}{6}$$

$$\Rightarrow \qquad x \leq 2.5$$

$\therefore$ Greatest value of $x = 2.5$

10. (b) -5

Explanation: Given equation :

$$3x^2 + mx + 2 = 0$$

If $\dfrac{2}{3}$ is a solution of this equation, so that it should satisfy that equation :

$$\Rightarrow \qquad 3\left(\frac{2}{3}\right)^2 + m\left(\frac{2}{3}\right) + 2 = 0$$

$$\Rightarrow \qquad 3\left(\frac{4}{9}\right) + \frac{2}{3}(m) + 2 = 0$$

$$m = -5$$

11. (b) 10.5

Explanation: Let x be the fourth proportional :

$$\therefore \qquad \frac{1.5}{4.5} = \frac{3.5}{x}$$

$$\Rightarrow \qquad x = \frac{3.5 \times 4.5}{1.5}$$

$$\Rightarrow \qquad x = 10.5$$

12. (c) $\dfrac{1}{3}$

Explanation: Let, $p(x) = x^3 - ax^2 + 2x + a - 1$

$\because (x - a)$ is a factor of $p(x)$

$\because a$ is the zero of $p(x)$

$\therefore \qquad\qquad\qquad\qquad p(x = a) = 0$

$\Rightarrow \qquad\qquad (a^3) - a(a^2) + 2a + a - 1 = 0$

$\Rightarrow \qquad\qquad\qquad a^3 - a^3 + 3a - 1 = 0$

$\Rightarrow \qquad\qquad\qquad\qquad\qquad 3a - 1 = 0$

$\Rightarrow \qquad\qquad\qquad\qquad\qquad a = \dfrac{1}{3}$

13. (a) 2 or 2.5

Explanation: Given, equation

$$2x^2 - 9x = -10$$

$\Rightarrow \qquad\qquad 2x^2 - 9x + 10 = 0$

$\Rightarrow \qquad\qquad 2x^2 - 5x - 4x + 10 = 0$

$\Rightarrow \qquad\qquad 2\left(x - \dfrac{5}{2}\right) - 4\left(x - \dfrac{5}{2}\right) = 0$

$\Rightarrow \qquad\qquad \left(x - \dfrac{5}{2}\right)(2x - 4) = 0$

$\Rightarrow \qquad\qquad x = \dfrac{5}{2}, x = \dfrac{4}{2}$

$\Rightarrow \qquad\qquad x = 2.5, 2$

14. (c) 945

Explanation: List of first 14 natural numbers, where each number is divisible by 9 is :

9, 18, 27, ...

Clearly, this list forms an A. P.

$\therefore \qquad$ First term of A.P. $(a) = 9$

Common difference (d) = 9

We know, $\qquad\qquad S_n = \dfrac{n}{2}[2a + (n-1)d]$

$\therefore \qquad\qquad S_{14} = \dfrac{14}{2}[2 \times 9 + (14 - 1) \times 9]$

$$= 7[18 + 117]$$

$$= 945$$

$\therefore$ Required sum = 945

15. (a) $\begin{bmatrix} 3 & 3 \\ -1 & 0 \end{bmatrix}$

Explanation: Given, $\qquad A = \begin{bmatrix} 5 & 3 \\ -1 & 2 \end{bmatrix}$

We know $\qquad\qquad I = \begin{bmatrix} 1 & 0 \\ 0 & 1 \end{bmatrix}$

$\therefore \qquad$ Required matrix $= A - 2I$

$$= \begin{bmatrix} 5 & 3 \\ -1 & 2 \end{bmatrix} - 2\begin{bmatrix} 1 & 0 \\ 0 & 1 \end{bmatrix}$$

$$= \begin{bmatrix} 5 & 3 \\ -1 & 2 \end{bmatrix} - \begin{bmatrix} 2 & 0 \\ 0 & 2 \end{bmatrix}$$

$$= \begin{bmatrix} 5-2 & 3-0 \\ -1-0 & 2-2 \end{bmatrix}$$

$$A - 2I = \begin{bmatrix} 3 & 3 \\ -1 & 0 \end{bmatrix}$$

16. (b) 8

Explanation: Let, $p(x) = x^3 + 2x^2 - kx + 8$

Given, $f(2) = k$ [According to Remainder theorem]

$\Rightarrow \quad (2)^3 + 2(2)^2 - k(2) + 8 = k$

$\Rightarrow \quad 8 + 8 - 2k + 8 = k$

$\quad\quad\quad 3k = 24$

$\quad\quad\quad k = 8$

Section-B

17. (c) BC.DE = AB. EE

Explanation: Given: ΔABC & ΔDEF are similar.

$\therefore \quad \dfrac{AB}{DE} = \dfrac{BC}{EF} = \dfrac{AC}{DF}$

$\Rightarrow \quad \dfrac{AB}{DE} = \dfrac{BC}{EF}$

$\Rightarrow \quad AB.EF = BC.DE$

18. (b) $\dfrac{11}{7}$

Explanation: Since the given polynomials leave the same remainder, when divided by $(x - 2)$

Value of polynomial $mx^3 + 4x^2 - 7$ is same as value of $3x^3 - 2x + m$ at $+ x = 2$

$\Rightarrow \quad m(2)^3 + 4(2)^2 - 7 = 3(2)^3 - 2(2) + m.$

$\Rightarrow \quad 8m + 16 - 7 = 24 - 4 + m$

$\Rightarrow \quad 7m = 20 - 9$

$\Rightarrow \quad m = \dfrac{11}{7}$

19. (a) –1

Explanation: Given: inequation $2x + \dfrac{5}{2} > \dfrac{5x}{3} + 2$, $x \in I$

$\Rightarrow \quad \dfrac{4x + 5}{2} > \dfrac{5x + 6}{3}$

$\Rightarrow \quad 3(4x + 5) > 2(5x + 6)$

$\Rightarrow \quad 12x + 15 > 10x + 12$

$\Rightarrow \quad 12x - 10x > 12 - 15$

$\Rightarrow \quad 2x > -3$

$\quad\quad\quad x > \dfrac{-3}{2}$

Hence, smallest value of x is –1 for $x \in I$.

20. (a) 1

Explanation: Let x be added to each of the numbers 7, 16, 21 and 44

$\therefore (7 + x), (16 + x), (21 + x), (44 + x)$ are in proportion

$\Rightarrow \quad (7 + x) \times (44 + x) = (16 + x) \times (21 + x)$

$\Rightarrow \quad 308 + 7x + 44x + x^2 = 356 + 16x + 21x + x$

$\Rightarrow \quad 51x - 37x = 336 - 308$

$\Rightarrow \quad 28x = 28$

$\Rightarrow \quad x = 1$

21. (c) $a = 4, b = -2, c = -4$

Explanation: Given:

$$\begin{bmatrix} a & 3 \\ 4 & 1 \end{bmatrix} + \begin{bmatrix} 2 & b \\ 1 & -2 \end{bmatrix} - \begin{bmatrix} 1 & 1 \\ -2 & c \end{bmatrix} = \begin{bmatrix} 5 & 0 \\ 7 & 3 \end{bmatrix}$$

According to matrix additon property,

$$a + 2 - 1 = 5 \Rightarrow a = 4$$

Also, $\qquad 3 + b - 1 = 0 \Rightarrow b = -2$

And $\qquad 1 - 2 - c = 3 \Rightarrow C = -4$

$\therefore \qquad a = 4, b = -2, c = -4$

22. (b) -5

Explanation: Let, $\qquad f(x) = 3x^4 - 4x^3 - 3x - 1$

Remainder when $f(x)$ is divide by $x - 1$

$$= f(x = 1)$$
$$= 3(1)^4 - 4(1)^3 - 3(1) - 1$$
$$= 3 - 4 - 3 - 1$$
$$= -5$$

Section C

23. (i) (d) $5, 7, 9$

Explanation: Given : n^{th} term of an A.P. is

$\Rightarrow \qquad a_n = 2(n - 1) + 5$

For $n = 1$, $\qquad a_n = 2(1 - 1) + 5$

$\qquad a_1 = 5$

For $n = 2$, $\qquad a_2 = 2(2 - 1) + 5$

$\Rightarrow \qquad a_2 = 7$

For $n = 3$, $\qquad a_3 = 2(3 - 1) + 5$

$\Rightarrow \qquad a_3 = 9$

So, first threee terms of this A. P. are 5, 7, 9.

(ii) (a) 2

Explanation: Common difference $= a_2 - a_1 = 7 - 5 = 2$

(iii) (d) 68

Explanation: From part (i), A. P. is 5, 7, 9, 11, ...

i.e., A. P. is a list of odd numbers.

$\therefore$ 68 Cannot be a term of this A.P. as 68 is even number.

(iv) (d) 192

Explanation: A.P. is 5, 7, 9, 11, 13......

$\therefore (a) = 5, (d) = 2$

$\therefore$ Sum of first 12 terms = Sr

$$= \frac{n}{2}[2a + (n - 1)d]$$

$$= \frac{12}{6}[2 \times 5 + (12 - 1) \times 2]$$

$$= 6[10 + 22]$$

$$= 192$$

So the correct option will be 'D' i.e. 192.

24. (i) (a) $\dfrac{300}{x}$ hrs.

Explanation: Given: Distance between two station A and B, (D) = 300km

And, Speed of first train $\Rightarrow x$ km/hr

So,

The time taken by the first train to cover the distance $= \dfrac{\text{Distance}}{\text{Speed}}$ $\qquad$ [As speed $= \dfrac{\text{Distance}}{\text{Time}}$]

$$= \dfrac{300}{x}\text{ hrs.}$$

(ii) (d) $\dfrac{300}{x-50}$ hrs.

Explanation: The time taken by the second train to cover the distance.

$$\dfrac{\text{Distance}}{\text{Speed}} = \dfrac{300}{x-50}\text{ hrs.}$$

(iii)(a) 80 km/hr.

Explanation: Time taken by second train = 10 hrs.

From (ii), we have

Time taken by second train $= \dfrac{300}{x-50}$

$$\Rightarrow 10 = \dfrac{300}{x-50} \Rightarrow x - 50 = \dfrac{300}{10} = 30$$

$$\Rightarrow x = 80$$

$\therefore$ Speed of first train = 80 km/hr

(iv) (c) 50 km/hr

Explantion: Time taken by the first train = 3 hrs.

From (i)

Time taken by first train $= \dfrac{300}{x}$

$$\Rightarrow 3 = \dfrac{300}{x} \Rightarrow x = \dfrac{300}{3} = 100$$

$\therefore$ Speed of second train = 100 – 50 = 50 km/hr

25. (i) (a) Triangle COD

Explantion: In ΔAOB, and ΔCOD

$$\angle AOB = \angle COD \qquad \text{[Vertically opposite angles]}$$
$$\angle OBA = \angle ODC \qquad [\because AB||DC, \text{ alternate angles}]$$

$\therefore$ By AA similarity rule,

$$\Delta AOB \sim \Delta COD$$

(ii) (d) Triangle DOA

Explantion: In ΔBOC and AOD

$$\angle BOC = \angle AOD \qquad \text{[Vertically opposite angles]}$$
$$\angle OBC = \angle ODA \qquad [\because AD||BC, \text{ alternate angles}]$$

$\therefore$ By AA similarity rule,

$$\Delta BOC \sim \Delta COA$$

(iii) (a) 4 cm

Explantion: From part (i) ΔAOB and COD are similar.

$$\dfrac{AB}{CD} = \dfrac{OA}{OC}$$

$$\Rightarrow \qquad \frac{6}{8} = \frac{3}{OC} \Rightarrow OC = 4$$

(iv) (d) 3 : 5

Explantion: From part (i), $\triangle AOB$ is

Similar to $\triangle COD$

$$\therefore \qquad \frac{OA}{OC} = \frac{OB}{OD}$$

$$\Rightarrow \qquad \frac{OA}{OB} = \frac{OC}{OD} = \frac{3}{5}$$

❑❑

Physics

Specimen Question Paper

Physics

Maximum Marks: 40
Time allowed: One hour (inclusive of reading time)

Questions

Question 1 [1]

(a) Choose the correct statement with respect to Refraction of light
1. The colour always changes when light enters from one optical medium to another.
2. Absorption of light when it strikes the surface of a medium is refraction.
3. Speed of light changes when it enters from one optical medium to another of different optical density.
4. Speed of light does not change when it enters from one optical medium to another of different optical density.

(b) When a light ray enters from a denser medium to a rarer medium [1]
1. The light ray bends towards the normal.
2. Angle of incidence is less than angle of refraction.
3. Speed of light decreases.
4. Speed of light remains unchanged.

(c) In the diagram shown below: [1]

1. B is incident ray and C is refracted ray.
2. A is incident ray and B is refracted ray.
3. C is incident ray and B is refracted ray.
4. A is incident ray and C is refracted ray.

(d) From the diagram shown below, identify the characteristics of the image that will be formed. [1]

1. Real.
2. Diminished.
3. Formed within the focal length.
4. Virtual.

(e) The wavelength of light in a medium A is 600 nm. The wave enters medium B of refractive index 1.5 [2]
Steps to find the wavelength of light in medium B are given below. Choose an option which has the correct sequence of steps, to find the wavelength.

(i) $\lambda = 1.5 \times 600$

(ii) $\lambda = 600 \cdot 1.5$

(iii) $\lambda = 400$ nm

(iv) $\lambda = 900$ nm

(v) $1.5 = \lambda 600$

1. (i) then (iii)
2. (ii) then (iii)
3. (i) then (iv)
4. (ii), (i) then (iv)
5. (v) then (iv)

(f) The diagram below shows an image formed at a distance 36 cm from the lens LL′ of focal length 12 cm. With respect to this answer the questions that follow. [4]

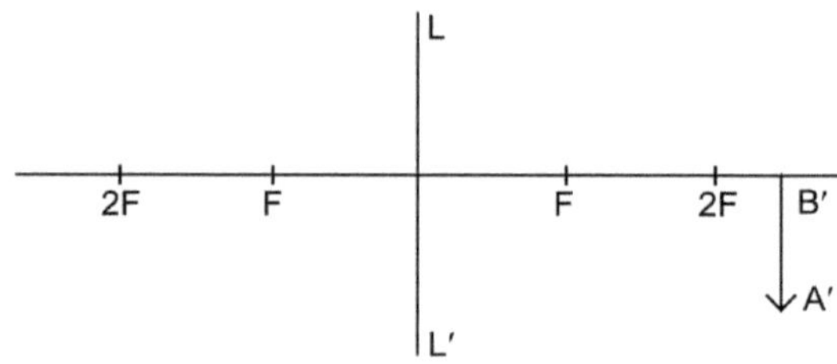

(i) The position of the object on the left-hand side should be
1. between 12 cm to 30 cm from the lens.
2. beyond 24 cm from the lens.
3. between 12 cm to 24 cm from the lens.
4. within 12 cm from the lens.

(ii) Power of this lens is
1. - 8.33 D
2. + 8.4 D
3. + 8.33 D
4. – 8.4 D

(iii) The object distance with sign convention is
1. - 18 cm
2. - 15 cm
3. - 9 cm
4. + 18 cm

(iv) If the lens LL′ is replaced by another lens of same type but focal length 15 cm then for the same object distance
1. the size of the image decreases.
2. the size of the image increases.
3. the size of the image remains the same.
4. information is insufficient to conclude.

Question 2

(a) The usable form of mechanical energy is [1]
1. Elastic potential energy
2. Kinetic energy
3. Gravitational potential energy
4. None of the given options.

(b) One horsepower is equal to [1]
1. 100 W
2. 735 W
3. 764 W
4. 746 W

(c) If A and B of the same mass can climb the third floor of the same building in 3 minutes and 5 minutes respectively, then the ratio of their powers of A is to B in an ideal situation is [1]
1. 1:1
2. 3:5
3. The information is insufficient to form a conclusion.
4. 5:3

(d) If the centre of gravity of a metre scale of mass 80 g lies at the 45 cm mark, then which one of the following diagrams will show the balanced position of the scale. [1]

1. 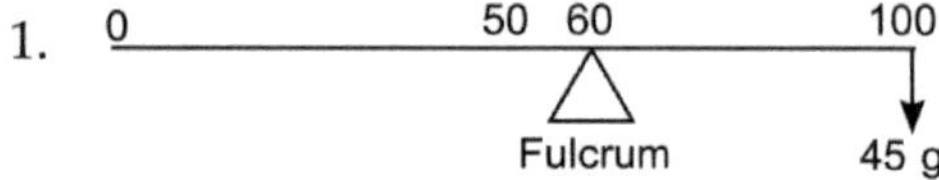

2. 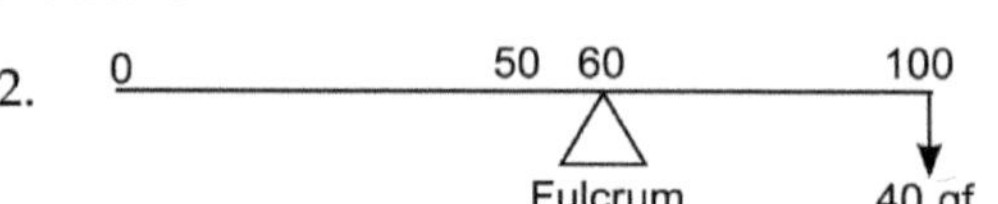

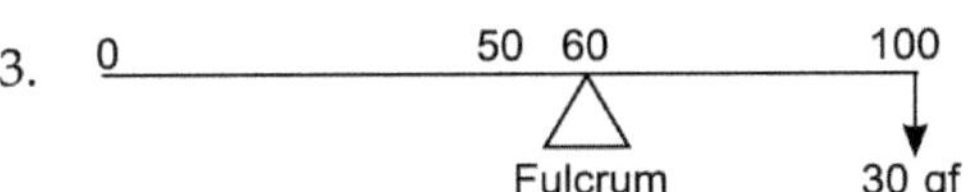

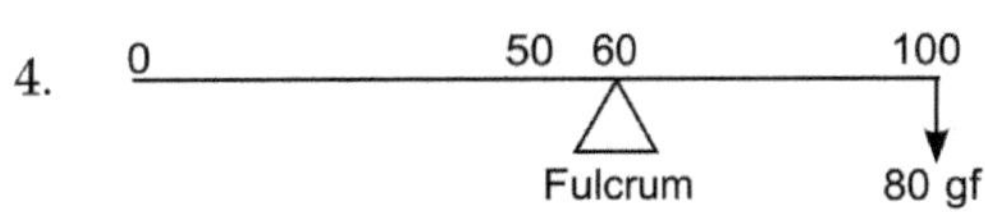

(e) A body has kinetic energy 250 J. If the mass of the body is 5 kg, then choose its velocity and momentum from the following options. [2]

1.   50 m/s

2.   50 kg.m/s

3.   20 kg.m/s

4.   15 m/s

5.   10 m/s

6.   100 kg.m/s

(f) A girl at rest at gate of her society which is 3.2 m above the road comes down the slope AB on a cycle without paddling. [g = 10 N/kg] [4]

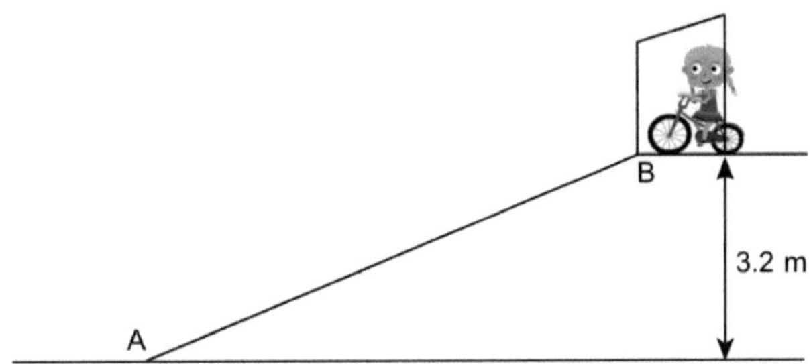

(i)   The mechanical energy possessed by the girl at B is

1.   Vibrational kinetic energy.

2.   Translational kinetic energy

3.   Elastic potential energy.

4.   Gravitational potential energy.

(ii) The velocity with which girl reaches point A is

1.   32 m/s

2.   10 m/s

3.   8 m/s

4.   Insufficient information to calculate velocity.

(iii) If the mass of the girl is 40 kg then the kinetic energy of the girl at A is [Assuming no loss of energy.]

1.   1280 J   2.   1600 J   3.   400 J   4.   3200J

(iv) The potential energy of the girl (of mass 40 kg) when she reaches the midpoint of the slope of AB

1.   800 J   2.   200 J   3.   1600 J   4.   640 J

Question 3

(a) Mechanical advantage (M.A.), load(L), and effort(E) are related as [1]

1.   M.A. = L X E   2.   M.A. = E/L   3.   M.A. X E = L   4.   M.A. X L = E

(b) Which one of the following statements is correct?

1.   A machine is used to have more output energy as compared to input energy.

2.   Mechanical advantage of a machine can never be greater than 1.

3.   If a machine gives convenience of direction, then its mechanical advantage should be greater than 1.

4.   For a given design of a machine, even if the mechanical advantage increases, the velocity ratio remains the same. [1]

(c) If a block and tackle system with convenient direction has 3 movable pulleys, then its velocity ratio [1]

1.   is either 6 or 7   2.   should be 6   3.   should be 7   4.   is 3

(d) Work done by a body moving on a circular track is zero at every instant because [1]

1.   displacement is zero.

2.   displacement is perpendicular to the centripetal force.

3.   there is no force acting.

4.   reason is not mentioned in the other options.

(e) Identify the conditions required to hear a clear and distinct echo by humans, in air [2]

1.   The reflecting surface should be rough.

2.   The size of the reflecting surface should be smaller than the wavelength of sound.

3.   Sound should not be reflected back within 0.1 s.

4.   The incident sound should have frequency more than 25000 Hz.

5. The size of the reflecting surface should be larger than the wavelength of sound.

(f) A person standing in front of a vertical cliff fires a gun and hears its echo in 3 s. The speed of sound in air is 340 m/s

(I) Calculate distance at which the person is standing in front of the cliff? Steps are given to calculate the distance. Select the correct sequence of the steps from the given options:

(i) $340 = \dfrac{2d}{3}$

(ii) $340 = \dfrac{d}{3}$

(iii) $d = 170 \times 2 = 510m$

(iv) $d = 340 \times 3 = 1020m$

1. (ii) then (iv)
2. (iii) then (ii)
3. (i) then (iii)
4. (iii) then (i)
5. (i) then (iv)

(II) If the speed of sound changes to 350 m/s then how much distance should the person move towards or away from the cliff in order to hear the echo in the same time. Steps are given to calculate the distance. Select the correct sequence of the steps from the given option. [4]

(i) $\dfrac{340 + 350}{2} = \dfrac{2d}{3}$

(ii) $350 - 340 = \dfrac{2d}{3}$

(iii) $d = \dfrac{345 \times 3}{2} = 517.5 \text{ m}$

(iv) $d = \dfrac{30}{2} = 15 \text{ m}$

(v) 7.5 m

1. (ii), (iii) then (v)
2. (iv) then (ii)
3. (iv) then (v)
4. (ii) then (iv)
5. (i), (iv) and (v)

Question 4

(a) Assuming all lenses shown below are of the same material, state which lens has the maximum power. [1]

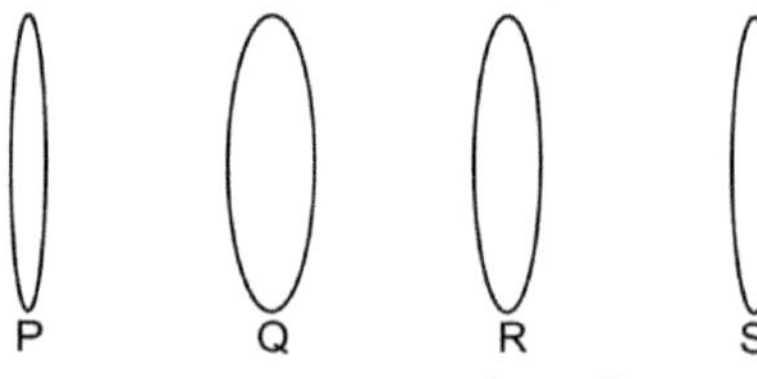

1. R
2. P
3. Q
4. S

(b) In an electric cell while in use, the change in energy is from: [1]

1. Chemical to mechanical
2. Chemical to electrical
3. Electrical to mechanical
4. Electrical to chemical

The diagram below shows a pendulum having a bob of mass 80 g. A and C are extreme positions and B is the mean position. The bob has velocity 5 m/s at position B. Assuming there is no loss of energy, select the correct statements from the options given below: [2]

[g = 10 N/kg]

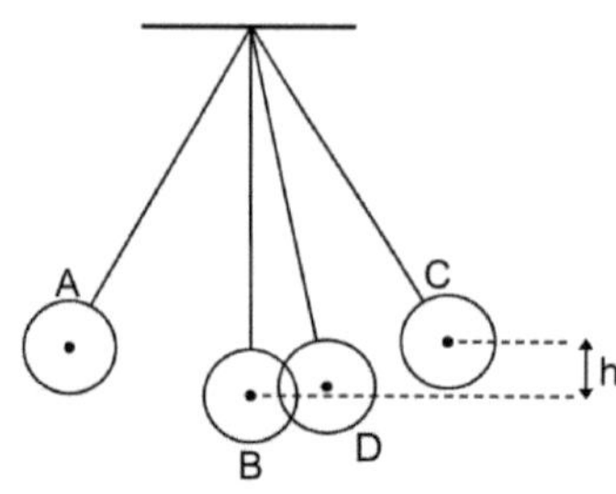

   1. At point A the bob will have only kinetic energy.

   2. The maximum potential energy gained by the bob will be 1000J.

   3. The maximum height 'h' reached by the bob will be 125 cm.

   4. At point D the bob will have maximum kinetic energy.

   5. The maximum potential energy gained by the bob will be 1 J

   6. At point B the energy possessed by the bob is 1000 J.

(d) Select correct options for Total internal reflection in a medium.   [2]

   1. Can take place in an optically denser medium as compared to an optically rarer medium.

   2. Takes place for any angle of incidence greater than 42 degree.

   3. This reflection does not obey the laws of reflection.

   4. Can take place if the angle of incidence in a denser medium is more than the critical angle.

(e) The diagram shows the path of light through a right-angled prism of critical angle 42°.

Observe the diagram and answer the questions that follow.

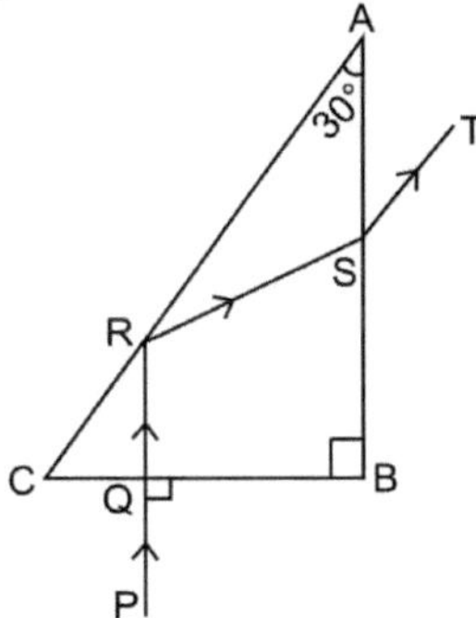

(i) The phenomenon at the surface AC is   [4]

   1. Refraction   2. Partial reflection

   3. Total internal reflection   4. Scattering.

(ii) The angle of incidence at the surface AC is

   1. 30°   2. 45°   3. 0°   4 60°

   5. 90°

(iii) The angle of incidence at the surface AB is

   1. 30°   2. 0°   3. 45°   4. 60°

   5. 90°

(iv) Which of the following statement is wrong?

   1. Speed of light ray PQ is equal to the speed of light ray ST.

   2. Speed of light ray QR is equal to the speed of light ray RS.

   3. Speed of light ray PQ is greater than the speed of light ray RS.

   4. Speed of light ray RQ is greater than the speed of light ray ST.

Answers

1. (a) 3. Speed of light changes when it enters from one optical medium to another of different optical density.

   (b) 2. Angle of incidence is less than angle of refraction.

      Explanation: When a light ray enter from a denser medium to rarer medium, the angle of incident is less than the angle of refraction.

   (c) 4. A is incident ray and C is refracted ray.

      Explanation: The ray A is incident and it is going from water to air and following the path of refracted ray C.

(d) 4. Virtual.

   Explanation: As it is a convex lens and the object is placed between focal point and centre of curvature, the image will be enlarge virtual and erect so from the given option 4. is true.

(e) 2. (ii) then (iii)

   Explanation: Given: $\lambda_A = 600$ nm

   When the wave enters medium B of refractive index 1.5 its wavelength changes to λ_B

   $$\lambda_B = \frac{\lambda_A}{\eta_B}$$

   where η_B is the refractive index of medium B.

   $$\lambda_B = \frac{600\,\text{nm}}{1.5} = 400\,\text{nm}.$$

(f) (i) 3. between 12 cm to 24 cm from the lens.

   Explanation: As an real and inverted image formed so the lens will be convex

   Given : $v = 36$ cm, $f = 12$ cm

   By

   $$\frac{1}{f} = \frac{1}{v} - \frac{1}{u}$$

   $$\frac{1}{u} = \frac{1}{v} - \frac{1}{f} = \frac{1}{36} - \frac{1}{12}$$

   $$= \frac{1-3}{36} = \frac{-2}{36} = \frac{-1}{18}$$

   $$u = -18\,\text{cm}$$

(ii) 3. -8.33 D

   Explanation: $$f = \frac{1}{f} = \frac{1}{12} = +8.33\text{D}$$

(iii) 4. -18 cm

   Explanation: As the calculation already given above in previous question.

(iv) 2. the size of the image increases.

   Explanation: If $f = 15$ cm

   $$\frac{1}{v} = \frac{1}{f} + \frac{1}{u}$$

   $$= \frac{1}{15} - \frac{1}{18}$$

   $$= \frac{6-5}{90} = \frac{1}{90}$$

   $$v = 90\,\text{cm}$$

   $$m = \frac{I}{O} = \frac{v}{u} = \frac{90}{18} = -5$$

   m is increases therefore the size of image increases.

2. (a) 2. Kinetic energy

   Explanation: Usable form of mechanical energy is Kinetic energy.

   (b) 4. 746 W

   Explanation: 1 HP $= 746$ W

   (c) 4. 5:3

   Explanation: $$p \; \alpha \; \frac{1}{t}$$

$$\frac{P_A}{P_B} = \frac{t_B}{t_A} \Rightarrow \frac{P_A}{P_B} = \frac{5}{3}$$

$$P_A : P_B = 5:3$$

(d) 1.

| 0 | 50 60 | 100 |

Fulcrum   40 gf

Explanation: From principle of moments

$$Mg\,(60-50) = mg\,(100-60)$$
$$Mg \times 10 = 10g \times 40$$
$$M = 40 \text{ gm}$$

(e) 2. 50 kg.m/s, 5. 10 m/s

Explanation:

$$KE = \frac{1}{2}mv^2$$

$$250\,J = \frac{1}{2}(5\,kg)v^2$$

$$v^2 = \frac{250 \times 2}{5} = 100$$

$$v = \sqrt{100}$$

Velocity $v = 10$ m/s

Momentum $p = mv$
$$= 5 \text{ kg} \times 10 \text{ m/s}$$

$$\boxed{p = 50 \text{ kg m/s}}$$

(f) (i) 4. Gravitational potential energy.

Explanation:
$$h = 3.2 \text{ m}$$
$$g = 10 \text{ N/kg} = 10 \text{ m/sec}^2$$

gravitational potential energy $U = mgh$

(ii) 3. 8 m/s

Explanation:
$$v^2 = u^2 + 2as \qquad \{u = 0, a = 10 \text{ m/sec}^2, s = 3.2 \text{ m}\}$$
$$v^2 = 0 + 2 \times 10 \times 3.2$$
$$v^2 = 64 \Rightarrow v = 8 \text{ m /sec}$$

(iii) 1. 1280 J

Explanation: $\qquad KE = \frac{1}{2}mv^2 \Rightarrow \frac{1}{2} \times 40 \times 8 \times 8 = 1280 \text{ J}$

(iv) 4. 640 J

Explanation:
$$PE = mgh = 40 \times 10 \times (3.2/2)$$
$$= 400 \times 1.6$$
$$= 640 \text{ J}$$

3. (a) 3. M.A. X E = L

(b) 4. For a given design of a machine, even if the mechanical advantage increases, the velocity ratio remains the same.

Explanation: For a given design of machine, even if the M.A increases, the velocity ratio remains same because M.A changes due to friction and weight of moving parts of the machine.

(c) 4. is 3

Explanation: Velocity ratio = no. of pulley

$$3 = 3$$

is 3

(d) 2.   displacement is perpendicular to the centripetal force.

Explanation: work down = Force × displacement in circuit parts × cos θ

Hence   work done = 0   [∵ cos θ = cos 90° = 0]

(e) 5.   The size of the reflecting surface should be larger than the wavelength of sound.

Explanation: The human ears can not distinguish between two successive sound if the period between them is less then 0.1 sec.

But the size of reflecting surface should be larger than the wavelength of sound.

(f) (I) 3.   (i) then (iii)

Explanation: speed of sound $= \dfrac{\text{distance}}{\text{time}}$

$$340 = \frac{2d}{3} \Rightarrow d = 170 \times 3 = 510 \text{ m}$$

(II) 4.   (ii) then (iv)

Explanation: if

$$v = 350 \text{ m/sec}$$

$$d = ?$$

$$\text{for } t = 3 \text{ sec}$$

$$\text{Change in velocity} = \frac{2d}{t}$$

$$350 - 340 = \frac{2d}{3\,\text{sec}}$$

$$d = \frac{30}{2} = 15 \text{ m}$$

4. (a) 1.   Q

Explanation: $P \alpha \dfrac{1}{f}$ or $\dfrac{2}{R}$, where R is radius of curvature

The small the curvature of lens, large will be its focal length f, and large the f, small will be the power. So lens Q will have small f, Hence it will have maximum power.

(b) 2.   Chemical to electrical

Explanation: In electric cell, chemical that is electrolyte gets divided into ions and move to the side that either towards cathode or anode. Hence then it turns to electrical energy by creating some voltage. Finally it turns from chemical to electrical in electric cell.

(c) 1.   At point A the bob will have only kinetic energy.

Explanation: At A & C the KE = 0 so this statement is incorrect.

2.   The maximum potential energy gained by the bob will be 1000 J.

Explanation: Maximum PE will be when KE = PE

$$mgh = ½ \, mv^2$$

$$h = \frac{v^2}{2g} = \frac{5 \times 5}{2 \times 10} = \frac{25}{20}$$

$$PE = mgh = 0.080 \times 10 \times \frac{25}{20} = 1 \text{ J}$$

This statement is incorrect.

3.   The maximum height 'h' reached by the bob will be 125 cm.

Explanation: Maximum height $= \dfrac{25}{20} = \dfrac{5}{4} = 1.25 \text{ m} = 125 \text{ cm}$

Hence this statement is correct.

4. At point D the bob will have maximum kinetic energy.

   Explanation:

   At point C and point A potential energy will be maximum. When the bob moving from C to A, it has maximum kinetic energy at point B. Hence the statement incorrect.

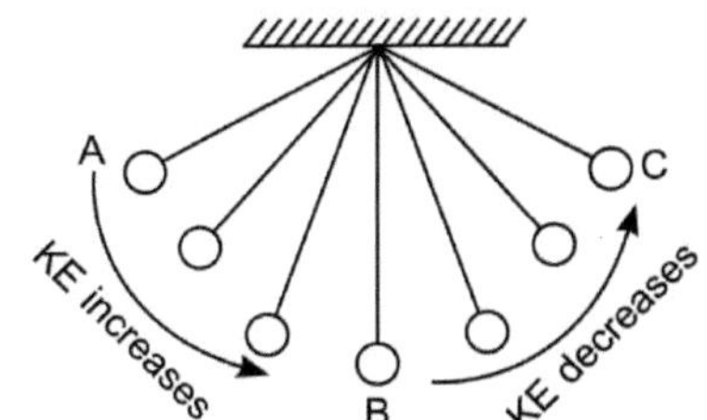

5. The maximum potential energy gained by the bob will be 1 J.

   Explanation: Maximum PE = 1 J, Hence this statement is correct.

6. At point B the energy possessed by the bob is 1000 J.

   Explanation: At B, KE = $\dfrac{1}{2} mv^2$ = 0.040 × 5 × 5 = 1 J and PE = 0

   Only KE will work and maximum KE = 1 J

   So this is incorrect.

(d) 1. Can take place in an optically denser medium as compared to an optically rarer medium.

   Explanation: Total internal reflection take place when the light is in more denser medium and approaching the less denser medium. Hence this option is true.

2. Takes place for any angle of incidence greater than 42 degree.

   Explanation: It take place when angle of incident is greater than critical angle, it is not value specific so this statement is wrong.

3. This reflection does not obey the laws of reflection.

   Explanation: It obeys laws of reflection. Hence this statement is wrong.

4. Can take place if the angle of incidence in a denser medium is more than the critical angle.

   Explanation: As explained in 2. This statement is true.

(e) (i) 3. Total internal reflection.

   Explanation:

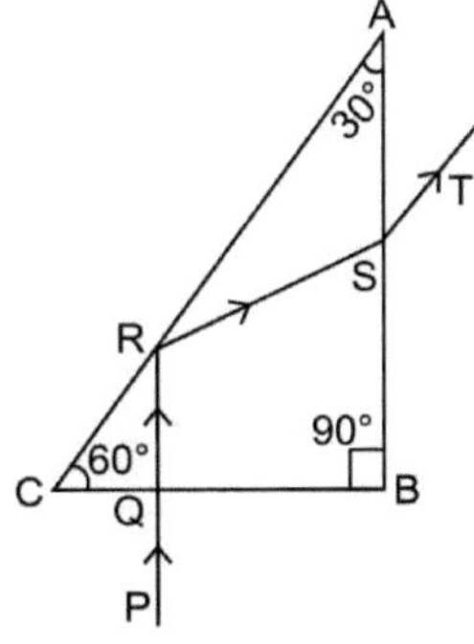

(ii) 4. 60°.

   Explanation: Angle of incident at surface AC is 60°.

$$\angle CRQ = \angle A = 30°$$
$$\angle ARS = 30° \ [\because \angle ARS = \angle CRQ]$$
$$\angle SRN = 90 - 30$$
$$= 60°$$

   Angle of incidence at AC $= 60°$

(iii) 1. 30°.

   Explanation: Angle of incident at surface AB is 30°. All other values are not satisfied the law of refraction.

(iv) 4. Speed of light ray RQ is greater than the speed of light ray ST.

   Explanation: As we know speed of light is more in air than any other medium.

❏❏

Questions

Question 1:

(a) Choose the correct statement with respect to Total Internal Reflection
1. The ray of light travels at an angle greater than critical angle
2. The ray of light travels from denser medium to rarer medium
3. It does not obey the laws of reflection
4. Both 1 and 2

(b) The phenomenon of faces of person appear to shimmer when sitting near a campfire because of
1. refraction through different layers of optical density
2. wind blowing near the camp fire
3. total internal reflection
4. dispersion of light

(c) In the diagram below the phenomenon occurring is

1. refraction of stars
2. twinkling of stars
3. Dispersion of light
4. total internal reflection

(d) Identify the position of the object when a lens exhibits the following characteristics of image: real, inverted and same size
1. At F
2. At O
3. At 2F
4. Between F and 2F

(e) A ray of light is incident from air into a glass slab which is silvered at its base such that the ray of light is incident normal to the mirrored surface. If refractive index of air with respect to glass is $\mu1$ then the refractive index of glass with respect to air is $\mu2$. The relation between the two refractive indices is
1. $\mu_1 > \mu_2$
2. $\mu_1 = \mu_2$
3. $\mu_1 < \mu_2$
4. $\mu_1 = 1/\mu_2$

(f) The diagram below shows a spherical lens worn by an old man in which the image obtained is highly magnified and has a power of +2.0 D. With reference to this answer the following questions:

(i) The spherical lens used is

    1.   convex   2.   convexo concave   3.   concave   4.   plano convex

(ii) The focal length of lens is

    1.   100cm   2.   25cm   3.   0.25m   4.   50cm

(iii) The distance the old man must keep the news paper to read clearly must be

    1.   15cm   2.   50 cm   3.   12.5cm   4.   25cm

(iv) If this lens is covered with moisture in the surrounding air,

    1.   The focal length would be halved   2.   The focal length is doubled

    3.   The focal length would be affected   4.   The focal length is ¼ th.

Question 2

(a) The energy change taking place in the following appliance is

    1.   Electrical to sound energy   2.   Electrical to heat energy

    3.   Electrical to light energy   4.   none of the above

(b) 1 MJ is equal to

    1.   36kW–h   2.   0.278 kW–h   3.   746 kW–h   4.   0.36kW–h

(c) Pravin and Rajesh each having mass of 45 kg reach the fourth floor of a building in time 4 sec and 5 sec respectively. The ratio of their power consumed is :

    1   4 : 5   2.   5 : 4

    3.   1 : 1   4.   Information is incomplete.

(d) Identify in which of the cases rotational equilibrium can be attained.

1. Beam balance

2. See saw

3. balancing origami art work

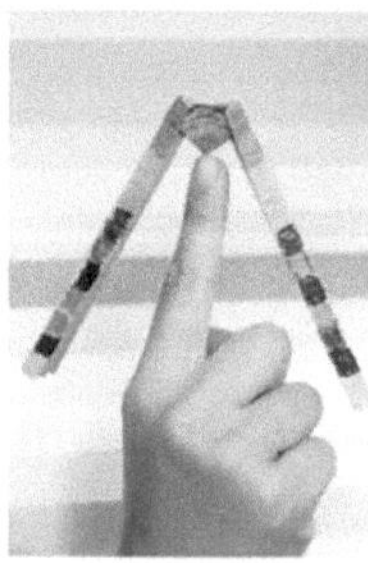

4. All of the above

(e) For a given mass if kinetic energy increases 16 times the momentum :

1. increases four times
2. increases twice
3. decreases four times
4. decreases twice

(f) Observe this antique figure and answer the questions below :

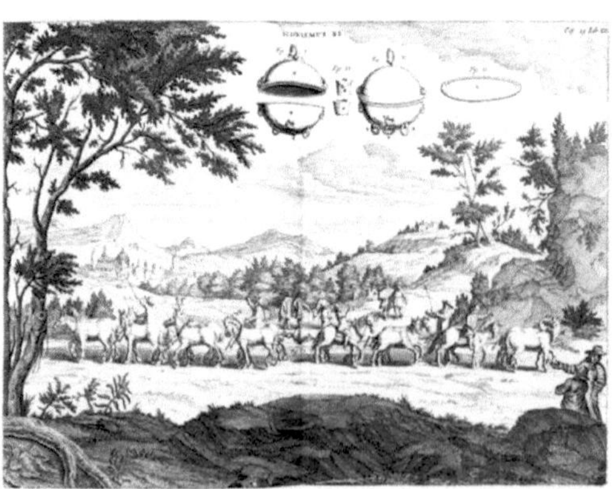

(i) Name the unit obtained from this experiment

1. kW
2. watt
3. horsepower
4. Tesla

(ii) What type of unit is it?

1. Mechanical unit
2. SI unit
3. CGS unit
4. FPS unit

(iii) How many horses were there on each side of the two hemispheres?

1. 8
2. 16
3. 20
4. 14

(iv) How is this mechanical unit related to the SI unit of power?

1. 1 H.P. = 756 W
2. 1 H.P. = 764 W
3. 1 H.P. = 746W
4. None of the above

Question 3

(a) The relationship to evaluate the velocity ratio is
1. velocity of effort / velocity of load
2. displacement of effort / displacement of load
3. Mechanical advantage / efficiency
4. all of the above

(b) State which of the following statements are true.
1. Efficiency of an ideal machine is equal to one
2. Efficiency of a practical machine is less than one
3. Efficiency is always expressed in fraction
4. both 1 and 2

(c) Single fixed pulley helps us as
1. force multiplier
2. Torque multiplier
3. to achieve convenience of direction of force applied
4. none of the above

(d) A baseball player shown in the figure runs over the entire pitch to complete one run by hitting the baseball hard enough. Work done by the player is
1. 0 J
2. 10 J
3. 100 J
4. 1000 J

(e) For an ideal echo to occur the medium must be
1. Elastic
2. Inertial
3. Frictionless
4. all of the above

(f) The diagram below shows a spherical lens used to focus a beam of laser in medical field. With reference to this answer the following questions:

(i) The spherical lens used is
1. convex
2. convexo concave
3. concave
4. plano convex

(ii) The type of lens is
1. diverging
2. converging
3. neither converging
4. both converging and diverging

(iii) The power of such a lens is
1. positive
2. negative
3. zero
4. none of the above

(iv) If such a lens is dipped in benzene having less refractive index than glass.
1. The focal length would increase
2. The focal length is decrease
3. The focal length would be infinite
4. The focal length would be zero

Question 4

(a) Select the correct reason for the cause that is responsible for mirage in deserts
1. It has a low critical angle

2. Due to total internal reflection.

3. Due to total internal reflection followed by successive refraction of light

4. Due to diffraction

(b) The energy transformation taking place in appliance shown below is

1. Mechanical energy to electrical energy

2. electrical energy to mechanical energy

3. Mechanical kinetic rotational energy to electrical energy

4. Electrical energy to Mechanical kinetic rotational energy

(c) A man reaches the 26th floor by using an elevator while a lady climbs up a flight of stairs to reach the 26th floor as shown in the figure

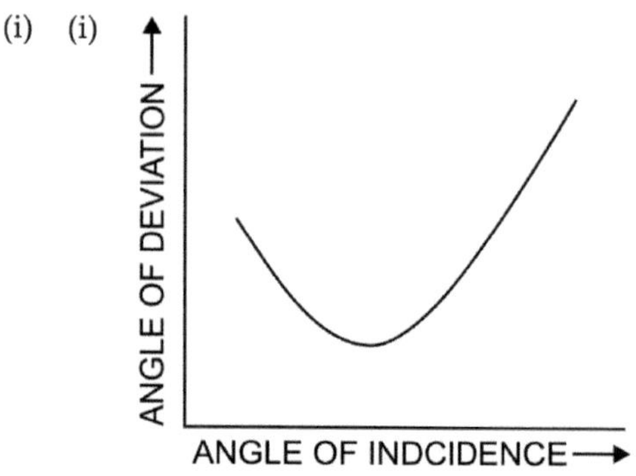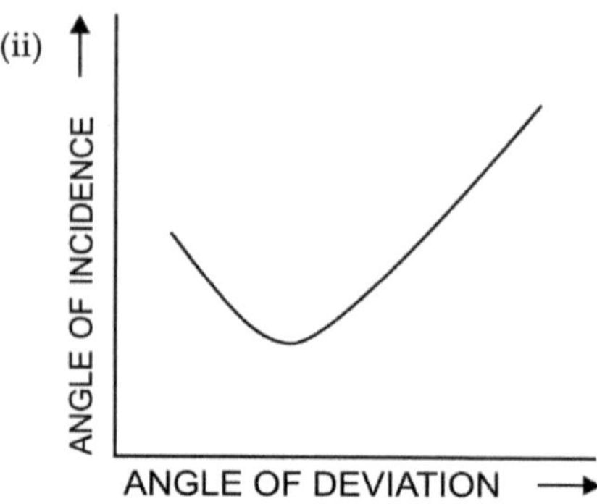

1. Both possess same gravitational potential energy on the 26th floor

2. Both possess the same total energy at any instant of time

3. Both 1 and 2

4. Can't say

(d) (i) Can a concave lens be used to burn a piece of paper.

(ii) What is its focal length and power if object is at infinite distance

1. (i) Yes   (ii) Not defined

2. (i) No   (ii) Apparent intersection of rays and power is [focal length]$^{-1}$

3. (i) Not sure   (ii) Not defined

4. (i) None of the above (ii) all of the above

(e) Which graph shows the correct variation of angle of incidence and angle of minimum deviation

(i) (i)

(ii)

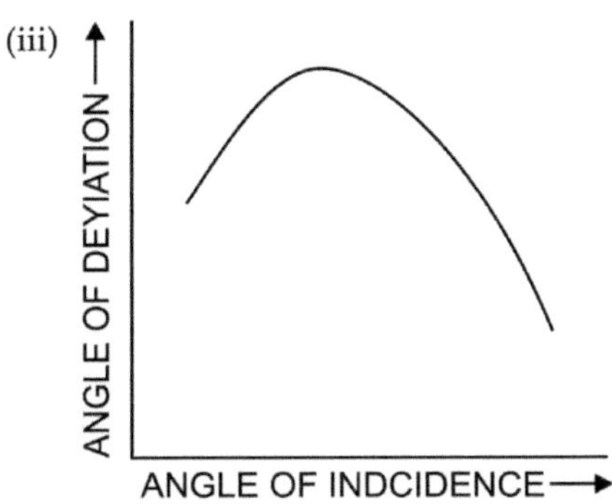

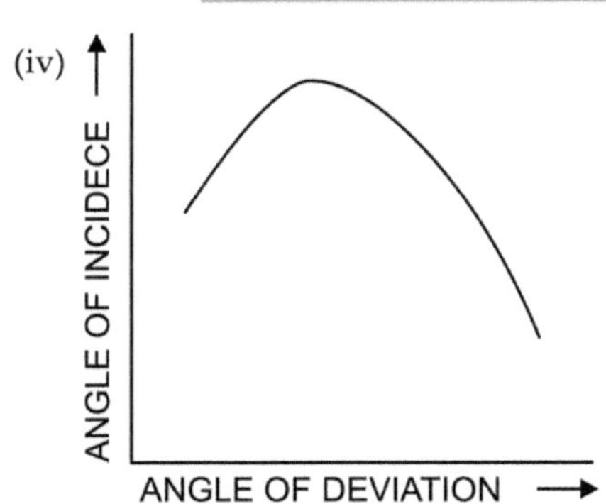

(ii) Minimum deviation position is possible in

    (i) Isosceles right-angled prism   (ii) Equiangular prism

    (iii) Equilateral prism   (iv) all of the above

(iii) The relation between angle of prism and minimum angular deviation is

    (i) angle of prism = angle of deviation

    (ii) angle of prism is twice angle of deviation

    (iii) angle of prism = 2[angle of incidence] – angle of minimum deviation

    (iv) angle of prism is half the angle of deviation

(iv) The measure of angular deviation for a particular colour of light while passing through a glass prism ----------
with increase in wavelength

    (i) increases   (ii) decreases

    (iii) remains same   (iv) none of the above

Answers

1. (a) 4. Both 1 and 2

    Explanation: Conditions for total internal reflection

  (b) 1. refraction through different layers of optical density

    Explanation: due to refraction

  (c) 2. twinkling of stars

    Explanation: application of refraction

  (d) 3. At 2F

    Explanation: characteristics of image formed by a lens due to the relative position of object

  (e) 4. $\mu_1 = 1 / \mu_2$

    Explanation: principle of reversibility of light

  (f) (i) 1. convex

      Explanation: lens with positive power is convex

    (ii) 4. 50 cm

      Explanation: focal length in [cm] = 100/ power

    (iii) 2. 50 cm

      Explanation: sharpest image will be obtained if object is kept at focus

    (iv) 3. The focal length would be affected

      Explanation: Focal length would decrease due to the layer of water droplets on the lens

2. (a) 2. Electrical to heat energy

    Explanation: Energy transformation is between supplied electrical energy to the converted heat
energy

(b) 2.   0.278 kWh

Explanation: 1 kilowatt hour = 3.6 x 10^6 J = 3.6 MJ

(c) 2.   5 : 4

Explanation: For same mass and same height the ratio of power is equal to the ratio of reciprocal of time

(d) 4.   All of the above

Explanation: verify whether clockwise moments can be equal to anticlockwise moments

(e) 1.   increases four times

Explanation: kinetic energy is = ½ mv^2

(f) (i) 3. horsepower

Explanation: experiment conducted by Otto Van Guericke

(ii) 1. Mechanical unit

Explanation: system of unit based on classification

(iii) 1. 8

Explanation: one side of hemisphere the number of horses are 8 as total there are 16 horses

(iv) 3. 1 HP = 746 W

Explanation: value found experimentally.

3. (a) 4.   all of the above

Explanation: different mathematical forms for calculating velocity ratio

(b) 4.   both 1 and 2

Explanation: As option 3 is incorrect both option 1 and 2 are correct for efficiency for machine

(c) 3.   to achieve convenience of direction of force applied

Explanation: use of single fixed pulley

(d) 1.   zero J

Explanation: Since net displacement is zero hence work done is zero.

(e) 4.   all of the above

Explanation: conditions necessary for the echo to occur for a medium of propagation

(f) (i) 1. Convex

Explanation: lens which is converging is always convex

(ii) 2. Converging

Explanation: convex lens is a converging lens

(iii) 1. Positive

Explanation: sign convention

(iv) 1. The focal length would increase

Explanation: denser to rarer medium speed increases hence distance travelled increases.

4. (a) 3.   Due to total internal reflection followed by successive refraction of light

Explanation: consequence of total internal reflection near the sand surface followed by successive refraction.

(b) 4.   Electrical energy to Mechanical kinetic rotational energy

Explanation: the specific type of mechanical energy is kinetic rotational energy

(c) 4.   Can't say

Explanation: As there is no mention of the mass of the man and the lady hence it is difficult to compare the work done in both cases using the relation mgh

(d) 2. (i) No

(ii) Apparent intersection of rays and power is [focal length]$^{-1}$

Explanation: A concave lens is a diverging lens so the rays of light would diverge and reciprocal of this distance would be the power of the lens

(e) (i) 1.

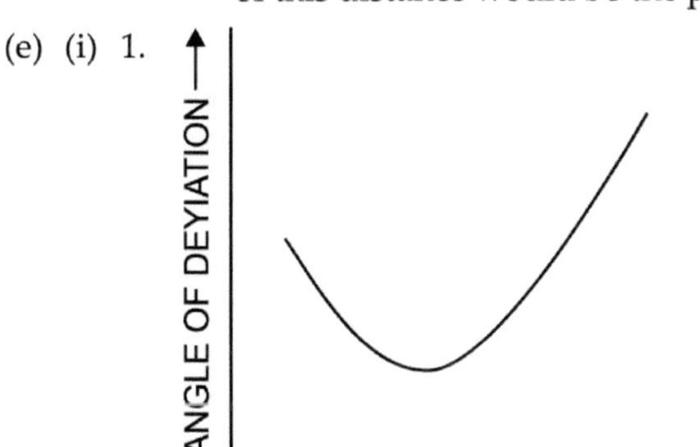

Explanation: plot of angular deviation on Y axis and angle of incidence on X axis

(ii) 4. all of the above

Explanation: it occurs in all types of glass prism

(iii) 3. angle of prism = 2[angle of incidence–angle of minimum deviation]

Explanation: prism formula for minimum deviation position as angle of incidence = angle of emergence.

(iv) 2. decreases

Explanation: dependency of angular deviation with wavelength of light.

❑❑

2 Sample Paper

Question 1

(a) Choose the correct statement with respect to Refraction of light
1. The ray of light does not necessarily deviate from its original path.
2. The light ray bends away from the normal when density of second medium is less than the first medium
3. Speed of light decreases when it enters from one optical rarer medium to another denser medium due to decrease in wavelength of light wave
4. All of the above

(b) When a light ray enters from one optical medium to another and bends towards the normal then,
1. Angle of incidence is less than angle of refraction
2. it is travelling from optically denser medium to optically rarer medium
3. it is travelling from optically rarer medium to a optically denser medium
4. Speed of light remains unchanged.

(c) In the diagram below the lateral displacement is given as:

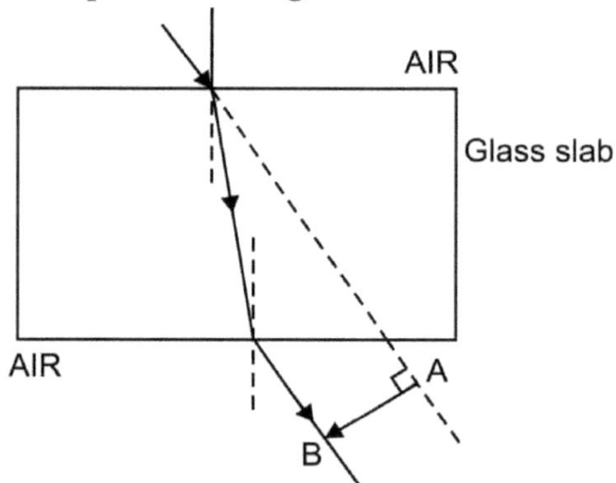

    1. ray AB   2. ray BA   3. segment AB   4. segment BA

(d) Identify the lens which exhibits the following characterstics of image virtual, erect and diminished
1. Convex lens   2. Concave lens
3. Plano convex lens   4. Concavo convex lens

(e) A coin is dropped in a glass through containing benzene filled to a depth of 4cm. When viewed from the outside it appears to be raised by 2cm. The refractive index of benzene with respect to air is calculated as:
1. dividing real depth by shift that is [4/2]= 2
2. First finding the apparent depth as real depth – shift and then using the relation refractive index is real depth upon apparent depth = [4 / (4 – 2)] = 2
3. Finding the real depth and then using the relation refractive index is real depth /apparent depth
4. None of the above

(f) The diagram below shows a spherical lens in which the image obtained is highly magnified and has a power of - 4.0 D. With reference to this answer the following questions:

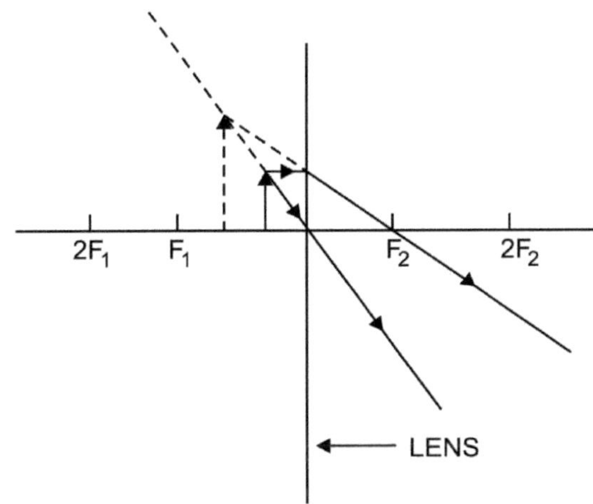

(i) The spherical lens used is :
1. convex
2. convexo concave
3. concave
4. plano convex

(ii) The focal length of lens is :
1. 100cm
2. 25cm
3. 0.25m
4. both 2 and 3

(iii) The screen is placed at a distance of :
1. 15cm
2. 20cm
3. 12.5cm
4. data insufficient

(iv) If this lens is blackened at the lower half
1. The focal length would be halved
2. The focal length is doubled
3. The focal length remains unaffected
4. The focal length is ¼ th.

Question 2

(a) Two basic forms of mechanical energy are :
1. Elastic potential and vibrational kinetic
2. Gravitational potential and rotational kinetic
3. kinetic energy and potential energy
4. none of the above

(b) 1 kilowatt hour is equal to
1. 36 KJ
2. 0.36 MJ
3. 3.6 MJ
4. 0.36 KJ

(c) Ram and Shyam each of mass 45kg reach the fourth floor of a building in time 4 sec and 5 sec respectively. The ratio of their inertia is :
1. 4 : 5
2. 5 : 4
3. 1 : 1
4. Information is incomplete.

(d) Identify in which of the case it constitutes a couple

1. 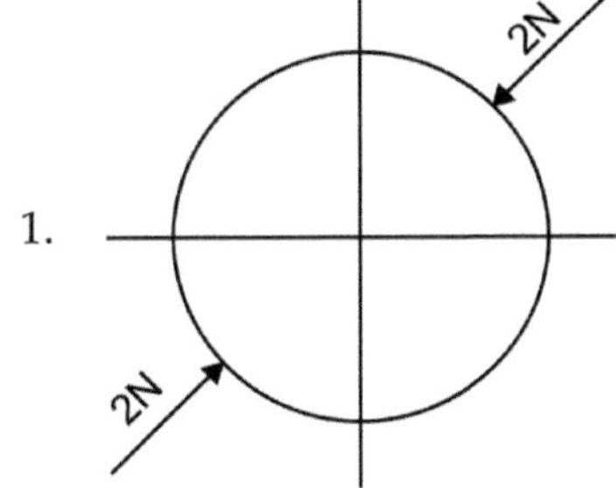

2. 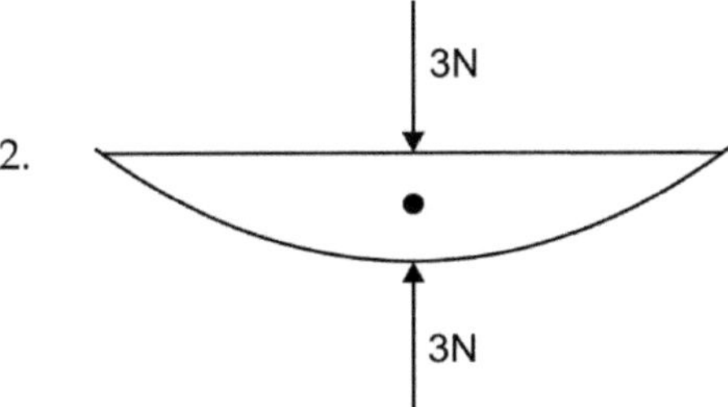

3. 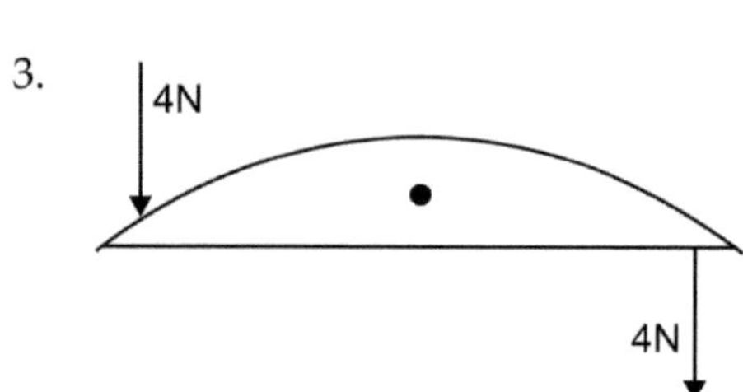

4. 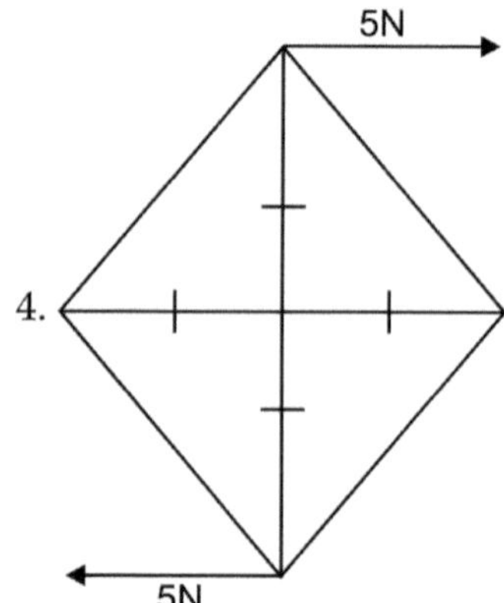

(e) The kinetic energy of body becomes one third when
1. mass is same velocity is tripled
2. mass is doubled and velocity tripled
3. mass is $1/3^{rd}$ while velocity is also $1/3^{rd}$
4. mass is tripled and velocity is $1/3^{rd}$

(f) The diagram shows a boy drawing water from a well by means of bucket through a height of 15 m. If the volume of bucket is 2 litre. [g = 10Nkg⁻¹]

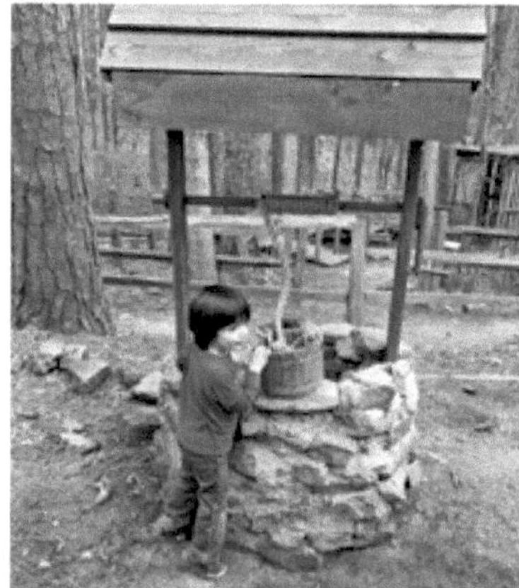

(i) The mass of water lifted is
1. 20kg 2. 2kg 3. 200g 4. 20g

(ii) The mechanical energy possessed by the bucket at height of 7.5m is
1. potential energy
2. kinetic energy
3. translational kinetic energy
4. gravitational potential energy

(iii) The total energy when the empty bucket of mass 500g is falling freely under gravity at a height of 5m from the surface of water is
1. 150J 2. 75J 3. 300J 4. 50J

(iv) What is the mass of water collected by the boy after 20 rounds of the bucket been dropped inside the well
1. 2kg 2. 22kg 3. 40kg 4. 220kg

Question 3

(a) The relationship to evaluate the efficiency is
1 Mechanical advantage / velocity ratio
2. load x displacement of load / effort x displacement of effort
3. work output / work input
4. power output / power input
5. all of the above

(b) State which of the following statements are true.
1. Mechanical advantage is always a unitless quantity

   2.   Velocity ratio is also called displacement ratio

   3.   Efficiency is always less than one

   4   both 1 and 2

(c) In case of cranes and hoist the velocity ratio is

   1.   number of movable pulleys

   2.   2 number of pulleys

   3.   Total number of pulleys

   4.   displacement of load/displacement of effort

(d) A sprinter covers a distance of $2\pi r$ while running across joggers track of circumference 44 cm. Find the work done by the sprinter if the distance travelled by him is 1.76×10^{-3} km

   1.   zero J   2.   10J   3.   100J   4.   1000J

(e) If the wave velocity of sound in air is 336 ms^{-1} then the minimum distance for echo to occur is

   1.   17m   2.   18m   3.   16.6m   4.   17.6m

(f) Observe the figure and answer the questions below.

   (i)   Describe the type of motion possessed by Charlene

      1.   Acrobat   2.   Free fall

      3.   Fall due to gravitational force   4.   both 2 and 3

   (ii) Which form of energy conserved in this case

      1.   mechanical energy   2.   kinetic energy

      3.   gravitational potential energy   4.   wind energy

   (iii) How would you relate energy at the top to energy at bottom.

      1.   Potential energy is greater than kinetic energy

      2.   Potential energy is less than kinetic energy

      3.   Gravitational potential energy is equal to kinetic energy

      4.   Wind energy is equal to kinetic energy

   (iv) Name the law which governs the above relation

      1.   Newton's law of gravitation   2.   Law of conservation of mass

      3.   Law of conservation of mass   4.   Law of conservation of mechanical energy

Question 4

(a) Select the correct reason why diamond appears to sparkle in the dark

   1.   It has a low critical angle of $24°$

   2.   Due to the light getting entrapped inside the diamond as a result of successive total internal reflection.

   3.   Due to refraction of light

   4.   both 1 and 2

(b) The energy transformation taking place in an electric fan is

   1.   Mechanical energy to electrical energy

   2.   electrical energy to mechanical energy

   3.   Mechanical kinetic rotational energy to electrical energy

   4.   Electrical energy to Mechanical kinetic rotational energy

(c) A girl sitting on a swing and a boy having the same mass as the girl swings to the same height as that of the girl as shown in the figure below. Which of the statements are correct pertaining to the boy and girl

1. The boy and girl possess same gravitational potential energy at extreme
2. The boy and girl possess the same total energy during its oscillation
3. Both 1 and 2
4. None of the above

(d) A convex lens is used to burn a piece of paper as shown in the figure. What is its focal length and power?

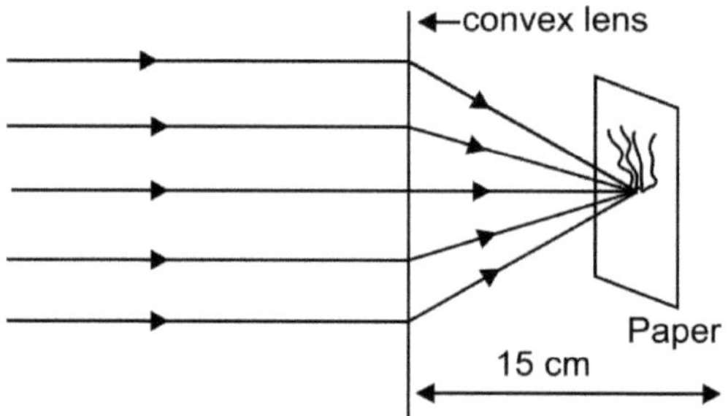

1. Focal length = 15cm and Power = + 6.67 D
2. Focal length greater than 15cm and Power = 6.67 D
3. Focal length less than 15cm and Power less than 6.67 D
4. Focal length equal to 15cm and Power is more than 6.67 D

(e) The figure shows the deviation of a ray of light when in minimum deviation position. Answer the following questions:

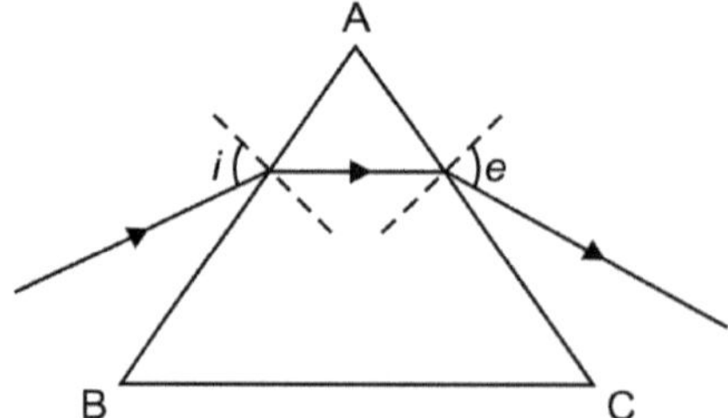

(i) Is the diagram correct?
   1. Yes
   2. No
   3. Inlet ray angle must be equal to exit ray angle
   4. None of these

(ii) The relation between angle of incidence and angle of emergence is:
   1. angle of incidence is greater than angle of emergence
   2. angle of emergence is greater than angle of incidence
   3. angle of incidence is equal to angle of emergence
   4. angle of incidence is half the angle of emergence

(iii) The refracted ray is .... to the base of the prism
1. parallel
2. equidistant
3. coplanar and non-intersecting
4. all of the above

(iv) The measure of angular deviation for a particular colour of light while passing through a glass prism is called:
1. deviation
2. refractibility
3. Refrangibility
4. Scattering

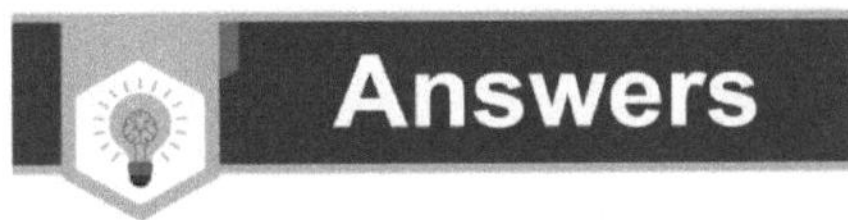

1. (a) 4. All of the above

Explanation: property of refraction of light

(b) 3. it is travelling from optically rarer medium to a optically denser medium

Explanation: Speed of light decreases as it travels from denser to rarer medium

(c) 4. 1. ray AB

Explanation: Lateral displacement is shift from original incident ray produced to emergent ray

(d) 2. Concave lens

Explanation: Concave lens always produces a virtual image.

(e) 2. First finding the apparent depth as real depth – shift and then using the relation refractive index is real depth upon apparent depth = [4 / (4 – 2)] = 2

Explanation: Formula for refractive index is real depth / [real depth – shift]

(f) (i) 1. convex

Explanation: lens with positive power is convex

(ii) 4. both 2 and 3

Explanation: focal length [m] = 1/ power while focal length in [cm] = 100/ power

(iii) 4. data insufficient

(iv) 3. The focal length remains unaffected

Explanation: Focal length is independent of blackness of the lens

2. (a) 3. kinetic energy and potential energy

Explanation: Basic forms of mechanical energy

(b) 3. 3.6 MJ

Explanation: 1 kilowatt hour is 1000 watt-hour = 3.6×10^6 J

(c) 3. 1 : 1

Explanation: Ratio of inertia is ratio of their masses

(d) 4.

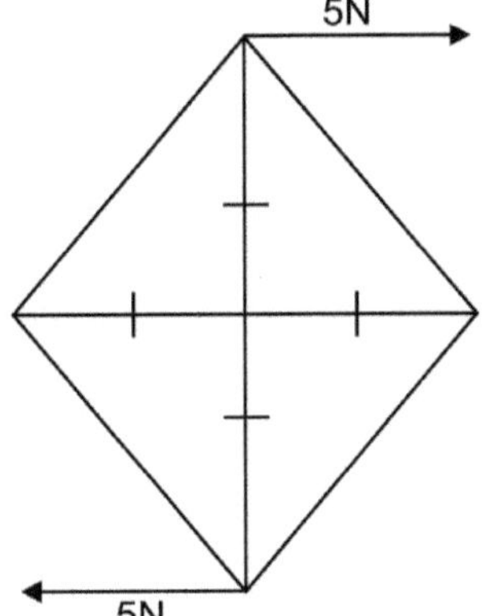

Explanation: To equal, opposite parallel forces separated by a distance constitute a couple

(e) 4. mass is tripled and velocity is 1/3rd

Explanation: kinetic energy is $= \frac{1}{2} mv^2$

(f) (i) 2. 2kg

Explanation: 2 litre is 2 kg as density is 1gcm^{-3}

(ii) 4. gravitational potential energy

Explanation: Due to its height it possesses gravitational potential energy

(iii) 2. 75J

Explanation: Total energy will be equal to initial potential energy of the bucket at the top = mgh

(iv) 3. 40kg

Explanation: one round is 2kg so 20 rounds would be 40 kg

3. (a) 5. all of the above

Explanation: different mathematical forms for calculating efficiency

(b) 4. both 1 and 2

Explanation: As option 3 is incorrect both option 1 and 2 are correct as velocity ratio is also ratio of displacements in same time interval.

(c) 3. Total number of pulleys

Explanation: cranes and hoist are examples of block and tackle system of pulleys

(d) 1. zero J

Explanation: Since net displacement is zero hence work done is zero.

(e) 3. 16.6m

Explanation: Using the relation wave velocity is 2 [distance/time].

(f) (i) 4. both 2 and 3

(ii) 1. Mechanical energy

(iii) 3. Gravitational potential energy is equal to kinetic energy

(iv) 4. Law of conservation of mechanical energy

4. (a) 4. both 1 and 2

Explanation: sparkling is because of entrapping of light due to large cut surfaces resulting in low critical angle.

(b) 4. Electrical energy to Mechanical kinetic rotational energy

Explanation: the specific type of mechanical energy is kinetic rotational energy

(c) 3. Both 1 and 2

Explanation: In case of an oscillating swing the total energy is conserved and at the extremes due to the height is attains gravitational potential energy

(d) 1. Focal length = 15cm and Power = + 6.67 D

Explanation: A parallel beam of light would converge at the focus of a convex lens and reciprocal of this distance would be the power of the lens

(e) (i) 1. Yes

Explanation: as refracted ray is parallel to the base

(ii) 3. angle of incidence is equal to angle of emergence

Explanation: property of minimum deviation position

(iii) 4. all of the above

Explanation: characteristics of parallel lines

(iv) 3. Refrangibility

Explanation: name of the property exhibiting angular deviation.

❑❑

Physics

Question 1

(a) Choose the correct statement with respect to critical angle
 1. The angle lies in the optically rarer medium
 2. The angle lies in the optically denser medium
 3. It leads to refraction of light
 4. None of the above

(b) Optical illusion seen in deserts is called as
 1. Mirage 2. Looming 3. hallucination 4. dispersion of light

(c) In the diagram below the phenomenon occurring is

 1. reflection of light 2. Tyndall's effect
 3. Refraction of light 4. total internal reflection

(d) Identify the type of lens used in case of a magnifying glass.
 1. plano convex 2. Convex 3. plano concave 4. concavo convex

(e) A ray of light is incident obliquely on an optical boundary and further suffers successive refractions at various optical boundaries as shown in the figure below. Compare the refractive indices of medium 1,2 and 3

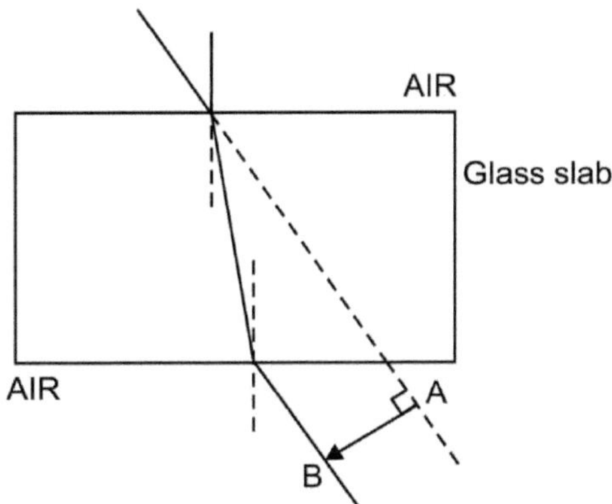

 1. $\mu_1 > \mu_2 > \mu_3$ 2. $\mu_1 = \mu_2 = \mu_3$ 3. $\mu_1 < \mu_2 < \mu_3$ 4. $\mu_1 > \mu_2 < \mu_3$

(f) The diagram below shows a spherical lens being used in which the image obtained is highly magnified and has a focal length of 25cm. With reference to this answer the following questions:

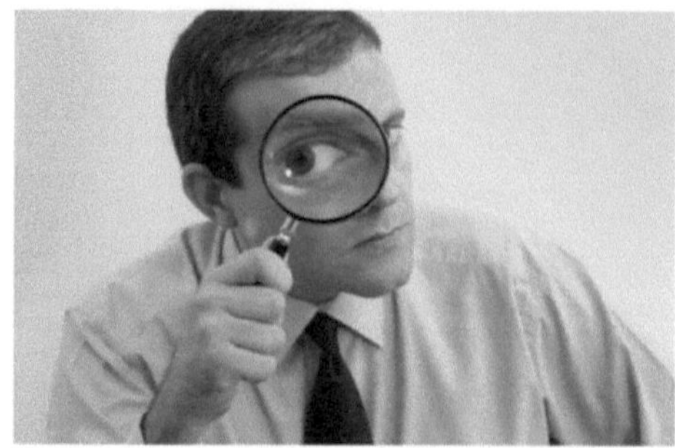

(i) The spherical lens used is
   1. convex 2. convexo concave 3. concave 4. plano convex

(ii) The power of lens is
   1. 6.0 D 2. – 6.0 D 3. +4.0 D 4. – 4.0 D

(iii) The image formed is
   1. real and erect 2. real and inverted
   3. virtual and erect 4. none of the above

(iv) If instead of convex lens could a concave lens be used for the same purpose
   1. Yes 2. No
   3. Depend on other factors 4. None of these

Question 2

(a) The major energy change taking place in the following appliance is

   1. Electrical to sound energy 2. Electrical to heat energy
   3. Electrical to light energy 4. none of the above

(b) 1 N-m is equal to
   1. 10^5 dyne cm 2. 0.1 dyne cm 3. 100 dyne cm 4. 10^7 dyne cm

(c) Is the following beam in equilibrium?

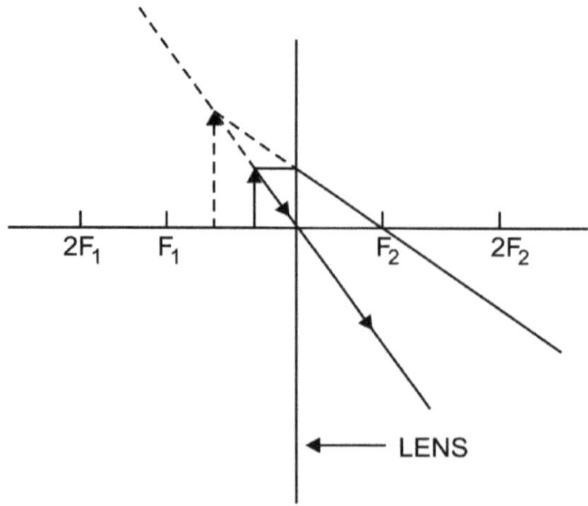

   1. Yes 2. No 3. Can't say 4. None of the above

(d) Identify in which of the cases Centre of gravity is the geometric centre

1. Triangle

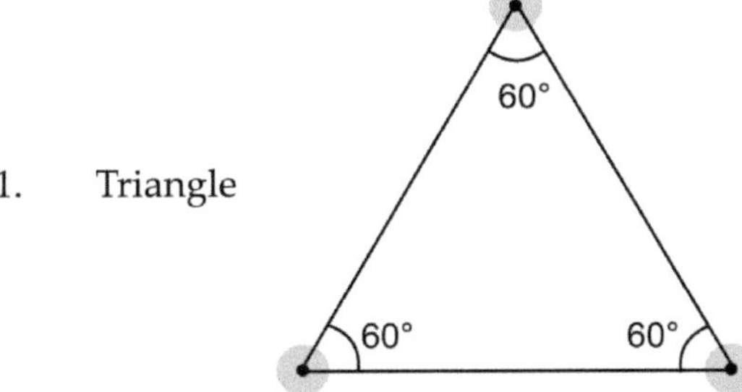

2. Hollow cone

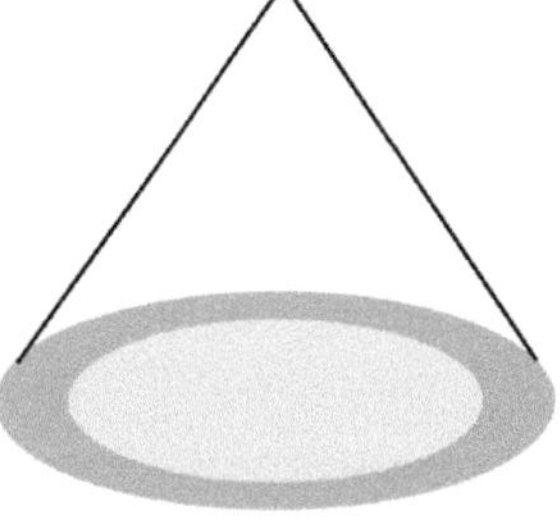

3. Boomerang

4. Solid sphere

(e) Greater the perpendicular distance of point of application of force
1. Larger is the turning moment
2. less is the force required
3. greater is the force required
4. both 1 and 2

(f) Observe this figure and answer the questions below

(i) Name the ride seen in the amusement park
1. Giant wheel
2. wild life circle
3. Merry go round
4. Jungle round

(ii) What type of force is exerted on the kid when it starts moving?
1. Centripetal force
2. Centrifugal force
3. both Centripetal and centrifugal
4. None of the above

(iii) The boy tends to move outwards due to
1. Virtual force
2. centrifugal force
3. Centripetal force
4. Both 1 and 2

(iv) The inward seeking force is called as
1. Centripetal force
2. Centrifugal force
3. Real force
4. Virtual force

Question 3

(a) In an ideal machine
1. Work output = work input
2. power output = power input
3. Mechanical advantage = velocity ratio
4. all of the above

(b) For a practical machine
1. work output is less than work input
2. Efficiency of a practical machine is less than one
3. power output is less than power input
4. all of the above

(c) Mechanical advantage of pulley systems used in lifts of buildings is
1. One
2. Two
3. Three
4. None of the above

(d) Sachin Tendulkar starts the innings by batting the very first ball and returns back to the batting end on completion of his run and a blazing double run during the match v/s the world champions Australia. Work done by him is

1. zero J
2. 10J
3. 100J
4. 1000J

(e) State the phenomenon applied in the case below in an amusement park

1. Echo
2. repetition of sound
3. reverberation
4. none of the above

(f) A guitarist plucks a string of frequency 512 Hz during an orchestra. If speed of sound in air is 320 ms^{-1}, answer the following questions.

(i) The wavelength of sound produced is:
1. 0.5 m
2. 0.626 m
3. 0.8 m
4. 1.2 m

(ii) Time taken by one vibration is:
1. [1/512] sec
2. 512 sec
3. 320 sec
4. [1/320] sec

(iii) If the same sound was produced in a medium where velocity of sound is: 420 ms^{-1}, its frequency would be
1. 765 Hz
2. 672 Hz
3. 576 Hz
4. 665 Hz

(iv) The corresponding time period in case 3 would be
1. 0.01s
2. 0.001 s
3. 0.0001 s
4. 0.1s

Question 4

(a) A crack in a window pane appears silvery and shiny. Choose the correct reason for this occurrence

1. It has a low critical angle
2. Due to total internal reflection.
3. Due to total internal reflection followed by successive refraction of light
4. Due to diffraction

(b) The energy transformation taking place in appliance shown below is

1. Light energy to electrical energy   2. Light energy to chemical to electrical energy
3. Heat energy to Chemical energy   4. Thermal energy to light energy

(c) In a water slide Richard having mass of 50 kg is at a height of 10 m above the ground level. Assuming 50% of energy is lost due to water turbulence what would be the kinetic energy when he would reach the ground. [g = 10 Nkg-1]

1. 250J   2. 25J   3. 5000J   4. 2500J

(d) (i) Name the lens used in the instrument shown below:

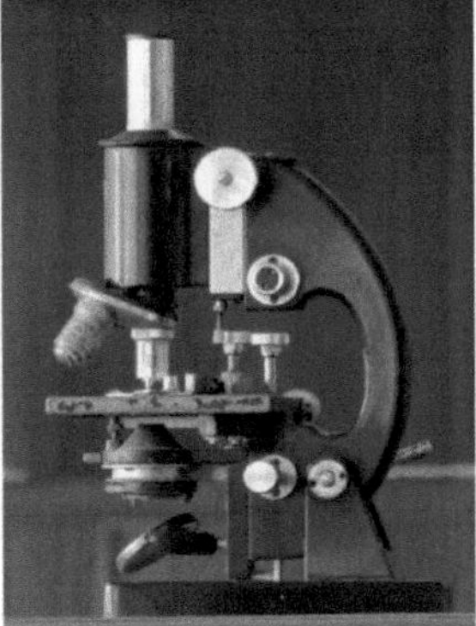

(ii) State the position of object in the above instrument

    1. (i) Convex   (ii) Not defined
    2. (i) Convex   (ii) at Focus
    3. (i) Convex   (ii) between Optical centre and focus
    4. (i) Convex   (ii) at 2F

(e) With reference to the experiment shown below answer the following questions

(i) The deviation produced in the ray of light is because of
    1.   Refraction of light
    2.   Difference in optical densities of the two media
    3.   difference in refractive index of the two media
    4.   All of the above

(ii) The incident ray and emergent ray are
    1.   perpendicular to each other   2.   parallel to each other
    3.   collinear   4.   none of the above

(iii) The perpendicular shift between original incident ray produced and the emergent ray is called
    1.   lateral displacement   2.   lateral shift
    3.   angular shift   4.   angular deviation

(iv) The shift mentioned in question 3 is directly proportional to
    1.   thickness of glass slab   2.   refractive index of the glass slab
    3.   angle of incidence   4.   all of the above

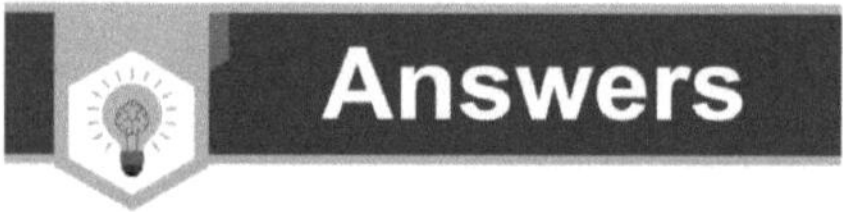

Answers

SECTION A

1. (a) 2.   The angle lies in the optically denser medium
            Explanation : Conditions for critical angle

   (b) 1.   Mirage
            Explanation : Example for total internal reflection

   (c) 3.   Refraction of light
            Explanation : Application of refraction

   (d) 2.   Convex
            Explanation : Characteristics of image formed by a lens due to the relative position of object

   (e) 2. $\mu_1 = \mu_2 = \mu_3$
            Explanation : Variation in path of light due to different refractive index

   (f) (i) 1. Convex
                Explanation : Lens with magnification is always convex

      (ii) 3. +4.0D
                Explanation : Power = 100 / focal length [cm]

     (iii) 3. Virtual and erect
                Explanation : Characteristics of image

     (iv) 2. No
                Explanation : Concave lens does not produce magnified image

2 (a) 3.   Electrical to light energy
            Explanation : Energy transformation is between supplied electrical energy to the converted light energy

(b) 4. 10^7 dyne cm

Explanation : $1N \times 1m = 10^5$ dyne $\times 10^2$ cm

(c) 2.   No

Explanation : Two equal opposite parallel forces separated by a distance constitutes a couple

(d) 4.   Solid sphere

Explanation : Centre of gravity is the geometric centre for symmetrical objects

(e) 4.   both 1 and 2

Explanation : Moment of force = force x perpendicular distance

(f) (i)   3.   Merry go round

         Explanation : Name of the ride

    (ii) 2.   Centrifugal force

         Explanation : Force on the kid is outwards

    (iii) 4.   Both 1 and 2

         Explanation : Outwards force is 'centrifugal force'

    (iv) 1.   Centripetal force

         Explanation : Name of inward force for a body in moving a circular path

3. (a) 4.   all of the above

Explanation : Since no loss hence all the factors given in the three options are equal

(b) 4.   all of the above

Explanation : As there is some loss in case of practical machine due to frictional resistance hence all three options are valid

(c) 2.   Two

Explanation : Pulley system in case of lift is single fixed and single movable

(d) 1.   zero J

Explanation : Since NET displacement is zero hence work done is zero.

(e) 1.   Echo

Explanation : Application of echo.

(f) (i)   2.   0.626 m

         Explanation : using the relation wave velocity = frequency x wavelength.

    (ii) 1.   [1/512] sec

         Explanation: using the relation frequency is 1/time period.

    (iii) 2.   672 Hz

         Explanation: using the relation [frequency x wavelength]$_1$ = [frequency x wavelength]$_2$

    (iv) 2.   0.001s

         Explanation: using the relation frequency is 1/time period

4. (a) 2.   Due to total internal reflection.

Explanation : Consequence of total internal reflection and light being entrapped inside glass.

(b) 2.   Light energy to chemical to electrical energy

Explanation : Solar panel uses photo electric cell

(c) 4.   2500J

Explanation : By law of conservation of energy PE at the top is KE at the bottom and here 50% is lost due to turbulence

(d) 3.   (i) Convex

        (ii) between Optical centre and focus

Explanation : (i) The lens used is convex as image obtained is magnified

                (ii) the position of object is between O and F

(e) (i)   4.   All of the above

         Explanation : Properties of refraction

    (ii) 2.   parallel to each other

         Explanation : Due to parallel lateral surfaces

    (iii) 1.   lateral displacement

         Explanation : Definition of lateral displacement

    (iv) 4.   all of the above

         Explanation : Factors affecting lateral displacement.

Questions

Question 1

(a) Wavelength range of yellow light is

    1.   4000Å-4460Å   2.   4640Å-5000Å   3.   5780Å-5920Å   4.   6200Å-8000Å

(b) Choose the incorrect statement

    1.   Dispersion of white light occurs at the first surface of prism

    2.   Deviation of light occurs at both the surface of prism

    3.   The prism produce colours

    4.   The prism splits the various colours present in the light incident on it.

(c) If frequency of a yellow light is 6×10^{10}Hz. Then Wavelength of light in m

    1. 6×10^{-10}m   2. 2×10^{-2}m   3. 0.5×10^{-2} m   4.   0.5m

(d) Chosee the correct statement

    1.   EM waves requires a material medium for propagation

    2.   EM waves are transverse wave

    3.   EM waves reflects by Electric & Magnetic field

    4.   The velocity of EM waves not changes when medium changes

(e) Choose the correct statement with respect to lateral displacement

    1.   It occurs in case of a rectangular glass slab

    2.   It occurs when ray passes through two optical media

    3.   It is directly proportional to thickness of glass slab

    4.   Both 1 and 3

(f) Use this figure to answer the following question:

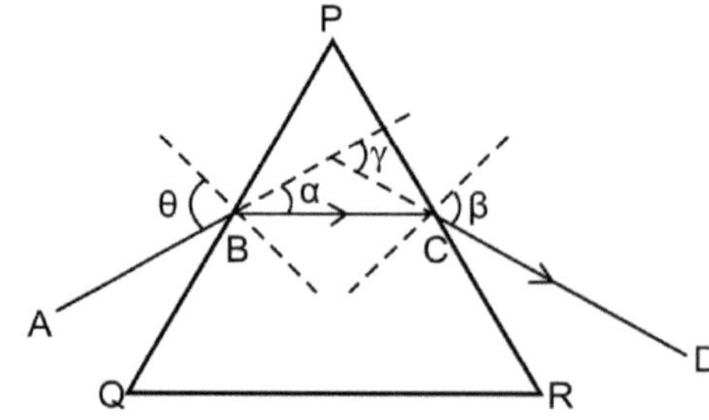

    (i)   Emergent ray is

        1.   AB   2.   BC   3.   CD   4.   none of these

    (ii)   Angle of prism will be

        1.   θ   2.   α   3.   γ   4.   none of these

    (iii)   Angle of deviation will be :

        1.   α   2.   β   3.   γ   4.   θ

(iv) Angle of deviation does not depend on

1. θ 2. P   3. μ 4. Q

Question 2

(a) Choose incorrect statement about concave lens

1. The image is always virtual
2. The image is always real
3. The image is always diminished
4. The image is always erect

(b) Choose the correct formula for magnifying power of lens

1. $m = 1 + \dfrac{D}{f}$ 2. $m = \dfrac{D}{f}$ 3. $m = 1 + \dfrac{f}{D}$ 4. $m = \dfrac{D}{f} + 2$

(c) The correct relation between the speed of longitudinal waves (v), density of medium (d) and pressure (p) is

1. $v = \sqrt{\dfrac{p}{d}}$ 2. $v = \sqrt{\dfrac{d}{p}}$ 3. $v = \sqrt{\dfrac{\gamma p}{d}}$ 4. $v = \sqrt{\dfrac{\gamma d}{p}}$

(d) Choose the incorrect statement

1. An echo is heard only if the distance of person producing sound is long enough to allow the reflected sound to reach a person at least 0.1 sec after original sound is heard
2. time taken to hear echo is $\dfrac{2d}{v}$
3. To hear the echo distinctly the reflecting surface in air should be at minimum 17m distance.
4. The size of reflector should be small enough as compared to wavelength of the sound.

(e) Choose incorrect statement

1. Sound wave require medium to propagate
2. Range of audibility is 20 Hz to 20,000 Hz
3. the sound of frequency greater than audibility range is called ultrasonic
4. Infrasonic waves are audible for human ears.

(f) Answer the following for convex lens using the diagram given :

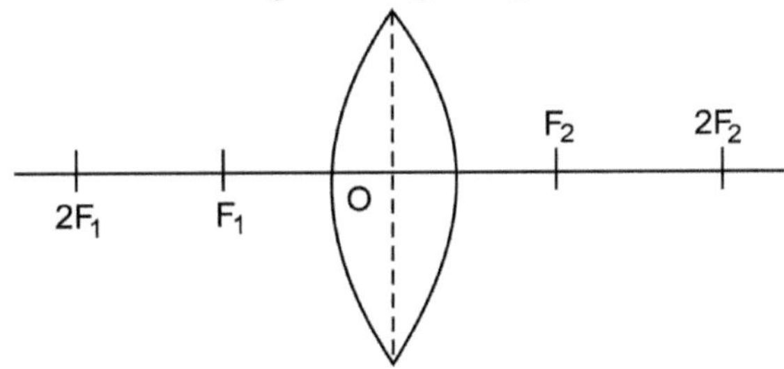

(i) If the position of object is beyond $2F_1$ the position of image will be :

1. at F_2 2. between F_2 & $2F_2$ 3. at $2F_2$ 4. beyond $2F_2$

(ii) If the position of object is at F_1, the position of image will be

1. Beyond $2F_2$
2. at $2F_2$
3. at infinity
4. on the same side, behing the object

(iii) The image formed will be on the same side, behind the object if the object is at:

1. At Infinity   2. Between lens and F_1 3. Between F_1 & $2F_1$ 4. at $2F_1$

(iv) If the object is at F_1, the size of image will be

1. highly magnified
2. highly diminished
3. magnified
4. diminished

Question 3

(a) In block and tackle system the mechanical advantage is:

1. number of pulley
2. One less than number of pulley
3. $2^{\text{(Total number of pulley)}}$
4. load/effort

(b) Choose incorrect statement

1. If effort arm = load arm, M.A = 1
2. If effort arm > load arm, M.A > 1
3. If effort arm < load arm, M.A < 1
4. If effort arm = load arm, M.A ≤ 1

(c) Work done by effort is

1. Effort × load
2. load × distance moved by effort
3. Effort × distance moved by effort
4. none of these

(d) If the work done by a heart is 2J per beat. The power of the heart if it beat 70 times in 1 minute (approx)

1. 2 J/sec
2. 4 J/sec
3. 5 J/sec
4. 6 J/sec

(e) The relationship to evaluate the efficiency is

1. power input/power output
2. power input x power output
3. power output/power input
4. power output x power input

(f) For the figure given answer the following :

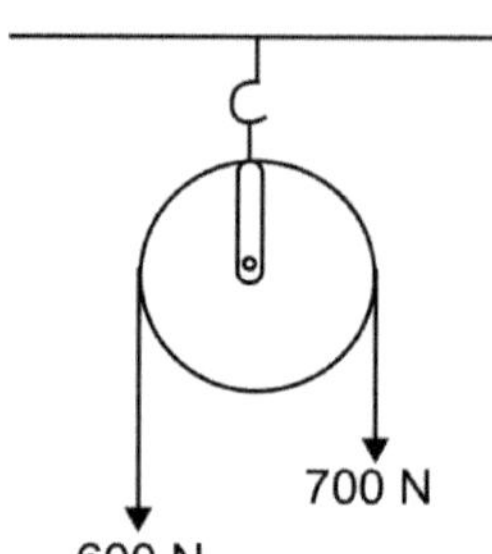

A boy lift a load of 600N through a height of 10m in 10 sec. The effort applied by boy on other end is 700N.

(i) Velocity ratio of the pulley

1. 0
2. 1
3. 2
4. 3

(ii) Efficiency of pulley

1. 70%
2. 76%
3. 80%
4. 86%

(iii) Energy gained by load in a height of 10 m in 10 sec:

1. 5000 J
2. 6000 J
3. 7000 J
4. 8000 J

(iv) Power developed by boy in raising load:

1. 600W
2. 700W
3. 800W
4. 900W

Question 4

(a) In linear motion the acceleration is

1. Positive
2. Negative
3. Zero
4. Constant

(b) The force which is not a real force

1. Force of tension
2. Centripetal force
3. Centrifugal force
4. Gravitational force

(c) An oscillating, simple pendulum of mass 100 g maximum height of 10 cm from rest, at its extreme one side. Answer the following.

(i) Total energy of pendulum:

1. 0.1 J
2. 0.01 J
3. 0.001 J
4. 1 J

(ii) Velocity of bob at mean position

1. 2 m/sec
2. 1 m/sec
3. 1.414 m/sec
4. none of these

(d) In uniform circular motion the velocity and speed are respectively:

1. Constant, variable
2. Variable, constant
3. Zero, variable
4. Undefined

(e) A ball of mass 20 kg is thrown in upward direction. It reach, till the height 20 m from the ground and comes back to the earth, if the value of g = 10 m/sec^2, answer the following question.

(i) Kinetic energy when at the maximum height

1. mgh
2. $\frac{1}{2}mv^2$
3. 0
4. none

  (ii) Kinetic energy at height 10 m

    1.   500 J   2.   1000 J   3.   2000 J   4.   3000 J

  (iii) Potential energy at maximum height

    1.   1000 J   2.   2000 J   3.   3000 J   4.   4000 J

  (iv) Potential energy of ground

    1.   4000 J   2.   400 J   3.   0   4.   none

Answers

1. (a) 3. 5780Å-5920Å

  (b) 3. The prism produce colours

  (c) 3. 0.5×10^{-2} m

    Explanation : $f = 6 \times 10^{10}$ Hz, $e = 3 \times 10^8$ m/s, $c = f\lambda \Rightarrow \lambda = 4f$

$$\lambda = \frac{3 \times 10^8}{6 \times 10^{10}} = 0.5 \times 10^{-2} \text{ m}$$

  (d) 2. EM waves are transverse wave

  (e) 4. Both 1 and 3

    Explanation : Property of lateral displacement

  (f) (i) 3. CD

    (ii) 4. none of these

    (iii) 3. γ

    (iv) 4. Q

2. (a) 2. The image is always real

  (b) 1. $m = 1 + \dfrac{D}{f}$

  (c) 3. $v = \sqrt{\dfrac{\gamma p}{d}}$

  (d) 4. The size of reflector should be small enough as compared to wavelength of the sound.

  (e) 4. Infrasonic waves are audible for human ears.

  (f) (i) 2. between F_2 & $2F_2$

    (ii) 3. at infinity

    (iii) 2. Between lens and F_1

    (iv) 1. highly magnified

3. (a) 4. load/effort

  (b) 4. If effort arm = load arm, M.A ≤ 1

  (c) 3. effort × distance moved by effort

  (d) 1. 2 J/sec

    Explanation :   P = Work done / sec

              = work done per beat × no. of beat in 1 sec

$$= 2J \times \frac{70}{60} = 2.33 \text{ J/sec}$$

  (e) 3. power output/power input

    Explanation : mathematical relation

  (f) (i) 2. 1

    Explanation : $\text{VR} = \dfrac{\text{displacement of effort}}{\text{displacement of load}} = \dfrac{d}{d} = 1$

When effort move a distance 'd' down ward and the load moves a distance 'd' upwards:

(ii) 4. 86%

Explanation :

$$\eta = \frac{M.A}{V.R}$$

$$\Rightarrow \quad M.A = \frac{L}{E} = \frac{600}{700} = 0.86$$

$$\eta = \frac{0.86}{1} = 86\%$$

(iii) 2. 6000 J

Explanation : $E = L \times d = 600 \times 10 = 6000$ J

(iv) 2. 700W

Explanation : $P = \frac{E \times d}{t} = \frac{700 \times 10}{10} = 700$ W

4. (a) 3. zero

(b) 3. Centrifugal force

(c) (i) 1. 0.1 J

Explanation:

$$\text{Total energy} = mgh$$
$$= 0.1 \times (0.1) \times 10$$
$$= 0.1 \text{ J}$$

(ii) 3. 1.414 m/sec

Explanation : K.E at mean position = P.E. at extreme position

$$\frac{1}{2}mv^2 = mgh$$

$$v^2 = 2gh$$

$$v = \sqrt{2gh} = \sqrt{2 \times 10 \times 0.1}$$

$$v = 1.414 \text{ m/sec}$$

(d) 2. Variable, Constant

(e) (i) 3. 0

Explanation : at maximum height $v = 0$

So, $\qquad KE = \frac{1}{2} mv^2 = 0$

(ii) 3. 2000 J

Explanation : at $\qquad h = 10$ m

$$KE = mgh$$

$$\Rightarrow \quad 20 \times 10 \times 10 = 2000 \text{ J}$$

(iii) 4. 4000 J

Explanation : $\qquad PE = mgh = 20 \times 10 \times 20 = 4000$ J

(iv) 3. 0

Explanation : $\qquad PE = mgh$

at ground $\qquad h = 0$

$$PE = 0$$

❑❑

Question 1

(a) Choose the correct statement with respect to force.

1. The CGS unit of momentum of force is Newton × meter
2. The turning effect on a body by a force depends on momentum of force.
3. 1 gf × cm = 980 dyne cm
4. 1 kgf × m = 10^7 dyne cm

(b) Which of the following is not the example of couple force.

1. Turning a water tap
2. tighttening the cap
3. Turning the toothed wheel of a bicycle
4. Turning a steering wheel

(c) Choose the incorrect statement.

1. In equilibrium condition the resultant of all the forces acting on the body should be equal to zero.
2. The algebraic sum of moments of all the forces acting on the body about the point of rotation should be zero.
3. The rain drop reaches the earth surface with constant velocity.
4. The tension in a string attained with a stone which is whirled in circular path provides the equilibrium force.

(d) The force of 5N is applied at a distance of 10 cm from pivot. The right steps to calculate the moment of force are:

(i) MoF = 5 × 10N cm   (ii) MoF = $\dfrac{15}{10}$ N/m   (iii) MoF = 50 N–m   (iv) MoF = 0.5 N–m

    1. (i) and (ii)   2. (ii) and (iii)   3. (ii) and (iv)   4. (i) and (iii)

(e) Refractive index of diamond with respect to air is 2.4 and speed of light in vacuum is 3×10^8 ms^{-1}. Hence speed of light in diamond is

1. 2.5×10^8 ms^{-1} 2. 2.25×10^8 ms^{-1} 3. 1.25×10^8 ms^{-1} 4. 1.5×10^8 ms^{-1}

(f) For the arrangement shown answer the following question.

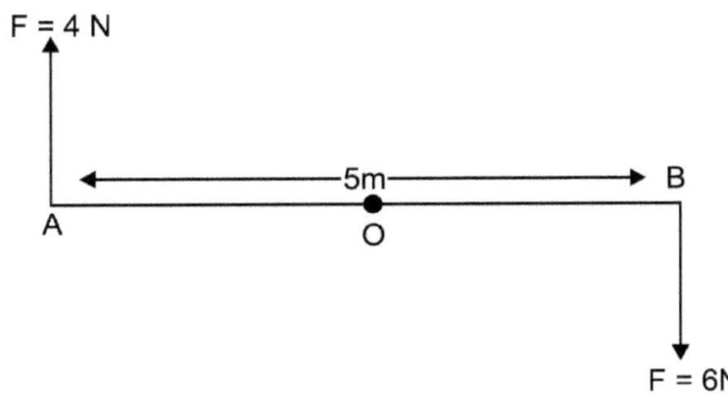

(i) Moment of force at point A

1. 20 Nm   2. 0.4 Nm   3. 10 Nm   4. 5 Nm

(ii) Moment of force at point B

1. 15 Nm   2. 0.6Nm   3. 50 Nm   4. 30 Nm

(iii) Total momentum of force

1. 20.6 Nm   2. 25 Nm   3. 50 Nm   4. 10.6 Nm

(iv) Moment of force at point A if OA = 3m:

1. 10 N–m   2. 15 N–m   3. 20 N–m   4. 12 N–m

Question 2

(a) Work (W), Force (F) and displacement (S) are related to each other by

1. $F = WS \cos \theta$ 2. $S = WF \cos \theta$ 3. $W = FS \cos \theta$ 4. $S = WF \sin \theta$

(b) Force is positive when

1. Displacement and force are in same direction

2. When $\theta = 90°$

3. When displacement and force are in opposite direction

4. $\theta = 180°$

(c) Hari lift a bag and reach to the station in 1 min while Shyam lift the bag (with same weight) and reach to station in 2 min. If the distance travelled by both of them are same, which of the following statements are false,

1. Power spent by Hari is twice than Shyam

2. Power spent by Shyam is half than Hari

3. Work done by both of them is same

4. Work done by both of them is different

(d) The value of 1 Wh in kJ is :

1. 36 kJ   2. 3.6 kJ   3. 0.36 kJ   4. 360 kJ

(e) (i) Relation between velocity ratio (V.R), a velocity of load (V_L) and velocity of effort (V_E) is.

1. $V.R = \dfrac{V_L}{V_E}$ 2. $V.R = \dfrac{V_E}{V_L}$ 3. $V.R = V_E \times V_L$ 4. $V.R = V_E + V_L$

(ii) The mechanical advantage (M.A.) is defined as:

1. L/E   2. E/L   3. L + E   4. L-E

(f) A stone is thrown in air in vertically upward direction with velocity 30 m/sec. If the mass of the stone is 10 g than

(i) Step to find initial KE applied to stone

(A) Energy $= mv^2 = 10 \text{ g} \times (30 \times 30)$

(B) Energy $= \dfrac{1}{2} mv^2 = \dfrac{1}{2} 10 \text{ g} \times (30 \times 30)$

(C) Energy $= mv^2 = (0.01) \times (30 \times 30)$

(D) Energy $= \dfrac{1}{2} mv^2 = \dfrac{1}{2} (0.01) \times (30 \times 30)$

1. A   2. B   3. C   4. D

(ii) Maximum height that this stone can achieve (air friction is neglected)

1. 30m   2. 35m   3. 40m   4. 45m

(iii) If 60% of initial energy is lost on reaching to maximum height due to air friction the maximum height will be

1. 10m   2. 14m   3. 18m   4. 20m

(iv) Potential energy can be expressed as.

1. $U = mgh$
2. $K = \dfrac{1}{2}mv^2$
3. $V = \sqrt{2gh}$
4. $P = ma$

Question 3

(a) Choose the incorrect statement about light wave:

1. light waves are electromagnetic waves.
2. speed of light waves is 3×10^8 m/sec
3. Light waves are transverse wave
4. The wavelength of light waves is of the order of 10^{-6} m.

(b) Choose the incorrect statement about ultrasonic wave:

1. It can travel undeviated through a long distance.
2. It can be confined to a narrow beam
3. It can be absorbed easily in a medium
4. Frequency of ultrasonic wave is 20 KHz.

(c) Use the following figure to give answer of questions given below : (Velocity of the wave is 50 m/sec)

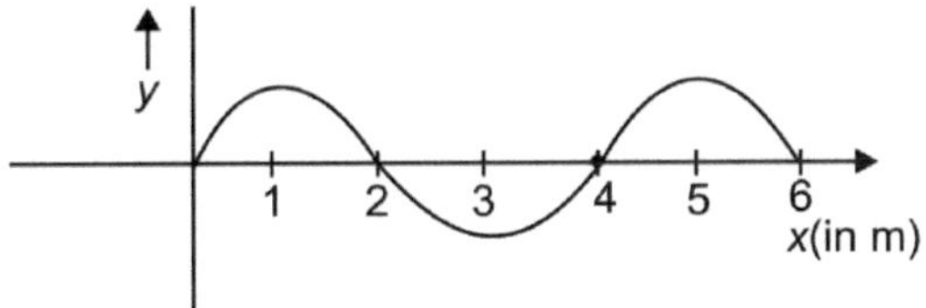

(i) Frequency of the wave is around :

1. 50 Hz
2. 12 Hz
3. 60 Hz
4. 2 Hz

(ii) Wavelength of the wave is :

1. 2m
2. 4m
3. 6m
4. none of them

(d) A gun is fired in front of a vertical cliff. The echo of that fire is heard after 5 sec. The gun is again fired on moving towards the cliff 98 m and the echo is again heard in 2 sec. Answer the following questions.

(i) The distance from which the gun was fired in starting

1. 163 m
2. 14 m
3. 63 m
4. 62 m

(e) Snell's law is used for:

1. Refraction
2. Reflection
3. Absorption
4. none of these

(f) The diagram below shows a spherical lens in which the brightest image obtained is at a distance of 20 cm

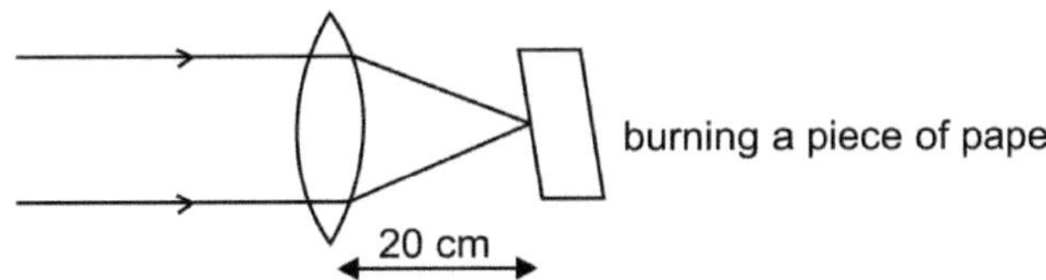

(i) The spherical lens used is

1. convex
2. convexo concave
3. concave
4. plano convex

(ii) The focal length of lens is

1. 100 cm
2. 20 cm
3. 0.25 m
4. both 2 and 3

(iii) If the object is placed at a distance of 100 cm in front of the lens then, the screen should placed at a distance of .... to obtain a clear image

1. 15 cm
2. 6.25 cm
3. 12.5 cm
4. 25 cm

(iv) The power of the above lens is

1. 5 D
2. −6.67D
3. +5.67 D
4. +7.67 D

Question 4

(a) The light is passing from one transparent medium to another transparent medium having different optical density : The phenomenon is

   1.   bending   2.   Absorption   3.   Refraction   4.   Reflection

(b) Plano-Concave lense look like

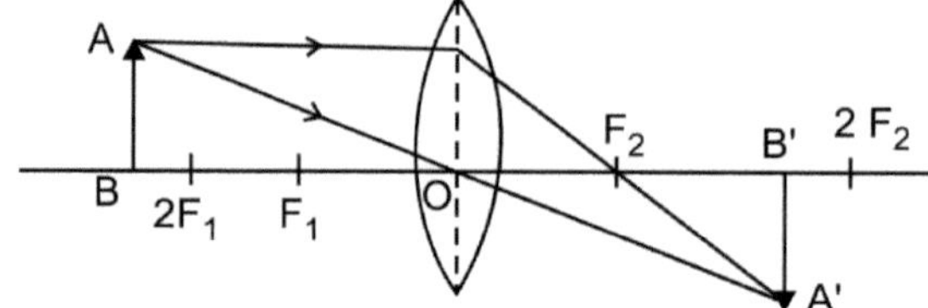

   1.   2.   3.   4.

(c) Consider the following ray diagram the properties of image formed

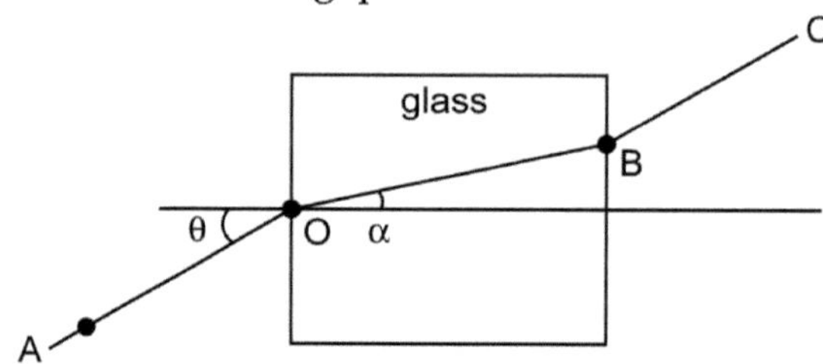

   1.   Virtual, large   2.   diminished, real   3.   Magnified, virtual   4.   None of these

(d) Light is traveling from denser to rarer medium than

   1.   It's wavelength will decrease, velocity increases

   2.   It's wavelength will increase, velocity increases

   3.   No change in wavelength, No change in velocity

   4.   the light will not be able to pass, velocity remains same

(e) Consider the figure and answer the following questions :

   (i) Refracted ray is

      1.   AO   2.   OB   3.   BC   4.   AC

   (ii) Incident ray is

      1.   AO   2.   OB   3.   BC   4.   AC

   (iii) Angle of incident is

      1. α 2. θ 3. $\alpha + \theta$ 4. $\dfrac{\alpha}{\theta}$

   (iv) Refractive angle is

      1. α 2. θ 3. $\alpha + \theta$ 4. $\dfrac{\alpha}{\theta}$

Answers

1. (a) 3.   1 gf × cm = 980 dyne cm

   (b) 3.   Turning the toothed wheel of a bicycle

   (c) 4.   The tension in a string attached with a stone which is whirled In circular path provides the equilibrium force.

(d) 4. (i) and (iii)

(e) 3. $1.25 \times 10^8\,\text{ms}^{-1}$

(f) (i) 3. 10 Nm

   (ii) 1. 15 Nm

   (iii) 2. 25 Nm

   (iv) 4. 12 m

2. (a) 3. $W = FS \cos \theta$

(b) 1. Displacement and force are in same direction

(c) 4. Work done by both of them is different

(d) 2. 3.6 kJ

(e) (i) 2. $\text{V.R.} = \dfrac{V_E}{V_L}$

   (ii) 1. L/E

(f) (i) 4. D

   (ii) 4. 45m

Explanation: P.E. at maximum height = Initial KE

$$mgh = \frac{1}{2} mv^2$$

$$h = \frac{v^2}{2g} = \frac{900}{20} = \frac{30 \times 30}{2 \times 10} = 45 \text{ m}$$

   (iii) 3. 18m

Explanation: PE at max height = 40% of initial KE

$$mgh = \frac{40}{100} \times \frac{1}{2} mv^2$$

$$h = 0.4\,\frac{v^2}{2g} = 0.4 \times 45 = 18.0 \text{ m}$$

   (iv) 1. $U = mgh$

3. (a) 4. The wavelength of light waves is of the order of 10^{-6} m.

(b) 3. It can be absorbed easily in a medium

(c) (i) 2. 12 Hz

Explanation : $v = f\lambda$

$$f = \frac{v}{\lambda} = \frac{50}{4} = 12.5 \text{ Hz}$$

   (ii) 2. 4m

Explanation :

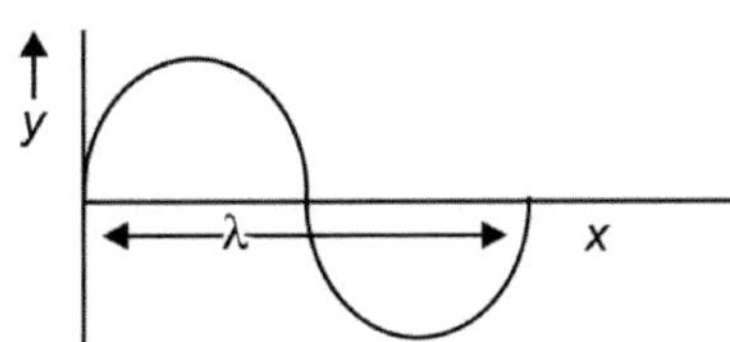

(d) 1. 163 m

Explanation : $t = \dfrac{2d}{v}$ for first fire

$$\Rightarrow \quad 5 \text{ sec} = \frac{2d}{v} \quad\quad ...(1)$$

$$2 \sec = \frac{2(d-98)}{v} \qquad \ldots(2)$$

For second fire on solving (1) and (2)

$$d \quad 163 \text{ m}$$

(e) 1. Refraction

(f) (i) 1. convex

Explanation: converging lens used for burning a piece of paper

(ii) 2. 20 cm

Explanation: focal length is the converging distance for parallel beam incident

(iii) 4. 25 cm

Explanation: Use lens formula to calculate image distance

(iv) 1. 5 D

Explanation: Power of lens is 100. Focal length [cm]

4. (a) 3. Refraction

(b) 3. 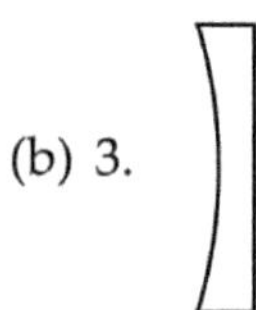

(c) 2. diminished, real

(d) 2. It's wavelength will increase, velocity increases

(e) (i) 2. OB

(ii) 1. AO

(iii) 2. θ

(iv) 1. α

❑❑

Chemistry

Specimen Question Paper

Chemistry

Maximum Marks: 40
Time allowed: One hour (inclusive of reading time)

General Instructions

ALL QUESTIONS ARE COMPULSORY.
The marks intended for questions are given in brackets [ ].
Select the correct option for each of the following questions.

Questions

Question 1.

The trend in metallic nature of metals as we go from top to bottom in a group: [1]

1. increases
2. decreases
3. neither increases nor decreases
4. none of the above

Question 2.

The colour change observed when the solution of magnesium hydroxide is tested with the following indicators: [1]

1. phenolphthalein turns colourless to pink
2. methyl orange remains orange
3. phenolphthalein remains colourless
4. blue litmus solution turns red

Question 3.

The compound which is a non-electrolyte: [1]

1. KCl (aq)
2. H_2SO_4 (dil)
3. CCl_4 (l)
4. CH_3COOH (aq)

Question 4.

Twice the vapour density gives: [1]

1. Actual vapour density
2. Relative vapour density
3. Molecular mass
4. Molar volume

Question 5.

The number of lone pair of electrons in the nitrogen atom in ammonia molecule: [1]

1. One
2. Two
3. Three
4. Four

Question 6.

Elements with similar valence shell configuration in a Periodic Table are placed in: [1]

1. different group
2. same period
3. different period
4. same period

Question 7.

The gas liberated when sodium sulphite reacts with dilute sulphuric acid: [1]

1. Carbon dioxide
2. Hydrogen
3. Hydrogen sulphide
4. Sulphur dioxide

Question 8.

Thickness of metal coating during electroplating depends on: [1]

1. Duration of current passage
2. A low current
3. Nature of cathode
4. Purity of anode

Question 9.

Ionic bonding is seen in: [1]

1. Methane
2. Hydrogen
3. Ammonia
4. Sodium oxide

Question 10.

The molecular formula of an organic compound is $C_6H_{12}O_6$ and the empirical formula is CH_2O, the value of n is: [1]

1. 2
2. 6
3. 1
4. 12

Question 11.

When an electron is added in the valence shell: [1]

1. energy is released
2. energy is absorbed
3. energy remains same
4. none of the above

Question 12.

The most electronegative element is: [1]

1. Sodium
2. Aluminium
3. Bromine
4. Fluorine

Question 13.

The bond in Carbon Tetrachloride is: [1]

1. Single Covalent Bond
2. Double Covalent Bond
3. Ionic bond
4. Triple Covalent Bond

Question 14.

The type of bonding present in the nitrogen molecule: [1]

1. Single Covalent Bond
2. Double Covalent Bond
3. Polar Covalent bond
4. Triple Covalent Bond

Question 15.

A compound with Empirical formula XY_2, has the vapour density equal to its Empirical formula weight, its molecular formula is: [1]

1. X_2Y_4
2. X_2Y_2
3. XY
4. X_4Y_2

Question 16.

Identify one statement that does not hold true for electrorefining of copper: [1]

1. Electrolyte is acidified $CuSO_4$ solution
2. Cathode is a thin strip of impure copper
3. Anode dissolves in the electrolyte
4. Anode gets thicker.

Question 17.

The observation when ammonium chloride reacts with potassium hydroxide: [1]

1. A reddish brown gas
2. A colourless gas which turns moist red litmus blue.
3. A green coloured gas which turns moist blue litmus paper red.
4. A colourless gas which turns lime water milky.

Question 18.

The colour of the precipitate formed when ferrous ions react with ammonium hydroxide solution: [1]

1. Blue
2. Reddish brown
3. Dirty green
4. White

Question 19.

During ionisation, metals lose electrons this change can be called: [1]

1. Oxidation
2. Reduction
3. Redox
4. Displacement

Question 20.

The oxide of a metal that reacts both with acid and alkali to form salt and water: [1]

1. Sodium oxide   2. Magnesium oxide 3. Aluminium oxide   4. Ferrous oxide

Question 21.

The property which decreases from left to right across the periodic table: [1]

1. Electron affinity   2. Electro negativity 3. Ionisation energy   4. Metallic character

Question 22.

On the basis of electronic configuration the period and group of B_5^9 is: [1]

1. 2 and IIIA   2. 3 and IIA   3. 4 and VIA   4. 5 and VIIA

Question 23.

Select the ion that would get selectively discharged from the aqueous mixture of the ions listed below: [1]

1. SO_4^{-2} 2. NO_3^{-1} 3. OH^{-1} 4. Cl^{-1}

Question 24.

Hydronium ion is formed when a molecule of water combines with: [1]

1. Hydrogen atom   2. Proton   3. Hydrogen molecule 4. Oxygen atom

Question 25.

The condition that is most appropriate for electroplating with nickel: [1]

1. Electrolyte is molten copper sulphate   2. Anode should be made of impure nickel plate

3. Alternating current is used   4. Periodic replacement of cathode is needed.

Question 26.

The hydroxide which is soluble in excess ammonium hydroxide: [1]

1. Lead hydroxide   2. Ferrous hydroxide 3. Zinc hydroxide   4. Ferric hydroxide

Question 27.

Which statement is not true for electrolysis? [1]

1. Cations migrate towards cathode   2. Anions discharge at anode

3. Anions get reduced during electrolysis   4. Cations get reduced during electrolysis

Question 28.

H_2Y is the formula of a compound. What is the valency exhibited by Y? [1]

1. 1   2. 2   3. 3   4. none of the above

Question 29.

The particles which attract one another to form electrovalent compounds are: [1]

1. Electrons   2. Protons   3. Ions   4. Molecules

Question 30.

Which one of the following statements is NOT correct? [1]

1. Pure water does not allow a current to flow through it.

2. The electrolyte only conducts when in the molten state.

3. Electrodes that react with the electrolytes are said to be "active".

4. Ions must be present in the electrolyte in order that it conducts electricity.

Question 31.

The salt formed by partial replacement of hydrogen ion of an acid by a basic radical. [1]

1. Sodium sulphite   2. Magnesium hydroxide

3. Potassium sulphate   4. Zinc hydrogen sulphite

Question 32.

Alkali which dissociates only partially in aqueous solution: [1]

1. Lithium hydroxide   2. Calcium hydroxide

3. Potassium hydroxide   4. Sodium hydroxide

Question 33.

The property that matches with elements of the halogen family are: [1]

1. They are chemically highly reactive
2. They are metallic in nature
3. They are monoatomic in their molecular form
4. They have one electron in the valence shell

Question 34.

Cathode is a reducing electrode because: [1]

1. It has less number of electrons
2. It has deficiency of electrons
3. Cations gain electrons from cathode
4. Anions lose electrons to cathode

Question 35.

The simplest ratio of the atoms of carbon and hydrogen is 1:1. Identify the possible molecular formula [1]

1. C_6H_6
2. C_2H_4
3. C_6H_2
4. C_3H_4

Question 36.

The empirical formula of the compound is CH_2O, the possible molecular formula can be: [1]

1. $C_3H_6O_3$
2. C_2H_4O
3. $C_4H_3O_2$
4. $C_4H_6O_2$

Question 37.

Observe the Periodic Table to answer the questions: [4]

Group No.	1-IA	2-IIA	13-IIIA	14-IVA	15-VA	16-VIA	17-VIIA	18-0
2nd period	Li		D			O	J	Ne
3rd period	A	Mg	E	Si		X	M	
4th period	R	T	G		Q	Y		Z

In the above table some elements are mentioned with their own symbol and position of the Periodic Table while others are shown with a letter. Answer the following questions pertaining to the same.

(a) Identify the most electronegative element.

1. Li
2. Ne
3. Z
4. J

(b) How many Valence electrons are present in Q?

1. 3
2. 5
3. 15
4. 4

(c) The formula of the compound formed between E and O is:

1. EO
2. E_3O_2
3. E_2O_3
4. EO_2

(d) The type of bond formed between A and X:

1. Ionic bond
2. Metallic bond
3. Covalent bond
4. Coordinate bond

Answers

1. 1. Increases

    Explanation: Down the group, the atomic size and the nuclear charge increases. Thus, the affect of atomic size is higher as compared to nuclear charge leading tendency to lose electrons easily down the group.

2. 1. phenolphthalein turns colourless to pink

Explanation: Magnesium Hydroxide, $Mg(OH)_2$ is an alkali solution as it has hydroxyl ions $[OH]^-$.

Indicator	Colour change in basic solution	Colour change in acidic solution
Phenolphthalein	Colourless to pink.	Remains colourless.

3. 3. CCl_4 (l)

Explanation: Non-electrolytes do not have ions even in the solution and KCl (*aq*), H_2SO_4 (dil) and CH_3COOH (*aq*) are electrolytes and they contain ions.

4. 3. Molecular mass

Explanation: The relative molecular mass of a gas or vapour is the twice of its vapour density.

5. 1. One

Explanation: Structure of ammonia molecule shows 3 N—H bonds + 1 Lone pair.

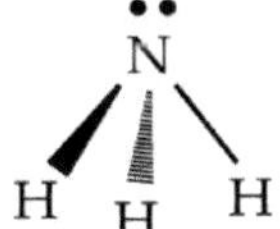

6. 4. Same group

Explanation: Electronic configuration is similar for valence shell as in a particular group number of electrons in the outermost shell remains same.

7. 4. Sulphur dioxide

Explanation: Sodium sulphite reacts with sulphuric acid to produce sodium bisulfate, sulphur dioxide and water.

$$Na_2SO_3(s) + H_2SO_4(l) \longrightarrow Na_2SO_4 + SO_2(g) + H_2O$$

8. 2. A low current

Explanation: Higher current causes uneven deposition of the metal. Longer time and low current initiates a thicker uniform deposition.

9. 4. Sodium oxide

Explanation: Sodium element is metallic in nature and a metallic atom can lose electrons. Ionic bonding is a type of chemical bonding that involves the electrostatic attraction between oppositely charged ions *e.g.*, Sodium ion (Na^+) and (O^{2-}) to form Na_2O.

10. 2. 6

Explanation:

$$\text{Molecular formula of a compound} = n \times \text{Empirical formula}$$
$$= 6 \times (CH_2O)$$
$$= C_6H_{12}O_6$$

11. 1. Energy is released

Explanation: When an extra electron is added to an atom, energy released is known as electron affinity.

12. 4. Fluorine

Explanation: Across the period, electronegativity increases and down the group, electronegativity decreases.

13. 1. Single covalent bond

Explanation: CCl_4 is having single covalent bond where four chlorine atoms are positioned symmetrically as corners in a tetrahedral configuration joined to a central carbon atom.

14. 4. Triple covalent bond

Explanation: Triple covalent bond is a combination of 3 single bonds between the 2 nitrogen atoms.
$$N \equiv N$$

15. 1. X_2Y_4

Explanation:

$$\text{Molecular formula} = n \times \text{Empirical formula}$$

And $$\text{Molecular formula} = 2 \times \text{Vapour density}$$

Thus, $$n \times \text{Empirical formula} = 2 \times \text{Vapour density}$$

Therefore, $$n = 2 \quad (\text{Empirical formula = Vapour density})$$

$$\text{Molecular formula} = 2 \times XY_2 = X_2Y_4$$

16. 4. Anode gets thicker

Explanation: Gradually slabs of impure copper finishes (at anode, oxidation occurs) and thin strips of pure copper become thicker (at cathode, reduction occurs).

17. 2. A colourless gas which turns moist red litmus blue.

Explanation: $NH_4Cl + KOH \longrightarrow KCl + H_2O + NH_3$

Ammonia gas: A colourless gas having pungent smell which turns moist red litmus to blue.

18. 3. Dirty green

Explanation: $FeSO_4 + 2NH_4OH \longrightarrow Fe(OH)_2 + (NH_4)_2SO_4$

 Green Dirty Green ppt.

19. 1. Oxidation

Explanation: Oxidation is defined as a process in which an electron is removed from a molecule.

20. 3. Aluminium oxide

Explanation: Metal oxides that react with both acids and bases to form salt and water are called amphoteric oxides. Al_2O_3 is amphoteric in nature.

21. 4. Metallic Character

Explanation: Across the period, nuclear pull increases with atomic number, thus, atomic size decreases. Hence, elements cannot lose electrons easily.

22. 1. 2 and III A

Explanation: Electronic configuration of B is 2, 3. Thus it belongs to group 2 and III A period of the periodic table.

23. 3. OH^{-1}

Explanation: According to electrochemical series of anions OH^{-1} have more selective discharge tendency at anode.

24. 2. Proton

Explanation: Molecule of water combines with proton H^+ to give Hydronium ion.

$$H_2O + H^+ \longrightarrow H_3O$$

 (Water) (Proton) (Hydronium ion)

25. **2. Anode should be made of impure nickel plate**

Explanation: Block of the nickel metal is used as anode during the electroplating process with nickel.

26. 3. Zinc hydroxide

Explanation: $Zn(OH)_2 + 4NH_4OH \longrightarrow [Zn(NH_3)_4](OH)_2 + 4H_2O$

 Tetraamine zinc hydroxide

27. 3. Anions get reduced during electrolysis

Explanation: During the process of electrolysis anions get oxidised at anode.

28. 2. 2

Explanation:

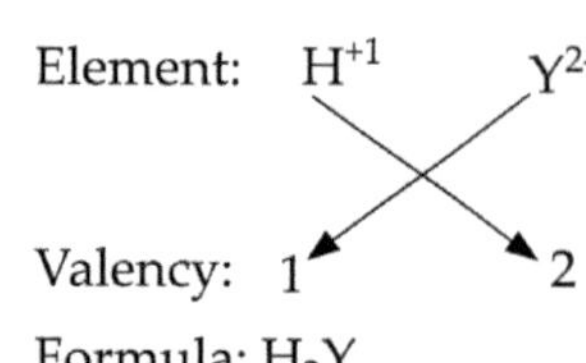

29. 3. Ions

Explanation: To form ionic bonds, oppositely charged ions attract each other and form chemical bond.

30. 2. The electrolyte only conducts when in the molten state.

Explanation: The electrolytes conduct electricity either in the motten state or in an aqueous solution and undergo chemical changes.

31. 4. Zinc Hydrogen Sulphite

Explanation: Zinc hydrogen sulphite is formed by the partial replacement of hydrogen ion of an acid by a basic radical.

32. 2. Calcium hydroxide

Explanation: All metallic oxides and hydroxides are insoluble in aqueous solution except NaOH, KOH, $Ca(OH)_2$.

33. 1. They are chemically highly reactive.

Explanation: This reactivity is due to high electronegativity and high effective nuclear charge. Halogens can gain an electron by reacting with atoms of other elements.

34. 3. Cations gain electrons from cathode

Explanation: Reduction takes place at cathode as cations migrate to the cathode which is the electrode connected to the negative terminal of battery.

35. 1. C_6H_6

Explanation:

$$\text{Molecular formula} = n \times \text{Empirical formula}$$
$$= 6 \times (CH)$$
$$= C_6H_6$$

36. 1. $C_3H_6O_3$

Explanation:

$$\text{Molecular formula} = n \times \text{Empirical formula}$$
$$= 3 \times (CH_2O)$$
$$= C_3H_6O_3$$

37. (a) 4. J

Explanation: Across the period: Electronegativity increases

Down the group: Electronegativity decreases

(b) 1. 3

Explanation: Group 3: All elements have valence electrons =3

(c) 3. E_2O_3

Explanation:

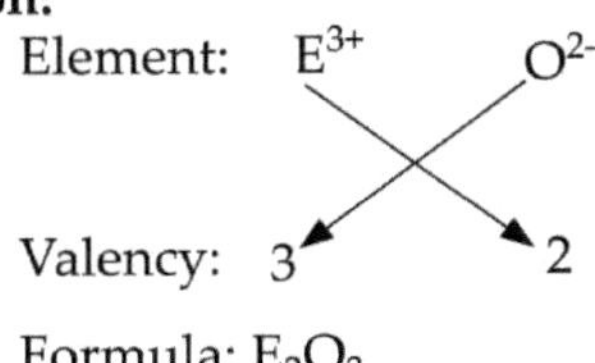

Formula: E_2O_3

(d) 1. Ionic bond

Explanation: A is metallic element and X is non-metallic element. Thus, bonds formed between metals and non-metals are ionic bonds.

❑❑

Question 1

Modern periodic table is based on which of the following property of elements ?

1. Atomic number
2. Atomic mass
3. Electronegativity
4. Electron affinity

Question 2

Which of the following is a mineral acid ?

1. Oxalic acid
2. Sulphuric acid
3. Malic acid
4. Acetic acid

Question 3

Which type of bond is formed between a metal and a non-metal ?

1. Covalent bond
2. Coordinate covalent bond
3. Ionic or electrovalent bond
4. No bonding

Question 4

What is the colour of ppt. formed when sodium hydroxide solution is added to calcium salt ?

1. Green
2. White
3. Brown
4. Red

Question 5

The correct relationship of molecular formula and empirical formula is ____________

1. Empirical formula = n × molecular formula
2. Molecular formula = n × empirical formula
3. n = Molecular formula × empirical formula
4. Molecular formula = n/empirical formula

Question 6

Which of the following is true for electrolysis of copper sulphate solution ?

1. Cathode acts as electron acceptor.
2. Anode acts as electron donor.
3. Copper is deposited at cathode.
4. Sulphate ions migrate towards anode.

Question 7

How many periods and groups are there in Modern Periodic Table ?

1. 8 groups and 7 periods
2. 7 periods and 18 groups
3. 7 groups and 18 periods
4. 7 groups and 15 periods

Question 8

Which of the following statement is not true regarding ionic or electrovalent bond ?

1. These are hard and brittle solids.
2. They have high density.
3. They are insoluble in water.
4. They have high melting and boiling points.

Question 9

Which type of bonding is present in ammonium ion ?

1. Covalent bond
2. Coordinate bond
3. Ionic or electrovalent bond
4. No bonding

Question 10

What is the colour of the ppt. formed when sodium hydroxide solution is added to ferric salt ?

1. Dirty green
2. White
3. Brown
4. Reddish brown

Question 11

What happens when ammonium hydroxide solution is added to calcium salt ?

1. A white ppt is formed.
2. Ppt. formed is soluble in excess of alkali.
3. A colourless solution is formed.
4. No ppt. is formed.

Question 12

Which formula denotes the actual number of different elements present in one molecule of compound ?

1. Molecular formula
2. Empirical formula
3. Empirical formula mass
4. Percentage

Question 13

Which of the following anion can be discharged with maximum ease ?

1. Sulphate ion
2. Iodide ion
3. Hydroxyl ion
4. Nitrate ion

Question 14

What is the correct order of atomic size ?

1. $Mg < Cl < Na < S$
2. $Cl < S < Mg < Na$
3. $S < Cl < Mg < Na$
4. $Mg < Na < S < Cl$

Question 15

How the ionisation energy of the elements changes on moving top to bottom in the group ?

1. increases
2. decreases
3. remains same
4. zero

Question 16

Which of the following elements has highest ionisation energy ?

1. Li
2. Na
3. K
4. Cs

Question 17

Which of the ions can be discharged with maximum difficulty ?

1. Cu^{2+}
2. Ag^+
3. Pb^{2+}
4. K^+

Question 18

What is the correct relationship between vapour density and molecular mass ?

1. Relative molecular mass = Vapour density /2
2. Vapour density = 2 × Relative molecular mass
3. Relative molecular mass = 2 × Vapour density
4. Vapour density = Relative molecular mass

Question 19

Which type of bond is present in chlorine molecule ?

1. Single covalent bond
2. Double covalent bond
3. Triple covalent bond
4. Ionic bond

Question 20

Identify the odd one :

1. Methane
2. HCl
3. NaCl
4. Nitrogen

Question 21

The amount of energy released when an electron is added to the outermost shell of an isolated gaseous neutral atom is called its :

1. Atomic size
2. Ionisation potential
3. Electron affinity
4. Electronegativity

Question 22

An element 'E' loses electron and becomes an ion. Name the process and ion :

1. Oxidation, cation
2. Oxidation, anion
3. Reduction, cation
4. Reduction, anion

Question 23

Which of the following is a not a strong acid ?

1. Hydrochloric acid
2. Sulphuric acid
3. Nitric acid
4. Acetic acid

Question 24

Bases furnish ......ions in solutions.

1. H^+
2. OH^-
3. Both (1) and (2)
4. None of these

Question 25

Choose the hydroxide which is insoluble in excess of ammonium hydroxide ?

1. Calcium hydroxide
2. Ferric hydroxide
3. Copper hydroxide
4. Zinc hydroxide

Question 26

Which formula denotes the simplest positive integer ratio of atoms present in a compound ?

1. Molecular formula
2. Empirical formula
3. Empirical formula mass
4. Percentage

Question 27

The kind of particles present in carbonic acid are ___________.

1. Ions
2. Molecules
3. Both (1) and (2)
4. None of these

Question 28

Which of the following contains molecules only ?

1. Sugar
2. NaOH
3. HCl
4. Carbonic acid

Question 29

Which of the following is not an oxyacid ?

1. Hydrochloric acid
2. Sulphuric acid
3. Nitric acid
4. Acetic acid

Question 30

An example of hydracid is ___________

1. Hydrochloric acid
2. Sulphuric acid
3. Nitric acid
4. Acetic acid

Question 31

Which of the following statement is not true regarding acids ?

1. They have a sour taste.
2. They are good conductors of electricity.
3. They turn red litmus to blue.
4. They are corrosive in nature.

Question 32

Which of the following is a coloured ion ?

1. Nickel
2. Lead
3. Zinc
4. Chloride

Question 33

Four solutions are taken. A copper strip is added to these ? The colour of which of the following will turn blue ?

1. KNO_3
2. $AgNO_3$
3. $Zn(NO_3)_2$
4. $Ca(NO_3)_2$

Question 34

What happens when ammonia solution is added first drop-wise and then in excess to zinc sulphate?

1. A reddish brown ppt. is formed which is insoluble in excess of alkali.
2. Dirty green ppt. is formed which is insoluble in excess of alkali.
3. A gelatinous white ppt. is formed which is soluble in excess of alkali.
4. No ppt. will be formed even in excess of alkali.

Question 35

If the vapour density of a gas is 15, its relative molecular mass will be ___________

1. 30
2. 7.5
3. zero
4. can't be determined

Question 36

The salt which on hydrolysis forms acid is __________

1. Iron chloride
2. Aluminium acetate
3. Sodium chloride
4. All of the above

Question 37

Some elements are given below in the form of a table : The elements are mentioned with their own symbol.

Li	Be	B	C	O	F	Ne

Answer the following questions :

(a) To which period these elements belong ?

1. First
2. Second
3. Third
4. Fourth

(b) Which element is missing in given series ?

1. Oxygen
2. Nitrogen
3. Phosphorous
4. Sulphur

(c) To which group does missing elements belongs ?

1. 15
2. 16
3. 17
4. 18

(d) Which element belongs to group 18 and what is that group elements called ?

1. O, chalcogens
2. Li , alkali metals
3. F, halogens
4. Ne, Inert gases

(e) What is valency of group 18 elements ?

1. Zero
2. One
3. Two
4. Three

Answers

1. 1. Atomic number.

    Explanation : Modern Periodic law states that physical and chemical properties of elements are periodic functions of their atomic number.

2. 2. Sulphuric acid.

    Explanation : Mineral acids are also called inorganic acids. Organic acids are derived from plants.

3. 3. Ionic or electrovalent bond.

    Explanation : Ionic bond is formed by complete transfer of electrons from metal to a non-metal.

4. 2. White.

    Explanation : When sodium hydroxide is added to calcium salt (Calcium nitrate), a white ppt. of calcium hydroxide is formed which is sparingly soluble in excess of alkali.

5. 2. Molecular formula = n × empirical formula.

    Explanation : The relation between molecular formula and empirical formula is :

    Molecular formula = n × empirical formula, here, n is a positive whole number.

6. 3. Copper is deposited at cathode.

    Explanation : Cathode acts as electron donor and anode acts as electron acceptor.

7. 2. 7 periods and 18 groups.

    Explanation : In modern periodic table, there are 7 periods and 18 groups.

8. 3. They are insoluble in water.

    Explanation : Ionic compounds are soluble in water but insoluble in organic solvents.

9. 2. Coordinate bond.

    Explanation : Bonding in ammonium ion can be represented as :

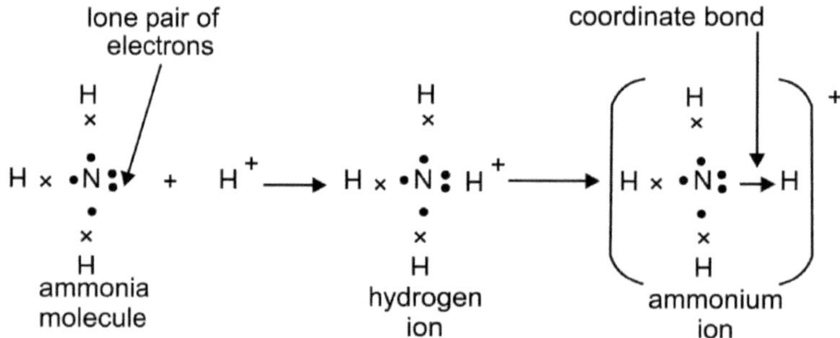

10. 4. Reddish brown.

    Explanation : When sodium hydroxide solution is added to ferric salt, a reddish brown ppt. of $Fe(OH)_2$ is formed.

11. 4. No ppt. is formed.

    Explanation : $Ca(OH)_2$ does not precipitate even with the addition of excess of NH_4OH.

12. 1. Molecular formula.

    Explanation : Molecular formula denotes the actual number of different elements present in one molecule of compound.

13. 3. Hydroxyl ion

    Explanation : It is paced at the bottom of electronegative series.

14. 2. Cl < S < Mg < Na.

    Explanation : On moving left to right in a period, atomic size decreases and increases down the group.

15. 2. decreases.

Explanation : On moving down the group, atomic size increases and as a result, ionisation potential decreases.

16. 4. Cs

Explanation : On moving down the group, the atomic number of alkali metals increases. Due to increase in size, ionisation potential decreases. Thus Cs has the highest ionisation energy.

17. 4. K^+

Explanation : K^+ is placed at the top of Electropositive series.

18. 3. Relative molecular mass = 2 × Vapour density

Explanation : Vapour density is the ratio of the mass of a volume of a gas, to the mass of an equal volume of hydrogen, measured under the same conditions of temperature and pressure.

19. 1. Single covalent bond.

Explanation : The bonding in chlorine can be represented as :

Covalent bond between two Cl atoms $8e^-$ $8e^-$ or Cl—Cl

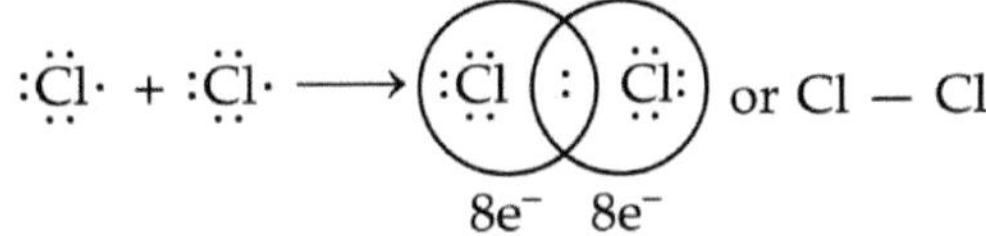

20. 3. NaCl.

Explanation : In NaCl, ionic bond is present whereas in others covalent bond is present.

21. 3. Electron affinity.

Explanation : The amount of energy released when an electron is added to the outermost shell of an isolated gaseous neutral atom is called its electron affinity and electron gain enthalpy.

22. 1. Oxidation, cation

Explanation : Loss of electrons is called oxidation. Positive ion is formed by loss of electron and is called a cation.

23. 4. Acetic acid.

Explanation : Acetic acid is weak acid, it does not dissociate completely into ions in solution.

24. 2. OH^-.

Explanation : Bases give hydroxyl ions in solution.

25. 2. Ferric hydroxide.

Explanation : Ferric hydroxide is insoluble in excess of alkali.

26. 2. Empirical formula.

Explanation : Empirical formula gives the ratio of different atoms present in a compound.

27. 3. Both (1) and (2).

Explanation : H^+, HCO_3^-, CO_3^{2-} ions and H_2CO_3 molecules are present in carbonic acid.

28. 1. Sugar.

Explanation : Glucose contains $C_{12}H_{22}O_{11}$ molecules.

29. 1. Hydrochloric acid.

Explanation : An acid which contains oxygen along with hydrogen and one more element is called oxyacid.

30. 1. Hydrochloric acid.

Explanation : An acid which contains hydrogen and a non-metal other than oxygen is called hydracid.

31. 3. They turn red litmus to blue.

Explanation : Acids turn blue litmus red.

32. 1. Nickel.

Explanation : Nickel ion is green in colour.

33. 2. $AgNO_3$

Explanation : $AgNO_3$ turns blue. This is because copper being higher in the electrochemical series displaces silver and forms $Cu(NO_3)_2$ which is blue in colour.

34. 3. A gelatinous white ppt. is formed which is soluble in excess of alkali.

Explanation : A gelatinous white ppt. is formed which is soluble in excess of alkali, is formed when ammonia solution is added dropwise and then in excess to zinc sulphate.

35. 1. 30.

Explanation : From the relation, Relative molecular mass = 2 × Vapour density

$$= 2 \times 15 = 30$$

36. 1. Iron chloride.

Explanation : Iron chloride gives HCl on hydrolysis as :

$$FeCl_3 + 3H_2O \longrightarrow 3HCl + Fe(OH)_3$$

37. (a) 2. Second period.

      Explanation : Second period elements are given.

  (b) 2. Nitrogen is missing in given series.

      Explanation : Li, Be, B,   C, N, O, F, Ne

  (c) 1. 15

      Explanation : Nitrogen belongs to group 15.

  (d) 4. Ne and it belongs to group 18 i.e., inert gases.

      Explanation : Group 18 elements are called inert gases.

  (e) 1. Zero.

      Explanation : Their octet is complete.

❑❑

Questions

Question 1

What do you observe when caustic soda solution is added to the following solution : first a little and then in excess in copper sulphate ?

1. A pale blue ppt. of copper (II) hydroxide is obtained which is insoluble in excess of caustic soda solution.
2. A pale blue ppt. of copper (II) hydroxide is obtained which is soluble in excess of caustic soda solution
3. A white ppt. of copper (II) hydroxide is obtained which is insoluble in excess of caustic soda solution.
4. A white ppt. of copper (II) hydroxide is obtained which is soluble in excess of caustic soda solution

Question 2

If relative molecular mass of a gas is 38, what will be its vapour density ?

1. 76
2. 19
3. 40
4. zero

Question 3

Which of the following is a weak electrolyte ?

1. HCl
2. Nitric acid
3. Oxalic acid
4. Sulphuric acid

Question 4

The cell which converts electrical energy to chemical energy is __________

1. Electrochemical cell
2. Electrolytic cell
3. Electrodes
4. Secondary cell

Question 5

In which of the following molecule double bond is present ?

1. Nitrogen
2. Oxygen
3. Fluorine
4. Neon

Question 6

Which acid is used in eyewash ?

1. Citric acid
2. Tartaric acid
3. Acetic acid
4. Boric acid

Question 7

Which of the following is correct statement ?

1. Sodium is smaller in size than lithium.
2. Chlorine has more electron affinity than sulphur.
3. Calcium has higher value of ionisation potential than magnesium.
4. Alkali metals are not lustrous.

Question 8

On adding ammonia hydroxide solution to a solution of a salt, a dirty green precipitate appears. This precipitate, however, remains insoluble on addition of an excess of ammonia solution. Which metal solution is present ?

1. Na
2. Zn
3. Fe
4. Al

Question 9

The empirical formula of a compound is CH and its molecular mass is 78, its molecular formula is __________ .

1. C_2H_4
2. C_4H_8
3. C_6H_6
4. C_2H_2

Question 10

What will be the colour of salt formed when NaOH is treated with aluminium oxide ?

1. Green
2. White
3. Brown
4. Red

Question 11

What is the empirical formula of a compound containing 60.0% of nitrogen and 40.0% of Oxygen by mass ?

1. NO_2
2. NO_3
3. N_3O
4. N_2O

Question 12

Which of the following is a non-electrolyte ?

1. HCl
2. Acetic acid
3. Kerosene
4. NaCl

Question 13

If we are given two test tubes marked A and B. In first test tube, NH_4OH solution is taken and in other NaOH solution is taken. Which salt is used to identify them ?

1. Zinc salt
2. Iron salt
3. Calcium salt
4. Copper salt

Question 14

What will be the molecular formula of a compound with vapour density 15 and empirical formula CH_2O ?

1. $C_2H_4O_2$
2. $C_6H_{12}O_{12}$
3. CH_2O
4. C_6H_6O

Question 15

Which is the most reactive halogen among the following ?

1. Fluorine
2. Chlorine
3. Iodine
4. Bromine

Question 16

Which of the following is true for alkali metals ?

1. Strong oxidising agent
2. Weak reducing agent
3. Strong reducing agent
4. Weak oxidising agent

Question 17

The electrode connected to positive terminal of the battery is called __________ .

1. Cathode
2. Anode
3. Electrode
4. None of these

Question 18

Which of the following is obtained at anode during the electrolysis of lead bromide ?

1. Pb
2. Br_2
3. Both 1 and 2
4. None of these

Question 19

What is the value of n if molecular mass is 348 and empirical formula of compound is $C_2H_2O_2$?

1. 2
2. 6
3. 9
4. 10

Question 20

What is the colour of NaOH in Phenolphthalein?

1. Red
2. Blue
3. Green
4. Pink

Question 21

Which of the following is true for alkali metals ?

1. Strong oxidising agent
2. Weak reducing agent
3. Strong reducing agent
4. Weak oxidising agent

Question 22

Which of the following can be extracted by reducing agents like Carbon, carbon monoxide etc ?

1. K
2. Zn
3. Mg
4. Au

Question 23

Salts of which elements are generally coloured :

1. Transition
2. Normal
3. Lanthanides
4. Inner-transition

Question 24

If two compounds have the same empirical formula but different molecular formula, they must have :

1. Different percentage composition.
2. Different molecular weights.
3. Same viscosity.
4. Same vapour density.

Question 25

Which one of the following salt solutions on reaction with excess of ammonium hydroxide solution gives a deep blue solution ?

1. $FeCl_3(aq)$
2. $CuSO_4(aq)$
3. $Al_2(SO_4)_3(aq)$
4. $ZnSO_4(aq)$

Question 26

When two compounds R and S have same percentage composition. Then the compounds R and S are :

1. identical
2. isomer
3. either identical or isomer
4. all are correct

Question 27

Halogen are :

1. Strong oxidising agent
2. Weak reducing agent
3. Strong reducing agent
4. Weak oxidising agent

Question 28

An element having atomic number 17 and belongs to halogens is __________

1. Li
2. F
3. K
4. Cl

Question 29

How many electrons are required by oxygen atom to attain nearest noble gas configuration ?

1. 1
2. 2
3. 3
4. 4

Question 30

Which of the following is used in the manufactures of bleaching powder and in softening of hard water ?

1. NaOH
2. $Ca(OH)_2$
3. KOH
4. $Mg(OH)_2$

Question 31

If electrons are added to an atom, it is :

1. Oxidised
2. Reduced
3. Both 1 and 2
4. None of these

Question 32

Two solutions 'A', 'B' and 'C' having pH 2, 9 and 11. Which solution will give no colour with Phenolphthalein indicator ?

1. A
2. B
3. C
4. None of these

Question 33

NaCl conducts electricity due to the presence of :

1. Molecules
2. Ions
3. Group of atoms
4. All of these

Question 34

A compound consists of non-polar molecules only, which of the following is true regarding it :

1. It forms ionic bond
2. It has high m.p.
3. It is soluble in organic solvents
4. It is a conductor of electricity.

Question 35

The element with lowest ionization energy among the following is :

1. Li
3. N
3. K
4. Rb

Question 36

Due to the presence of strong electrostatic forces of attraction between ions, ionic compounds :

1. Have high melting and boiling points
2. Conduct electricity in solid state
3. Dissolve in kerosene
4. All of these

Question 37

Analyse the given information and answer the following questions.

A= Na = 2,8,1

B = Mg = 2,8,2

C = H = 1

D = Cl = 2,8,7

(a) Which type of bond will be formed when A and D react ?

    1. Ionic bond   2. Covalent bond   3. Coordinate bond   4. None of these

(b) What will be the general formula when B and D react?

    1. BD_2 2. B_2D 3. BD   4. BD_4

(c) In the formation of CD by bonding between C and D. Which is oxidised ?

    1. C   2. D   3. Both 1 and 2   4. None of these

(d) Which one is getting reduced during the formation of AD?

    1. A   2. D   3. Both 1 and 2   4. None of these

Answers

1. 1. A pale blue ppt. of copper (II) hydroxide is obtained which is insoluble in excess of caustic soda solution.

    Explanation :

    $$CuSO_4 + 2NaOH \longrightarrow Cu(OH)_2 \downarrow + Na_2SO_4$$

    Copper (II)

    (hydroxide)

    (Pale blue ppt.)

2. 2. 19.

    Explanation : From the relation, Relative molecular mass = 2 × Vapour density

    38 = 2 × VD = 19

3. 2. Oxalic acid.

    Explanation : Others are strong electrolytes.

4. 2. Electrolytic cell.

    Explanation : Electrolytic cell converts electrical energy to chemical energy.

5. 2. Oxygen.

    Explanation: Formation of oxygen molecule can be represented as :

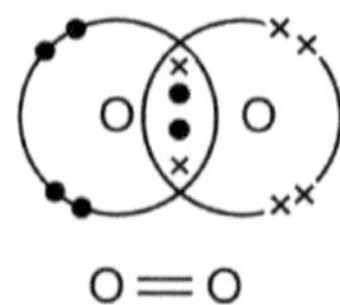

6. 4. Boric acid.

    Explanation : Boric acid is used as an eyewash.

7. 2. Chlorine has more electron affinity than sulphur.

    Explanation : Atomic size increases down the group, so, Sodium is larger in size than lithium.

Ionisation energy decreases down the group, so, Calcium has lower value of ionisation potential than magnesium. Alkali metals have a metallic lustre.

8. 3. Fe.

Explanation : When ferrous sulphate is added to ammonia hydroxide solution, a dirty green ppt, of $Fe(OH)_2$ is formed which is insoluble in excess of alkali.

9. 3. C_6H_6

Explanation :
$$\text{Molecular formula} = n \times \text{empirical formula}$$
$$\text{Empirical formula mass} = CH = 12 + 1 = 13$$
$$\text{Molecular mass} = 78$$

Therefore, $n = 6$

10. 2. White.

Explanation : When NaOH is treated with aluminium oxide, a white salt, sodium meta aluminate is formed.

11. 4. N_2O.

Explanation : To find empirical formula,

1. The first step in this problem is to change the % to grams.

   $60.0\% = 60$ g   and $40.0\% = 40$ g

2. Next divide all the given masses by their molar mass
$$N = 60/14 = 4.2$$
$$O = 40/16 = 2.5$$

3. Then, pick the smallest answer from the previous step and divide all the answers by that.
$$4.2/2.5 = \text{approx. } 2$$
$$2.5/2.5 = 1$$

Thus, answer is (d) N_2O

12. 3. Kerosene.

Explanation : The compounds which do not allow electric current to pass through them neither in solution nor in molten state are known as Non-electrolytes.

13. 3. Calcium salt.

Explanation: Calcium salt gives white ppt. with NaOH where no ppt. is formed with Ammonium hydroxide.

14. 3. CH_2O.

Explanation :
$$\text{Empirical formula} = CH_2O$$
$$\text{Vapour density} = 15$$
$$\text{Empirical formula weight} = 12 + 2 + 16$$
$$= 30$$
$$\text{Molecular weight} = \text{Vapour density} \times 2$$
$$= 2 \times 15$$
$$= 30$$
$$n = \text{Molecular weight} / \text{Empirical formula weight}$$
$$= 30 / 30$$
$$= 1$$

Thus, molecular formula and empirical formula is same.

15. 1. Fluorine.

Explanation : Reactivity of fluorine decreases down the group.

16. 3. Strong reducing agent.

Explanation : Alkali metals are strong reducing agents because they can donate electrons.

17. 2. Anode.

Explanation : Anode is the electrode which is connected to positive terminal of the battery.

18. 2. Br_2.

> **Explanation :** At cathode, lead ions accepts electrons and becomes lead. At anode, bromide ion loses electrons and become bromine.

19. 2. 6.

> **Explanation :** Empirical formula mass $= 12 \times 2 + 1 \times 2 + 16 \times 2 = 12 + 2 + 32 = 58$
>
> $$n = 348/58 = 6$$

20. 2. Chlorine has more electron affinity than sulphur.

> **Explanation :** Atomic size increases down the group, so, Sodium is larger in size than lithium. Ionisation energy decreases down the group, so, Calcium has lower value of ionisation potential than magnesium. Alkali metals have a metallic lustre.

21. 3. Strong reducing agent

> **Explanation :** Alkali metals are strong reducing agents because they can donate electrons.

22. 2. Zn.

> **Explanation :** Zn, Fe, Pb, Hg, etc. are extracted by reducing agents like Carbon, carbon monoxide etc.

23. 1. Transition.

> **Explanation :** Transition salts has one or more unpaired electrons which jumps on to the higher energy level when they receive light. Thus, these transitional salts absorb radiations and produces colourful compounds.

24. 2. Different molecular weights.

> **Explanation :** Since, the molecular formula is n times the empirical formula, therefore, different compounds having the same empirical formula must have different molecular weights.

25. **2.** $CuSO_4(aq)$.

> **Explanation :**
>
> $$Cu_2(aq) + 2NH_3(aq) + 3H_2O(l) \longrightarrow Cu(OH)_2(s) + 2NH_4{}^+(aq)$$
>
> The precipitate dissolves in excess ammonia to form a dark blue complex ion.

26. 4. All are correct.

> **Explanation :** Converse of law of definite proportion is not true. For example, butane and isobutane have same percentage composition; acetylene and benzene have same percentage composition. As such choice (d) is correct.

27. 1. Strong oxidising agent.

> **Explanation :** Halogens are strong oxidising agents as they can accept electrons.

28. 4. Cl.

> **Explanation :** Cl has atomic number 17 and belongs to halogens.

29. 2. 2.

> **Explanation :** Atomic number of oxygen is 8 i.e., 2,6. Hence, it needs two electrons to complete its octet

30. 2. $Ca(OH)_2$.

> **Explanation :** Calcium hydroxide is used in the manufacture of bleaching powder and in softening of hard water.

31. 2. Reduced.

> **Explanation :** Reduction is gain of electrons. Thus when electrons are added to atoms they undergo reduction.

32. 1. A.

> **Explanation :** Acids have pH value less than 7. Acids are colourless with Phenolphthalein indicator.

33. 2. ions.

> **Explanation :** NaCl in molten state conducts electricity as it gets dissociated into Na^+ ion and Cl^- ion.

34. 3. It is soluble in organic solvents.

> **Explanation :** Non-polar molecules form covalent compounds. Covalent compounds are soluble in organic solvents, have low m.p. and are non-conductors.

35. 4.   Rb.

> **Explanation :** As we move from top to bottom in group the ionisation energy will be decreased, because the atomic radius will be increased so the removal of electron will be easy Li, Na, K, Rb are IA group elements. From Li to Rb the ionisation energy will be decreased. Thus, among the following element Rb has the lowest ionisation energy.

36. 1.   Have high melting and boiling points.

> **Explanation :** Although solid ionic compounds do not conduct electricity because there are no free mobile ions or electrons, ionic compounds dissolved in water make an electrically conductive solution. Therefore, they have higher melting and boiling points compared to covalent compounds.

37. (a) 1.   Ionic bond.

> **Explanation :** Ionic bond is formed between sodium and chlorine.

(b) 2. BD_2.

> **Explanation :** Mg and Cl react to form $MgCl_2$ (Magnesium Chloride).

(c) 4.   None.

> **Explanation :** A covalent bond is formed between H and Cl. i.e., HCl is a covalent compound.

(d) 3.   Both 1 and 2

> **Explanation :** During the formation of NaCl, chloride accepts electrons i.e, reduced.

□□

Question 1

Lithium chloride is formed by transfer of electrons, which elements is getting oxidised in the process of formation ?

1. Lithium
2. Chlorine
3. Both 1 and 2
4. None of these

Question 2

An acid which is used in soda wash and in aerated drinks is ___________.

1. Citric acid
2. Carbonic acid
3. Acetic acid
4. Boric acid

Question 3

If element 'X' forms a chloride with the formula XCl_3, then X would most likely belong to the same group of the Modern Periodic Table as :

1. Na
2. Br
3. Al
4. Mg

Question 4

Valency of aluminium is:

1. 2
2. 3
3. 4
4. 5

Question 5

$Na_2CO_3.10H_2O$ is:

1. washing soda
2. baking soda
3. bleaching powder
3. tartaric acid

Question 6

The oxide and hydroxide of which metal is amphoteric :

1. Zinc
2. Copper
3. Iron
4. Manganese

Question 7

Relation between vapour density and molecular weight

1. Molecular weight = 2/ Vapour density
2. Molecular weight = 2 × Vapour density
3. Molecular weight × 2 = Vapour density
4. None of these

Question 8

During electrolysis of NaCl, the gas discharged at the anode is :

1. Chlorine
2. Oxygen
3. Hydrogen
4. None of these

Question 9

Magnesium hydroxide is ___________.

1. Monoacidic alkali
2. Diacidic alkali
3. Triacidic alkali
4. All of these

Question 10

What is the colour when methyl orange is added to Sulphuric acid ?

1. Pink
2. Red
3. Blue
4. Colourless

Question 11

Which type of bond is present in carbon tetrachloride ?

1. Ionic bond
2. Covalent bond
3. Coordinate bond
4. None of these

Question 12

An element having atomic number 19 and belongs to Alkali metals is __________.

1. Li
2. F
3. K
4. Cl

Question 13

The salt which on hydrolysis forms acid is ___________.

1. Iron chloride
2. Aluminium acetate
3. Sodium chloride
4. All the above

Question 14

A compound which liberates reddish brown gas around the anode during electrolysis in its molten state is :

1. Sodium chloride
2. Copper (II) oxide
3. Copper (II) sulphate
4. Lead (II) bromide

Question 15

The empirical formula and molecular mass of a compound are CH_2O and 180g respectively. What will be the molecular formula of the compound ?

1. $C_9H_{18}O_9$
2. CH_2O
3. $C_6H_{12}O_6$
4. $C_2H_4O_2$

Question 16

Anhydrous iron(III) chloride is prepared by :

1. Direct combination
2. Simple displacement
3. Decomposition
4. Neutralization

Question 17

How many water molecules does hydrated calcium sulphate contain ?

1. 5
2. 10
3. 7
4. 2

Question 18

Identify the molecule with a single covalent bond.

1. CO_2
2. CO
3. C_{12}
4. N_2

Question 19

An element having electronic configuration 2, 8, 18, 3 belongs to which group of the Modern Periodic Table ?

1. 13th group
2. 3rd group
3. 18th group
4. 15th group

Question 20

The electronic configuration of Mg is _______________.

1. 2,8,1
2. 2,8,7
3. 2,8,2
4. 2,8

Question 21

An element having atomic number 17 and belongs to halogens is ____________.

1. Li
2. F
3. K
4. Cl

Question 22

How many valence electrons are present in Mg?

1. 1
2. 2
3. 3
4. 4

Question 23

Write the name of a non-metal of group 15.

1. Nitrogen
2. Calcium
3. Phosphorous
4. None of these

Question 24

When fused lead bromide is electrolysed we observe :

1. a silver grey deposit at anode and a reddish brown deposit at cathode
2. a silver grey deposit at cathode and a reddish brown deposit at anode
3. a silver grey deposit at cathode and reddish brown fumes at anode
4. silver grey fumes at anode and reddish brown fumes at cathode.

Question 25

Arrange the following as per instruction given in the brackets : Cs, Na, Li, K, Rb (Increasing order of metallic character)

1. Li < Na < K < Rb < Cs
2. Li < Na < Cs < K < Rb
3. K < Rb < Cs < Li < Na
4. Cs < Li < Na < K < Rb

Question 26

A chloride which forms a precipitate that is soluble in excess of ammonium hydroxide is :

1. Calcium chloride
2. Ferrous chloride
3. Ferric chloride
4. Copper chloride

Question 27

Sodium carbonate is a basic salt because it is a salt of a:

1. strong acid and strong base
2. weak acid and weak base
3. strong acid and weak base
4. weak acid and strong base

Question 28

A polar covalent bond will be formed in which one of these pair of atoms:

1. HF
2. H_2
3. Cl_2
4. O_2

Question 29

Naphthalene contains 93.75% C and the rest hydrogen. Molecular mass of naphthalene is 128. Find its empirical formula.

1. C_5H_4
2. C_6H_4
3. C_5H_{10}
4. C_5H_2

Question 30

The vessel in which electrolysis of lead bromide is carried out is :

1. Clay crucible
2. Glass vessel
3. Silica crucible
4. Aluminium vessel

Question 31

Arrange the following as per instruction given in the brackets : Cl, F, Br, I (Increasing order of electron affinity)

1. Br < I < F < Cl
2. I < Br < Cl < F
3. Br < Cl < I < F
4. F < Cl < Br < I

Question 32

A solution of the compound which gives a dirty green precipitate with sodium hydroxide.

1. Ammonium sulphate
2. Lead carbonate
3. Ferrous sulphate
4. Chlorine

Question 33

Alkalis are :

1. acids, which are soluble in water
2. acids, which are insoluble in water
3. bases, which are insoluble in water
4. bases, which are soluble in water

Question 34

Aluminum has a tendency to lose :

1. 2 electrons
2. 1 electron
3. 4 electrons
4. 3 electrons

Question 35

An organic compound contains carbon, hydrogen and oxygen. Its elemental analysis gave Carbon 38.7% and Hydrogen 9.67%. The empirical formula of the compound would be

1. CH_3O
2. CH_2O
3. CHO
4. CH_4O

Question 36

Which soln. becomes a deep/inky blue colour when excess of ammonium hydroxide is added to it.

1. Copper nitrate
2. Iron [II] sulphate
3. Iron [III] chloride
4. Lead nitrate

Question 37

The diagram given below is a part of Periodic Table. Study the table and answer the questions given below the table :

1												13	14Si	15	16S	17	18
1																	2He
3	4Be											5	6	7	8	9	10
11	12											13	14Si	15	16S	17	18
19	20Ca	21	22	23	24Cr	25	26	27	28	29	30	31	32	33	34	35	36Kr

(a) Name two elements in same group of Periodic Table.

1. Oxygen and Uranium
2. Oxygen and sulphur
3. Calcium and Hydrogen
4. Cromium and Rubidium

(b) Name the transition metal.

1. Chromium
2. Sulphur
3. Calcium
4. Oxygen

(c) Name an element, which reacts vigorously with water.

1. Argon
2. Boron
3. Calcium
4. Uranium

(d) Which element forms very corrosive acid?

1. Chromic acid produced by chromium
2. Oxalic acid produced by Oxygen
3. Calcium carbonate acid produced by calcium
4. Ferric oxide produced by Iron

Answers

1. 1. Lithium

Explanation: The formation of Lithium chloride can be represented as:

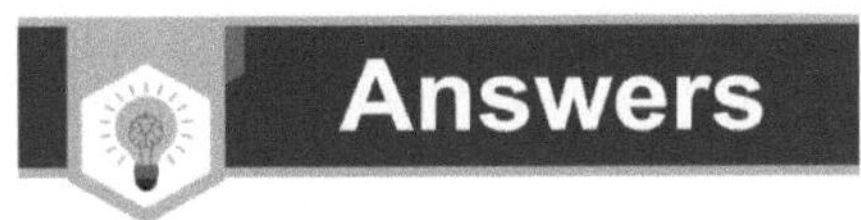

Lithium loses electrons and Cl gains electron. So, Lithium is oxidised and Cl is reduced.

2. 2. Carbonic acid

Explanation: Carbonic acid is used in soda wash and in aerated drinks.

3. 3. Al

Explanation: This is because the element produces XCl_3, it generates a trichloride. So valency of element is 3. Among the following elements Na, Br, Al, Mg, X would belong to the same group as Al because its valency is 3.

4. 2. 3

Explanation: Atomic number of aluminium is 13 so its electronic configuration is 2, 8, 3. Since it has 3 electrons in its valence shell, it will lose 3 electrons to complete its octet hence its valency is +3.

5. 1. washing soda

Explanation: Sodium carbonate decahydrate ($Na_2CO.10H_2O$) is also known as washing soda.

6. 1. Zinc

Explanation: Zinc oxide and hydroxide can react with both acidic and basic oxides.

7. 2. Molecular weight = 2 × vapour density

Explanation: Relative molecular mass is the ratio of the mass of one molecule of a substance to the mass 1/12th of a carbon atom, or 1 amu. Vapour density is the ratio of the mass of a volume of a gas, to the mass of an equal volume of hydrogen, measured under the same conditions of temperature and pressure.

$$Molecular\ mass = 2 \times vapour\ density$$

8. 1. Chlorine

Explanation: In hydrochloric acid, there are hydrogen cations and chloride anions. Hydrochloric acid is a more vital electrolyte than water; therefore, chlorine is discharged more quickly at the anode.

9. 2. Diacidic alkali

Explanation: Alkalis that on complete dissociation in their aqueous solution produces two hydroxyl ion per molecule are called diacidic bases.

10. 1. Pink

Explanation: Methyl orange is pink in acid and yellow in basic solution.

11. 2. Covalent bond

Explanation: In carbon tetrachloride, electrons are shared between carbon and chlorine atoms.

12. 3. K

Explanation: Potassium belongs to alkali metals and has atomic number 19.

13. 3. Iron chloride

Explanation: Iron chloride gives HCl on hydrolysis as:

$$FeCl_3 + 3H_2O \longrightarrow 3HCl + Fe(OH)_3$$

14. 4. Lead (II) bromide

Explanation: Bromine gas is reddish-brown. During electrolysis of Lead (II) bromide, it gets liberated at the anode. Bromine is a diatomic gas reddish-brown in colour.

15. 3. $C_6H_{12}O_6$

Explanation: The empirical formula of the compound is CH_2O, which has two numbers of atoms of hydrogen, and one atom of oxygen for each carbon. The mass of $CH_2O = 12 + 2 \times 1 + 16 = 30$. The approximate molecular weight of the compound is 180. So, the molecular formula of the given compound is $C_6H_{12}O_6$.

16. 1. Direct combination

Explanation: Anhydrous iron (III) chloride is prepared by direct combination. Iron metal is heated with dry chlorine gas.

$$2Fe + 3Cl_2\ (dry) \xrightarrow{\Delta} 2FeCl_3$$

17. 4. 2

Explanation: Chemical formula of hydrated calcium sulphate or gypsum is $CaSO_4.2H_2O$

18. 2. Cl_2

Explanation: A chlorine atom has 7 electrons in its valence shell it needs 8 electrons to complete its octet. Two chlorine atoms can share 1 electron each to form a single covalent bond. They become a Cl_2 molecule. Oxygen can also form covalent bonds, however, it needs further 2 electrons to complete its valence shell.

19. 1. 13th group

Explanation: The given element contains three electrons in its valence shell, indicating that it is a 13th group element.

20. 3. 2, 8, 2

Explanation: The atomic number of Mg is 12 *i.e*, its electronic configuration is 2, 8, 2.

21. 4. Cl

Explanation: Cl has atomic number 17 and it belongs to halogens.

22. 2. 2

Explanation: Magnesium belongs to group 2 *i.e.*, alkaline earth metals. Hence, its valency is 2.

23. 1. Nitrogen.

Explanation: Nitrogen is a non-metal which belongs to group 15.

24. 3. a silver-grey deposit at the cathode and reddish-brown fumes at the anode.

Explanation: During electrolysis, Pb^{2+} ions gain electrons at the cathode, and they become Pb atoms, whereas Br^- ions lose electrons and pair up to become Br_2 molecules. Therefore at anode reddish-brown, bromine gas is formed and a silver-grey deposit of lead is seen at the cathode.

25. 1. Li < Na < K < Rb < Cs

Explanation: The reactivity of metals is characterised by metallic character, which are all displayed on the periodic table's left side. From top to bottom, or right to left, the metallic character of an element increases.

26. 4. Copper chloride

Explanation: Copper chloride forms a precipitate that is soluble in excess of ammonium hydroxide forms Cuprammine hydroxide (water soluble) at the product side.

$$CuCl_2 + 2NH_4OH \longrightarrow Cu(OH)_2\downarrow + 2NH_4Cl$$

$$Cu(OH)_2 + 4NH_4OH \text{ (excess)} \longrightarrow [Cu(NH_3)_4](OH)_2] + 4H_2O$$

27. 4. weak acid and strong base

Explanation: Sodium carbonate is a basic salt because it is derived from a weak acid (carbonic acid) and strong base (sodium hydroxide)

28. 1. HF

Explanation: HF is a polar molecule in which H-F bond is a polar covalent bond due to unequal sharing of electrons between more electronegative F and less electronegative H atoms.

29. 1. C_5H_4

Explanation:

$$\text{Mass of carbon} = 93.71$$

$$\text{Mass of hydrogen} = 6.29$$

$$\text{Number of mole (carbon)} = \frac{93.71}{12} = 7.8$$

Number of mole (hydrogen)

$$= \frac{16.29}{1} = 6.29$$

Hence, most simple ratio, for carbon

$$= \frac{7.8}{6.29} = 1.25$$

$$\text{For hydrogen} = \frac{6.29}{6.29} = 1$$

Since, it is not a whole number we multiply the ratio by 5 to get a whole number ratio.

Lowest whole number ratio is:

$$\text{For carbon} = 5$$

$$\text{For hydrogen} = 4$$

$$\text{Empirical formula} = C_5H_4$$

$$\text{Ratio} = \frac{128g}{64g} = 2$$

$$\text{Molecular formula} = 2 \times C_5H_4$$

$$= C_{10}H_8$$

30. 3. Silica crucible

Explanation: Silica is a lousy conductor and it can tolerate high temperature and is therefore used as a vessel in which electrolysis of lead bromide is carried out.

31. 2. I < Br < Cl < F

Explanation: On moving down the group as the atomic size increases, electron affinity decreases. The more the electron affinity, more electronegative is the element.

The correct order is: I < Br < Cl < F

32. 3. ferrous sulphate

Explanation: Ferrous sulphate when reacts with NaOH, the dirty green precipitate of ferrous hydroxide and sodium sulphate is formed at the product side.

33. 4. bases, which are soluble in water

Explanation: Alkali is a base. It is a type of base that may be dissolved in water. Although not all bases are alkali, but all alkali are bases.

34. 4. 3 electrons

Explanation: Aluminium has atomic number 13 means its outermost shell contains 3 atoms hence it can lose 3 electrons.

35. 1. CH_3O

Explanation: The empirical formula is to be calculated as:

Elements	% Composition	Atomic Mass	Mole Ratio	Simple Ratio
C	38.71	12	$\dfrac{38.71}{12} = 3.22$	$\dfrac{3.22}{3.22} = 1$
H	9.67	1	$\dfrac{19.67}{1} = 19.67$	$\dfrac{9.67}{3.22} = 3$
O	100 − (38.71 + 9.67) = 51.62	16	$\dfrac{51.62}{16} = 3.22$	$\dfrac{3.22}{3.22} = 1$

36. 1. Copper nitrate

Explanation: When copper nitrate reacts with ammonium hydroxide, copper hydroxide and ammonium nitrate is formed at the product side.

$$Cu(NO_3)_2 + NH_4OH \longrightarrow Cu(OH)_2 + NH_4(NO_3)_2$$

37. (a) 2. Oxygen and sulphur

Explanation: Oxygen and sulphur belong to the same group since they have same number of valence electrons.

(b) 1. Cromium

Explanation: Chromium is the transition element since its last as well as second last orbital is incomplete.

(c) 3. Calcium

Explanation: Calcium vigorously reacts with water as it reacts with the water, producing hydrogen gas, and a cloudy white precipitate of calcium hydroxide.

(d) 1. Chromic acid produced by chromium

Explanation: Chromic acid produced by chromium forms the most corrosives acids.

❑❑

Question 1

Select the element in period 3 whose electron affinity is zero:

1. Neon
2. Sulphur
3. Sodium
4. Argon

Question 2

What happens when a solution of an acid is mixed with a solution of a base in a test tube?

1. Temperature of the solution decreases.
2. Temperature of the solution increases.
3. Temperature of the solution remains the same
4. None of the above

Question 3

When two compounds R and S have same percentage composition. Then the compounds R and S are :

1. identical
2. isomer
3. either identical or isomer
4. All are correct

Question 4

Ionic bond is present in which of the following species :

1. O_2
2. $CHCl_3$
3. NaBr
4. CCl_4

Question 5

Which one of the following salt solutions on reaction with excess sodium hydroxide solution gives a clear solution finally ?

1. $Pb(NO_3)_2$ (aq)
2. $CuSO_4$ (aq)
3. $FeCl_3$ (aq)
4. $ZnSO_4$ (aq)

Question 6

Identify the weak electrolyte from the following :

1. Sodium chloride solution
2. Dilute hydrochloric acid
3. Dilute sulphuric acid
4. Aqueous acetic acid

Question 7

Arrange the following as per instruction given in the brackets : K, CI, Na, S, Si (increasing order of atomic size)

1. K < Na < Si < S < Cl
2. K < Na < Si < CI < S
3. Na < S < Cl < K < Si
4. Si < S < Cl < Na

Question 8

The type of bonding in HCl molecule is :

1. Polar covalent bond
2. Pure covalent
3. Non-polar
4. Hydrogen bonding

Question 9

Which one of the following salts does not contain water of crystallisation?

1. Blue vitriol
2. Baking soda
3. Washing soda
4. Gypsum

Question 10

The precipitate of which of the following compounds is soluble in excess of ammonia solution ?

1. Iron(II) chloride
2. Magnesium chloride
3. Copper(II) sulphate
4. Lead nitrate

Question 11

What indicates the actual number of constituent atoms in a molecule?

1. Empirical formula
2. Molecular formula
3. Empirical mass
4. Molecular mass

Question 12

The particles present in strong electrolytes are :

1. only molecules
2. mainly ions
3. ions and molecules
4. only atoms

Question 13

The one which is composed of all the three kinds of bond (ionic; covalent and coordinate bond) is :

1. Sodium chloride
2. Ammonia
3. Carbon tetrachloride
4. Ammonium chloride

Question 14

Which one of the following salt solutions on reaction with excess of ammonium hydroxide solution results finally in dissolution of the precipitate first formed ?

1. $AlCl_3$(aq)
2. $FeSO_4$(aq)
3. $Fe(SO_4)_3$(aq)
4. $ZnSO_4$(aq)

Question 15

Which of these will act as a non-electrolyte ?

1. Liquid carbon tetrachloride
2. Acetic acid
3. Sodium hydroxide aqueous solution
4. Potassium chloride aqueous solution

Question 16

Which of the following is the atomic number of an element that forms basic oxide?

1. 18
2. 17
3. 19
4. 15

Question 17

In terms of acidic strength, which one of the following is in the correct increasing order?

1. Water < Acetic acid < Hydrochloric acid
2. Water < Hydrochloric acid < Acetic acid
3. Acetic acid < Water < Hydrochloric acid
4. Hydrochloric acid < Water < Acetic acid

Question 18

If two compounds have the same empirical formula but different molecular formulae, they must have :

1. different percentage composition.
2. different molecular mass.
3. same viscosity.
4. same vapour density.

Question 19

The most electronegative element from the following elements is :

1. Magnesium
2. Chlorine
3. Aluminium
4. Sulphur

Question 20

The molecule containing a triple covalent bond is :

1. Ammonia
2. Methane
3. Water
4. Nitrogen

Question 21

What is formed when zinc reacts with sodium hydroxide?

1. Zinc hydroxide and sodium
2. Sodium zincate and hydrogen gas
3. Sodium Zinc oxide and hydrogen gas
4. Sodium zincate and water

Question 22

Hydroxide of this metal is soluble in sodium hydroxide solution :

1. Magnesium
2. Lead
3. Silver
4. Copper

Question 23

The starting material which takes part in chemical reaction is called :

1. product
2. reactant
3. catalyst
4. starter

Question 24

During ionisation metals lose electrons, this change can be called :

1. Oxidation
2. Reduction
3. Redox
4. Displacement

Question 25

Alkaline earth metals include :

1. Group 1 element
2. Group 2 element
3. Group 18 element
4. Group 17 element

Question 26

Methyl orange is :

1. Pink in acidic medium, yellow in basic medium
2. Yellow in acidic medium, pink in basic medium
3. Colourless in acidic medium, pink in basic medium
4. Pink in acidic medium, colourless in basic medium

Question 27

The formula which gives the simple ratio of each kind of atoms present in the molecule of a compound is called :

1. Molecular Formula
2. Empirical Formula
3. Structural Formula
4. None of these

Question 28

Why do atoms share electrons in covalent bonds?

1. To increase their atomic numbers
2. To attain a noble-gas electron configuration
3. To become more polar
4. To become ions and attract each other

Question 29

The hydroxide which is soluble in excess of NaOH is :

1. $Zn(OH)_2$
2. $Fe(OH)_2$
3. $Fe(OH)_3$
4. $Al(OH)_3$

Question 30

The metallic electrode which does not take part in an electrolytic reaction ?
(Inert electrode)

1. Cu
2. Ag
3. Pt
4. Ni

Question 31

Identify the element belonging to third period and 17th group of the periodic table.

1. Chlorine
2. Bromine
3. Sulphur
4. Silicon

Question 32

Brine is an :

1. aqueous solution of sodium hydroxide
2. aqueous solution of sodium carbonate
3. aqueous solution of sodium chloride
4. aqueous solution of sodium bicarbonate

Question 33

Covalent bond is formed between :

1. Metal and non-metal
2. Metals
3. Two non-metals
4. Non-metal and an ion

Question 34

Name the reagent from the following which can be used to distinguish zinc nitrate solution from magnesium nitrate.

1. $NH_4OH(aq)$
2. $NaOH(aq)$
3. $BaCl_2$
4. H_2SO_4

Question 35

The formula which expresses the actual number of each kind of atom present in the molecule of a compound is called :

1. Empirical Formula
2. Molecular Formula
3. Structural Formula
4. None of these

Question 36

When dilute sodium chloride is electrolysed using graphite electrodes, which cation is discharged at the cathode most readily?

1. Na^+
2. OH^-
3. H^+
4. Cl^-

Question 37

Consider the section of the periodic table given below :

Group	IA	IIA	IIIA	IVA	VA	VIA	VIIA	O
Numbers	1	2	13	14	15	16	17	18
	Li		D			O	J	Ne
	A	Mg	E	Si		H	K	
	B	C		F	G			L

In this table:

B does not represent Boron

C does not represent Carbon

F does not represent Fluorine

H does not represent Hydrogen

K does not represent Potassium

You must see the position of the element in the periodic table. Some elements are given in their own symbol and position in the periodic table. While others are shown with a letter. With reference to the table :

(a) Which is the most electronegative?

1. A
2. D
3. O
4. J

(b) How many valence electrons are present in G?

1. 2
2. 3
3. 4
4. 5

(c) Write the formula of the compound between B and H.

    1. BH   2. B_2H 3. BH_2 4. $(BH)_2$

(d) What is the electronic configuration of Li ?

    1. 1, 2   2. 1, 1, 1   3. 2, 1   4. None of these

Answers

1. 4. Argon

   Explanation : The change in energy (in kJ/mole) of a neutral atom (in the gaseous phase) when one electron is added to create a negative ion is called electron affinity. So, Argon belongs to period 3. It is an inert element and stable. It neither requires to gain electron nor lose.

2. 2. Temperature of the solution increases

   Explanation : Salt and water are made by combining acid and base. This process is exothermic in nature, releasing heat known as heat of neutralisation, causing a temperature to increase. When acid is added to any base, the temperature of the acid-base reaction rises.

3. 4. All are correct

   Explanation : Converse of law of definite proportion is not true. For example, butane and isobutane have same percentage composition; acetylene and benzene have same percentage composition. Thus they are either identical or isomer.

4. 1. NaBr

   Explanation : Sodium bromide is an ionic compound. The electronegativity of bromine is high enough and that the electromagnetic force between the Br and the Na atoms is great enough that an electron is transferred from the Na atom to the Br atom.

5. 1. $Pb(NO_3)_2$ (aq)

   Explanation : When lead nitrate solution is reacted with excess sodium hydroxide solution it gives a clear solution by forming lead hydroxide which is colourless in nature.

6. 4. Aqueous acetic acid

   Explanation : Dilute acetic acid is a weak acid and will form a weak electrolyte, whereas all others are strong acids and make strong electrolytes.

7. 1. K < Na < Si < S < Cl

   Explanation : Ionization energy increases across the period and decreases down the group.

   Hence, the correct order is: K < Na < Si < S < Cl.

8. 1. Polar covalent bond

   Explanation : A polar covalent bond exists when atoms with different electronegativities share electrons in a covalent bond. Consider the hydrogen chloride (HCl) molecule. Each atom in HCl requires one more electron to form an inert gas electron configuration. Single or multiple bonds between carbon atoms are non-polar.

9. 2. Baking soda

   Explanation : Baking soda is sodium bicarbonate in anhydrous form, meaning it does not include any water throughout the crystallisation process.

10. 3. Copper(II) sulphate

    Explanation : When NH_4OH solution is added drop by drop to copper sulphate solution a pale blue or bluish white precipitate is formed which is soluble in excess of NH_4OH and deep blue or inky blue solution is formed.

    $$CuSO_4 + 2NH_4OH \longrightarrow Cu(OH)_2 + (NH_4)_2SO_4$$
    $$Cu(OH)_2 + 4NH_4OH \longrightarrow Cu(NH_3)_4(OH)_2 + 4H_2O$$

11. 2. Molecular formula

Explanation : A molecular formula consists of the chemical symbols for the constituent elements followed by numeric subscripts describing the number of atoms of each element present in the molecule.

12. 2. mainly ions

Explanation : Ionic compounds are strong electrolytes. They conduct electricity very well because they provide a large supply of ions in the solution due to the movement of ions the flow of electrons takes place.

13. 4. Ammonium chloride

Explanation : Ammonium chloride has 3 types of bonds. Nitrogen bonds to 3 hydrogen atoms via a covalent bond, where each atom shares one electron to form a single sigma bond.

14. 4. $ZnSO_4(aq)$

Explanation : Zinc Sulphate when reacts with excess of ammonium hydroxide solution, Zinc hydroxide is precipitated at the end of the reaction.

15. 1. Liquid carbon tetrachloride

Explanation : Carbon tetrachloride CCl_4 does not dissociate into ions on dissolving in water; therefore, it is a weak electrolyte as it does not conduct electricity.

16. 3. 19

Explanation : An element that produces basic oxide has an atomic number of 19. Potassium (K) is the element. KOH is a strong base and O is a basic in nature. All alkali metal oxides are basic in nature, therefore potassium is an alkali metal.

17. 1. Water < Acetic acid < Hydrochloric acid

Explanation : This is because it is a strong acid, HCl has the maximum acidic strength and entirely or 100 percent ionises into its ions. Acetic acid partially dissociates into its ions and both the ions, acetate and hydrogen ions, are present at equilibrium. Both have a lower acidic strength than HCl. Water is the weakest of all the elements.

18. 2. different molecular mass.

Explanation : If two compounds have the same empirical formula i.e. they have same percentage composition so whatever are elements in both compounds have same percentage composition of elements but both compounds have different molecular formula i.e. their molecular weights are different.

19. 3. Fluorine

Explanation : Fluorine is the most reactive, because of its electronegativity (the most electronegative element in the periodic table) and it has small atomic size.

20. 4. Nitrogen

Explanation : The pyramidal structure of ammonia (NH_3) has three sigma bonds (three single covalent bonds). The tetrahedral structure of methane (CH_4) has four sigma bonds (four single covalent bonds). Water (H_2O) has angular structure and contains two sigma bonds (two single covalent bonds). Nitrogen (N_2) structure is linear and has a triple bond (one sigma bond, two pi-bonds). As a result, nitrogen molecules have triple bonds.

21. 2. Sodium zincate and hydrogen gas

Explanation : Excess sodium hydroxide reacts with zinc to generate sodium zincate (Na_2ZnO_2) and hydrogen gas.

22. 2. Lead

Explanation : The dioxide of lead forms when lead is heated in the presence of air. It is an amphoteric oxide which means that it dissolves in both acidic and basic solutions. Hence, lead can be soluble in excess of sodium hydroxide solution.

23. 2. Reactant

Explanation : The substance (or substances) initially involved in a chemical reaction are called reactants or reagents. Chemical reactions are usually characterised by a chemical change, and they yield one or more products, which usually have properties different from the reactants.

24. 1. Oxidation

Explanation : This is because oxidation is the process of losing electrons or an increase in an oxidation state of ion, molecule, etc. Elements that are metals lose an electron and becomes cations.

25. 2. Group 2 element

Explanation : Group 2 elements include beryllium, magnesium, calcium, strontium, barium, and radium. These elements are known as Alkaline Earth metals for two reasons. Their oxides are heat-stable and persist in the earth's crust.

26. 1. Pink in acidic medium, yellow in basic medium

Explanation : This is because of its clear and distinct colour variance at different pH values, methyl orange is an often used pH indicator in titration. It turns pink in acidic medium and yellow in basic medium.

27. 2. Empirical Formula

Explanation : Empirical Formula is defined as the formula that gives the simplest whole-number ratio of atoms in a compound. Obtain the mass of each element present in grams. Determine the number of moles of each type of atom present. Divide the number of moles of each element by the smallest number of moles. Convert numbers to whole numbers. Thus the empirical formula is obtained.

28. 2. to attain a noble-gas electron configuration

Explanation : Covalent bonding occurs when pairs of electrons are shared by atoms. Atoms will covalently bond with other atoms in order to gain more stability, which is gained by forming a full electron shell. By sharing their outer most (valence) electrons, atoms can fill up their outer electron shell and gain stability. Elements forming covalent compounds achieve noble gas configuration by sharing electrons within the atoms, unlike ionic compounds which achieve the noble gas configuration either by gaining or losing electrons from the outermost electron shell.

29. 1. $Zn(OH)_2$

Explanation : Zinc Hydroxide is soluble in excess of $NaOH$ due to the formation of soluble sodium.

30. 3. Pt

Explanation : This is because Pt is an inert electrode, it does not take part in the electrolysis process. It acts as a source or sink for electrons without playing a chemical role in an electrolytic reaction.

31. 1. Chlorine

Explanation : This is because the element belongs to the 17th category. As a result, it is a halogen. From the second phase forward, halogens are used. Period 3 has Chlorine, as determined by counting the periods and comparing them to the periods of halogens. Chlorine is the element. It has 7 electrons in its valence shell, therefore it will receive 1 electron, giving it a valency of 1.

32. 3. aqueous solution of sodium chloride

Explanation : Brine or salt water is a highly concentrated solution of common salt in water (sodium chloride).

33. 3. Two non-metals

Explanation : Ionic bonds are formed when a non-metal and a metal exchange electrons, while covalent bonds are formed when electrons are shared between two non-metals.

34. 1. $NH_4OH(aq)$

Explanation : Ammonium Hydroxide can be used to distinguish zinc nitrate solution from magnesium nitrate by forming magnesium hydroxide and ammonium nitrate at the product side.

$$Mg(NO_3)_2 + NH_4OH \longrightarrow Mg(OH)_2 + NH_4(NO_3)_2$$

35. b. Molecular Formula

Explanation : The chemical formula which represents the actual number of atoms of each element present in a molecule is known as molecular formula.

36. 3. H^+

Explanation : Hydrogen ions are discharged at the cathode. As it is a dilute NaCl solution, therefore, the concentration of H^+ ions is more.

37. (a) 4. J

Explanation : J is most electronegative since it needs only 1 electron to complete its inner shell and get stable configuration of Nobel gas which are inert in Nature.

(b) 4. 5

Explanation : G has 5 valence electrons due to this it can either lose 5 electrons or gain 3 electrons in order to attain the stable configuration.

(c) 2. B_2H

Explanation : The formula of the compound between B and H depends on their valency. Valence electrons in B is 1 and in H is 6, their valencies are + 1 and – 2 respectively. Thus the compound formed between them has molecular formula B_2H.

(d) 3. 2, 1

Explanation : The electronic configuration of Li is 2, 1,

□□

Questions

Question 1

The value of second ionisation energy is _________ than first ionisation energy.

1. more
2. less
3. same
4. none of these

Question 2

Which of the following is present in pure water ?

1. Ions
2. Molecules
3. Atoms
4. None of these

Question 3

The vapour density of an element is 14. Calculate is molecular mass.

1. 14
2. 7
3. 28
4. Infinite

Question 4

What is the colour of aluminium salts ?

1. Red
2. Green
3. White
4. Colourless

Question 5

If the colour of litmus changes from red to blue, the pH of solution will be ?

1. Lower than 7
2. More than 7
3. Equal to 7
4. Zero

Question 6

A solid has properties like high boiling point, high melting point, hard, soluble in polar solvents. Which type of solid is this ?

1. Ionic solid
2. Covalent solid
3. Coordinate bond
4. All

Question 7

What is the colour of NaOH in Phenolphthalein ?

1. Red
2. Blue
3. Green
4. Pink

Question 8

The electrode at which reduction occurs is:

1. Anode
2. Cathode
3. Both 1 and 2
4. None of these

Question 9

Which of the following is not true for electrolysis of NaCl ?

1. Oxidation occurs in Na
2. Reduction occurs at Cl
3. Oxidation takes place at cathode
4. It is a redox reaction.

Question 10

A compound having molecular formula $C_6H_{14}O_6$ and empirical formula $C_3H_7O_3$, value of n is _________

1. 1
2. 2
3. 3
4. 4

Question 11

What will be the colour of precipitate obtained when NaOH solution is added to iron (II) sulphate solution ?

1. Red
2. Green
3. White
4. Colourless

Question 12

If a solution liberates carbon dioxide on reaction with sodium carbonate, its pH is _________

1. Lower than 7   2. More than 7   3. Equal to 7   4. Zero

Question 13

How many electrons are gained or lost by calcium to attain nearest noble gas configuration ?

1. 2 electrons gain   2. 2 electrons lost   3. 3 electrons gain   4. 3 electrons lost

Question 14

Which of the conditions are necessary for the formation of ionic bond ?

1. Low ionisation energy   2. High electron affinity
3. High lattice energy   4. All the above

Question 15

Which of the following is equal to number of electrons in the valence shell ?

1. Atomic mass   2. Group number   3. Period number   4. Atomic volume

Question 16

In which period of the periodic table, an element with atomic number 14 is placed ?

1. 4   2. 3   3. 2   4. 1

Question 17

What will be the empirical formula of a compound if the percentage of elements present is A = 39.56 %, B = 7.74%, C = 52.70% ? (Atomic mass of A= 12, B= 1 , C= 16)

1. ABC   2. $A_3B_7C_3$ 3. $A_6B_7C_3$ 4. $A_3B_3C_6$

Question 18

Identify the following

"A yellow monoxide that dissolves in hot and concentrated caustic alkali".

1. Cu_2O 2. ZnO   3. PbO   4. None of these

Question 19

How pH of a neutral solution be increased ?

1. By adding acid   2. By adding alkali   3. Both 1 and 2   4. None of these

Question 20

An example of salt formed by a base and an acid is...

1. Sodium chloride   2. Calcium sulphate   3. Lithium chloride   4. Sodium chlorate

Question 21

Which of the following is an example of covalent bond ?

1. Calcium oxide   2. Water   3. Ammonia   4. Sodium chloride

Question 22

Which process occur in electropositive ion ?

1. Oxidation   2. Reduction   3. Both 1 and 2   4. None of these

Question 23

In which period of the periodic table, an element with atomic number 14 is placed ?

1. 4   2. 3   3. 2   4. 1

Question 24

Which of the following is least reactive:

1. F   2. Br   3. Cl   4. I

Question 25

What happens to pale blue ppt. obtained when ammonia solution is added to copper sulphate solution on addition of excess of alkali ?

1. Ppt. is soluble   2. Ppt. is insoluble   3. No effect on ppt.   4. Sparingly soluble

Question 26

Which of the following is true when lead nitrate is treated with sodium hydroxide solution, and ppt. obtained is dissolved in excess of alkali ?

1. White ppt. soluble in excess of alkali
2. White ppt. insoluble in excess of alkali
3. Green ppt. soluble in excess of alkali
4. Green ppt. insoluble in excess of alkali

Question 27

An example of salt formed by a metal and an acid is _________.

1. Sodium chloride
2. Calcium sulphate
3. Lithium chloride
4. Sodium chlorate

Question 28

Which process occur in electropositive ion ?

1. Oxidation
2. Reduction
3. Both 1 and 2
4. None of these

Question 29

Hydrogen chloride molecule contains:

1. Polar covalent bond
2. Double bond
3. Coordinate bond
4. Electrovalent bond

Question 30

The gas liberated when sodium sulphite reacts with dilute sulphuric acid:

1. Carbon dioxide
2. Hydrogen
3. Hydrogen sulphide
4. Sulphur dioxide

Question 31

Hydroxide of this metal is soluble in sodium hydroxide solution :

1. Magnesium
2. Lead
3. Silver
4. Copper

Question 32

Vapour density of a gas is 22. What is its molecular mass ?

1. 23
2. 22
3. 44
4. 11

Question 33

_________; the chemical change that occurs at this electrode is called _________ .

1. Anode, oxidation
2. Anode, reduction
3. Cathode, oxidation
4. Cathode, reduction

Question 34

The cathode production of the electrolysis of zinc iodide is:

1. Iodine
2. Zinc
3. Zinc oxide
4. Chloride

Question 35

The electrolysis of acidified water is an example of:

1. reduction
2. oxidation
3. redox reaction
4. catalytic reaction

Question 36

The ratio of certain mass of a gas or vapour to the mass of same volume of hydrogen is it's _________.

1. Vapour density
2. Empirical formula
3. Molecular formula
4. Percentage composition

Question 37

The electronic configuration of three elements X, Y and Z is given below:

X = 2   Y= 2, 6   Z= 2, 8, 2

(a) Which element belongs to the second period ?

   1. X
   2. Y
   3. Z
   4. None of these

(b) Which one of them is a noble gas ?

   1. X
   2. Y
   3. Z
   4. None of these

(c) What is the valency of Z ?

   1. 1
   2. 2
   3. 3
   4. 4

(d) Which is a metal ?

   1. X
   2. Y
   3. Z
   4. All of these

1. 1. More

   Explanation: Ionisation energy is the energy required to remove loosely bonded electron from outermost shell of an isolated gaseous atom. Generally complete shell is removed , now same nuclear charge will work on less number of electrons during the removal of second electron, Thus, second ionisation energy is more than first ionisation energy.

2. 2. Molecules

   Explanation: Pure water contains molecules only

3. 3. 28

   Explanation: Vapour density = 2 x molecular mass   = 2 × 14 = 28

4. 4. Colourless

   Explanation: Aluminium salts are colourless.

5. 2. More than 7

   Explanation: As the colour of litmus changes from red to blue, its nature is basic. So,pH will be more than 7.

6. 1. Ionic solid

   Explanation: Ionic solids contains ions, and shows all the given characteristics.

7. 4. Pink

   Explanation: Phenolphthalein is colourless in acidic solution and pink in basic solution.

8. 2. Cathode

   Explanation: Reduction is gain of electrons. Cathode is negatively charged electrode. Thus reduction occurs on the cathode.

9. 3. Oxidation takes place at cathode

   Explanation: The reaction at anode involves oxidation of anions.

10. 2. 2

    Explanation: n = Molecular formula mass / empirical formula mass

    $$n = 182 / 91 = 2$$

11. 2. Green

    Explanation: The reaction is as:

    $$FeSO_4 + 2NaOH \longrightarrow Fe(OH)_2 + Na_2SO_4$$
    $$\text{(dirty green)}$$

12. 1. Lower than 7

    Explanation: Acids liberate carbon dioxide on reaction with sodium carbonate. Therefore, its pH will be lower than 7.

13. 2. 2 electrons lost

    Explanation: Ca gives two electrons to attain its nearest noble gas configuration.

14. 4. All the above

    Explanation: Ionic bond is formed under the condition of low ionisation energy, high electron affinity and high lattice energy.

15. 2. Group number

    Explanation: The number of electrons called valence electrons are equal to group number of an element.

16. 1. 4

    Explanation: Element with atomic number 14 is silicon, It is placed in period 4.

17. 2. $A_3B_7C_3$

Explanation: First of all, masses are converted to moles, then these are divided by lowest number

A = 3.29 moles   B = 7.68 moles   C = 3.29 moles

$$A = \frac{3.29}{3.29} = 1$$

$$B = \frac{7.68}{3.29} = 2.3$$

$$C = \frac{3.29}{3.29} = 1$$

Multiply to get smallest whole-number ratio,

$$1 \times 3 = 3$$

$$2.3 \times 3 = 7$$

$$1 \times 3 = 3$$

So,   empirical formula = $A_3B_7C_3$

18. 3. PbO

Explanation: Lead oxide is yellow in colour.

19. 2. by adding alkali

Explanation: To increase the pH of a neutral solution, alkali should be added.

20. 1. Sodium chloride

Explanation: Sodium chloride is formed by base NaOH and an acid hydrochloric acid.

21. 2. Water

Explanation: Calcium oxide and sodium chloride has ionic bond and ammonia has coordinate bond.

22. 1. Oxidation

Explanation: Electropositive elements tend to lose electrons and form positive ions.

23. 1. 4

Explanation: Element with atomic number 14 is silicon, It is placed in period 4.

24. 4. I

Explanation: Among halogens, iodine is least reactive.

25. 1. Ppt. is soluble

Explanation: When ammonia solution is added first drop wise and then in excess to the following solutions, a pale blue ppt is obtained which is soluble in excess of alkali.

26. 1. white ppt. soluble in excess of alkali

Explanation: When lead nitrate is treated with sodium hydroxide solution, a white ppt. is obtained which is soluble in excess of alkali.

27. 2. Calcium sulphate

Explanation: Calcium sulphate is formed by metal calcium and an acid sulphuric acid.

28. 1. Oxidation

Explanation: Electropositive elements tend to lose electrons and forms positive ions.

29. 1. Polar covalent bond

Explanation: Chlorine has a higher electronegativity than hydrogen, but the chlorine atom's attraction for electrons is not sufficient to remove an electron from hydrogen. Consequently, the bonding electrons in hydrogen chloride are shared unequally in a polar covalent bond.

30. 4. Sulphur dioxide

Explanation: Acids react with sulphites to liberate sulphur dioxide gas.

$$2NaHSO_3 + H_2SO_4 \rightarrow Na_2SO_4 + H_2O + SO_2\uparrow$$

31. 2. Lead

Explanation: The dioxide of lead forms when lead is heated in the presence of air. It is an amphoteric oxide which means that it dissolves in both acidic and basic solutions. Hence, lead can be soluble in excess of sodium hydroxide solution.

32. 3. 44

Explanation:

$$\text{Molecular mass } = \text{Vapour density} \times 2$$
$$= 22 \times 2 = 44 \text{ g}$$

33. 4. cathode, reduction

Explanation: In an electrolytic cell, the electrode at which electrons enter any solution is a cathode, and the change that occurs in the electrode is reduction.

34. 2. zinc

Explanation: The electrolysis of zinc iodide produces zinc and chlorine. Therefore, zinc metal will be produced at the cathode and chlorine at the anode

35. 4. Catalytic reaction

Explanation: Addition of acid to the water makes its electrolyte. In the presence of H^+ ions and SO_4^{2-} ions water becomes capable of dissociation. Thus it can be called as a catalytic reaction.

36. 1. Vapour density

Explanation: Vapour density is the ratio of the mass of a volume of a gas, to the mass of an equal volume of hydrogen, measured under the same conditions of temperature and pressure. It is obtained by dividing the molecular weight of the vapour by the average molecular weight of air thus, it is unitless.

37. (a) 2. Y

Explanation: Y belongs to second period as its valency is two.

   (b) 1. X

Explanation: X (2= helium) is a noble gas.

   (c) 2. 2

Explanation: It loses 2 electrons to attain nearest noble gas configuration.

   (d) 3. Z is a metal.

Explanation: Metals have a tendency to lose electrons.

❑❑

Biology

Specimen Question Paper

Biology

Maximum Marks: 40
Time allowed: One hour (inclusive of reading time)

General Instructions

ALL QUESTIONS ARE COMPULSORY.
The marks intended for questions are given in brackets [ ].
Select the correct option for each of the following questions.

Questions

SECTION-I (15 Marks)

Question 1

Name the following by choosing the correct option:

(a) A pair of corresponding chromosomes of the same shape and size but one from each parent.

1. Autosomes	2. Sex chromosomes
3. Homologous chromosomes	4. Analogous chromosomes

(b) The factor that does not affect the rate of transpiration.

1. Intensity of light	2. Velocity of wind
3. Carbon dioxide	4. Oxygen

(c) Movement of molecules of a substance from their higher concentration to lower concentration when they are in direct contact.

1. Diffusion	2. Endosmosis
3. Imbibition	4. Active transport

(d) The complex molecule consisting of a DNA strand and a core of histones.

1. Centrosome	2. Nucleotide
3. Nucleosome	4. Chromosome

(e) The solvent used to dissolve the chlorophyll pigment while testing a leaf for starch.

1. Soda lime	2. Carbolic acid
3. Methylated spirit	4. Water

Question 2

Complete the following statements by choosing the appropriate option for each blank:

(a) During Meiosis ______________ daughter cells are formed.

1. 4	2. 2
3. 8	4. 6

(b) Wooden doors swell up during the rainy season due to ________.

1. Osmosis	2. Diffusion
3. Imbibition	4. Transpiration

(c) The semi permeable membrane in a plant cell is the _______.

1. Cell wall	2. Cell membrane
3. Tonoplast	4. None of the above

(d) Guttation takes place through__________.

1. Stomata
2. Lenticels
3. Cuticle
4. Hydathodes

(e) A plant with variegated leaves is ________.

1. Coleus
2. Lotus
3. Peepal
4. Mango

Question 3

Choose the correct answer from each of the four options given below:

(a) The pressure exerted by the cell contents on the cell wall:

1. Turgor pressure
2. Partial pressure
3. Wall pressure
4. Osmotic pressure

(b) The cell component visible only during cell division:

1. Chromosome
2. Chromoplast
3. Chromatin
4. Centriole

(c) Marine fish when placed under tap water bursts, because of:

1. Endosmosis
2. Exosmosis
3. Diffusion
4. Plasmolysis

(d) The sites of dark reaction of photosynthesis:

1. Grana
2. Fret
3. Stroma
4. Stoma

(e) The alternative forms of the same gene occupying the same position on homologous chromosomes:

1. Chromatids
2. Alleles
3. Autosomes
4. Centromere

SECTION-II (15 Marks)

Question 4

Explain the following terms:

(a) Osmosis

1. Movement of water from their lower concentration to their higher concentration through a semi permeable membrane.
2. Movement of solutes from their lower concentration to their higher concentration through a semi permeable membrane.
3. Movement of water from their higher concentration to their lower concentration through a semi permeable membrane.
4. Movement of water from their higher concentration to their lower concentration through a freely permeable membrane.

(b) Photolysis

1. Splitting of water molecules into hydrogen ions and oxygen in the presence of light in grana.
2. Splitting of water molecules into hydrogen ions and oxygen in the presence of light in the stroma.
3. Splitting of water molecules into hydrogen ions and oxygen in the absence of light in grana.
4. Splitting of water molecules into hydrogen ions and oxygen in the absent of light in stoma.

(c) Law of segregation

1. The two members of a pair of factors join during the formation of gametes.
2. The two members of a pair of factors separate during the formation of gametes.
3. The two chromosomes of a pair of factors separate during the formation of gametes.
4. The two members of a pair of factors separate during the process of germination.

(d) Guttation
    1.   The loss of water in the form of water droplets from the surface of the leaf.
    2.   The loss of water in the form of water droplets through the stomata.
    3.   The loss of water in the form of water vapour along the leaf margin.
    4.   The loss of water in the form of water droplets along the leaf margin.

(e) Active transport
    1.   Passage of water from its lower to higher concentration through a cell membrane without any expenditure of energy.
    2.   Passage of ions from its lower to higher concentration through a cell membrane without any expenditure of energy.
    3.   Passage of water from its lower to higher concentration through a cell membrane using energy from the cell.
    4.   Passage of ions from its lower to higher concentration through a cell membrane using energy from the cell.

Question 5

State the exact location of the following:

(a) Spindle fibres
    1.   Between the two centrioles   2.   Between the two centrosomes
    3.   Between chromatid and centromere   4.   Between two centromeres

(b) Root hair
    1.   Extension of the cortex   2.   Extension of epithelium
    3.   Extension of epidermis   4.   Extension of endodermis

(c) Stomata
    1.   More the upper surface of dorsi ventral leaves
    2.   More on the lower surface of the dorsi ventral leaves
    3.   Both upper and lower surface of the dorsi ventral leaves
    4.   None of the above.

(d) Thylakoids
    1.   In the inner membrane of the chloroplast
    2.   Wall of the chloroplast
    3.   In the chlorophyll
    4.   In the stroma of the chloroplast

(e) Palisade parenchyma
    1.   Between the upper and lower epidermis of dicot leaves.
    2.   Between the upper epidermis and spongy parenchyma of dicot leaves.
    3.   Between the lower epidermis and spongy parenchyma of dicot leaves.
    4.   Between the upper and lower epidermis of monocot leaves.

Question 6

State the function of the following:

(a) Stroma
    1.   Site of photolysis of photosynthesis
    2.   Site of photochemical phase of photosynthesis
    3.   Site of light dependent phase of photosynthesis
    4.   Site of light independent phase of photosynthesis

(b) Guard cells
    1.   Regulate the closing of stomata
    2.   Regulate the opening and closing of stomata

3. Regulate the opening of stomata
4. Regulate the process of photosynthesis

(c) Xylem
1. Translocation of food from the leaves to the other parts of the plant.
2. Conduction of food.
3. Conduction of water and food.
4. Conduction of water and minerals from the root to the other parts of the plant.

(d) Chromosomes
1. The carriers of heredity
2. The controlling centre of the cell
3. The site for various chemical reactions
4. Intracellular digestion.

(e) Hydathode
1. Helps in transpiration
2. Helps in guttation
3. Helps in imbibition
4. Helps in transportation of water

SECTION-III (10 Marks)

Question 7

Given below is a diagram representing a stage during mitotic cell division. Answer the questions that follow:

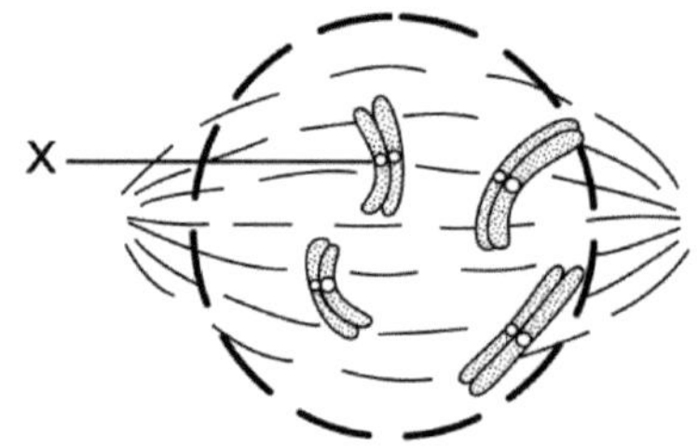

(a) Identify the stage
1. Telophase
2. Prophase
3. Metaphase
4. Anaphase

(b) Label part marked 'X'
1. Centriole
2. Centrosome
3. Centromere
4. Chromatid

(c) Name the stage that follows the one shown here
1. Interphase
2. Anaphase
3. Telophase
4. Metaphase

(d) What is the diploid number of chromosomes shown in the diagram?
1. 6
2. 2
3. 4
4. 8

(e) Mention one important feature of this stage
1. Nucleolus reappears
2. Nuclear membrane reappears
3. Nuclear membrane disappears
4. Chromosomes align on the equator

Question 8

Observe the diagram given below and answer the questions:

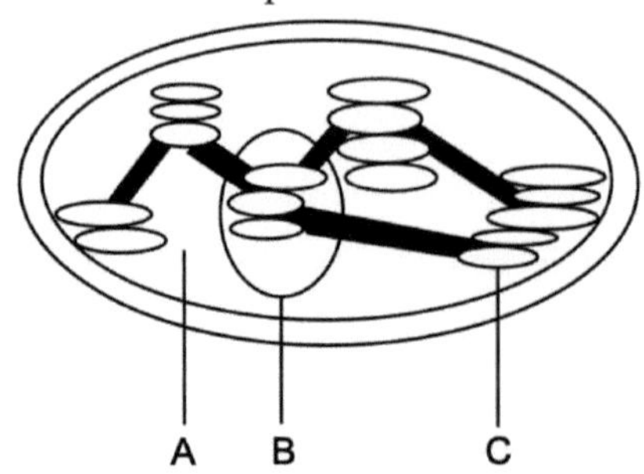

(a) Identify the cell organelle
   1.   Mitochondria
   2.   Lysosome
   3.   Ribosome
   4.   Chloroplast

(b) Label the parts marked A, B & C
   A.   1. Granum 2. Stroma 3. Fret 4. Thylakoid
   B.   1. Granum 2. Stroma 3. Fret 4. Thylakoid
   C.   1. Granum 2. Stroma 3. Fret 4. Thylakoid

(c) The unit of light absorbed by chlorophyll is_____
   1.   Proton   2.   Photon
   3.   Electron   4.   Neutron

Answers

SECTION - I

1. (a) 3. Homologous chromosomes

   (b) 4. Oxygen

     Explanation: External factors affecting the rate of transpiration: Atmospheric humidity, temperature, light, wind velocity, atmospheric pressure and available soil water.

     Internal factors affecting rate of transpiration e.g., leaf area, leaf structure and age of plants.

   (c) 1. Diffusion

     Explanation: Diffusion is the movement of molecules from higher concentration to lower concentration via direct contact.

   (d) 3. Nucleosome

     Explanation: Nucleosome is a complex structure in which DNA wraps around a protein core of eight histone molecules.

   (e) 3. Methylated spirit

     Explanation: Methylated spirit is an alcohol. When a leaf is boiled in methylated spirit over water bath, this would remove cholorophyll from the green leaf.

2. (a) 1. 4

     Explanation: Four daughter cells are formed that are haploid, i.e., they contain half the number of chromosomes of the diploid parent cell.

   (b) 3. Imbibition

     Explanation: Imbibition is a type of diffusion that takes place when water is absorbed by solid-colloids causing an increase in volume. The two essential things for imbibition are absorbent (wooden frame) and liquid imbibed (water).

   (c) 2. Cell membrane

     Explanation: Cell membrane or Plasma membrane is a living, thin, delicate, elastic, selectively permeable membrane made up of proteins and lipids, present in both plant and animal cell.

   (d) 4. Hydathodes

     Explanation: Hydathodes are the pore bearing structures present on the margin of the leaves to allow the exudation.

   (e) 1. Coleus

     Explanation: This type of leaves, containing partly white color and partly green color, are called variegated leaves.

3. (a) 1. Turgor pressure

   Explanation: Turgor pressure is the pressure of water against the inside wall of a plant cell.

(b) 1. Chromosome

   Explanation: During cell division, chromosomes become highly condensed, visible as dark distinct bodies within the nuclei of cells.

(c) 1. Endosmosis

   Explanation: Marine fish is found in saline water and freshwater is devoid of salts. As a result, when a marine fish is placed in freshwater, the freshwater will diffuse into the cells due to endosmosis (flow of solutes from an area of lesser concentration to one of greater concentration) and cause them to swell and burst.

(d) 3. Stroma

   Explanation: The dark reaction of photosynthesis takes place in the stroma of the chloroplasts as the enzymes of stroma do not require light but require ATP and $NADPH_2$ produced in the light reaction.

(e) 2. Alleles

   Explanation: The alleles for a trait occupy the same locus or position on homologous chromosomes and thus govern the same trait but their action may result in different expressions of that trait.

SECTION - II

4. (a) 1. Movement of water from their lower concentration to their higher concentration through a semi permeable membrane.

(b) 1. Splitting of water molecules into hydrogen ions and oxygen in the presence of light in grana.

(c) 2. The two members of a pair of factors separate during the formation of gametes.

(d) 4. The loss of water in the form of water droplets along the leaf margin.

(e) 4. Passage of ions from its lower to higher concentration through a cell membrane using energy from the cell.

5. (a) 1. Between the two centrioles

   Explanation: Spindle fibres appear between daughter centrioles forming the achromatic spindle.

(b) 1. Extension of the cortex

   Explanation: Roots hairs are cylindrical extensions of cortex that are important for acquisition of nutrients and microbe interactions.

(c) 2. More on the lower surface of the dorsiventral leaves

   Explanation: Usually the lower surface of a dorsiventral (often dicotyledonous) leaf has a greater number of stomata while in an isobilateral (often monocotyledonous) leaf almost equal number of stomata on both surface.

(d) 4. In the stroma of the chloroplast

   Explanation: Thylakoids are usually arranged in stacks (grana) connected to other stacks by simple membranes (lamellae) within the stroma.

(e) 2. Between the upper epidermis and spongy parenchyma of dicot leaves.

   Explanation: Palisade parenchyma cells are present below the upper epidermis in dorsiventral leaf.

6. (a) 4. Site of light independent phase of photosynthesis

   Explanation: The light-independent reactions (Dark Reaction) of photosynthesis take place within the stroma. Chloroplast has its own genetic material stored in the stroma. It contains enzymes that work with ATP and NADPH to "fix" carbon from carbon dioxide into molecules that can be used to build glucose.

(b) 2. Regulate the opening and closing of stomata

Explanation: When water flows into the guard cells, they swell up causing stomata to open. When the guard cells lose water, they shrink and become flaccid thus closing the stomata.

(c) 4. Conduction of water and minerals from the root to the other parts of the plant.

(d) 1. The carriers of heredity

Explanation: Chromosomes are the thread-like structures that carry heredity information in the form of genes.

(e) 2. Helps in guttation

Explanation: Hydathodes discharge water from the interior of the leaf to its surface through margin of the leaf in a process called guttation.

SECTION - III

7. (a) 2. Prophase

   Explanation: Spindle fibres appear between daughter centrioles and nuclear membrane disappears. Chromosomes become distinct.

   (b) 3. Centromere

   (c) 4. Metaphase

   (d) 3. 4

   Explanation: The total number of chromosomes in diploid cells is described as 2n, which is twice the number of chromosomes in a haploid cell (n).

   (e) 3. Nuclear membrane disappears

   Explanation: Both nuclear membrane and nucleolus disappears in late prophase stage in the mitosis.

8. (a) 4. Chloroplast

   (b)   A-Stroma B-Granum C-Thylakoid

   (c) 2. Photon

   Explanation: A photon of light energy travels to a molecule of chlorophyll. The photon causes an electron in the chlorophyll to become "excited".

❑❑

Sample Paper 1

Biology

SECTION - I

Question 1

Name the following by choosing the correct option:

(a) DNA threads which appear inside the nucleus during cell division.
1. Spindle fibers
2. Centrioles
3. Asters
4. Chromosomes

(b) When an individual has both the genes of a contrasting characters, it is said to be:
1. Homozygous
2. Heterozygous
3. Phenotype
4. Genotype

(c) The leaves of certain plants exhibit droplets of water along their margins in the warm humid conditions.
1. Bleeding
2. Guttation
3. Transpiration
4. Evaporation

(d) The process of conversion of ADP into ATP during photosynthesis.
1. Photolysis
2. Polymerization
3. Photophosphorylation
4. None of these

(e) Phenomena responsible for rupturing coats of germinating seeds.
1. Osmosis
2. Diffusion
3. Assimilation
4. Imbibition

Question 2

Complete the following statements by choosing the appropriate option for each blank:

(a) Mitosis produces ___________ daughter cells and meiosis produces ___________ daughter cells.
1. 2, 2
2. 2, 4
3. 4, 2
4. 4, 4

(b) Genetics is the study of ___________.
1. development of organisms
2. mechanisms of inheritance
3. nuclear division
4. variation between species

(c) A normal human body contains ___________ pairs of chromosomes and the numbers of sex chromosomes in a sex cell of a human being is ___________.
1. 44, 22
2. 23, 2
3. 23, 22
4. 46, 2

(d) Damage and errors in DNA cause ________ .
1. mutation
2. DNA repair
3. translation
4. transcription

(e) During photosynthesis, energy absorbed from sunlight is stored as chemical energy in ___________ biomolecules.
1. ATP, ADP
2. ATP, NADPH
3. NAD, NADP
4. $NADH_2$, ATP

Question 3

Choose the correct answer from each of the four options given below:

(a) Which of the following is the balanced chemical reaction of process photosynthesis?

  1. $6CO_2 + 12H_2O \xrightarrow[\text{Chlorophyll}]{\text{Light Energy}} C_6H_{12}O_6 + 6H_2O$

  2. $6CO_2 + 12H_2O \longrightarrow C_6H_{12}O_6 + H_2O + O_2\uparrow$

  3. $CO_2 + H_2O \xrightarrow[\text{Chlorophyll}]{\text{Light Energy}} C_6H_{12}O_6 + 6O_2\uparrow$

  4. $6CO_2 + 12H_2O \xrightarrow[\text{Chlorophyll}]{\text{Light Energy}} C_6H_{12}O_6 + 6H_2O + 6O_2\uparrow$

(b) The sequence of cell cycle is:

  1. S, M, G_1 and G_2 2. G_1, S, G_2 and M

  3. G_1, G_2 ,S and M   4. M, G_1, G_2 and S

(c) Rate of transpiration increases with:

  1. Intensity of sunlight, high atmospheric CO_2 level, high water content

  2. Closure of stomata, high atmospheric CO_2 level, velocity of wind

  3. Intensity of sunlight, dry air, high water content

  4. Opening of stomata, high atmospheric CO_2 level, shedding of leaves

(d) The plants die due to wilting when:

  1. Available light is reduced to half   2. Xylem is blocked

  3. Few roots are broken   4. Phloem is blocked

(e) Which of the following is the logical sequence for the root showing the cell to cell conduction of water ?

  1. Root hair → Endodermis → Soil water → Xylem → Cortex

  2. Xylem → Cortex → Endodermis → Root hair → Soil water

  3. Soil water → Root hairs → Cortex → Endodermis → Xylem

  4. Cortex → Endodermis → Xylem → Root hair → Soil water

SECTION - II

Question 4

Explain the following terms:

(a) Alleles

  1. Alternate forms of genes   2. Linked genes

  3. Chromosomes that have crossed over   4. Homologous chromosomes

(b) Osmosis

  1. Movement of solute molecules through a semi-permeable membrane from region of their higher concentration to the lower concentration region.

  2. Movement of solvent molecules through a semi-permeable membrane from region of their higher concentration to the lower concentration region.

  3. Movement of solvent molecules through a semi-permeable membrane from region of their lower concentration to the higher concentration region.

  4. Movement of solute molecules through a semi-permeable membrane from region of their lower concentration to the higher concentration region.

(c) Chromatin

  1. A substance within a chromosome consisting of DNA and uncondensed protein.

  2. A long DNA molecule with part or all of the genetic material of an organism.

  3. A double helix, composed of repeating nucleotides join to other strands via hydrogen bonds.

  4. The point of attachment of two chromatid sisters.

   (d) Phosphorylation
   1.   Addition of phosphate to NADP to form NADPH.
   2.   Addition of phosphate to adenosine diphosphate (ADP) to form adenosine triphosphate (ATP)
   3.   Removal of phosphate from adenosine triphosphate (ATP) to form adenosine diphosphate (ADP)
   4.   Removal of phosphate from NADP to form NADPH

   (e) Osmotic pressure
   1.   Maximum pressure exerted to prevent the passage of pure solvent into the solution separated by a semi permeable membrane.
   2.   Minimum pressure exerted to prevent the passage of pure solvent into the solution separated by a semi permeable membrane.
   3.   Minimum pressure exerted to prevent the passage of pure solute into the solution separated by a semi permeable membrane.
   4.   Maximum pressure exerted to prevent the passage of pure solute into the solution separated by a semi permeable membrane :

Question 5

State the exact location of the following:

   (a) Thylakoids
   1.   In the fret of chloroplast   2.   Wall of the chloroplast
   3.   In the chlorophyll   4.   In the stroma of the chloroplast

   (b) Epiblema
   1.   The central part of a plant root
   2.   Outermost layer of protective cells in a root
   3.   Extensions of the roots arising from the epidermis
   4.   A separation between the xylem and phloem

   (c) Hydathodes
   1.   Epidermis of leaf, young stem and floral parts
   2.   Margins of leaf where the vascular supply ends
   3.   Adaxial or abaxial surfaces of leaves
   4.   Both 2 and 3

   (d) Mesophyll cells
   1.   Located above the upper epidermis
   2.   Located between the upper and lower epidermis
   3.   Located below the lower epidermis
   4.   Located above the upper and below the lower epidermis

   (e) Root hair
   1.   Extension of metaxylem   2.   Extension of epidermis
   3.   Extension of cortex   4.   Extension of pith

Question 6

State the function of the following:

   (a) Xylem Tissue
   1.   Transport sugars, proteins, and other organic molecules in plants.
   2.   Transport of water and dissolved ions from the roots upwards through the plant.
   3.   Fibres provide support.
   4.   Both 2 and 3

(b) Histones

1. Proteins that help in coiling and packaging of RNA into nucleosomes
2. Encode particular proteins which express in the form of a trait.
3. Proteins that help in coiling and packaging of DNA into nucleosomes.
4. Help in sex determination.

(c) Lenticels

1. Permit the entrance of oxygen from the plants
2. Permit the output of carbon dioxide and water vapor in the plants
3. Promote gas exchange of oxygen, carbon dioxide and water vapor
4. All of the above

(d) Stomata

1. Transpiration and translocation
2. Exchange of gases and excretion
3. Transpiration and exchange of gases
4. Photosynthesis and translocation

(e) Synapsis

1. Pairing of acentric chromosomes during mitosis
2. Pairing of non-homologous chromosomes during meiosis
3. Pairing of any chromosomes during mitosis
4. Pairing of homologous chromosomes during meiosis

SECTION-III

Question 7

Identify the figures numbering to a type of cell division showing different stages.

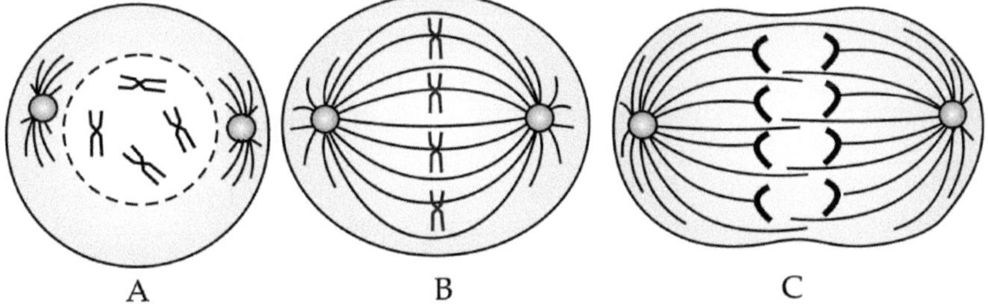

(a) Choose the correct numbering given to different cell division stages of mitosis.

1. B - Metaphase, C- Early anaphase
2. A - Metaphase, B - Metaphase
3. A - Prophase, C - Early anaphase
4. Both 1 and 3

(b) The condensation of chromosomes is observed in ____________.

1. Prophase I
2. Anaphase I
3. Metaphase I
4. None of these

(c) In which stage of cell division chromosome gets attached to spindle by its centromere?

1. Anaphase
2. Prophase
3. Metaphase
4. Telophase

(d) Which of the statements define Cytokinesis?

1. A division of cytoplasm
2. All nuclear changes during cell division
3. Cleavage furrow deepen totally in animal cell
4. All of these

(e) During Anaphase of mitosis , the position of the arms of chromatids are:

1. Towards the equator of the cell
2. Towards the poles of the cell
3. Varies from cell to cell
4. At any place in the cell

Question 8

Study the diagram of plant cell where water passes through the cell wall and answer the questions that follow :

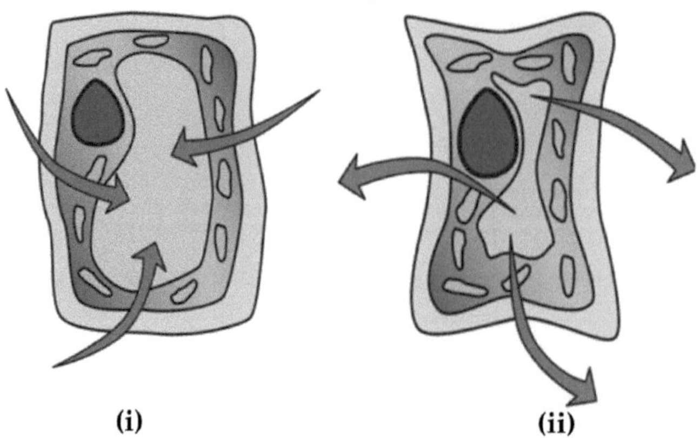

(i)   (ii)

(a) Identify the figure (i).

    1.   Flaccid cell   2.   Turgid cell

    3.   Plasmolysed cell   4.   None of these

(b) Identify the figure (ii).

    1.   Flaccid cell   2.   Turgid cell

    3.   Plasmolysed cell   4.   None of these

(c) Water regulation within the plant cell occurs through the process:

    1.   Osmosis   2.   Diffusion

    3.   Active transport   4.   Transpiration

(d) Marine fish when placed in tap water bursts because of:

    1.   Endosmosis   2.   Exosmosis

    3.   Diffusion   4.   Plasmolysis

(e) Match the phenomenon in absorption and conduction of water and minerals:

Column A	Column B
i. Inward diffusion of water through a semi permeable membrane.	1. Active transport
ii. Movement of molecules from higher concentration to the lower concentration through direct contact.	2. Diffusion
iii. Passage of substance from lower concentration to the higher concentration through a living cell membrane using energy from cell.	3. Endosmosis
iv. Outward diffusion of water through membrane.	4. Osmosis
v. Movement of molecules from higher concentration to the lower concentration through a semi permeable membrane.	5. Exosmosis

    1.   i-2, ii-3, iii-5, iv-1, v-4   2.   i-3, ii-2, iii-1, iv-5, v-4

    3.   i-3, ii-4, iii-2, iv-5, v-1   4.   i-3, ii-2, iii-1, iv-4, v-5

SECTION - I

1. (a) 4. Chromosomes

    Explanation: Chromosome is thread-like DNA structure carrying genetic information in the form of genes.

(b) 2. Heterozygous

Explanation: When an individual has both the genes of a contrasting character, it is said to be Heterozygous.

(c) 2. Guttation

Explanation: Guttation is the overwatering or loss of water through hydathodes. When the absorption of water exceeds transpiration i.e., root pressure develops when the soil moisture level is high, and the transverse osmotic pressure causes sap to rise through the dead ends of xylem tracheids and vessels to the leaves. This usually happens during early morning hours when transpiration is low.

(d) 3. Photophosphorylation

Explanation: Photophosphorylation is the process of synthesizing energy-rich ATP molecules by transferring the phosphate group to ADP molecule in the presence of light to convert ADP to ATP molecules.

(e) 4. Imbibition

Explanation: Imbibition is the passive absorption of water by substances such as cellulose. Thus, imbibition pressure causing rupture of seed coat is a case of germinating seeds.

2. (a) 2. 2, 4

Explanation: Mitosis involves one cell division resulting two diploid daughter cells having same number of chromosomes as parent cells.

Meiosis involves two successive cell division resulting in haploid daughter cells with half number of chromosomes of parent cells.

(b) 2. Mechanisms of inheritance

Explanation: Genetics is a branch of biology concerned with the study of mechanism of inheritance. In other words, it is a branch of biology that is concerned with the genes, genetic variation, and heredity in organisms.

(c) 2. 23, 2

Explanation: A normal human body have 23 pairs of chromosomes i.e., 46 chromosomes. The 23rd pair is the sex chromosomes which differ for male and female.

(d) 1. Mutation

Explanation: All the types of errors during DNA replication and damages caused by exposure to radiation or carcinogens leads to mutation.

(e) 2. ATP, NADPH

Explanation: The energy absorbed from sunlight is stored as chemical energy in ATP and NADPH molecules and used to produce carbohydrates from carbon dioxide in the Calvin cycle.

3. (a) 4. $6CO_2 + 12H_2O \xrightarrow[\text{Chlorophyll}]{\text{Light Energy}} C_6H_{12}O_6 + 6H_2O + 6O_2\uparrow$

Explanation: The process of photosynthesis requires carbon dioxide and water to produce sugar and oxygen. Photosynthesis requires energy(sunlight), making it an endothermic reaction such that:

$$6CO_2 + 12H_2O \xrightarrow[\text{Chlorophyll}]{\text{Light Energy}} C_6H_{12}O_6 + 6H_2O + 6O_2\uparrow$$

(b) 2. G_1, S, G_2 and M

Explanation: The cell cycle goes through G_1, S, G_2 and then mitosis or M phase.

(c) 3. Intensity of sunlight, Dry air, High water content

Explanation: The rate of transpiration increases when favorable conditions during day time received by the plants such as intensity of light which is necessary for opening stomata for photosynthesis. High water content and dry air helps in more evaporation of excess water. And with high wind velocity water vaporizes faster.

(d) 2. Xylem is blocked

Explanation: If xylem is blocked, it might result in a loss of availability of water in the receiver cells and ultimately reduce the turgor pressure gradually leading to the loss of rigidity of cells and ultimately Wilting.

(e) 3. Soil water → Root hairs → Cortex → Endodermis → Xylem

Explanation: The diagram below shows the cross section of a root. The path of water from cell to cell is represented by arrow, showing conduction of water from root hairs to xylem.

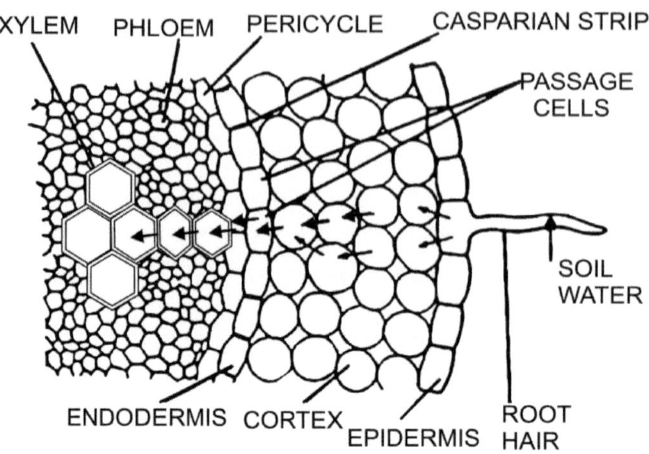

SECTION - II

4. (a) 1. Alternate forms of genes

   Explanation: Alleles are different forms of genes, which are located at the same genetic locus of a chromosome. Human are called diploid organisms because they have two alleles at each genetic locus, with one allele inherited from each parent.

   (b) 2. Movement of solvent molecules through a semi-permeable membrane from region of their higher concentration to the lower concentration region

   Explanation: Osmosis is defined as the net movement of water molecules through a semipermeable membrane (e.g. cell membrane) from an area of higher to an area of lower water concentration.

   (c) 1. A substance within a chromosome consisting of DNA and uncondensed protein

   Explanation: Chromatin makes up a chromosome that consists of proteins and DNA. The major proteins in chromation are histone proteins.

   (d) 1. Addition of phosphate to adenosine diphosphate (ADP) to form adenosine triphosphate (ATP)

   Explanation: Phosphorylation is a biochemical process that involves the addition of phosphate to an organic compound. It includes the addition of phosphate to glucose to produce glucose monophosphate and the addition of phosphate to adenosine diphosphate (ADP) to form adenosine triphosphate (ATP).

   (e) 2. Minimum pressure exerted to prevent the passage of pure solvent into the solution separated by a semi permeable membrane

   Explanation: Osmotic pressure is defined as the pressure that must be applied to the solution side to stop fluid movement when a semipermeable membrane separates a solution from pure water.

5. (a) 4. In the stroma of the chloroplast

   Explanation: Thylakoids are usually arranged in stacks (grana) connected to other stacks by simple membranes (lamellae) within the stroma.

   (b) 2. Outermost layer of protective cells in a root.

   Explanation: Epiblema is also known as the epidermis which is the outermost layer of protective cells in a root where root hairs arise.

   (c) 4. Both 2 and 3

   Explanation: Hydathodes are located along the margin and on the adaxial or abaxial surfaces of leaves and consist of the pore and a junction of xylem vessels or xylem endings beneath the pore.

(d) 3. Located between the upper and lower epidermis

   Explanation: Mesophyll cells are located between the upper and lower layers of the leaf epidermis and mostly made up of parenchyma (ground tissue) or chlorenchyma tissue.

(e) 2. Extension of epidermis

   Explanation: Epidermis is the outermost layer of protective cells in a root and root hairs are the extensions of the roots arising from the epidermis.

6. (a) 4. Both 2 and 3

   Explanation: Xylem are plant vascular tissue that conveys water and dissolved minerals from the roots to the rest of the plant and also provides physical support.

(b) 3. Proteins that help in coiling and packaging of DNA into nucleosomes

   Explanation: Histones are proteins that bind and package DNA. The strand of DNA is wound around histone proteins, condensing it to fit in the nucleus and acting to moderate gene expression. Chromatin is the term given to the complex of DNA associated with histones. A nucleosome is the smallest repeating unit of chromatin, formed from eight histone proteins and two loops of coiled DNA.

(c) 4. All of these

   Explanation: Lenticels function as a pore, providing a pathway for the direct exchange of gases between the internal tissues and atmosphere through the bark, which is otherwise impermeable to gases.

(d) 3. Transpiration and exchange of gases

   Explanation: Stomata helps in regulating water movement through transpiration. Stomata facilitates in gaseous exchange.

(e) 4. Homologous chromosomes

   Explanation: Homologous chromosomes are a set of one maternal and one paternal chromosome that pair up with each other inside a cell during meiosis.

SECTION - III

7. (a) 4. Both 1 and 3

   Explanation: The stages of Mitosis cell division are shown in figure to make it clear.

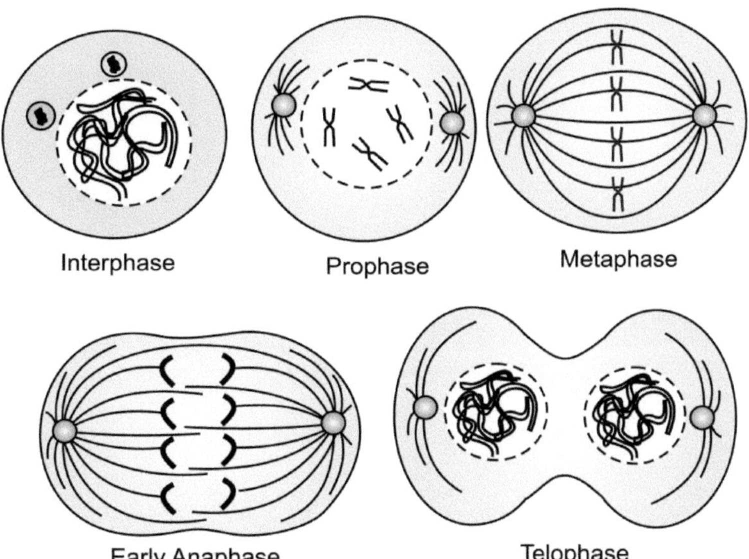

(b) 1. Prophase I

   Explanation: During prophase I, the chromosomes condense and become visible inside the nucleus. At the end of prophase I, the nuclear membrane finally begins to break down.

    (c) 3. Metaphase

Explanation: In Metaphase, every chromosome gets attached to spindle by its centromere. All chromosomes line up in one plane at the equator.

    (d) 4. All of these

Explanation: Cytokinesis is the physical process of cell division, which divides the cytoplasm of a parental cell into two daughter cells. Cytokinesis starts during the nuclear division phase called anaphase and continues through Telophase.

    (e) 1. Towards the equator of the cell

Explanation: During Anaphase of mitosis the arms of the chromatids trail behind pointing to the equator.

8. (a) 2. Turgid cell

Explanation: When a cell is placed in a solution that has a higher concentration of water than the cell, the solvent (like water) moves into the cell. This makes the cell become turgid or undergo deplasmolysis.

    (b) 1. Flaccid cell

Explanation: When a cell is placed in a solution that has a higher concentration of solute than the cell, the solvent moves out of the cell. This makes the cell become flaccid or undergo plasmolysis.

    (c) 1. Osmosis

Explanation: Osmosis is the spontaneous passage or diffusion of water or other solvents through a semipermeable membrane from higher concentration to the lower concentration in a medium.

    (d) 1. Endosmosis

Explanation: Marine fish are surrounded by salt water as compared to fresh water. Thus, in hypotonic solution the concentration of solute in the solution surrounding the cell is less than the concentration of solute inside the cytoplasm of the cell. So, water rushes into the cell of marine fish through endocytosis, swells and burst out.

    (e) 2. i-3, ii-2, iii-1, iv-5, v-4

SECTION - I

Question 1

Name the following by choosing the correct option:

(a) Equipment used to determine the rate of transpiration in plants:

    1.   Potometer   2.   Photometer

    3.   Auxanometer   4.   None of these

(b) The material used to dissolve the chlorophyll pigments while testing a leaf for starch:

    1.   Cobalt chloride paper   2.   Litmus Paper

    3.   Boiled water   4.   Methylated spirit

(c) The cross between two parents having one pair of contrasting characters.

    1.   Dihybrid Cross   2.   Monohybrid Cross

    3.   Back Cross   4.   Test Cross

(d) Phenomenon by which living or dead plant cells absorb water by surface attraction:

    1.   Transpiration   2.   Osmosis

    3.   Adhesion   4.   Imbibition

(e) A cell organelle directly involved in genetics:

    1.   Cytoplasm   2.   Nucleus

    3.   Chloroplast   4.   Chromosome

Question 2

Complete the following statements by choosing the appropriate option for each blank:

(a) NADP is expanded as_____________________.

    1.   Nicotinamide Adenosine Dinucleotide Phosphate

    2.   Nicotinamide Adenine Dinucleotide Phosphate

    3.   Nicotinamide Adenine Dinucleolus Phosphate

    4.   Nicotinamide Adenosine Dinucleolus Phosphate

(b) Cobalt chloride paper will turn ______________ faster due to presence of more stomata at dorsal surface of leaves.

    1.   blue   2.   blue black

    3.   colourless   4.   pink

(c) Light reaction: Granum:: Dark reaction: ______________

    1.   Stoma   2.   Mesophyll cells

    3.   Thylakoids   4.   Grana

(d) The cell sap of root hair is__________________.

    1.   isotonic   2.   hypotonic

    3.   hypertonic   4.   none of these

(e) ______________ bonds are present between the complementary nitrogenous bases of DNA.

    1.   Nitrogen   2.   Hydrogen

    3.   Coordinate   4.   Ionic

Question 3

Choose the correct answer from each of the four options given below:

(a) Some adaptations found in plants to reduce the rate of transpiration:
1. Sunken stomata
2. Modification of leaves into spines.
3. Presence of thick layer of cuticle on the leaf surface
4. All of these

(b) Bacteria cannot survive in a highly salted pickle because:
1. Salt inhibits reproduction
2. No favorable environment that lead to bacteria dead
3. Bacteria do not get enough light for photosynthesis
4. Bacteria plasmolyse and consequently kills

(c) Which of the following is not the phase of light reaction?
1. Water splitting
2. Oxygen release
3. Carbon dioxide release
4. Light absorption

(d) In which stage of the cell cycle will RNA polymerase enzyme be most active?
1. M phase
2. G_2 phase
3. S phase
4. Quiescent phase

(e) A genotype can be described as :
1. The genetic makeup of an organism.
2. Part of a chromosome that codes for a certain hereditary trait.
3. The outward, visible expression of the hereditary makeup of an organism.
4. The shifting of gene positions in chromosomes

SECTION - II

Question 4

Explain the following terms:

(a) DNA
1. Uncondensed form of nucleoprotein
2. Single stranded molecule having short chain of nucleotides
3. Double stranded molecule having long chain of nucleotides
4. Condensed form of nucleoprotein

(b) Turgor pressure
1. Pressure exerted by cell wall on cell sap
2. Minimum pressure exerted to prevent the passage of pure solvent into the solution
3. Pressure of water against the inside cell wall of a plant cell
4. Pressure to raise water up through the stem into leaves

(c) Law of Segregation
1. Out of a pair of contrasting characters present together, only one form of the trait will appear in the next generation
2. Two members of a pair of factors separate during gamete formation
3. Distribution of alleles of one character into the gametes is independent of the distribution of the allele of the other characters
4. In a pair of contrasting characters, prominently recessive trait will appear in next generation

(d) Bleeding
1. Escape of water loses through hydathodes of plant
2. Exudation of water from margins of leaves
3. Oozing out of water drops from injured edges or tips
4. Water loses through stomata, lenticels and cuticles

(e) Photolysis
1. Conversion of glucose into starch
2. Conversion of light energy into chemical energy

    3.   Splitting of water molecule into hydrogen and oxygen ions in the presence of light

    4.   Conversion of ADP into ATP in the presence of light

Question 5

State the exact location of the following:

(a) Cristae
1. Individual flattened stacks of membranous structures inside the chloroplasts
2. At the tip and margins of leaves
3. Fluid in the chloroplast
4. Green pigment in the chloroplast of the green leaves

(b) Centromere
1. Within a chromosome consisting of DNA and uncondensed protein
2. Point of attachment of two chromatid sisters
3. Star-shaped structures form around each pair of centrioles
4. DNA-protein complex in nucleus

(c) Phloem
1. outer side of the vascular bundle
2. centre of the vascular bundle, deep in the plant
3. between the vascular tissues and the epidermis
4. between the two primary cell walls of two plant cells

(d) Lenticels
1. Present in the epidermis of the stems of woody plants
2. Loose aggregration of cells in the bark of the stems and roots
3. Margins of the leaves of herbaceous plants
4. Both 1 and 2

(e) Thymine
1. Phosphate in DNA paired with sugar
2. Nitrogenous base in DNA paired with adenine
3. Pentose in RNA
4. Pentose in DNA

Question 6

State the function of the following:

(a) Chromatids
1. provide hereditary characteristics and genetic information
2. control the inheritance of all characteristics except the sex-linked ones
3. organize the microtubules and provide a structure to the cell
4. allow cells to store two copies of their information in cell division

(b) Stroma
1. Sites of dark reaction of photosynthesis
2. Site of light independent phase of photosynthesis
3. Site of light reaction of photosynthesis
4. Both 1 and 2

(c) Cuticle
1. Absorb sunlight for the photosynthesis
2. Wax-like layer on the epidermis of leaves to reduce transpiration
3. Provide an increase in the surface area
4. Contain enzymes required for photosynthesis as well as DNA, RNA

(d) Guard cells
1. Absorption of light energy and conversion of it into biological energy
2. Regulate the opening and closing of stomata
3. Prevents evaporation of water from the epidermal surface
4. Provide the platform for the light reaction

(e) Nucleotides
    1.   Storage and transfer of genetic information
    2.   Cell division and Protein synthesis
    3.   Cell signaling, metabolism and enzyme reactions
    4.   All of these

SECTION - III

Question 7

Study the diagram which is related to cell division and answer the following questions:

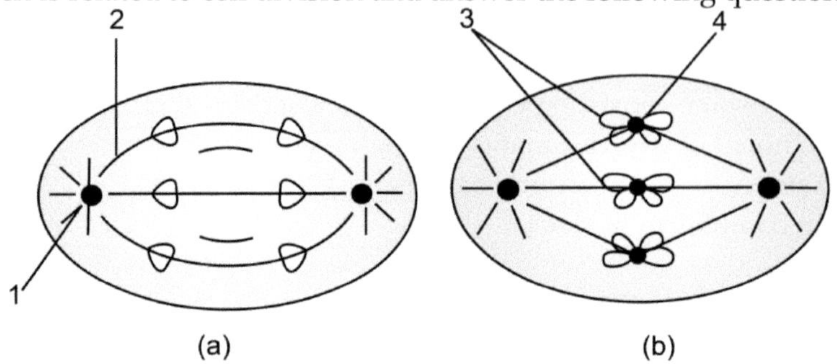

(a) Which of the following option is correctly labelled for the stages of mitosis?
    1.   1- Centromere, 2-Spindle fibres, 3- Chromatids, 4-Centriole
    2.   1- Centriole, 2-Spindle fibres, 3- Centromere, 4-Chromosomes
    3.   1- Centriole, 2-Spindle fibres, 3- Chromatids, 4-Centromere
    4.   1- Centriole, 2-Centromere, 3- Spindle fibres, 4-Chromosomes
(b) Which stage is being shown in figure (a) ?
    1.   Prophase   2.   Anaphase
    3.   Telophase   4.   Metaphase
(c) At what stage, chromosomes line up at the equator?
    1.   Anaphase   2.   Prophase
    3.   Metaphase   4.   Telophase
(d) Which of the following occurs only in meiosis, not in mitosis?
    1.   Separation of duplicated DNA   2.   Pairing of homologous chromosomes
    3.   Cytokinesis   4.   Disappearance of nuclear membrane
(e) How many chromosomes will each daughter cell have after the completion of the above division?
    1.   2   2.   4
    3.   6   4.   8

Question 8

When some parts of the stem, both the fresh shoots of a green herbaceous plant have been removed and lower end is dip in the water.

The diagram given below represents the result of the experiment.

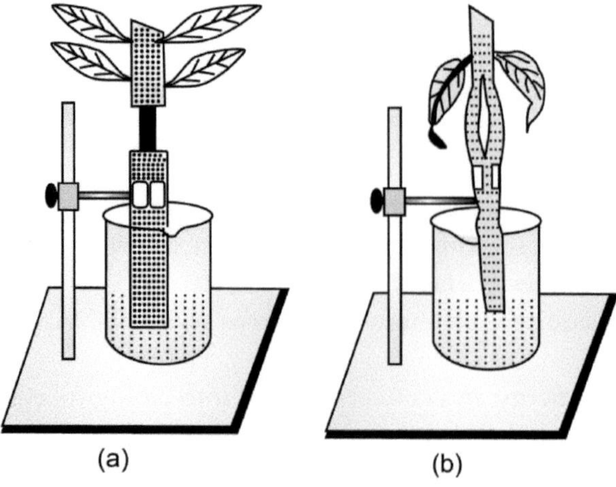

Figure

(a) Choose the correct explanation for the results
   I.   Phloem is removed and Xylem is intact in Plant A
   II.   Xylem is removed and Phloem is intact in Plant A
   III. Phloem is intact and Xylem is removed in Plant B
   IV.   Xylem is removed and Phloem is intact in Plant A

   1. I and II   2. Only III
   3. I and III   4. All of these

(b) Chloroplast and Photosynthesis: Xylem and ___________________
   1. Food transportation   2. Gaseous exchange
   3. Water and minerals transportation   4. Transpiration

(c) Root pressure is maximum when:
   1. Transpiration is high
   2. Absorption is low
   3. Transpiration is very low and absorption is very high
   4. Both transpiration and absorption are very high or low

(d) Mineral salts are absorbed by roots from the soil in the form of:
   1. Very dilute solution   2. Concentrated solution
   3. Hypertonic solution   4. Very concentrated solution

(e) The plants die due to wilting because :
   1. available light is reduced to half   2. xylem is blocked
   3. a few roots are broken   4. phloem is blocked

Answers

SECTION - I

1. (a) 1. Potometer

   Explanation: A potometer can be used to measure the rate of transpiration that's proportional to water uptake. Transpiration cannot be measured directly as some of the water will be used in photosynthesis

   (b) 4. Methylated spirit

   Explanation: Methylated spirit is alcoholic in properties due to which it decolourize chlorophyll when treated with boiled water to give a test of starch in plant leaf.

   (c) 2. Monohybrid cross

   Explanation: A cross between two types of plants of same species considering only the transmission of one character is called monohybrid cross. For example, a cross between tall pea plants and dwarf pea plant that is considering only the height of the parents is a monohybrid cross.

   (d) 4. Imbibition

   Explanation: The absorption of water by the solid particles of an adsorbent causing it to enormously increase in volume without forming a solution is called imbibition.

   (e) 4. Nucleus

   Explanation: Nucleus is the organelle found in a eukaryotic cell. It houses the cell's chromosomes and is the place where almost all DNA replication and RNA synthesis occurs. Chromosome is not a cell organelle. Thus, cell organelle directly involved in genetics is nucleus.

2. (a) 4. Nicotinamide Adenine Dinucleotide Phosphate

   Explanation: Nicotinamide Adenine Dinucleotide phosphate (NADP) is a biological carrier of reducing equivalents. A major role of NADP is as co-enzyme in cellular electron transfer reactions.

   (b) 4. Pink

   Explanation: Cobalt chloride paper in the lower surface will turn pink faster because of presence of more stomata present on the under surface (dorsal surface) of the leaf.

(c) 1. Stroma

Explanation: Light reaction occurs in granum of chloroplast and dark reaction occurs in stroma of chloroplast.

(d) 2. Hypotonic

Explanation: The cell sap has higher water concentration than the surrounding water which means that cell sap has less water potential and soil has high water potential.

(e) 2. Hydrogen

Explanation: The two strands are held together by hydrogen bonds between the nitrogenous bases, where adenine forms a base pair with thymine and cytosine forming a base pair with guanine.

3. (a) 4. All of these

(b) 3. Bacteria plasmolysed and consequently kills

Explanation: The higher concentration of salt in pickles promote the exosmosis of bacterial cells. These get plasmolysed and die.

(c) 3. Carbon dioxide release

Explanation: During the process of photosynthesis, cells use carbon dioxide and energy from the Sun to make sugar molecules and oxygen. Carbon dioxide is not released but utilised.

(d) 2. G_2 phase

Explanation: RNA polymerase is needed for protein synthesis which happens during G_2 phase.

(e) 4. The genetic makeup of an organism

Explanation: The term "genotype" refers to the genetic makeup of an organism as it describes the alleles, or variant forms of a gene, that are carried by an organism.

SECTION - II

4. (a) 3. Double stranded molecule having long chain of nucleotides

Explanation: DNA forms a double helix, composed of repeating nucleotides which extends to join the two strand via hydrogen bonds.

(b) 3. Pressure of water against the inside cell wall of a plant cell

Explanation: Pressure exerted by fluid in a cell that presses the cell membrane against the cell wall. Turgor is what makes living plant tissue rigid.

(c) 2. Two members of a pair of factors separate during gamete formation

Explanation: The law of segregation states that each individual i.e., a diploid has a pair of alleles (copy) for a particular trait. In essence, the law states that copies of genes separate or segregate so that each gamete receives only one allele.

(d) 3. Oozing out of water drops from injured edges or tips

Explanation: Bleeding is the exudation of cell sap from any injured or cut part of a plant, due to increased root pressure.

(e) 3. Splitting of water molecule into hydrogen and oxygen ions in the presence of light

Explanation: Photolysis occurs in granum of a chloroplast where light is absorbed by chlorophyll. It is a type of photosynthetic pigment that converts the light in to chemical energy, reacts with water (H_2O) and splits the oxygen and hydrogen molecules apart.

5. (a) 1. Individual flattened stacks of membranous structures inside the chloroplasts

Explanation: Cristae are located on the inner membrane of mitochondria and mitochondria are located in the chloroplast cytoplasm, not the nucleus.

(b) 2. Point of attachment of two chromatid sisters

Explanation: They can vary in position on the chromosome, being in the center (metacentric) or creating long and short arms if appearing slightly towards one end (submetacentric), almost at the end (acrocentric) or joining the end of the chromatids (telocentric).

(c) 1. outer side of the vascular bundle

Explanation: Phloem is located on the outer side of the vascular bundle. Their movement is unidirectional. Their movement is bidirectional. Phloem transports food materials that are prepared by the green parts of the plants to other parts of the plant.

(d) 4. Both 1 and 2

Explanation: Lenticels are observed as raised, oval or circular areas on the woody stems, roots and barks in the woody stems of dicotyledonous flowering plants.

(e) 2. Nitrogenous base in DNA paired with adenine

Explanation: Thymine (T) is one of four nitrogenous bases in DNA, rest are adenine (A), cytosine (C) and guanine (G). Within the DNA molecule, thymine bases located on one strand form chemical bonds with adenine bases on the opposite strand.

6. (a) 4. allow cells to store two copies of their information in cell division

Explanation: Chromatids allow cells to store two copies of their information in preparation for cell division. This ensure that daughter cells are healthy and fully functional, carrying a full complement of the parent cells' DNA

(b) 4. Both 1 and 2

Explanation: The dark reaction of photosynthesis takes place in the stroma of the chloroplasts as the enzymes of stroma do not require light but require ATP and $NADPH_2$ produced in the light reaction.

(c) 2. Wax-like layer on the epidermis of leaves to reduces transpiration

Explanation: Plant cuticle covers leaves, fruits, flowers and non-woody stems of higher plants, protect against excessive transpiration, extreme temperatures, UV radiation, chemical attack, mechanical injuries, and pathogen/pest infection.

(d) 2. Regulates the opening and closing of stomata

Explanation: Regulates the opening and closing of stomata in leaf to facilitate transpiration and exchange of gases.

(e) 4. All of these

Explanation: Nucleotides are essential for replication of DNA and transcription of RNA in rapidly dividing stages, providing the cellular energy sources (ATP and GTP), and are involved in numerous other metabolic roles.

SECTION - III

7. (a) 3. 1- Centriole, 2-Spindle fibres, 3- Chromatids, 4-Centromere

Explanation: The diagram of stage Metaphase showing all the labels.

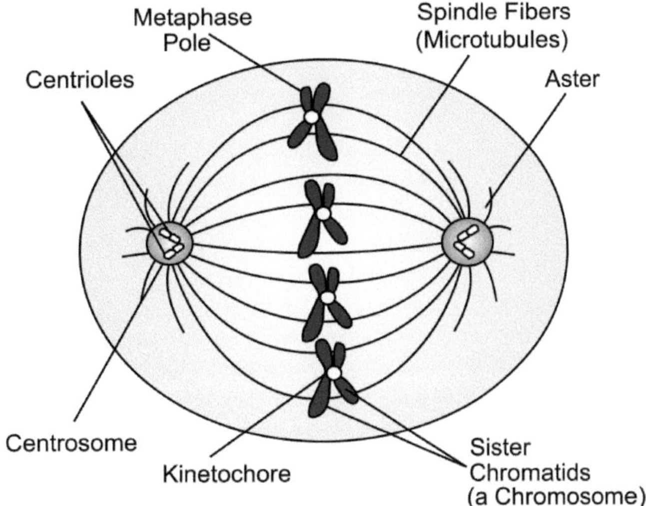

(b) 2. Anaphase

Explanation: The two sister chromatids of each chromosome separate and move apart towards opposite poles.

(c) 3. Metaphase

Explanation: Metaphase is the third phase of mitosis, that separates duplicated genetic material carried in the nucleus of a parent cell into two identical daughter cells.

    (d) 2. Pairing of homologous chromosomes

Explanation: Pairing of homologous chromosomes occurs only in meiosis. The other processes are common to both mitosis and meiosis.

    (e) 2. 4

Explanation: Each daughter cell have 4 chromosomes as in mitosis process, the number of chromosome remains constant.

8. (a) 3. I and III

Explanation: Plant A gets water and minerals to synthesize its food, so remains healthy. In plant B due to lack of xylem plant does not get water and minerals, thus leaves are seen drooping and will dry.

    (b) 3. Water and minerals transportation

Explanation: Roles of xylem are transporting water and solutes originating from the plant–soil interface to the stems and leaves, and providing mechanical support and storage.

    (c) 3. Transpiration is very low and absorption is very high

Explanation: Root pressure develops in the xylem sap of the root of some plants. It is maximum in rainy season when transpiration is low and absorption of water by the root is high.

    (d) 4. All of these

Explanation: Very dilute solution

Explanation: Minerals are absorbed by plant roots from the soil solution. In the soil, minerals existing as positively charged ions are adsorbed on clay particles because clay particles are negatively charged. Some amounts of minerals are also present dissolved in soil water as a very dilute solution. Hence, most of the minerals are actively absorbed by plant roots in addition to the direct exchange mechanism.

    (e) 2. xylem is blocked

Explanation: When availability of water is low under the soil, the water chains in the xylem become thinner and thinner. Effectively, the plant is losing water faster than absorbing it. When this happens, the plant loses its turgidity and begins to wilt.

❑❑

3 Sample Paper

Biology

SECTION - I

Question 1

Name the following by choosing the correct option:

(a) A plant showing guttation

    1.   Grass   2.   Wheat

    3.   Banana   4.   All of these

(b) Phase in which the cleavage furrow start forming

    1.   Anaphase   2.   Metaphase

    3.   Prophase   4.   Telophase

(c) Unit of inheritance containing the information required to express a trait

    1.   DNA   2.   Chromosome

    3.   Genes   4.   Histones

(d) A layer of irregular chlorophyll-bearing cells interspersed with air spaces that fills the interior part of a leaf above lower epidermis

    1.   Palisade parenchyma   2.   Spongy parenchyma

    3.   Mesophyll cells   4.   Chloroplast

(e) The tissue responsible for upward conduction of water in the plants

    1.   Phloem   2.   Xylem

    3.   Root hair   4.   Epidermis

Question 2

Complete the following statements by choosing the appropriate option for each blank:

(a) $\underline{\hspace{2cm}}+12H_2O \xrightarrow[\text{Chlorophyll}]{\text{Light Energy}} \underline{\hspace{2cm}}+6H_2O+6O_2\uparrow$

    1. $O_2, C_6H_{12}O_6$ 2. $CO_2, C_6H_{12}O_6$

    3. $O_2, C_{12}H_{22}O_{11}$ 4. $CO_2, C_{12}H_{22}O_{11}$

(b) Synthesis phase in the cell cycle is called so, because of the synthesis of more $\underline{\hspace{2cm}}$.

    1.   RNA   2.   RNA and proteins

    3.   DNA   4.   glucose

(c) When red blood cells are placed in $\underline{\hspace{2cm}}$, the water travels into the cells via osmosis, causing the cells to $\underline{\hspace{2cm}}$

    1.   hypertonic solution, swell   2.   hypotonic solution , swell

    3.   isotonic solution, shrink   4.   hypotonic solution, shrink

(d) The process of splitting of water by sunlight during light reaction of photosynthesis is called $\underline{\hspace{2cm}}$

    1.   phosphorylation   2.   photolysis

    3.   dark phase   4.   transpiration

(e) Transpiration is the evaporative loss of water from$\underline{\hspace{1.5cm}}$.

    1.   Roots   2.   Leaves

    3.   Stem   4.   Both 2 and 3

Question 3

Choose the correct answer from each of the four options given below:

(a) After the starch test on a variegated plant leaf, we observe the parts of leaf which remains uncovered will turn to blue-black colour indicating:

1. Presence of chlorophyll
2. Absence of starch
3. Presence of starch
4. Absence of chlorophyll

(b) The type of gene, which in the presence of a contrasting allele is not expressed

1. Dominant allele
2. Recessive allele
3. Homozygous
4. Heterozygous

(c) The state of cell in which cell content is shrunken and is no more tight is:

1. Capillarity
2. Flaccidity
3. Turgidity
4. Tonocity

(d) During which phase do chromosomes first become visible?

1. Anaphase
2. Metaphase
3. Prophase
4. Telophase

(e) What do you mean by law of dominance?

1. When offspring shows the characters of generation.
2. When offspring of cross breed parent only show dominant characters in F_1 generation.
3. When offspring of cross breed parent only show dominant characters in F_2 generation.
4. In F_2 generation both the character which is governed by gene are separated.

SECTION - II

Question 4

Explain the following terms:

(a) Cell cycle

1. A series of chemical reactions where CO_2 is removed from the air and used by living organisms
2. A series of events taking place for DNA duplication during cell division to produce two daughter cells
3. Process that plants and algae use to turn carbon dioxide from the air into sugar, the food autotrophs need to grow
4. Sequence of reactions in which oxidation of acetic acid or acetyl equivalent provides energy for storage in phosphate bonds in the living organism

(b) Photosynthesis

1. Conversion of light energy into chemical energy
2. Oxidation of carbon to carbon dioxide
3. Absorption of light energy by chlorophyll
4. All of these

(c) Genetics

1. Study of heredity in living beings
2. Study of variation in living beings
3. Study of both heredity and variation
4. None of these

(d) Turgor pressure

1. Transverse osmotic pressure within the cells of a root system
2. The pressure exerted on the contents of a plant cell by the cell wall
3. Pressure exerted by fluid in a cell that presses the cell membrane against the cell wall
4. Pressure exerted by molecules with the tendency to diffuse from the region of their higher concentration to the region of their lower concentration

(e) Guttation

1. Absorption of water by general surface like woods
2. Secretion of droplets of water from the pores of plants

3. Exhalation of water vapour through the stomata

4. Exchange of gases in the leaves

Question 5

Choose odd one out from the following:

(a) Coelus, Croton, Mango, Geranium, Papaya

    1. Coelus and Croton   2. Mango and papaya

    3. Croton and mango   4. Geranium and papaya

(b) Guanine, thymine, adenine, cytosine, pepsin

    1. Guanine   2. Cytosine

    3. Pepsin   4. Adenine

(c) Chloroplast, guard cells, stoma, nucleus, lenticels

    1. Chloroplast   2. stoma

    3. Nucleus   4. Lenticels

(d) Synthesis phase, G_1 phase, Metaphase, G_2 phase

    1. G_2 phase   2. Metaphase

    3. G_1 phase   4. Synthesis phase

(e) Pericycle, endodermis, xylem, cortex, chromatin

    1. Cortex   2. Pericycle

    3. Chromatin   4. Xylem

Question 6

State the function of the following:

(a) Palisade Parenchyma

    1. Absorb light required for photosynthesis

    2. Supply of carbon dioxide and the removal of oxygen

    3. Opening and closing the pores in the leaves

    4. Conversion of glucose into starch

(b) Phloem

    1. Transport water from roots to shoots and leaves

    2. Permeability barrier to prevent the evaporation of water from the outer epidermal surface

    3. Transportation of food and nutrients such as sugar from leaves to other parts of plant

    4. Absorb light and carbon dioxide to produce glucose

(c) Manometer

    1. Equipment to measure atmospheric pressure

    2. Equipment to measure rate of transpiration

    3. Equipment to measure root pressure

    4. Equipment to measure turgor pressure

(d) Endodermis

    1. Regulates the formation of lateral roots by rapidly dividing near the xylem elements of the root

    2. Regulate the movement of water, ions and hormones into and out of the vascular system

    3. Permeability barrier in plants to prevent the evaporation of the water from the outer epidermal surface

    4. To carry out photosynthetic carbon assimilation which facilitates plant growth

(e) Nucleotides

    1. energy carriers,   2. components of enzyme cofactors

    3. chemical messengers   4. All of these

SECTION - III

Question 7

Study the diagram of a open stomata marked with labels. Answer the following questions based on stomata.

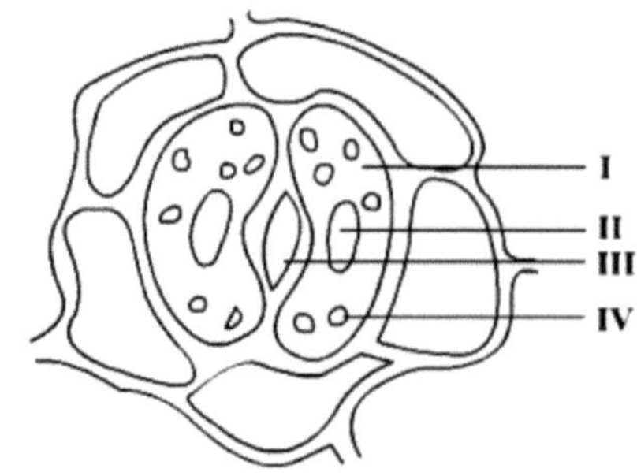

(a) Choose the appropriate labeling from the following options:
   1. I- Stomata, II- Chloroplast, III- Nucleus, IV- Guard cells
   2. I – Guard Cells, II- Chloroplast, III – Stomata, IV- Nucleus
   3. I – Guard Cells, II-Nucleus, III- Stomata, IV-Chloroplast
   4. I – Stomata, II-Nucleus, III- Guard Cells, IV-Chloroplast

(b) Stomata open and close due to
   1. Turgor pressure of guard cells   2. Root pressure
   3. Osmotic pressure   4. Imbibitional pressure

(c) During the day, the plants keep their:
   1. Stomata opens   2. Stomata closed
   3. Phloem blocked   4. Xylem blocked

(d) The inner side of guard cells is
   1. Rough   2. Straight
   3. Concave   4. Convex

(e) The opening and closing of the stomatal pores depends upon:
   1. oxygen   2. water in guard cells
   3. temperature   4. concentration of CO_2 in stomata

Question 8

Study the diagram related to Mitosis cell division and answer the following questions:

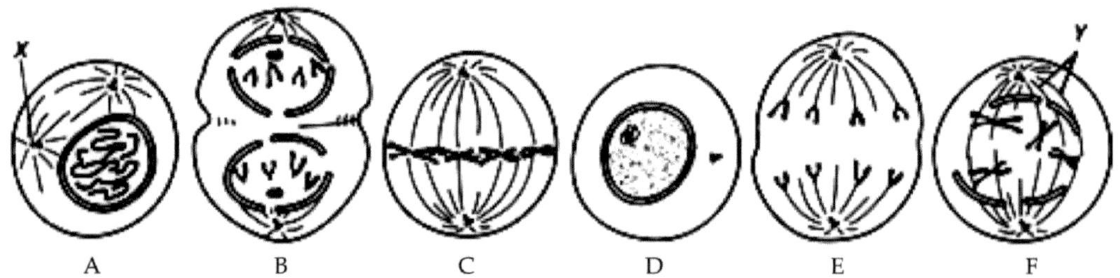

(a) Which of the following is in Metaphase?
   1. Cell A   2. Cell B
   3. Cell C   4. Cell E

(b) In cell A, what is the structure labeled X?
   1. Centrosome   2. Centriole
   3. Chromatid   4. Aster

(c) A new membrane is forming in B. What is this phase called?
   1. Metaphase   2. Prophase
   3. Telophase   4. Anaphase

(d) Which of the cells show early prophase and late prophase of mitosis?
   1. Cell A and Cell D   2. Cell A and Cell F
   3. Cell D and Cell E   4. Cell D and Cell F

(e) Sequence the six diagrams in order from first to last stages of cell division.
   1. A → F → C → E → B → D   2. D → A → F → C → B → E
   3. B → D → C → E → A → F   4. D → A → F → C → E → B

Answers

SECTION - I

1. (a) 1. Grass

Explanation: Guttation is the loss water as tiny droplets through hydathodes on leaf margin of small plants such as grasses, fungi and not over trees.

(b) 4. Telophase

Explanation: In telophase, ring becomes active, and the cleavage furrow forms and deepens until only a thin attachment remains.

(c) 3. Genes

Explanation: A gene made up of DNA is the basic physical and functional unit of heredity.

(d) 2. Spongy parenchyma

(e) 2. Xylem

Explanation: Xylem is a plant vascular tissue that conveys water and dissolved minerals from the roots to the other parts of the plant and also provides physical support. Xylem tissue consists of a variety of specialized, water-conducting cells known as tracheary elements..

2. (a) 2. CO_2, $C_6H_{12}O_6$

Explantion: The chemical equation for photosynthesis is:

$$6CO_2 + 12\,H_2O \xrightarrow[\text{Chlorophyll}]{\text{Light Energy}} C_6H_{12}O_6 + 6H_2O + 6O_2 \uparrow$$

(b) 1. DNA

Explanation: Synthesis phase is the phase of the cell cycle when DNA packaged into chromosomes is replicated. Once DNA replication is done the cell contains twice its normal number of chromosomes and becomes ready to enter the phase called G_2 phase.

(c) 2. hypotonic solution, swell

Explanation: If red blood cells are placed in a solution with a lower solute concentration than is found in the cells, water moves into the cells by osmosis, causing the cells to swell; such a solution is hypotonic to the cells.

(d) 2. Photolysis

Explanation: In the process of photolysis the light reactions release oxygen as a waste product of photosynthesis, while ATP and NADPH are essential to the next step in photosynthesis, the dark reactions.

(e) 4. Both 2 and 3

Explanation: Transpiration is the process of release of water vapour from aerial parts, such as leaves, stems and flowers

3. (a) 3. Presence of starch

Explanation: The exposed part has become pale yellow which on application of iodine drops turn to blue-black shows presence of starch.

The covered part of the plant will turn brown showing absence of starch

(b) 2. Recessive allele

Explanation: A recessive allele is a variety of gene that does not create a phenotype if a dominant allele is present. A heterozygous individual will appear the same as a homozygous dominant individual, means an organism with two dominant alleles appear the same as an organism with only one functioning allele.

(c) 2. Flaccidity

Explanation: When a plant cell is placed in a hypertonic solution, the plant cell loses water and the protoplasm of the cell is pulled away from the cell wall. This leaves spaces between the cell wall and the cell membrane and the plant cell shrinks and becomes flaccid. This condition is called as flaccidity.

(d) 3. Prophase

Explanation: Prophase is the first phase of mitosis that separates the duplicated genetic material carried in the nucleus of a parent cell into two identical daughter cells. During prophase, the complex of DNA and proteins contained in the nucleus, known as chromatin, condenses.

(e) 2. When offspring of cross breed parent only show dominant characters in F_1 generation.

Explanation: Mendel's law of dominance states that in a heterozygote, one trait will conceal the presence of another trait for the same characteristic. Rather than both alleles contributing to a phenotype, the dominant allele will be expressed exclusively.

SECTION - II

4. (a) 2. A series of events taking place for DNA duplication during cell division to produce two daughter cells

Explanation: A cell cycle is a series of events that takes place in a cell as it grows and divides. A cell start with non-dividing phase i.e., Interphase. During Interphase cell grows, replicates its chromosomes, and prepares for cell division in longer time. The cell then leaves Interphase, undergoes dividing phase i.e., mitosis, and completes its division.

(b) 4. All of these

Explanation: Photosynthesis involves the conversion of light energy into chemical energy with the help of by chlorophyll. In this process, carbon dioxide is reduced to carbohydrates.

(c) 3. Study of heredity and variation

Explanation: Genetics is a branch of biology concerned with the study of genes, genetic variation, and heredity in organisms.

(d) 3. Pressure exerted by fluid in a cell that presses the cell membrane against the cell wall

Explanation: Turgor pressure in plants affects growth, development, mechanical support, signaling, flowering and stress response in the plant. Turgor pressure is an ideal means in plant cells through which the energy content of water molecules (water potential) can be adjusted quickly, within seconds.

(e) 2. Secretion of droplets of water from the pores of plants

Explanation: Guttation means when water is secreted from the tips of the leaves of plants. Guttation happens at night when the soil is very moist and the roots absorb water. If there is too much water, root pressure causes the water to squeeze out of the plant and onto the tips of the leaves or the blades of the plant.

5. (a) 2. mango and papaya

Explanation: Rest all are the plants having variegated leaves.

(b) 3. Pepsin

Explanation: Rest all are nitrogenous base of a part of a DNA strand.

(c) 4. Lenticels

Explanation: Rest all are parts of stomata present in the leaves and lenticels are present in woody stems of the plants.

(d) 2. Metaphase

Explanation: Rest all are non-dividing phases of Interphase in cell cycle.

(e) 3. Chromatin

Explanation: Rest all are related to conduction of water from root hairs to the cell of the plant.

6. (a) Palisade cells are a type of parenchyma cells that contain most of the chloroplasts in plant leaves. They are located beneath the upper epidermis. Palisade cells are well positioned to absorb light required for photosynthesis.

(b) 3. transportation of food and nutrients such as sugar from leaves to other parts of plant

Explanation: Phloem tissue helps in the transport of food in both upward and downward directions. Transport of food in phloem requires energy in the form of ATP.

(c) 3. Equipment to measure root pressure

Explanation: The hydrostatic pressure which is developed due to accumulation of water absorbed by roots is called root pressure which can be measured by manometer.

(d) 2. Regulate the movement of water, ions and hormones into and out of the vascular system

Explanation: The endodermis helps regulate the movement of water, ions and hormones into and out of the vascular system. It may also store starch, be involved in perception of gravity and protect the plant against toxins moving into the vascular system.

(e) 4. All of these

Explanation: Nucleotides serve as precursors of nucleic acids i.e., monomeric units of DNA and RNA that play key roles in the storage and transfer of genetic information, cell division, and protein synthesis, cellular signaling, as a source of phosphate groups used to modulate the activity of proteins and other signaling molecules, and as enzymatic cofactors.

SECTION - III

7. (a) 3. I – Guard Cells, II-Nucleus, III- Stomata, IV-Chloroplast

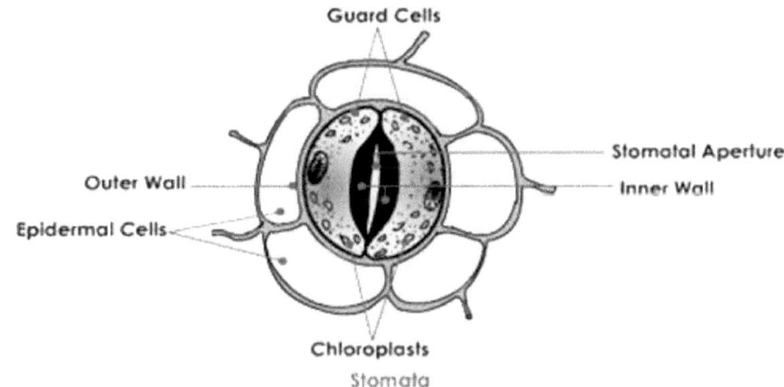

(b) 1. Turgor pressure of guard cells

Explanation: The pressure that develops in a cell due to osmotic diffusion of water inside it, is called turgor pressure. Stomata open and close due to turgor pressure of guard cells. When turgid, they swell and bend outward. As a result, the stomatal aperture opens. When they are flaccid, the tension from the wall is released and the stomatal aperture closes.

(c) 1. Stomata opens

Explanation: Stomata are open during the day because photosynthesis typically occurs in daytime.

(d) 3. Concave

Explanation: Guard cells are thicker concave from inside and thinner convex from outside like a kidney shape.

(e) 4. concentration of CO_2 in stomata

Explanation: The opening and closing of stomata depend on the turgor pressure, caused by the osmotic flow of water in the guard cells. When the guard cells are turgid, they expand resulting in the opening of stomata. When the guard cells lose water, they become flaccid leading to stomatal closure.

8. (a) 3. Cell C

Explanation: Long protein filaments called kinetochore microtubules extended from poles on either end of the cell and attached to the kinetochores in Metaphase.

(b) 2. Centriole

Explanation: In the first phase—prophase—a centriole, located outside the nucleus, divides.

(c) 3. Telophase

Explanation: During telophase, a nuclear membrane forms around each set of chromosomes to separate the nuclear DNA from the cytoplasm.

(d) 2. Cell A and Cell F

Explanation: Early prophase: The nuclear membrane becomes more and more indistinct and the chromatin fibers become more and more packaged and condensed.

Late prophase: The nuclear membrane and the nucleolus finally vanishes completely

(e) 4. D → A → F → C → E → B

Explanation:

A-Early Prophase

B- Telophase

C- Metaphase

D- A cell before mitosis

E-Anaphase

F- Late Prophase

4 Sample Paper

Biology

Questions

SECTION - I

Question 1

Name the following by choosing the correct option:

(a) Proteins that bind and package DNA

    1.   Nucleosomes   2.   Chromatins

    3.   Telomerases   4.   Histones

(b) Plant with variegated leaves

    1.   Lotus   2.   Papaya

    3.   *Hoya kerrii*   4.   Croton

(c) Process against concentration gradient

    1.   Osmosis   2.   Translocation

    3.   Diffusion   4.   Transpiration

(d) Relative concentration of two solution to determine extent of diffusion

    1.   Humidity   2.   Tonocity

    3.   Turgidity   4.   Flaccidity

(e) A plant in which stomata are sunken

    1.   Xerophytes   2.   Conifers

    3.   Thallophytes   4.   Streptophyta

Question 2

Complete the following statements by choosing the appropriate option for each blank:

(a) _________ are the essential needs for photosynthesis.

    1.   Chlorophyll and O_2 2.   Sunlight and CO_2

    3.   Chlorophyll and sunlight   4.   Both 2 and 3

(b) The small openings present in stems of plants are classified as__________.

    1.   plasmodesmata   2.   lenticels

    3.   guard cells   4.   stomata

(c) The wilting of plants result due to excess of______________.

    1.   absorption   2.   photosynthesis

    3.   transpiration   4.   respiration

(d) The salt sprinkled on the slug's skin leads killing due to__________________.

    1.   inward flow of water through endosmosis

    2.   outward flow of water through endosmosis

    3.   inward flow of water through exosmosis

    4.   outward flow of water through exosmosis

(e) A plant cell may burst when_____________________.

    1.   turgor pressure equalizes wall pressure

    2.   turgor pressure exceeds wall pressure

    3.   wall pressure exceeds turgor pressure

    4.   none of these

Question 3

Choose the correct answer from each of the four options given below:

(a) In which of the following plants would metabolism be hindered if the leaves are coated with wax on their upper surface?

1.	Hydrilla	2.	Lotus
3.	Pistia	4.	Vallisneria

(b) Which of the following stages of cell division are correctly related to their significances?
1. Anaphase → Chromosomes move to the middle of the cell
2. Prophase → Sister chromatids separate and pulled to the poles of cell
3. Metaphase → Nuclear envelope dissolves and DNA condenses
4. Telophase → Nuclei reforms and cleavage furrow or cell plates form

(c) The incorrect statement for the significance of mitosis is:
1. Equal distribution of chromosomes to daughter cells
2. Restoration of surface-volume ratio
3. Maintenance of nucleoplasmic index
4. Reduction of the chromosomes number to half

(d) Which of the following are the favorable conditions for transpiration pull through the leaves of the plants?
1. Closed stomata, dry atmosphere and dry air
2. Closed stomata, high humid atmosphere and dry air
3. Open stomata, dry atmosphere and moist soil
4. Closed stomata, high humid atmosphere and well irrigated soil

(e) An individual has the genotype Rr. What is the correct description of this genotype?
1. Heterozygous, with two different genes of the same allele.
2. Homozygous, with two different alleles of the same gene.
3. Heterozygous, with two different alleles of the same gene.
4. Homozygous, with two different genes of the same allele.

SECTION - II

Question 4

Explain the following terms:

(a) Chromosome
1. Double stranded molecule having long chain of nucleotides
2. Single stranded molecule having short chain of nucleotides
3. Condensed form of nucleoprotein
4. Uncondensed form of nucleoprotein

(b) Photosynthesis
1. Synthesis of food from carbon dioxide and water in the presence of chlorophyll and light energy.
2. Loss of water as water vapour from aerial parts of the plant
3. Contraction of cytoplasm from cell wall due to withdrawal of water when placed in hypertonic solution
4. Transmission of genetically based characteristics from parents to offsprings

(c) Nucleosome
1. A membrane-bound organelle that contains epigenetic information
2. Non-chromosomal DNA freely floating in the cytosol
3. A complex of proteins that controls nuclear import
4. A repeating unit of chromatin

(d) Imbibition
1. Phenomenon by which loving or dead plant cells absorb water by surface attraction
2. Movement of water molecules from higher concentration to the lower concentration region
3. Loss of water as tiny drops along the margins or the tips of the leaves
4. Loss of cell sap from a cut stem of the plant

(e) Active transport
1. Movement of water through semi-permeable membrane from a solution of low concentration to the higher concentration

2. Movement of gases or dissolved substances in solution from a region of high concentration to a region of low concentration by direct contact
3. Movement of a solute from a region of high electrochemical potential on one side of the cell membrane to a region of lower electrochemical potential on the opposite side
4. Passage of salt or ions from its lower concentration to the higher concentration from living membrane

Question 5

State the exact location of the following:

(a) Palisade mesophyll
1. Upper epidermis in a leaf
2. Lower epidermis in a leaf
3. Between upper epidermis and spongy mesophyll
4. Between lower epidermis and spongy mesophyll

(b) Cambium
1. At the external, periclinal cell wall of epidermal cells
2. Between xylem and phloem
3. In the centre of vascular bundle
4. Raised, oval or circular areas on the woody stems

(c) Aster
1. A paired barrel-shaped organelles located in the cytoplasm of animal cells near the nuclear envelope
2. Two identical copies of chromosome that are firmly attached at the centromere region
3. A cellular structure shaped like a star, consisting of a centrosome and its associated microtubules during the early stages of mitosis
4. Point of attachment of the kinetochore

(d) Stroma
1. flattened membrane sac inside the chloroplast
2. fluid filling up the inner space of the chloroplasts
3. stacks of thylakoids
4. type of ground tissue found in the plant's leaves

(e) Hydathodes
1. Below the epidermis and cuticle on the leaves
2. On the margins of the leaves of herbaceous plants
3. Below the epidermis but outside of the vascular bundles on stems
4. Stomatal pores located in leaf epidermis

Question 6

State the function of the following:

(a) Guard cells
1. Regulate the movement of water, ions and hormones into and out of the vascular system
2. Allowing gas exchange and controlling water loss within the leaf
3. Transport of water and minerals vertically
4. Responsible for the transportation of materials into the central cylinder of the root

(b) Pericycle
1. Part of the plant that protect the pith
2. To absorb water and mineral with the help at unit hairs
3. Formation of lateral roots by rapidly dividing near the xylem elements of the root
4. Outermost layer of protective cells in a root

(c) Spindle fibres
1. Act as packaging elements for the DNA
2. Carry the basic genetic material

3. Equally divide the chromosomes in a parental cell into two daughter cells
4. Hold the two centrioles at the two opposite poles and help the spindle apparatus to position during nuclear division

(d) Spongy Parenchyma
1. To absorb more light and increase the rate of photosynthesis
2. To allow more light to reach the palisade cells
3. To transports water and minerals from the roots up the plant stem and into the leaves
4. Air spaces allow gases to diffuse through the leaf

(e) Chlorophyll
1. To support the leaf and transport water, mineral ions and sucrose (sugar)
2. Allow carbon dioxide to diffuse into the leaf and oxygen to diffuse out
3. Absorbs sunlight to convert solar energy into chemical energy
4. To protect the leaf from infection and prevent water loss without blocking out light

SECTION - III

Question 7

Study the given Pedigree chart and answer the questions that follow.

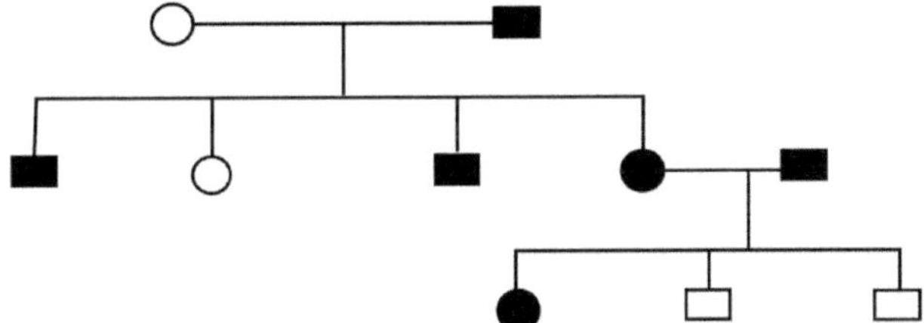

(a) Which of the following is the genotype from generation 1 parents for Mendel's cross?

1.	AA, aa	2.	Aa, aa
3.	AA, Aa	4.	Aa, Aa

(b) What would be the phenotype of the generation 1 when two homogenous alleles (dominant and recessive) are crossed?

1.	100% Aa	2.	75% Aa, 25% aa
3.	50%, AA, 50% aa	4.	0% Aa, 50% aa

(c) The genotype of Generation 1 third child ____________ and 1 grand child ____________.

1.	AA, aa	2.	Aa, Aa
3.	Aa, AA	4.	aa, Aa

(d) Which one of the following statements is true?
1. Dominant trait is expressed in homozygous conditions only.
2. Recessive trait cannot be expressed in heterozygous conditions.
3. Recessive trait can only be expressed in homozygous condition.
4. Recessive trait can always be expressed in heterozygous condition.

(e) Match the following based on the laws of Mendel's Inheritance:

Law of inheritance	Offsprings
I. Dominance	a. 100 % Tt (tall)
II. Segregation	b. 75% tall 25% short
III. Independent Assortment	c. 9/16 : round & green
	3/16: round & yellow
	3/16: wrinkled & green
	1/16: wrinkled & yellow

1.	I- a, II- b, III- c	2.	I-a, II- c, III-b
3.	I-b, II-a III-c	4.	I-c, II- b, III-a

Question 8

Study the parallel strands of a part of DNA and answer the following questions:

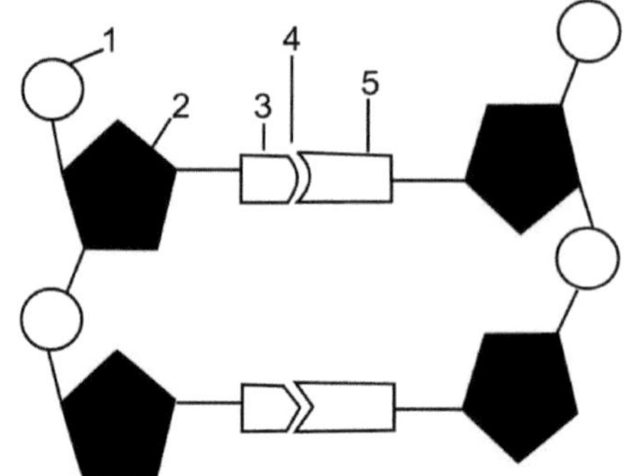

(a) What does the basic structure of nucleotide consist?
  1. Sulphate, phosphate, nitrogenous base
  2. Phosphate hydrogen bond, pentose
  3. Phosphate, nitrogenous base, pentose
  4. All three are nitrogenous bases

(b) Choose the appropriate labelling for the given figure.
  1. 1- Sugar, 2- Phosphate, 3- Base, 4-Hydrogen bond, 5- Base
  2. 1- Phosphate, 2-Sugar, 3- Hydrogen bond, 4- Base, 5- Base
  3. 1- Phosphate, 2-Sugar, 3- Base, 4-Hydrogen bond, 5- Base
  4. 1- Phosphate, 2- Base, 3- Sugar, 4-Hydrogen bond, 5- Base

(c) What is the name of the globular protein around which DNA is wrapped in a chromosome?
  1. Nucleolus
  2. Chromatin
  3. Histone
  4. Nucleosome

(d) Nitrogenous bases that attached with two hydrogen bonds are:
  1. Adenine and Thymine
  2. Cytosine and Guanine
  3. Guanine and Thymine
  4. Adenine and Guanine

(e) Guanine and Cytosine are attached with _________________ hydrogen bonds.
  1. two
  2. three
  3. four
  4. one

SECTION - I

1. (a) 4. Histones

    Explanation: Histones are a family of basic proteins that associate with DNA in the nucleus and help condense it into chromatin.

   (b) 4. Croton

    Explanation: The leaves which are partly green due to presence of chlorophyll and partly white due to absence of chlorophyll are called 'variegated leaves'. The plants such as croton and coleus have variegated leaves which are partly green and partly white.

   (c) 1. Osmosis

    Explanation: In osmosis, the solvent moves from an area of low solute concentration to high solute concentration across the semipermeable membrane.

   (d) 2. Tonocity

    Explanation: Tonicity is defined as the ability of a solution surrounding a cell to cause that cell to gain or lose water.

   (e) 1. Xerophytes

    Explanation: Sunken stomata condition are found in leaves of succulent xerophytes (hot desert plants) facing high temperature condition and gymnosperms. Some plants with sunken stomata are Nerium, Pine, Acacia, etc.

2. (a) 4. Both 2 and 3

Explanation: Water, carbon dioxide, sunlight, and chlorophyll are the four elements required for photosynthesis to occur. The plant contains chlorophyll pigments, carbon dioxide is taken from the atmosphere, and water is absorbed by the roots from the soil. Temperature is one of many parameters that affect the rate of photosynthesis.

(b) 2. Lenticels

Explanation: Lenticels are one of many raised pores in the stem of a woody plant that allows gas exchange between the atmosphere and the internal tissues.

(c) 3. Transpiration

Explanation: Because transpiration is the most essential element responsible for water absorption from soil, the rate of transpiration is equal to the rate of water absorption under normal conditions. When a plant loses more water during transpiration than is available in the soil, the leaf cells lose turgidity and the leaves droop. This is referred to as plant withering. Plants wilt as a result of high transpiration.

(d) 4. Outward flow of water through exosmosis

Explanation: Pouring salt on a slug will kill it in a matter of seconds. The salt kills the slug through exosmosis – it draws water from inside the slug and rapidly dehydrates it as the moist skin of a slug act as a semipermeable membrane. The high concentration of salt on the slug's skin draws water out of its cells through exosmosis.

(e) 2. Turgor pressure exceeds wall pressure

Explanation: The turgor pressure is regulated by osmosis which allows the water inside the cell and causes the cell to expand. Due to the expansion of the cell, it creates a pressure on the cell wall and when the turgor pressure is higher than the pressure of the cell wall, it causes the cell to burst

3. (a) 2. Lotus

Explanation: Lotus is a partially submerged hydrophyte, the leaf floats on the surface of water and is covered with a layer of cuticle to prevent accumulation of water on the upper surface of the leaf. Surface transpiration and exchange of gases takes place with the help of stomata.

Covering of the leaf surface with wax will block stomata, stop stomatal transpiration and gaseous exchange on that surface in Lotus.

Hydrilla, Vallisneria as both are submerged hydrophytes and exchange of gases takes place through diffusion.

As Pistia is a monocot belonging to Aracaceae, the stomata are present in almost same number on both the surfaces, metabolic hindrance will be lesser.

(b) 4. Telophase → Nuclei reforms and cleavage furrow or cell plates form

The stages of Karyokinesis in the cell division are:

Prophase → Nuclear envelope dissolves and DNA condenses

Metaphase → Chromosomes move to the middle of the cell

Anaphase → Sister chromatids separate and pulled to the poles of cell

Telophase → Nuclei reforms and cleavage furrow or cell plates form

(c) 4. Reduction of the chromosome number to half

Explanation: Mitosis retains the same chromosome number, so the statement D is wrong. Chromosome number reduced half occurs in meiosis. As the cell grows the surface-volume ratio is disturbed which is restored by mitosis, it is an equational division and it maintains the nucleoplasmic index of the cell.

(d) 3. Open stomata, dry atmosphere and moist soil

Explanation: In dry atmosphere, temperature will be high due to which rate of transpiration will increase. For transpiration, stomata should be open and due to high rate of transpiration suction of water upwards through the roots will be higher, so it is required to have moist soil.

(e) 3. Heterozygous, with two different alleles of the same gene.

Explanation: Heterozygous refers to having inherited different forms of a particular gene from each parent. A heterozygous genotype stands in contrast to a homozygous genotype, where an individual inherits identical forms of a particular gene from each parent.

SECTION - II

4. (a) 3. Condensed form of nucleoprotein

   Explanation: A chromosome is a long DNA molecule with part or all of the genetic material in condensed form of nucleoprotein of an organism.

   (b) 1. Synthesis of food from carbon dioxide and water in the presence of chlorophyll and light energy

   Explanation: Photosynthesis is the process by which plants use sunlight, water and carbon dioxide to produce oxygen and energy in the form of sugar.

   (c) 4. A repeating unit of chromatin

   Explanation: Nucleosomes are the basic, repeating units of eukaryotic chromatin. They consist of chromosomal DNA wrapped around special DNA-binding proteins called histones. There are many examples of non-chromosomal DNA, such as plasmids, but they do not contain nucleosomes. Nuclear import is controlled by import in proteins.

   (d) 1. Phenomenon by which loving or dead plant cells absorb water by surface attraction

   Explanation: The absorption of water by the solid particles of an adsorbent causing an enormous increase in volume without forming a solution is called imbibition. Solid substances or adsorbents which take part in imbibition are called imbibants, e.g., seeds, dry wood.

   (e) 4. Passage of salt or ions from its lower concentration to the higher concentration from living membrane

   Explanation: Active transport involves the movement of a chemical substance by the expenditure of energy against a gradient in concentration or in electrical potential across a plasma membrane.

5. (a) 3. Between Upper epidermis and spongy mesophyll

   Explanation: Palisade mesophyll cells are located beneath the upper epidermis and above spongy layer, palisade cells are well positioned to absorb light required for photosynthesis.

   (b) 2. Between xylem and phloem

   Explanation: Cambia is a layer of actively dividing cells between xylem (wood) and phloem (bast) tissues that is responsible for the secondary growth of stems and roots.

   (c) 3. A cellular structure shaped like a star, consisting of a centrosome and its associated microtubules during the early stages of mitosis

   Explanation: An aster is a star-shaped cellular structure, consisting of a centrosome and its associated microtubules to hold the two centrioles at the two opposite poles and help the spindle apparatus to position during nuclear division.

   (d) 2. fluid filling up the inner space of the chloroplasts

   Explanation: Stroma is the fluid filled up the inner space of the chloroplasts which encircle the grana and the thylakoids to providing support to the pigment thylakoids.

   (e) 2. On the margins of the leaves of herbaceous plants

   Explanation: Hydathodes are specialized pores on the leaves of higher plants that functions in the exudation of water.

6. (a) 2. Allowing gas exchange and controlling water loss within the leaf

   Explanation: Guard cells are cells surrounding each stoma. They help in exchange of gases and to regulate the rate of transpiration by opening and closing the stomata.

   (b) 3. Formation of lateral roots by rapidly dividing near the xylem elements of the root

   Explanation: The main function of the pericycle cells of vascular plants is to provide support, structure and protection for the plant. The pericycle cells surround the xylem and phloem in the stem and help to hold the plant upright, allowing it to grow.

   (c) 3. Equally divide the chromosomes in a parental cell into two daughter cells

   Explanation: Spindle fibers form a protein structure that divides the genetic material in a cell. The spindle is necessary to equally divide the chromosomes in a parental cell into two daughter cells during both types of nuclear division: mitosis and meiosis.

(d) 4. Air spaces allow gases to diffuse through the leaf

Explanation: The lower half of the thickness of a leaf, consisting of loosely arranged cells with large air spaces between them is spongy parenchyma. This tissue functions essentially for the exchange of gasses: supply of carbon dioxide and the removal of oxygen.

(e) 3. Absorbs sunlight to convert solar energy into chemical energy

Explanation: Chlorophyll present in plants absorb light: usually sunlight. The energy absorbed from light is transferred to two kinds of energy-storing molecules. Through photosynthesis, the plant uses the stored energy to convert carbon dioxide (absorbed from the air) and water into glucose, a type of sugar.

SECTION - III

7. (a) 2. Aa, aa

Explanation: The trait is dominant allele so all the generations are affected.

If A is dominant allele and a is recessive allele then genotype for

Generation 1: aa, Aa

(b) 1. 100% Aa

Explanation: A cross between AA and aa will produce F_1 progeny

		aa	
		a	a
AA	A	Aa	Aa
	A	Aa	Aa

All progeny phenotypically A
&
Genotypically Aa

(c) 2. Aa, Aa

Explanation: Genotype of the Mendel's cross done:

Generation 1: aa, Aa

Generation 2: aa, aa, Aa, Aa

Generation 3: Aa, aa, aa

(d) 2. Recessive trait cannot be expressed in heterozygous conditions.

Explanation: When the two alleles of a gene are identical, the individual is homozygous for that trait and on the other hand, if there are two different alleles, the individual is heterozygous.

In heterozygous individuals, only dominant allele is able to express itself, while the recessive allele is hidden but still present. According to Mendelian Inheritance, an allele which cannot express itself in presence of other is recessive, hence can be expressed only in homozygous condition.

(e) 1. I-a, II-b, III-c

Explanation: Mendel's laws of Inheritance

1. Law of Dominance: Out of a pair of contrasting traits present together, only one is able to express itself while other is suppressed.

2. Law of Segregation: During the formation of gamete, every gene separates from each other so, each gamete carries only one allele for each gene.

3. Law of independent assortment: The allele a gamete receives for one gene does not influence the allele received for another gene.

8. (a) 3. Phosphate, nitrogenous base, pentose

Explanation: A nucleotide consists of a sugar molecule (either ribose in RNA or deoxyribose in DNA) attached to a phosphate group and a nitrogen-containing base. The bases used in DNA are adenine (A), cytosine (C), guanine (G), and thymine (T).

  (b) 3. 1- Phosphate, 2-Sugar, 3- Base, 4-Hydrogen bond, 5- Base

Explanation: A nucleotide is made up of three components, phosphate, sugar arranged with nitrogenous base. These nucleotides are extended to join other strands by hydrogen bonds forming rungs.

  (c) 3. Histone

Explanation: Histones are a family of basic proteins that associate with DNA in the nucleus and help condense it into chromatin.

  (d) 1. Adenine and Thymine

Explanation: Base pairing between adenine and thymine can be found in DNA only. There are two hydrogen bonds holding the two nitrogenous bases together.

  (e) 1. Three

Explanation: The hydrogen bonds act like rungs in a ladder and help hold the two strands of DNA together. There are four nucleotides, or bases, in DNA: adenine (A), cytosine (C), guanine (G), and thymine (T). These bases form specific pairs

A=T (Adenine and Thymine: 2 hydrogen bonds)

G ≡ C (Guanine and Cytosine: 3 hydrogen bonds)

Questions

SECTION - I

Question 1

Name the following by choosing the correct option:

(a) Scientific name of garden pea, which Mendel used for his experiments

  1. *Pisum sativum*   2. *Mimosa pudica*

  3. *Coriandrum sativum*   4. *Allium sativum*

(b) Loss of water through a cut stem or injured part of plant

  1. Guttation   2. Turgidity

  3. Flaccidity   4. Bleeding

(c) Phase in which chromosomes move to the middle of the cell.

  1. Anaphase   2. Prophase

  3. Metaphase   4. Interphase

(d) Mendel's law obeyed in appearance of a hidden character in some offspring in F_2 generation

  1. Dominance   2. Independent assortment

  3. Co-dominance   4. Purity of gametes

(e) Tissue responsible for transportation of food in the plant

  1. Phloem   2. Xylem

  3. Cambium   4. Vacuole

Question 2

Complete the following statements by choosing the appropriate option for each blank:

(a) Sweat out of water along with dissolved substances directly in the liquid form from the margins of the leaves is known as________________.

  1. transpiration   2. respiration

  3. guttation   4. bleeding

(b) If a heterozygous tall plant is crossed with a homozygous dwarf plant, then the ratio of the dwarf plant is ________________.

  1. 25%   2. 50%

  3. 75%   4. 100%

(c) After mitotic cell division, a female human cell will have________________.

  1. 44 + XX chromosome   2. 44 + XY chromosome

  3. 22 + X chromosome   4. 22 + Y chromosome

(d) If you put a potato into a sugar solution, it shrinks over time due to________________.

  1. endosmosis   2. diffusion

  3. exosmosis   4. active transport

(e) During night, increase in CO_2 concentration around the leaf causes________________.

  1. rapid opening of stomata   2. partial closure of stomata

  3. complete closure of stomata   4. no effect on stomatal opening

Question 3

Choose the correct answer from each of the four options given below:

(a) When water enters the cell, one of the pressure is exerted on cell wall

  1. Osmotic pressure   2. Suction pressure

  3. Turgor pressure   4. Root pressure

   (b) A cross was made between tall and dwarf plants. In F_1 generation all plants were tall, when the F_1 plants were selfed, the tall and dwarf plants appeared in $3 : 1$ ratio in F_2 generation. This is due to:

      1. Dominance   2. Hybridisation

      3. Crossing over   4. Segregation

   (c) Potometer works on the principle of:

      1. Osmotic pressure

      2. Amount of water absorbed equals the amount transpired

      3. Potential difference between the tip of the tube and that of the plant

      4. Root pressure

   (d) The two cobalt chloride papers are attached, one on the dorsal and the other on the ventral surface of a dorsiventral leaf with the help of glass slide and clips. The set up is left in the open for few hours.

      1. Cobalt chloride paper remain blue on the upper surface of the leaf

      2. Cobalt chloride paper turn blue to pink on the lower surface of the leaf

      3. Cobalt chloride paper turn blue to pink after a long time on the upper surface of the leaf

      4. All of these

   (e) The recessive gene is one that expresses itself in :

      1. Heterozygous condition   2. Homozygous condition

      3. F_2 generation   4. Y-linked inheritance

SECTION - II

Question 4

Explain the following terms:

   (a) Independent assortment

      1. Separation of characters of one parent   2. Non-separation of characters of one parent

      3. Combination of parental characters   4. Separation of parental characters

   (b) Cuticle transpiration

      1. Transpiration from leaves through stomata

      2. Transpiration directly from surface of the leaves and stems

      3. Transpiration through lenticels on the surface of woody stems

      4. Transpiration through corky covering of the stems

   (c) Hypertonic solution

      1. The outer solution having higher concentration than of the cell sap

      2. The outer solution having lower concentration than of the cell sap

      3. The outer solution having equal concentration as of the cell sap

      4. None of these

   (d) Phosphorylation

      1. Formation of ATP from ADP and inorganic phosphate by the utilisation of energy

      2. Splitting of water molecule into hydrogen ions and hydroxyl ions in the presence of sunlight

      3. Conversion of several molecules of glucose to one molecule of starch

      4. Conversion of water and carbon dioxide to create oxygen and energy in the form of sugar in the presence of sunlight

   (e) Transpiration

      1. Loss of water from the surface of water bodies in the form of vapour

      2. Loss of water from the aerial parts of the plants in the form of water vapour

      3. Loss of water from the leaf margins in the form of liquids

      4. Loss of water from an injury in the form of liquids from the parts of plants

Question 5

Choose the odd one out of the following given terms.

   (a) Phosphate, RNA, Sugar, Nitrogenous base

      1. RNA   2. Sugar

      3. Phosphate   4. Nitrogenous base

   (b) Transpiration, Photosynthesis, Phagocytosis, Guttation

      1. Photosynthesis   2. Phagocytosis

      3. Guttation   4. Transpiration

   (c) Prophase, Anaphase, Telophase, Interphase

       1.   Interphase   2.   Prophase

       3.   Anaphase   4.   Telophase

   (d) Temperature, sunlight, wind velocity, water content of leaves, humidity

       1.   Humidity   2.   Water content of leaves

       3.   Wind velocity   4.   Temperature

   (e) Muslin cloth, parchment paper, cellulose paper, cellophane paper

       1.   Parchment paper   2.   Muslin cloth

       3.   Cellophane paper   4.   Cellulose paper

Question 6

State the function of the following:

   (a) Autosomes

       1.   Determine general body features

       2.   Determine sex of an organism

       3.   Organization of microtubules in the cell

       4.   Store all of the genetic information of an organism

   (b) NADPH

       1. H_2 donor during photosynthesis

       2.   Accepting electrons and hydrogen atoms to form NADP

       3.   Addition of a phosphate group to ADP

       4.   Splits off phosphates, becoming ADP + phosphate

   (c) Root hairs

       1.   Ability to transport nutrients into the core of the root

       2.   Adapted to absorb light efficiently

       3.   Absorbing water and minerals, anchoring and supporting the plant, and storing food

       4.   Regulate gas exchange between the plant and environment and control of water loss

   (d) Chromosomes

       1.   Cell division   2.   DNA replication

       3.   Sex determination   4.   All of these

   (e) Thylakoids

       1.   Opening and closing the pores in the leaves

       2.   Site for light-dependent reactions of photosynthesis

       3.   Transport of water and minerals vertically

       4.   Site for light-independent reactions of photosynthesis

SECTION - III

Question 7

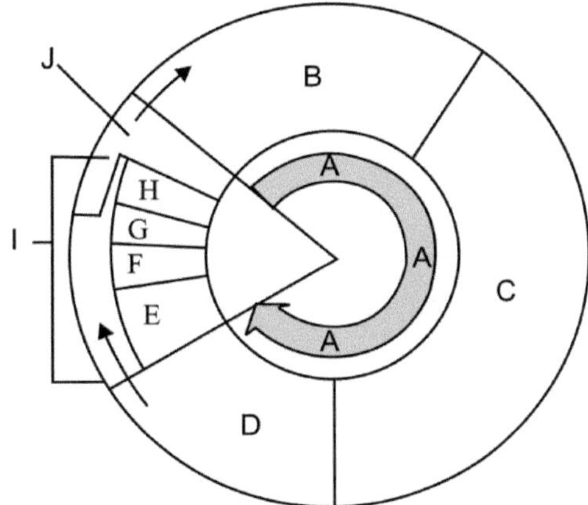

   (a) Which one of the following shows the 'Resting phase of the cell' ?

       1.   C-Synthesis phase   2.   G-Anaphase

       3.   H-Telophase   4.   A- Interphase

(b) Mitochondria and chloroplast divide in:
1. Synthesis phase
2. First growth phase
3. Second growth phase
4. Mitosis

(c) The cell cycle shows two phases of cell division. Which of the following option is true?
1. A- Interphase- Cell is growing and preparing for cell division
2. B- G_1 phase- RNA and protein synthesised
3. C- Synthesis phase- More DNA replication occur
4. All of these

(d) Rewrite the terms in logical sequence as directed at the end of each statement
Karyokinesis, S-phase, Cytokinesis, G_1-phase, G_2-phase
1. S-phase, M-phase, G_2-phase, Karyokinesis, Cytokinesis
2. G_1-phase, S-phase, M-phase, Karyokinesis, Cytokinesis
3. G_1-phase, S-phase, G_2-phase, Cytokinesis, Karyokinesis
4. G_1-phase, S-phase, G_2-phase, Karyokinesis, Cytokinesis

(e) Choose the correct labelling of cell cycle phases from the following options.
I. E- Prophase, F- Metaphase, G- Anaphase
II. H- Telophase, I- Mitosis, J- Cytokinesis
III. B- G_1 phase, C- S phase, D-G_2 phase
IV. H- Metaphase, I- Karyokinesis, J- Cytokinesis
1. I and II
2. Only III
3. I, II and III
4. All of these

Question 8

The figure given below is a diagrammatic representation of a part of the cross section of the root in the root hair zone. Study the same and then answer the question that follow:

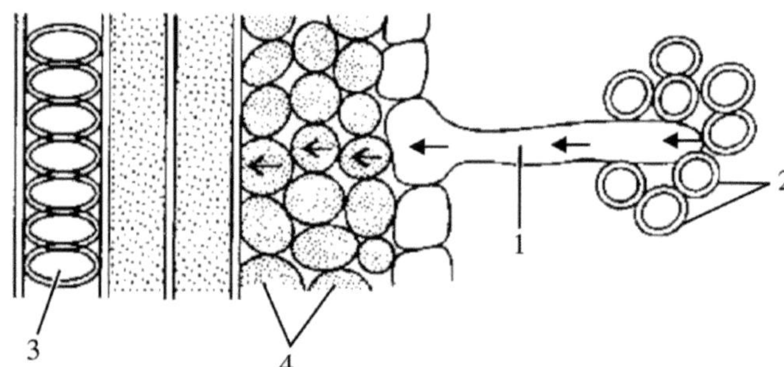

(a) Name all the labeling shown in the part of cross section of root in root hair:
1. 1 - Root hair cell 2 - Soil particles 3 - Xylem vessel 4 - Cortex
2. 1 - Root hair cell 2 – Water molecule 3 – Phloem vessel 4 - Cortical cells
3. 1 - Root hair cell 2 - Soil particles 3 - Xylem vessel 4 - Cortical cells
4. 1 - Root hair cell 2 – Water molecule 3 - Xylem vessel 4 - Cortical cells

(b) Name the process that is responsible for the movement of water in the direction indicated by the arrows:
1. Diffusion
2. Osmosis
3. Active transport
4. Passive transport

(c) In the early mornings, mostly drops of water are found along the leaf margins of herbaceous plants due to:
1. Transpiration
2. Guttation
3. Bleeding
4. Active transport

(d) When excess of chemical fertilizers are added in the moist soil around the root hairs:
1. Root hairs become flaccid
2. Root hairs become turgid
3. Root hairs are plasmolysed
4. Root hairs are deplasmolysed

(e) Rearrange the pathway of water and solutes from the soil to the conducting tissue of the root.
1. soil → root hair → cortex → endodermis → pericycle → protoxylem → phloem

2. soil → root hair → cortex → endodermis → pericycle → protoxylem → metaxylem
3. soil → root hair → cortex → pericycle → endodermis → protoxylem → metaxylem
4. soil → root hair → cortex → endodermis → pericycle → metaxylem → phloem

Answers

SECTION - I

1. (a) 1. *Pisum sativum*

Explanation: *Pisum sativum* is the scientific name of garden pea, which Mendel used for his experiments.

(b) 4. Bleeding

Explanation: Bleeding is the loss of water due to the pressure of sap within the tissues that conduct water and sugars around the plant.

(c) 3. Metaphase

Explanation: Metaphase is a stage of mitosis in which chromosomes are at their second-most condensed and coiled stage. These chromosomes carry genetic information, align at the equator of the cell before being separated into each of the two daughter cells.

(d) 4. Purity of gametes

Explanation: Principle of segregation or law of purity of gametes states that a gamete may carry either the dominant or the recessive allele at a time. They do not blend but segregate into different gametes and again reappear in second generation's offsprings.

(e) 1. Phloem

Explanation: Phloem is the vascular tissue for transportation and distribution of the organic nutrients. The phloem is also a pathway to signaling molecules and has a structural function in the plant body.

2. (a) 3. Guttation

Explanation: The exudation of drops of xylem sap on the tips or edges of leaves of some vascular plants, such as grasses and a number of fungi is guttation.

(b) 2. 50%

Explanation: Heterozygous tall plant: Tt

Homozygous dwarf plant: tt

The characteristics of the offsprings for F_1 generation is as shown in figure:

		Dwarf tt	
		t	t
Tall Tt	T	Tt Tall	Tt Tall
	t	tt Dwarf	tt Dwarf

(c) 1. 44 + XX chromosome

Explanation: During mitosis, if a female cell with 44 + XX chromosomes divides, it will form 2 daughter cells with similar chromosomes *i.e.* 44 + XX whereas a male cell will divide to form cells with chromosome 44 + XY.

(d) 3. Exosmosis

Explanation: There is a higher concentration of water in potato cells than the sugar solution, so water moves out of the potato through its membrane into the sugar solution. When the surrounding solution is more concentrated, it causes tendency to shrink out and known as exosmosis.

(e) 3. Complete closure of stomata

Explanation: Stomata allows the carbon dioxide to enter and oxygen to exit therefore if there will be sudden increase in carbon dioxide concentration around the leaf then the stomata will get closed so that the excess gas does not enter the cell and this will further decrease the rate of transpiration too.

3. (a) 3. Turgor pressure

Explanation: Pressure exerted by fluid in a cell that presses the cell membrane against the cell wall is known as turgor pressure. Turgor is what makes living plant tissue rigid.

(b) 4. Segregation

Explanation: Segregation is the separation of alleles during the formation of gametes. As a result of segregation, each gamete carries only one allele for each gene.

(c) 2. Amount of water absorbed equals the amount transpired

Explanation: Measurement of transpiration can be done with the help of potometer. It works on the principle of amount of water absorbed equals the amount of water transpired.

(d) 4. All of these

Explanation: Cobalt chloride paper is used to check the rate of transpiration from both sides of a leaf. It is observed that dorsal surface turns pink faster due to the presence of more stomata for transpiration.

(e) 2. Homozygous condition

Explanation: Homozygous is a genetic condition where an individual inherits the same alleles for a particular gene from both parents. Thus, recessive gene can be expressed in homozygous condition only.

SECTION - II

4. (a) 4. Separation of parental characters

Explanation: Principle of Independent Assortment states that two or more characters are inherited when the responsible gene separate independently from one another when reproductive cells develop.

(b) 2. Transpiration directly from surface of the leaves and stems

Explanation: Cuticle transpiration is the evaporation of water from the cuticle of the plants. The cuticle is a waxy covering on the surface of the leaves of the plants. About 5-10% of the water from the leaves is lost through cuticular transpiration.

(c) 1. The outer solution having higher concentration than of the cell sap

Explanation: A hypertonic solution is one that has a higher solute concentration outside the cell than inside. If a cell is placed in a hypertonic solution, the cell will shrink due to water osmotically moving out.

(d) 1. formation of ATP from ADP and inorganic phosphate by the utilisation of energy

Explanation: Photophosphorylation is the conversion of ADP to ATP using the energy of sunlight by activation of PSII. This involves the splitting of the water molecule into oxygen and hydrogen protons (H^+), a process known as photolysis.

(e) 2. Loss of water from the aerial parts of the plants in the form of water vapour

Explanation: The exhalation of water vapour through the stomata is the transpiration.

5. (a) 1. RNA

Explanation: Phosphate, sugar and nitrogenous base are the components of a nucleotide of a DNA whereas RNA is a nucleic acid.

(b) 2. Phagocytosis

Explanation: Rest all are the plant processes.

(c) 1. Interphase

Explanation: Rest all are stages of M phase (Mitosis) i.e., dividing phase of cell cycle

(d) 2. Water content of leaves

Explanation: Rest all are external factors that affect transpiration

(e) 2. Muslin cloth

Explanation: Rest all are semi permeable membranes used for osmosis.

6. (a) 1. Determine general body features

Explanation: Autosomes are type of chromosomes which determine the general body features like height, complexion, seed colour, ear lobes, tongue rolling.

(b) 1. H_2 donor during photosynthesis

Explanation: Nicotinamide adenine dinucleotide phosphate (NADPH) is an essential electron donor in all organisms, and provides the reducing power for anabolic reactions and redox balance.

(c) 3. Absorbing water and minerals, anchoring and supporting the plant, and storing food

Explanation: The functions of root are as follows:

1. Anchoring of the plant to the soil.
2. Absorption of water and nutrients from the soil.
3. Conduction of absorbed water and nutrients to stem.
4. Storage of food.
5. Vegetative reproduction and competition with other plants.

(d) 4. All of these

Explanation: DNA present on the chromosome not only carries the genetic information but also controls the hereditary transfer. Chromosomes are essential for the process of cell division, replication, division, and creation of daughter cells.

(e) 2. Site for light-dependent reactions of photosynthesis

Explanation: The principal functions of thylakoids are the trapping of light energy and the transduction of this energy into the chemical energy forms, ATP and NADPH. During photolysis, water is oxidized and oxygen is released.

SECTION - III

7. (a) 4. A-Interphase

Explanation: No change in chromosomes is visible externally during Interphase but cell is quite active during Interphase for synthesizing more DNA and preparing for cell division.

(b) 2. First growth phase

Explanation: First growth phase is usually the shortest part of interphase. In this phase intensive cellular synthesis occurs. Mitochondria and chloroplasts divide and energy stores also increase.

(c) 4. All of these

(d) 4. G_1-phase, S-phase, G_2-phase, Karyokinesis, Cytokinesis

(e) 3. I, II and III

Explanation: The diagram shown below explains about cell cycle phases.

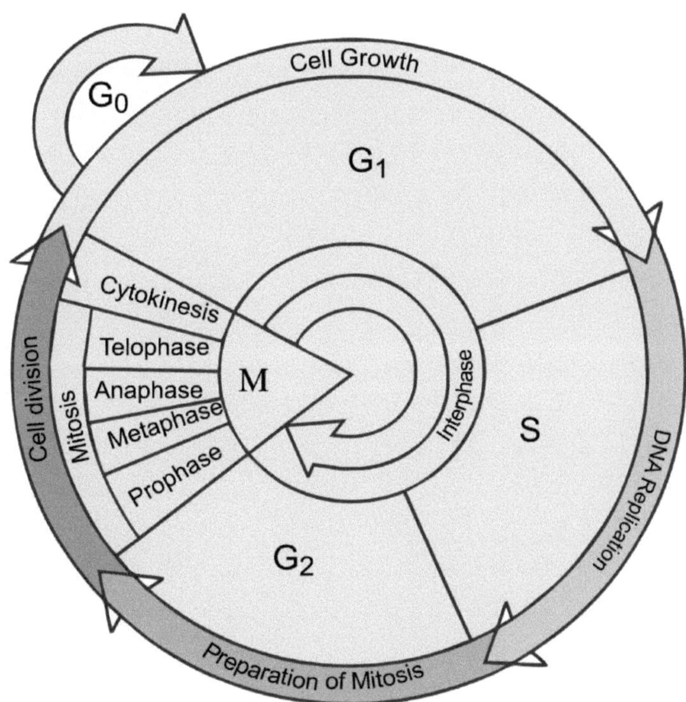

8. (a) 3. 1 - Root hair cell (Epiblema cell) 2 - Soil particles 3 - Xylem vessel 4 - Cortical cells

The diagram depicts the correct labelling of a dicot root:

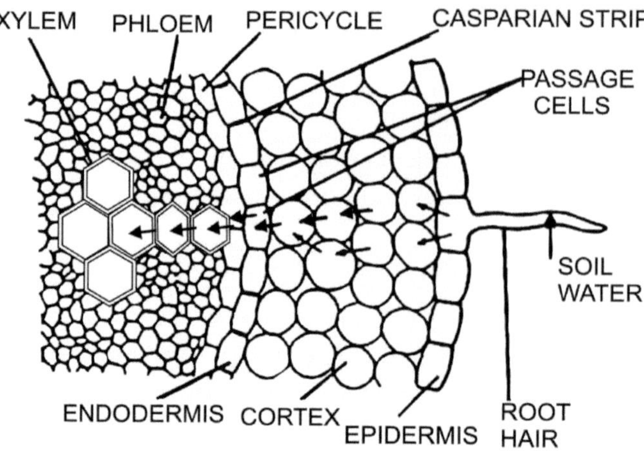

(b) 2. Osmosis

Explanation: The pressure responsible for the movement of water is 'Root Pressure'. Root Pressure is the pressure developed in the roots due to the movement of water from the soil into the living cells of the root by cell to cell osmosis into the xylem vessels by which ascent of sap occurs in the stem.

(c) 2. Guttation

Explanation: The tiny drops we see on the leaves in the early morning is due to guttation. Guttation is loss of water in liquid form from the plants. So, the water oozes out from the uninjured tips or edges of the leaves where a major ve in terminate.

(d) 1. Root hairs become flaccid

Explanation: Addition of too much fertilizer to the moist soil results in flaccidity of root hair, because the concentration of soil solution increases and water starts coming out of the root hairs due to the process of osmosis.

(e) 2. soil → root hair → cortex → endodermis → pericycle → protoxylem → metaxylem

□□

Computer Applications

Specimen Question Paper

Computer Applications

Maximum Marks: 50
Time allowed: One hour (inclusive of reading time)

General Instructions

ALL QUESTIONS ARE COMPULSORY.
The marks intended for questions are given in brackets [ ].
Select the correct option for each of the following questions.

Questions

SECTION-A (30 Marks)

Question 1

Choose the correct answer. [5×1]

(a) Which of the following are valid comments?

    (i) /* comment */   (ii) /* comment

    (iii) // comment   (iv) */ comment */

    1. (i) & (iii)   2. (i) & (ii)

    3. All of the above   4. None of the above

(b) Operators with higher precedence are evaluated before operators with relatively lower precedence. Arrange the operators given below in order of higher precedence to lower precedence.

    (i) &&   (ii) %   (iii) >=   (iv) ++

    1. (iv), (i), (iii), (ii)   2. (iv), (iii), (ii), (i)

    3. (iv), (ii), (iii), (i)   4. (i), (ii), (iii), (iv)

(c) Which of the following keyword is used to create an instance of a class?

    1. new   2. public

    3. class   4. None of the above

(d) What is the final value stored in variable x ?

```
double a =-8.35;
double x = Math.abs(Math.floor(a));
```

    1. 9.0   2. 7.0

    3. 6   4. 7

(e) Name the type of error in the statement given below:

```
int r = 100/0;
```

    1. Syntax   2. Runtime

    3. Logical   4. None of the above

Question 2

Fill in the blanks with the correct option. [5×1]

(a) The _______________ allows a class to use the properties and methods of another class.

    1.   Inheritance   2. Polymorphism

    3.   Encapsulation   4. None of the above

(b) The number of bytes occupied by char data type is ___________byte/s

    1.   4   2. 8

    3.   2   4. None

(c) The _________ is called an instance of a class

    1.   Object   2. Attributes

    3.   State   4. None

(d) The _______________ are the words which have special meaning

    1.   Keywords   2. Identifier

    3.   Methods   2. Package

(e) Method that accepts a string without any space is ________

    1.   next()   2. nextLine()

    3.   nextInt()   4. None of the above

Question 3

Name the following: [5×1]

(a) The keyword to make a variable as a class variable

    1.   static   2. Static

    3.   Final

(b) Intermediate code obtained after compilation

    1.   Source code   2. Byte Code

    3.   Object code

(c) The method with the same name as of the class and which does not have a return data type is called as

    1.   Constructor   2. Function

    3.   Method

(d) The statement to stop the execution of a construct.

    1.   System.exit(0)   2. break

    3.   STOP

(e) Invoking a method by passing the objects of a class is termed as

    1.   Call by value   2. call by reference

    3.   call by method

Question 4

State True Or False.   [5×1]

(a) byte is a non - primitive data type

    1.   True   2. False

(b) !(2>3&&4>6)

    1.   True   2. False

(c) Scope of local variable is with in a class.

    1.   True   2. False

(d) The *default* statement is optional in switch- case.

    1.   True   2. False

(e) The assignment operator(=) is left associative.

    1.   True   2. False

Question 5

Choose the odd one. [5×1]

(a) 1. Encapsulation   2. Data abstraction

     3. Portable   4. Polymorphism

(b) 1. >   2. ==

     3. &&   4. <

(c) 1. return   2. break

     3. continue   4. System.exit(0)

(d) 1. int   2. double

     3. char   4. String

(e) 1. +   2. %

     3. /   4. | |

Question 6

Give the output of the following. [5 × 1]

(a) x + = x++ + ++ x + --x + x; [x = 5]

     1. 29   2. 28

     3. 26

(b) if (a > b)

System.out.println(a+b);

System.out.println (a*b); when a = 5 and b = 7

     1. 12, 35   2. 35

     3. 35, 12

(c) String x = (a >= 90) ? "excellent" : "best"; when a = 90

     1. best   2. excellent

     3. excellentbest

(d) switch (x)

     {   case 'a' : System.out.println("Discipline");

       case 'b' : System.out.println ("Dedication"); break;

       case 'c' : System.out.println("Commitment");

       default : System.out.println("Success");

     }   when x='A'

     1. Discipline   2. Dedication

     3. Success

(e) n=1000;

while (n>10)

{ n=n/10;

}

System.out.println(n); How many time the loop is executed and what is the output?

1. Loop is executed 2 times and the output is 100

2. Loop is executed 3 times and the output is 10

3. Loop is executed 2 times and the output is 10.

SECTION B (20 Marks)

Question 7

Given below is a class with the following specifications:

Class name : overload

Member Methods:

void print (int n) – to print the first 'n' natural numbers

boolean print (int m, int n) – to check whether n is a multiple of m or not

Fill in the blanks of the given program with appropriate java statements –

```
class (a)____________
{
        void print (int n)
        {
        int k;
        for ( (b)________; (c)__________; (d)______________)
        {
            System.out.println(k);
        }
        }
        boolean print( int m, (e)_________)
        {
            if ( (f)__________________)
            return true;
            else
            return false;
        }
}
```

(a) 1.   OVERLOAD   2. overload

     3.   class   [1]

(b) 1.   k = 1;   2. k = n;

     3.   k = 0   [1]

(c) 1.   k<=n;   2. k>=n;

     3.   k+n;   [1]

(d) 1.   k+=2   2. k+=5

     3.   k++   [1]

(e) 1.   int n   2. double n

     3.   char n   [1]

(f) 1.   if (n%m == 0)   2. if (m%n==0)

     3.   if (m/n==0)   [1]

Question 8

The following program is based on the specification given below. Fill in the blanks with appropriate java statements.

class name :   telephone

member variables :   int noc [number of calls]

                               double bill [telephone bill to be paid]

                               String n [name of the customer]

Member methods :   void input ( ) – to accept the data using the scanner class

                               void print() – to print the details

void calculate () – to calculate the telephone bill as per the following criteria based on number of calls

Number of calls Rate per call

First 100 calls free

Above 100 calls Rs.2.50

void main ( ) – to create an object of the class and invoke the functions of the class

```
class (a)______________
{       int noc; double bill ; String n;
        Scanner ob = (b)______________ Scanner(System.in);
        void input( )
        {   System.out.println("Enter Number of calls");
            noc = (c)__________________;
            System.out.println("Enter name ");
            n=ob.next();
        }
        void calculate()
        {   if ( (d)__________________)
            bill =0;
            else
            bill = (e)______________________________;
        }
        void print()
        {   System.out.println("Name = "+n);
            System.out.println("Amount to be paid="+bill);
        }
        void main ()
        {   telephone t = new telephone();
            t.input();
            (f)__________________;
            t.print();
        }
}
```

(a) 1. telephone   2. class   [1]
     3. object

(b) 1. old   2. new   [1]
     3. void

(c) 1. ob.nextDouble()   2. ob.nextLine()   [1]
     3. ob.nextInt()

(d) 1. noc<100   2. noc < = 100   [1]
     3. noc > 100

(e) 1. bill=0+(noc-100)*2.50   2. bill = (noc-100)*3.50   [1]
     3. bill = n*2.50

(f) 1. t.input()   2. t.calculate()   [1]
     3. t.print()

Question 9

The following program segment calculates the norm of a number, norm of a number is square root of sum of squares of all digits of the number.

Example:

The norm of 68 is 10

$6 \times 6 + 8 \times 8 = 36 + 64 = 100$ square root of 100 is 10.

Fill in the blanks with appropriate java statements.

```
void norm ( int n)
{       int d, s =(a)______;
        While ( (b)_________)
    {       d = n%10;
        s = (c)______________;
        n=n/10;
    }
        System.out.println("Norm = " + (d)____________);
}
```

(a) 1. 0	2. 0.0	[1]
3. 1		
(b) 1. n>0	2. n<0	[1]
3. n>1		
(c) 1. s+d*d	2. s*d+d	[1]
3. s*s+d		
(d) 1. Math.sqrt(s)	2. Math.SQRT(s)	[1]
3. Math.sqrt(n)		

Question 10

Read the paragraph given below and answer the questions given below:

Case study 1 : Decision Control Statement are used to check for a condition and execute the statements based on the condition can be done using the decision control statements. The two decision control statements in java are if and switch, switch is also called as multiple branching statement. An if statement within another if statement is termed as Nested if Statement. Repetitive execution of a set of statements is termed as looping. The two types of looping statements are entry controlled and exit controlled loops. Both while and for are termed as entry-controlled loops. A for loop is used when the number of iterations is known. A while is used when the set of statements are executed as long as the condition is true, it is executed when the number of iterations are not known.

(a) What are the two decision control statements in java?   [1]

    1. if and switch   2. for and while

    3. ternary and logical

(b) An if statement within another if statement is termed as   [1]

    1. Nested   2. Nested while

    3. Nested if

(c) Name given for repetitive execution of set of statements.   [1]

    1. Looping   2. Decision Control

    3. Assignment

(d) Which one of the following does not execute even once?   [1]

    1. for(k = 1; k<=100;k++);   2. for(k=10;k<1;k++);

    3. for(k=1;k>=1;k++);

Answers

SECTION A

1. (a) Correct option 1 which have (i) and (iii)

Explanation: In Java comment statement of single line is written by /*......*/ and multiple line comments are written by //......

(b) Correct option is 2.

Explanation: Unary operator ++ has highest priority followed by Comparative operator >= followed by Modulo operator % where the logical and operator && has lowest priority of the given list here.

(c) Correct option is 1.

Explanation: In Java keyword 'new' is used to create instance of an object.

(d) Correct option is 1.

Explanation: Logically by doing floor operation the values will be rounded to –9, then by applying absolute operator the value will be converted to 9, which is represented as 9.0 in double.

(e) Correct option is 2.

Explanation: On execution of this statement the machine will trap in hold situation and no result will occur, thus, it is runtime error.

2. (a) inheritance, So the correct option is 1.

Explanation: The inheritance property in Java allows to use the feature of the base class by the derived class.

(b) 2 Bytes, correct option is 3.

Explanation: In Java, the compiler Javac allocates 2 Byte memory for char type data.

(c) Object, correct option is 1.

Explanation: Class is the factory of object. The instance of a class is object.

(d) Keywords, correct option is 1.

Explanation: Every keyword in Java has its predefined and special meaning, which cannot be altered by the programmer.

(e) Next Line (), correct option is 2.

Explanation: The method to accept a line text without space in Java in Next Line ().

3. (a) Correct option is 1.

Explanation: static is the keyword used to make a variable as a class variable.

(b) Correct option is 2.

Explanation: In compilation process the intermediate code generated for the soure code is called Byte code. The Byte code produced by JVM can be interpreted on any machine with different architecture and platform.

(c) Correct option is 1.

Explanation: Construtor is the special method defined with same name of its class.

(d) Correct option is 1.

Explanation: The function to terminate the execution of the constructer is System.exit(0).

(e) Correct option is 2.

Explanation: The mechanism call by reference associates the passing of address of the object while invoking a function in Java.

4. (a) False.

Explanation: Byte is primitive data type in Java.

(b) True.

 Explanation: And of two false statement is false, but its negation is true.

(c) True.

 Explanation: Scope of a variable is its loal class.

(d) False.

 Explanation: Default statement is compulsory to each switch statement; it handles the flow of execution when all the cases of switch statement goes wrong.

(e) True.

 Explanation: The assignment operator is left associative.

5. (a) Portable, correct option is 3.

 Explanation: Portable is not the feature of OOPs programming languages.

(b) &&, correct option is 3.

 Explanation: All are relational operators, whether && is logical AND operator.

(c) Return, correct option is 1.

 Explanation: Return is associated with the output data type of function, whether all others are associated with exit or resume of the statements in a block like for, while, switch, etc.

(d) String, correct option is 4.

 Explanation: String is derived data type whether all others are primitive data types.

(e) ||, correct option is 4.

 Explanation: Except || all others are arithmetical operators, || is logical OR operator.

6. (a) Out value is 25, so the correct option is 4.

(b) Output values are 12,35 thus correct option is 1.

(c) Resultant output is excellent, so the correct option is 2.

(d) The decision goes into default case, so the output will be success. Thus, the correct option is 3.

(e) Correct option is 3.

SECTION B

7. (a) Correct option is 2.   (b) Correct option is 1.

(c) Correct option is 1.   (d) Correct option is 3.

(e) Correct option is 1.   (f) Correct option is 1.

8. (a) Correct option is 1.   (b) Correct option is 2.

(c) Correct option is 3.   (d) Correct option is 2.

(e) Correct option is 1.   (f) Correct option is 2.

9. (a) Correct option is 1.   (b) Correct option is 1.

(c) Correct option is 1.   (d) Correct option is 1.

10. (a) Correct option is 1.   (b) Correct option is 3.

(c) Correct option is 1.   (d) Correct option is 2.

❑❑

Questions

SECTION A

Question 1

Choose the correct answer

(a) Which of the following are valid KEYWORD?

    (i)   class   (ii)   object   (iii) extends   (iv) instance

    1.   (i) & (iii)   2.   (i) & (ii)   3.   All of the above   4.   None of the above

(b) Operators with higher precedence are evaluated before operators with relatively lower precedence. Arrange the operators given below in order of higher precedence to lower precedence.

    (i)   &&   (ii)   %   (iii) >=   (iv) ++

    1.   (iv), (i), (iii), (ii)   2.   (iv), (iii), (ii), (i)   3.   (iv), (ii), (iii), (i)   4.   (i), (ii), (iii), (iv)

(c) Where can a function in Java be written?

    1.   Inside a class   2.   Outside a class

    3.   Inside main () function   4.   None

(d) What is the final value stored in variable x ?

double x = Math.pow ("345".index of ('5'), 3);

    1.   8.0   2.   7.0   3.   16   4.   4

(e) Name the type of error in the statement given below:

int a ; b; c;

    1.   Syntax   2.   Runtime   3.   Logical   4.   Warning

Question 2

Fill in the blanks with the correct option

(a) The _____________ allows to combine the methods with its data where they are defined to work.

    1.   Inheritance   2.   Polymorphism   3.   Encapsulation   4.   None of the above

(b) The number of bytes occupied by int data type is __________byte/s

    1.   4   2.   8   3.   2   4.   None of these

(c) The ________ is called the factory of the object

    1.   Class   2.   Attributes   3.   State   4.   None of these

(d) An array is passed by ____________ to a user defined function.

    1.   Reference   2.   Value   3.   Address   4.   Index

(e) An OOPs program can contain ____________ no. of classes.

    1.   only 999   2.   Only 100   3.   only 1   4.   Any number

Question 3

Name the following

(a) Software package providing Java class libraries.

    1.   JDK   2.   JRE   3.   JVM   4.   None of these

(b) Package containing the Random class?

    1.   java.util.package 2.   java.lang.package   3.   java.awt.package   4.   java.io.package

(c) The method with the same name as of the class and which does not have a return data type is called as

    1.   Constructor   2.   Function   3.   Method   4.   Class

(d) An interface with no fields or method is known as ____________ .

1. Runnable interface
2. Market Interface
3. Abstract interface
4. Charsequence Interface

(e) The keyword that represents the corent object is:
1. Now
2. This
3. Corrent
4. None

Question 4

State True Or False

(a) string is a non - primitive data type
1. True
2. False

(b) (2<3&&40>6)
1. true
2. false

(c) Scope of local variable is with in a class.
1. True
2. false

(d) Do loop executes at least once.
1. True
2. False

(e) The comparison operator(==) is left associative.
1. True
2. False

Question 5

Choose the odd one

(a) 1. Inheritance   2. Data abstraction   3. Portable   4. Data hiding

(b) 1. >=   2. ==   3. &&   4. <=

(c) 1. code reusability   2. Efficient code
    3. Duplicate/redundant data   4. Modularity

(d) 1. Inheritance   2. Reusability
    3. Base class and sub class   4. Private

(e) 1. int var   2. int VAR   3. int Lvar   4. int vart

Question 6

Give the output of the following

(a) $a += a++ + ++a + --a + a--;\ [a = 7]$
1. 37   2. 40   3. 39   4. 38

(b) if (a > b)
```
    {
System.out.println(a+b);
    }
else
    {
System.out.println (a*b);
    }
```
when a = 5 and b = 7
1. 12, 35   2. 35   3. 35, 12

(c) int discount = bill > 10,000? (bill * 10.0/100): when b = 9000(bill* 50/100);
1. 900   2. 450   3. 400

(d) {
```
Case 'A' : System.out.print ln ("Honest")
Case 'B' : System.out.print ln ("Hardwork")
Case 'C' : System.out.print ln ("Success")
default   : System.out.print ln ("Failure")
```
when $x = 'a'$
1. Honest   2. Hardwork   3. Failure

(e) n=100;
```
while (n>10)
{
n=n/10;
}
System.out.println(n);
```

How many time the loop is executed and what is the output?
1. Loop is executed 2 times and the output is 100
2. Loop is executed 3 times and the output is 10
3. Loop is executed 1 times and the output is 10.

SECTION B

Question 7

Given below is a class with the following specifications:

Class name :polimorph

Member Methods:

void print (int n) – to print the first 'n' natural numbers

print (int m, int n) – to check whether n is a multiple of m or not

Fill in the blanks of the given program with appropriate java statements –

```
class (a)____________
{
void print (int n)
{
int k;
for ( (b)________; (c)__________; (d)____________)
{ System.out.println(k);
}
}
print( int m, (e)_________)
{
if ( (f)_______________)
return true;
else
 return false;
}
}
```

(a) 1.   POLIMORPH   2.   polimarph   3.   class
(b) 1.   k = 1;   2.   k = n;   3.   k = 0;
(c) 1.   k<=n;   2.   k>=n;   3.   k+n;
(d) 1.   k+=2   2.   k+=5   3.   k++
(e) 1.   int n   2.   double n   3.   char n
(f) 1.   if (n%m == 0)   2.   if (m%n==0)   3.   if (m/n==0) [1]

Question 8

The following program is based on the specification given below.

Fill in the blanks with appropriate java statements.

class name : Billing

member variables :

int noc [number of units]

double bill [electricity bill to be paid]

String n [name of the customer]

Member methods :

void input ( ) – to accept the data using the scanner class

void print() – to print the details

void calculate () – to calculate the electricity bill as per the following criteria based on number of units

Number of units Rate per unit First 100 units free Above 100 units Rs. 2.50

void main ( ) – to create an object of the class and invoke the functions of the class

```
class (a)____________
{
int noc; double bill ;
String n;
```

```
Scanner ob = (b)_______________ Scanner(System.in);
void input( )
{
System.out.println("Enter Number of units");
noc = (c)__________________;
System.out.println("Enter name ");
n=ob.next();
}
void calculate()
{
if ( (d)__________________) bill =0;
 else bill = (e)______________________________;
}
void print()
 {
System.out.println("Name = "+n);
System.out.println("Amount to be paid="+bill);
 }
void main ()
{
Billing t = new Billing();
t.input();
 (f)__________________; t.print();
}
}
```

(a)	1.	Billing	2.	class	3.	object
(b)	1.	old	2.	new	3.	void
(c)	1.	ob.nextDouble()	2.	ob.nextLine()	3.	ob.nextInt()
(d)	1.	noc< = 100	2.	noc=0	3.	noc> 100
(e)	1.	bill=0+(n-100)*2.50			2.	bill = (n-100)*3.50
	3.	bill = n*2.50				
(f)	1.	t.input()	2.	t.calculate()	3.	t.print()

Question 9

Following program input a number and display its multiplication table, using class multiply.

```
import java.io.*;
public class (a)__________________
{
public static void main(String args[]) throws IOException
{
int n, t;
BufferedReader br = new BufferedReader(new InputStreamReader(System.in));
String s = br.readLine();
n = Integer.parseInt(s);
for(int k = 1; (b)________; k++)
{
t = (c)________* n;
System.out.println(n + "(d)____________" + k + "=" + t);
}
}
}
```

(a)	1.	mul	2.	multiply	3.	multi
(b)	1.	k<10	2.	k>0	3.	k<=10
(c)	1.	k	2.	t	3.	n
(d)	1.	*	2.	+	3.	=

Question 10

Read the paragraph given below and answer the questions given below:

Case study

In Java there are various types of control statements like looping, decision making and jumping. To check for a condition and execute the statements based on the condition can be done using the decision control statements. The two decision control statements in java are if and switch, switch is also called as multiple branching statement. Iterative statement is called looping in Java. There are three types of looping statements like for, do and whine.A loop statement within another loop statement is termed as Nested loop Statement. Repetitive execution of a set of statements is termed as looping. The two types of looping statements are entry controlled and exit controlled loops. Both while and for are termed as entry-controlled loops. A for loop is used when the number of iterations is known. A while is used when the set of statements are executed as long as the condition is true, it is executed when the number of iterations are not known.

(a) What are the looping statements in java?
   1.   if and switch   2.   for , do and while   3.   ternary and logical

(b) A loop statement within another looping statement is termed as
   1.   Nested loop   2.   Nested   3.   Nested if

(c) Name given for sequence breaking of flow either forward or backword is
   1.   Looping   2.   Decision Control   3.   Jump statement

(d) Which one of the following does not execute even once?
   1.   for(k = 1; k<=10;k++)   2.   for(k=1;k==10;k++)
   3.   for (k=1;k<10;k++);

SECTION A

1. (a) Correct option is 1

    Explanation: In Java the words class and extends are keywords.

  (b) Correct option is 2

    Explanation: Unary operator ++ has highest priority followed by Comparative operator >= followed by Modulo operator % where the logical and operator && has lowest priority of the given list here.

  (c) Correct option is 1

    Explanation: Class contains function and data members.

  (d) Correct option is 1

    Explanation: Index of ('5') in 345 is 2, then by applying power function, it give 2^3 = 8, which is represented as 8.0 in double.

  (e) Correct option is 1

    Explanation: It is a syntax error as comma (,) must be used instead of semicolon (;).

2. (a) Correct option is 3.

    Explanation: The encapsulation property in Java binds the method with its declared data and object is achieved.

  (b) Correct option is 1.

    Explanation: In Java, the compiler Javac allocates 4 Bytes memory for int type data.

  (c) Correct option is 1.

    Explanation: Class is the factory of object. The instance of a class is object.

  (d) Correct option is 1.

    Explanation: Name of the array is its base address.

  (e) Correct option is 1.

    Explanation: We can define any number of classes with different names in a single program of oops.

3. (a) Correct option is 2.

    Explanation: JRE is Java Runtime environment it has Java Library.

  (b) Correct option is 1.

    Explanation: The Random class is available in the java.util.package. An object of the Random class is used to generate a series of psedorandom numbers.

  (c) Correct option is 1.

    Explanation: Constructor is the special method defined with same name of its class.

    (d) Correct option is Market Interface.

       Explanation: An empty interface (containg to fields or methods) is called market interface.

    (e) Correct option is 2.

4. (a) True

       Explanation: String is non primitive data type in Java.

    (b) True

       Explanation: And of two true statement is true.

    (c) True

       Explanation: Scope of a variable is its local class.

    (d) True

       Explanation: The condition check is at the bottom of do loop, so always this execution will occur at least once.

    (e) True

       Explanation: The comparison operator is left associative.

5. (a) Correct option is 3, Portable

       Explanation: Portable is not the feature of OOPs programming languages.

    (b) Correct option is 3, &&

       Explanation: All are relational operators, whether && is logical AND operator.

    (c) Correct option is 3.

       Explanation: Duplicacy or Redundancy of data is a feature that is dependent on the programmers. So, it cannot be created in the oops.

    (d) Correct option is 4.

       Explanation: All others are related to interitance

    (e) Correct option is 3.

       Explanation: – Lvar is the keyword, hence it is not allowed.

6. (a) Correct option is 3.

       Explanation: $a = 7 + 7 + 8 + 8 = 39$

    (b) Output value is 35 thus correct option is 2.

    (c) Correct option is 2.

       Explanation: As bill is less than, 10000, hence else condition gets excuted.

    (d) Resultant output is failure, som, correct option is 3.

SECTION B

7. (a) Correct option is 2.

    (b) Correct option is 1.

    (c) Correct option is 1.

    (d) Correct option is 3.

    (e) Correct op5tion is 1.

    (f) Correct option is 1.

8. (a) Correct option is 1.

    (b) Correct option is 2.

    (c) Correct option is 3.

    (d) Correct option is 1.

    (e) Correct option is 1.

    (f) Correct option is 2.

9. (a) Correct option is 2.

    (b) Correct option is 3.

    (c) Correct option is 1.

    (d) Correct option is 1.

10. (a) Correct option is 2.

    (b) Correct option is 1.

    (c) Correct option is 3.

    (d) Correct option is 2.

❑❑

2 Sample Paper

Computer Applications

 **Questions**

SECTION A

Question 1

Choose the correct answer

(a) Which of the following is not the string function?
- (i) StrLen() (ii) ToUpper() (iii) Trim() (iv) StrComp()
- 1. (i) & (ii) 2. (iii) 3. All of the above 4. None of the above

(b) Operators with higher precedence are evaluated before operators with relatively lower precedence. Arrange the operators given below in order of higher precedence to lower precedence.
- (i) / (ii) % (iii) = (iv) ++
- 1. (iv), (i), (iii), (ii) 2. (iv), (iii), (ii), (i)
- 3. (iv), (ii), (i), (iii) 4. (i), (ii), (iii), (iv)

(c) Which of the following is not a java feature?
- 1. Dynamic 2. Arichitecture Neutral 3. Use of pointers 4. Object-Oriented

(d) What is the final value stored in variable x ?
```
double a =-5.35;
double x = Math.abs(Math.floor(a));
```
- 1. 9.0 2. 7.0 3. 6 4. 7

(e) Name the type of error in the statement given below:
   Math.sqrt(36-45)
- 1. Syntax 2. Runtime 3. Logical 4. Warning

Question 2

Fill in the blanks with the correct option

(a) The _____________ allows to define several methods with same name but different by their parameters type and number.
- 1. Inheritance 2. Polymorphism 3. Encapsulation 4. None of the above

(b) The number of bytes occupied by double data type is __________byte/s
- 1. 4 2. 8 3. 2 4. None of these

(c) The operator that deallocates the memory occupied by an object and deletes the object is _________ .
- 1. remove 2. deallocate 3. delete 4. Erase

(d) The ____________ are the names of data, method and class declared
- 1. Keywords 2. Identifier 3. Methods 4. Package

(e) The special method having same name of its class is called _______
- 1. Recursion 2. Iteration 3. Constructor 4. Member

Question 3

Name the following

(a) Operator that creates a new object and allocates memory for it.
- 1. create 2. add 3. allocate 4. new

(b) The universal code generated from JVM is
- 1. Source code 2. Byte Code 3. Object code

(c) The object is the combination of member function with its data member. Name of the property to extend the features of the object is
- 1. Constructor 2. Inheritance 3. Method

(d) The statement to stop the execution of a construct.

    1.   System.exit(0)   2.   break   3.   STOP

(e) Invoking a function without passing parameters of a class is termed as

    1.   Call by value   2.   call by reference   3.   call by default

Question 4

State True Or False

(a) array is a non - primitive data type

    1.   True   2.   False

(b) !(2<3&&40>6)

    1.   true   2.   false

(c) Scope of the global variable is with in a class.

    1.   True   2.   false

(d) Do loop executes at least once.

    1.   True   2.   False

(e) The comparison operator (!=) is left associative.

    1.   True   2.   False

Question 5

Choose the odd one

(a) 1. Object   2. Data abstraction   3. Member Function   4. Data Members

(b) 1. >=   2. ==   3. &   4. <=

(c) 1. return   2. break   3. continue   4. System.exit(0)

(d) 1. byte   2. double   3. char   4. String

(e) 1. ++   2. %   3. - -   4. !

Question 6

Give the output of the following

(a) $x + = x++ + ++ x + --x + x;$ [$x = 5$]

    1.   29   2.   28   3.   26   4.   25

(b)
```
if ( a > b )
    {
System.out.println(a-b);
    }
else
    {
System.out.println (a%b);
    }
when a = 7 and b = 5
```

    1.   2   2.   1   3.   35

(c)
```
String x = (a >= 90) ? "excellent" : "best";
when a = 90
```

    1.   best   2.   excellent   3.   excellentbest

(d)
```
switch ( x )
    {
case 'a' : System.out.println("Discipline");
case 'b' : System.out.println ("Dedication");
break;
case 'c' : System.out.println("Commitment");
default : System.out.println("Success");
    }
when x='A'
```

    1.   Discipline   2.   Dedication   3.   Success

(e)
```
n=10;
while (n>=10)
{
n=n*10;
}
System.out.println(n);
```

How many time the loop is executed and what is the output?
1. Loop is executed 2 times and the output is 100
2. Loop is executed 3 times and the output is 10
3. Loop is executed 1 time and the output is 10
4. Computer falls into infinite loop

SECTION B

Question 7

Given below program to print first 10 numbers of Fibonacci series with class name fib

```java
import java.io.*;
    public class (a) _______________
    {
    public static void main(String args[])
    {
    intcnt - 2;
    int a, b, c;
    a = 0;
    b = (f);
    System.out.println(a);
    System.out.println(b);
    while((b)_______<= 10)
    {
    c = (c)___________ + b;
    System.out.print(c);
    a = (d)_____________;
    b = (e)_____________;
    cnt++;
    }
    }
    }
```

(a)	1.	ABC	2.	Fab	3.	fib	4.	Num
(b)	1.	cnt	2.	c	3.	a	4.	b
(c)	1.	cnt	2.	c	3.	a	4.	b
(d)	1.	cnt	2.	b	3.	a	4.	c
(e)	1.	cnt	2.	a	3.	b	4.	c
(f)	1.	0	2.	1	3.	a	4.	None

Question 8

The following program is based on the specification given below. Fill in the blanks with appropriate java statements.

A class ElectricBill with the following specifications is defined:

Class : ElectricBill

Instance variables/data members :

String n – to store the name of the customer

int units – to store the number of units consumed double bill – to store the amount to be paid Member methods :

void accept() – to accept the name of the customer and number of units consumed void calculate() – to calculate the bill as per the following tariff :

Number of units Rate per unit

First 100 units 2.00

Next 200 units 3.00

Above 300 units 5.00

A surcharge of 2.5% charged if the number of units consumed is above 300 units.

Void print( ) – To print the details as follows :

Name of the customer : ....

Number of units consumed : ....

Bill amount : ....

A main method to create an object of the class and call the above member methods.

```java
import java.util.*;// importing package
class (a)___________________
{
String n;
int units;
double bill;
void accept()
{
Scanner sc = new (b) ____________(System.in);
System.out.println("Enter Name and units");
n = sc.nextLine();
units = sc.nextInt();
}
void (c)___________()
{
if(units <= 100)
{
bill = (d)_______________
}
else if(units >100 && units <= 300)
{
bill = 100 * 2 + ((e)___________________) * 3;
}
else
{
bill = 100 * 2 + 200 * 3 + (units – 300) * 5;
if (units (f) 300)
bill = bill + 2.5/100 * bill;
}
}
void print()
{
System.out.println("Name of the customer : " + n);
System.out.println("Number of units consumed : " + units);
System.out.println("Bill amount :"+ bill);
}
public static void main(String args[])
{
ElectricBillob = new ElectricBill();
ob.accept();// funcion calling
ob.calculate();
ob.print();
}
}
```

(a)	1.	Electricitybill	2.	Electricbill	3.	bill	
(b)	1.	Scanner	2.	System	3.	bill	
(c)	1.	Calculate	2.	Accept	3.	Print	
(d)	1.	units*3	2.	units*2	3.	Units*2.5	
(e)	1.	units-100	2.	units-200	3.	units-300	
(f)	1.	<	2.	=	3.	>	

Question 9

Following program to accept a number and check and display whether it is a spy number or not.

(A Number is spy if the sum of its digits equals the product of its digits.)

Example : consider the number 1124,

Sum of the digits = 1 + 1 + 2 + 4 = 8
Product of the digits = 1 × 1 × 2 × 4 = 8

```java
import java.util.*;// importing package
class Spy
{
int n, d, p = (a)__________, s = 0;
void display()
{
Scanner sc = new Scanner(System.in);
System.out.println("Enter a no.");
n = sc.nextInt();
while((b)___________)
{
d = n % 10;
s = s + d;
p = p * d;
n =(c)________/10;
} // while loop ending
if((d)___________)
{
System.out.println("It is a Spy number");
}
else
{
System.out.println("It is not a Spy number");
}
}
}
```

(a)	1.	1	2.	0	3.	2
(b)	1.	n<0	2.	n>0	3.	n=0
(c)	1.	p	2.	s	3.	n
(d)	1.	s==p	2.	s=p	3.	p!=s

Question 10

Case study

Conditional operators are merely a condensed form of the if-else Statement which also returns a value. Conditional Operators in Java are also known as ternary operators. The term ternary is used because this operator consists of three operands used to evaluate Boolean expressions. The ultimate aim of the operator is to decide which value is to be assigned to the variable. The Java Conditional Operator selects one of two expressions for evaluation, which is based on the value of the first operands

(a) if (c > d)
    x = c;
    else
    x = d;
    Predict the output

1.	x = (c >d) ? d : d;	2. x = (c >d) ? c : c;
3.	x = (c >d) ? d : c;	4. x = (c >d) ? c : d;

(b) ? : ; are

1.	Conditional operators	2. Arithmetic operators
3.	Bitwise operator	4. Assignment operator

(c) If else Statement

1.	One-way selection statement	2. Two-way selection statement
3.	Multi-way selection statement	4. Multipath decision statement.

(d) What is the other name for Java Language?: Question Mark Colon Operator.?

1. Comparison Operator   2. If-Else Operator

3. Binary Operator   4. Ternary Operator

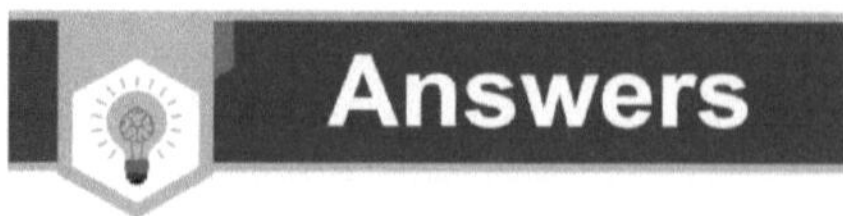

Answers

SECTION A

1. (a) Correct option is 3

Explanation: Trim() is not the function in Java related with string class.

(b) Correct option is 3

Explanation: Unary operator ++ has highest priority followed by Modulo operator % then where the logical & operator, here =, the assignment operator has lowest priority of the given list.

(c) Correct option is 3

Explanation: Pointers is not a feature of Java.

(d) Correct option is 3

Explanation: Logically by doing floor operation the values will be rounded to -6, then by applying absolute operator the value will be converted to 6, which is represented as 6.0 in double.

(e) Correct option is 2

Explanation: It is a rantime error as we cannot obtain the square root of − 9.

2. (a) correct option is 2.

Explanation: The polymorphism property in Java allows to have many methods with same name but the type of parameters is different.

(b) Correct option is 2.

Explanation: In Java, the compiler Javac allocates 8 Bytes memory for double type data.

(c) Correct option is 3.

Explanation: To remove the memory allocated, the operator 'detete' is used.

(d) correct option is 2.

Explanation: Identifier are the user given names to variable, class and methods by the programmer.

(e) Correct option is 3.

Explanation: The special function is constructor which shares the common name to its class.

3. (a) Correct option is 4.

Explanation: To create the new object we use 'new' operator.

(b) Correct option is 2.

Explanation: In compilation process the intermediate code generated for the source code is called Byte code. The Byte code produced by JVM can be interpreted on any machine with different architecture and platform.

(c) Correct option is 2.

Explanation: By the inheritance property the features of an object can be explored into new.

(d) Correct option is 1.

Explanation: The function to terminate the execution of the constructer is System.exit(0).

(e) Correct option is 3.

Explanation: The mechanism to call a method without any parameters is called default.

4. (a) True

Explanation: Array is non primitive data type in Java.

(b) False

Explanation: And of two true statement is true, but its negation is false.

(c) False

Explanation: Scope of a global variable is the entire package..

(d) True

Explanation: The condition check is at the bottom of do loop, so always this execution will occur at least once.

(e) True

    Explanation: The comparison operator is left associative.

5. (a) Correct option is 2, Data abstraction

    Explanation: Exceptdata abstraction all other are related to an object.

  (b) Correct option is 3

    Explanation: & is logical operator and all others are relational operators.

  (c) Correct option is 1

    Explanation: Return is associated with the value achieved after execution of the function.

  (d) Correct option is 4

    Explanation: Except string all others are primitive data type.

  (e) Correct option is 2.

    Explanation: Except % all others are unary operators.

6. (a) Out value is 25, So the correct option is 4.

  (b) Output value is 5 thus correct option is 2.

  (c) Resultant output is excellent, So the correct option is 2.

  (d) The decision goes into default case, So the output will be success. Thus, the correct option is 3.

  (e) Correct option is 4.

SECTION B

7. (a) Correct option is 3.

  (b) Correct option is 1.

  (c) Correct option is 3.

  (d) Correct option is 2.

  (e) Correct option is 4.

  (f) Correct option is 2.

8. (a) Correct option is 2.

  (b) Correct option is 1.

  (c) Correct option is 1.

  (d) Correct option is 2.

  (e) Correct option is 1.

  (f) Correct option is 3.

9. (a) Correct option is 1.

  (b) Correct option is 2.

  (c) Correct option is 3.

  (d) Correct option is 1.

10. (a) Correct option is 4.

  (b) Correct option is 1.

  (c) Correct option is 2.

  (d) Correct option is 4.

❑❑

Questions

SECTION A

Question 1

Choose the correct answer

(a) Which of the following is invalid access modifier?
    (i)   class   (ii)   public   (iii) private   (iv) protected
    1.   (i)   2.   (ii)   3.   (iii)   4.   (iv)

(b) Operators with higher precedence are evaluated before operators with relatively lower precedence. Arrange the operators given below in order of higher precedence to lower precedence.
    (i)   −   (ii)   %   (iii) *   (iv) +
    1.   (iv), (i), (iii), (ii) 2.   (iv), (iii), (ii), (i) 3.   (ii), (iii),(iv) (i) 4.   (i), (ii), (iii), (iv)

(c) Among the following, which method does not have a body.
    (i)   A class   (ii)   An interface   (iii) An abstract method (iv) None of the above

(d) What is the final value stored in variable x ?
double a = − 2.25;
double x = Math.sqrt (Math.abs(a));
    1.   1.5   2.   2.5   3.   6.25   4.   0.25

(e) Name the type of error in the statement given below :
int t=0;
int r=100/t;
    1.   Syntax   2.   Runtime   3.   Logical   4.   Warning

Question 2

Fill in the blanks with the correct option

(a) Multiple branches is used by _____________ statement.
    1.   Break   2.   Switch   3.   Continue   4.   Loop

(b) The number of bytes occupied by char data type is __________byte/s
    1.   4   2.   8   3.   2   4.   None of these

(c) The _________ is called the basic blue print of the object
    1.   Class   2.   Attributes   3.   State   4.   None of these

(d) The _____________ are those pre-defined words in Java which meaning is already declared by Javac.
    1.   Keywords   2.   Identifier   3.   Methods   4.   Package

(e) All the functions of a package can be imported by using the _______ character with import statement.
    1.   .   2.   *   3.   /   4.   @

Question 3

Name the following :

(a) A function calling itself
    1.   Calling function 2.   Recurring function 3.   Recursive function

(b) Byte code is generated by
    1.   Javac   2.   DLL   3.   JVM

(c) A parent class of a class
    1.   sub class   2.   super class   3.   parent

(d) The mandatory statement to each block of the switch loop is
    1.   System.exit(0) 2.   break   3.   default

(e) The function call in which the data in actual parameters get changed is called
    1.   Call by value   2.   Formal call   3.   Call by reference

Question 4
State True Or False

(a) double is a non - primitive data type
    1.   True   2.   False

(b) !(2>3&&40>6)
    1.   true   2.   false

(c) S
    1.   True   2.   false

(d) While loop executes at least once.
    1.   True   2.   False

(e) The comparisonoperator(==) is left associative.
    1.   True   2.   False

Question 5
Choose the odd one

	1.		2.		3.		4.	
(a)	1.	Int	2.	Char	3.	New	4.	Double
(b)	1.	>	2.	! =	3.	%	4.	<
(c)	1.	return	2.	break	3.	continue	4.	System.exit(0)
(d)	1.	CLR	2.	JVM	3.	JDK	4.	AWT
(e)	1.	++	2.	%	3.	- -	4.	! =

Question 6
Give the output of the following

(a) x + = x++ + ++ x + --x + x; [x = 1]
    1.   9   2.   8   3.   6   4.   5

(b)
```
if ( a!= b )
    {
System.out.println(a*b);
    }
else
    {
System.out.println (a-b);
    }
```
when a = 6 and b = 5
    1.   11, 30   2.   30   3.   30, 11

(c) String x = (a >= 90) ? "Outstanding" :"better";
when a = 90
    1.   better   2.   Outstanding   3.   Outstanding bettter

(d)
```
switch ( x )
    {
case 'a' :System.out.println("Honest");
case 'b' :System.out.println ("Punctual");
break;
case 'c' :System.out.println("Committed");
default :System.out.println("Average");
    }
```
when x='A'
    1.   Average   2.   Punctual   3.   Committed   4.   Honest

(e)
```
int i=6;
int d=6;
do
{
d=d*2;
i++;
} while (i<=6);
```

```
System.out.println (d),
```

How many times the loop is executed and what is the output?

1. Loop is not executed any time and the output is 6.
2. Loop is executed once and the output is 12.
3. Loop is executed 2 times and the output is 24.

SECTION B

Question 7

Given below is a class with the following specifications:

    Class name :Number

    Member Methods :

    void print (int n) – to print the first 'n' natural numbers

    print (int n) – to check whether n is odd or even

Fill in the blanks of the given program with appropriate java statements–

```
class (a)____________
{
void print (int n)
{
int k;
for ( (b)_______; (c)_________; (d)____________)
{
System.out.println(k);
}
}
print( (e)________)
{
if ( (f)________________)
System.out.print ln("Number is even");
else
System.out.print ln("Number is odd");
}
}
```

(a) 1.   Number   2.   Character   3.   class

(b) 1.   k = 1;   2.   k = n;   3.   k = 0

(c) 1.   k<=n;   2.   k>=n; 4   3.   k+n;

(d) 1.   k+=2   2.   k+=5   3.   k++

(e) 1.   int n   2.   double n   3.   char n

(f) 1.   if (n%2 == 0)   2.   if (n%n==0)   3.   if (n/2==0)

Question 8

The following program is based on the specification given below :

Fill in the blanks with appropriate java statements.

    class name : Power

    member variables :

    int noc [number of calls]

    double bill [telephone bill to be paid]

    String n [name of the customer]

    Member methods :

    void input ( ) – to accept the data using the scanner class

    void print() – to print the details

    void calculate () – to calculate the telephone bill as per the following criteria based on number of calls

    Number of calls Rate per call First 100 calls free Above 100 callsRs.3.50

    void main ( ) – to create an object of the class and invoke the functions of the class

```
class (a)____________
{
int noc; double bill ;
```

```
String n;
Scanner ob = (b)_______________ Scanner(System.in);
void input( )
{
System.out.println("Enter Number of calls");
noc = (c)___________________;
System.out.println("Enter name ");
n=ob.next();
}
void calculate()
{
if ( (d)_________________) bill =0;
else bill = (e)____________________________;
}
void print()
{
System.out.println("Name = "+n);
System.out.println("Amount to be paid="+bill);
}
void main ()
{
power t = new power();
t.input();
(f)___________________; t.print();
}
}
```

(a)	1.	Power	2.	Class	3.	Object
(b)	1.	old	2.	new	3.	void
(c)	1.	ob.nextDouble()	2.	ob.nextLine()	3.	ob.nextInt()
(d)	1.	noc< = 100	2.	noc=0	3.	noc> 100
(e)	1.	bill=(n-100)*2.50	2.	bill = (n-100)*3.50	3.	bill = n*2.50
(f)	1.	t.input()	2.	t.calculate()	3.	t.print()

Question 9

The following program segment calculates the norm of a number norm of a number is square root of sum of squares of all digits of the number. **Example:** The norm of 68 is 10 6×6 + 8×8 = 36+64 = 100 square root of 100 is Fill in the blanks with appropriate java statements.

```
void norm ( i
void norm ( int n)
{ int d, s =(a)______;
While ( (b)_________)
{ d = n%10; s = (c)________________;
n=n/10;
}
System.out.println("Norm = " + (d)_____________);
}
```

(a)	1.	0	2.	0.0	3.	1
(b)	1.	n>0	2	n=0		
(c)	1.	s+d*d	2.	s*d+d	3.	s*s+d
(d)	1.	Math.sqrt(s)	2.	Math.SQRT(s)	3.	Math.sqrt(n)

Question 10

Read the paragraph given below and answer the questions given below :

Case study

In Java there are various types of operators. The following table highlights the category and their feature for various operators.

S.No.	Types of operators	Examples
1.	Arithmetical	+,-,*,/
2.	Logical	&&,||
3.	Relational	==,<,>,!=
4.	Bitwise	&,>>,<<
5.	Special	new

(a) What are the bitwise operators?
    1.   +,-,++,--   2.   ==,<=,!=   3.   <<,>>

(b) An operator is a symbol to process the data
    1.   char   2.   int   3.   char and int both

(c) Name of = operator is
    1.   Relational   2.   Assignment   3.   Bitwise

(d) Which one of the following is not an operator?
    1.   new   2.   calloc   3.   malloc

Answers

SECTION A

1. (a) Correct option is 1

Explanation : The access modifiers are public, private and protected.

(b) Correct option is 3

Explanation : See the BODMAS law for the operator precedence here.

(c) Correct option is 3

Explanation : Abstract methods are declarated only and are not implemented. It does not have a method body.

(d) Correct option is 1

Explanation : Logically by doing absolute function the values will be rounded to 2.25, then by applying square rootfunction the value will be 1.5

(e) Correct option is 2

Explanation : On execution of this statement the machine will show the runtime error as it traps into infinite loop on making division by zero.

2. (a) Correct option is 2.

Explanation : Branching statements allow the flow execution to jump to a different part of the program. The common branching statements used within other control structures include: break, continue, return and goto.

(b) Correct option is 3.

Explanation : In Java, the compiler Javac allocates 2 bytes memory for char type data.

(c) Correct option is 1.

Explanation : Class is the blue print of object. The instance of a class is object.

(d) Correct option is 1.

Explanation : It is the keywords, whose meaning is pre-defined by Javac

(e) Correct option is 2.

3. (a) Correct option is 3.

Explanation: A function calling itself is known as recursive function.

(b) Correct option is 3.

Explanation : The Byte code produced by JVM can be interpreted on any machine with different architecture and platform.

(c) Correct option is 2.

Explanation: Parent class of the class if called 'Super Class' whether the derived one is called the child class.

    (d) Correct option is 2.

        Explanation : For the exit from each block of the switch statement one uses break.

    (e) Correct option is 3.

4. (a) False

        Explanation : Double is primitive data type in Java.

    (b) True

        Explanation : And of a false statement with a true statement is false, but its negation is true.

    (c) True

        Explanation : Scope of a variable is global, when it is extended as a sub class from a class.

    (d) False

        Explanation : The condition check is on the top of the while loop, so it is possible that loop is not executed even once.

    (e) False

        Explanation : The comparison operator is left associative.

5. (a) Correct option is 3

        Explanation : New is not any data type in Java language.

    (b) Correct option is 3

        Explanation : All are relational operators, whether % is arithmetical operator to find residue.

    (c) Correct option is 1

        Explanation : Return is associated with the output data type of function, whether all others are associated with exit or resume of the statements in a block like for, while, switch etc.

    (d) Correct option is 4

        Explanation : AWT is a tool of Java, whether all others are components of Java compiler.

    (e) Correct option is 2.

        Explanation : Except % all others are unary operators.

6. (a) Out value is 5, So the correct option is 4.

    (b) Output value is 30 thus correct option is 2.

    (c) Resultant output is outstanding, So the correct option is 2.

    (d) The decision goes into default case, So the output will be average. Thus, the correct option is 1.

    (e) Correct option is 3.

        Explanation : As the condition is checked at the end of the loop. So, it will be executed twice.

SECTION B

7. (a) Correct option is 1.

    (b) Correct option is 1.

    (c) Correct option is 1.

    (d) Correct option is 3.

    (e) Correct option is 1.

    (f) Correct option is 1.

8. (a) Correct option is 1.

    (b) Correct option is 2.

    (c) Correct option is 3.

    (d) Correct option is 1.

    (e) Correct option is 2.

    (f) Correct option is 2.

9. (a) Correct option is 1.

    (b) Correct option is 1.

    (c) Correct option is 1.

    (d) Correct option is 1.

10. (a) Correct option is 3.

    (b) Correct option is 3.

    (c) Correct option is 2.

    (d) Correct option is 1.

Questions

SECTION A

Question 1

Choose the correct answer

(a) Which of the following are valid KEYWORD?
  - (i) try
  - (ii) throw
  - (iii) extends
  - (iv) catch
  1. (i) & (iii)
  2. (i) , (ii) & (iii)
  3. All of the above
  4. None of the above

(b) Which one is not correct relational operator?
  - (i) ==
  - (ii) =
  - (iii) !=
  - (iv) <>
  1. ((i), (iii)
  2. (ii)
  3. (iv), (ii)
  4. (i), (ii), (iii)

(c) Which of the following keyword is not used to specify the accessible feature of the derived class?
  1. private
  2. public
  3. new
  4. protected

(d) What is the final value stored in variable x ?
  double a =-8.35, double b = 14.74
  double x = Math.abs(Math.max(a, b));
  1. 14.0
  2. 15.0
  3. 16.0
  4. 14.74

(e) Name the type of error in the statement given below :
  int r=100/0;
  1. Syntax
  2. Runtime
  3. Logical
  4. Warning

Question 2

Fill in the blanks with the correct option

(a) _________ is the collection of related classes and interfaces having common functionality.
  1. literal
  2. Package
  3. Array
  4. Polymorphism

(b) The number of bytes occupied by double data type is _________byte/s
  1. 4
  2. 8
  3. 2
  4. None of these

(c) _________ access specifier gives the most accessibility.
  1. Public
  2. Private
  3. Pestected
  4. None of these

(d) _________ has same name as of class.
  1. data
  2. object
  3. sub class
  4. constructor

(e) The Java program use _________ to find and fix bugs.
  1. JDK
  2. JRE
  3. JVM
  4. None of these

Question 3

Name the following :

(a) A collection of related classes and interfaces having common funtionality.
  1. Literals
  2. Package
  3. Object

(b) Class variable that is available to the entire class.
  1. local variable
  2. class variable
  3. instance variable

(c) The function that modifies its parameters
  1. Virutal function
  2. Pure function
  3. Impure function

(d) Defining two or more methods in the same class with same name.
  1. Constructor over loading
  2. Function overloading
  3. Static function

    (e) The region within which a variable/piece of code is accessible.
        1.   Area of variable 2.   Place of variable   3.   Scope of variable

Question 4

State True Or False :

    (a) string is a non - primitive data type
        1.   True   2.   False
    (b) !(2<3&&40>60)
        1.   true   2.   false
    (c) Functions can't return objects.
        1.   True   2.   false
    (d) For loop is doubly bounded iterative statement.
        1.   True   2.   False
    (e) Java language was initially caled Oak.
        1.   True   2.   False

Question 5

Choose the odd one :

    (a) 1.   for   2.   while   3.   do   4.   far
    (b) 1.   >=   2.   ==   3.   &&   4.   <=
    (c) 1.   return   2.   break   3.   continue   4.   System.exit(0)
    (d) 1.   byte   2.   int   3.   char   4.   String
    (e) 1.   &   2.   <<   3.   >>   4.   ==

Question 6

Give the output of the following

    (a) y = (++y * (y++ +5)); – [y = 10]
        1.   176   2.   150   3.   166   4.   156
    (b) if (a > b)

```
        {
    System.out.println(a+b);
        }
    else
        {
    System.out.println (a*b);
        }
```

        when a = 5 and b = 7
        1.   12, 35   2.   35   3.   35, 12
    (c) String grade = (mark>=90)? "A" : (mark>=80)?/"B":"C";
        1.   A   2.   B   3.   C
    (d) switch (var)

```
    {
    case 'A' : System.out.println("good");
    case 'B' : System.out.println ("better");
    break;
    case 'C' : System.out.println("best");
    break;
    default : System.out.println("Poor");
    }
```

        when var='a'
        1.   Good   2.   Better   3.   Poor
    (e) for (int m=5; m<=20; m+=5)

```
    {
    if(m%3==0)
    break;
```

```
else if (m%5==0)
System.out.print(m);
continue;
}
```

1. Loop is executed 3 times and output is 5, 10, 15
2. Loop is executed 2 times and output is 5, 10
3. Loop is executed 4 times and output is 5, 10, 15, 20

SECTION B

Question 7

A class student is defined with following member function : gettotal() &takedata() and showdata() to get the sum of marks obtained from takadata and shown with showdata function.

Fill in the blanks in the JAVA code provided with appropriate options :

```
class  (a)____________
{
private intadmno;
private String sname;
private float eng, math, science, total;
private float  (b) ________________()
{
float (c)_____________ = eng + math + science;
return t;
}
public void (d)________________()
{
System.out.println(admno);
System.out.println(sname);
System.out.println(eng);
System.out.println(math);
System.out.println(science);
System.out.println(total);
}
public void takedata(int a, String n, int e, int m, int s)
{
admno = a;
sname = n;
eng = e;
math = m;
science = s;
total = gettotal( );
}
}
public class stud
{
public static void main(String [] args)
{
student (e)___________________ = new student();
std1.(f) (101, "RAM", 30, 48, 40);
std1.showdata();
}
}
```

(a) 1. Stu   2. student   3. Student
(b) 1. getdata   2. showdata   3. gettotal

(c) 1. t 2. total 3. T
(d) 1. getdata 2. showdata 3. gettotal
(e) 1. Std 2. std1 3. student
(f) 1. takendata 2. showdata 3. getdata

Question 8

The following program is based on the specification given below. Fill in the blanks with appropriate java statements.

A class named FruitJuice with the following description is defined :

Instance variables/data members :

int product_code ,String flavour , String pack_type , int pack_size , int product_price

Member methods :

FruitJuice(), void input(), void discount(), void display()

```java
import java.io.*;
class (a)___________
{
int product_code, pack_size, product_price;
String flavour, pack_type;
public (b)_________________()
{
product_code = 0;
pack_size = 0;
product_price = 0;
flavour = "";
pack_type = "";
}
void input() throws IOException
{
BufferedReaderbr = new BufferedReader(new InputStreamReader(System.in));
System.out.println("Enter Product Details");
product_code = Integer.parseInt(br.readLine());
flavor = br.readLine();
pack_type = br.readLine();
pack_size = Integer.parseInt(br.readLine());
product_price = Integer.parseInt(br.readLine());
}
void (c)___________()
{
product_price =(d) ____________ – 10;
}
void (e)________________()
{
System.out.println(product_code + " " + flavour + " " + pack_type + " " + (f) + " " + product_price);
}
}
```

(a) 1. Fruitjuice 2. input 3. discount
(b) 1. Fruit 2. Fruitjuice 3. fruitjuice
(c) 1. Discount 2. product_price 3. pack_size
(d) 1. Discount 2. product_price 3. pack_size
(e) 1. Display 2. discount 3. input
(f) 1. Packsize 2. pack_size 3. Pack_size

Question 9

The following program segment calculates the factorial of a number.

Example: factorial of 6 is 6*5*4*3*2*1= 720

Fill in the blanks with appropriate java statement

```
class test
{
long factorial(int n)
{
long f = (a)_____________;
for(int i = 1; (b) _____________; i++)
{
f = (c) _________* i;
}
return f;
}
System.out.println("Factorial =" + (d)_________________);
}
```

(a) 1.   1.0   2.   0.0   3.   1
(b) 1.   i=n   2.   i>=n   3.   i<=n
(c) 1.   i   2.   f   3.   n
(d) 1.   f   2.   i   3.   fact

Question 10

Read the paragraph given below and answer the questions given below:

Case study

In Java, a constructor is a block of codes similar to the method. It is called when an instance of the class is created. At the time of calling constructor, memory for the object is allocated in the memory. It is a special type of method which is used to initialize the object.

Every time an object is created using the new() keyword, at least one constructor is called. It calls a default constructor if there is no constructor available in the class. In such case, Java compiler provides a default constructor, by default. There are two types of constructors in Java : no-arg constructor and parameterized constructor.

(a) What is constructor?
    1.   A bloc of code similar to method with same name as its class.
    2.   A bloc of code to create object
    3.   A bloc of code to find the class
(b) In java the types of constructors are
    1.   parameterized   2.   non parameterized
    3.   default   4.   All of above
(c) Name of method for constructor is similar to
    1.   package   2.   class   3.   object
(d) Memory can be initialized for storing objects by?
    1.   Constructors   2.   Destructors   3.   All of above

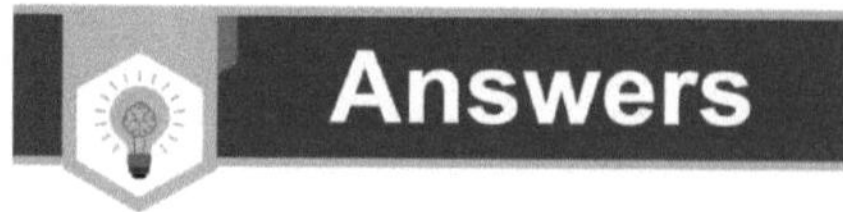

Answers

SECTION A

1. (a) Correct option is 3
    Explanation : In Java all these keywords are available.
  (b) Correct option is 2
    Explanation : Except = all are relational operator.
  (c) Correct option is 3
    Explanation : In Java keyword 'public', 'private' and 'protected' keywords are used to access the properties of aclass.
  (d) Correct option is 2
    Explanation : Logically max will find maximum of two and then will take absolute value which is 14.74.

    (e) Correct option is 3

       Explanation : On execution of this statement the machine will show the logical error, because the value of r is not known for evaluating the expression of RHS.

2. (a) correct option is 2.

    (b) Correct option is 2.

       Explanation : In Java, the compiler Javac allocates 8 Bytes memory for double data type.

    (c) correct option is 1.

       Explanation : Public give most accessibility.

    (d) Correct option is 4.

       Explanation : Constructor always has same name class.

    (e) correct option is 1.

       Explanation : The JDK (Java Development tool kit) is a software development environment used to develop Java application and applets

3. (a) Correct option is 2.

    (b) Correct option is 3.

    (c) Correct option is 3.

    (d) Correct option is 2.

    (e) Correct option is 3.

4. (a) True

       Explanation : String is non primitive data type in Java.

    (b) True

       Explanation : And of atrue statement with a false statement is false but itsnegation is true.

    (c) False

       Explanation : Functions can always return an object if the return type is the same as the object returned.

    (d) True

       Explanation : For loop has starting and terminating conditions, both.

    (e) True

       Explanation : Oak was language created by James Gosling

5. (a) Correct option is 4

       Explanation : far is not used in looping.

    (b) Correct option is 3

       Explanation : All are relational operators, whether && is logical AND operator.

    (c) Correct option is 1,

       Explanation : output is 'poor'.

    (d) Correct option is 4, String

       Explanation : String is derived data type whether all others are primitive data types.

    (e) Correct option is 1.

       Explanation : Except &, all others are relational operators.

6. (a) Correct option is 1.

       Explanation : $y = (++y * (y++ + 5));$

$$= 11 * (11 + 5)$$
$$= 11 * 16$$
$$= 176$$

    (b) Output value is 35 thus correct option is 2.

    (c) Correct option is 2.

       Explanation : Since marks are greater than 80 but less than 90 hence glade is 9.

    (d) Correct option is 3.

       Explanation : The decision goes into defalt case, So, the output will be poor.

    (e) Correct option is 2.

      Explanation : Loops check for one condition of % function and at m = 15 m% 3 is 0. So, exeution breaks and comes out of loop

SECTION B

7. (a) Correct option is 2.

  (b) Correct option is 3.

  (c) Correct option is 1.

  (d) Correct option is 2.

  (e) Correct option is 2.

  (f) Correct option is 1.

8. (a) Correct option is 1.

  (b) Correct option is 2.

  (c) Correct option is 1.

  (d) Correct option is 2.

  (e) Correct option is 1.

  (f) Correct option is 2.

9. (a) Correct option is 1.

  (b) Correct option is 3.

  (c) Correct option is 2.

  (d) Correct option is 1.

10. (a) Correct option is 1.

  (b) Correct option is 4.

  (c) Correct option is 2.

  (d) Correct option is 1.

❑❑

Sample Paper

Computer Applications

Questions

SECTION A

Question 1

Choose the correct answer
- (a) Which of the following is not valid KEYWORD?
  - (i) for
  - (ii) far
  - (iii) break
  - (iv) since
  - 1. (i)
  - 2. (ii)
  - 3. (iii)
  - 4. (iv)
- (b) Which one is not correct relational operator?
  - (i) ==
  - (ii) =
  - (iii) !=
  - (iv) <>
  - 1. (i)
  - 2. (ii)
  - 3. (ii)
  - 4. (iv)
- (c) Which of the following reserved keyword in Java?
  - 1. object
  - 2. stricfp
  - 3. main
  - 4. system
- (d) What is the final value stored in variable x ?

  int a =-7.76;

  double x = Math.abs(Math.floor(a));
  - 1. 8.0
  - 2. 7.0
  - 3. 8
  - 4. 7
- (e) Name the type of error in the statement given below :

  int r=100/r;
  - 1. Syntax
  - 2. Runtime
  - 3. Logical
  - 4. Warning

Question 2

Fill in the blanks with the correct option
- (a) A _______________ is the data or a sequence of characters used in a program to represent a contant that never changes its value during the execution of program.
  - 1. Class
  - 2. literal
  - 3. array
  - 4. String
- (b) The number of bytes occupied by int data type is __________byte/s
  - 1. 4
  - 2. 8
  - 3. 2
  - 4. None of these
- (c) The _________ is called the instance of the class
  - 1. Sub Class
  - 2. Attributes
  - 3. Object
  - 4. None of these
- (d) A _________ is used to give single line comment in Java.
  - 1. //* comment
  - 2. /* comment*1
  - 3. 11 comment
  - 4. *1 comment *1
- (e) A _________ is a exit control loop in Java.
  - 1. Do while
  - 2. while
  - 3. for
  - 4. switch

Question 3

Name the following :
- (a) The wrapper class to which boolean type belongs
  - 1. boolen
  - 2. boot
  - 3. Boolean
- (b) The code which can execute on any machine and is independent of architecture is
  - 1. Source code
  - 2. Object Code
  - 3. Byte code
- (c) The method with the same name as of the class and which does not have a return data type is called as
  - 1. Constructor
  - 2. Function
  - 3. Method
- (d) The statement to insert some data as input in Java is.
  - 1. System.scaner(0)
  - 2. new
  - 3. Scanner

 (e) Invoking a function without any parameters of a class is termed as

  1. Call by value 2. call by reference 3. call as default

Question 4

State True Or False :

 (a) Boolean is a non - primitive data type

  1. True   2. False

 (b) !(20<3&&4>6)

  1. true   2. false

 (c) Scope of local variable is with in a class.

  1. True   2. false

 (d) do loop is doubly bounded iterative statement.

  1. True   2. False

 (e) The comparison operator(==) is left associative.

  1. True   2. False

Question 5

Choose the odd one :

 (a) 1. &   2. &&   3. >>   4. <<

 (b) 1. >=   2. ==   3. &   4. <=

 (c) 1. Switch 2. If   3. f-else 4. for

 (d) 1. byte   2. boolean 3. char   4. Array

 (e) 1. abstraction 2. inheritance 3. portable 4. encapsulation

Question 6

Give the output of the following

 (a) x = x++ + ++ x; [x = 5]

  1. 9   2. 10   3. 11   4. 12

 (b) if (a == b)

```
        {
    System.out.println(a+b);
        }
    else
        {
    System.out.println (a-b);
        }
```

  when a = 7 and b = 5

  1. 12, 35   2. 35   3. 2

 (c) String x = (a <= 30) ? "poor" : "fail";

  when a = 30

  1. poor   2. fail   3. poor and fail

 (d) switch (x)

```
        {
    case 'a' : System.out.println("Discipline");
    case 'b' : System.out.println ("Dedication");
    break;
    case 'c' : System.out.println("Commitment");
    default : System.out.println("Success");
        }
```

  when x='C'

  1. Discipline 2. Dedication 3. Success

 (e) n=10000;

  while (n>10)

```
        {
    n=n/10;
        }
```

System.out.println(n);

How many time the loop is executed and what is the output?

1. Loop is executed 4 times and the output is 10
2. Loop is executed 3 times and the output is 100
3. Loop is executed 1 times and the output is 10.

SECTION B

Question 7

Given below is a class with the following specifications :

Special words are those words which start and end with the same letter.

Examples : EXISTENCE, COMIC, WINDOW

Palindrome words are those words which read the same from left to right and vice-versa.

Examples : MALAYALAM, MADAM, LEVEL, ROTATOR

All palindromes are special words, but all special words are not palindromes.

Write a program to accept a word check and print whether the word is a palindrome or only special word.

```java
public class palin
{
//Function that returns true if
//str is a palindrome
static boolean isPalindrome(String str)
{
//Pointers pointing to the beginning
//and the end of the string
int i = 0, j = str.length() – 1;
//While there are characters to compare
while (i < j)
{
//If there is a mismatch
if (str.charAt(i) != str.charAt(j))
return false;
// Increment first pointer and
// decrement the other
i++;
j--;
}
//Given string is a palindrome return true;
}
public static void main(String[] args)
{
String str = "geeks";
if (isPalindrome(str))
System.out.print("Yes");
else
System.out.print("No");
    }
}
```

(a) Name of the Class in above program is:

1. palin   2. palindrome   3. class

(b) Statement to get length of string used above

1. strlen();   2. l=len();   3. str.lenth();

(c) Condition of while loop in above program is
    1.   i==j;   2.   i<j;   3.   i>=j;

(d) What is the return type of Ispalindrome() function is
    1.   char   2.   string   3.   boolean

(e) Beginning of string is denoted by
    1.   int i=0;   2.   double i=0;   3.   char i=0;

(f) Access modifier of class palin is
    1.   public   2.   private   3.   protected

Question 8

The following program is based on the specification given below :

A program is written to encode a word into Piglatin. To translate a word into a Piglatin word, convert the word into upper case and then place the first vowel of the original word as the start of the new word along with the remaining alphabets. The alphabets present before the vowel being shifted towards the end following by "YZ".

Sample input : Flowers   Sample Output: OWERSFLYZ
Sample input : Olympics Sample Output : OLYMPICSYZ

```java
import java.util.*;
public class Piglatin
    {
public static void main(String args[])
    {
Scanner ob=new Scanner(System.in);
System.out.println("Enter the word to be converted.");
String word=ob.next();
word=word.toUpperCase();
String piglatin='»';
int flag=0;
for(int i=0;i<word.length();i++)
    {
char x=word.charAt(i);
if(x=='A', || x=='E', || x=='I'> || x=='O'> ||x=='U'>)
    {
piglatin=word.substring(i)+word.substring(0,i)+»"AY"»;
flag=1;
break;
    }
    }
if(flag==0)
    {
piglatin=word+»"AY"»;
    }
System.out.println(word+» in Piglatin format is «+piglatin);
    }
    }
```

(a) What is the Name of the class used in above program.
    1.   Piglatin   2.   LatinWord   3.   PiglatinWord

(b) Keyword to use scanner class is __________
    1.   old   2.   new   3.   void

(c) To input the string object __________ is used.
    1.   ob.next()   2.   ob.nextLine()   3.   ob.nextln()

(d) The __________ flag is initialized as __________ .
    1.   flag=0;   2.   flag!=0;   3.   flag==0;

(e) The package used is __________
    1.   java.util.*   2.   java.sys.*   3.   java.str.*

(f) Inialization of the word piglatin __________
    1.   word="";   2.   piglatin="";   3.   piglatinWord="";

Question 9

A Class to overload a function polygon() as follows is designed

(i) void polygon(int n, char ch) : with one integer argument and one character type argument that draws a filled square of side n using the character stored in ch.

(ii) void polygon(int x, int y) : with two integer arguments that draws a filled rectangle of length x and breadth y using the symbol '@'.

(iii) void polygon() : with no argument that draws a filled triangle shown below :

```java
public class KboatPolygon
    {
public void polygon(int n, char ch)
    {
for (int i = 1; i <= n; i++)
    {
for (int j = 1; j <= n; j++)
    {
System.out.print(ch);
    }
System.out.println();
    }
}
public void polygon(int x, int y)
    {
        for (int i = 1; i <= x; i++)
        {
        for (int j = 1; j <= y; j++)
        {
        System.out.print('@');
        }
System.out.println();
    }
}
public void polygon()
    {
for (int i = 1; i <= 3; i++)
    {
for (int j = 1; j <= i; j++)
    {
System.out.print('*');
    }
System.out.println();
    }
}
public static void main(String args[])
    {
KboatPolygon obj = new KboatPolygon();
```

```
obj.polygon(2, 'o');
System.out.println();
obj.polygon(2, 5);
System.out.println();
obj.polygon();
    }
}
```

Answer the following questions :

    (a)   The parameters passed to object in main program are ————

        1.   5,2   2.   2   3.   2,5

    (b)   for loop constraints are ————

        1.   i=0; i<=n; i++   2.   . i=0; i<n; i++   3.   . i=1; i<=n; i++

    (c)   access mode of method polygon is ————

        1.   new   2.   public   3.   private

    (d)   Name of the class is ————

        1.   Kboatpolygon   2.   Polygon   3.   ob

Question 10

Read the paragraph given below and answer the questions given below :

Case study

Operator overloading is one of those strange language features you either love or loathe. The loathing part is understandable, since misusing operator overloading can very quickly lead to confusing code and more confusing bugs.

"Operator overloading allows Java operators to have user-defined meanings on user-defined types (classes). Overloaded operators are syntactic sugar for function calls."

Thus, if you define a class Foo, you should also be able to define an implementation for the plus operator such that FooBar = Foo + Bar;.

Operator overloading is widely considered to be a trivial language feature. *Syntactic sugar* is the term most frequently used to describe this phenomenon. The syntactic sugar part is true: Doesn't nearly every programming language include a syntactic sugar abstraction that allows you to write complex machine code...without actually having to do that?

(a) What is operator overloading?
    1.   A bloc of code similar to method with same name as its class.
    2.   Define the multi role of some operator
    3.   A bloc of code to find the class

(b) Operator overloading is the feature
    1.   Inheritance   2.   Encapsulation   3.   default   4.   Polymorphism

(c) Example of operator overloading is
    1.   &   2.   **   3.   ++

(d) Overloading types are?
    1.   Function overloading   2.   Operator overloading
    3.   All of above

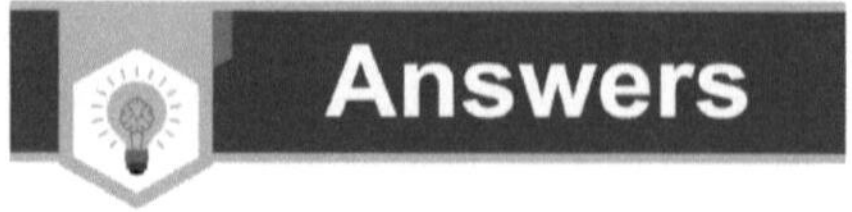

SECTION A

1. (a) Correct option is 4

      Explanation : In Java keywords since is not available.C

    (b) Correct option is 2

      Explanation : Except = all are relational operator.

(c) Correct option is 2

(d) Correct option is 1

Explanation : Logically by doing floor operation the values will be rounded to -8, then by applying absolute operator the value will be converted to 8, which is represented as 8 in integer.

(e) Correct option is 3

Explanation : On execution of this statement the machine will show the logical error, because the value of r is not known for evaluating the expression of RHS.

2. (a) correct option is 2.

Explanation : A literal represents a constant that never changes its value.

(b) correct option is 1.

Explanation : In Java, the compiler Javac allocates 4bytes memory for int data type.

(c) correct option is 3.

Explanation : The instance of a class is object.

(d) correct option is 2.

Explanation : /* comment *1 is used to give single line comment.

(e) correct option is 1.

Explanation : Exit control loop is loop in which condition is checked after the execution of the body of the loop.

3. (a) Correct option is 3.

Explanation : The wrapper class to create boodean in Java in Boolean.

(b) Correct option is 3.

Explanation : In java, the byte code can be interpreted on any machine with different architecture and platform.

(c) Correct option is 1.

Explanation : Constructor is the special method defined with same name of its class.

(e) Correct option is 3.

Explanation : The default constructors are invoked automatically.

4. (a) False

Explanation : Boolean is primitive data type in Java.

(b) True

Explanation : And of two false statement is false statement but its negation is true.

(c) True

Explanation : Scope of a variable is its local class.

(d) False

Explanation : Do loop has only one check at bottom.

(e) True

Explanation : The comparison operator is left associative.

5. (a) Correct option is 2

Explanation : && is logical AND operator, whether all others are bitwise operators.

(b) Correct option is 3

Explanation : All are relational operators, whether & is bitwise operator.

(c) Correct option is 4,

Explanation : For is looping statement while all other are conditional statement.

(d) Correct option is 4

Explanation : Array is derived data type whether all others are primitive data types.

(e) Correct option is 3.

Explanation : Except portable, all others are the features of OOPs.

6. (a) Out value is 11, So the correct option is 3.

   (b) Output value is 2 thus correct option is 3.

   (c) Correct option is 1,

   Explanation : Output is 'poor'.

   (d) The decision goes into default case, So the output will be success. Thus, the correct option is 3.

   (e) Correct option is 1.

SECTION B

7. (a) Correct option is 1.

   (b) Correct option is 3.

   (c) Correct option is 2.

   (d) Correct option is 3.

   (e) Correct option is 1.

   (f) Correct option is 1.

8. (a) Correct option is 1.

   (b) Correct option is 2.

   (c) Correct option is 1.

   (d) Correct option is 1.

   (e) Correct option is 1.

   (f) Correct option is 2.

9. (a) Correct option is 3.

   (b) Correct option is 3.

   (c) Correct option is 2.

   (d) Correct option is 1.

10. (a) Correct option is 2.

    (b) Correct option is 4.

    (c) Correct option is 1.

    (d) Correct option is 3.

□□

Physical Education

Specimen Question Paper

Physical Education

Maximum Marks: 50
Time allowed: One hour (inclusive of reading time)

General Instructions

ALL QUESTIONS ARE COMPULSORY.
The marks intended for questions are given in brackets [ ].
Select the correct option for each of the following questions.

Questions

Question 1

Physical growth and development is called: [1]

1. Readiness.
2. Maturation.
3. Heredity.
4. Mobility.

Question 2

What is a Tennis elbow injury? [1]

1. It is an inflammation of the tendon that joins the muscle of the forearm to the outside of the elbow.
2. It is a disorder involving the muscles, nerves, and bones of the back.
3. It is inflammation of the bursa at the part of the hip called the greater trochanter.
4. It is a traumatic injury to the brain that alters mental status.

Question 3

What does Mesomorph refer to? [1]

1. They gain weight easily, lose weight slowly.
2. They gain and lose weight easily.
3. It is hard to gain weight.
4. It is difficult to gain muscles.

Question 4

Which physical fitness test is used to assess cardiovascular endurance? [1]

1. Push- ups test.
2. Sit and reach test.
3. Sit-ups test.
4. Cooper run test.

Question 5

To prevent an injury, one should always: [1]

1. Warm up properly.
2. Have appropriate fitness levels before playing.
3. Wear the appropriate equipment.
4. All of these.

Question 6

The ability to maintain equilibrium when stationary or moving: [1]

1. Accuracy.
2. Flexibility.
3. Balance.
4. Agility.

Question 7

The influence of peer group is more in: [1]

1. Adulthood Stage.
2. Adolescence Stage.
3. Infancy Stage.
4. Childhood Stage

Question 8

It is the ability to use the senses together with body parts during movement: [1]

1. Power.
2. Agility.
3. Speed.
4. Coordination.

Question 9

The systematic planning of athletic or physical training is called: [1]

1. Periodization.
2. Specificity.
3. Frequency.
4. Variance.

Question 10

Factors that influence human growth and development are: [1]

1. Heredity.
2. Environment.
3. Gender.
4. All of these.

Question 11

What is the most common symptom of an ACL injury? [1]

1. Pain, swelling along the inner part of the leg.
2. A loud "pop" or a "popping" sensation in the knee with severe pain.
3. Pain on the bottom of the foot near the heel.
4. Tenderness when you touch the ankle. Instability in the ankle.

Question 12

Which of the following statements is correct? [1]

1. Language acquisition is faster in girls in their teens.
2. Skills like catching, jumping, throwing are slower in boys.
3. Girls don't grow taller.
4. Gender does not influence growth and development.

Question 13

___________ is essential for the healthy development of the child. [1]

1. Proper nutrition.
2. Recreation.
3. Fibrous food.
4. Exertion

Question 14

Which among the following are the objectives of physical education? [1]

1. Physical development and psychological development.
2. Social development, emotional development.
3. Neuro-muscular development, mental development.
4. All of the above.

Question 15

If someone has a broken bone, which of the following statements is true? [1]

1. If we do not support the limb, it may cause further injury and pain.
2. If we do not support the limb, the person will be able to move the limb more easily and reduce the pain.
3. If we do not support the limb, it doesn't matter.
4. None of the above.

Question 16

Which is not the psychological development objective of physical education? [1]

1. To develop self-confidence and self-esteem.
2. To develop the ability to use one's body to express one's ideas, attitudes and emotions.
3. To develop the ability to plan, implement and evaluate decisions.
4. To develop alertness of mind, deep concentration through various physical activities.

Question 17

The best way to prevent sports injuries is: [1]

1. Stay calm.
2. Good warming up and stretching.
3. Not to do too much effort. 4.
   Not to play at all.

Question 18

The risk for shin splint injury is more if you: [1]

1. Cycle for a longer duration.
2. Have flat feet or very rigid foot arches.
3. Swim a lot.
4. Have a collision in football.

Question 19

The process by which a child learns to interact with others around them is called: [1]

1. Physical development.
2. Psychological development.
3. Emotional development.
4. Social development.

Question 20

Which of the following is the Psychological Development objective of Physical Education? [1]

1. To develop organ systems such as the muscular system, digestive system properly.
2. To develop understanding and appreciation of the culture which is worldwide.
3. To develop the ability to deal with success and failure with equanimity.
4. To develop alertness of mind, deep concentration through various physical activities.

Question 21

The physical makeup of a person's body is called their ___________. [1]

1. Size.
2. Height.
3. Shape.
4. Body type.

Question 22

What does the principle of variance suggest? [1]

1. Major changes in training helps in sports performance.
2. Minor changes in training helps in sports performance.
3. No changes in training helps in sports performance.
4. None of the above.

Question 23

Mesomorph tends to have .... metabolism. [1]

1. Slow metabolism.
2. Average to Fast metabolism.
3. Medium metabolism.
4. High metabolism.

Question 24

Which of the following statements is true with respect to Growth: [1]

1. It stops when maturity has been attained.
2. Is continuous throughout life.
3. Is a progressive series of changes.
4. Cannot be measured.

Question 25

What physical traits are associated with an Ectomorph? [1]

1. Broad Shoulders.
2. Thin Build.
3. Large Frame.
4. Small Feet.

Question 26

What is physical fitness? [1]

1. Any physical activities that improve your ability to complete tasks.
2. The ability to do everyday tasks without getting tired.
3. The way your body adapts to the stress of exercise.
4. All of the above.

Question 27

Which of the following is most likely to increase the risk of leg and foot fracture: [1]

1. Gradual increase in intensity of training.
2. Warm up and cool down.
3. Stretching the leg muscle.
4. High arches and low flexibility of the lower body.

Question 28

The progressive series of changes that occur in an orderly predictable pattern as a result of maturation and experience is called: [1]

1. Development.   2. Growth.   3. Both.   4. None.

Question 29

How does a MCL injury occur? [1]

1. Falling on the outside of the hip or banging the hip on any hard surface.
2. Putting strain on calf muscle during repeated exercise or physical activity.
3. Car accident.
4. Improper landing after a jump.

Question 30

The ability of your joints to move through a full range of motion is called: [1]

1. Agility.   2. Co-ordination.   3. Flexibility.   4. Speed.

Question 31

What is the name of the fitness test for power? [1]

1. 100 m run.   2. Standing broad jump.   3. Cooper Run test.   4. Zig zag test.

Question 32

What is an ACL injury? [1]

1. It is a pain along the inside edge of the shin bone.
2. It is a tear or sprain of the anterior cruciate ligament.
3. It is the inflammation of the plantar fascia ligament.
4. It is a tear or sprain of the Medial Collateral ligament.

Question 33.

The years between the onset of puberty and beginning of adulthood is the stage of: [1]

1. Adolescence.   2. Childhood.   3. Adulthood.   4. Infancy.

Question 34

Being able to change direction quickly in a game of basketball is a good example of which skill related component? [1]

1. Speed.   2. Coordination.   3. Agility.   4. Power.

Question 35

The power of memory, thinking and decision making gets increased in which stage of Growth and Development? [1]

1. Childhood stage.   2. Infancy.   3. Adulthood.   4. Adolescence.

Question 36

Which somatotypes are at a greater risk of becoming obese? [1]

1. Endomorph.   2. Mesomorph.   3. Ectomorph.   4. Athletic.

Question 37

According to the Principle of Continuity, training program should be: [1]

1. Regular.   2. Irregular.   3. Once a week.   4. Once a month.

Question 38

The stage from the age of 19-65 years is called: [1]

1. Childhood Stage.   2. Infancy Stage.   3. Adolescence Stage.   4. Adulthood Stage

Question 39

What is a muscle strain? [1]

1. It is an inflammation of the tendon that joins the muscle of the forearm to the outside of the elbow.
2. It is an injury of muscles caused by the overstress or overstretch of muscles or due to violent pull.

3. It is a tear or sprain of the anterior cruciate ligament.

4. It is an inflammation of the bursa.

Question 40

The mnemonic RICE stands for: [1]

1. Rest, Innervate, Compression, Elevation.
2. Rest, Ice, Compression, Elevation.
3. Rest, Ice, Contusion, Elevation.
4. Rest, Ice Contraction, Elevation.

Question 41

The ability to move from one point to another in the shortest period of time: [1]

1. Power.
2. Agility.
3. Speed.
4. Balance.

Question 42

The transmission of traits from parents to off-springs is called: [1]

1. Environment.
2. Genes.
3. Heredity.
4. Biology.

Question 43

The ability of the muscle to exert maximum force is: [1]

1. Muscular endurance.
2. Flexibility.
3. Agility.
4. Muscular strength.

Question 44

Which of the following is NOT the objective of physical education? [1]

1. Physical development.
2. Psychological development.
3. Neuro-muscular development.
4. Sedentary lifestyle.

Question 45

A stress fracture is a: [1]

1. It is a fatigue induced a tiny crack or a small sliver in a bone.
2. It occurs when the ligaments that support the ankle are stretched.
3. It is a traumatic injury to the brain that alters mental status.
4. It is the inflammation of the plantar fascia ligament.

Question 46

What is cardiovascular endurance? [1]

1. It is the ability of a muscle or group of muscles to sustain repeated contractions.
2. It is the ability of the heart and lungs to supply oxygen-rich blood to the working muscle tissues.
3. It is the ability of muscles to overcome resistance and produce force.
4. It is the range of motion in a joint or group of joints or the ability to move joints effectively through a complete range of motion.

Question 47

Following is the objective of psychological development in physical education: [1]

1. To guide a person to make his body strong, well-shaped and good looking.
2. To develop positive thoughts, ideas, behaviour, attitude, conduct and responses.
3. To develop the ability to respect the attitudes and values of others.
4. To develop the ability to control various emotions like fear, pleasure, hope, anger.

Question 48

In which part of the body can you suffer a "Concussion": [1]

1. Leg.
2. Elbow.
3. Head.
4. Knee.

Question 49

The cool-down period is designed to: [1]

1. Help reduce muscle stiffness and soreness.
2. Lower body temperature.
3. Redistribute pooled blood after exercise.
4. All of these.

Question 50

In which stage the physical growth is rapid? [1]

1. Early childhood.   2. Adolescence.   3. Old age.   4. Infancy.

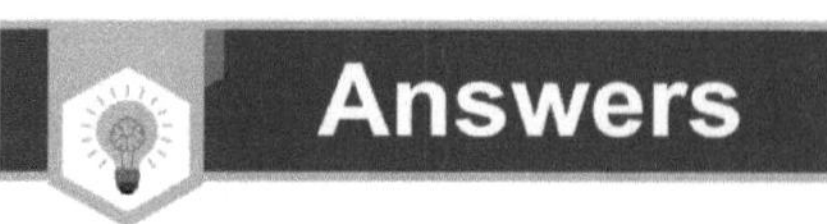

Answers

1. 2. Maturation.
2. 1. It is an inflammation of the tendon that joins the muscle of the forearm to the outside of the elbow.
3. 2. They gain and lose weight easily
4. 4. Cooper run test.
5. 4. All of these.
6. 4. Agility
7. 2. Adolescence Stage
8. 4. Coordination
9. 2. Specificity
10. 4. All of these.
11. 2. A loud "pop" or a "popping" sensation in the knee with severe pain
12. 1. Language acquisition is faster in girls in their teens
13. 1. Proper nutrition
14. 4. All of the above
15. 1. If we do not support the limb, it may cause further injury and pain
16. 2. To develop the ability to use one's body to express one's ideas, attitudes and emotions
17. 2. Good warming up and stretching
18. 2. Have flat feet or very rigid foot arches
19. 4. Social development
20. 4. To develop alertness of mind, deep concentration through various physical activities
21. 4. Body type
22. 2. Minor changes in training helps in sports performance
23. 2. Average to Fast metabolism.
24. 2. It stops when maturity has been attained.
25. 2. Thin Build

26. 4. All of the above
27. 1. Gradual increase in intensity of training
28. 1. Development
29. 4. Improper landing after a jump
30. 3. Flexibility
31. 1. 100 m run
32. 2. It is a tear or sprain of the anterior cruciate ligament
33. 1. Adolescence
34. 3. Agility
35. 4. Adolescence
36. 2. Mesomorph
37. 1. Regular
38. 4. Adulthood Stage
39. 1. It is an inflammation of the tendon that joins the muscle of the forearm to the outside of the elbow
40. 2. Rest, Ice, Compression, Elevation
41. 3. Speed
42. 3. Heredity
43. 1. Muscular endurance
44. 4. Sedentary lifestyle
45. 1. It is a fatigue induced a tiny crack or a small sliver in a bone
46. 2. It is the ability of the heart and lungs to supply oxygen-rich blood to the working muscle tissues
47. 2. To develop positive thoughts, ideas, behaviour, attitude, conduct and responses
48. 3. Head
49. 4. All of these.
50. 4. Infancy

❏❏

1 Sample Paper

Physical Education

Questions

Question 1

Which of the following systems of the body is the focal point in movement?

1. Circulatory system 2. Nervous system 3. Respiratory system 4. Muscular system

Question 2

Which of the following are considered as the Social Inheritance of Man?

1. Traditions 2. Habits 3. Conditional reflexes 4. Religious practices

Question 3

Find the odd from the following: Soft tissue injuries types –

1. Laceration 2. Abrasion 3. Contusion 4. None of these

Question 4

Physical activity is basically a–

1. Social attribute 2. Psychological tendency
3. Biological necessity 4. Philosophical concept

Question 5

In the technical terms, muscle pull is known as:

1. Sprain 2. Strain 3. Abrasion 4. Contusion

Question 6

Physical education is:

1. Part of the total education program that contributes, primarily through movement, to the total growth and development of children
2. A program that only provides recreational and play experiences for children
3. Most important for those children who are interested in playing sports
4. A subject with the primary objective to improve the fitness of children

Question 7

__________ is a dynamic state of well being that implies living fully and deriving the most from life.

1. Dynamic health 2. Healthiness 3. Liveliness 2. Wellness

Question 8

What is the Aim of Physical Education?

1. Physical Development 2. Mental Development
3.. Whole Development of Individuals 4. Social Development

Question 9

What is the meaning of posture?

1. Way of sit 2. Way of walk
3. Way of stand 4.. The way a person sits, stands, walks, etc

Question 10

Which is not a component of health – related physical fitness?

1 Body Composition 2. Balance
3. Cardiorespiratory Fitness 4. Flexibility

Question 11

Which among the following are the type of fracture?

1. Open fracture 2. Closed fracture 3. Only 2. 4. Both 1 and 2

Question 12

Which of the following is not a component of physical fitness?

1. Agility   2. Anaerobic capacity   3. Flexibility   4. Muscle composition

Question 13

__________ is the ability to perform smooth and accurate movements involving different parts of the body.

1. Differentiation   2. Coordination   3. Subjugation   4. Adaptation

Question 14

Which of the following is not a type of endurance?

1. Speed endurance   2. Aerobic endurance   3. Power endurance   4. Strength endurance

Question 15

Which of the following is not a cause of sports injuries?

1. Age related causes   2. Equipment selection related
3. Related to poor technique   4. None of these

Question 16

Select the incorrect option that does not describes strength.

1. Maximum strength   2. Knock-out strength   3. Explosive strength   4. Strength endurance

Question 17

Which of the following best describes the usual progression of physical growth in infants and toddlers?

1. Physical growth occurs first in the lower body and proceeds upward to the torso and hea.

2. Physical growth occurs in all major regions of the body simultaneously at about the same rate.
3. Physical growth occurs first in the head and proceeds downward to the trunk and outward toward the extremities.
4. Physical growth occurs variably in individuals with no typical starting point or progression of growth.

Question 18

Which of the following statement is incorrect about the principles of child development?

1. Development follows a definite and predictable pattern.
2. All individuals are similar in their development.
3. Development is product of hereditary and environment.
4. Development works on the principle of integration.

Question 19

Which of the following statement is not correct?

1. Development is a quantitative process.   2. Education is a goal-oriented process.
3. Learning is a process of behavioural change.   4. Growth is a biological process.

Question 20

"Development is a never-ending process'. This statement is related to which principle of development?

1. Principle of continuity   2. Principle of integration
3. Principle of interaction   4. Principle of inter-relationship

Question 21

Human development starts from—

1. Stage of infancy   2. Pre-childhood stage
3. Pre-natal stage   4. Post-childhood stage

Question 22

Growth of a child is mainly related to—

1. Moral Development   2. Social Development
3. Physical Development   4. Emotional Development

Question 23

What is the full form of "P.R. I.C.E" to treat sprain?

1. P = Protection, R = Rest, I= ICE, C= Compression, E= Elevation

2. P = Protection, R = Rest, I= ICE, C= Compress, E= Exercise
3. P = Protection, R = Rest,, I= ICE, C= Compound, E= Elevation
4. P = Protection, R = Rest, I= ICE, C= Conditioning, E= Exercise

Question 24

The strong, muscular,and fit body type is _______________.

1. Mesomorph   2. Ectomorph   3. Endomorph   4. None of these

Question 25

What physical traits are associated with an Ectomorph?

1. Thin Build   2. Large Frame   3. Broad Shoulders   4. Small Feet

Question 26

What does 'Somato' stand for?

1. Rear   2. Physique   3. Size   4. Build

Question 27

What does an Endomorph refer to?

1. Wider hips than shoulders   2.   Longer legs than arms
3. Tall   4. Muscular

Question 28

The time period between childhood and adulthood that includes physical, social, emotional and mental changes is called _______________ .

1. Puberty   2. Maturity   3. Adolescence   4. Rebellion

Question 29

This ligament is located internally and crosses at the back of the knee joint-

1. MCL   2. ACL   3. PCL   4. LCL

Question 30

Hormone responsible for the secondary sexual characteristic changes in males—

1. Estrogen   2. Endocrine   3. Testosterone   4. Pituitary Gland

Question 31

Which age does infants start having teeth?

1. 5-6 months   2. 3-4 months   3. 6-8 months   4. 10-12 months

Question 32

The process of learning the rules of behaviour of the culture within which an individual is born and will live—

1. Socialisation   2. Egocentric   3. Learning   4. Maturation

Question 33

The ability to touch your toes is mainly an example of—

1. Muscular Endurance 2. Muscular Strength   3. Aerobic Fitness   4. Flexibility

Question 34

The ability to use two or more body parts together at the same time—

1. Coordination   2. Balance   3. Reaction Time   4. Strength

Question 35

The 3 bones that articulate at the knee are—

1. Femur/tibia/fibula   2. Tibia/patella/femur
3. Patella/fibular/tibia   4. None of these

Question 36

The amount of time it takes to move once you realize you need to act.

1. Reaction Time   2. Balance   3. Speed   4. Coordination

Question 37

The ability to move quickly or cover a distance in a short period of time.

1. Cardiovascular Fitness   2. Muscular Strength
3. Speed   4. Muscular Endurance

Question 38

Physical Education is used for—

1. Health   2. Body development   3. Fitness promotion   4. All of these

Question 39

Which of the following is not a factor affecting human growth and development?

1. Nutrition   2. Gender   3. Heredity   4. None of these

Question 40

Age-related changes that are orderly, cumulative, and directional—

1. Development   2. Growth   3. Adolescent   4. Adulthood

Question 41

List two Safety precautions that can help you avoid injuries during physical activity.

1. Warm up, cool down   2. Ride a bike with no helmet, wear baggy clothes

3. Horse play, wearing tight clothes   4. No helmet, no worries

Question 42

Sprains are injuries to—

1. Ligaments   2. Tendons   3. Bones   4. Skin

Question 43

Which statement is true?

1. Warm-ups are important for increasing flexibility.
2. Cool-downs are important to relax muscles used during exercise.
3. Warm-ups and cool-downs are equally important.
4. They are all true statements.

Question 44

"If you don't use it you'll lose it" is best described as__________.

1. Specificity   2. Progression   3. Reversibility   4. Individuality

Question 45

Specificity means what?

1. Making training specific to the sport or activity
2. Making training difficult
3. Making training easy
4. Making training hard enough to challenge you

Question 46

What additional principle of training could be incorporate into the program to stop getting bored?

1. Specificity   2. Rest and recovery   3. Adaptation   4. Variation

Question 47

If I've been training the same way for a while and my body is used to the exercise intensity, what additional principle of training has occurred?

1. Adaptation   2. Reversibility   3. Rest and recovery   4. Variation

Question 48

What is Shin Splints Injury?

1. Tibialis (Posterior) muscle is injured   2. Tibialis (anterior) muscle is injured
3. Pain in two lower legs   4. Pain in calf

Question 49

The purpose of a cool down after exercise is to—

1. Transition back to resting state   2. Increase heart rate
3. Prevent injuries   4. All of these

Question 50

A brain injury that changes the way your brain normally works. A bump, blow or jolt to the head or a blow to the body that causes the head to move rapidly back and forth.

1. Headache   2. Concussion   3. MHR   4. Spine injury

Answers

1. 4. Muscular system
2. 3. Conditional reflexes
3. 4. None of these
4. 3. Biological necessity
5. 2. Strain
6. 1. Part of the total education program that contributes, primarily through movement, to the total growth and development of children
7. 4. Wellness
8. 3. Whole Development of Individuals
9. 4. The way a person sits, stands, walks, etc.
10. 2. Balance
11. 4. Both (a) and (b)
12. 2. Anaerobic capacity
13. 2. Coordination
14. 3. power endurance
15. 4. None of these
16. 2. Knock-out strength
17. 3. Physical growth occurs first in the head and proceeds downward to the trunk and outward toward the extremities.
18. 2. All individuals are similar in their development.
19. 1. Development is a quantitative process.
20. 1. Principle of continuity
21. 3. Pre-natal stage
22. 3. Physical Development
23. 1. P = Protection, R = Rest, I = ICE, C = Compression, E = Elevation
24. 1. Mesomorph
25. 1. Thin Build
26. 2. Physique
27. 1. Wider hips than shoulders
28. 3. Adolescence
29. 2. ACL
30. 3. Testosterone
31. 3. 6-8 months
32. 1. Socialisation
33. 4. Flexibility
34. 1. Coordination
35. 2. tibia/patella/femur
36. 1. Reaction Time
37. 3. Speed
38. 4. All of these
39. 4. None of these
40. 3. Growth
41. 1. Warm up, cool down
42. 1. Ligaments
43. 4. They are all true statements.
44. 3. Reversibility
45. 1. Making training specific to the sport or activity
46. 4. Variation
47. 1. Adaptation
48. 3. pain in two lower legs
49. 4. All of these
50. 2. Concussion

❏❏

 **Questions**

Question 1

A physical change that a particular individual undergoes may be termed as:

1. Growth
2. Development
3. Progress
4. Improvement

Question 2

Which of the below stages is called as a "Period of storm & stress"?

1. Childhood
2. Adulthood
3. Adolescence
4. Infancy

Question 3

Physical development involves:

1. The growth of a child's ability to think and reason.
2. Being able to speak in full sentences and have quite a good vocabulary.
3. Eating ice cream with chop sticks.
4. Physical development involves developing control over the body, particularly muscles and physical coordination.

Question 4

Choose the best definition of gross motor skills.

1. Gross motor skills involve developing the ability to be able to think about things that happen to you.
2. Gross motor skills are those which require whole body movement, and which involve the large muscles of the body to perform everyday functions, such as standing, walking, running, and sitting upright.
3. Gross motor skills involve the ability to understand your emotions and feelings.
4. Gross motor skills involve the development of the ability to use scissors accurately.

Question 5

Locomotor skills include:

1. The ability to sleep for 8 hours
2. Walking, running and hopping
3. Sharing and turn taking
4. Eating and pencil control

Question 6

Which among these is a not a factor that influences growth and development?

1. Hereditary
2. Nutrition
3. Lifestyle
4. Environmental

Question 7

The ability to use SMALL muscle groups is known as ___ motor skills.

1. Gross
2. Moral
3. Fine
4. Social

Question 8

The number of times you exercise each week:

1. Frequency
2. Frequent
3. Training Schedule
4. Time

Question 9

How hard the exercise is?

1. Intensity
2. Overload
3. Difficulty
4. Type

Question 10

Focusing training on activities and exercises relevant to an individual's sporting goals and needs:

1. Specificity
2. Variation
3. Adaptation
4. Type

Question 11

Training at an appropriate intensity and gradually increasing the amount of stress placed on the body:
1. Progressive Overload 2. Adaptation 3. Intensity 4. Type

Question 12

By ensuring that you progressively overload your body you encourage it to adapt to new stresses being placed upon it.
1. Adaptation 2. Variation 3. Intensity 4. Specificity

Question 13

Simon is 43 years old. Calculate his max heart rate.
1. 220-43 = 177 2. 200-43 = 157 3. 230 - 43 = 187 4. 220-53 = 167

Question 14

Changes that occur in an individual's personality, emotions, and relationships with others refer to ________ development.
1. Biological 2. Physical 3. Cognitive 4. Socio-emotional

Question 15

What component would be the most important to a long-distance runner?
1. Reaction time 2. Cardiovascular endurance
3. Agility 4. Muscular strength

Question 16

The push-up test measures_________ .
1. Flexibility 2. Cardiovascular Endurance
3. Body Composition 4. Muscular Endurance and Muscle Strength

Question 17

Skill component that describes the ability to stabilise or control the body while standing or moving.
1. Agility 2. Speed 3. Balance 4. Reaction time

Question 18

What skill component describes the amount of force you can create when performing a task?
1. Speed 2. Power 3. Balance 4. Coordination

Question 19

What do we call physical activity done to keep the body fit and healthy?
1. Program 2. Flexibility 3. Endurance 4. Exercise

Question 20

What is an advantage to exercise?
1. Improves quality of life 2. Decreases chronic disease
3. Stress relief 4. All of these

Question 21

What type of exercise is more appropriate in the cool down as they help the muscles to relax?
1. Static stretching 2. Strength exercise 3. Dynamic stretching 4. Endurance exercise

Question 22

What is the correct sequence of an exercise program?
1. Cool down, warm up, work out 2. Work out, cool down, warm up
3. Work out, warm up, cool down 4. Warm up, work out, cool down

Question 23

What principles of exercise state that we are unique to each other in terms of fitness level, fitness goals, and nutritional preferences?
1. Specificity 2. Adaptation 3. Individuality 4. Progression

Question 24

This is an instructional program that gives attention to the development and care of the body.
1. Physical Education 2. Physical Development
3. Physical Fitness 4. Physical Curriculum

Question 25

This development can be acquired through physical education when someone acquires positive traits such as confidence, discipline, courage and perseverance.

1. Emotional Development
2. Mental Development
3. Physical Development
4. Social Development

Question 26

What is flexibility?
1. The ability to maintain centre of mass over a base of support
2. The ability to move a joint fluidly through its complete range of motion
3. The maximum amount of force that can be generated by a muscle or muscle group
4. The ability to quickly and precisely move or change direction without losing balance or time

Question 27

An immediate and temporary care given to a person who has been injured or suddenly taken ill.
1. Moral Support
2. Therapy
3. First Aid
4. Exercise

Question 28

When the two bones that come together to form a joint become separated, the joint is described as being

__________________.
1. Dislocated
2. Fractured
3. Sprained
4. Strained

Question 29

The "E" in the RICE method is __________________ .
1. Enquire
2. Emergency
3. Elongate
4. Elevate

Question 30

What does aerobic mean?
1. Without oxygen
2. With oxygen
3. Bows and arrows
4. None of these

Question 31

What is reaction time?
1. The time taken to respond to a stimulus.
2. The ability to perform strength performances quickly.
3. The ability to put body parts into motion quickly.
4. The ability to use two or more body parts together.

Question 32

Ideal choice of sport for Endomorphs can be__________.
1. Weightlifting
2. Marathon running
3. Long Jump
4. High Jump

Question 33

Which of the following is not a body type?
1. Ectomorph
2. Mesomorph
3. Hectomorph
4. Endomorph

Question 34

What is a somatotype?
1. The size of your foot
2. A bunch of tomatoes
3. Classifying a body type
4. How you play sport

Question 35

This body type typically has narrow shoulders, chest, hips, and abdomen.
1. Ectomorph
2. Mesomorph
3. Hectomorph
4. Endomorph

Question 36

Mesomorph's are
1. Hard muscular body
2. Delicate built
3. Lightly muscled
4. Round shape

Question 37

What is the reason for a warm up?
1. To increase likelihood of injuries
2. To decrease muscle temperature
3. To burn more calories
4. To increase heart rate and blood flow to muscles

Question 38

Which of the following is not a soft tissues?

1. Ligaments   2. Skin   3. Bone   4. Muscle

Question 39

Overload in sports training relates to when:

1. the oxygen is adequate to supply the need of the body.
2. the oxygen supplying mechanisms are not able to increase.
3. the intake of oxygen is insufficient to meet the demand.
4. the supply of oxygen is more than required.

Question 40

The definite general purpose of leading towards the aim are generally known as:

1. Target   2. Goals   3. Objectives   4. Motives

Question 41

Major Aim of Physical Education is to ensure a / an:

1. child's optimum physical development.
2. programme of activity and sports for all.
3. all-round development of the individual.
4. complete removal of boredom of the class-room activity.

Question 42

A good muscle tone is highly related to:

1. reflex time   2. movement time   3. transmission time   4. reaction time

Question 43

Which of the following is not an objective of sports training?

1. To accelerate athlete's growth and development
2. To make athlete dream about winning only
3. To bring about change in athlete's attitude, habits and behaviour
4. To make the athlete highly skillful technically and tactically

Question 44

What does cruciate mean?

1. To cross   2. To separate
3. To join at an intersection   4. To collide

Question 45

An important piece of equipment to help prevent concussion and damage to the mouth.

1. Helmet with no face shield   2. Face shield
3. Gumshield   4. Shin pads

Question 46

The ligament that is most commonly injured when your foot is planted and your body is rotating around your leg--a rotation injury is__________.

1. ACL   2. PCL   3. MCL   4. LCL

Question 47

What treatment should you not use immediately after an injury, such as an ankle sprain?

1. Rest   2. Ice   3. Compression   4. Heat

Question 48

Which of the following is not a common knee injury?

1. Runners Knee   2. Cruciate Ligament Injury
3. Hernia   4. Torn Cartilage

Question 49

Which of these is a common running injury?

1. Runners Knee   2. Shin Splint   3. Blister   4. All of these

Question 50

Injuries to muscles are known as tears or ________

1. Sprain   2. Strain   3. Breaks   4. Cracks

1. 1. Growth
2. 3. Adolescence
3. 4. Physical development involves developing control over the body, particularly muscles and physical coordination.
4. 2. Gross motor skills are those which require whole body movement, and which involve the large muscles of the body to perform everyday functions, such as standing, walking, running, and sitting upright.
5. 2. Walking, running and hopping
6. 3. Lifestyle
7. 3. Fine
8. 1. Frequency
9. 1. Intensity
10. 1. Specificity
11. 1. Progressive Overload
12. 1. Adaptation
13. 1. 220-43 = 177
14. 4. Socio-emotional
15. 2. Cardiovascular endurance
16. 4. Muscular Endurance and Muscle Strength
17. 3. Balance
18. 2. Power
19. 4. Exercise
20. 4. All of these
21. 1. Static stretching
22. 4. Warm up, work out, cool down
23. 3. Individuality
24. 1. Physical Education

25. 1. Emotional Development
26. 2. The ability to move a joint fluidly through its complete range of motion
27. 3. First Aid
28. 1. Dislocated
29. 4. Elevate
30. 2. With oxygen
31. 1. The time taken to respond to a stimulus
32. 1. Weightlifting
33. 3. Hectomorph
34. 3. Classifying a body type
35. 1. Ectomorph
36. 1. Hard muscular body
37. 4. To increase heart rate and blood flow to muscles
38. 3. Bone
39. 3. The intake of oxygen is insufficient to meet the demand.
40. 3. Objectives
41. 3. All-round development of the individual
42. 4. reaction time
43. 2. To make athlete dream about winning only
44. 1. To cross
45. 3. Gumshield
46. 1. ACL
47. 4. Heat
48. 3. Hernia
49. 4. All of these
50. 2. Strain

❑❑

Economics

Specimen Question Paper

Economics

Maximum Marks: 40
Time allowed: One hour (inclusive of reading time)

General Instructions

ALL QUESTIONS ARE COMPULSORY.
The marks intended for questions are given in brackets [ ].
Select the correct option for each of the following questions.

Questions

Question 1

The demand for goods which can be put to several uses is known as: [1]

1. Competitive   2. Autonomous   3. Composite   4. Indirect

Question 2

The productive capacity of a work is called as: [1]

1. Efficiency of labour   2. Mobility of labour
3. Supply of labour   4. Inefficiency of labour

Question 3

Which of the following are considered as factors of production? [1]

1. Land   2. Labour   3. Capital   4. All of them

Question 4

When production of goods is divided into several processes it is known as ___________ . [1]

1. Product based   2. Process based   3. Territorial based   4. Simple based

Question 5

Efficiency of labour is low in India due to: [1]

1. Congenial environment of work place   2. High wages
3. Migratory nature of labourers   4. None of above

Question 6

The demand for labour is ___________ . [1]

1. Direct   2. Derived   3. Free   4. Elastic

Question 7

If the prices of factors of production increases, then the supply will: [1]

1. Decrease   2. Increase   3. Zero   4. None of the above

Question 8

In economics demand and price have ___________ relationship. [1]

1. Zero   2. Positive   3. Direct   4. Inverse

Question 9

Capital earns ___________ as factor income. [1]

1. Wage   2. Rent   3. Profit   4. Interest

Question 10

There are more possibilities of invention under ___________ of labour. [1]

1. Supply
2. Division
3. Mobility
4. None of the above

Question 11

Car and petrol are examples of ___________ demand. [1]

1. Complementary
2. Competitive
3. Substitute
4. Composite

Question 12

___________ possess general acceptability. [1]

1. Cheque
2. Money
3. Bank draft
4. Bond

Question 13.

Under monopoly market a firm/seller has ___________ . [1]

1. Partial control over price
2. Full control over price
3. No control over price
4. None of these

Question 14.

Homogeneous products are sold under ___________ . [1]

1. Oligopoly market
2. Monopoly market
3. Perfect competition
4. Monpolistic competition

Question 15.

These are five stages of evolution of money. Which of the following order is correct ? [1]

1. Bank, paper, metallic, commodity, animal
2. Paper, metallic, Bank, commodity, animal
3. Animal, commodity, metallic, paper, bank
4. Animal, commodity, metallic, bank, paper

Question 16.

Simultaneous fulfilments of mutual wants by buyers and sellers are ___________ . [1]

1. Common measure of value
2. Double coincidence of wants
3. Divisibility of goods
4. Standard of deferred payment

Question 17.

There are a large number of buyers and sellers under a ___________ market. [1]

1. Monopoly market
2. Perfect market
3. Oligopoly market
4. All of the above

Question 18.

Cotton and cotton seeds are examples of ___________ supply. [1]

1. Jointly produced goods
2. Inferior goods
3. Composite goods
4. Inferior goods

Question 19.

___________ earns income in the form of profit as a factor of production. [1]

1. land
2. labour
3. capital
4. entrepreneur

Question 20.

Capital as a factor of production is ___________ in nature. [1]

1. Durable
2. Perishable
3. Immobile
4. Limited

Question 21.

Electricity is an example of ___________ demand. [1]

1. Complementary demand
2. Joint demand
3. Composite demand
4. Inferior demand

Question 22.

.... payments are referred to those payments which are to be done in future. [1]

1. Deferred payments
2. Stable payments
3. Derived Payments
4. Indirect Payments

Question 23.

Oligopoly is a market situation in which there are only a ___________ sellers in the industry. [1]

1. Few
2. Large
3. Futuristic
4. Maximum

Question 24.

Land is a ___________ factor of production. [1]

1. Mobile
2. Immobile
3. Temporary
4. Active

Question 25.

Which of these following is not a characteristic of land? [1]

1. Land is a direct demand
2. Land Varies in Fertility
3. Land is limited in supply
4. Land has many uses

Question 26.

Under ___________ system it is difficult to store value. [1]

1. Money exchange
2. Price exchange
3. Store exchange
4. Barter exchange

Question 27.

Tea and Coffee are examples of ___________ . [1]

1. Derived goods
2. Substitute goods
3. Inferior goods
4. All of the above

Question 28.

If the cost of production is less then the supply will ___________ . [1]

1. Decrease
2. Increase
3. Be constant
4. Be Negative

Question 29.

Lack of divisibility is a problem of ___________ system of exchange. [1]

1. Trade
2. Barter
3. Money
4. Capital

Question 30.

Labourers have ___________ bargaining power. [1]

1. More
2. Less
3. Unlimited
4. Limited

Question 31.

Indian farmer is an example of ___________ type of labour. [1]

1. Process based
2. Monopoly based
3. Product based
4. Complex based

Question 32.

When income increases the demand for ___________ types of good will increase. [1]

1. Inferior goods
2. Giffen goods
3. Normal goods
4. Coarse goods

Question 33.

The producers prefer to supply more when the prices are ___________ . [1]

1. Low
2. High
3. Negative
4. Positive

Question 34.

Labour is ___________ factor of production. [1]

1. Passive
2. Active
3. Limited
4. Direct

Question 35.

Land is fixed in two senses: [1]

1. Supply and Mobility
2. Demand and Immobility
3. Man made and Perishable
4. All of the above

Question 36.

Detergent powder and detergent cake are examples of ___________ . [1]

1. Substitute goods
2. Complementary goods
3. Jointly demanded goods
4. Inferior goods

Question 37.

When the government gives tax ___________ then the supply of goods will increase. [1]

1. Imposition　　2. Restriction　　3. Concession　　4. Perfection

Question 38.

Demand for goods will increase during ___________ period. [1]

1. Inflation/Boom　　2. Deflation　　3. Depression　　4. Stagnation

Question 39.

___________ of labour is related to division of labour. [1]

1. Supply　　2. Demand　　3. Specialization　　4. Universalization

Question 40.

A shirt costing ₹300 is ___________ function of money. [1]

1. Measure of value　　2. Store of value　　3. Transfer of value　　4. Cognizable value

Answers

1. 3. Composite	**21.** 3. Composite demand
2. 1. Efficiency of labour	**22.** 1. Deferred payments
3. 4. All of them	**23.** 1. Few
4. 2. Process based	**24.** 2. Immobile
5. 3. Migratory nature of labourers	**25.** 1. Land is a direct demand
6. 2. Derived	**26.** 4. Barter exchange
7. 1. Decrease	**27.** 2. Substitute goods
8. 4. Inverse	**28.** 2. Increase
9. 4. Interest	**29.** 2. Barter
10. 2. Division	**30.** 2. Less
11. 1. Complementary	**31.** 4. Complex based
12. 2. Money	**32.** 3. Normal goods
13. 2. Full control over price	**33.** 2. High
14. 3. Perfect competition	**34.** 2. Active
15. 3. Animal, commodity, metallic, paper, bank	**35.** 1. Supply and Mobility
16. 2. Double coincidence of wants	**36.** 1. Substitute goods
17. 2. Perfect market	**37.** 3. Concession
18. 1. Jointly produced goods	**38.** 2. Deflation
19. 4. entrepreneur	**39.** 3. Specialization
20. 2. Perishable	**40.** 1. Measure of value

Questions

Question 1

Name the factors of production which is man-made?

1. Land   2. Labour   3. Capital   4. None of the above

Question 2

How do you identify the part of the wealth invested in the business to earn income?

1. Capital   2. Land   3. Labour   4. Goods

Question 3

Which is the passive factor of production?

1. Entrepreneur   2. Labour   3. Land   4. None of the above

Question 4

Which one of the following is the example of unskilled labour?

1. Carpenters   2. Railway Coolies
3. Weavers   4. Chartered Accountants

Question 5

The factor of production characterised by high rate of mobility is:

1. Land   2. Labour   3. Entrepreneur   4. Capital

Question 6

Skilled labourers are those who has ___________ for a particular profession.

1. traditional knowledge   2. a part of professional training
3. risk taking ability   4. specialised training

Question 7

Labour may be physical or mental but is undertaken in the expectation of________ .

1. reward   2. rent   3. reputation   4. both 1 and 2

Question 8

Which one of the following is an example of labour?

1. A person sings a song for his own pleasure   2. A student plays cricket for his school
3. A doctor working in a hospital   4. A teacher teaching his own child at home

Question 9

The semi skilled workers are paid comparatively _________ than the skilled workers.

1. more   2. less   3. equal   4. none of the above.

Question 10

Which one of the below listed characteristics belongs to labour.

1. It is immobile   2. Labour can be accumulated
3. Labour supply changes over time.   4. It does not have any alternative use

Question 11

Find the correct option.

Column A	Column B
1. All free gifts of nature	(a) Productivity of land
2. Capacity of land to produce a crop	(b) Land
3. Level of wages	(c) Division of labour
4. Saving of time and tools	(d) Efficiency of labour

1. (1c),(2a),(3d),(4b)   2. (1b),(2a),(3d),(4c)   3. (1d),(2a),(3a),(4c)   4. (1c),(2a),(3d),(4a)

Question 12

A modern garment factory where one person takes the measurement, another does the cutting, some sew the clothes while a few workers button them and other iron them'-the example in the above statement is which types of division of above?

1. Process based division of labour
2. Social division of labour
3. Geographical division of labour
4. Product based division of labour

Question 13

Who you think is the one who bears risk involved in the business?

1. Organiser
2. Workers
3. Entrepreneur
4. Creditors

Question 14

Which one of the following is the causes of low rate of capital formation

1. Creation of saving
2. Increase in bank rate
3. Demonetisation
4. issue of new currencies

Question 15

What would you call the curve which shows the relation between the price of a commodity, and the amount of that commodity the supplier wishes to supply?

1. Supply curve
2. Production curve
3. utility curve
4. Demand curve

Question 16

In case of_______________,demand of a commodity changes due to the change in the price of its substitute commodity.

1. derived demand
2. cross demand
3. joint demand
4. composite demand

Question 17

When we begin to like certain commodities, their demand will ________:

1. increase
2. decrease
3. remain unchanged
4. none of the above

Question 18

What would you call the goods the demand for which falls as income of the consumer increases?

1. Giffen goods
2. Inferior goods
3. Complementary goods
4. Substitute goods

Question 19

Find the correct option.

Column A	Column B
1. Law of supply	(a) More demand due to favourable change in other factors
2. Increase in demand	(b) Direct relation
3. Contraction in demand	(c) Supply increases due to rise in price
4. Extension in supply	(d) Fall in demand due to rise in price

1. (1c),(2a),(3d),(4b)   2. (1b),(2a),(3c),(4d)   3. (1b),(2a),(3d),(4c)   4. (1c),(2a),(3d),(4a)

Question 20

What would you call the total quantity of a commodity that all the consumers are willing to buy in the market at a particular price during a specific period?

1. Individual demand   2. Market demand   3. Aggregate demand 4. Price demand

Question 21

Increase in the price of the goods cause _________ of demand curve:

1. upward movement   2. downward movement
3. leftward shift   4. rightward shift

Question 22

Which factor is responsible for the change in the quantity demanded?

1. Price of the goods   2. Price of related good
3. Income of the consumer   4. Taste and preference of the consumers

Question 23

What would you call the total quantity of a commodity that can be brought into the market for sale at a short notice?

1. Supply   2. Demand   3. Desire   4. Stocks

Question 24

For what type of goods does demand fall with a rise in income levels of household?

1. Inferior goods   2. Substitutes   3. Luxuries   4. Necessities

Question 25

When sellers expect price rise in future, they would like to ________ the present supply of their commodities.

1. Increase   2. Decrease   3. hold   4. (1) and (2)

Question 26

In which law of economics, price is inversely related to its demand?

1. Law of supply   2. Law of demand   3. Law of return   4. None of the above

Question 27

What does positively sloping supply curve show?

1. Direct relationship between price and quantity supplied
2. Inverse relationship between price and quantity supplied
3. Direct relationship between quantity produced and quantity supplied
4. Direct relationship between quantity stored and quantity supplied

Question 28

In case of inferior good, the income elasticity of demand is:

1. positive   2. zero   3. negative   4. infinite

Question 29

Increase in supply is also known as:

1. Leftward shift of supply curve   2. Rightward shift of supply curve
3. Upward Movement of supply curve   4. Downward movement of supply curve

Question 30

What would you call the increase in quantity supplied due rise in its price?

1. Expansion in supply 2. Contraction in supply 3. Decrease in supply 4. Increase in supply

Question 31

In which form of market seller is a price maker and sells goods with no close substitutes?

1. Monopolistic competitive market   2. Perfectly competitive market
3. Monopoly market   4. Oligopoly market

Question 32

Which form of market adopts a policy of non price competition and independent price policy?

1. Monopolistic competitive market
2. Perfectly competitive market
3. Monopoly market
4. Oligopoly market

Question 33

What would you call a market structure in which a few large firms dominate the industry?

1. Monopolistic competitive market
2. Perfectly competitive market
3. Monopoly market
4. Oligopoly market

Question 34

Find the correct option.

Column A	Column B
1. Few large sellers	(a) Monopolistic competitive market
2. Restricted entry	(b) Oligopoly
3. Uniform price	(c) Monopoly
4. Non Price competition	(d) Perfectly competitive market

1. (1c),(2a),(3d),(4b)   2. (1b),(2a),(3c),(4d)   3. (1b),(2a),(3d),(4c)   4. (1b),(2c),(3d),(4a)

Question 35

How would you define the expenditure incurred by the firm to promote the sale of its product through various sales promotional measures?

1. Material cost   2. Production cost   3. Selling cost   4. Fixed cost

Question 36

Which forms of market are characterised with free entry and exit?

1. Monopolistic competitive market
2. Perfectly competitive market
3. Monopoly market
4. (1) and (2)

Question 37

What do you understand with the term 'Lack of double coincidence'?

1. When the two persons may desire to purchase each other's goods
2. When the two persons may not desire to purchase each other's goods
3. Standard of deferred payments
4. Need money to buy goods

Question 38

The money which is issued on the order of the government is called:

1. Fiat money   2. Bank money   3. Credit money   4. Paper money

Question 39

Which functions of money facilitates payments in future?

1. Medium of exchange
2. Measure of value
3. Standard of deferred payment
4. Transfer of values

Question 40

Which functions of money assists you to sell your house in Agra in exchange for money and use the same money in buying a house in Kalimpong?

1. Medium of exchange
2. Measure of value
3. Standard of deferred payment
4. Transfer of values

Answers

1. 3. Capital
2. 1. Capital
3. 3. Land
4. 2. Railway Coolies
5. 2. Labour
6. 4. specialised training
7. 1. Reward
8. 3. A doctor working in a hospital
9. 2. less
10. 3. Labour supply changes over time
11. 2. (1b),(2a),(3d),(4c)
12. 1. Process based division of labour
13. 3. Entrepreneur
14. 1. Creation of Saving
15. 1. Supply curve
16. 2. cross demand
17. 1. Increase
18. 1. Giffen goods
19. 3. (1b),(2a),(3d),(4c)
20. 2. Market demand
21. 1. Upward movement

22. 1. Price of the goods
23. 4. Stocks
24. 1. Inferior goods
25. 3. hold
26. 2. Law of demand
27. 1. Direct relationship between price and quantity supplied
28. 3. Negative
29. 2. Rightward shift of supply curve
30. 1. Expansion in supply
31. 3. Monopoly market
32. 1. Monopolistic competitive market
33. 4. Oligopoly market
34. 4. (1b),(2c),(3d),(4a)
35. 3. Selling cost
36. 4. (1) and (2)
37. 2. When the two persons may not desire to purchase each other's goods
38. 1. Fiat money
39. 3. Standard of deferred payment
40. 4. Transfer of values

❑❑

Questions

Question 1

Which of the following factors of production is an active factor?

1. Land   2. Labour   3. Capital   4. None of the above

Question 2

All wealth is capital, all _________ is not wealth".

1. capital   2. land   3. labour   4. goods

Question 3

What would you call the factors of production gifted by nature free of cost?

1. Entrepreneur   2. Capital   3. Land   4. Labour

Question 4

Which one of the following is the example of skilled labour?

1. Carpenters   2. Railway Coolies
3. Weavers   4. Chartered Accountants

Question 5

"It consists of all human efforts of body or of mind which are undertaken in the expectations of reward"- Identify the factor of production.

1. Entrepreneur   2. Labour   3. Organiser   4. Capital

Question 6

Which one of the following is the determinant of efficiency of labour

1. Time taken by a worker to produce a product   2. Movement of labour
3. Risk taking ability   4. Originating ideas

Question 7

The capacity of a piece of land to produce a crop is called :

1. Fertility of land   2. Productivity of land
3. Conservation of land   4. Both (1) and (2)

Question 8

What would you call the system whereby the operations necessary to make a finished product are so minutely divided that each worker performs one or at the most only a few operation.

1. Mobility of labour   2. Efficiency of labour   3. Division of labour   4. None of the above

Question 9

Which of the following are the advantages of division of labour to the producers?

1. Increases quality of production   2. Reduces cost of production
3. Benefits of large scale production   4. All of the above

Question 10

Land has _________ supply.

1. inelastic   2. elastic   3. continuous   4. none of the above

Question 11

Which is the first stage in the process of capital formation?

1. Creation of savings
2. Mobilisation of savings
3. Investments of savings
4. None of the above

Question 12

What would you call the person who performs dual functions of risk taking and control?

1. Promotors
2. Labourers
3. Entrepreneur
4. Debtors

Question 13

What would you call the conditions of peace and security in the country and favourable attitude of the government to motivate people to save?

1. Ability to save
2. Desire to save
3. Opportunities to save
4. None of the above

Question 14

The one who possess courage and ability to tackle successfully the day to day problems arising in the business is called:

1. Organiser
2. Entrepreneur
3. Bankers
4. Creditors

Question 15

In case of normal goods, demand _________ with the increase in the income of the consumers,

1. decrease
2. increase
3. remains constant
4. none of the above

Question 16

When two goods are used together, we call it ___________ .

1. inferior goods
2. substitute goods
3. complimentary goods
4. giffen Goods

Question 17

Use of Coffee at the place of Tea is the example of __________ :

1. inferior goods
2. substitute goods
3. complimentary goods
4. giffen Goods

Question 18

Leftward shift in the demand curve takes place due to:

1. increase in Price
2. decrease in price
3. favourable change in other factors
4. unfavourable change in other factors

Question 19

From the following individual's demand curve diagram, answer the question below:

Price (in ₹) Y

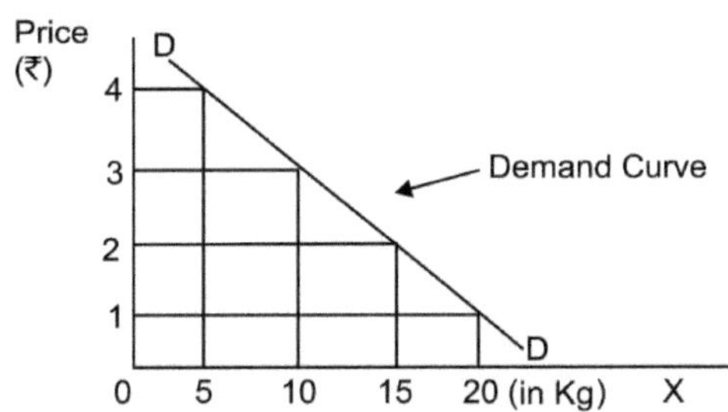

If the price of the goods is ₹ 2 per Kg, what will be the quantity demanded?

1. 5
2. 10
3. 15.
4. 20.

Question 20

In case of increase in demand , demand curve shifts:

1. upward
2. downward
3. leftward
4. rightward

Question 21

The demand curve for inferior goods always move :

1. upward right
2. downward
3. leftward
4. rightward

Question 22

Demand for mobile charger due to use of phone R is the example of:

1. joint demand
2. income demand
3. cross demand
4. derived demand

Question 23

Which of the following is the example of complementary goods?

1. Tea and Coffee
2. Car and Petrol
3. Bread and Butter
4. Both (2) and (3)

Question 24

From the given market demand schedule, find market demand at price of ₹ 40/Kg and at ₹ 20/Kg respectively.

Market Demand Schedule

Price of Sugar /per Kg (₹)	Demand of Mr. A. (in Kg)	Demand of Mr. B. (in Kg)	Market Demand (in Kg)
50	1	2	3
40	2	3	?
30	3	4	7
20	4	5	?
10	5	6	11

1. 2 Kg, 4 Kg
2. 3 Kg, 7 Kg
3. 5 Kg, 9 Kg
4. 2 kg, 5 Kg

Question 25

The law of supply states that __________ goods are supplied at higher price.

1. more
2. less
3. no
4. none of the above

Question 26

In case of expansion of supply, supply curve moves:

1. leftward
2. rightward
3. upward
4. downward

Question 27

Which of the following is the example of substitute goods?

1. Tea and Coffee
2. Car and Petrol
3. Bread and Butter
4. Demand for Smart Phone

Question 28

The Law of supply states that __________ goods are supplied at higher price.

1. more
2. less
3. no
4. none of the above

Question 29

In case of contraction of supply, supply curve moves:

1. leftward
2. rightward
3. upward
4. downward

Question 30

What would you call the decrease in quantity demanded due rise in the price?

1. Expansion in demand
2. Contraction in demand
3. Decrease in demand
4. Increase in demand

Question 31

In which form of market seller is a price taker and sells homogeneous goods?

1. Monopolistic competitive market
2. Perfectly competitive market
3. Monopoly market
4. Oligopoly market

Question 32

Which form of market adopts a policy of price discrimination?

1. Monopolistic competitive market
2. Perfectly competitive market
3. Monopoly market
4. Oligopoly market

Question 33

Which is the form of market structure in which there are a few firms selling a product so that there is intense competition among them?

1. Monopolistic competitive market
2. Perfectly competitive market
3. Monopoly market
4. Oligopoly market

Question 34

An increase in demand can result from:

1. a decline in market price
2. an increase in income
3. a reduction in price of substitutes
4. an increase in price of complements

Question 35

Which one is the example of monopoly form of market:

1. mobile industry
2. automobile industry
3. Indian Railways
4. soap industry

Question 36

Who defined money as –" Money is what money does".

1. GDH Cole
2. A Marshall
3. Prof. Walker
4. Kent

Question 37

Which of the following is the primary functions of money?

1. Store of value
2. Transfer of value
3. Measure of value
4. standard of deferred Payments

Question 38

What would you call the system of exchange where goods and services are exchanged directly for other goods and services?

1. Stock market
2. Barter system
3. Credit system
4. Exchange market

Question 39

What would you call the deposits held by the banks on the basis of which cheques could be drawn?

1. Convertible money
2. Bank money
3. Fiat money
4. Black money

Question 40

What you call the money which is issued on the order of the government?

1. Convertible money
2. Bank money
3. Fiat money
4. Black money

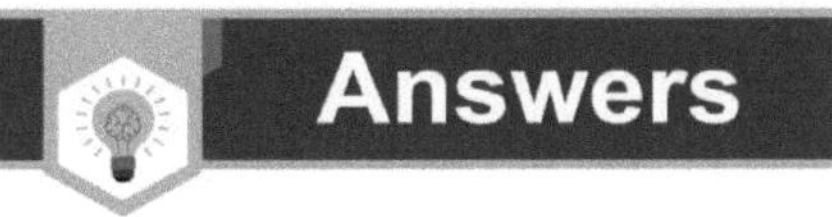

Answers

1. 2. Labour	**11.** 1. Creation of Savings
2. 3. labour	**12.** 3. Entrepreneur
3. 3. Land	**13.** 3. opportunities to save
4. 4. Chartered Accountants.	**14.** 2. Entrepreneur
5. 2. Labour	**15.** 2. increase
6. 1. Time taken by a worker to produce a product	**16.** 3. complimentary goods
7. 2. Productivity of land	**17.** 2. substitute goods
8. 3. Division of labour	**18.** 3. favourable change in other factors
9. 4. All of the above	**19.** 3. 15
10. 1. inelastic	**20.** 4. rightward

21. 4. rightward
22. 4. derived demand
23. 4. Both (2) and (3)
24. 3. 5 Kg, 9 Kg
25. 1. more
26. 3. upward
27. 1. Tea and Coffee
28. 2. more
29. 4. Downwards
30. 2. Contraction in demand

31. 2. Perfectly competitive market
32. 3. Monopoly market
33. 4. Oligopoly market
34. 2. increase in income
35. 3. Indian Railways
36. 3. Prof. walker
37. 3. Measure of value
38. 2. Barter system
39. 2. Bank money
40. 3. Fiat money

❑❑

Economic Applications

Specimen Question Paper

Economic Applications

Maximum Marks: 50
Time allowed: One hour (inclusive of reading time)

General Instructions

ALL QUESTIONS ARE COMPULSORY.
The marks intended for questions are given in brackets [ ].
Select the correct option for each of the following questions.

Questions

SECTION I

Question 1 [1]

Which of the following is not a determinant of demand?

1. Income of the consumer
2. Price of related goods
3. Technology used to produce the good.
4. Size of population

Question 2 [1]

A market where homogenous products are sold with no control over price by an individual firm or a buyer is:

1. Monopolistically competitive market
2. Perfectly competitive market
3. Monopoly
4. Monopsony

Question 3 [1]

What is the implication of a vertical demand curve?

1. Perfectly inelastic demand
2. Perfectly elastic demand
3. Relatively inelastic demand
4. Unitary elastic demand

Question 4 [1]

As a result of a 5% increase in price, the demand for commodity X increases by 12%. The Price Elasticity of the commodity will be:

1. $e_p > 1$
2. $e_p < 1$
3. $e_p = 1$
4. $e_p = \infty$

Question 5 [1]

Observe the relationship of the first pair of words and complete the second pair: Single seller in the market: Monopoly

Single buyer in the market : _________

1. Duopoly
2. Monopolistic
3. Monopsony
4. None of the above

Question 6 [1]

Savings is essential for capital formation.

1. True
2. False

Question 7 [1]

The seller in a perfect market is a Price maker.

1. True
2. False

Question 8 [1]

Tick the one which does not belong to the following group:

1. Land 2. Interest 3. Labour 4. Entrepreneur

Question 9 [1]

Choose the correct term for the given definition:

The ratio between the percentage change in supply to a percentage change in price.

1. Law of Demand 2. Law of Supply
3. Elasticity of Demand 4. Elasticity of supply

Question 10 [1]

Observe the relationship of the first pair of words and complete the second pair:

Office furniture : Fixed capital

Power for running the plant :__________

1. Remunerative capital 2. Circulating capital
3. Debt capital 4. Sunk capital

Question 11 [1]

Choose the correct term for the given definition:

Any activity which creates present and future utility.

1. Development 2. Production 3. Consumption 4. Distribution

Question 12 [1]

Which of these feature's is found in both a perfectly competitive market and a monopolistically competitive market?

1. No restriction on entry and exit 2. Imperfect knowledge
3. Homogeneous goods 4. Presence of selling costs

Question 13 [1]

The market demand curve is a ___________ summation of all individual demand curves.

1. Vertical 2. Lateral
3. Downward 4. None of the above

Question 14 [1]

Shifting cultivation involves -

1. Clearing of forests 2. Burning of trees
3. Movement from one place to another 4. All of the above

Question 15 [1]

The goods whose demand decreases as income increases.

1. Luxuries 2. Giffen goods 3. Inferior goods 4. Necessities

Question 16 [1]

Which among the following is a feature of a Monopsony market:

1. Price discrimination 2. Single buyer 3. Single seller 4. Price taker

Question 17 [1]

Land is considered a passive factor of production because:

1. It is a free gift of nature 2. It is heterogeneous
3. It is immobile 4. It cannot produce anything on its own

Question 18 [1]

Pick the option which does not belong to the group:

1. Railways 2. Shampoos 3. Televisions 4. Biscuits

Question 19 [1]

Choose the correct order of Capital formation:

1. Mobilisation of savings → Investment → Savings
2. Savings → Mobilisation of savings → Investment
3. Investment → Savings → Mobilistaion of savings
4. None of the above

Question 20 [1]

Construction of dams always have positive effects.

1. True   2. False

Question 21 [1]

Mr Vijay purchases 2 litres of milk per day when it is priced at ₹ 35 per litre. Suppose he has some guests at home and consequently he purchases 6 litres of milk on that day. What will you call it?

1. Increase in Demand   2. Increase in quantity demanded

Question 22 [1]

Observe the relationship of the first pair of words and complete the second pair:

Chartered Accountant : Skilled labour

Welder :__________

1. Unskilled   2. Semi-skilled   3. Skilled   4. Over-skilled

Question 23 [1]

Which of these is not a function of an Entrepreneur?

1. Innovation   2. Risk taking
3. Delegation   4. Having good inter-personal skills.

Question 24 [1]

What will be the values of (i) and (ii)?

Price in ₹	Qty. demanded by A	Qty. demanded by B	Qty. demanded by C	Total demand
10	30	(i)	12	52
20	20	8	9	37
30	10	6	(ii)	22

1. 10 and 12   2. 6 and 10   3. 10 and 6   4. 6 and 12

Question 25 [1]

An entrepreneur's income can be negative.

1. True   2. False

SECTION II

Question 26 [2]

The price of a commodity goes up from Rs. 26 to Rs. 30 as a result of which demand falls from 4 units to 2 units, the price elasticity of demand is:

1. 2.25   2. 3.25   3. 3.50   4. 3.75

Question 27 [2]

Which of the following statements are true?

The cost of production will increase if :

(i) The government gives subsidies.

(ii) The firm uses obsolete technology.

(iii) The prices of diesel increases.

1. Only (i) and (ii)   2. Only (ii) and (iii)   3. Only (i) and (iii)   4. All (i), (ii) and (iii)

Question 28. [2]

Match the following and select the correct option:

(i) Extension of supply		A.	Prices are expected to fall in future
(ii) Decrease in supply		B.	Fall in prices
(iii) Contraction of supply		C.	Prices are expected to rise in future
(iv) Increase in supply		D.	Rise in prices

1. (i) C (ii) A (iii) D(iv) B   2. (i) D (ii) A (iii) B (iv) C

3. (i) B(ii) A (iii) D (iv) C   4. (i) D (ii) C (iii) B (iv) A

Question 29 [2]

If X and Y are complementary goods, a rise in the price of Y will cause the demand curve of X to:

1. Shift to the left   2. Shift to the right   3. Extend   4. Contract

Question 30 [2]

Which of the following statements are true:

(i) Monopolistically competitive markets have high selling costs.

(ii) Monopolistically competitive market sell homogeneous goods.

(iii) Any firm can start a business in a monopolistically competitive market.

1. Only (i)   2. Only (i) and (ii)   3. Only (i) and (iii)   4. All of them

Question 31 [2]

Land is heterogeneous because:

(i) It varies in fertility.

(ii) It varies in productivity.

(iii) It varies in density of population.

1. Only (i) and (iii) are applicable.   2. Only (i) and (ii) are applicable

3. All of them are applicable   4. Only (ii) and (iii) are applicable

Question 32 [2]

A relatively inelastic supply curve implies:

1. There is no change in price but quantity supplied changes.
2. A small change in price brings about a large change in quantity supplied.
3. A large change in price brings about a small change in quantity supplied.
4. Although there is a change in price, quantity supplied remains constant.

Question 33 [2]

An increase in the price of electricity will cause an:

1. Increase in the demand for solar heaters
2. Decrease in the demand for solar heaters
3. Increase in the demand for Geysers
4. None of the above

Question 34 [2]

Which of these will NOT be considered as capital?

1. Stationery owned by a student
2. Stationery owned by a firm
3. Stationery owned by the Government
4. All the three options will be considered capital.

Question 35 [2]

What will the following cause:

Price in Rs.	Qty. supplied in Kgs
10	15
20	40

1. An extension of supply curve	2. A contraction of supply curve
3. An upward shift of supply curve	4. A downward shift of supply curve

SECTION III

Question 36

Read the passage below and answer the questions that follow: [5 × 1]

Press Trust of India, New Delhi, Jan 9th, 2020

India Ratings and Research, on, Thursday, said India will have to raise its labour productivity growth to 6.3% to achieve 8% GDP growth while it has to be up by 7.3% in order to achieve economic growth of 9%. The labour productivity growth in the current financial year has been pegged at 5.2%. Labour productivity during 2004-05 to 2007-08 have stood at 8.5%

The challenge on the productivity front for India is two-fold, it said. "First, how to raise the overall labour productivity to a level that delivers the required GDP growth rate, and secondly how to lift the labour productivity in the lagging sectors so that growth is more evenly balanced and sustainable over the medium- to long-term." Sectors such as manufacturing, electricity, gas, water supply, transport, storage and communications "contributed significantly to the overall labour productivity during FY2000 - FY2016".

I. Which of these will NOT be considered labour in Economics?
   1. A carpenter making a table
   2. Virat Kohli playing cricket for India
   3. A surgeon performing an operation
   4. An auto driver dropping his daughter to school.

II. Productivity of labour takes into consideration:

1. Quality of work done	2. Quantity of work done
3. Time taken to do the work	4. All of the above

III. Which of these will improve the efficiency of Indian labour:

1. Proper educational facilities	2. Irregular wages.
3. Uncooperative management	4. All of the above

IV. Which of the following statements are true:

   The labour of a country is important because:

   (i) It helps to exploit the natural resources of a country.

   (ii) It helps to raise the GDP of an economy.

   (iii) It also creates a demand for various goods and thereby determines production.

   1. Only (i) and (ii)   2. Only (ii) and (iii)   3. Only (i) and (iii)   4. All (i), (ii) and (iii)

V. The supply of labour is considered peculiar because:
   1. It cannot be increased.
   2. It increases as the wage rate increases but later it decreases even if the wage rate increases.
   3. It decreases as wage rate decreases.
   4. It can increase because of immigration

1. 3. Technology used to produce goods	**5.** 3. Monopsony
2. 2. Perfectly competitive market	**6.** 1. True
3. 1. Perfectly inelastic demand	**7.** 2. False
4. 1. $e_p > 1$	**8.** 2. Interest

9. 4. Elasticity of supply
10. 2. Circulating capital
11. 2. Production
12. 1. No restriction on entry and exit
13. 2. Lateral
14. 4. All the above
15. 3. Inferior goods
16. 2. Single buyer
17. 4. It cannot produce anything on its own
18. 1. Railways
19. 2. Saving → Mobilisation of savings → Investments
20. 1. True
21. 1. Increase in Demand
22. 2. Semi-skilled
23. 4. Having good inter-personal skills
24. 3. 10 and 6
25. 1. True

26. 2. 3.25
27. 2. Only (ii) and (iii)
28. 4. (i) D (ii) C (ii) B (iv) A
29. 1. Shift to the left
30. 3. Only (i) and (iii)
31. 2. Only (i) and (ii) are applicable
32. 3. A large charge in price brings about small charge in quantity supplied.
33. 1. Increase in the demand for solar heaters
34. 1. stationery owned by student
35. 1. An extension of supply curve
36. I. 4. An auto driver dropping his daughter to school
    II. 4. All of the above
    III. 1. Proper educational facilities
    IV. 4. All (i), (ii) and (iii)
    V. 2. It increases as the wage rate increases but later it decreases even if the wage rate increases.

SECTION I

Question 1

The quantity demanded is ___________________.
1. the amount of a good that consumers plan to purchase at a particular price.
2. independent of the price of the good.
3. independent of consumers' buying plans.
4. always equal to the equilibrium quantity.

Question 2

The quantity supplied of a good or service is the quantity that a producer ______________.
1. actually sells at a particular price during a given time period.
2. should sell at a particular price during a given time period.
3. is willing to sell at a particular price during a given time period.
4. needs to sell at a particular price during a given time period.

Question 3

Observe the relationship of the first pair of words and complete the second pair.

Duopoly : extension of monopoly

Oligopoly is the extention of:
1. monopoly   2. perfect competition   3. doupoly   4. none of these

Question 4

Which of the following statements is FALSE?
1. Labour is perishable.
2. Supply of labour varies over time.
3. Labour is immobile
4. Labour has alternative uses.

Question 5

In Economics the 'produced means of production' is known as ____________.
1. money   2. machines   3. capital   4. land

Question 6

Which of the following is NOT a function of an entrepreneur?
1. Planning of business activity
2. Giving physical effort in exchange of wage payment
3. Decision making
4. Marketing activities

Question 7

Which of the following statements is TRUE about a perfectly competitive market?
1. There is a single seller but many buyers
2. The product has no substitutes
3. Absence of perfect knowledge among the buyers
4. There is free entry and exit for all the firms in the market.

Question 8

People buy more of good x when the price of good y rises. These goods are ____________.
1. normal goods.   2. complements.   3. substitutes.   4. inferior goods.

Question 9

A fall in the price of a good causes producers to reduce the quantity of the good they are willing to produce. This fact illustrates _______________.

1. a change in supply.
2. the law of demand.
3. the nature of an inferior good.
4. the law of supply.

Question 10

What will be the value of (i) and (ii)

Price	Quantity demanded of A	Quantity demanded of B	Quantity demanded of C	Total demand
10	10	10	–(i)	30
20	8	6	6	20
30	6	6	(ii)	18

1. 10, 6
2. 10, 8
3. 12, 6
4. 15, 6

Question 11

Human labour is different from mechanical labour because :

1. machines are expensive.
2. human labour carries an element of judgment.
3. machines depreciate.
4. none of the above.

Question 12

Examples of debt capital does NOT include office building.

1. True
2. False

Question 13

The innovative activities of the entrepreneurs help in _______________.

1. product diversification
2. accumulation of savings
3. capital formation
4. availability of raw materials

Question 14

A single firm producing and selling a product having no close substitute is called _______________.

1. a monopsony market
2. a duopoly market
3. an oligopoly market
4. a monopoly market

Question 15

The purpose of product differentiation is _______________.

1. to increase productivity
2. to decrease cost of production
3. to economise resource use
4. to make the product unique in the minds of the consumers

Question 16

A supply curve differs from a supply schedule because, a supply curve is a graph and supply schedule is a table.

1. True
2. False

Question 17

Output per acre of land is known as _______________.   [1]

1. total productivity
2. marginal productivity
3. average productivity
4. diminishing productivity

Question 18

Division of labour means allocation of different parts of the production process to different workers.

1. True
2. False

Question 19

If the capital can be used in alternative lines of production, it is called _______________.

1. floating capital
2. working capital
3. money capital
4. personal capital

Question 20

An entrepreneur can infuse dynamism in the production process, which means _______________.

1. profit maximization
2. cost minimization
3. utility maximization
4. implementing creative ideas in the production process

Question 21

Which of the following is NOT a characteristic of a monopoly market?

1. Single seller
2. The seller is a price taker

Question 22

An increase in the number of fast-food restaurants _______________.

1. increases the demand for substitutes for fast-food meals.
2. raises the price of fast-food meals.
3. increases the supply of fast-food meals.
4. increases the demand for fast-food meals.

Question 23

Productivity of land improves by providing security to the tenants, as the tenant farmers _______________.

1. undertake investments on land
2. move on to a new land
3. feel insecure about the land
4. none of the above.

Question 24

Labour cannot be separated from _______________.

1. labourer
2. profit
3. capital
4. machine

Question 25

Sunk capital is asset specific because _______________.

1. it cannot be moved to another production site
2. it has diminishing marginal productivity
3. it exhausts during the production process.
4. it can be moved to another production site.

SECTION II

Question 26

Which of the following is NOT a contribution of the entrepreneurs towards the economic development?

1. Recycling of profits for productive investment
2. Profit maximization
3. Generating competitive strength in an industry
4. Efficient use of available resources

Question 27

Which of the following sentences is true about a monopolistically competitive market?

1. It is a market structure where an adequate number of firms produce differentiated products which are close substitutes.
2. It is a market structure where a large number of firms produce homogeneous products.
3. It is a market structure where a single firm produces a product which has no close substitute.
4. It is a market structure where two firms produce differentiated products.

Question 28

Normal goods are those for which demand decreases when income of the consumer __________ and the good's own price __________.

1. increases; increases
2. decreases; increases
3. decreases; decreases
4. increases; decreases

Question 29

Since, the market supply curve is the horizontal summation of the __________________, it is __________ than those curves.

1. The individual supply curves; flatter
2. The individual demand curves; flatter
3. Market demand curves; steeper
4. Individual demand and supply curves; steeper

Question 30

Which of the following is **NOT** held constant while moving along a supply curve?

1. Prices of resources used in production
2. Expected future prices
3. The number of sellers

4. The price of the good itself

Question 31

The demand for a good increases when the price of a substitute _________ and also increases when the price of a complement _________.

1. falls; falls　　　2. rises; falls　　　3. rises; rises　　　4. falls; rises

Question 32

Price of a good rises by 10%. As a result, its demand falls by 4%. Find out the price elasticity of demand.

1. 0.9　　　2. 1.4　　　3. 0.4　　　4. 0.44

Question 33

Capital is the result of past saving because ____________________.

1. savings done by the people are converted into investment to purchase different capital goods.
2. capital helps in production
3. capital depreciates
4. savings is the difference between income and expenditure.

Question 34

In a monopolistically competitive market, the costs incurred by a firm for advertising, after-sales-service, etc. are known as ______________.

1. selling costs　　　2. fixed costs　　　3. sunk costs　　　4. none of the above

Question 35

Which of the following does NOT shift the supply curve?

1. An increase in the price of the good
2. A fall in the price of a substitute in production
3. A decrease in the wages of labor used in production of the good
4. A technological advance

SECTION III

Question 36

Read the passage given below and answer the questions that follow:

The Times of India, August, 27, 2021:

Indian Railways has fixed the tariff for its new class of air-conditioned travel at 8% less than AC 3-tier. "The new class of travel will usher an era of affordable air-conditioned travel with premium features. The fares for economy AC 3-tier are 8% less compared to the existing AC 3-tier class," Rajesh Dutt Bajpai, Executive Director at Ministry of Railways told TOI. "As production picks up these new coaches will be attached in various Mail/Express and Superfast trains."

I. Railway is considered as
　　1. consumer good　2. capital good　　　3. inferior good　　　4. normal good
II. Which of the following is considered as capital good?
　　1. Office building　　　　　　　　2. Clothes
　　3. A student's personal laptop　　　4. Flowers
III. Railways can be categorized as real capital because it helps in
　　1. fast communication
　　2. transportation of other factors of production and thus helps in production process
　　3. savings
　　4. development
IV. Capital goods are defined as ____________________.
　　1. free gifts of nature　　　　　　2. produced means of production
　　3. capital intensive　　　　　　　4. consumer goods
V. Railways help in economic growth through ____________________.
　　1. faster communication
　　2. Transportation of huge quantity at lesser cost
　　3. employment generation
　　4. all of the above points.

Answers

1. 1. the amount of a good that consumers plan to purchase at a particular price.
2. 3. is willing to sell at a particular price during a given time period.
3. 3. duopoly
4. 3. Labour is immobile
5. 3. capital
6. 2. Giving physical effort in exchange of wage payment
7. 4. There is free entry and exit for all the firms in the market.
8. 3. substitutes.
9. 4. the law of supply.
10. 1. 10, 6
11. 2. human labour carries an element of judgment.
12. 1. True
13. 1. product diversification
14. 4. a monopoly market
15. 4. to make the product unique in the minds of the consumers
16. 1. True
17. 3. average productivity
18. 1. True
19. 1. floating capital
20. 4. implementing creative ideas in the production process
21. 2. The seller is a price taker
22. 3. increases the supply of fast-food meals.
23. 1. undertake investments on land
24. 1. labourer
25. 1. it cannot be moved to another production site
26. 2. Profit maximization
27. 1. It is a market structure where an adequate number of firms produce differentiated products which are close substitutes.
28. 2. decreases; increases
29. 1. The individual supply curves; flatter
30. 4. The price of the good itself
31. 2. rises; falls
32. 3. 0.4
33. 1. savings done by the people are converted into investment to purchase different capital goods.
34. 4. None of the above
35. 2. A fall in the price of a substitute in production
36. I. 1. consumer good
    II. 1. Office building
    III. 2. transportation of other factors of production and thus helps in production process
    IV. 2. produced means of production
    V. 4. all of the above points.

❑❑

SECTION I

Question 1

A substitute is a good ___________________.
1. of higher quality than another good.
2. that is not used in place of another good.
3. that can be used in place of another good.
4. of lower quality than another good.

Question 2

The shape of a completely inelastic supply curve is __________.
1. vertical
2. horizontal
3. positively sloped
4. negatively sloped

Question 3

Supply of land is __________.
1. variable
2. fixed
3. uncertain
4. none of the above

Question 4

Labour in Economics means _______________.
1. the capacity to exert physical or mental effort for producing a good or a service and to earn income in exchange of it.
2. the capacity to exert physical or mental effort for producing a good or a service.
3. application of physical effort in the production process.
4. application of mental effort in the production process.

Question 5

The contribution of real capital towards the increase in national output is more important than the money capital because _____________________.
1. money capital does not directly contribute towards the increase in national output.
2. money capital contributes towards the increase in national output.
3. real capital does not directly contribute towards the increase in national output.
4. none of the above.

Question 6

A person who carries the risk of business and co-ordinates the activities of all the other factors of production is known as entrepreneur.
1. True
2. False

Question 7

Which of the following is NOT a feature of a perfectly competitive market?
1. Sellers are price takers
2. There are many buyers and many sellers
3. Products are differentiated by the sellers
4. Perfect mobility of the factors of production

Question 8

Which of the following pairs of goods are most likely substitutes?
1. Compact discs and compact disc players
2. Lettuce and salad dressing
3. Cola and lime soda
4. Peanut butter and gasoline

Question 9

A supply curve shows the relation between the quantity of a good supplied and ___________.
1. the price of the good. Usually a supply curve has negative slope.
2. income. Usually a supply curve has positive slope.

3. income. Usually a supply curve has negative slope.
4. the price of the good. Usually a supply curve has positive slope.

Question 10

Which of the following is NOT a characteristic of land?

1. Land is immobile
2. Land is an active factor of production
3. Land is an indestructible factor of production
4. Supply of land is fixed.

Question 11

Labour is both the means and ends of production, implies that _______________.

1. labour helps in production
2. labour is an important factor of production and also acts as a consumer by consuming the produced goods and services.
3. labourers satisfy their wants by consuming different goods and services.
4. labour has alternative uses.

Question 12

Which of the following statements is TRUE?

1. Fixed capital does not change its form during the production process but circulating capital changes its form during the production process.
2. Fixed capital changes its form during the production process but circulating capital does not change its form during the production process.
3. Fixed capital gets exhausted during the production process.
4. Circulating capital does not get exhausted during the production process.

Question 13

The activities of an entrepreneur regarding advertising, packaging, after-sales-service of the produced goods come under marketing activities.

1. True
2. False

Question 14

"In a perfectly competitive market each seller is a price taker." This statement implies _______________.

1. products are homogeneous and each seller supplies only an insignificant portion of the total market supply.
2. products are differentiated and each seller supplies only an insignificant portion of the total market supply.
3. products are homogeneous and each seller supplies a considerable portion of the total market supply.
4. none of the above.

Question 15

A complement is a good which is used in conjunction with another goods.

1. True
2. False

Question 16

Which of the following will shift the supply curve for good X leftward?

1. A situation in which quantity demanded exceeds quantity supplied.
2. An increase in the cost of the machinery used to produce X.
3. A decrease in the wages of workers employed to produce X.
4. A technological improvement in the production of X.

Question 17

The increase in the output obtained from land when the area of land used increases by one unit is known as _______________.

1. average productivity of land
2. marginal productivity of land

Question 18

Efficiency of labour means _____________.

1. total production of goods and services
2. mobility of labour
3. productive capacity of labour
4. skilled labour

Question 19

Observe the relationship of the first pair of words and complete the second pair:

Land : immobile

Labour is: _____________

1. mobile
2. immobile
3. stragnant
4. none of the above

Question 20

Government entrepreneurship helps in the fulfillment of social needs by supplying __________.
1. the consumer goods
2. luxury goods
3. the public utility goods
4. Giffen goods

Question 21

Price discrimination under monopoly implies that a monopolist is able to charge __________.
1. different prices to different consumers of the same commodity.
2. same price to different consumers of the same commodity.
3. different prices to different consumers of different commodities.
4. none of the above.

Question 22

Suppose people buy more of good x when the price of good y falls. These goods are __________.
1. substitutes
2. inferior
3. normal
4. complements

Question 23

Over the past decade technological improvements that have lowered the cost of producing an automobile have increased __________.
1. the demand but not the supply of automobiles.
2. both the supply and the demand for automobiles.
3. the supply but not the demand for automobiles.
4. neither the supply nor the demand for automobiles.

Question 24

Productivity of land can be improved by __________.
1. fulfilling basic needs of the people
2. industrialization
3. increasing agricultural production
4. practicing scientific way of cultivation

Question 25

Which of the following is NOT a correct reason for low efficiency of Indian labour?
1. Poverty
2. Climate
3. Inadequate training facilities
4. Division of labour

SECTION II

Question 26

Which of the following is consistent with the law of demand?
1. A decrease in the price of a gallon of milk causes a decrease in the quantity of milk demanded.
2. An increase in the price of a soda causes a decrease in the quantity of soda demanded.
3. An increase in the price of a tape causes an increase in the quantity of tapes demanded.
4. A decrease in the price of juice causes no change in the quantity of juice demanded.

Question 27

Which of the following does NOT shift the supply curve?
1. an increase in the price of the good
2. a fall in the price of a substitute in production
3. a decrease in the wages of labour used in production of the good
4. a technological advance

Question 28

A monopolistically competitive market has __________ earning __________ profit in the long-run.
1. a single firm; super-normal
2. two firms; normal
3. many firms; normal
4. few firms; super-normal

Question 29

A normal good is a good for which __________.
1. there are very few complements.
2. demand decreases when income increases.
3. demand increases when income increases.
4. there are few substitutes.

Question 30

If the government imposes a sales tax on a product, the seller then sells ____________.

1. same quantity at a higher price
2. lesser quantity at a higher price
3. lesser quantity at the previous price
4. same quantity at the previous price

Question 31

Calculate the missing units from the table below:

Price in ₹	Units purchased by individuals			Market demand (units)
10	8	i. ?	20	38
5	16	12	ii. ?	53

1. i. 10 units; ii. 25 units
2. i. 5 units; ii. 10 units
3. i. 26 units; ii. 8 units
4. i. 5 units; ii. 25 units

Question 32

State the market forms of the following commodities:

i. Railways, ii. Shampoos, iii. Fighter aircrafts

1. i. Monopoly; ii. Perfect competition; iii. Monopolistic competition
2. i. Monopsony; ii. Monopolistic competition; iii. Monopoly
3. i. Monopoly; ii. Monopolistic competition; iii. Monopsony
4. i. Monopsony; ii. Perfect competition; iii. Monopolistic competition

Question 33

The price of a good falls from ₹ 8 to ₹ 6. As a result of which demand rises from 100 units to 125 units. The elasticity of demand is _______ and the demand curve is ____________.

1. 1; unitary elastic
2. 1.5; unitary elastic
3. 1; perfectly elastic
4. 1.2; inelastic

Question 34

A multiple-use power generating machine owned by a factory is ____________ capital. [2]

1. sunk capital
2. debt capital
3. floating capital
4. fixed capital

Question 35

Which of the following techniques are used for artificial product differentiation? [2]

i. Difference in packaging
ii. After-sales-service
iii. Brand name
iv. Advertisements

1. i and ii
2. i, ii and iii
3. iii and iv
4. i, iii and iv

SECTION III

Question 36

Read the paragraph given below and answer the questions that follow:

The Times of India, August 19, 2021

New Delhi: Housing sales are likely to rise by 30 per cent across seven major cities to nearly 1.8 lakh units in 2021, but demand will still be lower than the pre-Covid levels, according to the property consultant Anarock. Anarock chairman Anuj Puri said: The residential sector was showing healthy year-on year growth since 2017 until the latest peak year of 2019....".

I. Increase in residential housing sales indicates ____________. [1]
1. increased supply of residential houses
2. increased demand for residential houses
3. stagnant demand for residential houses
4. none of the above

II. Increasing share of urban population to total population of a country is defined as ____________.[1]
1. concentration
2. urbanization
3. industrialization
4. all of the above

III. Urbanisation leads to greater incidence of ____________.
1. deforestation
2. tree plantation
3. industrialization
4. mining activity

IV. Urbanisation affects the ecosystem with ____________.
1. greater incidence of water pollution
2. growing volume of municipal wastes
3. growing volume of domestic wastes
4. all of the above.

V. Residential houses are considered as _______________.
    1.   national capital   2.   social capital   3.   personal capital   4.   none of the above.

Answers

1. 3. that can be used in place of another good.
2. 1. vertical
3. 2. fixed
4. 1. the capacity to exert physical or mental effort for producing a good or a service and to earn income in exchange of it.
5. 1. money capital does not directly contribute towards the increase in national output
6. 1. True
7. 3. Products are differentiated by the sellers
8. 3. Cola and lime soda
9. 4. the price of the good. Usually a supply curve has positive slope.
10. 2. Land is an active factor of production
11. 2. labour is an important factor of production and also acts as a consumer by consuming the produced goods and services.
12. 1. Fixed capital does not change its form during the production process but circulating capital changes its form during the production process
13. 1. True
14. 1. products are homogeneous and each seller supplies only an insignificant portion of the total market supply.
15. 1. True
16. 2. An increase in the cost of the machinery used to produce X.
17. 2. marginal productivity of land

18. 3. productive capacity of labour
19. 1. mobile
20. 3. the public utility goods
21. 1. different prices to different consumers of the same commodity.
22. 4. complements
23. 2. both the supply and the demand for automobiles
24. 4. practicing scientific way of cultivation
25. 4. Division of labour
26. 2. An increase in the price of a soda causes a decrease in the quantity of soda demanded
27. 1. an increase in the price of the good
28. 3. many firms; normal
29. 3. demand increases when income increases.
30. 1. same quantity at a higher price
31. 1. i. 10 units; ii. 25 units
32. 3. i. Monopoly; ii. Monopolistic competition; iii. Monopsony
33. 1. 1; unitary elastic
34. 3. floating capital
35. 4. i, iii and iv
36. I. 2. increased demand for residential houses
    II. 2. urbanization
    III. 1. deforestation
    IV. 4. all of the above
    V. 3. personal capital

Commercial Studies

Specimen Question Paper

Commercial Studies

Maximum Marks: 40
Time allowed: One hour (inclusive of reading time)

 Questions

Question 1.

The stakeholders who are involved in the business firms from within the organisation are: [1]

1. Internal stakeholders
2. External stakeholders
3. Suppliers
4. Creditors

Question 2.

Rent, wages, repairs, taxes are examples of: [1]

1. Capital expenditure
2. Revenue expenditure
3. Deferred revenue expenditure
4. Capital receipts

Question 3.

The revenue expenditure the benefit of which extends beyond the current accounting year but does not result in acquiring permanent assets is: [1]

1. Capital expenditure
2. Revenue expenditure
3. Deferred revenue expenditure
4. Capital receipts

Question 4.

The process of translating the value of a product or service in terms of money is: [1]

1. Marketing
2. Advertising
3. Pricing
4. Publicity

Question 5.

The _________________ provides the consumer access to a variety of goods and services at competitive prices. [1]

1. Right to safety
2. Right to choose
3. Right to be informed
4. Right to consumer education

Question 6.

_________________ are intangible benefits, utilities and satisfactions which are offered for sale. [1]

1. Product
2. Market
3. Price
4. Services

Question 7.

Facebook, YouTube, Twitter, WhatsApp are examples of: [1]

1. Sales promotion
2. Social Media
3. Shareholders
4. Products

Question 8.

Distribution of free samples, price contests, clearance sales, etc. are examples of: [1]

1. Consumer exploitation
2. Capital receipts
3. Sales promotion techniques
4. Functions of the Central Bank

Question 9.

Consumer _________________ means harming the interest of consumers by overcharging, under weighing, etc. [1]

1. Awareness
2. Exploitation
3. Protection
4. Safety

Question 10.

Non-recurring receipts like additional capital, loan, etc. are: [1]

1. Capital receipts
2. Revenue receipts
3. Capital expenditure
4. Revenue expenditure

Question 11.

Individuals who are hired to do a specific job are known as: [1]

1. Society
2. Government
3. Employers
4. Employees

Question 12.

Purchase of land, building, plant, machinery, etc. are examples of: [1]

1. Capital expenditure
2. Revenue expenditure
3. Deferred revenue expenditure
4. Revenue receipts

Question 13.

Persons who supply money as loan to the commercial organisations and charge interest on it are: [1]

1. Employers
2. Employees
3. Suppliers
4. Creditors

Question 14.

Salaries of timekeepers is an example of: [1]

1. Direct Cost
2. Indirect Cost
3. Variable Cost
4. Fixed Cost

Question 15.

Which of these is not an example of service? [1]

1. Shipping
2. Laundry
3. Hospital
4. Grooming kit

Question 16.

Sending advertising messages to consumers over the internet is: [1]

1. E- marketing
2. E-tailing
3. E-advertising
4. E-security

Question 17.

Which of the following is not generally related to products? [1]

1. Tangible
2. Transferable
3. Perishable
4. Can be replaced

Question 18.

Which consumer right allows the consumer to register his/her dissatisfaction at appropriate forums? [1]

1. Right to safety
2. Right to consumer education
3. Right to be heard
4. Right to choose

Question 19.

E- Commerce stands for: [1]

1. Electrical Commerce
2. Electronic Commerce
3. Entertainment Commerce
4. Electrochemical Commerce

Question 20.

The amount of expenditure incurred on a given thing is: [1]

1. Cost
2. Profit
3. Income
4. Discount

Question 21.

__________ is an example of services. [1]

1. Door
2. Doctor
3. Window
4. Fan

Question 22.

__________ are NOT examples of products.

1. Insurance   2. Mobile   3. Laptop   4. Blackboard

Question 23.

________ is an example of Sales Promotion technique.   [1]

1. Advertising   2. Clearance Sale   3. Publicity   4. Pricing

Question 24.

Right to safety, right to be heard are rights of_____________ .   [1]

1. Citizens   2. Consumers   3. Sellers   4. Manufacturers

Question 25.

Fair wages, security of jobs are expectations of _____________ .   [1]

1. Employees   2. Employers   3. Suppliers   4. Government

Question 26.

E-Commerce has _____________investment in comparison to Traditional Business.   [1]

1. Higher   2. Same   3. Lower   4. Very High

Question 27.

A consumer buys a packet of biscuits on which MRP, best before date and ingredients are NOT mentioned. Which consumer right is being violated?   [1]

1. Right to safety   2. Right to be heard
3. Right to choose   4. Right to be informed

Question 28.

_____________ is exchanging goods for money.   [1]

1. Sales   2. Advertising   3. Marketing   4. Publicity

Question 29.

__________ cannot be stored

1. Product   2. Advertising   3. Service   4. Marketing

Question 30.

Creation and execution, Media planning are functions of _____________ .   [1]

1. Marketing   2. Advertising
3. Advertising agency   4. Pricing

Question 31.

Which of the following is NOT a merit of advertising?   [1]

1. Introduction of a new product   2. Better quality of products
3. Higher prices of products   4. Generation of employment

Question 32.

A consumer receives a defective product and does not pursue the matter, considering it to be his/her bad luck. What type of consumer is he/she?   [1]

1. Active   2. Ignorant   3. Alert   4. Informed

Question 33.

Match the Column I and Column II: [4]

Column – I	Column – II
(1) Government	i. Security of jobs
(2) Society	ii. Pay taxes honestly
(3) Creditor	iii. Preserve social and cultural values
(4) Employee	iv. Regular and timely payment of interest

(a) 1. i. 2. ii 3. iii 4. iv   (b) 1. i 2. ii 3. iii 4. iv

(c) 1. i 2. ii 3. iii 4. iv   (d) 1. i 2. ii 3. iii 4. iv

Question 34.

Match the Column I and Column II: [4]

Column – I	Column – II
(1) Capital expenditure	i. Interest received; rent received
(2) Capital receipts	ii. Wages, Salaries
(3) Revenue expenditure	iii. Loan, Capital
(4) Revenue receipts	iv. Vehicle, Furniture

(a) 1. i 2. ii 3. iii 4. iv   (b) 1. i 2. ii 3. iii 4. iv

(c) 1. i 2. ii 3. iii 4. iv   (d) 1. i 2. ii 3. iii 4. iv

Answers

1. 1. Internal stakeholders	**21.** 2. Doctor
2. 2. Revenue expenditure	**22.** 1. Insurance
3. 3. Deferred revenue expenditure	**23.** 2. Clearance Sale
4. 3. Pricing	**24.** 2. Consumers
5. 2. Right to choose	**25.** 1. employees
6. 4. Services	**26.** 3. Lower
7. 2. Social Media	**27.** 4. Right to be informed
8. 3. Sales promotion techniques	**28.** 1. Sales
9. 2. Exploitation	**29.** 3. Service
10. 1. Capital receipts	**30.** 3. Advertising agency
11. 4. Employees	**31.** 3. Higher prices of products
12. 1. Capital expenditure	**32.** 2. Ignorant
13. 4. Creditors	**33.** (a) 3. iii.
14. 2. Indirect Cost	(b) 2. ii
15. 4. Grooming kit	(c) 4. iv
16. 1. E- marketing	(d) 1. i
17. 3. Perishable	**34.** (a) 4. iv
18. 3. Right to be heard	(b) 3. iii
19. 2. Electronic Commerce	(c) 2. ii
20. 1. Cost	(d) 1. i

❑❑

Question 1.

Which one amongst the following is an example of internal stakeholder?

1. Banker
2. Debtors
3. Owner
4. Creditors

Question 2.

Customers, Government and Creditors are considered as ______________ ".

1. internal stakeholders
2. external stakeholders
3. primary stakeholders
4. secondary stakeholders

Question. 3.

To adhere fair and reasonable trade practices is the expectation of which types of stakeholders?

1. Customers
2. Shareholders
3. Suppliers
4. Government

Question 4.

Who are the stakeholders who expects to receive more and more promotional and growth opportunities?

1. Employee
2. Government
3. Creditors
4. Customers

Question 5.

"It consists of owners, employees, customers, suppliers, retailers etc. who are directly affected by enterprises actions and decisions" identify the types of stakeholders.

1. Primary stakeholders
2. Secondary stakeholders
3. Both (1) and (2)
4. None of the above

Question 6.

"Consumers have the right to register his dissatisfaction and get his complaints heard at appropriate forums.- which consumer's right has been highlighted in the given statement?

1. Right to safety
2. Right to consumers education
3. Right to choose
4. Right to be heard.

Question 7.

What would you call the individuals, groups or organisations who have an interest in the decisions and actions of the business enterprise?

1. Promoters
2. Bankers
3. Directors
4. Stakeholders

Question 8.

"To produce socially desirable goods and render services at reasonable prices" are some of the expectations of ....

1. government
2. society
3. shareholders
4. suppliers

Question 9.

What would you call the efforts to create customers for the products and to provide maximum satisfaction to them?

1. Selling
2. Marketing
3. Promotion
4. All of the above

Question 10.

Selling is Product oriented but marketing is _____________ .

1. market oriented
2. customer oriented
3. producers oriented
4. promotion oriented

Question 11.

In the process of marketing _____________ starts after the product has been produced.

1. Market research
2. Product planning
3. Research and development
4. Selling

Question 12.

Consumers _____________ the right to receive after sale service especially in costly and durable goods'.

1. have
2. do not have
3. both 1 and 2
4. none of the above

Question 13.

Price is the monetary expression of _____________ of exchange for products or services.

1. weights
2. value
3. unit
3. durability

Question 14.

Which is the prime objective of pricing?

1. Consumer satisfaction
2. Efficient distribution of goods
3. Increasing Profitability
4. Advertising of goods

Question 15.

What would you call the mass paid communication of information intended to persuade buyers so as to maximise profits?

1. Publicity
2. Advertising
3. Selling
4. Marketing

Question 16.

Advertising is always consumer oriented and it moves _____________ towards the _____________ .

1. Products, Buyers
2. Sellers, Buyers
3. Buyers, Sellers
4. Buyers, Products

Question 17.

The sum of direct materials cost, direct wages and direct expenses is known as _____________ .

1. Fixed Cost
2. Variable Cost
3. Prime Cost
4. Overheads

Question 18.

What is the objective behind making capital expenditure?

1. maintain efficiency of the assets
2. improve the efficiency of the assets
3. installation of the assets
4. restore the efficiency of the assets

Question 19.

Purchase of a laptop is capital expenditure when it is acquired for __________ but revenue expenditure when it is acquired for _____________ ?

1. use, re-sale
2. re-sale, use
3. display in stores, stock
4. use, charity

Question 20.

'Advertising helps in launching a new product and capturing a minimum market share at the earliest''-It is an advantages to which group?

1. To manufactures
2. To consumers
3. To salesman
4. To society

Question 21.

Identify one of the feature of Publicity.

1. It forms public opinion
2. It is paid form of communication
3. It has identified sponsor
4. It has commercial values

Question 22.

Which is the essential feature of a good brand.

1. The brand name should be complex and difficult
2. It can be easily imitated
3. It is suggestive of utility of the product
4. It should use national symbols.

Question 23.

Which is the example of E-commerce?

1. Reliance fresh
2. Super market
3. Amazon
4. Big bazar

Question 24.

Identify the expectation of government from the business organisation.

1. To follow rules and regulations of country
2. To pay taxes honestly
3. To assist in solving national problems
4. All the above

Question 25.

Identify which of the following is the examples of deferred expenses.

1. An old machinery purchased for ₹ 9500.
2. Expenses on overhauling and repairing a motor car
3. Legal fees to acquire property
4. Expenses incurred in connection with the issue of shares and debentures

Question 26.

Identify one of the feature of marketing.

1. It starts after product is produced
2. It starts before product is produced
2. It continues even after sale of goods
4. All the above

Question 27.

Promotion of reputation and maximising profits are the objectives of _______________.

1. selling
2. advertising
3. marketing
4. sales promotion

Question 28.

_______________ means the expenditure the benefit of which is not exhausted with in the current year but it is enjoyed over a long period of time.

1. Capital expenditure
2. Revenue expenditure
3. Deferred revenue expenditure
4. Capital receipts

Question 29.

Who are the stakeholders who expects growth of entire industry and promotion of cooperation among the business houses.

1. Competitors
2. Government
3. Creditors
4. Customers

Question 30.

_______________ is an example of secondary stakeholders.

1. Government
2. Employees
3. owner
4. Creditors

Question 31.

Big basket, Jabbong, snapdeal etc. are the example of which type of E-commerce.

1. E-advertising
2. E-banking
3. E-tailing
4. E-security

Question 32.

Which out of the following option indicates the importance of advertising for the producers.

1. Higher sale volume
2. Meeting competition
3. Steady demand
4. All the above

Question 33.

Match the column I and II

Column I	Column II
1. Sales Promotion	(a) Consumer oriented
2. Advertising	(b) Do not have economic value
3. Publicity	(c) Advertisements are based on needs and expectations of target customers
4. Social Media	(d) influencing channel of distribution

1. (1–d),(2–c),(3–a),(4–b)   2. (1–b),(2–a),(3–d),(4–c)

3. (1–d),(2–a),(3–b),(4–c)   4. (1–c),(2–a),(3–d),(4–a)

Question 34.

Match the column I and II.

Column I	Column II
1. Selling	(a) It starts before the product is produced.
2. Service	(b) It is tangible in nature
3. Marketing	(c) Ownership is not transferable
4. Product	(d) It starts after product is produced

1. (1–d),(2–c),(3–a),(4–b)   2. (1–b),(2–a),(3–d),(4–c)

3. (1–d),(2–a),(3–b),(4–c)   3. (1–c),(2–a),(3–d),(4–a)

Answers

1. 3. Owner	**19.** 1. use, re-sale
2. 2. External Stakeholder	**20.** 1. To manufactures
3. 4. Government	**21.** 1. It forms public opinion
4. 1. Employee	**22.** 3. It is suggestive of utility of the product.
5. 1. Primary stakeholders	**23.** 3. Amazon
6. 4. Right to be heard	**24.** 4. All the above
7. 4. Stakeholders	**25.** 4. Expenses incurred in connection with the issue of shares and debentures
8. 2. society	**26.** 2. It continues even after sale of goods
9. 2. Marketing	**27.** 3. Marketing
10. 2. customer oriented	**28.** 1. Capital expenditure
11. 4. selling	**29.** 1. Competitors
12. 1. have	**30.** 1. Government
13. 2. value	**31.** 3. E-tailing
14. 3. Increasing Profitability	**32.** 4. All the above
15. 2. Advertising	**33.** 3. (1–d), (2–a), (3–b), (4–c)
16. 4. Buyers, Products	**34.** 1. (1–d), (2–c), (3–a), (4–b)
17. 3. Prime Cost	
18. 2. improve the efficiency of the assets	

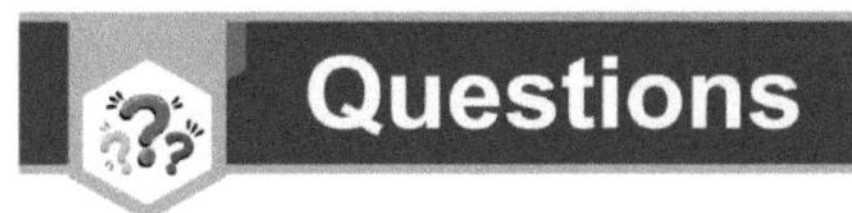

Question 1.

Internal stakeholders includes

1. Creditors
2. Competitors
3. Shareholders
4. Suppliers

Question 2.

The term Marketing refers to :

1. New product concepts and improvements
2. Advertising and promotion activities
3. A philosophy that stresses customer value and satisfaction
4. Planning sales campaigns

Question 3.

Expenditures incurred to acquire fixed asset are called :

1. Revenue expenditure
2. Prepaid expense
3. Capital expenditure
4. Outstanding expense

Question 4.

The cost that vary in proportion to changes in the volume of output.

1. Variable cost
2. Shut down cost
3. Fixed cost
4. Opportunity cost

Question 5.

Promotion of reputation and maximising profits are the objectives of :

1. Selling
2. Advertisement
3. Marketing
4. Sales Promotion

Question 6.

Which of the following is not a mode of payment for E-commerce?

1. Credit card
2. E-wallets
3. Bank transfers
4. Paying local vendor

Question 7.

Which of the following is the elements of cost.

1. Material
2. Labour
3. Expenses
4. All the above

Question 8.

Any paid form of non-personal presentation and promotion of ideas, goods, or services by an identified sponsor is called ______________ .

1. sales promotion
2. direct marketing
3. advertising
4. personal selling

Question 9.

Expenditures incurred on legal fees incurred to defend ownership of the factory site of the firm is called :

1. Revenue expenditure
2. Prepaid expense
3. Capital expenditure
4. Outstanding expense

Question 10.

How many rights does a consumer have under the Consumer Protection Act?

1. 8
2. 6
3. 4
4. 5

Question 11.

Who you think helps the advertiser in planning better and more effective advertisement as it is has expertise in its job.

1. Advertising Manager
2. Product Manager
3. Publicity Manager
4. Advertising Agency

Question 12.

Consumers _____________ the right to choose from a wide variety of goods available at competitive prices.

1. have
2. do not have
3. both 1 and 2
4. None of the above

Question 13.

Which of the following is the example of consumers exploitation?

1. Providing heavy discounts and rebates to consumers
2. Supply of adulterated goods to consumers
3. Providing after sale service free of cost
4. not allowing bargaining

Question 14.

Which form of E-commerce helps in performing retail activities through internet at homely comfort?

1. E-tailing
2. E-advertising
3. E-security
4. ERP

Question 15.

What would you call process of moving goods and services from the manufactures to the consumers?

1. Publicity
2. Advertising
3. Selling
4. Marketing

Question 16.

Which marketing activity ends with the sale of the goods :

1. Selling
2. Grading
3. Market research
4. Packaging.

Question 17.

Which of the following statement is true in case of revenue receipts?

1. It does not create any liability
2. It is no recurring in nature
3. It creates a liability
4. It is an item of balance sheet

Question 18 .

What would you call the electronic communication among enterprises, government organisations and financial institutions?

1. E-marketing
2. E-commerce
3. E-retailing
4. E-advertising

Question 19 .

E-commerce enables the business to reach _____________ market as buyers and sellers are not restricted by geographical boundaries.

1. local
2. regional
3. national
4. global

Question 20 .

What would you call the propaganda which is based on some broad idea?

1. Sales Promotion
2. Advertisement
3. Publicity
4. Direct Selling

Question 21 .

_____________ is the example of external stakeholder.

1. Customer
2. Employees
3. Shareholders
4. Employers

Question 22.

Which appropriate word will you use to define the individuals, groups or organisation that have a stake in the decisions and actions of the commercial organisation ?

1. Suppliers
2. Stakeholders
3. Registrar
4. Sundry creditors

Question 23.

___________ is one of the features of service?

1. Ownership is transferable
2. It can be replaced
3. Homogeneity
4. It is intangible in nature

Question 24.

Identify one of the objective of pricing.

1. It decreases market penetration
2. It promotes welfare and growth of enterprise
3. It ensures that consumers get goods at higher price
4. It promotes profiteering

Question 25.

___________ is the example of customers sales promotion techniques.

1. Offering free samples
2. Special trade discounts
3. Publicity
4. Advertising allowances

Question 26.

Identify one examples of capital expenditure.

1. A firm buys a computer for ₹ 80 000.
2. A firm buys cartridges for computers ₹ 300.
3. Godown is repainted at a cost of ₹ 4000.
4. New ribbons worth ₹ 500 are purchased for typewriter.

Question 27.

Social media advertising is a form of ___________ advertising that focuses on social networking services to promote product and services.

1. Online
2. Offline
3. Door to door
4. Vehicular

Question 28.

While shopping in a mall, you get the offer "buy one get two". This type of offer is known as ___________

1. Advertisement
2. Sales promotion
3. Publicity
4. All the above

Question 29.

Identify which one of the following is the benefit of packing in the marketing of goods.

1. It protect the product from damage
2. It facilitates branding
3. It facilitates proper handling
4. All the above

Question 30.

If the traditional approach to marketing is product oriented, what is the modern approach to marketing.

1. Customer oriented
2. Profit oriented
3. Publicity oriented
4. Profiteering

Question 31.

What do you call the expenditure whose benefits are consumed in the current accounting period only?

1. Capital expenditure
2. Revenue expenditure
3. Deferred expenditure
4. All the above

Question 32.

"Consumer have the right to know about the, quality, quantity, durability, MSP and price of the product" –Which consumer right has been highlighted in the given statement.

1. Right to safety
2. Right to choose
3. Right to be informed
4. Right to consumer education

Question 33.

Find the correct option.

	Column A		Column B
1.	Advertising Agency	(a)	helps in combating competition
2.	Advertising	(b)	has significant impact on the profitability of an organisation
3.	Publicity	(c)	deciding layout for the advertisement
4.	Pricing	(d)	helps in forming public opinion

1. (1–c), (2–a), (3–b), (4–d)
2. (1–b), (2–a), (3–d), (4–c)
3. (1–d), (2–a), (3–a), (4–d)
4. (1–c), (2–a), (3–d), (4–b)

Question 34.

Find the correct option.

	Column A		Column B
1.	Fixed Cost	(a)	is activity based
2.	Variable cost	(b)	is time based
3.	Semi Fixed Cost	(c)	Creation of new product
4.	R and D Cost	(d)	Normal repairs and maintenance of building

1. (1–d), (2–c), (3–a), (4–b)
2. (1–b), (2–a), (3–d), (4–c)
3. (1–d), (2–a), (3–b), (4–c)
4. (1–c), (2–a), (3–d), (4–a)

Answers

1. 3. Shareholders
2. 3. A philosophy that stresses customer value and satisfaction
3. 3. Capital expenditure
4. 1. Variable cost
5. 3. Marketing
6. 4. Paying local vendor
7. 4. All the above
8. 3. advertising
9. 1. Revenue expenditure
10. 2. 6
11. 4. Advertising Agency
12. 1. have
13. 2. Supply of adulterated goods to consumers
14. 1. E-tailing
15. 3. Selling
16. 1. Selling
17. 1. It does not create any liability
18. 2. E-commerce
19. 4. global
20. 3. Publicity
21. 1. Customer
22. 2. Stakeholders
23. 4. It is intangible in nature
24. 2. It promotes welfare and growth of enterprise
25. 1. Offering free samples
26. 1. A firm buys a Computer for ₹ 80 000.
27. 1. Online
28. 2. Sales Promotion
29. 4. All the above
30. 1. Customer oriented.
31. 2. Revenue expenditure
32. 3. Right to be informed
33. 4. (1–c), (2–a), (3–d), (4–b)
34. 2. (1–b), (2–a), (3–d), (4–c)

Commercial Applications

Specimen Question Paper

Commercial Applications

Maximum Marks: 50
Time allowed: One hour (inclusive of reading time)

General Instructions

ALL QUESTIONS ARE COMPULSORY.
The marks intended for questions are given in brackets [ ].
Select the correct option for each of the following questions.

Questions

Question 1. [1]

Who defined market as "A market is the set of all actual and potential buyers of a product"?

1. Neil Borden　　2. Neilsen　　3. Philip Kotler　　4. Stephen Morse

Question 2. [1]

This P is not a part of the 7 Ps of marketing mix?

1. Promotion　　2. Price　　3. People　　4. Purpose

Question 3. [1]

Which among the following serves as the most common source of leads generation for any company?

1. Yellow pages　　2. Green pages　　3. White pages　　4. Blue pages

Question 4. [1]

In which stage of marketing is consumer considered as the king?

1. Production oriented stage
2. Sales oriented stage
3. Product oriented stage
4. Marketing oriented stage

Question 5. [1]

The process of setting a low initial price for attracting a large number of buyers quickly to cover a large market share is known as:

1. Going-rate pricing
2. Market penetration pricing
3. Value based pricing
4. Skimming pricing

Question 6. [1]

A reduction in price on purchase during a stated period of time is known as:

1. Sale　　2. Discount　　3. Allowance　　4. None of these

Question 7. [1]

Which among these is concerned with pricing policies for late entrants to a market?

1. Market penetration　　2. Marketing research　　3. Market skimming　　4. Marketing skills

Question 8. [1]

Which among these is not the nature and charecteristic of a service?

1. Intangibility　　2. Durability　　3. Variability　　4. Perishability

Question 9. [1]

Marketing mix for products consists of ___________.

1. 4Ps 2. 7Ps 3. 8Ps 4. 5Ps

Question 10. [1]

___________ are the key elements of promotion mix.

1. Advertising and Sales Promotion 2. Publicity and Public Relations
3. Direct Marketing and Personal Selling 4. All the above

Question 11. [1]

Marketing mix for services include _________.

1. 4Ps 2. 7Ps 3. 8Ps 4. 5Ps

Question 12. [1]

_________ is not a part of marketing mix.

1. Product 2. Purpose 3. Place 4. Price

Question 13. [1]

Which of the following marketing mix activity is most closely associated with newsletters, catalogues and invitations to organization-sponsored events?

1. Pricing 2. Promotion 3. Distribution 4. Product

Question 14. [1]

New product development starts with which one of the following steps of new product development?

1. Idea screening 2. Idea generation
3. Test marketing 4. Concept testing

Question 15. [1]

Marketing is a process which aims at _________.

1. Production 2. Profit-making
3. The satisfaction of customer needs 4. Selling products

Question 16. [1]

In the history of marketing, when did the production period end?

1. In the late 1800s. 2. In the early 1900s. 3. In the 1920s. 4. In the 1960s.

Question 17. [1]

The key term in the American Marketing Association's definition of marketing is:

1. Activity 2. Sales
3. Products 4. Planning and executing the conception.

Question 18. [1]

Marketing is _________, there is a constant tension between the formulated side of marketing and the management side.

1. An art 2. A Science
3. Both an "art" and a "science" 4. Selling

Question 19. [1]

Today, marketing must be understood in a new sense that can be characterized as _________.

1. Get there first with the most. 2. Management of youth demand.
3. Satisfying customer needs. 4. Telling and selling.

Question 20. [1]

_________ is the act of obtaining a desired object from someone by offering something in return.

1. Marketing Myopia 2. Selling 3. Exchange 4. Delivery

Question 21. [1]

A place where goods are bought and sold against the price consideration between the buyers and the sellers is called _________.

1. Exchange 2. Market 3. E-commerce 4. Transaction

Question 22. [1]

__________ involves transfer of ownership of the goods.

1. Selling
3. Buying

2. Assembling
4. Assembling & Buying

Question 23. [1]

__________ is not a type of Marketing Concept.

1. The production concept
3. The societal marketing concept

2. The selling concept
4. The Supplier Concept

Question 24. [1]

__________ deals with the specification of the actual good or service and how it relates to the target customer.

1. Price aspect
2. Product aspect
3. Promotion aspect
4. Place aspect

Question 25. [1]

__________ is the best promotion tool in any type of marketing.

1. Creativity
2. Communication
3. Tele calling
4. Publicity

Question 26. [1]

Which of the following is the mode of pricing technique?

1. Cost plus
2. Market skimming
3. Market penetration
4. All of these

Question 27. [1]

"Place" in 4Ps mean same as:

1. Promotion
2. People
3. Distribution
4. Demand

Question 28. [1]

Setting a low initial price to attract a large number of buyers quickly and cover the large market share is known as

1. Skimming pricing
2. Going-rate pricing
3. Value based pricing
4. Penetration pricing

Question 29. [1]

Advertising is:

1. A method of mass communication
3. Non-Personal

2. Paid communication
4. All of the above

Question 30. [1]

A favourable image of the organization is built by __________.

1. Informative Advertising
3. Institutional Advertising

2. Persuasive Advertising
4. Marketing

Question 31. [1]

Identify the advantage of Advertising to the Manufacturer:

1. Creates demand
3. Educates consumers

2. Promotes healthy competition
4. Makes shopping easier

Question 32. [1]

Primary Demand Advertising is also known as:

1. Concept Advertising
3. Institutional Advertising

2. Reminder Advertising
4. None of the above

Question 33. [1]

In Advertising, the advertiser __________.

1. Has to pay the buyer
3. Need not pay the media owners

2. Has to pay the media owners
4. Both 1 and 2

Question 34. [1]

In Publicity, the message originates from __________.

1. Media
2. Public
3. Buyer
4. Manufacturer

Question 35. [1]

In Publicity, __________ has/have control over the contents and timing.

1. Media   2. Public   3. Buyer   4. Manufacturer

Question 36. [1]

What form of media can be used to reach illiterate people?

1. Newspapers   2. Radios   3. Direct Mail   4. Billboards

Question 37. [1]

Find the odd one out.

1. Posters   2. Billboards   3. Neon signs   4. Letters

Question 38. [1]

Online advertising provides a __________ audience.

1. Regional   2. Global   3. National   4. Local

Question 39. [1]

What makes a product acceptable to consumers faster than any other technique of promoting sales?

1. Sales Promotion   2. Radio   3. Advertising   4. Publicity

Question 40. [1]

In Publicity, __________ message is designed to inform the public.

1. Concept   2. Persuasive   3. Informative   4. Reminder

Question 41. [1]

Advertising __________.

1. Raises the standard of living.   2. Generates employment.

3. Adds to art and culture.   4. All of the above.

Question 42. [1]

Which of the following is an element of distribution mix?

1. Salesmanship   2. Discount   3. Storage   4. Services

Question 43. [1]

Sales by inspection is necessary when the goods are of __________ nature.

1. Standardised   2. Non- Standardised   3. Non-Perishable   4. All of the above

Question 44. [1]

Selling aims at __________.

1. Product planning   2. Product distribution   3. Product promotion   4. Maximization of profit

Question 45. [1]

The main purpose of sales promotion is __________.

1. Inform customer about the product.   2. Create goodwill

3. Obtain spot buying   4. Create long term Demand

Question 46. [1]

The cost of sales promotion per unit is __________.

1. Low   2. High   3. At par   4. None

Question 47. [1]

What is the principle of selling?

1. Profit through customer satisfaction   2. Profit through sales volume

3. Caveat emptor   4. Caveat vendor

Question 48. [1]

Personal selling is:

1. Selective   2. Flexible   3. Mutually Beneficial   4. All of the above

Question 49. [1]

Choose the correct Selling Concept

1. Factory > Products > Selling and Promotion > Profit

2. Factory > Selling and Promotion > Profit > Product
3. Factory > Selling and Promotion > Product > Profit
4. Selling and Promotion > Factory > Product > Profit

Question 50. [1]

J. D. Power and Associate is the motor industry's benchmark for judging the quality of new motor vehicles. Lexus and Porsche lead the luxury brands while Toyota, Honda and Hyundai dominate among the mass market brands. These companies tend to use the J.D. Power and Associate ratings in their marketing.

From the above case study answer the following:

Lexus and Porsche come under which pricing strategy as mentioned below:

1. Luxury Strategy
2. Parity Pricing Strategy
3. Skimming Strategy
4. Aggressive Pricing Strategy

1. 3. Philip Kotler	**26.** 4. All of these
2. 4. Purpose	**27.** 3. Distribution
3. 1. Yellow pages	**28.** 4. Penetration pricing
4. 4. Marketing oriented stage	**29.** 4. All of the above
5. 2. Market penetration pricing	**30.** 3. Institutional Advertising
6. 2. Discount	**31.** 1. Creates demand
7. 1. Marketing Penetration	**32.** 1. Concept Advertising
8. 2. Durability	**33.** 2. Has to pay the media owners
9. 1. 4Ps	**34.** 1. Media
10. 4. All of the above	**35.** 1. Media
11. 2. 7Ps	**36.** 2. Radios
12. 2. Purpose	**37.** 4. Letters
13. 2. Promotion	**38.** 2. Global
14. 2. Idea generation	**39.** 3. Advertising
15. 3. The satisfaction of customer needs	**40.** 3. Informative
16. 3. In the 1920s.	**41.** 4. All of the above
17. 4. Planning and executing the conception.	**42.** 3. Storage
18. 3. Both an "art" and a "science"	**43.** 2. Non-Standardised
19. 3. Satisfying customer needs.	**44.** 4. Maximization of profit
20. 3. Exchange	**45.** 3. Obtain spot buying
21. 2. Market	**46.** 1. Low
22. 1. Selling	**47.** 3. Caveat emptor
23. 4. The Supplier Concept	**48.** 4. All of the above
24. 2. Product aspect	**49.** 1. Factory > Products > Selling and Promotion > Profit
25. 4. Publicity	**50.** 2. Parity Pricing Strategy

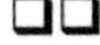

 **Questions**

Question 1

Who defined market as "The term market refers not necessarily to a place but always to the buyers and sellers who are in direct contact with one another"?

1. Philip Kotler
2. Pyle
3. Jevons
4. Chapman

Question 2

Supply creates its own demand. Which stage of marketing believes in this philosophy?

1. Production-oriented stage
2. Product-oriented stage
3. Societal-marketing stage
4. Sales-oriented stage

Question 3

In which type of market goods are sold in small quantities directly to consumers?

1. Wholesale Market
2. Capital Market
3. Money Market
4. Retail Market

Question 4

Which element of marketing mix is involved in transferring ownership and physical possession of the product to consumers?

1. Product Mix
2. Price Mix
3. Place Mix
4. Promotion Mix

Question 5

It refers to face-to-face communication between a seller or his representative and the buyer.

1. Advertising
2. Personal Selling
3. Sales Promotion
4. Publicity

Question 6

It refers to wrapping, crating, filling or compressing of goods to protect them from spoilage, pilferage, breakage, leakage etc.

1. Labelling
2. Packaging
3. Branding
4. None of the above

Question 7

This is also known as pioneering advertising.

1. Informative Advertising
2. Persuasive Advertising
3. Concept Advertising
4. Institutional Advertising

Question 8

Which is the starting point of selling concept?

1. Factory
2. Products
3. Customer needs
4. Target market

Question 9

Which concept focus on customer needs?

1. Selling concept
2. Marketing concept
3. both 1 and 2
4. none of the above

Question 10

It comes after preparation in steps of personal selling process.

1. Approach
2. Convincing
3. Closing the sale
4. Prospecting

Question 11

_____________ is a feature of a product.

1. Life cycle   2. Intangibility   3. Inseparability   4. Variability

Question 12

_____________ are used as main inputs in the industry.

1. Raw materials   2. Supplies   3. Fixed assets   4. None of the above

Question 13

_____________ refers to a combination of various features relating to the product or service to be offered for sale.

1. Price mix   2. Product mix
3. Physical distribution mix   4. Promotion mix

Question 14

In_____________ stage, the demand and sales grow rapidly, distribution is widened, competition increases and prices fall.

1. introduction   2. growth   3. maturity   4. decline

Question 15

The aim of _____________advertising is to build a favourable image of the organization rather than to promote the sale of a product or service.

1. institutional   2. product   3. informative   4. persuasive

Question 16

In _____________ the message originates from the media.

1. advertising   2. sales promotion   3. personal selling   4. publicity

Question 17

In_____________, goods may be sold through description in catalogues, circulars, sales letters.

1. sales by sample   2. sales on approval   3. sales by description   4. sales by Inspection

Question 18

In_____________ stage, the sales person handles the objections raised by the customer.

1. prospecting   2. presentation   3. convincing   4. approach

Question 19

_____________ is the advantage of advertising to society.

1. Adds to art and culture   2. Reduces prices by increasing sales volume.
3. Helps maintain steady demand.   4. Provides economies of scale.

Question 20

A successful salesman should possess _____________qualities.

1. physical   2. mental   3. social   4. all of the above

Question 21

Find the odd one out.

1. Product   2. Price   3. Place   4. Analysis

Question 22

Find the odd one out.

1. Skimming   2. Demand   3. Cost plus   4. Parity

Question 23

Identify which is not the element of promotion mix.

1. Publicity   2. Sale promotion   3. Personal selling   4. Packing

Question 24

Selling is product oriented but marketing is ————— .

1. market oriented   2. product oriented   3. producer oriented   4. customer oriented

Question 25

Identify the reason for increasing importance of services.

1. Economic planning
2. Women workforce
3. Greater life expectancy
4. All of the above

Question 26

Choose the correct marketing concept:

1. Target market–Customer needs–Profits through customer satisfaction–Integrated marketing
2. Target market–Customer needs–Integrated marketing–Profits through customer satisfaction
3. Customer needs–Target market–Integrated marketing–Profits through customer satisfaction
4. Target market–Integrated marketing–Customer needs–Profits through customer satisfaction

Question 27

Identify the correct process of determining the marketing mix:

1. Analysis–Design–Testing–Identification–Adoption
2. Identification–Analysis–Design–Adoption–Testing
3. Identification–Analysis–Design–Testing–Adoption
4. Identification–Design–Analysis–Testing–Adoption

Question 28

Identify the stage for the following statement-

"Sales continue to grow but at a decreasing rate."

1. Introduction
2. Maturity
3. Growth
4. Abandonment of product

Question 29

Which are the types of labels?

1. Brand
2. Descriptive
3. both 1 and 2
4. None of the above

Question 30

It is the objective of advertising.

1. To introduce new products.
2. To eliminate middlemen.
3. To educate consumers.
4. All of the above.

Question 31

Which out of the following is not a marketing concept.

1. The production concept
2. The selling concept
3. The societal marketing concept
4. The supplier concept

Question 32

Which of the following best describes the picture:

1. Sales promotion
2. Personal Selling
3. Publicity
4. All of the above

Question 33

_____________ is a feature of personal selling.

1. Oral presentation
2. Art of convincing
3. Mutual benefit
4. All of the above

Question 34

Find the correct statement.

1. Marketing concept focus on products.
2. Personal selling involves contact with large number of persons.
3. The purpose of personal selling is to win a permanent customer.
4. In selling concept,Profit is earned through customer satisfaction.

Question 35

Full form of AIDCAM is________________.

1. Attention, Interest, Desire, Conviction, Action, More sales.
2. Attention, Interest, Desire, Conviction, Activity, More sales.
3. Attention, Interest, Demand, Conviction, Action, More sales.
4. Attention, Intelligent, Desire, Conviction, Action, More sales.

Question 36

Which one is not the step of personal selling?

1. Closing the sale
2. Post-sale follow-up
3. Approach
4. Selective

Question 37

It is not the 4 P's of marketing :

1. Product   2. People   3. Place   4. Price

Question 38

____________ has reuse and resale value for the customer.

1. Branding   2. Packaging   3. Labelling   4. All of the above

Question 39

This is also known as mark up pricing.

1. Penetrating pricing   2. Skimming Pricing   3. Cost plus pricing   4. None of the above

Question 40

Fashion shows, exhibition, prize contests are examples of ________________.

1. Advertising   2. Personal selling   3. Publicity   4. None of the above

Question 41

These are the markets classified on the basis of the volume of business.

1. Local Market   2. National Market   3. Commodity Market   4. Wholesale Market

Question 42

This is a market where goods are purchased for use in further production.

1. Spot market   2. Producers' market   3. Future market   4. Primary market

Question 43

Which is not the concept of market?

1. Place   2. Area   3. Demand   4. Creativity

Question 44

Price is set at a low level.

1. Penetrating pricing   2. Skimming Pricing   3. Cost plus pricing   4. None of the above

Question 45

Which pricing strategy is aggressive and used to restrict the entry of new firms in the industry.

1. Penetrating pricing   2. Skimming Pricing   3. Cost plus pricing   4. None of the above

Question 46

It is any form of non-personal presentation and promotion of ideas, goods or services by an identified sponsor." This definition of advertising is given by ________________.

1. William J. Stanton
2. Philip Kotler
3. American Market Association
4. Jevons

Question 47

Which is not the criticism of advertising?

1. Vulgarity
2. Deceptive and Untruthful
3. Higher Prices
4. Sustains the press

Question 48

Find the odd one out:

1. Self-Preservation
2. Hoarding instinct
3. Television
4. Self-display

Question 49

A good sales man must have sound health, good appearance, cheerful disposition and an impressive voice. He should be fit for hard work and requires a neat and clean appearance. He should be properly dressed.

Identify the quality of salesman mentioned above.

1. Sensitive
2. Sincere
3. Knowledgeable
4. Good Physique

Question 50

Mohan Ltd. Took the following steps in the beginning of this year to widen its consumer base. It expanded the business operations to cover international markets and within India. It focused on Mumbai. It repositioned itself as a FMCG company, offering a wide range of products and shifted from traditional marketing to non-traditional marketing. The company focused on quality control and publicity and introduced new advertising featuring film stars and sports personalities.

Identify the methods of brand promotion mentioned above.

1. Quality control
2. Advertising
3. Publicity
4. All of the above

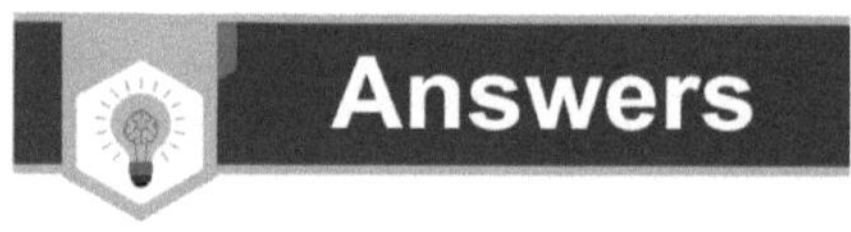

1. 4. Chapman	**20.** 4. All of the above
2. 1. Production-oriented stage	**21.** 4. Analysis
3. 4. Retail Market	**22.** 2. Demand
4. 3. Place Mix	**23.** 1. Packing
5. 2. Personal Selling	**24.** 4. Customer oriented
6. 2. Packaging	**25.** 4. All of the above
7. 3. Concept Advertising	**26.** 2. Target market- Customer needs-Integrated marketing-Profits through customer satisfaction
8. 1. Factory	
9. 2. Marketing concept	
10. 4. Prospecting	**27.** 3. Identification-Analysis-Design-Testing-Adoption
11. 1. Life cycle	
12. 1. Raw materials	**28.** 2. Maturity
13. 2. Product mix	**29.** 3. both 1 and 2
14. 2. Growth	**30.** 4. All of the above
15. 1. Institutional	**31.** 4. The supplier concept
16. 4. Publicity	**32.** 1. Sales promotion
17. 3. Sales by description	**33.** 4. All of the above
18. 3. Convincing	**34.** 3. The purpose of personal selling is to win a permanent customer.
19. 1. Adds to art and culture	

35. 1. Attention, Interest, Desire, Conviction, Action, More sales.

36. 4. Selective

37. 2. People

38. 2. Packaging

39. 3. Cost plus pricing

40. 4. None of the above

41. 4. Wholesale Market

42. 2. Producers' market

43. 4. Creativity

44. 1. Penetrating pricing

45. 1. Penetrating pricing

46. 2. Philip Kotler

47. 4. Sustains the press

48. 3. Television

49. 4. Good Physique

50. 4. All of the above

❑❑

Questions

Question 1

Who defined market as "Market includes both place and region in which buyers and sellers are in free competition with one another."?

1. Philip Kotler
2. Pyle
3. Jevons
4. Chapman

Question 2

Which stage of marketing believes 'to get rid of what you have'?

1. Production-oriented stage
2. Product-oriented stage
3. Societal-Marketing stage
4. Sales-oriented stage

Question 3

3. Which type of market provides short term finance to business enterprises?

1. Wholesale Market
2. Capital Market
3. Money Market
4. Retail Market

Question 4

Who consider a product as 'a bundle of satisfaction' rather than as a physical item.

1. Producers
2. Competititors
3. Consumers
4. Sellers

Question 5

It is not paid by the seller.

1. Advertising
2. Personal Selling
3. Sales Promotion
4. Publicity

Question 6

Main components of product mix are ____________.

1. branding
2. packaging
3. labelling
4. all of the above

Question 7

Which out of the following is a non traditional market.

1. Retail market
2. Tele market
3. Spot market
4. Wholesale market

Question 8

It begins much before goods are produced to understand the needs and preferences of consumers.

1. Selling
2. Marketing
3. Both 1 and 2
4. None of the above

Question 9

Which stage of marketing focus on products?

1. Production oriented stage
2. Marketing oriented stage
3. Sales oriented stage
4. none of the above

Question 10

It is the final step in personal selling process.

1. Approach
2. Convincing
3. Closing the sale
4. Post-sale follow-up

Question 11

Tangibility is a feature of a __________.

1. product
2. service
3. both 1 and 2
4. none of the above

Question 12

Which among these is not the pricing strategy.

1. Penetrating
2. Cost plus
3. Skimming
4. Operating

Question 13

There are __________ stages in PLC.

1. 6
2. 5
3. 4
4. 3

Question 14

'Focussing on brand image' is the strategy for __________ stage.

1. Introduction
2. Growth
3. Maturity
4. Decline

Question 15

Advertisements suggesting how to save petrol is an example of __________.

1. de-marketing
2. marketing
3. both 1 and 2
4. none of the above

Question 16

It acts as a barometer of the country's economic growth.

1. Advertising
2. Sales promotion
3. Personal selling
4. Publicity

Question 17

In ____________, the seller sends the goods to the buyer. After checking them the buyer may decide to buy or return them back to the seller.

1. sales by sample
2. sales on approval
3. sales by description
4. sales by inspection

Question 18

It is the most flexible technique promoting sales.

1. Advertising
2. Personal selling
3. Sales promotion
4. None of the above

Question 19

________________ is an advantage of advertising to consumers.

1. Reduces prices by increasing sales volume
2. Generates employment
3. Helps maintain steady demand.
4. Provides economies of scale.

Question 20

A successful salesman should be ____________ to the needs and expectations of customers.

1. Sensitive
2. Cheerful
3. Sincere
4. All of the above

Question 21

Find the odd one out.

1. Production concept
2. Societal marketing concept
3. Selling concept
4. Marketing concept

Question 22

Find the odd one out.

1. Packaging
2. Penetrating
3. Cost plus
4. Parity

Question 23

Identify the element of price mix.

1. List price
2. Discounts
3. Seasonal pricing
4. All of the above

Question 24

Match the column:

Column A	Column B
(i) Banks	a. Personal services
(ii) Cold storage	b. Financial services
(iii) Tailoring	c. Warehousing
(iv) Internet services	d. Communication services

Identify the correct option:

1. 1-a, 2-c, 3-b, 4-d
2. 1-b, 2-c, 3-a, 4-d
3. 1-b, 2-c, 3-d, 4-a
4. 1-a, 2-b, 3-c, 4-d

Question 25

After-sale service is required for ___________.

1. product   2. service   3. Both 1 and 2   4. None of the above

Question 26

It is also known as salesmanship.

1. Personal selling   2. Sales promotion   3. Advertising   4. Marketing

Question 27

Identify the correct sequence of PLC:

1. Growth-Introduction-Maturity-Decline   2. Growth-Introduction-Decline-Maturity
3. Introduction-Growth-Maturity-Decline   4. Introduction- Maturity-Decline-Growth

Question 28

Identify the stage for the following statement:

"Sales falls down sharply and product becomes obsolete."

1. Introduction   2. Decline
3. Growth   4. Abandonment of product

Question 29

A producer can sell directly to consumers through:

1. Retail outlets   2. Telemarketing   3. both 1 and 2   4. None of the above

Question 30

It is not an advantage of sales promotion.

1. Increase in sale   2. Decrease in sale
3. Increase in customer base   4. Decrease in loss

Question 31

Which is the third stage of product life cycle :

1. Maturity   2. Introduction   3. Growth   4. Decline

Question 32

Which of the following best describes the picture:

1. Bonus offer   2. Exchange offer   3. Price-off offer   4. Prize contest

Question 33

______________ is an importance of personal selling.

1. Persuasion of customers   2. Costly
3. Prospecting   4. All of the above

Question 34

Which of the following statements is not correct.

1. Personal selling is economical than advertising.
2. Personal selling involves contact with limited number of selected persons.
3. The purpose of personal selling is to win a permanent customer.
4. In selling concept, Profit is earned through sales volume.

Question 35

Which is the feature of a good advertisement.

1. Attention value   2. Memorising value   3. Conviction value   4. All the above

Question 36

It means locating and identifying the potential buyers.

1. Closing the sale   2. Post-sale follow-up 3. Approach   4. Prospecting

Question 37

It is not the factor affecting pricing strategy-

1. Cost   2. Demand   3. Quality and service 4. labelling

Question 38

Manufacturer– ______________– Consumer. Complete the chain.

1. Wholesaler   2. Retailer   3. Agent   4. None of the above

Question 39

Eureka forbes adopted the _________ method of direct selling.

1. Door-to-door salespersons   2. Catalogue selling
3. Cost plus pricing   4. None of the above

Question 40

What are the main methods of sales promotion.

1. Samples   2. Coupons   3. Trading stamps   4. All of the above

Question 41

These are the markets classified on the basis of the geographical area.

1. Local Market   2. National Market   3. Regional Market   4. All of the above

Question 42

This is selling through television.

1. Spot market   2. Tele Market   3. Future Market   4. In-House Market

Question 43

Which is not the non-traditional market?

1. Catalogue Market   2. Network Market   3. Mail Order Market   4. Capital Market

Question 44

Price is set at a high level.

1. Penetrating pricing 2. Skimming Pricing   3. Cost plus pricing   4. None of the above

Question 45

It is a route along which products flow from the point of production to the point of consumption.

1. Channel of distribution   2. Product
3. Price   4. None of the above

Question 46

_________________ are issued to customers through the retailers in proportion to the amount of purchase.

1. Samples   2. Coupons   3. Trading Stamps   4. Exchange offers

Question 47

Which is not the feature of a good advertisement?

1. Memorising value   2. Educational value   3. Conviction value   4. Self-display

Question 48

What is the first step in selling process.

1. Preparation   2. Creates prospecting 3. Approach   4. Presentation

Question 49

It is not a quantitative term.

1. Selling   2. Sales   3. Profit   4. None of these

Question 50

A good advertisement should contain many features. It should appeal to the basic human instincts which are the mainsprings to human thoughts and action. An advertiser can motivate and inspire people to take desired action if he has a deep insight into human mind. Everybody wants to buy maximum possible things with his limited income. Prizes, gifts, bonus stamps, economy packs etc. are some methods of appealing to the instinct.

Identify the human instinct mentioned above.

1. Self-preservation   2. Hoarding instinct

3. Something for nothing instinct   4. Parental instinct

1. 2. Pyle	**27.** 3. Introduction-Growth-Maturity-Decline
2. 4. Sales-oriented stage	**28.** 2. Decline
3. 3. Money Market	**29.** 2. Telemarketing
4. 3. Consumers	**30.** 2. Decrease in sales
5. 4. Publicity	**31.** 1. maturity
6. 4. All of the above	**32.** 2. Exchange offer
7. 2. Tele-market	**33.** 1. Persuasion of customers
8. 2. Marketing	**34.** 1. Personal selling is economical than advertising.
9. 1. Production oriented stage	
10. 4. Post-sale follow-up	**35.** 4. All the above
11. 1. Product	**36.** 4. Prospecting
12. 4. Operating	**37.** 4. labelling
13. 2. 5	**38.** 2. Retailer
14. 3. Maturity	**39.** 1. Door to door salesperson
15. 1. de-marketing	**40.** 4. All of the above
16. 1. Advertising	**41.** 4. All of the above
17. 2. Sales on approval	**42.** 2. Tele Market
18. 2. Personal selling	**43.** 4. Capital Market
19. 1. Reduces prices by increasing sales volume	**44.** 2. Skimming Pricing
20. 1. Sensitive	**45.** 1. Channel of distribution
21. 2. Societal marketing concept	**46.** 3. Trading Stamps
22. 1. Packaging	**47.** 4. Self-display
23. 4. All of the above	**48.** 1. Presentation
24. 2. 1-b, 2-c, 3-a, 4-d	**49.** 1. Selling
25. 1. Product	**50.** 3. Something for nothing instinct
26. 1. Personal selling	

❑❑

Home Science

Specimen Question Paper

Home Science

Maximum Marks: 50
Time allowed: One hour (inclusive of reading time)

General Instructions

ALL QUESTIONS ARE COMPULSORY.
The marks intended for questions are given in brackets [ ].
Select the correct option for each of the following questions.

Questions

Question 1

Fill in the blanks with correct option given below: [5]

(a) The main disadvantage of a _____________ kitchen is that it acts as a passageway for family members.

    1. Strip   2. Corridor   3. L-shaped   4. Modular

(b) In a ____________ budget, income is more than expenditure.

    1. Surplus   2. Deficit   3. Balanced   4. Realistic

(c) The first step in budget planning is _________.

    1. Balancing expected income and expenditure

    2. Estimating the cost of desired items

    3. Making a list of desired commodities and services

    4. Estimating total expected income

(d) Curtailing present consumption for future consumption is called _________.

    1. Budgeting   2. Banking   3. Saving   4. Investing

(e) The thickness of a fabric depends on __________________.

    1. thread fabric   2. thread count   3. filament   4. thread fibre

Question 2

Choose the odd one out: [5]

(a) A child who is being bullied is often

    1. happy and playful   2. insecure and unhappy

    3. cooperative   4. cheerful and jovial

(b) In terms of work triangle, which type of kitchen is considered the best

    1. open kitchen   2. parallel kitchen

    3. L shaped kitchen   4. broken U shaped kitchen

(c) Development is _________________ and internal.

    1. discontinuous   2. continuous

    3. interrupted   4. none of the above

(d) Identify the option that is not a part of the work triangle

    1. storage centre   2. washing centre

    3. cooking centre   4. serving centre.

(e) Choose the style of parenting that does not cater to the children's needs

    1. Permissive parenting style   2. Authoritarian parenting style

    3. Authoritative parenting style   4. Rejecting parenting style.

Question 3

Choose the correct options: [10]

(a) Choose the option which is not the principle of interior decoration

    1. Beauty   2. Expressiveness   3. Functionalism   4. Durability

(b) Name the fibre for carpets which is durable and colour fast.

    1. Cotton   2. Wool   3. Silk   4. Rayon

(c) Identify the option where small rooms with low ceilings can appear larger from the following:

    1. Plain curtains are used on plain walls.   2. Curtains and Draperies stand out.

    3. Large prints are selected for draperies.   4. Patterned curtains are hung on patterned walls.

(d) When planning a household budget, one should ensure that _____________ is reserved for luxuries and desired expenses.

    1. Saving   2. Investment   3. Possible Income   4. Assured Income

(e) Identify the best choice of colour used for kitchen ceilings

    1. Dark, does not show dirt easily.

    2. Black, looks glamorous.

    3. Neutral colours like brige and brown

    4. White, counteracts the heat of cooking.

(f) _____________ is the first place where children start the process of socialization.

    1. community   2. family

    3. play school   4. neighbourhood

(g) The material not used for kitchen counters_____________ .

    1. Marble   2. Wood   3. Glass   4. Granite

(h) The disadvantage of a modular kitchen is

    1. it is expensive   2. it provides s pace utilisation

    3. it is easy to assemble modules   4. it is durable

(i) For households with a low budget for furnishings, _____________ is the best choice for floor coverings.

    1. Cotton rugs   2. Silk carpets   3. Woollen rugs   4. Oriental carpets

(j) Factors not affecting Meal planning are:

    1. Nutritional needs of family   2. Variety

    3. Satiety value   4. Inclusion of exotic foods

Question 4

State whether the given statement is True or False: [5]

(a) Place of stay is not an important factor affecting family budget planning.

    1. True   2. False

(b) Learning disabilities can interfere with skills like time management.

    1. True   2. False

(c) Season is not one of the factors affecting meal planning.

    1. True   2. False

(d) Growth is related to environment

    1. True   2. False

(e) Meals should provide satiety value.

    1. True   2. False

Question 5

Choose the correct option ; [5]

(a) A balanced diet _____________ the capacity to work.

    1. decreases   2. increases   3. neutralises   4. resists

(b) Childern's gangs can be identified by

    1. names from popular books   2. using secret signals

    3. usage of communication codes   4. All of the above

(c) Expand the Acronym 'ADHD'.

    1. Auto Deficit hyperactivity Disorder   2. Adeno Deficit Hyperactivity Disorder

    3. Attention Deficit Hyperactivity Disorder   4. Auto Distension Hyperactivity Disorder

(d) The art and science of implementing principles of nutrition is called.
   1. Balanced diet   2. Food groups
   3. Meal planning   4. Nutritional Planning

(e) __________________ is the first step in money management.
   1. expenditure   2. budget   3. loan   4. savings

Question 6

Identify the given pictures: [5]

(a) Identify the given food sources and name the food group in which they are present.

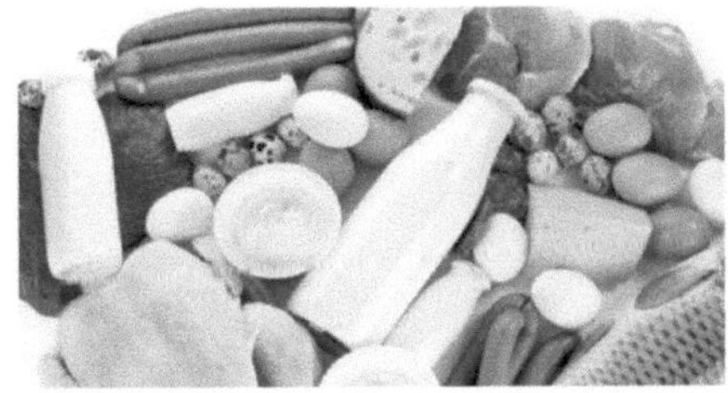

   1. pulses and legumes   2. fats and sugars
   3. fruits and vegetables   4. milk and meat products.

(b) Identify the type of kitchen from the following:

   1. Corridor Kitchen   2. Pull Man Kitchen   3. Island Kitchen   4. U Shaped Kitchen

(c) Identify the type of development

   1. social development   2. cognitive development
   3. language development   4. physical development

(d) Identify the image and choose a right option given below.

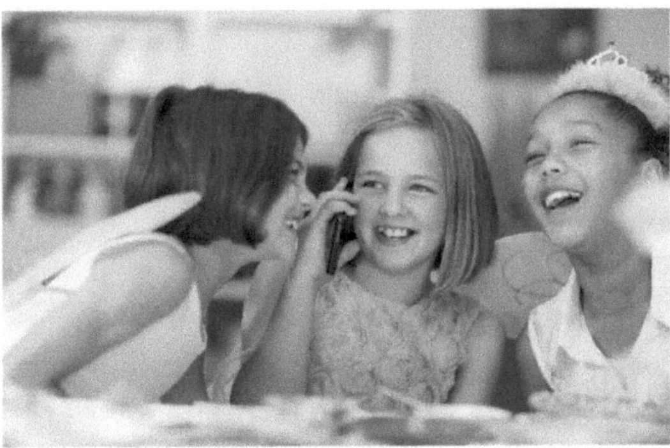

1. Physical development
2. Emotional development
3. Motor development
4. social development

(e) Identify the type of activity promoted by schools in the following picture.

1. participating in competition.
2. socialising.
3. involved in community work
4. All of the above

Question 7

(a) Mention two examples of the food sources from the IV food group.
1. Meat and Sausages
2. Oils and Fats
3. Sugars, Sweets and Sugary Drinks
4. Fruits and Vegetables

(b) The food sources from Group V should not be consumed in excess as it.
1. Are bitter in taste
2. Lead to weight gain
3. Provide good nutrition.
4. Hormonal balance will be there in the body.

(c) Mention one of the characteristics of food GROUP V
1. Providing vitamins to the body
2. Providing high energy to the body
3. Providing proteins to the body
4. Providing fibre to the body.

(d) Name the sources of food provided from food GROUP I
1. Eggs and meat
2. Table sugar and honey
3. Green and other vegetables
4. Rice and bajra

(e) Mention the function of food GROUP II
1. fats and iron
2. calories and protein
3. phosphorus and fluorine
4. None of the above

Question 8

Select the odd pair. [5]

(a) 1. sink-washing fruits
2. oven-storing food
3. shelves-cooking food
4. preparation-serving food

(b) 1. Endomorphic –more muscle tissue than fat
2. Ectomorphic- lean ,thin with little body fat
3. mesomorphic-less muscular type
4. endomorphic –thin ,lean body

(c) 1. Left over food –Throw into dust bin.
2. Attractive meal preparation- Important to make all family members eat food.
3. Raw food – Should not be eaten in any form.
4. Seasonal foods –Very costly.

(d) 1. Pullman kitchen-work centres on three adjacent walls
2. Two walled kitchen-work centres on one wall
3. L shaped kitchen –no work centres
4. U shaped kitchen-three work centreson three adjacent walls.

(e) 1. A child in the family should not be praised at all to make them understand the meaning of good discipline.
2. Rewards should be given to motivate a child for doing right things.
3. Children should not be given any responsibility as they cannot handle them at a young age.
4. Extra curricular activities are not necessary for the children.

Question 9

Fill in the blanks with the correct option: [5]

(a) The factor affecting family budget is

    1. cost of desired items   2. family life cycle

    3. overall view of their income   3. accepting deposits from the public

(b) The knowledge of food group helps to produce_________________ meals.

    (i) exotic   (ii) tasty   (iii) balanced   (iv) appealing

(c) Peer group can influence_________________.

    1. physical growth   2. muscle coordination

    3. social and moral values   4. none of the above

(d) Incentives is a part of_____________.

    1. assured income   2. possible income   3. savings   4. investment

(e) The dyslexic child has difficulty in _____________.

    1. reading   2. paying attention   3. calculating   4. speakings

Answers

1. (a) 2. Corridor

    (b) 1. Surplus

    (c) 3. Making a list of desired commodities and services

    (d) 3. Saving

    (e) 3. Filament

2. (a) 2. Insecure and unhappy

    (b) 1. Open Kitchen

    (c) 2. Continous

    (d) 2. Washing centre

    (e) 3. Authoritative parenting style

3. (a) 3. Functionalism

    (b) 2. Wool

    (c) 1. Plain curtains are used on plain walls

    (d) 3. Possible income

    (e) 4. White, counteracts the heat of cooking

    (f) 3. Only (i) and (iv)

    (g) 4. Granite

    (h) 4. 600 x 900 mm

    (i) 1. Cotton rugs

    (j) 4. Inclusion of exotic foods

4. (a) 2. False

    (b) 1. True

    (c) 2. False

    (d) 2. False

    (e) 1. True

5. (a) 2. Increases

    (b) 1. Names from popular books

    (c) 1. Attention Deficit Hyperactivity Disorder

    (d) 3. Meal Planning

    (e) 2. Budget

6. (a) 4. Milk and meat products

    (b) 3. Island kitchen

    (c) 4. Physical devlopment

    (d) 4. Social development

    (e) 4. All of the above

7. (a) 3. Sugar, sweets and sugary drinks

    (b) 2. Lead to weight gain

    (c) 2. Providing high energy to the body

    (d) 2. Table sugars and honey

    (e) 2. Calories and protein

8. (a) 2. Oven – storing food

    (b) 1. Endomorphic – more muscles tissue than fat

    (c) 3. Attractive meal – Important to make all family members eat food

    (d) 3. L shaped kitchen – no work centres

    (e) 2. Rewards should be given to motivate a child for doing right things

9. (a) 2. Family life cycle

    (b) 3. Balanced

    (c) 3. Social and moral value

    (a) 2. Possible income

    (b) 1. Reading

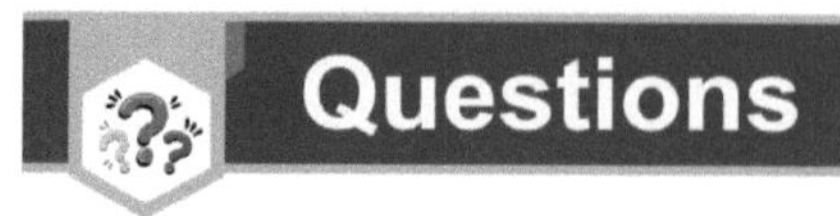

1 Sample Paper

Home Science

Questions

Question 1

Fill in the blanks with correct options given below:

(a) 'Beauty is the combination of ____________ that is pleasing to the trained eye or ear'.
1. Design   2. Aesthetic sense   3. Furnishing   4. Qualities

(b) As one earns more their ______________ increases.
1. Number of members in the family   2. Standard of living
3. Necessities of spending   4. All the above

(c) ___________________ factor of fabric selection sets the 'mood' for the room.
1. Colour   2. Room size   3. Bed mattress   4. None of the above

(d) ____________ is NOT a voluntary saving.
1. Banks   2. Unit Trust of India   3. Gratuity   4. Post Office

(e) Growth is ____________ in nature.
1. External   2. Internal   3. Qualitative   4. Continuous

Question 2

Choose the odd one out.

(a) A good kitchen should NOT have:
1. Good ventilation   2. Bright light
3. Stain resistant surfaces   4. Smooth floor

(b) The development of the ability to produce recognizable speech is:
1. Phonological development   2. Semantic development
3. The development of grammar   4. Development in writing skill

(c) The work triangle consists of:
1. Storage center, mixing center, cooking center
2. Storage center, washing center, refrigerator center
3. Storage center, cooking center, washing center
4. Storage center, refrigerator center, mixing center

(d) The three objectives of furnishings are:
1. Flower arrangement, orientation, beauty   2. Beauty, decorative lights, expressiveness
3. Expressiveness, beauty, functionalism   4. Functionalism, orientation, aesthetic looks

(e) The stages of Cognitive Development are____________
1. Formal Operations   2. Semantic development
3. Pre-operational   4. Sensorimotor

Question 3

Choose the correct options.

(a) Budgeting is a process of:
1. Creating a plan to spend the money
2. Determining in advance about the money availability

3. Evokes feeling of fear and frustration.

4. Both A and B

(b) The best quality of carpets is made by:________________

   1. Tufts   2. Bonded carpets   3. Weaving methods   4. All the above

(c) 'Development consists of progressive series of changes…'. The term progressive signifies:

   1. Movement   2. Changes leading forward

   3. Relationship between two individuals   4. All the above

(d) A Balanced Diet will help to achieve:

   1. Proper growth of the body   2. Ability to resist diseases

   3. Control over body weight   4. All the above

(e) Most people will witness learning disabilities from time-to-time. What all signs will one see in a pre-school child?

   1. Speaks later than most children   2. Difficulty in rhyming words

   3. Slow development in fine motor skills   4. All the above

(f) Budgeting can improve one's life by:________________

   1. Revealing waste   2. Creating new habits   3. Directing priorities   4. All the above

(g) Which of the following is not a step in making family budget?

   1. Creating emergency fund for savings

   2. Throwing away all past records of bills, cheques, and receipt

   3. Estimate the total expected income for all possible sources

   4. List commodities and services needed by the family member throughout the budget period

(h) This makes up the basis of diet as they are an important sources of energy.

   1. Meat   2. Ghee   3. Cereals   4. Sugar

(i) One-walled kitchen is also known as:________________

   1. Corridor kitchen   2. Pullman kitchen   3. Strongman kitchen   4. None of the above

(j) A child encounters many adults and other children during ________________

   1. Middle childhood   2. Babyhood   3. Infancy   4. All of them

Question 4

State whether the given statement is True or False.

(a) Modular kitchen improves efficiency in the work.

   1. True   2. False

(b) Thread count refers to the number of threads per square inch of a fabric.

   1. True   2. False

(c) Saving is depicted as Income - Saving.

   1. True   2. False

(d) Physical development refers to changes in body proportions, height, and weight.

   1. True   2. False

(e) People plan kitchen to save time and energy.

   1. True   2. False

Question 5

Choose the correct option:

(a) This fabric has a beautiful and delicate fabric, suitable for formal areas.

   1. Linen   2. Silk   3. Wool   4. Cotton

(b) A sedentary man of 60 kg would require ________________ kcal/d

   1. 2730 kcal/d   2. 2850 kcal/d   3. 2320 kcal/d   4. 1900 kcal/d

(c) 'Gang Age' refers to children between the age group of:

   1. 14-21 years   2. 1-3 years   3. 7-11 years   4. 16-20 years

(d) Foods that are cheaper and have more nutritive value.

   1.   Energy   2.   Calories   3.   Balanced diet   4.   Seasonal

(e) _____________nutrient has high-calorie content must be consumed in moderation.

   1.   Carbohydrate   2.   Protein   3.   Fat   4.   Vitamin C

Question 6

_____________Identify the given picture.

(a) Which type of parenting is shown in the picture?

   1.   Authoritative   2.   Authoritarian   3.   Rejecting   4.   None of the above

(b) The following figures show the hanging of curtains. Which one is the right method of hanging?

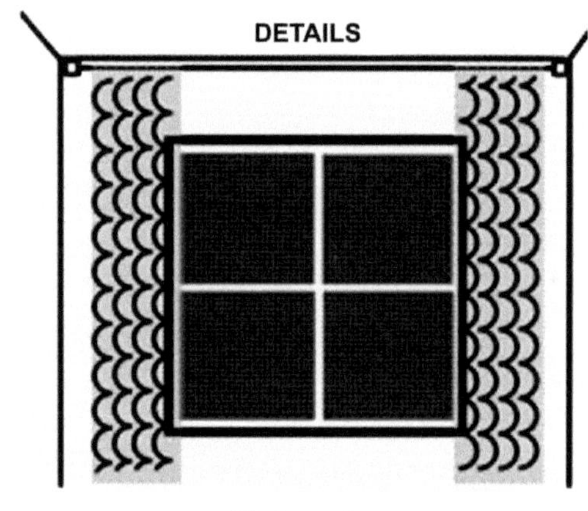

Picture 1

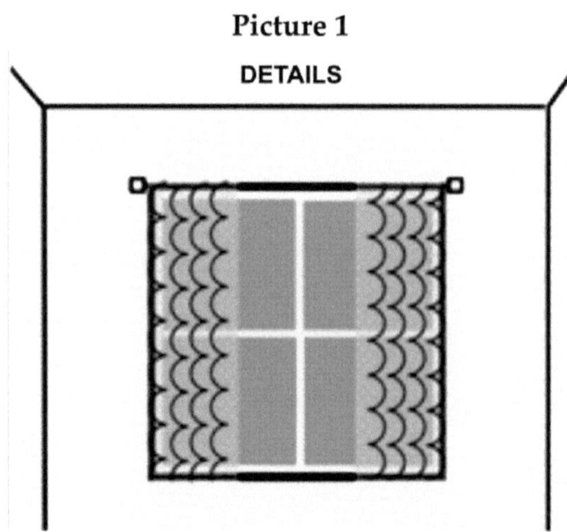

Picture 2

   1.   Only Picture 1   2.   Only Picture 2   3.   Both Picture 1 & 2   4.   Neither 1 or 2

(c) The diagram is a layout of:

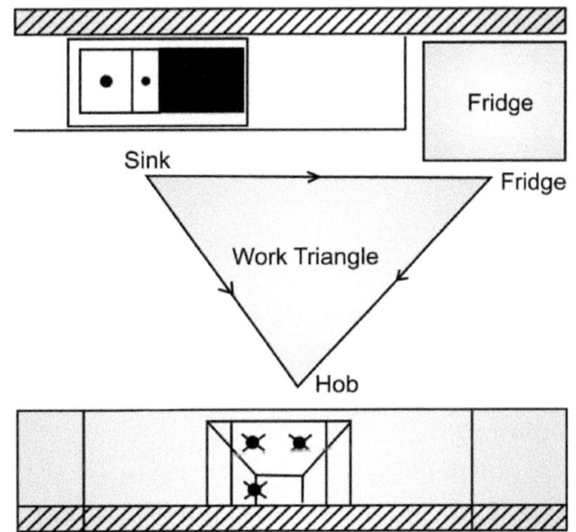

   1. U-Shaped Kitchen   2. Parallel Kitchen   3. Straight Kitchen   4. Island Kitchen

(d) These are good sources of:

   1. Vitamins and Proteins   2. Vitamins and Fat

   3. Minerals and Vitamins   4. None of these

(e) The picture below depicts an example of:

   1. Bullying   2. Physically Stronger   3. Dominating   4. All the above

Question 7

Identify the correct option.

(a) What kind of parenting style is shown parents who are always busy and does not care much about their child's performance?

1. Authoritarian 2. Permissive 3. Neglecting 4. Authoritative
(b) How the child's mannerism can be tackled:
1. By giving meaningful punishment
2. Discouraging him to repeat bad behaviour and explaining consequences for the same.
3. He should be praised to understand good discipline.
4. All the above
(c) Purpose of peer group is:
1. To satisfy the need of belonging to a group
2. To influence social, cognitive, and psychological development
3. Both 1 and 2
4. None of the above
(d) The most beneficial style of parenting is:
1. Authoritative Style 2. Authoritarian Style 3. Permissive Style 4. Rejecting Style
(e) Which of the following should NOT be practiced by the parents?
1. Criticizing the child for unusual behaviour
2. The child should be given some responsibility.
3. Positive rewards should be reinforced for setting disciplinary rules
4. The child should never be compared with other children.

Question 8

Select the odd pair.
(a) 1. Fabrics wrinkles less than normal- Wrinkle resistant
2. Fabric is more easily 'wetted' to facilitate detergent action in washing- Permanent press
3. Ignited fabric will self-extinguish when the source of flame is removed- Soil resistant
4. Fabric needs little or no ironing after washing- Flame resistant
(b) 1. Meat- Thiamine
2. Milk- Calcium
3. Potatoes- Composed of amino acids
4. Whole wheat products- Carbohydrates
(c) 1. Compulsory saving- Post office
2. Voluntary saving- Gratuity
3. LIC- Endowment Life Insurance
4. Unit Trust of India – Kisan Vikas Patra
(d) 1. Middle Age - 1 to 2 years
2. Infancy - 2 weeks to 1 year
3. Adolescence - 12 to 21 years
4. Babyhood - 40 to 60 years
(e) 1. Budget of the family – Budgeting
2. Aspect- Sets the mood of the room
3. Linen – Synthetic fiber
4. Variety in meal pattern – Junk food

Question 9

Fill in the blanks with correct option:
(a) Thread count of fabric for furnishing refers to the number of threads per __________ of the fabric.
1. square millimetre 2. square centimetre 3. square inch 4. square metre.
(b) __________ is not a characteristic of children's gangs.
1. They use insignia, caps or armbands to identify members.
2. They often indulge in forbidden activities.
3. The preferred meeting place for gang meetings is Home.

4. They have a secret password or a private language.

(c) A modular kitchen is not desirable as___________.
   1. It is prefabricated so last-minute changes cannot be made
   2. It does not allow customization
   3. It is very expensive
   4. Design trends may look outdated after few years

(d) __________ is not a work area of the kitchen.
   1. Storage centre
   2. Mixing centre
   3. Cooking centre
   4. Ceiling centre.

(e) Which of the following are the objectives of home furnishing?
   1. Beauty
   2. Culture
   3. Design
   4. Environment

Answers

1. (a) 4. Qualities
   (b) 2. Standard of living
   (c) 1. Colour
   (d) 3. Gratuity
   (e) 1. External

2. (a) 4. Smooth floor
   (b) 1. Phonological development
   (c) 1. Stroage center, mixing center, cooking center
   (d) 3. Expressiveness, beauty, functionalism
   (e) 2. Semantic Development

3. (a) 4. Both A and B
   (b) 3. Weaving methods
   (c) 2. Changes leading forward
   (d) 4. All the above
   (e) 4. All the above
   (f) 4. All the above
   (g) 2. Throwing away all past records of bills, cheques, and receipt
   (h) 3. Cereals
   (i) 2. Pullman Kitchen
   (j) 1. Middle childhood

4. (a) 1. True
   (b) 1. True
   (c) 2. False
   (d) 1. True
   (e) 1. True

5. (a) 2. Silk
   (b) 3. 2320 kcal/d
   (c) 3. 7-11 years
   (d) 4. Seasonal
   (e) 3. Fat

6. (a) 2. Authoritarian
   (b) 1. Only Picture 1
   (c) 2. Parallel Kitchen
   (d) 3. Minerals and Vitamins
   (e) 4. All the above

7. (a) 3. Neglecting
   (b) 4. All the above
   (c) 3. Both 1 and 2
   (d) 1. Authoritative Style
   (e) 1. Criticizing the child for unusual behaviour

8. (a) 1. Fabrics wrinkles less than normal-Wrinkle resistant
   (b) 2. Milk-Calcium
   (c) 3. LIC-Endowment Life Insurance
   (d) 3. Adolescence - 12 to 21 years
   (e) 1. Budget of the family – Budgeting

9. (a) 3. Square inch
   (b) 2. They often indulge in forbidden activities.
   (c) 1. It is prefabricated so last-minute changes cannot be made
   (d) 4. Ceiling centre.
   (e) 1. Beauty

Questions

Question 1

Fill in the blanks with correct options given below.

(a) ______________ is one of the most important resources every individual needs to manage.

  1. Work   2. Money   3. Expenditure   4. Saving

(b) Early Childhood is also known as ______________

  1. Gang Age   2. Preoperational Stage
  3. Cognitive Development   4. Pre-gang age

(c) ______________ is the quality which differentiates one home from another and it reflects the personality of the occupants.

  1. Expressiveness   2. Beauty   3. Functionality   4. All the above

(d) ______________ in the kitchen are considered to be necessary evils, because they take away space.

  1. Floor   2. Door   3. Ceiling   4. None of the above

(e) Food preferences can be changed through ______________

  1. Food preservation   2. Good eating habits
  3. Use of roughage in diet   4. None of the above

Question 2

Choose the odd one out.

(a) Identify the income that is reserved for other desired expenditure.

  1. Assured income   2. Realistic income   3. Possible income   4. None of the above

(b) ______________ are typically expressed in alphabetical order/numerical form.

  1. Curtains   2. Upholstery   3. Fabric Grade   4. None of the above

(c) Constipation usually gets cured by the intake of:

  1. Dietary Fiber   2. Fat   3. Iron   4. Thiamine

(d) Choose the odd pair.

  1. Age 9 – 10 years – boys grow faster than girls
  2. Baby learns to sit, stand – big muscles develop first
  3. Body becomes much sleeker and slender – middle childhood
  4. Gang age – late childhood

(e) While selecting carpets the factor that will NOT be considered:

  1. Colour   2. Cost   3. Behaviour   4. Size

Question 3

Choose the correct options.

(a) Functionality of furniture and furnishings means:

  1. Comfortable arrangement of furniture   2. Size of the furniture
  3. Suitable fabrics used for furnishing   4. All the above

(b) Meal Planning is important because:

  1. Caters to the nutritional needs of the family   2. Saves money, time, and energy

3. Judiciously uses the leftover food   4. All the above

(c) The kitchen should be large because:
 1. To permit easy movement of the homemaker
 2. To allow sufficient circulation of air
 3. To carry off the heat generated from meal preparations
 4. All the above

(d) Mr. Ojha is 70 years old. Some factors are affecting his health and well-being at this age. These may be______________ .
 1. Poor income   2. Depression   3. Decreased mobility 4. All the above

(e) The planning in the realistic budget includes:
 1. Estimating the total expected income
 2. Estimating the cost of desired items
 3. Bringing expected income and expenditure into balance
 4. All the above

(f) The acceptance by the peer group influences a child and they show______________
 1. Positive interactions   2. Co-operation
 3. Adaptable of conforming   4. All the above

(g) Rooms of low ceilings can appear larger if:
 1. General colour of furnishings are chosen   2. Draperies blend with walls
 3. Diagonal lines are used on curtains   4. All the above

(h) Which stage of family life cycle affects the budget?
 1. Beginning stage   2. Expanding stage   3. Contracting stage   4. All the above

(i) Development is______________
 1. Continuous   2. Internal   3. Qualitative change 4. All the above

(j) Dhokla is an example of ________________
 1. Fermented food   2. Enhancement of nutrition
 3. Both A and B   4. None of the above

Question 4

State whether the given statement is True or False:

(a) Mixing counter is the counter where foodstuffs and utensils are kept.
 1. True   2. False

(b) Island Shaped Kitchen has an additional work area in the middle.
 1. True   2. False

(c) The first socializing agency in a child's life are the Peers.
 1. True   2. False

(d) Learning to speak includes 'Comprehension".
 1. True   2. False

(e) Physical Development of the child can be measured by Muscle-Fat Ratio.
 1. True   2. False

Question 5

Choose the correct option:

(a) Undemanding Parents are:
 1. Authoritative and Rejecting Parents   2. Permissive and Authoritarian Parents
 3. Permissive and Rejecting Parents   4. Authoritative and Authoritarian Parents

(b) Bengal gram, green gram, and red gram are examples of ________________ .
 1. Cereals   2. Roots and tubers
 3. Pulses and legumes   4. None of these

(c) A sedentary pregnant lady with body weight of 55 kg needs extra energy of ______________ .

    1. +550 kcal/d   2. +600 kcal/d   3. +350 kcal/d   4. None of the above

(d) The last meal of the day is:

    1. Dinner   2. Lunch   3. Snack   4. Breakfast

(e) The most beneficial effects of parenting is shown by:

    1. Authoritative Style   2. Authoritarian Style   3. Permissive Style   4. Rejecting Style

Question 6

Identify the given pictures.

(a) In the given pie chart identify the expenditure is made on grocery and investment.

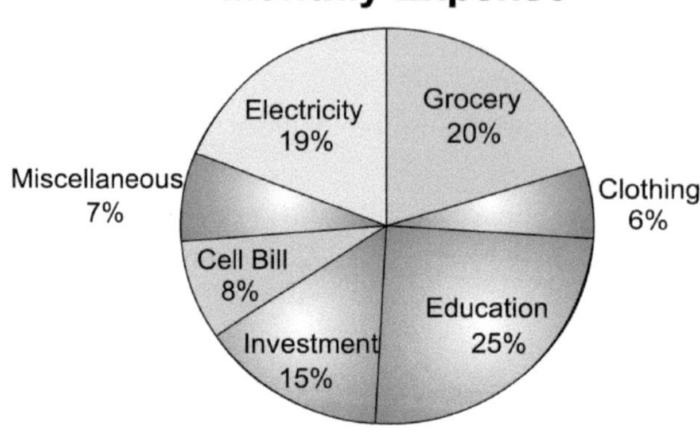

    1. 20% + 15%   2. 15% + 25%   3. 19% + 15%   4. 25% + 8%

(b) Picture below shows:

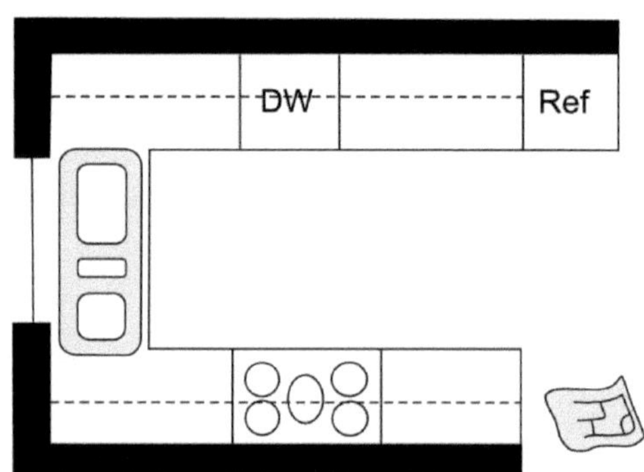

    1. U-Shaped Kitchen   2. Parallel Kitchen

    3. Island Shaped Kitchen   4. None of the above

(c) Identify the working center in the picture.

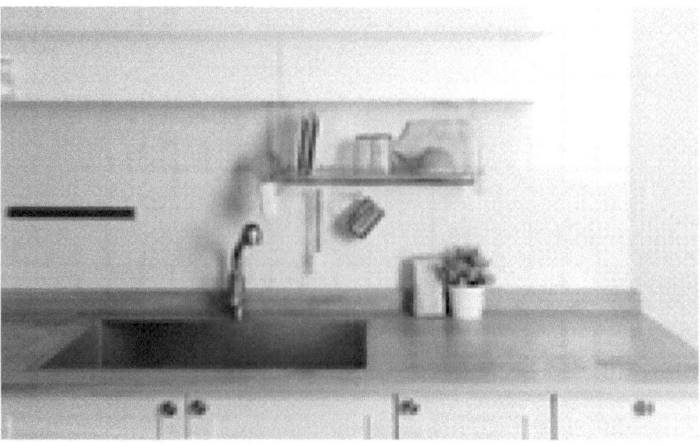

    1. Sink center   2. Preparation center   3. Mixing center   4. None of the above

(d) Identify the skill developed in the children.

   1. Speaking skill   2. Listening skill   3. Walking skill   4. Jumping skill

(e) Identify the meal in the picture.

   1. Lunch   2. Breakfast   3. Snack   4. Dinner

Question 7

Indentify the correct option:

(a) Abstinence from present consumption for future consumption is called __________.
   1. Budgeting
   2. Banking
   3. Saving
   4. Investing
(b) The factors that affect family budget are:
   1. Socio-Economic status
   2. Composition of the family
   3. Availability of money
   4. All the above
(c) One of the following is not a means of saving:
   1. Banks
   2. Post office
   3. Provident Fund
   4. Loss of job
(d) Income from different sources can be listed under:
   1. Possible income
   2. Deliberate income
   3. Assured income
   4. Both 1 and 3
(e) Budgeting can be explained as:
   1. First step in money management
   2. Carefully outlined plan for spending the money
   3. Planning the income and expenditure to meet both the ends
   4. All the above

Question 8

Select the odd pair:

(a) 1. Body-width or strips–Best kind of fabrics for making carpets
   2. Wool–Narrow width carpet
   3. Jute coir–Low-budget carpet
   4. Broad-loom carpets–Carpets with wider body
(b) 1. Riboflavin–Facilitates cellular respiration
   2. Vitamin D – Regulates body temperature
   3. Water – Helps to grow
   4. Niacin–Helps in clear vision
(c) 1. Impulsive buying–Improves storage facilities
   2. Sprouting–Wastage of food
   3. Meal planning–Saves time and energy
   4. Pulses–Substitute of vegetables

(d) 1. Fruit Groups–6 to 11 servings
2. Cereals–2 to 4 servings
3. Water–8 servings
4. Oils–2 to 3 servings
(e) 1. Domination–Trait of bullying
2. School– First socializing area
3. Permissive parents–Demanding
4. Acceptance–Negative interaction

Question 9

Fill in the blanks with correct option:

(a) The budget is not complete unless it is _________ .
1. Balanced   2. Equal   3. Double   4. None of these
(b) The kitchen should be a _________, well-ventilated and aperfectly lit place with proper sanitary facilities for thehomemaker to work well.
1. Bright   2. Low   3. Dim light   4. Both 1 and 2
(c) _________ be regarded as a suitable kitchen layout.
1. One walled   2. Corridor   3. L shaped   4. None of these
(d) _________ fabric is Soft, easy to clean, durable, launders well.
1. Wool   2. Cotton   3. Linen   4. Silk
(e) Name the single piece of floor covering made with a pattern or a border with fringe.
1. Rug   2. Carpet   3. Scatter rug   4. None of these

Answers

1. (a) 2. Money
   (b) 4. Pre-gang Age
   (c) 4. All the above
   (d) 2. Door
   (e) 2. Good Eating Habits
2. (a) 3. Possible income
   (b) 3. Fabric Grade
   (c) 1. Dietary Fiber
   (d) 1. Age 9 to 10 years- boys grow faster than girls
   (e) 3. Behaviour
3. (a) 4. All the above
   (b) 4. All the above
   (c) 4. All the above
   (d) 4. All the above
   (e) 4. All the above
   (f) 4. All the above
   (g) 4. All the above
   (h) 4. All the above
   (i) 4. All the above
   (j) 3. Both A and B
4. (a) 2. False
   (b) 1. True
   (c) 2. False
   (d) 1. True
   (e) 1. True

5. (a) 3. Permissive and Rejecting Parents
   (b) 3. Pulses and legumes
   (c) 3. +350 kcal/d
   (d) 1. Dinner
   (e) 1. Authoritative Style
6. (a) 1. 20% + 15%
   (b) 1. U-Shaped Kitchen
   (c) 1. Sink center
   (d) 2. Speaking skill
   (e) 2. Breakfast
7. (a) 3. Saving
   (b) 4. All the above
   (c) 4. Loss of job
   (d) 4. Both 1 and 3
   (e) 4. All the above
8. (a) 4. Broad-loom carpets- Carpets with wider body
   (b) 1. Riboflavin- Facilitates cellular respiration
   (c) 3. Meal Planning- Saves time and energy
   (d) 3. Water- 8 servings
   (e) 1. Domination- Trait of bullying
9. (a) 1. Balanced
   (b) 1. Bright
   (c) 3. L shaped
   (d) 2. Cotton
   (e) 1. Rug

Printed by Libri Plureos GmbH in Hamburg,
Germany